国家社科基金
后期资助项目
GUOJIA SHEKE JIJIN HOUQI ZIZHU XIANGMU

新时代农村留守儿童
教育关爱长效机制研究

叶松庆 等 著

科学出版社

北 京

内 容 简 介

新时代，做好留守儿童关爱保护工作关系到儿童的健康成长，也关系到社会和谐和中国式现代化的顺利实现。基于在全国部分省（区、市）对未成年人（含留守儿童），中学老师，家长，中学校长，德育工作者，小学校长，教育、科技、人事管理部门领导等 7 个群体进行关于留守儿童价值观与教育关爱的调查、访谈与田野考察，本书从 10 个方面入手，结合其他研究者公开发表的调研数据，较为全面地分析了留守儿童的价值观发展与教育关爱现状，对其存在的问题、成因进行了深入探讨，并提出构建留守儿童教育关爱长效机制的要义，为更好地促进留守儿童健康成长提供了理论与实证依据，对国家有关部门制定相关政策与措施有重要的参考价值。

本书可供青少年、青少年教育者、青少年家长、主管部门领导与相关成年人群体阅读与参考。

图书在版编目（CIP）数据

新时代农村留守儿童教育关爱长效机制研究 / 叶松庆，叶超著. —北京：科学出版社，2024.6
国家社科基金后期资助项目
ISBN 978-7-03-077295-4

Ⅰ. ①新… Ⅱ. ①叶… ②叶… Ⅲ. ①农村-儿童教育-研究-中国 Ⅳ. ①G61

中国国家版本馆 CIP 数据核字（2023）第 251979 号

责任编辑：杨婵娟　姚培培 / 责任校对：韩　杨
责任印制：师艳茹 / 封面设计：有道文化

科学出版社 出版
北京东黄城根北街 16 号
邮政编码：100717
http://www.sciencep.com
北京中石油彩色印刷有限责任公司印刷
科学出版社发行　各地新华书店经销
*
2024 年 6 月第 一 版　开本：720×1000　1/16
2024 年 6 月第一次印刷　印张：29
字数：505 000
定价：198.00 元

国家社科基金后期资助项目
出版说明

后期资助项目是国家社科基金设立的一类重要项目，旨在鼓励广大社科研究者潜心治学，支持基础研究多出优秀成果。它是经过严格评审，从接近完成的科研成果中遴选立项的。为扩大后期资助项目的影响，更好地推动学术发展，促进成果转化，全国哲学社会科学工作办公室按照"统一设计、统一标识、统一版式、形成系列"的总体要求，组织出版国家社科基金后期资助项目成果。

全国哲学社会科学工作办公室

前　言

　　党和国家领导人始终高度关注农村留守儿童①。在新时代背景下，贯彻落实习近平总书记重要指示精神，做好留守儿童工作，保障留守儿童的发展与健康成长，是社会主义现代化建设的战略要求和重要部署。关爱农村留守儿童是贯彻落实十九大、二十大精神和习近平新时代中国特色社会主义思想的具体体现。

　　2015 年 6 月，习近平总书记在贵州调研时强调，要关心留守儿童、留守老年人，完善工作机制和措施，加强管理和服务，让他们都能感受到社会主义大家庭的温暖②。2015 年 11 月，习近平总书记在中央扶贫开发工作会议上强调，帮助贫困地区改善办学条件，对农村贫困家庭幼儿特别是留守儿童给予特殊关爱。③2016 年 5 月，习近平总书记在中央全面深化改革领导小组第二十四次会议发表的重要讲话中提出，要在保障随迁子女就学、加强留守儿童关爱保护等方面推出务实管用办法。④2019 年 3 月 8 日，习近平总书记在参加十三届全国人大二次会议河南代表团审议时又一次强调，要完善农村留守儿童、妇女、老年人关爱服务体系。⑤党的二十大报告提出"加强和改进未成年人思想道德建设"，"保障妇女儿童合法权益"⑥。

　　当前对留守儿童年龄以及概念的界定主要依据《国务院关于加强农村留守儿童关爱保护工作的意见》（国发〔2016〕13 号）文件精神，"留守儿童是指父母双方外出务工或一方外出务工另一方无监护能力、不满十六周

---

　　①　本书主要分析农村留守儿童，我国留守儿童以农村留守儿童为主，绪论中对国外留守儿童分析进行述评，其他除引用的原文、政策文件、一级标题外，将农村留守儿童简称为留守儿童。

　　②　黄敬文，李学仁：《看清形势适应趋势发挥优势　善于运用辩证思维谋划发展》，《人民日报》2015-06-19（A01）。

　　③　鞠鹏：《习近平在中央扶贫开发工作会议上强调：脱贫攻坚战冲锋号已经吹响　全党全国咬定目标苦干实干》，《人民日报》2015-11-29（A01）。

　　④　习近平主持召开中央全面深化改革领导小组第二十四次会议 李克强等出席. https://www.gov.cn/guowuyuan/2016-05/20/content_5075137.htm[2024-05-20].

　　⑤　李学仁：《习近平李克强王沪宁韩正分别参加全国人大会议一些代表团审议》，《人民日报》2019-03-09（A01）。

　　⑥　习近平：高举中国特色社会主义伟大旗帜 为全面建设社会到现代化国家而团结奋斗——在中国共产党第二十次全国代表大会上的报告. https://www.gov.cn/xinwen/2022-10/25/content_5721685.htm[2024-05-20].

岁的未成年人"。据不完全统计，2015 年以来，国务院及国家有关部门制定了近 10 个与留守儿童相关的政策法规，对留守儿童的关爱保护和心理健康等问题给出了一揽子的解决方案，在全社会层面建立了共同关心关爱留守儿童的良好氛围和制度保障，收到了良好的效果（北京师范大学心理学部课题组，2019）。

留守儿童的价值观发展与教育关爱机制涉及经济发展、家庭结构、教育制度等多方面因素，是一个综合性的社会问题。本书从思想政治教育、心理学、教育学、社会学和管理学等多个视角对留守儿童进行系统性研究，并针对留守儿童的实际情况，对不同留守状态以及留守儿童内部的异质性问题进行探微式研究。基于"同一性"和"异质性"的分析，充分了解留守儿童的现状，深入探究留守儿童价值观发展与教育关爱机制，有较为重要的理论价值。针对留守儿童的价值观发展与教育关爱机制，过往的大部分研究从"整体性"的视角进行把握，在留守儿童价值观发展的多维度研究、教育关爱的多向度研究、教育关爱机制的连贯性研究方面略显不足。

本书不仅对留守儿童情况进行总体把握，而且对留守儿童价值观和教育关爱情况进行多维度与多向度、宏观与微观相结合的剖析。本书关于留守儿童价值观发展与教育关爱机制的系统、全面、多维与多向、宏观与微观相结合的实证分析结论，有较强的原创性与独特性；可靠的数据、丰富的信息、翔实的内容、严谨的引证、清晰的认识与透彻的见解，为分析问题并提出合理建议夯实了基础；可为决策部门提供新的参考依据，为教育单位提供新的实践理路，有利于更好地促进留守儿童的健康成长。

本书主要采用连续与间续田野调查、个案访谈、座谈、比较分析等方法对留守儿童价值观发展与教育关爱机制及相关问题进行了 16 年的实证研究，多渠道、多方法地得到原始数据，并借鉴了一两百位同行的宝贵调研成果，把价值观分为 10 个维度，较为全面地分析了留守儿童的价值观发展与教育关爱现状，对其存在的问题、成因进行了深入探讨，在此基础上，提出构建留守儿童教育关爱长效机制的要义，这为更好地促进留守儿童健康成长提供了理论与实证依据，对国家有关部门制定相关政策与措施具有重要的参考价值。

本书依托 2006～2021 年在全国部分省（区、市）8 个群体①中做的大量的连续性、跟踪性、大样本的调查，对留守儿童价值观的发展现状、教育关爱现状、教育关爱长效机制的构建等面临的问题与成因进行了深入分

---

① 笔者做了 8 个群体的调查，本书主要呈现了其中 7 个（未包含基础教育工作者）群体的调查结果。

析，论述了教育关爱长效机制构建的要义。

在前期研究阶段，重视跟踪调查、文本研究、对话沟通、综合分析和重点突破。第一，在跟踪调查期间，对问卷的设计、调查、统计、处理都严格遵循社会调查的相关要求，力求系统、全面、客观、持续性、多群体、多样本、多维度地反映留守儿童现状，以获取研究所需的第一手数据、信息。第二，在文本研究方面，对近年来有代表性的有关留守儿童的研究成果进行分类把握与研读分析、借鉴。第三，在对话沟通方面，以问卷调查、实地考察为主，辅以个案访谈和小型座谈会，用不同方式与受访对象对话、沟通，多维度多方位地获取第一手信息。第四，在综合分析方面，在获取第一手调查数据、信息后，通过软件对数据进行相关性和频率分析，运用定量与定性相结合的方式综合把握、归纳、分析留守儿童的相关现状，梳理相应的长效机制构建思路。第五，在重点突破方面，根据实际情况设计重点调研，寻求重点突破口。例如，2017 年 2 月下旬，选取安徽省合肥市肥西县、肥东县、庐江县为典型县域，带领团队实地调研，深入肥西县主管部门[民政局、教育局、中国共产主义青年团肥西县委员会（简称团县委）]、肥西县铭传初级中学与铭传乡中心学校，以及肥东县陈集镇阳光小学（2006 年创办的留守儿童寄宿制学校）等，访问了相关领导与职员、学校创办人等，做了详尽细致的考察，获取了重要信息。

本书基于笔者团队所做的连续性调查研究，从观念引导与教育关爱方面切入留守儿童分析，体现了独特的价值。首先，既重视"面"，也关注"点"；既研究"系统"，也反映"局部"；既解读"现象"，也探讨"潜质"，具有原创性与针对性。其次，重视主观与客观的紧密结合，把留守儿童价值观发展（主观因素）分解为核心价值观、生活观、爱国观、孝道观、公德观、诚信观、感恩观、劳动观、人际观、恋爱观 10 个方面，在细致分析的基础上对其进行总体把握，这样得出的结论更为客观与贴近实际，也更具体、系统与全面。本书认为，对留守儿童价值观引导与教育关爱（客观因素）不能超越其认知水平，要强化针对性、可操作性与可推广性；重视留守儿童的主观发展与客观关爱的统一、个体认识与社会导向的统一、价值取向与生活实践的统一、宏观目标与微观行为的统一。

2020 年 10 月全国哲学社会科学工作办公室下达立项通知时，附上了评审专家给出的许多富有见地的修改意见与建议，笔者认真拜读，细细领会，获益匪浅。科学出版社编辑悉心指教，使笔者较为顺利地对书稿进行了较大幅度的修改、完善，感激之情油然而生。

在书稿付梓之际，谨向全国哲学社会科学工作办公室的领导及同志们、评审专家、科学出版社的领导及编辑老师表示衷心感谢！谨向安徽师范大学科研处的领导及同志们表示衷心感谢！谨向《安徽师范大学学报》编辑部的领导及同事，以及安徽师范大学马克思主义学院、历史学院、青少年研究所的领导及老师表示衷心感谢！

同时向为调研工作作出贡献的笔者在安徽师范大学物理系工作时期的学生们（现均是基础教育的骨干）与安徽师范大学马克思主义学院、历史学院毕业和在读的研究生们表示诚挚感谢！向为调研提供方便与条件的中学领导和朋友们表示诚挚感谢！向热情帮助过笔者的所有人士致以诚挚感谢！

本书共八章，叶松庆撰写第一章至第三章、第七章至第八章，并对全书进行统稿；叶超撰写第四章至第六章。

在调研、数据统计以及资料整理过程中，陈寿弘、荣梅、程秀霞做了辛勤且富有成效的工作，张师帅、朱琳、廖仲明、张园园、赵婧、李霞、胡光喜、张磊、徐玲、龚伟、崔玉凤、井红波、戴家芳、罗永、卢慧莲、侯娴婷、郭瑞、刘燕等做了一些工作。

由于水平所限，拙作难免有不妥之处，祈盼赐教指正。

叶松庆

2023 年 10 月 1 日于安徽师范大学赭山校区

目　　录

前言 ……………………………………………………………………………… i

第一章　绪论 …………………………………………………………………… 1

　　一、国内外研究述评 ……………………………………………………… 1

　　二、本书主要内容与基本观点 …………………………………………… 6

第二章　农村留守儿童价值观发展与教育关爱长效机制构建的逻辑关系 …… 9

　　一、核心概念界定 ………………………………………………………… 9

　　二、价值观发展的内在逻辑理路与留守儿童价值观的划分依据 …… 12

　　三、价值观发展与教育关爱间的关系 ………………………………… 14

　　四、教育关爱长效机制构建的理论基础 ……………………………… 16

第三章　农村留守儿童相关情况的调查述要 ……………………………… 21

　　一、未成年人的调查述要 ……………………………………………… 21

　　二、中学老师的调查述要 ……………………………………………… 43

　　三、家长的调查述要 …………………………………………………… 46

　　四、中学校长的调查述要 ……………………………………………… 49

　　五、德育工作者的调查述要 …………………………………………… 56

　　六、小学校长的调查述要 ……………………………………………… 58

　　七、教育、科技、人事管理部门领导的调查述要 …………………… 62

　　八、调查相关问题 ……………………………………………………… 63

第四章　农村留守儿童价值观发展的现状分析 …………………………… 67

　　一、留守儿童的核心价值观 …………………………………………… 68

　　二、留守儿童的生活观 ………………………………………………… 75

　　三、留守儿童的爱国观 ………………………………………………… 81

　　四、留守儿童的孝道观 ………………………………………………… 86

　　五、留守儿童的公德观 ………………………………………………… 90

六、留守儿童的诚信观 ……………………………………… 103

七、留守儿童的感恩观 ……………………………………… 111

八、留守儿童的劳动观 ……………………………………… 118

九、留守儿童的人际观 ……………………………………… 126

十、留守儿童的恋爱观 ……………………………………… 142

十一、对留守儿童价值观发展的总体认识 ………………… 152

十二、留守儿童价值观发展的基本特点 …………………… 160

第五章　农村留守儿童教育关爱的现状分析 ……………………… 162

一、留守儿童的基本状况 …………………………………… 162

二、留守儿童父母（监护人）的相关情况 ………………… 186

三、留守儿童教育关爱的一般状况 ………………………… 190

四、留守儿童教育关爱的具体状况 ………………………… 218

五、留守儿童教育关爱的特点与成效 ……………………… 270

六、总体认识 ………………………………………………… 283

第六章　现状反映的问题及体现的机制分析 ……………………… 286

一、描述性现状反映的问题 ………………………………… 286

二、现状调查所反映的问题 ………………………………… 291

三、现状所体现的教育关爱机制分析 ……………………… 330

第七章　农村留守儿童教育关爱长效机制构建的问题和成因剖析 … 337

一、教育关爱长效机制构建存在的问题 …………………… 337

二、教育关爱长效机制构建问题的成因 …………………… 400

第八章　农村留守儿童教育关爱长效机制构建的要义 …………… 413

一、教育关爱长效机制构建的窘境 ………………………… 413

二、教育关爱长效机制构建的目标 ………………………… 415

三、教育关爱长效机制构建的原则 ………………………… 416

四、教育关爱长效机制构建的策略 ………………………… 418

五、教育关爱长效机制构建的理路 ………………………… 424

参考文献 ……………………………………………………………… 434

后记 …………………………………………………………………… 451

第一章　绪　　论

一、国内外研究述评

（一）国内研究述评

留守儿童问题历来受到党中央和国务院的高度重视。2016 年 2 月，国务院印发《国务院关于加强农村留守儿童关爱保护工作的意见》（国发〔2016〕13 号），对留守儿童的关爱保护作出了专门的制度性安排。2016 年 3 月，国务院批准建立由民政部牵头的留守儿童关爱保护工作部际联席会议制度，联席会议共由 27 个部门和单位组成，统筹协调留守儿童关爱保护工作。据民政部数据，截至 2018 年 8 月，全国留守儿童达 697 万余人，比 2016 年有所下降，主要分布在四川、安徽等中西部省份，96% 的留守儿童由祖父母或者外祖父母照顾（潘跃，2018）。从民政部公布的数据来看，留守儿童比率虽有下降，但基数仍较大。2019 年度《中国留守儿童心灵状况白皮书》报告对江西、安徽和云南三省的调查显示，留守儿童遭受精神暴力的发生率为 91.3%，躯体暴力的发生率为 65.1%，其次是忽视（40.6%）和性暴力（30.6%）①。亟须关注留守儿童的身心状况，关注留守儿童的发展尤其是价值观发展以及教育关爱机制的构建。

通过对留守儿童相关材料的梳理并经中国知网检索发现，学界最早的留守儿童研究成果是：《关注农村留守儿童》（杨素苹，2004）和《农村留守儿童问题调研报告》（吴霓，2004）。这两项成果对留守儿童问题进行了较为详细的分析。需要指出的是，留守儿童因为父母外出，亲子情感疏离，可能会出现思想迷茫、道德低下、心理孤僻、学习成绩下降等一系列问题，在很大程度上直接影响其价值观的发展，间接影响教育关爱的成效。因此，构建具有长效的关爱机制显得尤为重要和迫切。近年来，专家学者从不同的视角对留守儿童价值观发展以及教育关爱等方面做了较多探析。

---

① 留守儿童《白皮书》发布，超九成受访儿童遭受过精神暴力. https://baijiahao.baidu.com/s?id=1655943597280127103&wfr=spider&for=pc[2020-01-14].

1. 留守儿童价值观研究现状

（1）留守儿童价值观研究视角分析

对于留守儿童价值观，不同学者立足于不同视角展开分析。有学者针对特定区域留守儿童的体育价值观进行研究，认为留守儿童体育价值观比较积极，不同性别、家庭居住环境、健康状况的留守儿童，其体育价值观存在显著性差异（么广会等，2018）。有学者着重考察了留守儿童的学习价值观，认为留守儿童处于结构与功能变化下的家庭环境、外部与内部断裂下的学校环境和整体"空心化"显著与局部教育功能替代下的社区环境（太小杰，2018）。有学者关注了留守儿童的生命价值观，认为解决留守儿童生命价值教育的问题应从生命价值教育内涵出发，具体分析生命价值教育的理论依据，进而全面地分析和解读留守儿童生命价值教育的内容、原则、目标和意义（蔡舟，2015）。有学者专门针对社会主义核心价值观的教育展开研究，通过选取留守儿童集中的学校展开调查，认为广大中小学生（含留守儿童）对社会主义核心价值观内涵的了解不足，存在家校联动的困境（胡光喜等，2018）。有学者认为可从留守儿童的现实处境中落实落细社会主义核心价值观（胡柳，2019）。有学者对特定区域留守儿童研究发现，留守儿童虽身处农村，但通过智能手机可窥视灯红酒绿的城市生活，人生观没有得到正向引导，往往只看到网络中城市生活的一面，易形成读书无用、金钱至上的负面价值观（姜丽，2020）。不同学者从不同维度探析留守儿童价值观，对价值观进行相应的深入分析，力图展现留守儿童价值观的"全景式"样貌。

（2）留守儿童价值观呈现的问题及对策

作为特殊的群体，部分留守儿童从小形成了追求物质享受、贪慕虚荣的价值观。为了使子女获得更加充裕的物质生活条件，部分长辈会给他们足够的零花钱，使留守儿童塑造了功利主义价值观和享乐主义人生观念（李洪中，2018）。留守儿童由于长期处于留守状态，缺乏父母的关爱与管教，有的甚至与社会上的一些"小混混"混在一起，易造成行为偏差（李义良，2019）。对于留守儿童的教育尤其是价值观教育，现有研究认为应由政府、学校、家庭、大众传媒等社会各界来共同做好相应工作，形成齐抓共管、协同配合的工作机制。同时，有学者认为，应当精准定位留守儿童的实际，以学校为责任主体，加强教育（杨清溪等，2019）。有学者则认为，应当提高留守儿童的抗逆力，培养其在不利成长环境中克服困难与适应逆境的能力（牛培林，2019）。有学者认为，应当提高留守儿童的自我欣赏力，通过定期宣讲相应的励志故事与事迹，帮助留守儿童形成正确的价值观（易锦艳，2018）。有学者则认为，应通过学校来培养留守儿童的法律意识，帮助留守儿童明辨是非（王晓强，2018）。

（3）留守儿童价值观研究述评

通过系统梳理发现，在留守儿童价值观研究中，从研究模式上看，以实证研究为主，比较研究相对较少，"外在效度受质疑，浅表性研究居多"（许怀雪等，2020）。其中，实证研究多是从心理学、社会学等方面进行宏观层面调查的，深层次的问题得不到充分反映。在比较研究中，以同一地区留守儿童与非留守儿童比较居多，而不同地区留守儿童的共时态研究，尤其是侧重价值观发展变化轨迹的跟踪调查的历时态研究较为鲜见。在研究内容上，已有研究对问题的陈述、原因的分析多涉及外部原因，对策建议也趋于同质化，缺少深层次机制剖析，未充分重视对国外理论资源的挖掘与借鉴。

2. 留守儿童教育关爱研究

（1）留守儿童教育关爱的内容分析

教育关爱的内容涵盖较广，研究的视角较多。不同学者从不同视角展开研究，有学者在留守儿童的心理、安全、教育、支持体系等方面对特定区域的留守儿童教育关爱进行了研究（叶松庆等，2017a），并着重探讨了政府、学校在留守儿童教育关爱方面的做法，诸如设立"代管家长"、专职干部等（叶松庆等，2017b），加强对留守儿童的教育关爱。有学者专门就"后撤并时代"寄宿制学校对留守儿童教育关爱造成的挑战（学校育人功能发挥受阻）进行了分析（王学男等，2019）。有学者专门针对父母外出打工对留守儿童学习造成的影响进行研究，发现父母外出打工会造成留守儿童丧失更多的学习机会，并会增加子女使用手机的频率（段颀等，2020）。有学者则专门针对留守儿童的阅读进行了分析，认为留守儿童阅读视角偏窄且经费有限等（叶松庆等，2019）。有学者认为，在课外阅读中，阅读的自我效能以及阅读体验对留守儿童课外阅读行为有着显著的正向影响（王雅倩等，2020）。有学者认为，在留守儿童成长过程中，父母婚姻冲突的外溢与暴躁性人格对留守儿童的虐待防范威胁最大（万国威等，2020），对留守儿童教育关爱造成冲击。有学者则对留守儿童的幸福感进行了研究，认为留守儿童的主观幸福度显著低于非留守儿童，根源在于留守儿童缺乏父母的陪伴（徐慧等，2020）。有学者就留守儿童的心理安全感进行了深入研究，认为留守儿童的心理安全感远低于非留守儿童，同伴关系对留守儿童心理安全感的建设起到了积极的作用（陆芳，2019）。在留守儿童社交焦虑的研究中，有学者认为留守儿童的社交焦虑与其情绪密切相关，社交焦虑在一定程度上会导致留守儿童负性事件的发生（李梦龙等，2019）。有学者对留守儿童的营养状况较为关注，从家庭分离与父母分工的研究视角入手，认为在母亲本地就业、父亲异地就业情况下，留守儿童的家庭收入效应显著较高，留守儿童的营养结构更趋合理（徐志刚等，2019）。在留守儿童学业成绩的研究中，学习环境、学习态度、学习氛围等对留守儿童的学业成绩有较大的影响（赵磊磊等，2018）。学界对留守儿童教育关爱的研究，既侧重教育层面，又注重关爱维度，且两者相互融合的研究趋势愈发明显。

（2）留守儿童教育关爱的机制及模式分析

在留守儿童教育关爱的机制及模式的研究上，有学者认为要积极借鉴国外儿童立法的经验，从政府、父母、学校、社团组织等方面健全教育关爱体系（黄铁苗等，2018）。有学者针对特定区域留守儿童，分别从留守儿童的教育关爱机制及模式方面进行研究：探讨了信息登记、报告与应急处置等现有关爱机制，认为现有关爱机制存在协调保障以及资源配置方面的不足（叶松庆等，2017c）；在关爱模式上，认为当前已经建立的"代管家长""寄宿制学校""乡村少年宫""留守小队"模式存在经费不足、难以形成合力的窘境（叶松庆等，2018a）。有学者借鉴国外的"服务三角"模型，构建留守儿童教育关爱的供给机制，强调以留守儿童的需求为导向，注重多个主体的协调与联动（叶松庆等，2018b）。有学者认为，可通过图书馆发挥效能的最大化模式，向留守儿童推送阅读资源，提供人文关怀，以此来实现特色关爱（金晓冬，2020）。有学者认为，从创新社会治理体系的视角出发，从农村社会治理体系改革、完善社会保障以及工作落实等方面构建留守儿童的教育关爱体系（张学浪，2018）。有学者认为，留守儿童的关爱教育实践存在粗放化倾向，具体表现为关爱对象标签化、关爱诉求共同化、分析视角静态化（杨青松等，2020）。总的来看，学界对留守儿童教育关爱机制及模式的研究系统性稍显不足。

（3）留守儿童教育关爱研究述评

自留守儿童群体出现以来，各级地方政府、职能部门、群众团体等相关部门相继采取措施，大力开展留守儿童关爱及服务工作，自上而下的留守儿童关爱服务实践迅速展开。学界的研究集中在留守儿童关爱服务方面，学者们围绕如何有效开展关爱服务实践，从关爱主体明确、工作阵地拓展、方式方法创新、体制机制完善等方面展开研究，产出了很多有价值的成果。

当前研究中对留守儿童关爱服务实践的研究尚未形成全面系统的理论体系，不能完全适应新时代社会深层次转型发展形势，对构建长效机制的认识不足，对留守儿童价值观发展和教育关爱之间的关联缺乏深入的系统性探讨，机制运行的针对性与可操作性还有较大拓展空间。

3. 留守儿童教育关爱机制构建研究

有学者针对留守儿童家庭教育缺失，主张从政府购买家庭服务来缓解留守儿童家庭教育的供需矛盾（杨剑等，2018）。有学者从心理、学业与社会化 3 个维度对留守儿童展开研究（黄荣晓等，2018），并构建留守儿童的成长机制。有学者针对民族地区留守儿童的实际，提出要建立系统化的社会工作干预机制（张小屏，2018a），以此为基础，做好留守儿童的教育工作。有学者主张从区域联动的社会化机制入手，建立网格化的留守儿童教育关爱体系（刘永春等，2017）。有学者主张积极利用高校资源，形成志愿服务留守儿童的机制（王伟清等，2012）。还有学者从风险的视角出发，提出构建留守儿童的风险预警与分级干预机制（曹艳春等，2016）。学界对留守儿童的教育关爱机制研究从不同的视角展开，但对长效机制的构建以及机制构建后的可操作性与实践性估计不足。

（二）国外研究现状述评

1. 研究的基本情况

由于国情不同，国外对于留守儿童的研究较少。国外学者关注点集中在留守儿童的抚养问题和心理发展问题上。各国产生了独具特色的研究方法。

2. 典型的研究成果

国外学者对留守儿童的研究偏向于子女抚养、家庭教育和政府支持方面。在抚养方面，大致将亲属抚养分为三种类型：一是私人亲属抚养，二是亲属看护，三是志愿亲属看护。约翰·鲍尔比（John Bowlby）认为，儿童双亲外出、工作或无经济能力（失业）等，使得祖父母在自愿或非自愿的情形下担负起照顾孩子的责任。在家庭教育方面，父母亲角色对留守儿童的教育影响是不同的（Bowlby，1988）。哈珀（C. C. Harper）等的研究发现，父亲的教育程度对子女教育程度的影响较大，而母亲的教育程度只对女儿教育程度有显著的影响（Harper et al.，2004）。埃莱奥诺拉·古洛内（Eleonora Gullone）等的研究指出，由于父母长期外出，留守儿童身心发展将受到一定的影响，留守儿童有时不得不承担起繁重的农业劳动或家务，此举甚至会导致大量留守儿童辍学（Gullone et al.，2001）。在政府支持方面，鉴于留守儿童普遍存在的健康和心理问题，约翰·施特劳斯（John Strauss）的研究认为，政府一般提供家庭抚养支持计划、健康服务、抚养人支持小组、被抚养儿童治疗小组、信息公告计划以及财政资助等（Strauss et al.，1988）。

二、本书主要内容与基本观点

（一）主要内容

1. 留守儿童价值观发展现状与教育关爱现状分析的逻辑关联

教育关爱是留守儿童价值观发展的必然要求。留守儿童在形成正确价值观的过程中必然需要相应的教育与引导。教育是形成认知的重要前提，通过教育留守儿童，可帮助其辨别是非、明白善恶。价值主体性要求人们能够从自己对象性行为中认识自身权利和责任，坚持主体定位和权责的统一性。留守儿童价值观的发展是否符合当前社会发展趋势，以及对教育关爱成效的评价，最终仍须基于留守儿童身心发展的情况来判断。

2. 留守儿童价值观发展现状的分析

留守儿童价值观的内涵丰富，通过对连续（或间续）16 年调查数据的分析，详细探寻新时代留守儿童价值观的发展现状。在现状分析中，注重价值观内涵的深入剖析和多维度的观照，展现分析的全面性与系统性。从留守儿童现实的生活与学习境况出发，从核心价值观、生活观、爱国观、孝道观、公德观、诚信观、感恩观、劳动观、人际观、恋爱观等 10 个方面入手，多维度较全面地管窥留守儿童价值观的发展现状。

3. 留守儿童教育关爱现状的分析

留守儿童的教育关爱现状分析，既侧重教育层面，又注重关爱维度，两者相互融合。从留守儿童的基本状况、留守儿童父母（监护人）的相关情况、留守儿童教育关爱的一般状况与具体状况等方面的表现入手，来检测教育关爱的效果。

4. 现状反映的问题及浸润的机制分析

一方面，在前述分析的基础上，深入探寻现状反映的问题，探讨这些问题对长效机制构建的影响程度等；另一方面，对后期开展的针对性调查所反映的问题进行归纳，对现状所浸润的教育关爱机制进行分析，为长效机制的构建奠定基础。

5. 教育关爱长效机制构建面临的问题与成因

现行的机制从不同层面发挥了不同程度的作用与功效，但机制在运行的过程中仍存在家庭监护管理乏力、学校内生动力不足、政府主导仍需突出、社会功能尚待完善、自我效能感应偏弱等问题。其实这些问题缘于教育关爱的长效机制尚未成熟与健全，需要从多层次探究生成原因。

6. 教育关爱长效机制构建的策略

构建策略的侧重点在于探明现有机制对留守儿童的发展效度并发挥机制的长久功效等。长效机制的构建要扭转教育关爱的不良倾向，认真分析留守儿童群体的特点，满足他们的成长诉求。遵循坚持主位诉求、坚持多元主体、坚持教育仁爱及坚持教育评促的原则，有效运用构建长效机制的根本性与阶段性策略。

（二）基本观点

1. 留守儿童的价值观发展与教育关爱喜大于忧，构建长效机制亟须持续重视

在党和国家的高度重视下，社会各界关注和积极开展教育关爱，留守儿童的价值观得到正常发展，也存在一定的问题与隐忧。留守儿童是未成年的社会群体，他们心智发展尚不健全，当父母外出后，留守儿童的教育方式发生了很大改变。留守儿童问题一方面表现为家庭成员的长期缺位造成的教育弱化，另一方面则表现为留守儿童与父母关系疏离造成的关爱缺乏。留守儿童的价值观发展与教育关爱受到一定程度的影响。从总体上看，留守儿童的价值观发展与教育关爱喜大于忧。

教育关爱是手段，长效机制是保障形式，促进留守儿童价值观发展与健康成长是目的。要想保障留守儿童的健康成长，须持续重视其价值观的发展并关注教育关爱机制的长效性。

2. 留守儿童价值观发展呈现的特点

从总体上看，留守儿童缺少非留守儿童的生态优势和成长环境，对艰辛、竞争、利益、人生追求等的认知有别于非留守儿童，务实性更加显著，功利性倾向更加突出，对涉及个人的事务较为关注。受正确社会价值导向、社会正能量、长辈以及监护群体的影响，留守儿童主体上认同大多数传统价值观，勇于践行社会主义核心价值观，注重对新事物与新观念的悦纳。吐故纳新能力较强、社会冷暖感悟力较强、主位诉求欲旺盛、自我发展动力不足是其显著特点。

3. 留守儿童教育关爱的不良倾向亟待扭转

留守儿童是党和政府以及全社会教育关爱的重点对象，开展教育关爱服务应以留守儿童的需求为指南。但在实践中，人们习惯性地站在自身立场思考留守儿童的所想所需，对留守儿童的主位诉求重视得不够，在教育关爱过程中存在不同程度的"仪式化""碎片化""不到位""轻检验"等倾向，教育关爱的成效有待提升。重视教育关爱者主观意愿、轻视受教育关爱者主位诉求、重形式轻效果等不良倾向亟待扭转。

4. 在认清长效机制构建问题的基础上做到"五个统一"

留守儿童教育关爱长效机制构建存在的问题主要有：针对性、可操作性与推广性不强，同质化现象较严重，轻视异质性问题，样本思维较突出等。在构建教育关爱长效机制的策略上，应根据留守儿童的身心发展实际，全面洞察其日常学习生活状态，完整获取他们的各种信息，做到"历时性与现时性""线上数据与线下表现""显性条件与隐性因素""吸纳借鉴与包容改良""求是与自洽"等"五个统一"。

5. 注重长效机制的针对性、可操作性、推广性并妥善处理好三者关系

注重长效机制的针对性、可操作性与推广性是研究的最终落脚点。在针对性上，需要精准聚焦教育关爱对象，所做的事都是为了同一对象，但要考虑有无可能，针对性须以可能性为基础。在可操作性上，应实事求是，注意结合地方实际，删繁就简，便于落实。在推广性上，要结合区域特色与条件，是否适用是可否推广的评判标准。要妥善处理好针对性与可能性、可操作性与可行性、推广性与适用性等关系。同时在构建的技术层面，还要妥善解决即时性、便捷性等问题。

第二章　农村留守儿童价值观发展与教育关爱长效机制构建的逻辑关系

本章对涉及的核心概念进行了界定，并阐述了留守儿童价值观发展与教育关爱间的逻辑关系，对教育关爱长效机制构建的理论基础进行了探讨，确保研究的科学性和合理性。

一、核心概念界定

对研究中涉及的核心概念进行界定，有助于厘清概念的内涵与外延，进一步明确课题研究的边界和研究范畴，对后续研究目标的实现具有重要的促进意义。

（一）留守儿童

留守儿童群体的产生与经济社会发展和转型密切相关，是与之相关的就业、教育、社会保障等体制的产物。留守儿童高度集中的地区主要分布在四川、贵州、安徽等地的农村地区。对留守儿童概念的界定，需要从年龄划分以及父母外出状况等多方面准确把握。学界较早关注留守儿童的《农村留守儿童问题调研报告》对农村留守儿童的界定为："由于父母双方或一方外出打工而被留在农村的家乡，并且需要其他亲人或委托人照顾的处于义务教育阶段的儿童。"（吴霓，2004）2016 年《国务院关于加强农村留守儿童关爱保护工作的意见》（国发〔2016〕13 号）中对留守儿童进行了界定，"留守儿童是指父母双方外出务工或一方外出务工另一方无监护能力、不满十六周岁的未成年人"。本书对留守儿童的认定采用该界定。根据《中国 2010 年人口普查资料》样本数据的推算，当时全国有留守儿童 6102.55 万人，占农村儿童的 37.7%，占全国儿童的 21.88%。据 2016 年全国首次摸底排查数据，全国留守儿童 902 万余人，2018 年全国留守儿童 697 万余人[①]。因为父母外出，导致亲情疏离与情感无依，留守儿童容易或者已经出

---

① 全国现有农村留守儿童 697 万余人 两年间下降 22.7%. https://baijiahao.baidu.com/s?id=161032 3742087889781&wfr=spider&for=pc[2024-05-20].

现程度不等的诸如思想迷茫、行为失范、心理孤僻、学习成绩下降等问题。

在对留守儿童概念把握的过程中，需要注重区分流动儿童与留守儿童概念。流动儿童的概念是从流动人口概念中逐渐衍生而来的。流动人口是指经常性居住地与户籍登记地不相一致且离开户籍登记地半年以上的人口（简称广义人户分离人口）（段成荣，2015）。流动儿童则是父母双方或者一方外出流动，自身长期随父母双方或者一方的儿童。流动儿童与留守儿童的最大区别就在于，前者是"流动"，后者是"留守"。在一定条件下，流动儿童与留守儿童之间是可以相互转换的。

（二）价值观发展

价值是指"客体的存在、作用以及它们的变化对于一定主体需要及其发展的某种适合、接近或一致"（李德顺，1987），价值观则是"指人们关于生活中基本价值的信念、信仰、理想等思想观念的总和"（李德顺，1997）。价值观从形式上看，是人们对基本价值的看法、信念、信仰和理想，就其内容来看，反映着主体的地位、利益、需要。价值观还起着评价标准的作用。价值观的发展是主体由于生活状况与实践经验的发展，关于价值的基本信念、信仰、理想的系统发生变化。在探讨价值观发展的过程中，需要明晰：一是价值观发展是社会发展的必然要求。人类社会是不断向前发展的，生产力发展与技术的进步不断催生新的人类需求并使利益不断变化，人们的认知、看法与评价标准也随之变化。二是价值观的发展不断呈现出扬弃的发展过程。价值观的发展是时代发展的产物，对价值的认知与选择，是不断与社会发展重合的过程。三是关注价值观的发展有助于从长时间跨度把握主体思想的动态与发展趋向。四是价值观发展的研究最终落脚点在于以社会主义核心价值观为统领，培养个体平和的社会心态，更好地服务于社会主义现代化建设。

（三）教育关爱

广义上，教育能使人们获得更多的知识与能力，从而促进精神境界提升直至实现全面发展。狭义上，教育是指在教育者的指导与安排下进行的一系列的组织活动，旨在培养社会所需人才。从本质上来看，教育是教育者引导受教育者学习知识和指导受教育者的行为。根据教育主体的不同，对留守儿童的教育可以分为学校教育、家庭教育、社会教育以及自我教育。从留守儿童的教育实际来看，4 个方面教育的融合形成统一的整体，任何一方面的缺失对留守儿童的身心发展与健康成长均不利。对留守儿童的教育应注重"四性"，即全面性、主体性、针对性和长期性。留守儿童教育的全面性，即教育内容的全面性，包括留守儿童思想道德素质、科学文化知识以及生理心理素质等方面的综合教育，全面性旨在促进留守儿童的全面均衡发展。主体性要求教育者在教育的过程中，尊重留守儿童并以留守儿童为中心，使留守儿童的个性得以充分发展。针对性要求在留守儿童教育的过程中，既要有统一的共性教育，又要针对留守儿童内部的异质性问题（如留守儿童向流动儿童转化、不同性别的留守儿童、单亲家庭留守儿童）因材施教，使留守儿童的潜能和个性得以健康发展与完善。长期性表明留守儿童教育不是一蹴而就的，而是需要经过长期的过程，不能急于求成，在长期教育的过程中必须整体、系统和科学地进行考量，从而实现留守儿童的发展。

关爱是"主体的人对客体对象的尊重、悦纳、喜爱、欣赏和关注以及无条件不遗余力地促进对方的进步和成长"（赵春苗，2007）。关爱作为一种积极主动的活动，是人的创造力的表现，本质上是一种善意的给予。关爱可以划分为不同的类型，从学术研究的领域来看，关爱可以分为教师关爱、企业关爱、父母关爱以及社会关爱等。从关爱行动的领域来看，关爱可以分为外显性关爱行为和内隐性关爱行为（李晓凤等，2011），外显性关爱行为侧重于作出实际行动，如扶起摔倒的老人或小孩。内隐性关爱行为是指在心中萌发关爱的理念，体现为心理的成长过程。从关爱对象的划分来看，有以人为对象的关爱和以物为对象的关爱。本书中对留守儿童的关爱是综合性的，既包含来自家庭、学校以及社会的关爱，也包含留守儿童自身的关爱、对自我身心健康发展的重视，各级教育主体应重视留守儿童的关爱。对留守儿童的关爱应注重把握两个侧重点，一是各级教育主体主动给予留守儿童的关爱行动，使得留守儿童的成长发展处于良好的氛围之中，二是留守儿童要以关爱为价值取向，逐渐学会关爱，提升自身的关爱能力。

（四）机制与长效机制

1. 机制

"机制"一词，本义指机器的构造及工作的原理。换言之，一方面指机器的构成部分，另一方面是机器整体以及各个部分如何运作以及为何这样运作。将机制概念植入不同学科领域会产生不同的概念解释。

本书所探讨的机制是指通过一定的运作方式，将事物的各个有机组成部分联系起来，并按照一定的模式使各个部分能够协调运转、健康运作，从而发挥事物的正常机能。概而言之，机制就是使事物内部组成部分协调运作、发挥事物正常机能、体现事物正常属性的制度化的方法与模式。机制作用的发挥，有赖于两个基本条件：一是要有配套、健全、稳定、规范的制度体系；二是要使组织和个体能够积极主动推动制度体系的正常运行。机制不同于制度，从归属关系与包含的层级来看，机制包含制度。从整体上来看，具体制度的良好运行离不开制度内的各种要素的充分保障与相互制约，任何一项制度不能脱离制度内的具体要素而独立存在，制度内的各种要素相互配合与制约从某种意义上来说就是该制度的机制。

2. 长效机制

长效机制是机制的一种，从学界当前的研究来看，长效机制的概念并未形成共识。从字面意思理解，长效机制是指可以长期和持续实行的机制。从功能与成效上来看，长效机制可以保持制度的常态化稳定运行，并且能够发挥相应的功能与成效。需要指出的是，长效机制并不是僵化的或一成不变的，而是处在动态协同与平衡发展的过程之中，在具体的实践中，需要运用不同的政策手段以及其他的多种手段，不断确保长效运作取得真正的实效。

3. 留守儿童教育关爱长效机制

留守儿童教育关爱长效机制是指使得留守儿童教育关爱能长期持续常态化地开展并实现预期目标（促进留守儿童成长成才）的一种制度体系。在本书对留守儿童教育关爱长效机制的构建中，遵循机制构建的基本原则，注重其整体与要素之间的关系。

二、价值观发展的内在逻辑理路与留守儿童价值观的划分依据

（一）价值观发展的内在逻辑理路

1. 价值观植根于经济基础

按照马克思主义的观点，"思想、观念、意识的生产最初是直接与人们的物质活动，与人的物质交往，与现实生活的语言交织在一起的"（中共中央马克思恩格斯列宁斯大林著作编译局，2012），人的价值观植根于人所处的社会经济关系中，价值观的发展实质上反映了经济关系的深刻发展。价值观是个体对所处社会中的人、事、物的总体性认识与评价，是所处社会

经济关系的反映，并受到社会经济关系的制约。作为上层建筑中的重要组成部分，价值观根源于生产力发展所产生的经济基础及经济关系。价值观植根于经济基础，如果经济基础与价值观的形成不相适应，价值观的发展将不复存在抑或低效运行，在这种情况下，轻则个体行为与价值观产生不一致，重则将会出现与当时所处的经济关系背道而驰的价值观，这无疑会对社会发展产生不利的影响。如果经济基础与价值观发展相适应，价值观植入大多数人的思想观念和信仰中，这时人们会自觉践行主流的价值观，为实现自身的社会价值而奋斗。应当来说，价值观发展必须有其实现的经济基础或者说必须建立在与其相适应的经济基础之上。价值观作为个体发展与成长的重要"基石"，决定了个体的价值取向、追求、选择与判断，同时成为个体的行为准则，规范个体的成长与发展。

2. 价值观分析一般的结构性框架

有学者认为，在对价值观问题进行分析的过程中，应当有一般性结构，其认为价值观的一般性结构包括主信念、信仰与理想（李德顺，2013）。对价值观的考察也应置于一般的结构性的框架中，即从主体的自我意识的发展与定位，从社会结构、社会规范要求的立场与选择以及自身的心理价值取向等多个维度加以考量。在留守儿童价值观发展的过程中，要充分考虑到留守儿童的主体意识，从留守儿童的认识以及切实的想法去考量其价值观的形成与发展。人的理想信念是从学习开始的，这里说的学习并不拘泥于学校教育或书本知识的学习，还泛指从外部接受信息形成自己认知的学习。留守儿童的信念也是在多重学习的共同影响下逐渐形成的。在规范意识层面，更多地使价值观的形成与发展符合社会发展的需要，需要聚焦主体的规范性意识的形成与发展，这种意识的形成与发展并不是自发性的，需要一定的教育与引导，从这个意义来说，价值观的一般性框架与教育之间存有内在联系。同时，价值观还须付诸实际行动，从行动层面去践行。

（二）留守儿童价值观的划分依据

1. 基于主体性的定位

主体性是价值和价值观的根本属性，这是理解和把握二者的关键。主体性并不是主观性，主观性更多的是指人的精神特性，而主体的人作为对象关系中的行为者，是客观的社会存在，不能归结为孤立的精神和主观意识。依据马克思的观点："不是人们的意识决定人们的存在，相反，是人们的社会存在决定人们的意识。"（中共中央马克思恩格斯列宁斯大林著作编译局，2012）要判断一个人的价值观是什么样或者说一个人对事物的看法是好抑或不好，就需要充分了解其客观需要、能力和条件。反过来，可以通过对个体对事物的评价，来了解评价者的状态、需要与能力，及其思考问题的方式与方法。对留守儿童价值观的界定是针对留守儿童这一特殊群体而展开的，应充分考虑留守儿童的现实状况，所设计与调查的内容应当充分反映留守儿童的思想观念与发展动态。主体性的定位在教育关爱留守儿童的过程中，要以留守儿童的需要和能力为尺度去把握留守儿童价值观的发展变化。课题组在留守儿童的核心价值观到恋爱观共 10 个方面的调查中，均考虑了从留守儿童阶段性发展特征所呈现的价值观发展的因素。

2. 基于事实与理论的双重视角考察

从 2006 年开始，课题组连续 16 年聚焦未成年人价值观的调查，对未成年人（含留守儿童）的核心价值观、生活观、爱国观、孝道观、公德观、诚信观、感恩观、劳动观、人际观、恋爱观等 10 个方面展开研究。16 年的调查研究既强调对留守儿童实际生活的了解与阐述，又从理论上描述留守儿童价值观发展变化的基本样态。在理论上描述留守儿童价值观注重认知路向与行为路向的结合。认知路向侧重鼓励与帮助留守儿童辨清自身的价值取向，培养基本的价值素养，让留守儿童具备基本的识别和理解能力。行为路向是在认知路向的基础上展开的。现实生活中，留守儿童存在行为偏差的主要原因在于从认知路向朝行为路向转换过程中，缺乏有效的实践活动。最终让留守儿童记住的不仅仅是一些大道理，更重要的是将形成的基本价值观融入自身的行为与习惯中，进而塑造正确的价值观。

三、价值观发展与教育关爱间的关系

价值观发展与教育关爱间存在逻辑关系。在研究中可以看出，教育关爱是价值观发展的必然要求，同时价值的主体性内在要求教育关爱，两者存在相互联系与相互影响的关系。

（一）教育关爱是价值观发展的必然要求

价值观包含 3 个层次的内涵。第一，价值观是人们关于基本价值的理想、信念、信仰系统。理想是人们在实践中形成的，有实现的可能性，是对未来社会和自身发展的向往与追求。信念同理想一样，也是人类特有的精神现象，是建立在一定的认知基础上确立的对某种思想或事物坚信不疑并身体力行的精神状态，信念是认知、情感和意志的有机统一体。信仰则是对某种思想或事物的信奉和敬仰。从理想、信念到信仰是逐层递进的关系，关于基本价值的理想、信念和信仰均建立在认知的前提下，而获得认知的前提是教育，教育是根本性的，教育过程中的具体形态或形式中包含关爱。第二，价值观是人们生活状况的反映和实践经验的凝结。价值观不是凭空想象或随意产生的，是社会存在的反映。教育关爱作为一种社会存在，有助于主体价值观的形成与确立。第三，价值观的作用更多地体现在价值评价过程中。价值观是人们作出价值行为判断与选择的重要依据，决定人们的认知。形成正确的价值观有助于主体作出合理的行为选择，反之，主体将作出不合理甚至是危害社会的行为。在形成正确价值观的过程中必然需要进行相应的教育与引导。

对留守儿童的教育关爱是其价值观发展的必然要求。从价值观的形成来看，教育关爱必不可少，教育是形成认知的重要前提，通过教育留守儿童帮助其辨别是非、明白善恶。从价值观的反映来看，留守儿童价值观是其真实留守生活状态的反映，在其留守生活中逐渐形成。从价值观的功能来看，价值观是主体作出正确合理行为的坐标，价值观功能的实现离不开教育与引导，应通过教育引导使其形成正确的价值观。

（二）价值的主体性内在要求教育关爱

价值的主体性是指"反映客体属性与主体尺度的关系状态"（李德顺，2015），客体有什么价值主要取决于主体，价值总是因主体而异的。价值主体性要求人们能够从自己对象性行为中认识自身权利和责任，坚持主体定位和权责的统一性。在价值观教育的过程中，要注意让主观符合客观，就是要与现实生活充分结合和互动，在现实生活中启发和教育主体，要与主体讲清楚实际状态和应该达到的状态之间的关系，让主体更多地实践，在实践中基于自身的权利和责任去比较，去选择，去担当。评价留守儿童价值观的发展是否符合当前社会发展趋势以及教育关爱成效，最终还是要回到留守儿童本身，从留守儿童的身心发展的情况来看。要注意引导留守儿童明白自身虽然处于留守状态，但是有来自学校、社会以及监护人等多方面力量的教育关爱，自身要学会成长，将这种状态当作是对自身心智良好的磨炼，逐渐增长自身的才干，增强自身的本领。

（三）两者之间存在相互联系与相互影响的关系

价值观发展是教育关爱实现立德树人的内在要求。党的十八大以来，以习近平同志为核心的党中央高度重视教育工作，尤其是立德树人工作。

立德树人既要求育人主体用德去育人，又包含培育有道德之人。培育有道德之人就是教育的内在价值观。实现这一目标主要通过各种形式的教育展开，教育关爱是实现价值观发展的关键力量。

从留守儿童的价值观发展来看，要积极主动地加以教育与引导。首先，需要进一步明晰不同教育力量之间的职责，增强不同教育主体的主体意识。例如，作为教师，在教学过程中应积极主动地帮助留守儿童，关注其心理健康状况；留守儿童的监护人要对留守儿童的日常生活给予高度关注，做好日常生活的保障；等等。其次，要着力营造促进留守儿童价值观发展的教育关爱氛围。例如，在教师群体中，注重宣传与教育，确立与留守儿童"结对子"的典型，并通过适当的方式广泛宣传先进事迹，切实让不同教育力量汇聚并作用于留守儿童的成长与发展。最后，强化价值观引导的角色认同。留守儿童价值观发展不是单一依赖学校教师或监护人，而是需要多方面的力量共同做好工作。对于如何激发不同角色之间价值观教育的认同，一方面，需要建立相应的评价机制。如在学校教育中，老师是否对本班留守儿童真正做到因材施教，监护人是否真正切实保障留守儿童的基本生活等。另一方面，要不断改善价值观发展的引导条件。在日常教育中，学校可以与留守儿童家庭尤其是与监护人之间，开展相应的交流沟通、主题座谈（防溺水、防灾害、防意外伤害内容等）来加强教育，促进教育者认识自身，履行留守儿童价值观发展的重要职责。

四、教育关爱长效机制构建的理论基础

留守儿童教育关爱长效机制的构建作为一项系统性工程，涉及很多不同的教育主体、不同层面的内容，在构建留守儿童教育关爱长效机制的过程中，需要针对研究的理论基础进行深入分析，为研究夯实理论基础。

（一）全面发展理论

自古以来人们对自身的发展关注已久，古希腊时期"人是万物的尺度"充分表明人的主体性以及人们对自身的高度重视。马克思主义关于人的全面发展理论是在批判资本主义社会旧的分工给个人带来的痛苦和畸形发展的基础上提出来的，体现的是对未来美好生活的向往。这里的人的全面发展就是"人以一种全面的方式，也就是说，作为一个完整的人，占有自己的全面的本质"（中共中央马克思恩格斯列宁斯大林著作编译局，1979）。

马克思关于人的全面发展内容主要包含以下层面。一是人的需要的全

面发展。人的需要催生了人的生产与劳动，反之，人的劳动与生产不断满足人的需要。人的需要的全面性，要求人们不断地在产生、追求和实现过程中得到满足。二是人的能力的全面发展。人的能力的全面发展强调人在社会实践过程中形成的能动性的力量，突出表现为人的综合素质。应当说，人的能力发展主要形成于人的实践过程中，同时也是多方面的。因此，要注重在后天实践中的培养。三是人的社会关系的全面发展。个人不可能脱离社会关系而存在，人的社会关系的发展要求个体在多样化的社会关系中，正确认识自身的角色，承担社会关系中的角色责任。四是人的个性的全面发展。人的个性发展包括思想道德素质、心理素质以及科学文化素质等多方面的综合素质。个性的全面发展亦是各方面素质的养成与发展，既强调个体发展的独特性，也包括遵守社会一般的道德规范和公序良俗。

　　阐述了马克思关于人的全面发展内涵后，接下来阐述的是逐步实现人的全面发展。马克思认为，"一个人的发展取决于和他直接或者间接进行交往的其他一切人的发展"（中共中央马克思恩格斯列宁斯大林著作编译局，1960），内在地包含所处的社会以及其他要素的发展，具体来说：一是生产力，生产力的发展不断丰富人们的物质文化需求，使之逐渐从低向高发展。在生产力不断发展的过程中，主体性力量得以发挥。二是社会制度，不断健全和完善的社会制度，有助于营造良好的社会环境，对个体发展有所裨益。三是生态环境，个体生存需要一定的物理空间和环境，良好的生态环境为人类生存和发展提供舒适的环境。四是实践活动，个体积极参与社会实践，在社会实践中不断完善自己。五是教育，教育是提高人的综合素质的重要方法，也是人的全面发展的重要手段。通过教育，人可以习得学识，得到锻炼，掌握技能，强化生存与发展能力。

　　留守儿童的全面发展同样体现在需要、能力、社会关系等方面。从留守儿童的需要来看，留守儿童不仅需要物质性的支持，更需要情感、慰藉与精神支持，需要的广度更大。从能力的全面发展来看，留守儿童能力的发展突出强调其综合素质的提升，构建教育关爱留守儿童的长效机制的最终目的就是更好地提升留守儿童的综合素质。从社会关系的发展来看，更好地促成留守儿童的个性发展，不断提升其社会化程度和水平。从实现留守儿童的发展来看，一是大力发展经济，尤其是发展欠发达地区的经济，当经济发展水平提升之后，留守儿童父母将有希望在本地就业，以更好地监护与教育子女。二是提供留守儿童实践教育的平台，更好地锻炼留守儿童。三是进一步做好教育工作，尤其是学校教育工作。

（二）需要层次理论

在留守儿童教育关爱长效机制的构建中，最为关键的步骤是了解教育关爱的落脚点，也就是留守儿童的需求。人本主义心理学家马斯洛提出的需要层次理论，是研究人的需要的重要理论参照。本书通过对马斯洛需要层次理论的分析，结合留守儿童的需要，为后续研究奠定基础。马斯洛提出需要的五大层次，即生理需要、安全需要、爱与归属的需要、尊重的需要、自我实现的需要。一般而言，马斯洛的需要层次是从低级向高级不断进阶的，需要层次逐渐提升。

留守儿童最基本的需要就是"生理需要"，包括衣食住行等基本的需求，基本的物质保障是留守儿童发展的前置性条件。基本物质生活匮乏将会影响留守儿童的成长与发展，也会制约其追求更高层次的需要。一方面留守儿童的"安全需要"包括对留守儿童生命安全的呵护，在日常教育过程中，防溺水、防火防灾、防意外伤害等安全教育最重要的目的就是提高留守儿童的安全意识，更好地保障其人身安全。另一方面，留守儿童的"安全需要"还包括心理安全，父母双方或一方外出打工会对留守儿童的心理造成一定的负面影响，对留守儿童心理安全的重视，是对其教育关爱的内在之义。关于"归属与爱的需要"，强调留守儿童对团体的认同、对和谐人际关系的需求，要求留守儿童学会爱和更好地爱他人。留守儿童要学会接受他人的爱，包括来自学校教师、同辈群体以及社会爱心人士的关爱，要以积极阳光的心态去接受。让留守儿童感受善意与温暖，助推健全人格的养成。留守儿童更要学会自爱，重视自身个体的独特价值，形成健全的心理品质，才能学会与人相处，形成良好的人际关系，最终达到关爱他人的目标。留守儿童的"尊重的需要"，是指留守儿童既要自尊也要尊重别人，做到尊重别人才能赢得别人的尊重。留守儿童"自我实现的需要"是在前述需要得到充分满足的基础上实现的，只有构建留守儿童教育关爱长效机制才能逐步满足其自我实现的需要，但也应看到，高层次需要的满足是一个长期性的过程，需要不同教育主体多元协作与配合，才能很好地完成。

（三）社会支持理论

个体作为社会存在物，其生存、生产、生活与发展离不开社会关系，更离不开社会群体的支持。目前学界对社会支持内涵的认识各有不同。费孝通（2015）先生在《乡土中国》中提出"差序格局"的概念，将社会支持网络具化为亲缘、业缘、地缘等构成支持体系。还有学者认为，社会支持是帮助个体完成某一目标。综合来看，社会支持包括对个体提供的物质性与精神性的支持，这种支持逐步构建起网络。

目前社会支持理论已成为多学科交叉关注的领域。从社会学领域来看，社会支持可划分为提供物质和精神支持，内在包含对被支持者的情感性认识与肯定。社会支持系统的构成主要包含：社会支持主体、社会支持客体和社会支持中介。社会支持主体包括家庭成员、教师、朋辈群体，广泛地存在于社会、家庭和学校之中。从广义上来看，社会支持客体是一切需要支持和帮助的对象，具有普遍性；从狭义上来看，社会支持客体仅指特定的弱势群体，如残障人士、留守儿童等。社会支持中介是联结社会支持主客体的中介和中坚力量。从社会支持的形式来看，社会支持既包含物质的客观支持，如家庭成员、朋辈群体间提供的金钱、实物等支持；社会支持还包含主观的支持，包含对支持客体情感、关爱、心理情绪的安抚等，这些支持是无形的，但能安抚支持对象的心理，纾解其思想或心理上的症结。从支持的来源来看，一般将社会支持的来源划分为宏观、中观、微观3个层面，宏观层面包含国家大政方针的政策性支持以及经济领域投资等，中观层面包含以社会企业为单位的支持，如爱心企业的赞助，微观层面包含社会团体和个体间的相互支持。

从留守儿童的实际来看，其作为相对弱势的群体，理应得到社会支持。这种支持既包括客观的物质性支持又包括主观的精神支持。从支持的来源来看，留守儿童的社会支持来源并不是单一主体，而是包含国家、社会、企业、社团和个人等多元主体，多主体共同作用才能更好地实现社会支持，最大限度地保障留守儿童的发展利益，促进其健康成长。

（四）系统管理理论

"系统"一词源于古希腊，是指两个以上相互联系和相互作用，具有整体结构和功能要素的集合体，古希腊的哲学家德谟克里特曾对此有过论述（闻骏，2017）。随着科学技术的发展，人们对系统内涵的理解不断更新，也愈加深刻。美国管理学家卡斯特（F. E. Kast）、罗森茨韦克（J. E. Rosenzweig）和约翰逊（R. A. Johnson）等在一般系统论（L. 贝塔兰菲，1987）的基础上建立起了系统管理理论（卡斯特等，1985）。

系统管理理论一般包含系统思维、系统管理和系统分析。系统思维是基于系统观念的思维方式，就是将系统视为有目的和有组织的整体，充分认识到系统的开放性，存在同外界的物质和能量的交换。系统管理是一种管理方式，将系统切分为不同组织和架构，协同不同组织和架构使之高效率地运转，充分发挥组织中人的作用，强调人的能动性发挥。系统分析则是解决系统管理问题的技术与方法，包括对存在问题的认识与分析，并确定最优解决方案和技术路线。

系统管理理论强调从系统和整体的视角对待事物，不再拘泥于部分，从整体中寻求最优解答方案。

系统管理理论具有整体性、层次性和开放性的特征。整体性认为系统由多个部分组成，系统整体功能的发挥得益于系统整体功能的优化，系统管理理论把握各要素间的联系，制订全局性的计划，重视整体性，使各要素在新的环境中达到动态平衡。层次性则认为系统是一个层级结构，包含多层级组织。大系统中包含小组织和要素，要注重发挥不同层次组织的作用和功效。开放性则表明系统活动与运行会受到外部环境的影响，系统与环境相互依存，系统会与外部产生信息、能量的交换，系统一定要适应外部环境的需求，并根据外部环境的发展变化，适度优化系统功能。

留守儿童教育关爱问题作为一个系统性问题，涉及多个教育主体，包含政府部门、家庭、学校、社会、企业、社会组织以及留守儿童自身。从系统管理理论视角出发，家庭中父母双方或一方外出打工导致留守儿童家庭出现不完整性，留守儿童往往缺乏父母的教育引导，加之监护人（祖父、祖母、外祖父、外祖母等长辈群体）受教育程度普遍偏低，教育效果不佳，导致留守儿童价值观发展与身心健康受到一定程度的影响。从系统管理理论视角来看，要注重从整体上分析留守儿童，既然家庭教育由于留守出现不完整，应统筹考虑系统内其他要素，从整体上把握，找到影响留守儿童发展的各个因素，并从系统性的视角出发，找出其中的关联，这样才能构建并逐步完善教育关爱长效机制。

第三章　农村留守儿童相关情况的调查述要

本章对 2006～2019 年连续 14 年的未成年人（含留守儿童 7041 名，以下同）问卷调查，2008～2019 年连续 12 年的中学老师问卷调查，2010～2019 年连续 10 年的家长问卷调查，2013～2016 年连续 4 年（8 次）、2019～2021 年连续 3 年的中学校长（含副校长，下同）问卷调查，2013 年、2019 年的德育工作者问卷调查，2013～2015 年连续 3 年（5 次）、2017 年、2020～2021 年连续 2 年的小学校长问卷调查，2010 年的教育、科技、人事管理部门领导问卷调查等作了介绍；同时，对问卷调查的设置与组织、实证调查的内容安排与数据处理，2006～2021 年全国部分省（区、市）8 个群体调查实施的总体情况，以及 2017 年赴安徽省合肥市肥西县、肥东县、庐江县三县专题实地调查考察情况等作了相关解析。

一、未成年人的调查述要

（一）未成年人个体样本量的选取与抽样方法

1. 选取样本量

大样本能体现调查的覆盖面和代表性，本书的调查采用大样本抽样的方式，同次总样本量确定在 200～2000 例。

（1）全国部分省（市）未成年人样本选取例数与有效数

表 3-1 为笔者调查的 2006～2019 年全国部分省（市）未成年人样本的选取例数、有效数与有效比率情况。

（2）未成年人有效样本分布

表 3-2 为笔者调查的 2006～2019 年全国部分省（市）未成年人有效样本的分布情况。

2. 确定抽样方法

本书主要采用整群抽样方法，结合随机抽样方法。

表 3-1　全国部分省（市）未成年人样本的选取例数、有效数与有效比率（2006～2019 年）

选项	2006年（叶松庆，2010）	2007年（叶松庆，2013a）	2008年（叶松庆，2013b）	2009年（叶松庆，2016）	2010年（叶松庆，2019）	2011年（叶松庆，2017a）	2012年（程秀霞等，2017）	2013年（叶松庆等，2017b）	2014年（叶松庆等，2017d）	2015年（叶松庆等，2017d）	2016年（叶松庆等，2018b）	2017年（a）（叶松庆等，2019）	2017年（b）	2018年	2019年（a）	2019年（b）	合计
选取例数/例	2 500	3 160	4 350	2 310	2 010	2 000	2 170	3 115	3 070	1 570	2 030	300	310	600	1 200	1 200	30 895
有效数/例	2 426	3 045	4 025	2 216	1 936	1 931	2 104	2 968	2 938	1 518	1 934	289	305	590	1 165	1 159	30 549
有效比率/%	97.04	96.36	92.53	95.93	96.32	96.55	96.96	95.28	95.70	96.69	95.27	96.33	98.39	98.33	97.08	96.58	98.88

注：2017 年和 2019 年分别进行了两次小调查，以 2017 年（a）、2017 年（b）、2019 年（a）和 2019 年（b）区分，下同。

表 3-2 全国部分省（市）未成年人有效样本分布（2006～2019 年）

（单位：例）

年份	省（市）										样本总数
	安徽	北京	上海	江苏	浙江	广东	河南	湖北	山东	天津	
2006（叶松庆，2010）	2 426										2 426
2007（叶松庆，2013a）	3 045										3 045
2008（叶松庆，2013b）	2 875	70	159	180	275	174	292				4 025
2009（叶松庆，2016）	2 021						195				2 216
2010（叶松庆，2019）	1 736						100	100			1 936
2011（叶松庆等，2017a）	1 640				91		100	100			1 931
2012（程秀霞等，2017）	1 470		100	150	186	98	49	51			2 104
2013（叶松庆等，2017b）	1 630		374	240	362	312		50			2 968
2014（叶松庆等，2017d）	1 230					1 708					2 938
2015（叶松庆等，2017d）	801		182	100	150	238	47				1 518
2016（叶松庆等，2018b）	1 077		176	110	230	226			56	59	1 934
2017（a）（叶松庆等，2019）	289										289
2017（b）	305										305
2018	590										590
2019（a）	640		50	140	193	46	46		50		1 165
2019（b）	629		49	148	188	48	50		47		1 159
合计	22 404	70	1 036	1 122	1 675	2 850	879	301	153	59	30 549

注：空格表示未调查。

（二）未成年人个体有效样本的留守与否样态

1. 全国部分省（市）未成年人个体有效样本的留守与否样态

（1）2009 年全国部分省份未成年人个体有效样本的留守与否样态

表 3-3 为笔者调查的 2009 年全国部分省份未成年人个体有效样本的留守与否样态情况，限于调查条件，笔者未对大部分样本的留守与否情况进行分类。

表 3-3　全国部分省份未成年人个体有效样本的留守与否样态（2009 年）

（单位：例）

省份	城市	学校	样本数			
			留守	非留守	未分类	总数
安徽	芜湖	芜湖市第七中学（初二）★	0	0	92	92
		芜湖市第七中学（初二）★	0	0	48	48
		芜湖市第三十三中学（初二）★	0	0	48	48
		芜湖市第三十三中学（初二）★	0	0	98	98
		芜湖市第二十五中学（初二）★	0	0	94	94
	马鞍山	红星中学（高一）●★	4	83	0	87
	铜陵	铜陵市第一中学（高一）●★	0	0	95	95
	宣城	绩溪县东山中学（初二）	0	0	50	50
		绩溪县适之中学（初二）	0	0	48	48
	黄山	屯溪第六中学（初二）	13	85	0	98
		歙县中学（初二）●	0	0	50	50
		歙县小川中心学校（初二）★	0	0	50	50
	池州	青阳中学（初二）●	0	0	95	95
	合肥	合肥市第五中学（高一）●	0	0	46	46
	巢湖	含山中学（高二）●	25	73	0	98
		无为市十里中学（初二）	0	0	50	50
		巢湖市第二中学（全国先进）（高一）●★	0	0	50	50
	安庆	宿松中学（初三）●	40	60	0	100
	滁州	天长中学（高二）●★	0	0	93	93
	六安	金寨第一中学（高一）●	21	76	0	97
	蚌埠	固镇县湖沟中学（初二）	0	0	47	47
		固镇县瓦疃中学（初二）	0	0	50	50
	淮北	淮北市实验高级中学（高一）●	10	90	0	100
	阜阳	阜阳市红旗中学（高一）●★	0	0	44	44
		阜阳市金华中学（初二）	0	0	53	53
		阜阳市第十五中学（全国先进）（初二）★	0	0	50	50
	亳州	萧县第一中学（初二）●★	0	0	91	91
		亳州市第一中学（高二）●★	37	62	0	99
合计			150	529	1342	2021

续表

省份	城市	学校	样本数			
			留守	非留守	未分类	总数
河南	信阳	信阳市社旗中学（高一）	0	0	99	99
		固始县武庙第一中学（初二）	0	0	48	48
		固始县祖师第一中学（初二）	0	0	48	48
合计			0	0	195	195
总计			150	529	1537	2216

注：在数据统计时，仅把安徽省28所中学中的马鞍山市红星中学、黄山市屯溪第六中学、巢湖市含山中学、安庆市宿松中学、六安市金寨第一中学、淮北市实验高级中学、亳州市第一中学7所中学的679人做了留守与非留守的分类。表中●代表省级示范中学，★代表未成年人思想道德建设先进单位，下同。

（2）2010年全国部分省份未成年人个体有效样本的留守与否样态

表3-4为笔者调查的2010年全国部分省份未成年人个体有效样本的留守与否样态情况，笔者对大部分样本的留守与否情况进行了分类。

表 3-4　全国部分省份未成年人个体有效样本的留守与否样态（2010 年）

（单位：例）

省份	城市	学校	样本数			
			留守	非留守	未分类	总样本数
安徽	芜湖	安徽师范大学附属中学（高一）●★	8	39	3	50
		芜湖市第十二中学（初二）●★	1	46	3	50
		芜湖市第二十七中学（初二）●	5	44	1	50
		芜湖市第三十三中学（初二）	0	48	0	48
	马鞍山	红星中学（高一）●★	1	45	3	9
		安徽工业大学附属中学（初二）●	1	40	5	46
	铜陵	铜陵市第一中学（高一）●★	1	40	1	42
		铜陵县第一中学*（初二）●	8	37	3	48
	宣城	孙埠中学（高一）	11	34	1	46
		郎溪中学（高一）●★	8	38	4	50
	黄山	屯溪第一中学（高一）●	5	36	1	42
		屯溪第六中学（初二）	3	43	4	50
		歙县小川中心学校（初二）★	37	13	0	50
		祁门第一中学（高一）●	37	6	5	48
	池州	九华中学（初二）	9	39	2	50
		九华山第二中学（初二）	10	37	1	48

续表

省份	城市	学校	样本数			
			留守	非留守	未分类	总样本数
安徽	合肥	合肥市第七中学（初二）●	0	46	4	50
	巢湖	含山中学（高一）●	13	24	3	40
	巢湖	无为县三汊河初级中学（初二）	26	17	7	50
	安庆	安庆市第一中学（高一）●★	5	42	0	47
		宿松隘口中学（初二）	20	24	7	51
	滁州	滁州中学（高一）●	6	40	0	46
		天长铜城中学（初二）●	6	45	1	52
	淮南	淮南市第十七中学（初二）	1	49	0	50
	六安	金寨县第一中学（高一）●	7	35	0	42
	蚌埠	固镇第三中学（初二）	12	38	0	50
		固镇刘集中学（初二）	8	42	0	50
		怀远包集中学（初二）	12	37	1	50
		怀远包集中学（高一）	22	26	2	50
	淮北	淮北市第一中学（高一）●	1	49	0	50
		淮北市实验高级中学（高一）●	1	49	0	50
	阜阳	颖上县迪沟中学（初二）	17	32	0	49
		临泉第一中学（高一）●	16	31	2	49
	宿州	宿城第一中学（高一）●★	1	49	0	50
		萧县中学（高一）●★	11	38	1	50
	亳州	亳州市第一中学（高一）●★	4	31	8	43
合计			334	1329	73	1736
河南	周口	周口市太康县常营第一中学（初二）	10	40	0	50
		周口市太康县常营第一中学（高一）	1	48	1	50
湖北	孝感	孝感市云梦县梦泽中学（高一）	0	100	0	100
合计			11	188	1	200
总计			345	1517	74	1936

* 2015 年该校更名为铜陵中学。

（3）2011 年全国部分省份未成年人个体有效样本的留守与否样态

表 3-5 为笔者调查的 2011 年全国部分省份未成年人个体有效样本的留守与否样态情况，笔者对大部分样本的留守与否情况进行了分类。

表 3-5　全国部分省份未成年人个体有效样本的留守与否样态（2011 年）

（单位：例）

省份	城市	学校	样本数			
			留守	非留守	未分类	总数
安徽	芜湖	芜湖市第一中学（高二）●★	3	92	3	98
		安徽师范大学附属中学（高二）●★	2	97	1	100
	铜陵	铜陵市第一中学（高一）●★	8	82	2	92
	宣城	孙埠中学（高一）	32	52	2	86
	黄山	歙县二中（初二）●	31	66	3	100
	池州	九华中学（初二）	29	67	2	98
	合肥	合肥市第七中学（初二）●	5	91	3	99
	巢湖	和县第二中学（初二）●	33	63	4	100
	安庆	宿松破凉中学（初二）	35	40	3	78
	六安	金寨县第一中学（高一）●	31	65	4	100
	淮南	淮南市实验中学（高二）●	6	88	1	95
	蚌埠	怀远包集中学（高一）	34	60	5	99
	淮北	淮北市西园中学（初二）★	10	87	2	99
	阜阳	颖上县陈桥中学（初二）	30	68	2	100
		临泉田家炳实验中学（高二）●	7	88	5	100
	宿州	萧县中学（高一）●★	26	71	2	99
	亳州	蒙城县第二中学（初二）	21	15	3	39
		蒙城县第二中学（高二）	15	42	1	58
合计			358	1234	48	1640
河南	周口	周口市扶沟高级中学（高二）●	9	89	2	100
湖北	孝感市	孝感市云梦县梦泽中学（高二）◎	7	90	3	100
浙江	杭州	杭州市第二中学树兰实验中学（初二）●	4	82	5	91
合计			20	261	10	291
总计			378	1495	58	1931

注：表中◎表示市级示范中学，下同。

（4）2012 年全国部分省（市）未成年人个体有效样本的留守与否样态

表 3-6 为笔者调查的 2012 年全国部分省（市）未成年人个体有效样本的留守与否样态情况，笔者对全部样本的留守与否情况进行了分类。

表 3-6　全国部分省（市）未成年人个体有效样本的留守与否样态（2012 年）

（单位：例）

省（市）	城市（直辖市区）	学校	样本数		
			留守	非留守	总数
安徽	芜湖	芜湖市第一中学（高一）●★	1	47	48
		芜湖市第十二中学（高二）●★	1	49	50
		芜湖县第一中学（初二）●	3	43	46
	马鞍山	安徽工业大学附属中学（高一）●	0	50	50
		和县第二中学（高一）●	3	45	48
	铜陵	铜陵市第一中学（高一）●★	0	49	49
		铜陵县第一中学（高一）●	6	45	51
	宣城	宣城中学（初三）●	5	45	50
		孙埠中学（高二）●	8	42	50
	黄山	屯溪第六中学（初二）●	0	49	49
		歙县璜田初级中学（初二）●	38	12	50
	池州	青阳中学（高一）●	3	47	50
	合肥	合肥市第五中学（高二）●	2	45	47
	滁州	滁州市第三中学（初二）●	1	49	50
	安庆	安庆市第一中学（高一）●★	11	38	49
		宿松中学（高一）●	8	42	50
		安庆市罗岭初级中学（初二）●	27	23	50
	六安	金寨县第一中学（高二）●	10	35	45
		舒城中学（高二）●	13	37	50
	淮南	淮南市第十三中学（高一）★	3	47	50
		凤台县新集实验中学（初二）●	0	50	50
	蚌埠	固镇王庄中学（初二）●	26	24	50
	淮北	淮北市实验高级中学（高二）●	4	45	49
		淮北市西园中学（初二）★	5	40	45
	阜阳	临泉清波中学（高一）●	27	23	50
		太和中学（高一）●	22	27	49
	宿州	宿城第一中学（初三）●★	6	47	53
		萧县中学（高二）●★	2	44	46
	亳州	亳州市第一中学（高一）●★	8	38	46
		蒙城县第二中学（初二）●	19	31	50
合计			262	1208	1470

续表

省（市）	城市（直辖市区）	学校	样本数		
			留守	非留守	总数
上海	闵行区	上海市建青实验学校（高二）●	2	48	50
		小计	2	48	50
江苏	南京	南京市梅山第二中学（初二）	29	21	50
		南京市第一中学分校【南京晓庄学院附中（初二）】●	2	48	50
		南京市第十三中学（高一）●	1	49	50
		南京市第六十六中学（高二●）	3	47	50
		小计	35	165	200
浙江	杭州	杭州市第二中学树兰实验中学（初一）●	2	45	47
		杭州市萧山中学（高二）●	1	50	51
		杭州市临平第一中学（初一）●	0	47	47
	台州	台州市温岭中学（高一）●	35	6	41
		小计	38	148	186
广东	深圳	深圳市福田中学（高一）●	2	48	50
		深圳市沙头角中学（高二）	2	46	48
		小计	4	94	98
河南	周口	周口市太康县常营一中（初二）	13	36	49
		小计	13	36	49
湖北	孝感	孝感市云梦县梦泽中学（高一）	2	49	51
		小计	2	49	51
		合计	94	540	634
		总计	356	1748	2104

（5）2013年全国部分省（市）未成年人个体有效样本的留守与否样态

表3-7为笔者调查的2013年全国部分省（市）未成年人个体有效样本的留守与否样态情况，笔者对全部样本的留守与否情况进行了分类。

表3-7　全国部分省（市）未成年人个体有效样本的留守与否样态（2013年）

（单位：例）

省（市）	城市（直辖市区）	学校	样本数		
			留守	非留守	总数
安徽	芜湖	芜湖市第一中学（高二）●★	3	45	48
		安徽师范大学附属外国语学校（初二）★	2	46	48
		芜湖县第一中学（初二）●	15	35	50

续表

省（市）	城市（直辖市区）	学校	样本数		
			留守	非留守	总数
安徽	芜湖	繁昌县第二中学（高一）	14	30	41
		无为县襄安中学（高二）★	15	19	34
		南陵县莘英园中学（高二）	17	33	50
	马鞍山	安徽工业大学附属中学（高一）●	2	48	50
		和县第二中学（高一）●	18	32	50
	铜陵	铜陵市第一中学（高一）●★	2	38	40
		铜陵县第一中学（高一）●	21	39	60
	宣城	宣城中学（初一）●	7	43	50
		宣城市第六中学（高一）	5	45	50
	黄山	屯溪第六中学（初二）	7	43	50
		黄山市黄山学校（高一）	14	36	50
	池州	青阳县杜村中学（初二）	17	31	48
	合肥	合肥市第五中学（高一）●	3	24	27
		巢湖市第二中学（高一、高二）●★	5	44	49
	安庆	安庆市第一中学（高一）●★	3	47	50
		宿松中学（初三）●	21	29	50
		安庆市罗岭初级中学（初二）	16	34	50
		潜山中学（初二）●★	18	32	50
	滁州	滁州中学（高二）●	6	43	49
	六安	金寨县第一中学（高一）●	15	35	50
	淮南	淮南市第二中学（高中）●	5	45	50
		凤台县新集镇左集中学（初三）	22	27	49
	蚌埠	固镇王庄中学（初二）	19	31	50
	淮北	淮北实验高级中学（高二）●	5	44	49
		淮北市西园中学（初一）★	6	44	50
	阜阳	阜南县第一中学（高一）●	21	29	50
		太和中学（初二）	3	3	6
		太和中学（高二）●	17	26	43
	宿州	宿城第一中学（高一）●★	7	43	50
		萧县中学（高一）●★	13	36	49
	亳州	亳州市第一中学（高一）●★	10	40	50
		蒙城县第二中学（高三）	15	25	40
合计			389	1241	1630

续表

省（市）	城市（直辖市区）	学校	样本数		
			留守	非留守	总数
上海	长宁区	上海市建青实验学校（初二）●	0	48	48
	浦东新区	上海市进才中学（高一）●	2	47	49
		华东师范大学张江实验中学（高一）	1	32	33
	普陀区	上海市晋元中学（高二）●	0	50	50
	长宁区	上海市第三女子中学（初三）●	0	50	50
	闵行区	上海市莘格中学（高一）●	2	47	49
		上海交通大学第二附属中学（初二）	3	47	50
		小计	8	321	329
江苏	南京	南京市梅山第二中学（初二）	6	39	45
		南京市第一中学分校【南京晓庄学院附中（初一）】●	2	48	50
		南京市第十三中学（高二）●	3	46	49
		南京市第六十六中学（高一）●	2	48	50
		南京市第九中学震旦校区（初二）●	3	40	43
		南京市下关中等专业学校建宁校区（高二）	1	47	48
		小计	17	268	285
浙江	杭州	杭州市第二中学树兰实验中学（初中）●	2	47	49
		杭州市萧山中学（高二）●	8	42	50
		杭州市临平第一中学（初二）	11	39	50
	台州	台州市温岭中学（高二）●	12	25	37
	宁波	宁波市鄞州区集士港中学（初二）	9	41	50
	永康	永康市第二中学（高一）	11	38	49
	奉化	奉化市武岭中学（高二）	7	20	27
	舟山	舟山市定海第一中学（高一）	16	34	50
		小计	76	286	362
广东	深圳	深圳市福田中学（高二）●	2	48	50
		深圳市沙头角中学（高二）	3	23	26
		深圳市竹林中学（初二）●	4	48	52
	佛山	佛山市三水实验中学（高二）●	8	37	45

续表

省（市）	城市（直辖市区）	学校	样本数		
			留守	非留守	总数
广东	佛山	佛山市三水中学（高中）●	10	33	43
		佛山市华侨中学（高一）●	13	36	49
		佛山市三水西南中学（初二）	12	35	47
		小计	52	260	312
湖北	襄樊	襄樊市老河口市竹林桥中学（初二）	15	35	50
		小计	15	35	50
		合计	168	1170	1338
		总计	557	2411	2968

（6）2014 年全国部分省份未成年人个体有效样本的留守与否样态

表 3-8 为笔者调查的 2014 年全国部分省份未成年人个体有效样本的留守与否样态情况，笔者对全部样本的留守与否情况进行了分类。

表 3-8　全国部分省份未成年人个体有效样本的留守与否样态（2014 年）

（单位：例）

省份	城市	学校	样本数		
			留守	非留守	总数
安徽	芜湖	南陵县翠英园中学（高二）	10	31	41
		南陵县春谷中学（初二）	15	28	43
		芜湖市第十四中学（初一）	5	84	89
		芜湖市第三中学（高一）	1	49	50
		芜湖市沈巷五显中学（初三）	16	36	52
	宣城	宣城信息工程学校（高一）	13	29	42
	黄山	屯溪第一中学（高二）●	0	50	50
		屯溪第六中学（初二）	5	45	50
	合肥	合肥市第六中学三孝口校区（高一）●	0	47	47
		合肥市第六中学百花井校区（高三）●	0	44	44
		合肥市庐江第二中学（初二）	15	37	52
	安庆	潜山中学（初二）●★	21	78	99
		宿松中学（高二）●	14	33	47
	滁州	滁州中学（高一）●	5	38	43
	六安	六安中学（初一）●	4	35	39
		六安市第一中学（高三）●	7	32	39
	淮南	淮南市第二中学（高中）●	4	46	50

续表

省份	城市	学校	样本数		
			留守	非留守	总数
安徽	蚌埠	固镇王庄中学（初三）	20	78	98
	淮北	淮北市西园中学（初二）★	1	49	50
		淮北实验高级中学（高三）●	3	52	55
	阜阳	阜南县第一中学（高一）●	24	76	100
	宿州	萧县中学（高二）●★	15	35	50
		合计	198	1032	1230
广东	深圳	深圳市福田中学（高三）●	1	98	99
		深圳市竹林中学（初二）	5	75	80
	佛山	佛山市三水区第三中学（初二）	5	52	57
		佛山市三水中学（初二）●	3	57	60
		佛山市三水实验中学（高一）●	2	58	60
		佛山市三水中学附属初中（初二）	8	48	56
		佛山市三水区西南街道第二中学（初二）	17	100	117
		佛山市三水区西南街道第四中学（初二）	8	52	60
		佛山市三水区西南街道第六中学（初三）	7	53	60
		佛山市三水区健力宝中学（初二）	4	56	60
		佛山市三水区金本中学（初三）	10	49	59
		佛山市三水区白坭中学（初二）	10	50	60
		佛山市三水区乐平中学（初二）	8	51	59
		佛山市三水区南边中学（初二）	9	51	60
		佛山市三水区龙坡中学（初二）	5	55	60
		佛山市三水区迳口中学（初二）	8	52	60
		佛山市三水区西南街道河口中学（初二）	7	48	55
		中山大学三水实验学校（初二）	3	57	60
	东莞	东莞市常平中学（高三）	13	136	149
		东莞市高级中学（高二）●	2	88	90
		东莞市东华高级中学（高二）●	3	89	92
		东莞市实验中学（高二）●	2	46	48
		东莞市纺织工业学校（高二）	2	48	50
		东莞市虎门中学（高二）	7	40	47
		东莞市虎门第三中学（初三）	6	44	50
		合计	155	1553	1708
		总计	353	2585	2938

（7）2015 年全国部分省（市）未成年人个体有效样本的留守与否样态

表 3-9 为笔者调查的 2015 年全国部分省（市）未成年人个体有效样本的留守与否样态情况，笔者对全部样本的留守与否情况进行了分类。

表 3-9 全国部分省（市）未成年人个体有效样本的留守与否样态（2015 年）

（单位：例）

省（市）	城市（直辖市区）	学校	样本数		
			留守	非留守	总数
安徽	芜湖	南陵县春谷中学（初三）	16	25	41
		安徽师范大学附属中学（高一）●★	3	47	50
		芜湖市第三中学（高三）	5	44	49
	宣城	旌德中学（高一）●	17	33	50
	黄山	屯溪第一中学（初三）●	6	44	50
	合肥	合肥市第六中学三孝口校区（高二）●	4	44	48
	安庆	潜山县天柱山镇中心学校（初二）	17	33	50
		宿松中学（高一）●	21	39	60
	滁州	滁州市天长市关塘中学（初二）	17	34	51
	六安	六安市第一中学（高二）●	8	41	49
	淮南	淮南市第二中学（高二）●	4	45	49
	蚌埠	蚌埠市第二十二中学（初二）	5	45	50
	淮北	淮北市西园中学（初二）★	5	43	48
		淮北实验高级中学（高二）●	4	45	49
	宿州	萧县中学（高一）●★	15	35	50
		宿州市沱河中学（初二）	21	36	57
	合计		168	633	801
上海	闵行区	上海市闵行区教育学院（高二）	0	40	40
	长宁区	上海市建青实验学校（高二）●	2	48	50
	浦东新区	华东师范大学张江实验中学（高二）	2	44	46
		上海市进才中学（高三）●	1	45	46
	小计		5	177	182
江苏	南京	南京市第六十六中学（高三）●	3	47	50
		南京市第十三中学（高一）●	2	48	50
	小计		5	95	100
浙江	宁波	宁波市鄞州区集士港中学（初二）	18	32	50
	杭州	杭州市萧山中学（高二）●	17	33	50

续表

省（市）	城市（直辖市区）	学校	样本数		
			留守	非留守	总数
浙江	杭州	杭州市临平第一中学（初二）	19	31	50
		小计	54	96	150
广东	深圳	深圳市福田中学（高二）●	5	45	50
		深圳市红岭中学石厦初中部（初二）	12	38	50
	佛山	佛山市三水中学（初二）●	5	40	45
		佛山市三水区第三中学（初二）	5	42	47
		佛山市三水实验中学（高一）●	6	40	46
		小计	33	205	238
河南	信阳	信阳市固始县张广第一中学（初二）	21	26	47
		小计	21	26	47
		合计	118	599	717
		总计	286	1232	1518

（8）2016 年全国部分省（市）未成年人个体有效样本的留守与否样态

表 3-10 为笔者调查的 2016 年全国部分省（市）未成年人个体有效样本的留守与否样态情况，笔者对大部分样本的留守与否情况进行了分类。

表 3-10　全国部分省（市）未成年人个体有效样本的留守与否样态（2016 年）

（单位：例）

省（市）	城市（直辖市区）	学校	样本数			
			留守	非留守	未分类	总数
安徽	芜湖	安徽师范大学第二附属中学（高二）	5	40	5	50
		安徽师范大学附属中学（高一）●★	3	45	2	50
	马鞍山	安徽工业大学附属中学（高二）	5	40	5	50
	铜陵	铜陵市第三中学（高二）	7	39	4	50
	黄山	屯溪第六中学（初三）	5	41	4	50
	池州	石台第二中学（初二）	17	21	12	50
	合肥	肥西中学（初三）	17	31	2	50
		肥西丰乐中学（初二）	19	33	7	59
		庐江县矾山中学（初三）	27	30	3	60
		庐江县第三中学（高三）	4	46	8	58
	安庆	宿松中学（高一）●	18	30	2	50
	滁州	滁州市天长市炳辉中学（初三）	2	48	4	54
	六安	金寨县第一中学（高二）●	11	41	3	55
	淮南	淮南市第五中学（高三）	16	33	1	50

续表

省（市）	城市（直辖市区）	学校	样本数			
			留守	非留守	未分类	总数
安徽	淮南	凤台县精忠中学（初三）	15	36	5	56
	蚌埠	蚌埠123高考复读学校（高二）	4	52	3	59
	淮北	濉溪孙瞳中学（高一）	15	42	3	60
	阜阳	阜阳市第一中学（高一）●	8	48	3	59
		临泉第一中学（高三）●	22	28	0	50
	宿州	萧县中学（初一）●★	10	47	0	57
合计			230	771	76	1077
上海	闵行区	上海市莘庄中学（高一）	20	28	11	59
	浦东新区	华东师范大学张江实验中学（高一）	13	30	14	57
		上海市进才中学（高二）●	0	6	0	6
小计			33	64	25	122
江苏	南京	南京市梅山第二中学（初二）	10	42	2	54
		南京市第六十六中学（高二）●	8	42	5	55
		南京市第十三中学（高一）●	1	42	12	55
小计			19	126	19	164
浙江	宁波	宁波市鄞州区横街镇中学（初二）	1	50	8	59
	杭州	杭州市萧山中学（高二）●	15	40	2	57
		杭州市临平第一中学（初二）	1	50	7	58
	台州	温岭市新河中学（初二）	1	50	5	56
小计			18	190	22	230
广东	深圳	深圳市红岭中学石厦初中部（初二）	5	50	3	58
	佛山	佛山市三水实验中学（高一）●	8	43	5	56
	东莞	东莞市东华高级中学（高一）●	16	34	3	53
		东莞市高级中学（高二）●	11	44	4	59
小计			40	171	15	226
山东	莱州	莱州市沙河镇沙河中学（初三）	15	39	2	56
小计			15	39	2	56
天津	新港	大港第四中学（初一）	16	40	3	59
小计			16	40	3	59
合计			141	630	86	857
总计			371	1401	162	1934

（9）2017 年全国部分省份未成年人个体有效样本的留守与否样态

表 3-11 为笔者调查的 2017 年（a）全国部分省份未成年人个体有效样本的留守与否样态情况，笔者对全部样本的留守与否情况进行了分类。表 3-12 为笔者调查的 2017 年（b）全国部分省份未成年人个体有效样本的留守与否样态情况，笔者对全部样本的留守与否情况进行了分类。

表 3-11　全国部分省份未成年人个体有效样本的留守与否样态［2017 年（a）］

（单位：例）

省份	城市	学校	样本数		
			留守	非留守	总数
安徽	合肥	肥东县陈集镇阳光小学	56	0	56
		肥西县铭传乡中学	70	0	70
		肥西县铭传乡中心学校	65	0	65
		庐江县矾山中学	98	0	98
		小计	289	0	289

表 3-12　全国部分省份未成年人个体有效样本的留守与否样态［2017 年（b）］

（单位：例）

省份	城市	学校	样本数		
			留守	非留守	总数
安徽	合肥	庐江县矾山中学	98	0	98
		庐江县龙桥镇初级中学	91	0	91
		庐江县庐州学校	52	0	52
		庐江县龙桥镇中心小学	64	0	64
		小计	305	0	305

（10）2018 年全国部分省份未成年人个体有效样本的留守与否样态

表 3-13 为笔者调查的 2018 年全国部分省份未成年人个体有效样本的留守与否样态情况，笔者对大部分样本的留守与否情况进行了分类。

表 3-13　全国部分省份未成年人个体有效样本的留守与否样态（2018 年）

（单位：例）

省份	城市	学校	样本数			
			留守	非留守	未分类	总数
安徽	合肥	庐江县第一中学●	9	40	1	50
		庐江县第三中学	14	36	0	50
		庐江县第六中学	13	26	0	39
		庐江县陈埠中学	16	41	1	58

续表

省份	城市	学校	样本数			
			留守	非留守	未分类	总数
安徽	芜湖	芜湖市第一中学●	8	21	0	29
		芜湖市第十二中学	7	22	0	29
		芜湖市火龙岗中学	23	73	2	98
		芜湖市皖江中学	9	29	0	38
	淮南	淮南市孙庙中学	15	35	0	50
		淮南市朱集中学	16	33	1	50
		淮南市杨公中学	15	35	0	50
		淮南市第二十五中学	10	39	0	49
合计			155	430	5	590

（11）2019 年全国部分省（市）未成年人个体有效样本的留守与否样态

表 3-14 为笔者调查的 2019 年（a）全国部分省（市）未成年人个体有效样本的留守与否样态情况，笔者对大部分样本的留守与否情况进行了分类。表 3-15 为笔者调查的 2019 年（b）全国部分省（市）未成年人个体有效样本的留守与否样态情况，笔者对大部分样本的留守与否情况进行了分类。

表 3-14　全国部分省（市）未成年人个体有效样本的留守与否样态[2019 年（a）]

（单位：例）

省（市）	城市（直辖市区）	学校	样本数			
			留守	非留守	未分类	总数
安徽	芜湖	安徽师范大学第二附属中学（初二）	28	21	0	49
		芜湖县第一中学（高一）●	25	23	1	49
	马鞍山	安徽工业大学附属中学（高一）●	15	34	0	49
	铜陵	铜陵市第四中学（初二）★	24	25	1	50
	池州	石台县第二中学（初二）	46	1	0	47
	合肥	肥西县铭传高级中学（初二）	25	24	0	49
	滁州	滁州市天长市炳辉中学（初二）●	26	23	1	50
	滁州	滁州市天长中学（高一）●	20	29	0	49
	六安	金寨县第一中学（高二）●	15	35	0	50
	淮北	濉溪县孙疃中学（高三）●	38	10	0	48
	阜阳	阜阳市第三中学（初二）	22	28	0	50
	阜阳	临泉第一中学（高二）●	25	25	0	50
	宿州	萧县中学（初二）●★	26	24	0	50

续表

省（市）	城市（直辖市区）	学校	样本数			
			留守	非留守	未分类	总数
合计			335	302	3	640
上海	浦东新区	上海市高桥中学（高二）	11	38	1	50
	小计		11	38	1	50
江苏	南京	南京市第六十六中学（初三）●	19	30	1	50
		南京市雨花台中学（高二）	23	26	0	49
	盐城	华东师范大学盐城实验中学（高一）	12	29	0	41
	小计		54	85	1	140
浙江	杭州	杭州市萧山中学（高二）●	20	26	0	46
		杭州市临平第一中学（初二）	21	29	0	50
	台州	温岭市新河中学（高一）●	21	26	0	47
	宁波	宁波市鄞州区横街镇中学（初一）	18	30	2	50
	小计		80	111	2	193
广东	东莞	东莞市东华高级中学（高二）●	21	25	0	46
	小计		21	25	0	46
山东	烟台	烟台市莱州市第六中学（高二）	18	32	0	50
	小计		18	32	0	50
河南	平顶山	宝丰县第一高级中学（高一）	22	24	0	46
	小计		22	24	0	46
合计			206	315	4	525
总计			541	617	7	1165

表 3-15　全国部分省（市）未成年人个体有效样本的留守与否样态[2019 年（b）]

（单位：例）

省（市）	城市（直辖市区）	学校	样本数			
			留守	非留守	未分类	总数
安徽	芜湖	安徽师范大学第二附属中学（高二）	24	24	0	48
		芜湖县第一中学（高一）●	23	26	0	49
	马鞍山	安徽工业大学附属中学（高一）●	20	30	0	50
	铜陵	铜陵市第四中学（初二）★	28	21	0	49
	池州	石台县第二中学（初中）	25	23	0	48
	合肥	肥西中学（高一）	34	16	0	50
	滁州	滁州市天长市炳辉中学（高一）●	27	22	0	49

续表

省（市）	城市（直辖市区）	学校	样本数			
			留守	非留守	未分类	总数
安徽	滁州	滁州市天长中学（高中）●	22	28	0	50
	六安	金寨县第一中学（高一）●	27	23	0	50
	淮北	濉溪县孙疃中学（高三）●	34	11	1	46
	阜阳	阜阳市第三中学（高一）	21	28	0	49
	阜阳	临泉第一中学（高二）●	36	13	0	49
	宿州	萧县中学（高一）●★	25	17	0	42
合计			346	282	1	629
上海	浦东新区	上海市高桥中学（高二）	12	37	0	49
	小计		12	37	0	49
江苏	南京	南京市第六十六中学（高二）	1	47	0	48
	南京	南京市雨花台中学（高二）	6	44	0	50
	盐城	华东师范大学盐城实验中学（高一）	20	30	0	50
	小计		27	121	0	148
浙江	杭州	杭州市萧山中学（高二）●	18	24	1	43
	杭州	杭州市临平第一中学（初二）	29	19	1	49
	台州	温岭市新河中学（高一）●	20	27	0	47
	宁波	宁波市鄞州区横街镇中学（初一）	20	29	0	49
	小计		87	99	2	188
广东	东莞	东莞市东华高级中学（高二）●	17	31	0	48
	小计		17	31	0	48
山东	烟台	烟台市莱州市第六中学（高二）	24	23	0	47
	小计		24	23	0	47
河南	平顶山	宝丰县第一高级中学（高二）	23	27	0	50
	小计		23	27	0	50
合计			190	338	2	530
总计			536	620	3	1159

2. 未成年人个体有效样本的留守与否总样态

（1）安徽省未成年人个体有效样本的留守与否总样态

表 3-16 为笔者调查的 2006～2019 年样本总数及其中安徽省未成年人个体有效样本的留守与否总样态情况。

表 3-16　安徽省未成年人个体有效样本的留守与否总样态（2006~2019 年）

年份	未成年人总数 总计 样本数/例	未成年人总数 安徽 样本数/例	未成年人总数 安徽 占未成年人总数率/%	留守儿童 总计 样本数/例	留守儿童 总计 占未成年人总数率/%	留守儿童 安徽 样本数/例	留守儿童 安徽 占留守儿童总数率/%	非留守儿童 总计 样本数/例	非留守儿童 总计 占未成年人总数率/%	非留守儿童 安徽 样本数/例	非留守儿童 安徽 占非留守儿童总数比率/%	不清楚是否为留守儿童 总计 样本数/例	不清楚是否为留守儿童 总计 占未成年人总数率/%	不清楚是否为留守儿童 安徽 样本数/例	不清楚是否为留守儿童 安徽 占不清楚是否为留守儿童数比率/%
2006	2 426	2 426	100.00	703	28.98	703	100.00	1 698	69.99	1 698	100.00	25	1.03	25	100.00
2007	3 045	3 045	100.00	975	32.02	975	100.00	2 001	65.71	2 001	100.00	69	2.27	69	100.00
2008	4 025	2 875	71.43	1 046	25.99	898	85.85	2 674	66.43	1 873	70.04	305	7.58	104	34.10
2009	2 216	2 021	91.20	150	6.77	150	100.00	529	23.87	529	100.00	1 537	69.36	1 342	87.31
2010	1 936	1 736	89.67	345	17.82	334	96.81	1 517	78.36	1 329	87.61	74	3.82	73	98.65
2011	1 931	1 640	84.93	378	19.58	358	94.71	1 495	77.42	1 234	82.54	58	3.00	48	82.76
2012	2 104	1 470	69.87	356	16.92	262	73.60	1 748	83.08	1 208	69.11	0	0.00	0	0.00
2013	2 968	1 630	54.92	557	18.77	389	69.83	2 411	81.23	1 241	51.47	0	0.00	0	0.00
2014	2 938	1 230	41.87	353	12.01	198	56.09	2 585	87.99	1 032	39.92	0	0.00	0	0.00
2015	1 518	801	52.77	286	18.84	168	58.74	1 232	81.16	633	51.38	0	0.00	0	0.00
2016	1 934	1 077	55.69	371	19.18	230	62.00	1 401	72.44	771	55.04	162	8.38	76	46.91
2017 (a)	289	289	100.00	289	100.00	289	100.00	0	0.00	0	0.00	0	0.00	0	0.00
2017 (b)	305	305	100.00	305	100.00	305	100.00	0	0.00	0	0.00	0	0.00	0	0.00
2018	590	590	100.00	155	26.27	155	100.00	430	72.88	430	100.00	5	0.85	5	100.00

续表

年份	未成年人总数 总计 样本数/例	未成年人总数 安徽 样本数/例	未成年人总数 安徽 占未成年人总数比率/%	留守儿童 总计 样本数/例	留守儿童 总计 占未成年人总数比率/%	留守儿童 安徽 样本数/例	留守儿童 安徽 占留守儿童总数比率/%	非留守儿童 总计 样本数/例	非留守儿童 总计 占未成年人总数比率/%	非留守儿童 安徽 样本数/例	非留守儿童 安徽 占非留守儿童总数比率/%	不清楚是否为留守儿童 总计 样本数/例	不清楚是否为留守儿童 总计 占未成年人总数比率/%	不清楚是否为留守儿童 安徽 样本数/例	不清楚是否为留守儿童 安徽 占不清楚是否为留守儿童总数比率/%
2019（a）	1 165	640	54.94	541	46.44	335	61.92	617	52.96	302	48.95	7	0.60	3	42.86
2019（b）	1 159	629	54.27	536	46.25	346	64.55	620	53.49	282	45.48	3	0.26	1	33.33
合计	30 549	22 404	73.34	7 346	24.05	6 095	82.97	20 958	68.60	14 563	69.49	2 245	7.35	1 746	77.77

注：因四舍五入原因，计算所得数值有时与实际数值有些微出入，特此说明。

（2）全国部分省（市）未成年人个体有效样本的留守与否总样态

表 3-17 为笔者调查的 2006～2019 年全国部分省（市）未成年人个体有效样本的留守与否总样态情况。

表 3-17 全国部分省（市）未成年人个体有效样本的留守与否总样态（2006～2019 年）

年份	未成年人总数			留守儿童			非留守儿童			不清楚是否为留守儿童		
	安徽	其他省（市）	总计	安徽	其他省（市）	合计	安徽	其他省（市）	合计	安徽	其他省（市）	合计
2006	2 426	0	2 426	703	0	703	1 698	0	1 698	25	0	25
2007	3 045	0	3 045	975	0	975	2 001	0	2 001	69	0	69
2008	2 875	1 150	4 025	898	148	1 046	1 873	801	2 674	104	201	305
2009	2 021	195	2 216	150	0	150	529	0	529	1 342	195	1 537
2010	1 736	200	1 936	334	11	345	1 329	188	1 517	73	1	74
2011	1 640	291	1 931	358	20	378	1 234	261	1 495	48	10	58
2012	1 470	634	2 104	262	94	356	1 208	540	1 748	0	0	0
2013	1 630	1 338	2 968	389	168	557	1 241	1 170	2 411	0	0	0
2014	1 230	1 708	2 938	198	155	353	1 032	1 553	2 585	0	0	0
2015	801	717	1 518	168	118	286	633	599	1 232	0	0	0
2016	1 077	857	1 934	230	141	371	771	630	1 401	76	86	162
2017（a）	289	0	289	289	0	289	0	0	0	0	0	0
2017（b）	305	0	305	305	0	305	0	0	0	0	0	0
2018	590	0	590	155	0	155	430	0	430	5	0	5
2019（a）	640	525	1 165	335	206	541	302	315	617	3	4	7
2019（b）	629	530	1 159	346	190	536	282	338	620	1	2	3
合计	22 404	8 145	30 549	6 095	1 251	7 346	14 563	6 395	20 958	1 746	499	2 245

二、中学老师的调查述要

（一）全国部分省（市）中学老师个体样本的发放与回收

1. 2008～2010 年全国部分省（市）中学老师个体样本的发放与回收

2008～2010 年全国部分省（市）中学老师个体样本调查一共发放问卷 620 份，回收 593 份。性别以男性为主，地域以县乡为主，职别以班主任为主。详情参见叶松庆（2010，2013a）的研究。

2. 2011～2013 年全国部分省（市）中学老师个体样本的发放与回收

2011～2013 年全国部分省（市）中学老师个体样本调查一共发放问卷755 份，回收 714 份。性别以男性为主，地域以城市的为主，职别以班主任为主。详情参见叶松庆（2016）的研究。

3. 2014 年全国部分省份中学老师个体样本的发放与回收

①调查时间：2014 年 4～5 月。②调查对象：安徽（芜湖、宣城、黄山、合肥、安庆、滁州、六安、淮南、蚌埠、淮北、阜阳、宿州）、广东（深圳、佛山、东莞）等 2 省 15 市的 49 所中学的老师。

发放问卷 255 份，回收问卷 232 份。其中：城市的中学老师 119 名，占 51.29%，县乡的中学老师 113 名，占 40.71%；男性中学老师 112 名，占 48.28%，女性中学老师 120 名，占 51.72%；班主任 96 名，占 41.38%，非班主任 136 名，占 58.62%。未统计其政治面貌。

4. 2015 年全国部分省（市）中学老师个体样本的发放与回收

①调查时间：2015 年 4～5 月。②调查对象：安徽（芜湖、宣城、黄山、合肥、安庆、滁州、六安、淮南、蚌埠、淮北、宿州）、上海（闵行）、江苏（南京）、浙江（宁波、萧山、杭州）、广东（深圳、佛山）、河南（信阳）等 6 省（市）19 市的 31 所中学的老师。

发放问卷 155 份，回收问卷 154 份。其中：城市的中学老师 116 名，占 75.32%，县乡的中学老师 38 名，占 24.68%；男性中学老师 72 名，占 46.75%，女性中学老师 82 名，占 53.25%；班主任 81 名，占 52.60%，非班主任 73 名，占 47.40%；共产党员 76 名，占 49.35%，民主党派人士 9 名，占 5.84%，一般群众 69 名，占 44.81%。

5. 2016 年全国部分省（市）中学老师个体样本的发放与回收

①调查时间：2016 年 4～5 月。②调查对象：安徽（芜湖、马鞍山、铜陵、黄山、池州、合肥、安庆、滁州、六安、淮南、蚌埠、淮北、阜阳、宿州）、上海、江苏（南京）、浙江（宁波、萧山、杭州、温岭）、广东（深圳、佛山、东莞）、山东（烟台）、天津等 7 省（市）25 市的 36 所中学的老师。

发放问卷 172 份，回收问卷 166 份。其中：城市的中学老师 77 名，占 46.39%，县乡的中学老师 89 名，占 53.61%；男性中学老师 110 名，占 66.27%，女性中学老师 56 名，占 33.73%；班主任 98 名，占 59.04%，非班主任 68 名，占 40.96%；共产党员 90 名，占 54.22%，民主党派人士 3 名，占 1.81%，一般群众 73 名，占 43.97%。

6. 2017 年全国部分省份中学老师个体样本的发放与回收

①调查时间：2017 年 4～5 月。②调查对象：安徽（合肥）的 3 所中学的老师。

发放问卷 10 份，回收问卷 10 份。其中：城市的中学老师 0 名，占 0.00%，县乡的中学老师 10 名，占 100.00%；男性中学老师 5 名，占 50.00%，女性中学老师 5 名，占 50.00%；班主任 7 名，占 70.00%，非班主任 3 名，占 30.00%；共产党员 10 名，占 100.00%，民主党派人士 0 名，一般群众 0 名。

7. 2018 年全国部分省份中学老师个体样本的发放与回收

①调查时间：2018 年 4～5 月。②调查对象：安徽（芜湖、淮南）的 5 所中学的老师。

发放问卷 40 份，回收问卷 40 份。其中：城市的中学老师 16 名，占 40.00%，县乡的中学老师 24 名，占 60.00%；男性中学老师 22 名，占 55.00%，女性中学老师 18 名，占 45.00%；班主任 26 名，占 65.00%，非班主任 14 名，占 35.00%。共产党员 36 名，占 90.00%，民主党派人士 0 名，一般群众 4 名，占 10.00%。

8. 2019 年全国部分省（市）中学老师个体样本的发放与回收

（1）2019 年（a）全国部分省（市）中学老师个体样本的发放与回收

①调查时间：2019 年 11 月。②调查对象：安徽（芜湖、马鞍山、铜陵、池州、合肥、滁州、六安、淮北、阜阳、宿州）、上海、江苏（南京、盐城）、浙江（杭州、台州、宁波）、广东（东莞）、山东（烟台）、河南（平顶山）等 7 省（市）19 市的 24 所中学的老师。

发放问卷 72 份，回收问卷 69 份。其中：城市的中学老师 27 名，占 39.13%，县乡的中学老师 42 名，占 60.87%；男性中学老师 33 名，占 47.83%，女性中学老师 36 名，占 52.17%；班主任 40 名，占 57.97%，非班主任 29 名，占 42.03%；共产党员 34 名，占 49.28%，民主党派人士 0 名，一般群众 35 名，占 50.72%。

（2）2019 年（b）全国部分省（市）中学老师个体样本的发放与回收

①调查时间：2019 年 11 月。②调查对象：安徽（芜湖、马鞍山、铜陵、池州、合肥、滁州、六安、淮北、阜阳、宿州）、上海（浦东）、江苏（南京、盐城）、浙江（杭州、台州、宁波）、广东（东莞）、山东（烟台）、河南（平顶山）等 7 省（市）19 市的 24 所中学的老师。

发放问卷 72 份，回收问卷 67 份。其中：城市的中学老师 27 名，占

40.30%，县乡的中学老师 40 名，占 59.70%；男性中学老师 29 名，占 43.28%，女性中学老师 38 名，占 56.72%；班主任 32 名，占 47.76%，非班主任 35 名，占 52.24%；共产党员 34 名，占 50.75%，民主党派人士 6 名，占 8.95%，一般群众 27 名，占 40.30%。

（二）全国部分省（市）中学老师个体样本的总体情况

表 3-18 为笔者调查的 2008～2019 年全国部分省（市）中学老师个体样本的地域、性别、职别、政治面貌的总体情况。

表 3-18　全国部分省（市）中学老师个体样本的地域、性别、职别、政治面貌的总体情况（2008～2019 年）

年份	发放问卷/份	回收问卷/份	地域/名			性别/名			职别/名			政治面貌/名			
			城市	县乡	小计	男	女	小计	班主任	非班主任	小计	共产党员	民主党派	一般群众	小计
2008	155	155	80	75	155	83	72	155	124	31	155	—			155
2009	240	223	114	109	223	121	102	223	103	120	223	—			223
2010	225	215	78	137	215	124	91	215	117	98	215	—			215
2011	225	218	95	123	218	114	104	218	110	108	218	—			218
2012	215	201	129	72	201	138	63	201	117	84	201	—			201
2013	315	295	223	72	295	146	149	295	167	128	295	134	20	141	295
2014	255	232	119	113	232	112	120	232	96	136	232	—			232
2015	155	154	116	38	154	72	82	154	81	73	154	76	9	69	154
2016	172	166	77	89	166	110	56	166	98	68	166	90	3	73	166
2017	10	10	0	10	10	5	5	10	7	3	10	10	0	0	10
2018	40	40	16	24	40	22	18	40	26	14	40	36	0	4	40
2019（a）	72	69	27	42	69	33	36	69	40	29	69	34	0	35	69
2019（b）	72	67	27	40	67	29	38	67	32	35	67	34	6	27	67
合计	2151	2045	1101	944	2045	1109	936	2045	1118	927	2045		—		2045

三、家长的调查述要

（一）全国部分省（市）家长个体样本的发放与回收

1. 2010 年全国部分省（市）家长个体样本的发放与回收

2010 年全国部分省（市）家长个体样本调查一共发放问卷 100 份，回收 98 份。性别以女性为主，地域以城市的为主。详情参见叶松庆（2013a）

的研究。

2. 2011～2013 年全国部分省（市）家长个体样本的发放与回收

2011～2013 年全国部分省（市）家长个体样本调查一共发放问卷 731 份，回收 682 份。性别以男性为主，地域以城市的为主。详情参见叶松庆（2016）的研究。

3. 2014 年全国部分省份家长个体样本的发放与回收

①调查时间：2014 年 4～5 月。②调查对象：安徽（芜湖、宣城、黄山、合肥、安庆、滁州、六安、淮南、蚌埠、淮北、阜阳、宿州）、广东（深圳、佛山、东莞）等 2 省 15 市的 49 所中学所在地的未成年人家长。

发放问卷 247 份，回收问卷 235 份。其中：城市中的家长 107 名，占 45.53%，县乡中的家长 128 名，占 54.47%；男性家长 127 名，占 54.04%，女性家长 108 名，占 45.96%；初中家长 116 名，占 49.36%，高中家长 119 名，占 50.64%；共产党员 64 名，占 27.23%，民主党派人士 4 名，占 1.70%，一般群众 167 名，占 71.06%。

4. 2015 年全国部分省（市）家长个体样本的发放与回收

①调查时间：2015 年 4～5 月。②调查对象：安徽（芜湖、宣城、黄山、合肥、安庆、滁州、六安、淮南、蚌埠、淮北、宿州）、上海、江苏（南京）、浙江（宁波、萧山、杭州）、广东（深圳、佛山）、河南（信阳）等 6 省（市）19 市的 31 所中学所在地的未成年人家长。

发放问卷 155 份，回收问卷 154 份。其中：城市中的家长 99 名，占 64.29%，县乡中的家长 55 名，占 35.71%；男性家长 74 名，占 48.05%，女性家长 80 名，占 51.95%；初中家长 64 名，占 41.56%，高中家长 90 名，占 58.44%；共产党员 51 名，占 33.11%，民主党派人士 6 名，占 3.90%，一般群众 97 名，占 62.99%。

5. 2016 年全国部分省（市）家长个体样本的发放与回收

①调查时间：2016 年 4～5 月。②调查对象：安徽（芜湖、马鞍山、铜陵、黄山、池州、合肥、安庆、滁州、六安、淮南、蚌埠、淮北、阜阳、宿州）、上海、江苏（南京）、浙江（宁波、萧山、杭州、温岭）、广东（深圳、佛山、东莞）、山东（烟台）、天津等 7 省（市）25 市的 36 所中学所在地的未成年人家长。

发放问卷 200 份，回收问卷 193 份。其中：城市中的家长 91 名，占 47.15%，县乡中的家长 102 名，占 52.85%；男性家长 100 名，占 51.81%，女性家长 93 名，占 48.19%；初中家长 81 名，占 41.97%，高中家长 112 名，占 63.21%；共产党员 66 名，占 34.20%，民主党派人士 1 名，占 0.52%，一般群众 126 名，占 65.28%。

6. 2017 年全国部分省份家长个体样本的发放与回收

①调查时间：2017 年 4～5 月。②调查对象：安徽（合肥）3 所中学所在地的未成年人家长。

发放问卷 10 份，回收问卷 10 份。其中：城市中的家长 0 名，县乡中的家长 10 名，占 100.00%；男性家长 6 名，占 60.00%，女性家长 4 名，占 40.00%；初中家长 8 名，占 80.00%，高中家长 2 名，占 20.00%；共产党员 9 名，占 90.00%，民主党派人士 0 名，一般群众 1 名，占 10.00%。

7. 2018 年全国部分省份家长个体样本的发放与回收

①调查时间：2018 年 4～5 月。②调查对象：安徽（芜湖、淮南）5 所中学所在地的未成年人家长。

发放问卷 40 份，回收问卷 38 份。其中：城市中的家长 14 名，占 36.84%，县乡中的家长 24 名，占 63.16%；男性家长 21 名，占 55.26%，女性家长 17 名，占 44.74%；初中家长 24 名，占 63.16%，高中家长 14 名，占 36.84%；共产党员 1 名，占 2.63%，民主党派人士 0 名，一般群众 37 名，占 97.37%。

8. 2019 年全国部分省（市）家长个体样本的发放与回收

（1）2019 年（a）全国部分省（市）家长个体样本的发放与回收

①调查时间：2019 年 11 月。②调查对象：安徽（芜湖、马鞍山、铜陵、池州、合肥、滁州、六安、淮北、阜阳、宿州）、上海、江苏（南京、盐城）、浙江（杭州、台州、宁波）、广东（东莞）、山东（烟台）、河南（平顶山）等 7 省（市）19 市的 24 所中学所在地的未成年人家长。

发放问卷 72 份，回收问卷 66 份。其中：城市中的家长 30 名，占 45.45%，县乡中的家长 36 名，占 54.55%；男性家长 27 名，占 40.91%，女性家长 39 名，占 59.09%；初中家长 32 名，占 48.48%，高中家长 34 名，占 51.52%；共产党员 16 名，占 24.24%，民主党派人士 2 名，占 3.03%，一般群众 48 名，占 72.73%。

（2）2019 年（b）全国部分省（市）家长个体样本的发放与回收

①调查时间：2019 年 11 月。②调查对象：安徽（芜湖、马鞍山、铜陵、池州、合肥、滁州、六安、淮北、阜阳、宿州）、上海、江苏（南京、盐城）、浙江（杭州、台州、宁波）、广东（东莞）、山东（烟台）、河南（平

顶山）等 7 省（市）19 市的 24 所中学所在地的未成年人家长。

发放问卷 72 份，回收问卷 63 份。其中：城市中的家长 28 名，占 44.44%，县乡中的家长 35 名，占 55.56%；男性家长 31 名，占 49.21%，女性家长 32 名，占 50.79%；初中家长 18 名，占 28.57%，高中家长 45 名，占 71.43%；共产党员 23 名，占 36.51%，民主党派人士 1 名，占 1.59%，一般群众 39 名，占 61.90%。

（二）全国部分省（市）家长个体样本的总体情况

表 3-19 为笔者调查的 2010～2019 年全国部分省（市）家长个体样本的地域、性别、孩子学段、政治面貌的总体情况。

表 3-19　全国部分省（市）家长个体样本的地域、性别、孩子学段、政治面貌的总体情况（2010～2019 年）

年份	发放问卷/份	回收问卷/份	地域/名			性别/名			孩子学段/名			政治面貌/名			
			城市	县乡	小计	男	女	小计	初中	高中	小计	共产党员	民主党派	一般群众	小计
2010	100	98	53	45	98	30	68	98	70	28	98		—		98
2011	200	183	65	118	183	100	83	183	87	96	183		—		183
2012	215	205	125	80	205	103	102	205	89	116	205				205
2013	316	294	190	104	294	141	153	294	121	173	294	81	11	202	294
2014	247	235	107	128	235	127	108	235	116	119	235	64	4	167	235
2015	155	154	99	55	154	74	80	154	64	90	154	51	6	97	154
2016	200	193	91	102	193	100	93	193	81	112	193	66	1	126	193
2017	10	10	0	10	10	6	4	10	8	2	10	9	0	1	10
2018	40	38	14	24	38	21	17	38	24	14	38	1	0	37	38
2019（a）	72	66	30	36	66	27	39	66	32	34	66	16	2	48	66
2019（b）	72	63	28	35	63	31	32	63	18	45	63	23	1	39	63
合计	1625	1539	802	737	1539	760	779	1593	710	829	1539		—		1539

四、中学校长的调查述要

（一）全国部分省（市）中学校长个体样本的发放与回收

1. 2013 年安徽省中学校长个体样本的发放与回收

2013 年安徽省中学校长个体样本调查一共发放问卷 182 份，回收 182

份。性别以男性为主，职别以副校长的为主，政治面貌以共产党员为主。

2.2014年全国部分省份中学校长个体样本的发放与回收

（1）2014年（a）全国部分省份中学校长个体样本的发放与回收

①调查时间：2013年12月28日～2014年1月20日。②调查对象：在安徽师范大学继续教育学院参加安徽省"国培计划（2013）"安徽省中心学校校长短期集中培训项目培训的69名学员，涉及安徽省的铜陵、黄山、宿州、六安、池州、宣城、亳州等市的69所中学的69名校长。

发放问卷69份，回收问卷69份。其中：城市中的中学校长0名，县乡中的中学校长69名，占100.00%；男性中学校长68名，占98.55%，女性中学校长1名，占1.45%；正校长62名，占89.86%，副校长7名，占10.14%；共产党员68名，占98.55%，民主党派人士1名，占1.45%，一般群众0名。

（2）2014年（b）全国部分省份中学校长个体样本的发放与回收

①调查时间：2014年5月10～20日。②调查对象：在安徽师范大学继续教育学院参加教育部"安徽省宣城市校长助力工程（2014）"——安徽师范大学校长培训班的47名学员，涉及安徽省宣城市的47所中学的47名校长。

发放问卷47份，回收问卷47份。其中：城市中的中学校长4名，占8.51%，县乡中的中学校长43名，占91.49%；男性中学校长46名，占97.87%，女性中学校长1名，占2.13%；正校长27名，占57.45%，副校长20名，占42.55%；共产党员44名，占93.62%，民主党派人士0名，一般群众3名，占6.38%。

3.2015年全国部分省份中学校长个体样本的发放与回收

（1）2015年（a）全国部分省份中学校长个体样本的发放与回收

①调查时间：2015年1月5日。②调查对象：在安徽师范大学继续教育学院参加安徽省"农村中心校校长研修班（2015）"的20名学员，涉及安徽省的宣城市、池州市、安庆市、六安市的20所中学的20名校长。

发放问卷20份，回收问卷20份。其中：城市中的中学校长0名，县乡中的中学校长20名，占100.00%；男性中学校长19名，占95.00%，女性中学校长1名，占5.00%；正校长17名，占85.00%，副校长3名，占15.00%；共产党员20名，占100.00%，民主党派人士0名，一般群众0名。

（2）2015 年（b）全国部分省份中学校长个体样本的发放与回收

①调查时间：2015 年 5 月 20 日。②调查对象：在安徽师范大学继续教育学院参加安徽省"宣城市首期义务教育学校校长任职资格班"的 20 名学员，涉及安徽省宣城市（宣州市、绩溪县、宁国市、泾县）的 20 所中学的校长。

发放问卷 20 份，回收问卷 20 份。其中：城市中的中学校长 4 名，占 20.00%，县乡中的中学校长 16 名，占 80.00%；男性中学校长 19 名，占 95.00%，女性中学校长 1 名，占 5.00%；正校长 4 名，占 20.00%，副校长 16 名，占 80.00%；共产党员 16 名，占 80.00%，民主党派人士 0 名，一般群众 4 名，占 20.00%。

（3）2015 年（c）全国部分省份中学校长个体样本的发放与回收

①调查时间：2015 年 9 月 15 日。②调查对象：在安徽师范大学继续教育学院参加"安徽省第十三期高（完）中校长高级研修班"的 18 所中学的 18 名学员，涉及安徽省的芜湖、池州、宣城、亳州、六安、滁州、淮北、马鞍山、宿州、黄山、安庆、合肥等 12 市的 18 所中学的 18 名校长。

发放问卷 18 份，回收问卷 18 份。其中：城市中的中学校长 5 名，占 27.78%，县乡中的中学校长 13 名，占 72.22%；男性中学校长 17 名，占 94.44%，女性中学校长 1 名，占 5.56%；正校长 8 名，占 44.44%，副校长 10 名，占 55.56%；共产党员 18 名，占 100.00%，民主党派人士 0 名，一般群众 0 名。

（4）2015 年（d）全国部分省份中学校长个体样本的发放与回收

①调查时间：2015 年 10 月 15 日。②调查对象：在安徽师范大学继续教育学院参加"安徽省第 22 期高中校长提高班"的 40 名学员，涉及安徽省的芜湖、池州、宣城、亳州、淮南、安庆、六安、滁州、淮北、铜陵、蚌埠、马鞍山、宿州、阜阳、黄山、安庆、合肥等 17 市的 49 所中学的 49 名校长。

发放问卷 49 份，回收问卷 49 份。其中：城市中的中学校长 15 名，占 30.61%，县乡中的中学校长 34 名，占 69.39%；男性中学校长 47 名，占 95.92%，女性中学校长 2 名，占 4.08%；正校长 20 名，占 40.82%，副校长 29 名，占 59.18%；共产党员 48 名，占 97.96%，民主党派人士 1 名，占 2.04%，一般群众 0 名。

4. 2016 年全国部分省（市）中学校长个体样本的发放与回收

①调查时间：2016 年 11 月 10 日。②调查对象：安徽（芜湖、马鞍

山、铜陵、黄山、池州、合肥、安庆、滁州、六安、淮南、蚌埠、淮北、阜阳、宿州)、上海市、江苏(南京)、浙江(宁波、杭州、萧山、温岭)、广东(深圳、佛山、东莞)、山东(烟台)、天津等 7 省(市)的 36 所中学的校长。

发放问卷 67 份,回收问卷 64 份。其中:城市中的中学校长 24 名,占 37.50%,县乡中的中学校长 40 名,占 62.50%;男性中学校长 51 名,占 79.69%,女性中学校长 13 名,占 20.31%;正校长 28 名,占 43.75%,副校长 36 名,占 56.25%;共产党员 55 名,占 85.94%,民主党派人士 5 名,占 7.81%,一般群众 4 名,占 6.25%。

5. 2017 年(a)全国部分省份中学校长个体样本的发放与回收

①调查时间:2017 年 10 月 20 日。②调查对象:安徽省(合肥)的 1 所中学的 1 名校长。

发放问卷 1 份,回收问卷 1 份。其中:城市中的中学校长 0 名,县乡中的中学校长 1 名,占 100.00%;男性中学校长 1 名,占 100.00%,女性中学校长 0 名;正校长 0 名,副校长 1 名,占 100.00%;共产党员 1 名,占 100.00%,民主党派人士 0 名,一般群众 0 名。

6. 2019 年全国部分省份中学校长个体样本的发放与回收

(1) 2019 年(a)全国部分省份第一批中学校长个体样本的发放与回收

①调查时间:2019 年 11 月 1~20 日。②调查对象:安徽(芜湖、铜陵、合肥、滁州、阜阳)、广东(东莞)等 2 省 9 所中学的 9 名校长。

发放问卷 9 份,回收问卷 9 份。其中:城市中的中学校长 4 名,占 44.44%,县乡中的中学校长 5 名,占 55.56%;男性中学校长 8 名,占 88.89%,女性中学校长 1 名,占 11.11%;正校长 1 名,占 11.11%,副校长 8 名,占 88.89%;共产党员 9 名,占 100.00%,民主党派人士 0 名,一般群众 0 名。

(2) 2019 年(a)全国部分省份第二批中学校长个体样本的发放与回收

①调查时间:2019 年 11 月 1~20 日。②调查对象:在安徽师范大学继续教育学院参加"安徽省第 17 期高(完)中校长高级研修班"的 43 名学员,涉及安徽省的安庆、蚌埠、池州、滁州、阜阳、合肥、淮南、黄山、六安、马鞍山、芜湖、宿州、宣城等 13 市的 43 所中学的 43 名校长。

发放问卷 43 份，回收问卷 43 份。其中：城市中的中学校长 17 名，占 39.53%，县乡中的中学校长 26 名，占 60.47%；男性中学校长 39 名，占 90.70%，女性中学校长 4 名，占 9.30%；正校长 25 名，占 58.14%，副校长 18 名，占 41.86%；共产党员 39 名，占 90.70%，民主党派人士 1 名，占 2.32%，一般群众 3 名，占 6.98%。

（3）2019 年（b）全国部分省份第一批中学校长个体样本的发放与回收

①调查时间：2019 年 11 月 15 日。②调查对象：安徽（芜湖、铜陵、合肥、滁州、阜阳）、广东（东莞）等 2 省 9 所中学的 9 名校长。

发放问卷 9 份，回收问卷 9 份。其中：城市中的中学校长 4 名，占 44.44%，县乡中的中学校长 5 名，占 55.56%；男性中学校长 9 名，占 100.00%，女性中学校长 0 名；正校长 3 名，占 33.33%，副校长 6 名，占 66.67%；共产党员 9 名，占 100.00%，民主党派人士 0 名，一般群众 0 名。

（4）2019 年（b）全国部分省份第二批中学校长个体样本的发放与回收

①调查时间：2019 年 11 月 15 日。②调查对象：在安徽师范大学教育科学学院参加"安徽省第 26 期高（完）中校长在职提高培训班"的 73 名学员，涉及安徽省的芜湖、马鞍山、铜陵、宣城、池州、合肥、安庆、滁州、六安、淮南、蚌埠、淮北、阜阳、宿州、亳州等 15 市的 73 所高中的 73 名中学校长。

发放问卷 73 份，回收问卷 73 份。其中：城市中的中学校长 29 名，占 39.73%，县乡中的中学校长 44 名，占 60.27%；男性中学校长 70 名，占 95.89%，女性中学校长 3 名，占 4.11%；正校长 23 名，占 31.51%，副校长 50 名，占 68.49%；共产党员 73 名，占 100.00%，民主党派人士 0 名，一般群众 0 名。

7. 2020 年全国部分省份中学校长个体样本的发放与回收

（1）2020 年（a）全国部分省份中学校长个体样本的发放与回收

①调查时间：2020 年 10 月 20～30 日。②调查对象：在安徽师范大学继续教育学院参加"2020 年安徽省第 27 期高（完）校长高级研修班一班"的 38 名学员，涉及安徽省的安庆、蚌埠、亳州、池州、宣城、合肥、淮北、黄山、马鞍山等 9 市的 38 所中学。

发放问卷 38 份，回收问卷 38 份。其中：城市中的中学校长 13 名，占 34.21%，县乡中的中学校长 25 名，占 65.79%；男性中学校长 37 名，占 97.37%，女性中学校长 1 名，占 2.63%；正校长 13 名，占 34.21%，副校长 25 名，占 65.79%；共产党员 37 名，占 97.37%，民主党派人士 1 名，占 2.63%，一般群众 0 名。

（2）2020 年（b）全国部分省份中学校长个体样本的发放与回收

①调查时间：2020 年 10 月 20～30 日。②调查对象：在安徽师范大学继续教育学院参加"安徽省第 27 期高（完）中校长在职提高培训班二班"的 41 名学员，涉及安徽省的铜陵、芜湖、安庆、宿州、宣城、滁州、淮南、阜阳、六安等 9 市的 41 所中学的 41 名校长。

发放问卷 41 份，回收问卷 41 份。其中：城市中的中学校长 20 名，占 48.78%，县乡中的中学校长 21 名，占 51.22%；男性中学校长 39 名，占 95.12%，女性中学校长 2 名，占 4.88%；正校长 14 名，占 34.15%，副校长 27 名，占 65.85%；共产党员 39 名，占 95.12%，民主党派人士 0 名，一般群众 2 名，占 4.88%。

8. 2021 年全国部分省份中学校长个体样本的发放与回收

（1）2021 年（a）全国部分省份中学校长个体样本的发放与回收

①调查时间：2021 年 1 月 5～10 日。②调查对象：在安徽师范大学继续教育学院参加"安徽省教育厅 2020 年'国培计划'乡村中小学领导力提升培训项目——乡村骨干校长提升研修班"的 26 名学员（3 班 16 名、7 班 10 名），涉及安徽省的亳州、滁州、合肥、阜阳、黄山等 5 市的 26 所中学的 26 名校长。

发放问卷 26 份，回收问卷 26 份。其中：城市中的中学校长 0 名，县乡中的中学校长 26 名，占 100.00%；男性中学校长 25 名，占 96.15%，女性中学校长 1 名，占 3.85%；正校长 21 名，占 80.77%，副校长 5 名，占 19.23%；共产党员 24 名，占 92.31%，民主党派人士 0 名，一般群众 2 名，占 7.69%。

（2）2021 年（b）全国部分省份中学校长个体样本的发放与回收

①调查时间：2021 年 1 月 5～10 日。②调查对象：在安徽师范大学继续教育学院参加"安徽省教育厅 2020 年'国培计划'乡村中小学领导力提升培训项目——乡村骨干校长提升研修班"的 24 名学员（4 班 7 名、8 班 17 名），涉及安徽省的合肥、安庆、宣城、亳州、宿州等 5 市的 24 所中学

的 24 名校长。

发放问卷 24 份，回收问卷 24 份。其中：城市中的中学校长 0 名，县乡中的中学校长 24 名，占 100.00%；男性中学校长 24 名，占 100.00%，女性中学校长 0 名；正校长 20 名，占 83.33%，副校长 4 名，占 16.67%；共产党员 24 名，占 100.00%，民主党派人士 0 名，一般群众 0 名。

（3）2021 年（c）全国部分省份中学校长个体样本的发放与回收

①调查时间：2021 年 1 月 5～10 日。②调查对象：在安徽师范大学继续教育学院参加"安徽省教育厅 2020 年'国培计划'乡村中小学领导力提升培训项目——乡村骨干校长提升研修班"的 50 名学员（3 班 16 名、4 班 7 名、7 班 10 名、8 班 17 名），涉及安徽省的亳州、滁州、合肥、安庆、宣城、阜阳、黄山、宿州等 8 市的 50 所中学的 50 名校长。

发放问卷 50 份，回收问卷 50 份。其中：城市中的中学校长 0 名，县乡中的中学校长 50 名，占 100.00%；男性中学校长 49 名，占 98.00%，女性中学校长 1 名，占 2.00%；正校长 41 名，占 82.00%，副校长 9 名，占 18.00%；共产党员 48 名，占 96.00%，民主党派人士 0 名，一般群众 2 名，占 4.00%。

（二）全国部分省（市）中学校长个体样本的总体情况

表 3-20 为笔者调查的 2013～2021 年全国部分省（市）中学校长个体样本的地域、性别、职别、政治面貌的总体情况。

表 3-20 全国部分省（市）中学校长个体样本的地域、性别、职别、政治面貌的
总体情况（2013～2021 年）

选项	发放问卷/份	回收问卷/份	地域/名			性别/名			职别/名			政治面貌/名			
			城市	县乡	小计	男	女	小计	正校长	副校长	小计	共产党员	民主党派	一般群众	小计
2013	182	182	98	84	182	159	23	182	56	126	182	169	7	6	182
2014	69	69	0	69	69	68	1	69	62	7	69	68	1	0	69
2014	47	47	4	43	47	46	1	47	27	20	47	44	0	3	47
2015（a）	20	20	0	20	20	19	1	20	17	3	20	20	0	0	20
2015（b）	20	20	4	16	20	19	1	20	4	16	20	16	0	4	20
2015（c）	18	18	5	13	18	17	1	18	4	14	18	14	0	4	18
2015（d）	49	49	15	34	49	47	2	49	20	29	49	48	1	0	49

续表

选项	发放问卷/份	回收问卷/份	地域/名			性别/名			职别/名			政治面貌/名			
			城市	县乡	小计	男	女	小计	正校长	副校长	小计	共产党员	民主党派	一般群众	小计
2016	67	64	24	40	64	51	13	64	28	36	64	55	5	4	64
2017（a）	1	1	0	1	1	1	0	1	0	1	1	1	0	0	1
2019（a）第一批	9	9	4	5	9	8	1	9	1	8	9	9	0	0	9
2019（a）第二批	43	43	17	26	43	39	4	43	25	18	43	39	1	3	43
2019（b）第一批	9	9	4	5	9	9	0	9	3	6	9	9	0	0	9
2019（b）第二批	73	73	29	44	73	70	3	73	23	50	73	73	0	0	73
2020（a）	38	38	13	25	38	37	1	38	13	25	38	37	1	0	38
2020（b）	41	41	20	21	41	39	2	41	14	27	41	39	0	2	41
2021（a）	26	26	0	26	26	25	1	26	21	5	26	24	0	2	26
2021（b）	24	24	0	24	24	24	0	24	20	4	24	24	0	0	24
2021（c）	50	50	0	50	50	49	1	50	41	9	50	48	0	2	50
合计	786	783	237	546	783	727	56	783	383	400	783	741	16	26	783

五、德育工作者的调查述要

（一）全国部分省（市）德育工作者个体样本的发放与回收

1. 2013 年全国部分省份德育工作者个体样本的发放与回收

2013 年全国部分省份德育工作者个体样本调查一共发放问卷 43 份，回收 43 份。性别以女性为主，职别以专职德育干部为主，政治面貌以共产党员为主。详情参见叶松庆（2016）的研究。

经核实，2013 年德育工作者均为安徽省的。

2. 2019 年全国部分省（市）德育工作者个体样本的发放与回收

（1）2019 年（a）全国部分省（市）德育工作者个体样本的发放与回收

①调查时间：2019 年 11 月 1～20 日。②调查对象：安徽（芜湖、马鞍山、铜陵、池州、合肥、滁州、六安、淮北、阜阳、宿州）、上海、江苏（南京）、浙江（杭州、温岭、宁波）、广东（东莞）、山东（烟台）、河南（平

顶山）等 7 省（市）的 24 所中学的德育工作者。

发放问卷 48 份，回收问卷 45 份。其中：城市中的德育工作者 18 名，占 40.00%，县乡中的德育工作者 27 名，占 60.00%；男性德育工作者 29 名，占 64.44%，女性德育工作者 16 名，占 35.56%；领导干部 0 名，政教处（德育）主任 17 名，占 37.78%，团委书记 12 名，占 26.67%，专职德育干部 16 名，占 35.56%；共产党员 34 名，占 75.56%，民主党派人士 1 名，占 2.22%，一般群众 10 名，占 22.22%。

（2）2019 年（b）全国部分省（市）德育工作者个体样本的发放与回收

①调查时间：2019 年 11 月 15 日。②调查对象：安徽（芜湖、马鞍山、铜陵、池州、合肥、滁州、六安、淮北、阜阳、宿州）、上海、江苏（南京）、浙江（杭州、温岭、宁波）、广东（东莞）、山东（烟台）、河南（平顶山）等 7 省（市）的 24 所中学的德育工作者。

发放问卷 48 份，回收问卷 46 份。其中：城市中的德育工作者 18 名，占 39.13%，县乡中的德育工作者 28 名，占 60.87%；男性德育工作者 24 名，占 52.17%，女性德育工作者 22 名，占 47.83%；领导干部 0 名，政教处（德育）主任 11 名，占 23.91%，团委书记 13 名，占 28.26%，专职德育干部 22 名，占 47.83%；共产党员 34 名，占 73.91%，民主党派人士 1 名，占 2.17%，一般群众 11 名，占 23.91%。

（二）全国部分省（市）德育工作者个体样本的总体情况

表 3-21 为笔者调查的 2013 年、2019 年全国部分省（市）德育工作者个体样本的地域、性别、职别、政治面貌的总体情况。

表 3-21　全国部分省（市）德育工作者个体样本的地域、性别、职别、政治面貌的总体情况（2013 年、2019 年）　（单位：名）

年份	地域			性别			职别					政治面貌			
	城市	县乡	小计	男	女	小计	领导干部	政教处（德育）主任	团委书记	专职德育干部	小计	共产党员	民主党派	一般群众	小计
2013	43	0	43	19	24	43	10	8	5	20	43	31	0	12	43
2019（a）	18	27	45	29	16	45	0	17	12	16	45	34	1	10	45
2019（b）	18	28	46	24	22	46	0	11	13	22	46	34	1	11	46
合计	79	55	134	72	62	134	10	36	30	58	134	99	2	33	134

六、小学校长的调查述要

（一）全国部分省（区）小学校长个体样本的发放与回收

1. 2013 年全国安徽省小学校长个体样本的发放与回收

2013 年安徽省小学校长个体样本调查一共发放问卷 38 份，回收 38 份。性别以男性为主，职别以正校长为主，政治面貌以共产党员为主。详情参见叶松庆（2016）的研究。

2. 2014 年全国部分省（区）小学校长个体样本的发放与回收

（1）2014 年（a）全国部分省（区）小学校长个体样本的发放与回收

①调查时间：2013 年 12 月 10 日～2014 年 1 月 10 日。②调查对象：在安徽师范大学继续教育学院参加教育部"农村校长助力工程（2013）"安徽师范大学培训班的安徽、云南、贵州、西藏、四川、陕西、黑龙江、山西、广西、湖南、甘肃等 11 个省（区）10 个民族（维吾尔族、白族、彝族、汉族、布依族、侗族、苗族、藏族、羌族、壮族）的农村中心校的 26 名校长。

发放问卷 26 份，回收问卷 26 份。其中：城市中的小学校长 0 名，县乡中的小学校长 26 名，占 100.00%；男性小学校长 23 名，占 88.46%，女性小学校长 3 名，占 11.54%；正校长 26 名，占 100.00%，副校长 0 名；共产党员 21 名，占 80.77%，民主党派人士 0 名，一般群众 5 名，占 19.23%。

（2）2014 年（b）全国部分省份小学校长个体样本的发放与回收

①调查时间：2013 年 12 月 25 日～2014 年 1 月 10 日。②调查对象：在安徽师范大学继续教育学院参加安徽省"国培计划（2013）"安徽省中心学校校长短期集中培训项目的学员，涉及安徽省的铜陵、黄山、宣城、池州、六安、宿州、亳州等 7 市 33 所小学（或中心校）的 33 名校长。

发放问卷 33 份，回收问卷 33 份。其中：城市中的小学校长 0 名，县乡中的小学校长 33 名，占 100.00%；男性小学校长 29 名，占 87.88%，女性小学校长 4 名，占 12.12%；正校长 17 名，占 51.52%，副校长 16 名，占 48.48%；共产党员 33 名，占 100.00%，民主党派人士 0 名，一般群众 0 名。

3. 2015 年全国部分省份小学校长个体样本的发放与回收

（1）2015 年（a）全国部分省份小学校长个体样本的发放与回收

①调查时间：2015 年 1 月 5 日。②调查对象：在安徽师范大学继续教育学院参加"安徽省农村中心校校长研修班（2015）"的学员，涉及安徽省的黄山、宣城、安庆、六安等 17 所小学（中心校）的 17 名校长。

发放问卷 17 份，回收问卷 17 份。其中：城市中的小学校长 0 名，县乡中的小学校长 17 名，占 100.00%；男性小学校长 17 名，占 100.00%，女性小学校长 0 名，占 0.00%；正校长 15 名，占 88.24%，副校长 2 名，占 11.76%；共产党员 15 名，占 88.24%，民主党派人士 0 名，一般群众 2 名，占 11.76%。

（2）2015 年（b）全国部分省份小学校长个体样本的发放与回收

①调查时间：2015 年 5 月 20 日。②调查对象：在安徽师范大学继续教育学院参加"安徽省宣城市义务教育学校校长任职资格班（2015）"的学员，涉及安徽（宣城）的宣州市、绩溪县、泾县 21 所小学的 21 名校长。

发放问卷 21 份，回收问卷 21 份。其中：城市中的小学校长 2 名，占 9.52%，县乡中的小学校长 19 名，占 90.48%；男性小学校长 18 名，占 85.71%，女性小学校长 3 名，占 14.29%；正校长 2 名，占 9.52%，副校长 19 名，占 90.48%；共产党员 19 名，占 90.48%，民主党派人士 0 名，一般群众 2 名，占 9.52%。

4. 2017 年全国部分省份小学校长个体样本的发放与回收

①调查时间：2017 年 5 月 20 日。②调查对象：安徽（合肥）肥西县、肥东县的 2 所小学的 6 名校长。

发放问卷 6 份，回收问卷 6 份。其中：城市中的小学校长 0 名，县乡中的小学校长 6 名，占 100.00%；男性小学校长 4 名，占 66.67%，女性小学校长 2 名，占 33.33%；正校长 2 名，占 33.33%，副校长 4 名，占 66.67%；共产党员 5 名，占 83.33%，民主党派人士 0 名，一般群众 1 名，占 16.67%。

5. 2020 年全国部分省份小学校长个体样本的发放与回收

（1）2020 年（a）全国部分省份小学校长个体样本的发放与回收

①调查时间：2020 年 10 月 20～30 日。②调查对象：在安徽师范大学继续教育学院参加"安徽省教育厅 2020 年'国培计划'乡村中小学领导力提升培训项目——乡村骨干校长提升研修班"（5 班）的 41 名学员，涉及安徽省蚌埠、亳州、滁州、阜阳 4 市的 41 所小学的校长。

发放问卷 41 份，回收问卷 41 份。其中：城市中的小学校长 0 名，县乡中的小学校长 41 名，占 100.00%；男性小学校长 36 名，占 87.80%，女性小学校长 5 名，占 12.20%；正校长 23 名，占 56.10%，副校长 18 名，占 43.90%；共产党员 34 名，占 82.93%，民主党派人士 0 名，一般群众 7 名，占 17.07%。

（2）2020 年（b）全国部分省份小学校长个体样本的发放与回收

①调查时间：2020 年 10 月 20～30 日。②调查对象：在安徽师范大学继续教育学院参加"安徽省'国培计划'乡村骨干校长提升研修班 6 班"的 38 名学员，涉及安徽（蚌埠、亳州、合肥、六安）的 38 所小学的校长。

发放问卷 38 份，回收问卷 38 份。其中：城市中的小学校长 0 名，县乡中的小学校长 38 名，占 100.00%；男性小学校长 36 名，占 94.74%，女性小学校长 2 名，占 5.26%；正校长 28 名，占 73.68%，副校长 10 名，占 26.32%；共产党员 32 名，占 84.21%，民主党派人士 0 名，一般群众 6 名，占 15.79%。

6. 2021 年全国部分省份小学校长个体样本的发放与回收

（1）2021 年（a）全国部分省份小学校长个体样本的发放与回收

①调查时间：2021 年 1 月 5 日～1 月 10 日。②调查对象：在安徽师范大学继续教育学院参加"安徽省教育厅 2020 年'国培计划'乡村中小学领导力提升培训项目——乡村骨干校长提升研修班"的 68 名学员（3 班 31 名、7 班 37 名），涉及安徽（亳州、滁州、阜阳、合肥）的 63 所小学（有 1 所 3 名，3 所各 2 名）的 68 名校长。

发放问卷 68 份，回收问卷 68 份。其中：城市中的小学校长 0 名，县乡中的小学校长 68 名，占 100.00%；男性小学校长 61 名，占 89.71%，女性小学校长 7 名，占 10.29%；正校长 46 名，占 67.65%，副校长 22 名，占 32.35%；共产党员 59 名，占 86.76%，民主党派人士 0 名，一般群众 9 名，占 13.24%。

（2）2021 年（b）全国部分省份小学校长个体样本的发放与回收

①调查时间：2021 年 1 月 5 日～1 月 10 日。②调查对象：在安徽师范大学继续教育学院参加"安徽省教育厅 2020 年'国培计划'乡村中小学领导力提升培训项目——乡村骨干校长提升研修班"的 65 名学员（4 班 38 名、8 班 27 名），涉及安徽（合肥、宣城）的 60 所小学（有 2 所各 3 名，1 所 2 名）的 65 名校长。

发放问卷 65 份，回收问卷 65 份。其中：城市中的小学校长 0 名，县乡中的小学校长 65 名，占 100.00%；男性小学校长 55 名，占 84.62%，女性小学校长 10 名，占 15.38%；正校长 34 名，占 52.31%，副校长 31 名，占 47.69%；共产党员 60 名，占 92.31%，民主党派人士 0 名，一般群众 5 名，占 7.69%。

（3）2021 年（c）全国部分省份小学校长个体样本的发放与回收

①调查时间：2021 年 1 月 5 日～1 月 10 日。②调查对象：在安徽师范大学继续教育学院参加"安徽省教育厅 2020 年'国培计划'乡村中小学领导力提升培训项目——乡村骨干校长提升研修班"的 213 名学员（3 班 31 名、4 班 38 名、5 班 43 名、6 班 37 名、7 班 37 名、8 班 27 名），涉及安徽（亳州、滁州、阜阳、合肥、安庆、宣城、六安、黄山、宿州、蚌埠）的 203 所小学（有 3 所各 3 名，4 所各 2 名）的 213 名校长。

发放问卷 213 份，回收问卷 213 份。其中：城市中的小学校长 0 名，县乡中的小学校长 213 名，占 100.00%；男性小学校长 189 名，占 88.73%，女性小学校长 24 名，占 11.27%；正校长 133 名，占 62.44%，副校长 80 名，占 37.56%；共产党员 186 名，占 87.32%，民主党派人士 0 名，一般群众 27 名，占 12.68%。

（二）全国部分省（区）小学校长个体样本的总体情况

表 3-22 为笔者调查的 2013～2015 年、2017 年、2020～2021 年全国部分省（区）小学校长个体样本的地域、性别、职别、政治面貌的总体情况。

表 3-22　全国部分省（区）小学校长个体样本的地域、性别、职别、政治面貌的总体情况（2013～2015 年、2017 年、2020～2021 年）

年份	发放问卷/份	回收问卷/份	地域/名			性别/名			职别/名			政治面貌/名			
			城市	县乡	小计	男	女	小计	正校长	副校长	小计	共产党员	民主党派	一般群众	小计
2013（叶松庆，2019）	38	38	27	11	38	24	14	38	28	10	38	36	1	1	38
2014（a）（叶松庆，2019）	26	26	0	26	26	23	3	26	26	0	26	21	0	5	26
2014（b）（叶松庆，2019）	33	33	0	33	33	29	4	33	17	16	33	33	0	0	33
2015（a）	17	17	0	17	17	17	0	17	15	2	17	15	0	2	17

续表

年份	发放问卷/份	回收问卷/份	地域/名			性别/名			职别/名			政治面貌/名			
			城市	县乡	小计	男	女	小计	正校长	副校长	小计	共产党员	民主党派	一般群众	小计
2015（b）	21	21	2	19	21	18	3	21	2	19	21	19	0	2	21
2017	6	6	0	6	6	4	2	6	2	4	6	5	0	1	6
2020（a）	41	41	0	41	41	36	5	41	23	18	41	34	0	7	41
2020（b）	38	38	0	38	38	36	2	38	28	10	38	32	0	6	38
2021（a）	68	68	0	68	68	61	7	68	46	22	68	59	0	9	68
2021（b）	65	65	0	65	65	55	10	65	34	31	65	60	0	5	65
2021（c）	213	213	0	213	213	189	24	213	133	80	213	186	0	27	213
合计	566	566	29	537	566	492	74	566	354	212	566	500	1	65	566

七、教育、科技、人事管理部门领导的调查述要

（一）教育、科技、人事管理部门领导个体样本的发放

①调查时间：2010 年 10 月 10 日。②调查对象：安徽省教育厅、安徽省科学技术厅、中国共产主义青年团安徽省委员会、合肥市、芜湖市、合肥工业大学、安徽师范大学、安徽工程大学、安徽工业大学的处级领导干部。

发放问卷 34 份，回收问卷 34 份。其中：正处级领导干部 14 名，占 41.18%，副处级领导干部 20 名，占 58.82%；男性领导干部 28 名，占 82.35%，女性领导干部 6 名，占 17.65%。

（二）教育、科技、人事管理部门领导个体样本的总体情况

表 3-23 为笔者调查的 2010 年教育、科技、人事管理部门领导个体样本的职别、地域、性别的总体情况。

表 3-23　2010 年教育、科技、人事管理部门领导个体样本的职别、地域、性别的总体情况

选项	发放问卷/份	回收问卷/份	职别/名		地域/名		性别/名	
			正处级	副处级	城市	县乡	男	女
教育、科技、人事管理部门领导（2010 年）（叶松庆，2011）	34	34	14	20	34	0	28	6
合计	34	34	14	20	34	0	28	6

八、调查相关问题

（一）调查设置与组织实施

1. 调查内容的设置

2006～2021 年的调查表内容均由笔者设置。2016 年以后调查内容根据新情况有所增多，因是系统性的全面的连续性的调查，故调查内容适当增加。问卷中的题目 95% 以上为单选题，便于受访者快捷答题。

2. 调查地点的选定

调查的学校基本由笔者选定，主要考虑调查实施的可能性、可行性、便利性。

3. 调查人员的安排

调查由笔者主持并统一组织。一是由笔者的在读的博士研究生与硕士研究生分头到各自原毕业中学进行实地调查，以问卷调查为主，座谈会与个案访谈调查为辅；二是委托被调查中学的老师或教育行政干部（均为笔者在安徽师范大学物理与电子信息学院、马克思主义学院、历史与社会学院毕业的学生）进行调查。

（二）内容安排与数据处理

1. 内容安排

（1）问卷调查

①涵盖面：未成年人（特别是留守儿童）的思想、政治、道德、学习、生活、心理、身体、价值观、行为方式、思维方式、科学素质、企业家精神等各个方面，可以分解为 22 个维度；成年人群体（特别是留守儿童教育者、监护人、关爱组织）的思想、政治、道德、心理、对问题的见解、对社会的看法等。②主要特点：涉及面广、通俗易懂、可选性强、答题便捷。

（2）访谈座谈

①涵盖面：未成年人的思想、政治、道德、学习、生活、价值取向、行为方式、思维方式，其中对留守儿童的状况给予格外的关注。②主要特点：轻松、随机、易答、无虑。

2. 数据处理

由笔者组织参与调查的相关人员对各个群体的问卷调查表进行初步人工统计，将所得数据录入计算机，使用 Excel 数据处理软件进行汇总。

（三）2017年赴安徽省合肥市肥西县、肥东县、庐江县专题实地调查考察情况

调查基于在安徽省合肥市肥西县、肥东县收集获取的留守儿童相关资料进行。

1. 实地调查考察的时间、地点、人员

（1）实地调查考察的时间

2017年2月27～28日。

（2）实地调查考察的地点

安徽省合肥市肥西县、肥东县、庐江县。

（3）实地调查考察的人员

课题组成员2名，博士研究生1名，硕士研究生4名。

2. 实地调查考察的部门、学校、对象

（1）实地调查考察的部门

肥西县教育局、民政局、团县委。

（2）实地调查考察的学校

肥西县铭传初级中学、铭传乡中心学校；肥东县陈集镇阳光小学（全国首家留守儿童寄宿学校）；庐江县矾山中学。

（3）实地调查考察的对象

肥西县教育局基教科负责人；县民政局副局长、社会工作办公室负责人；团县委负责人；肥西县铭传初级中学负责人（曾主持"留守儿童教育管理策略研究"课题）、留守儿童70名；铭传乡中心学校校长、副校长兼教导主任等3人，留守儿童65名。肥东县陈集镇阳光小学创办人、校长（安徽省最美乡村教师）、副校长等3人，留守儿童56名。庐江县矾山中学留守儿童98名。

3. 实地调查考察的样本

表3-24为2017年课题组赴安徽省合肥市肥西县、肥东县、庐江县专题调研的样本情况。

表3-24　课题组赴安徽省合肥市肥西县、肥东县、庐江县专题调研的样本情况（2017年）

日期	地点	单位	受访者
2017年2月27日	肥西县	教育局	基教科负责人1名
		民政局	副局长1名、社会工作办公室负责人1名
		团县委	团县委负责人1名
		铭传初级中学	校负责人1名、留守儿童70名

续表

日期	地点	单位	受访者
2017 年 2 月 27 日	肥西县	铭传乡中心学校	校负责人 3 名、留守儿童 65 名
2017 年 2 月 28 日	肥东县	陈集镇阳光小学	校负责人 3 名、留守儿童 56 名
2017 年 2 月 28 日	庐江县	矾山中学	留守儿童 98 名

4. 与安徽省合肥市肥西县民政局、团县委负责人访谈

（1）县民政局关于留守儿童关爱保护工作的情况

留守儿童工作原本是由县妇联牵头的，县民政局于 2016 年接手，2017 年上半年开始布置留守儿童工作。留守儿童关爱保护工作在民政局处于起步阶段，截至专题调研时只是将整体的框架搭建出来。肥西县对留守儿童的界定是：父母双方都在外地打工，或者是一方外出打工，另一方留在家中但是无监护能力的儿童。

第一，摸清县里留守儿童的数量和分类情况。据调查统计，截至 2017 年 2 月底肥西县有 1814 名留守儿童。调查留守儿童的数量由留守儿童关爱保护专职干部负责，每个季度统计更新。

第二，落实责任，落实人员。留守儿童关爱保护工作由民政局牵头，教育局、公安、妇联等相关部门配合。在乡镇一级设立留守儿童关爱保护工作的督导员，在村或是社区一级设立留守儿童关爱保护工作专职干部。这个专职干部可以由村委会干部兼任，也可以由政府工作人员或是社会人士担任。据对民政局的走访调查，全县所有的村都有留守儿童关爱保护工作的专职干部。

第三，建档立卡，对所有的留守儿童一人一档。明确留守儿童的监护人是谁，留守儿童的生活和学习状况如何等。

第四，签署监护人委托责任书。要落实留守儿童的监护人，可以由家中的祖父母或者是外祖父母，抑或是亲戚担任监护人。他们要签署委托责任书，明确监护人的责任。不能让留守儿童处于无管失控的状态。如果家中找不到合适的亲戚监护，可以由村委会或者是居委会指定监护人。同时，村委会干部也可以作为监护人，但要签署委托责任书。据民政局的反映，委托责任书已经基本签完。

第五，和教育部门密切联系，广泛合作。对于辍学、失学和不在读的儿童，特别是留守儿童，他们的信息要报给民政局，实现信息的互通。针对留守儿童关爱保护工作的领导机构，县里各部门成立了联动机构，民政局有专门的分管负责人，设立了专门的办公室来开展工作。关于留守儿童

关爱保护工作的财政拨款、分配，因为这项工作由民政局刚接手开展工作，财政没有固定的资金，但会根据具体的需要来随时投入。

（2）团县委关于留守儿童关爱工作的具体措施

县一级的团委每年开展常规化的留守儿童关爱活动，包括捐资助学、献爱心、教育帮扶等活动。每年的寒暑假，高校大学生会选择留守儿童较集中的学校，利用暑期社会实践的机会，开展一对一志愿者结对帮扶活动。团县委也会定期组织志愿者去留守儿童较为集中的学校开展学业辅导、小游戏等关爱活动。

乡镇团委对学校和社区进行调查摸底，为留守儿童建立相关档案。甚至积极探索和社会上的社工组织联系，由政府出资、社工组织提供服务，为留守儿童提供相关的关爱服务（2016年）。

（3）团县委开展留守儿童关爱保护工作的棘手之处

留守儿童主要跟随老年人生活，祖辈只能满足他们的吃饱穿暖需要，在心理和精神关爱上存在缺失。同时留守儿童多数是和非留守儿童一起上学的，在学校开展亲子活动时，非留守儿童多数同父母参与，留守儿童多数同祖辈参与，这种对比很强烈，可能会对留守儿童的心理发展产生负面影响。团县委会定期在节假日的时候开展留守儿童关爱活动，但极易停留在表面，不够深入留守儿童的内心，在心理疏导上较为欠缺。心理问题是留守儿童较为严重的问题，心理关爱也是团县委比较薄弱的工作环节。

第四章　农村留守儿童价值观发展的现状分析

"价值观是人们关于基本价值的信念、信仰、理想的系统。价值观是人们生活状况的反映和实践经验的凝结。价值观的作用在于成为人们心目中天平、尺子，即主体的评价标准体系。"（李德顺，2015）"人们的价值观往往受到所处时代的社会经济、政治的影响和制约。反过来，价值观对人的世界观、政治观、人生观、道德观、职业观的形成和发展具有很大的影响力，对时代的发展与社会的进步也有制约作用，这是历史经验。"（叶松庆，1996）"未成年人的价值观是一种亚稳定态的价值观。"（叶松庆，2006）其"在社会价值导向与自身发展需要的双重压力下，艰难地演变着"（叶松庆，2006）。其"变化的现状喜大于忧"（叶松庆，2021）。

聚焦留守儿童价值观的发展，应注重从其生活的现实境况中考量。在对留守儿童价值观的划分过程中，本书基于主体性的定位以及从事实与理论的双重视角展开（详见第二章）。在划分的价值观中，不同的价值观并不是孤立存在的，而是相互联系的。对不同价值观的认识，要从整体上加以综合考量。

在前期16年的连续（或间续）性调查中（叶松庆，2007，2010，2013a，2013b，2016，2019），从核心价值观、生活观、爱国观、孝道观、公德观、诚信观、感恩观、劳动观、人际观、恋爱观等10个方面入手，力图较为全面地管窥当代留守儿童的价值观发展现状。需要指出的是，在对现状（包含第五章的教育关爱现状）进行分析时，本书主要采用"多群体"与"比对"相结合的技术路向。所谓"多群体"的分析，是指在对现状的分析中，不仅是从留守儿童单个群体的视角进行分析，还加上了中学老师、家长、中学校长、德育工作者、小学校长以及教育、科技、人事管理部门领导等相关群体的认识。相关群体的认识，主要是对整个未成年人群体（包括留守儿童）的考量。基于此，将留守儿童与整个未成年人进行对比，既能看到同作为未成年人的"同一性"的认识，又能聚焦留守儿童自身的差异性的认识。所谓"比对"，是指将留守儿童与非留守儿童进行对比分析，进而分析其中的差异。通过"多群体"与"比对"分析，有助于翔实、立体化地反映留守儿童的现状。

一、留守儿童的核心价值观

留守儿童的核心价值观就是社会主义核心价值观。

（一）留守儿童对社会主义核心价值观的了解程度

如表 4-1 所示，在对留守儿童了解社会主义核心价值观情况的调查中，留守儿童 2011 年选择"了解"与"有点了解"的合比率为 77.97%。选择"不了解"与"无所谓"的合比率为 22.03%。从了解程度上看，大部分的留守儿童对社会主义核心价值观有一定的了解。

从 2019 年（a）与 2011 年比较来看，留守儿童选择"了解"的比率大幅度上升，可见，留守儿童对社会主义核心价值观的了解程度逐渐加深，从侧面也可管窥培育与践行社会主义核心价值观的覆盖面越来越广，留守儿童对社会主义核心价值观的了解程度越来越深。

表 4-1   留守儿童了解社会主义核心价值观的情况

选项	总计		留守儿童							
			2011 年		2012 年		2013 年		2014 年	
	人数/名	比率/%	人数/名	比率/%	人数/名	比率/%	人数/名	比率/%	人数/名	比率/%
了解	1126	39.62	60	15.87	83	23.31	135	24.24	56	15.86
有点了解	1090	38.35	187	49.47	172	48.31	252	45.24	166	47.03
不了解	566	19.92	125	33.07	95	26.69	169	30.34	112	31.73
无所谓	60	2.11	6	1.59	6	1.69	1	0.18	19	5.38
合计	2842	100.00	378	100.00	356	100.00	557	100.00	353	100.00

选项	留守儿童						2019 年（a）与 2011 年比较
	2015 年		2016 年		2019 年（a）		
	人数/名	比率/%	人数/名	比率/%	人数/名	比率/%	率差/个百分点
了解	124	43.36	221	59.57	447	82.62	66.75
有点了解	129	45.10	105	28.30	79	14.60	−34.87
不了解	27	9.44	27	7.28	11	2.03	−31.04
无所谓	6	2.1	18	4.85	4	0.74	−0.85
合计	286	100.00	371	100.00	541	100.00	0.00

（二）留守儿童践行社会主义核心价值观的态度

1. 留守儿童的自述

如表 4-2 所示，在对留守儿童践行社会主义核心价值观态度的调查中，57.60%的留守儿童表示会"积极参与"，选择"一般参与"的比率为 33.89%。

从 2019 年（a）与 2015 年的比较数据来看，留守儿童选择"积极参与"的比率有所上升，增幅达 20.66 个百分点。比较而言，留守儿童践行社会主义核心价值观的积极性较高。

表 4-2　留守儿童践行社会主义核心价值观的态度

选项	留守儿童								
	总计			2015 年		2016 年		2019 年（a）		2019 年（a）与 2015 年比较
	人数/名	比率/%	排序	人数/名	比率/%	人数/名	比率/%	人数/名	比率/%	率差/个百分点
积极参与	690	57.60	1	136	47.55	185	49.87	369	68.21	20.66
一般参与	406	33.89	2	121	42.31	151	40.70	134	24.77	−17.54
不参与	52	4.34	3	12	4.20	17	4.58	23	4.25	0.05
不知道会参与还是不参与	33	2.75	4	13	4.55	9	2.43	11	2.03	−2.52
无所谓	17	1.42	5	4	1.40	9	2.43	4	0.74	−0.66
合计	1198	100.00		286	100.00	371	100.00	541	100.00	0.00

2. 相关群体的认识

（1）中学老师的认识

如表 4-3 所示，在对中学老师眼中未成年人践行社会主义核心价值观态度的调查中，47.30%的中学老师认为未成年人能"积极参与"践行社会主义核心价值观，选择"一般参与"的比率为 37.53%。

从 2019 年（a）与 2015 年比较来看，2019 年（a）中学老师选择"积极参与"的比率较 2015 年增加了 27.10 个百分点，中学老师认为未成年人践行社会主义核心价值观的积极性有较大幅度提升。

表 4-3　中学老师眼中未成年人践行社会主义核心价值观的态度

选项	中学老师								
	总计			2015 年		2016 年		2019 年（a）		2019 年（a）与 2015 年比较
	人数/名	比率/%	排序	人数/名	比率/%	人数/名	比率/%	人数/名	比率/%	率差/个百分点
积极参与	184	47.30	1	52	33.77	90	54.22	42	60.87	27.10

续表

选项	中学老师								
	总计			2015 年		2016 年		2019 年（a）		2019 年（a）与 2015 年比较
	人数/名	比率/%	排序	人数/名	比率/%	人数/名	比率/%	人数/名	比率/%	率差/个百分点
一般参与	146	37.53	2	67	43.51	57	34.34	22	31.88	−11.63
不参与	23	5.91	3	14	9.09	9	5.42	0	0.00	−9.09
不知道会参与还是不参与	22	5.66	4	16	10.39	4	2.41	2	2.90	−7.49
无所谓	14	3.60	5	5	3.25	6	3.61	3	4.35	1.10
合计	389	100.00		154	100.00	166	100.00	69	100.00	0.00

（2）家长的认识

如表 4-4 所示，在对家长眼中未成年人践行社会主义核心价值观态度的调查中，59.32%的家长认为未成年人能积极参与践行社会主义核心价值观，选择"一般参与"的占比为 28.09%。

从 2019 年（a）与 2015 年比较来看，家长选择"积极参与"的比率逐步上升，其中 2019 年（a）选择"积极参与"的比率较 2015 年高出 21.43 个百分点。家长愈发地认为未成年人践行社会主义核心价值观的积极性较高。

表 4-4　家长眼中未成年人践行社会主义核心价值观的态度

选项	家长								
	总计			2015 年		2016 年		2019 年（a）		2019 年（a）与 2015 年比较
	人数/名	比率/%	排序	人数/名	比率/%	人数/名	比率/%	人数/名	比率/%	率差/个百分点
积极参与	245	59.32	1	72	46.75	128	66.32	45	68.18	21.43
一般参与	116	28.09	2	51	33.12	48	24.87	17	25.75	−7.37
不参与	14	3.39	4	8	5.19	6	3.11	0	0.00	−5.19
不知道会参与还是不参与	30	7.26	3	18	11.69	9	4.66	3	4.55	−7.14
无所谓	8	1.94	5	5	3.25	2	1.04	1	1.52	−1.73
合计	413	100.00		154	100.00	193	100.00	66	100.00	0.00

（3）中学校长的认识

如表 4-5 所示，在对中学校长眼中未成年人践行社会主义核心价值观态度的调查中，中学校长选择"积极参与"的比率为 58.62%，选择"一般参与"的占比为 34.98%。

从多个年份的比较来看，在 2019 年之前的年份中，中学校长选择"积极参与"的比率逐渐增加。在 2020 年（a）与 2019 年（a）的比较中，选择"积极参与"的比率略有下降，但从总体态势上来看[2020 年（a）与 2015 年（d）比较]，中学校长认为未成年人能积极参与践行社会主义核心价值观。

表 4-5　中学校长眼中未成年人践行社会主义核心价值观的态度

选项	中学校长											
	总计			2015 年（d）		2016 年		2019 年（a）		2020 年（a）		2020 年（a）与 2015 年（d）比较
	人数/名	比率/%	排序	人数/名	比率/%	人数/名	比率/%	人数/名	比率/%	人数/名	比率/%	率差/个百分点
积极参与	119	58.62	1	21	42.86	35	54.69	37	71.15	26	68.42	25.56
一般参与	71	34.98	2	23	46.94	23	35.94	14	26.92	11	28.95	−17.99
不参与	5	2.46	3	2	4.08	3	4.69	0	0.00	0	0.00	−4.08
不知道会参与还是不参与	4	1.97	4	1	2.04	2	3.13	0	0.00	1	2.63	0.59
无所谓	4	1.97	4	2	4.08	1	1.56	1	1.92	0	0.00	−4.08
合计	203	100.00		49	100.00	64	100.00	52	100.00	38	100.00	0.00

（4）德育工作者与小学校长的认识

如表 4-6 所示，在对德育工作者与小学校长眼中未成年人践行社会主义核心价值观态度的调查中，选择"积极参与"的比率为 73.83%，即大部分的德育工作者与小学校长认为未成年人能积极参与践行社会主义核心价值观。在不同的年份中，小学校长选择"积极参与"的比率激增，认为未成年人的参与积极性越来越高。

从德育工作者与小学校长比较来看，德育工作者选择"积极参与"的比率较小学校长选择的同项比率略低。

表 4-6　德育工作者与小学校长眼中未成年人践行社会主义核心价值观的态度

选项	总计			德育工作者		小学校长						德育工作者与小学校长比较
				2019 年（a）		2015 年（b）		2020 年（a）		小计		
	人数/名	比率/%	排序	人数/名	比率/%	人数/名	比率/%	人数/名	比率/%	人数/名	比率/%	率差/个百分点
积极参与	79	73.83	1	33	73.33	12	57.14	34	82.93	46	74.19	−0.86
一般参与	23	21.50	2	11	24.44	5	23.81	7	17.07	12	19.35	5.09

续表

选项	总计			德育工作者 2019年（a）		小学校长						德育工作者与小学校长比较
						2015年（b）		2020年（a）		小计		
	人数/名	比率/%	排序	人数/名	比率/%	人数/名	比率/%	人数/名	比率/%	人数/名	比率/%	率差/个百分点
不参与	5	4.67	3	1	2.22	4	19.05	0	0.00	4	6.45	−4.23
不知道会参与还是不参与	0	0.00	4	0	0.00	0	0.00	0	0.00	0	0.00	0.00
无所谓	0	0.00	4	0	0.00	0	0.00	0	0.00	0	0.00	0.00
合计	107	100.00		45	100.00	21	100.00	41	100.00	62	100.00	0.00

（三）留守儿童践行社会主义核心价值观的效果

1. 留守儿童的自述

如表 4-7 所示，在对儿童践行社会主义核心价值观效果的调查中，留守儿童选择"效果显著"的比率较非留守儿童的同项比率高，留守儿童选择"效果一般""没有效果""不清楚"的比率均较非留守儿童的同项比率低。

从不同的年份来看，留守儿童与非留守儿童选择"效果显著"的比率均处于上升态势，选择"效果一般""没有效果""不清楚"的比率均有所降低。从整体上看，留守儿童践行社会主义核心价值观的实际效果较为显著。

表 4-7　儿童对自身践行社会主义核心价值观效果的评价

选项	总计			留守儿童						非留守儿童						留守儿童与非留守儿童比较
				2016年		2019年（a）		小计		2016年		2019年（a）		小计		
	人数/名	比率/%	排序	人数/名	比率/%	人数/名	比率/%	人数/名	比率/%	人数/名	比率/%	人数/名	比率/%	人数/名	比率/%	率差/个百分点
效果显著	1409	48.09	1	147	39.62	338	62.48	485	53.18	503	35.90	421	68.23	924	45.79	7.39
效果一般	1196	40.82	2	181	48.79	166	30.68	347	38.05	684	48.82	165	26.74	849	42.07	−4.02
没有效果	99	3.38	4	17	4.58	6	1.11	23	2.52	72	5.14	4	0.65	76	3.77	−1.25
不清楚	226	7.71	3	26	7.01	31	5.73	57	6.25	142	10.14	27	4.38	169	8.37	−2.12
合计	2930	100.00		371	100.00	541	100.00	912	100.00	1401	100.00	617	100.00	2018	100.00	0.00

2. 相关群体的认识

（1）中学老师的认识

如表 4-8 所示，在对中学老师眼中未成年人践行社会主义核心价值观效果的调查中，45.11%的中学老师认为未成年人践行社会主义核心价值观"效果显著"，选择"效果一般"的占比为 46.81%。

从 2019 年（a）与 2016 年比较来看，中学老师选择"效果显著"的比率显著上升，选择"效果一般"与"没有效果"的比率均有所降低。

表 4-8　中学老师对未成年人践行社会主义核心价值观效果的评价

选项	中学老师							
	总计			2016 年		2019 年（a）		2019 年（a）与 2016 年比较
	人数/名	比率/%	排序	人数/名	比率/%	人数/名	比率/%	率差/个百分点
效果显著	106	45.11	1	67	40.36	39	56.52	16.16
效果一般	110	46.81	2	83	50.00	27	39.13	−10.87
没有效果	10	4.26	3	10	6.02	0	0.00	−6.02
不清楚	9	3.83	4	6	3.61	3	4.35	0.74
合计	235	100.00		166	100.00	69	100.00	0.00

（2）中学校长的认识

如表 4-9 所示，在对中学校长眼中未成年人践行社会主义核心价值观效果的调查中，中学校长选择"效果显著"的比率为 54.55%，选择"效果一般"的比率为 41.56%。

从 2019 年（a）到 2016 年比较来看，中学校长选择"效果显著"的比率上升得较为明显，选择"效果一般"的比率下降得也较为明显。

表 4-9　中学校长对未成年人践行社会主义核心价值观效果的评价

选项	中学校长								
	总计		2016 年		2019 年（a）		2020 年（a）		2020 年（a）与 2016 年比较
	人数/名	比率/%	人数/名	比率/%	人数/名	比率/%	人数/名	比率/%	率差/个百分点
效果显著	84	54.55	29	45.31	32	61.54	23	60.53	15.22
效果一般	64	41.56	31	48.44	20	38.46	13	34.21	−14.23
没有效果	4	2.60	2	3.13	0	0.00	2	5.26	2.13
不清楚	2	1.30	2	3.13	0	0.00	0	0.00	−3.13
合计	154	100.00	64	100.00	52	100.00	38	100.00	0.00

（3）德育工作者与小学校长的认识

如表 4-10 所示，在对德育工作者与小学校长眼中未成年人践行社会主义核心价值观效果的调查中，67.44% 的德育工作者与小学校长认为未成年人践行社会主义核心价值观"效果显著"，选择"效果一般"的比率为 30.23%。

从两个群体的比较来看，小学校长选择"效果显著"的比率较德育工作者稍高。

表 4-10　德育工作者与小学校长对未成年人践行社会主义核心价值观效果的评价

选项	总计		德育工作者		小学校长		德育工作者与小学校长比较
			2019 年（a）		2020 年（a）		
	人数/名	比率/%	人数/名	比率/%	人数/名	比率/%	率差/个百分点
效果显著	58	67.44	30	66.67	28	68.29	−1.62
效果一般	26	30.23	13	28.89	13	31.71	−2.82
没有效果	1	1.16	1	2.22	0	0.00	2.22
不清楚	1	1.16	1	2.22	0	0.00	2.22
合计	86	100.00	45	100.00	41	100.00	0.00

（四）基本认识

1. 留守儿童对社会主义核心价值观的认识逐渐深化

社会主义核心价值观作为主流意识形态，承载着国家与民族的精神追求。调查显示，留守儿童对社会主义核心价值观的认识是逐渐深化的。在 2011 年，15.87% 的留守儿童选择"了解"，而在 2019 年（a），留守儿童选择"了解"的比率高达 82.62%。可以看出，留守儿童对社会主义核心价值观的认识越发深刻。这一方面可以看出社会主义核心价值观的宣传与教育颇有成效，另一方面，留守儿童对社会主义核心价值观的认识愈发深刻，为留守儿童践行社会主义核心价值观提供了良好的支撑。

2. 留守儿童积极践行社会主义核心价值观

留守儿童在对社会主义核心价值观有了了解之后，能够积极践行。从调查的数据来看，接近六成的留守儿童表示会"积极参与"。并且，未成年人群体践行社会主义核心价值观的积极性高，从对中学老师、家长等相关群体的认识可以佐证。

3. 留守儿童对践行社会主义核心价值观效果的评价较高

在对留守儿童社会主义核心价值观践行效果的评价中，五成多的留守儿童认为践行的"效果显著"，比非留守儿童的同项比率高 7.39 个百分点。

在"效果一般""没有效果""不清楚"等选项上，非留守儿童选择的比率较留守儿童稍高，表明留守儿童对自身的社会主义核心价值观践行评价高于非留守儿童，这有助于增强留守儿童继续践行的信心。

二、留守儿童的生活观

（一）留守儿童的人生志向

1. 留守儿童的自述

如表 4-11 所示，在对留守儿童人生志向的调查中，39.29%的留守儿童选择做"有道德的人"，33.16%的留守儿童选择做"对社会有用的人"。选择做"出人头地的人"的比率为 12.18%，其余选项的比率均不足 8.00%。大部分的留守儿童人生志向明晰，有理想有抱负。

从 2019 年（a）与 2009 年比较来看，留守儿童选择做"有道德的人"的比率增长幅度较大，选择"不清楚"的比率略有增加，其余选项的比率均有所下降。留守儿童对自身道德素质的培育愈发重视，从侧面可见留守儿童践行社会主义核心价值观的成效凸显。

表 4-11　留守儿童的人生志向

选项	留守儿童							
	总计			2009 年		2011 年		2013 年	
	人数/名	比率/%	排序	人数/名	比率/%	人数/名	比率/%	人数/名	比率/%
有道德的人	897	39.29	1	40	26.67	97	25.66	187	33.57
对社会有用的人	757	33.16	2	53	35.33	132	34.92	189	33.93
出人头地的人	278	12.18	3	29	19.33	70	18.52	64	11.49
光宗耀祖的人	161	7.05	4	16	10.67	39	10.32	48	8.62
有大本事的人	120	5.26	5	10	6.67	24	6.35	41	7.36
平庸的人	21	0.92	7	2	1.33	5	1.32	5	0.90
不清楚	49	2.15	6	0	0.00	11	2.91	23	4.13
合计	2283	100.00		150	100.00	378	100.00	557	100.00

选项	留守儿童						2019 年（a）与 2009 年比较
	2015 年		2016 年		2019 年（a）		
	人数/名	比率/%	人数/名	比率/%	人数/名	比率/%	率差/个百分点
有道德的人	122	42.66	169	45.55	282	52.13	25.46
对社会有用的人	98	34.27	137	36.93	148	27.36	−7.97
出人头地的人	28	9.79	38	10.24	49	9.06	−10.27
光宗耀祖的人	15	5.24	26	7.01	17	3.14	−7.53

续表

选项	留守儿童						
	2015 年		2016 年		2019 年（a）		2019 年（a）与 2009 年比较
	人数/名	比率/%	人数/名	比率/%	人数/名	比率/%	率差/个百分点
有大本事的人	17	5.94	1	0.27	27	4.99	−1.68
平庸的人	4	1.40	0	0.00	5	0.92	−0.41
不清楚	2	0.70	0	0.00	13	2.40	2.40
合计	286	100.00	371	100.00	541	100.00	0.00

2. 其他研究者的调研情况分析

如表 4-12 所示，在 2006 年至 2007 年浙江省宁波、湖州、台州、温州、舟山、嘉兴、丽水、绍兴、杭州、金华、嘉兴、衢州等 12 个市的 186 个行政村的留守儿童调查（留守儿童 320 名、监护人 310 名、村干部 219 名）中，13.4%的留守儿童信奉"打工至上"，6.8%的留守儿童信奉"金钱万能"（陈厥祥等，2008）。

在 2007 年 10～11 月湖南省宁远县的留守儿童调查（留守儿童 946 名、非留守儿童 952 名）中，在人生态度上，63.9%的留守儿童表示"努力争取幸福"，24.4%的留守儿童表示"很乐观"（黄虹，2008）。

表 4-12　留守儿童的人生志向　　　　　　　　（%）

2006 年至 2007 年浙江省宁波、湖州、台州、温州、舟山、嘉兴、丽水、绍兴、杭州、金华、嘉兴、衢州等 12 个市的 186 个行政村的留守儿童调查（留守儿童信奉）		2007 年 10～11 月湖南省宁远县的留守儿童调查（留守儿童的人生态度）		2019 年吉林省的留守儿童调查[留守儿童价值观调查（多选）]	
打工至上	13.4	很乐观	24.4	压力大	55.47
金钱万能	6.8	努力争取幸福	63.9	对未来迷茫	50.16
读书无用	2.2	过一天算一天	9.2	读书无用	23.36
未标明	77.6	很悲观	2.5	金钱至上	19.50
				自我价值低	25.86
合计	100.0	合计	100.0	合计	—

在 2019 年吉林省的留守儿童调查（留守儿童 959 名）中，50.16%的留守儿童感到"对未来迷茫"，19.50%的留守儿童认为"金钱至上"，55.47%的留守儿童感到"压力大"，23.36%的留守儿童认为"读书无用"（姜丽，2020）。

在以上研究者的调研中，留守儿童表现出积极的人生志向与较为焦虑的人生志向相交融的状态。本书研究发现，也有部分留守儿童愿意成为一个"平庸的人"，表现出较为消极的人生志向。

（二）留守儿童的生活目标

如表 4-13 所示，在对留守儿童生活目标的调查中，"家庭美满"居于首位，占比接近一半。选择"按自己的兴趣生活"与"悠闲轻松地生活"的比率分别为 25.08% 与 15.50%。其余选项的比率均不足 10.00%。从留守儿童的实际情况来看，其父母外出打工在一定程度上造成留守儿童的心理落差，希冀家庭美满成为留守儿童首选的生活目标。

从 2016 年与 2012 年比较来看，留守儿童选择"家庭美满"的比率有所下降，选择"按自己的兴趣生活"的比率增幅较大，从中可以看出，留守儿童的生活追求出现了一些变化。

表 4-13　留守儿童的生活目标

选项	留守儿童									
	总计			2012 年		2013 年		2016 年		2016 年与 2012 年比较
	人数 /名	比率 /%	排序	人数 /名	比率 /%	人数 /名	比率 /%	人数 /名	比率 /%	率差/个百分点
家庭美满	581	45.25	1	194	54.49	231	41.47	156	42.05	−12.44
按自己的兴趣生活	322	25.08	2	49	13.76	118	21.18	155	41.78	28.02
收入高	84	6.54	4	15	4.21	43	7.72	26	7.01	2.80
悠闲轻松地生活	199	15.50	3	61	17.13	105	18.85	33	8.89	−8.24
为社会作贡献	64	4.98	5	21	5.90	42	7.54	1	0.27	−5.63
社会地位高	34	2.65	6	16	4.49	18	3.23	0	0.00	−4.49
合计	1284	100.00		356	100.00	557	100.00	371	100.00	0.00

（三）留守儿童的生命态度

1. 留守儿童的自述

（1）对珍惜生命的看法

如表 4-14 所示，在对留守儿童是否应该珍惜自己生命看法的调查中，79.68% 的留守儿童表示"应该"珍惜自己的生命，选择"不清楚"与"无所谓"的比率分别为 13.11% 与 7.20%。大部分的留守儿童对自身的生命很是珍视，但也有部分留守儿童表示"不清楚"与"无所谓"。

从 2019 年（a）与 2009 年比较来看，留守儿童选择"应该"的比率有所下降，选择"不清楚"与"无所谓"的比率有所上升，该问题亟待重视，须找出问题的成因，予以针对性的引导与教育。

表 4-14　留守儿童对是否应该珍惜自己生命的看法

选项	总计		留守儿童							
			2009 年		2010 年		2012 年		2014 年	
	人数/名	比率/%	人数/名	比率/%	人数/名	比率/%	人数/名	比率/%	人数/名	比率/%
应该	1914	79.68	138	92.00	302	87.54	311	87.36	300	84.99
不清楚	315	13.11	8	5.33	21	6.09	28	7.87	26	7.37
无所谓	173	7.20	4	2.67	22	6.38	17	4.78	27	7.65
合计	2402	100.00	150	100.00	345	100.00	356	100.00	353	100.00

选项	留守儿童						2019 年（a）与 2009 年比较
	2015 年		2016 年		2019 年（a）		
	人数/名	比率/%	人数/名	比率/%	人数/名	比率/%	率差/个百分点
应该	232	81.12	228	61.46	403	74.49	−17.51
不清楚	21	7.34	102	27.49	109	20.14	14.81
无所谓	33	11.54	41	11.05	29	5.36	2.69
合计	286	100.00	371	100.00	541	100.00	0.00

（2）是否曾有过轻生的闪念

如表 4-15 所示，在对留守儿童是否曾有过轻生闪念的调查中，选择"没有"的比率为 64.71%，选择"曾有过"的比率为 27.51%，选择"现在有"与"不清楚"的比率分别为 2.47% 与 5.32%。总的来说，大部分的留守儿童不曾有轻生的念头，但鉴于"曾有过"轻生闪念的留守儿童比率达27.51%，学校应当重视此问题。

从 2019 年（a）与 2012 年比较来看，留守儿童选择"现在有"的比率有所上升，对这部分留守儿童应从日常学习与生活细节中予以重点关注与关爱。

表 4-15　留守儿童是否曾有过轻生的闪念

选项	留守儿童										2019 年（a）与 2012 年比较
	总计			2012 年		2013 年		2016 年		2019 年（a）	
	人数/名	比率/%	排序	人数/名	比率/%	人数/名	比率/%	人数/名	比率/%	人数/名	比率/%	率差/个百分点
没有	1181	64.71	1	238	66.85	373	66.97	201	54.18	369	68.21	1.36
曾有过	502	27.51	2	100	28.09	145	26.03	128	34.50	129	23.84	−4.25
现在有	45	2.47	4	4	1.12	3	0.54	17	4.58	21	3.88	2.76
不清楚	97	5.32	3	14	3.93	36	6.46	25	6.74	22	4.07	0.14
合计	1825	100.00		356	100.00	557	100.00	371	100.00	541	100.00	0.00

注：由于数值修约，可能存在加总不为 100% 的情况，余同。

2. 相关群体的认识

（1）中学老师的认识

如表 4-16 所示，在对中学老师是否遇到未成年人轻生情况的调查中，27.82% 的中学老师表示"遇到过"，选择"未遇到"的比率为 66.73%，选择"不清楚"的比率为 5.45%。总的来看，大部分的中学老师未遇到过未成年人轻生。

从 2019 年（a）与 2008 年比较来看，中学老师选择"遇到过"的比率有较大幅度上升。

表 4-16　中学老师是否遇到未成年人轻生的情况

选项	总计		2008 年		2009 年		2010 年		2011 年	
	人数/名	比率/%	人数/名	比率/%	人数/名	比率/%	人数/名	比率/%	人数/名	比率/%
遇到过	429	27.82	42	27.10	51	22.87	59	27.44	81	37.16
未遇到	1029	66.73	105	67.74	160	71.75	141	65.58	130	59.63
不清楚	84	5.45	8	5.16	12	5.38	15	6.98	7	3.21
合计	1542	100.00	155	100.00	223	100.00	215	100.00	218	100.00

选项	2012 年		2013 年		2016 年		2019 年（a）		2019 年（a）与 2008 年比较
	人数/名	比率/%	人数/名	比率/%	人数/名	比率/%	人数/名	比率/%	率差/个百分点
遇到过	44	21.89	69	23.39	51	30.72	32	46.38	19.28
未遇到	144	71.64	210	71.19	105	63.25	34	49.28	−18.46
不清楚	13	6.47	16	5.42	10	6.02	3	4.35	−0.81
合计	201	100.00	295	100.00	166	100.00	69	100.00	0.00

（2）中学校长的认识

如表 4-17 所示，在对中学校长是否遇到未成年人轻生情况的调查中，40.38% 的中学校长表示"遇到过"未成年人轻生的情况，选择"未遇到"的比率为 59.62%。

表 4-17　中学校长是否遇到未成年人轻生的情况

选项	中学校长		
	2019 年（a）		
	人数/名	比率/%	排序
遇到过	21	40.38	2
未遇到	31	59.62	1

续表

选项	中学校长		
	2019 年（a）		
	人数/名	比率/%	排序
不清楚	0	0.00	3
合计	52	100.00	

（3）德育工作者与小学校长的认识

如表 4-18 所示，在对德育工作者与小学校长是否遇到未成年人轻生情况的调查中，小学校长选择"遇到过"的比率较德育工作者同项的比率要低 19.40 个百分点，小学校长选择"未遇到"的比率较德育工作者要高 18.54 个百分点。从数据来看，小学校长选择"遇到过"未成年人轻生的比率较低。由此可见，中学生轻生的现象比小学生轻生的现象多。

表 4-18　德育工作者与小学校长是否遇到未成年人轻生的情况

选项	总计		德育工作者		小学校长		德育工作者与小学校长比较
			2019 年（a）		2020 年（a）		
	人数/名	比率/%	人数/名	比率/%	人数/名	比率/%	率差/个百分点
遇到过	36	41.86	23	51.11	13	31.71	19.40
未遇到	42	48.84	18	40.00	24	58.54	−18.54
不清楚	8	9.30	4	8.89	4	9.76	−0.87
合计	86	100.00	45	100.00	41	100.00	0.00

（四）基本认识

1. 留守儿童有较为清晰的人生志向

从留守儿童人生志向来看，接近四成的留守儿童表示要成为"有道德的人"，超过三成的留守儿童表示要成为"对社会有用的人"，仅有 0.92% 的留守儿童表示要成为"平庸的人"。从整体上来看，留守儿童的人生志向较为清晰，从 2009～2019 年的比较来看，留守儿童的选择呈现些许变化，更高的道德追求是留守儿童人生志向选择的重要影响因素。

2. 对家庭美满的追求成为留守儿童重要的生活目标

生活目标承载着一定的生活希望，是支撑与支持个体参与社会生活的重要导航与方向。对留守儿童生活目标的调查显示，45.25% 的留守儿童认为"家庭美满"是重要的生活目标。也应看到，随着时代的变迁，留守儿童的生活境况发生了一定变化，留守儿童生活目标的追求也随之变化。从不同年份的比较来看，"按自己的兴趣生活"以及"收入高"等生活目标在留守儿童中的占比有所增高。从中可以看出，留守儿童的主体性意识逐渐增强，对生活目标的认知逐渐渗透着自己的兴趣等主体性因素。

3. 留守儿童生活观中对生命的认知存在些许偏差

生活观的认知维度中包含对生命的认识，即应当以什么样的态度去对待生命、体悟生命，进而获得关于人生的重要思考，逐渐形成正确的生活观。对留守儿童生命态度的调查显示，大部分的留守儿童表示会珍惜生命，并表示不曾有过轻生的闪念，对生命呈现出高度珍重的态度。但从对中学老师、中学校长、德育工作者与小学校长的调查来看，相关群体表示，遇到过未成年人轻生的比率较高。可见，包括留守儿童在内的未成年人的生活观中对生命的认知存在些许偏差，需要引起足够的重视。

三、留守儿童的爱国观

（一）留守儿童的爱国情感

1. 留守儿童的自述

如表 4-19 所示，在对留守儿童就升国旗、唱国歌时情感表现的调查中，选择"非常激动""比较激动""激动"的合比率为 88.47%。选择"不激动"与"无动于衷"的比率分别为 7.16% 与 2.50%。大部分的留守儿童在升国旗、唱国歌时表现出激动的状态，爱国情感自然流露。

从 2019 年（a）与 2009 年比较来看，2019 年（a）留守儿童选择"非常激动"的比率增幅最大，达 16.83 个百分点。表明留守儿童的爱国情感在逐渐增强。

表 4-19　留守儿童在升国旗、唱国歌时的情感表现

选项	总计		留守儿童							
			2009 年		2010 年		2012 年		2014 年	
	人数/名	比率/%	人数/名	比率/%	人数/名	比率/%	人数/名	比率/%	人数/名	比率/%
非常激动	971	40.42	56	37.33	141	40.87	123	34.55	83	23.51
比较激动	690	28.73	49	32.67	101	29.28	91	25.56	142	40.23
激动	464	19.32	37	24.67	72	20.87	85	23.88	72	20.40
不激动	172	7.16	6	4.00	24	6.96	39	10.96	29	8.22
无动于衷	60	2.50	2	1.33	7	2.03	5	1.40	16	4.53
无所谓	45	1.87	0	0.00	0	0.00	13	3.65	11	3.12
合计	2402	100.00	150	100.00	345	100.00	356	100.00	353	100.00

续表

选项	留守儿童						
	2015 年		2016 年		2019 年（a）		2019 年（a）与 2009 年比较
	人数/名	比率/%	人数/名	比率/%	人数/名	比率/%	率差/个百分点
非常激动	87	30.42	188	50.67	293	54.16	16.83
比较激动	86	30.07	74	19.95	147	27.17	−5.50
激动	70	24.48	58	15.63	70	12.94	−11.73
不激动	29	10.14	27	7.28	18	3.33	−0.67
无动于衷	10	3.50	14	3.77	6	1.11	−0.22
无所谓	4	1.40	10	2.70	7	1.29	1.29
合计	286	100.00	371	100.00	541	100.00	0.00

2. 其他研究者的调研情况分析

如表 4-20 所示，在 2010 年西南地区某市留守儿童的调查（N：254 名）中，93.0%的留守儿童表示当中国运动员在国际比赛中获得第一名，五星红旗在赛场上冉冉升起的时候会感到"非常激动，为祖国感到骄傲"，或"为自己是中国人而自豪"（左群英，2012）。

在 2013 年贵州省黔西南州 5 县（市）具有代表性的农村中小学留守儿童调查（N：386 名）中，60.3%的留守儿童表示参加学校升国旗仪式时，自己呈现出的是"庄重严肃"的态度，34.5%的留守儿童表示"觉得有意义"（李华玲等，2013）。

表 4-20　留守儿童的爱国情感　　　　　　　　　　　　　　　（%）

2010 年西南地区某市留守儿童调查（当中国运动员在国际比赛中获得第一名，五星红旗在赛场上冉冉升起的时候，你的感受如何？）		2013 年贵州省黔西南州 5 县（市）具有代表性的农村中小学留守儿童调查（参加学校升国旗仪式时，你的态度是？）	
非常激动，为祖国感到骄傲	93.0	庄重严肃	60.3
为自己是中国人而自豪		觉得有意义	34.5
有一点高兴，但说不上激动	5.0	学校要求，不得不参加	5.2
没什么感觉	2.0		
合计	100.0	合计	100.0

（二）留守儿童的爱国取向

1. 留守儿童的自述

如表 4-21 所示，在对留守儿童在若国家遇到危难时的价值取向的调查中，51.79%的留守儿童表示"愿为国家做任何事"，38.72%的留守儿童表示将"有选择地为国家做事"，选择"不愿为国家做任何事"与"不知道"的比率分别为6.33%与3.17%。大部分留守儿童表示，在国家遇到危难时会为国家做事。

从2019年（a）与2012年比较来看，2019年（a）留守儿童选择"愿为国家做任何事"的比率较2012年高21.48个百分点，选择"不愿为国家做任何事"与"有选择地为国家做事"的比率均有所下降。这说明留守儿童的爱国取向正确。

表4-21　留守儿童在若国家遇到危难时的价值取向

选项	留守儿童							
	总计		2012年		2013年		2014年	
	人数/名	比率/%	人数/名	比率/%	人数/名	比率/%	人数/名	比率/%
愿为国家做任何事	1276	51.79	169	47.47	244	43.81	155	43.91
不愿为国家做任何事	156	6.33	25	7.02	24	4.31	15	4.25
有选择地为国家做事	954	38.72	156	43.82	264	47.40	165	46.74
不知道	78	3.17	6	1.69	25	4.49	18	5.10
合计	2464	100.00	356	100.00	557	100.00	353	100.00

选项	留守儿童						2019年（a）与2012年比较
	2015年		2016年		2019年（a）		
	人数/名	比率/%	人数/名	比率/%	人数/名	比率/%	率差/个百分点
愿为国家做任何事	111	38.81	224	60.38	373	68.95	21.48
不愿为国家做任何事	36	12.59	49	13.21	7	1.29	−5.73
有选择地为国家做事	136	47.55	83	22.37	150	27.73	−16.09
不知道	3	1.05	15	4.04	11	2.03	0.34
合计	286	100.00	371	100.00	541	100.00	0.00

2. 相关群体的认识

如表4-22所示，在对中学老师、家长与中学校长认为的未成年人在国家遇到危难时的价值取向的调查中，47.06%的相关群体选择"有选择地为国家做事"，选择"愿为国家做任何事"的比率为42.78%。

从中学校长与中学老师比较来看，中学老师选择"愿为国家做任何事"的未成年人的比率高于中学校长49.77个百分点，中学校长选择"有选择地为国家做事"的未成年人的比率高于中学老师42.11个百分点，说明在对未成年人在国家遇到危难时的价值取向的看法上，中学老师好于中学校长。

表 4-22　中学老师、家长与中学校长认为的未成年人在国家遇到危难时的价值取向

| 选项 | 总计 | | | 中学老师 | | 家长 | | 中学校长 | | 中学校长与中学老师比较 |
| | | | | 2019 年（a） | | 2019 年（a） | | 2019 年（a） | | |
	人数/名	比率/%	排序	人数/名	比率/%	人数/名	比率/%	人数/名	比率/%	率差/个百分点
愿为国家做任何事	80	42.78	2	37	53.62	41	62.12	2	3.85	−49.77
有选择地为国家做事	88	47.06	1	28	40.58	17	25.76	43	82.69	42.11
不知道	19	10.16	3	4	5.80	8	12.12	7	13.46	7.66
合计	187	100.00		69	100.00	66	100.00	52	100.00	0.00

（三）留守儿童的爱国表现

1. 留守儿童的爱国行为表现

如表 4-23 所示，在对留守儿童现有的具体爱国行为表现的调查中，留守儿童的选择排在前五位的是："坚决拥护中国共产党的领导"（9.34%）、"勤奋学习，练好本领"（9.11%）、"孝顺长辈"（8.59%）、"继承与发扬中华民族的优良传统"（8.43%）"尊敬老师"（8.39%）。从数据来看，大多数留守儿童的具体爱国行为表现出较高的思想觉悟，并且与自身生活相融合。

从 2019 年（a）与 2016 年比较来看，留守儿童的各项选择率变化不大，说明留守儿童的爱国行为比较稳定。

表 4-23　留守儿童现有的具体爱国行为表现（多选题）

| 选项 | 总计 | | | 留守儿童 | | | | 2019 年（a）与 2016 年比较 |
| | | | | 2016 年 | | 2019 年（a） | | |
	人数/名	比率/%	排序	人数/名	比率/%	人数/名	比率/%	率差/个百分点
坚决拥护中国共产党的领导	584	9.34	1	202	15.98	382	7.66	−8.32
勤奋学习，练好本领	570	9.11	2	128	10.13	442	8.86	−1.27
继承与发扬中华民族的优良传统	527	8.43	4	111	8.78	416	8.34	−0.44
积极践行社会主义核心价值观、社会主义荣辱观	488	7.80	6	83	6.57	405	8.12	1.55
敢于、善于与坏人坏事作斗争	362	5.79	13	61	4.83	301	6.03	1.20

续表

选项	总计			留守儿童				2019 年（a）与 2016 年比较
				2016 年		2019 年（a）		
	人数/名	比率/%	排序	人数/名	比率/%	人数/名	比率/%	率差/个百分点
为灾区人民捐款捐物	404	6.46	10	97	7.67	307	6.15	-1.52
志愿参与力所能及的公益活动	370	5.92	12	81	6.41	289	5.79	-0.62
正确对待外来文化	459	7.34	8	67	5.30	392	7.86	2.56
自觉维护国家安全与利益	378	6.04	11	61	4.83	317	6.35	1.52
尊敬老师	525	8.39	5	93	7.36	432	8.66	1.30
孝顺长辈	537	8.59	3	95	7.52	442	8.86	1.34
讲诚信	487	7.79	7	86	6.80	401	8.04	1.24
不做违法违纪的事	458	7.32	9	78	6.17	380	7.62	1.45
其他	105	1.68	15	21	1.66	84	1.68	0.02
合计	6254	100.00		1264	100.00	4990	100.00	0.00

注：合计人数是指各选项选择人数之和，不是被调查总人数。

2. 留守儿童对新中国成立 70 周年以来取得辉煌成就的态度

如表 4-24 所示，在对儿童就新中国成立 70 周年以来取得辉煌成就态度的调查中，留守儿童选择"无比高兴"的比率较非留守儿童要低 1.73 个百分点，选择"不怎么高兴"的比率较非留守儿童要低 0.12 个百分点。总的来说，与非留守儿童相似，大多数留守儿童认可新中国成立 70 周年以来取得的辉煌成就，态度明朗、积极。

表 4-24　儿童对新中国成立 70 周年以来取得辉煌成就的态度

选项	总计			留守儿童		非留守儿童		留守儿童与非留守儿童比较
				2019 年（a）		2019 年（a）		
	人数/名	比率/%	排序	人数/名	比率/%	人数/名	比率/%	率差/个百分点
无比高兴	762	65.80	1	351	64.88	411	66.61	-1.73
高兴	274	23.66	2	129	23.84	145	23.50	0.34
一般化	101	8.72	3	52	9.61	49	7.94	1.67
不怎么高兴	5	0.43	5	2	0.37	3	0.49	-0.12
没什么感觉	11	0.95	4	6	1.11	5	0.81	0.30
不知道	5	0.43	6	1	0.18	4	0.65	-0.47
合计	1158	100.00		541	100.00	617	100.00	0.00

（四）基本认识

1. 留守儿童的爱国情感真挚且丰沛

爱国情感是表现为对祖国的爱的内心情感体验，爱国情感是爱国观的重要组成部分。爱国情感的形成需要经历长期的过程，更多的是一种正面的正向的感情，对爱国观的形成具有重要的促进作用。爱国情感既可以用深厚的感情表现形式展现，诸如具体的爱国主义教育，也可以是思想或情感的共勉。在对留守儿童爱国情感的考察中，主要通过观察留守儿童在升国旗、唱国歌时的情感表现展开；从调查数据来看，大部分的留守儿童感情较为激动；从年份比较来看，选择"非常激动"的比率明显增大。在同类研究的调查中，留守儿童也认为升国旗仪式严肃，在仪式中感到激动。总的来说，留守儿童的爱国情感真挚且丰沛。

2. 以国家利益为重是留守儿童爱国观的重要内容

关于具体爱国行为的判断与选择是爱国观的重要内容，树立正确的价值行为选择有助于形成正确的爱国观。对留守儿童爱国取向的调查显示，大部分的留守儿童表示"愿为国家做任何的事"。在相关群体的调查中，中学老师与家长比较倾向于认为未成年人"愿为国家做任何事"，中学校长则倾向于认为未成年人会"有选择地为国家做事"，相关群体的认知存在一定差异，也反映了当前包括留守儿童在内的未成年人的价值选择多元化。总的来看，以国家利益为重是留守儿童爱国观的重要内容。

3. 拥护党的领导与练就本领成为留守儿童爱国观的具体行为表现

爱国表现为对国家的情感倾向与具体行为，是爱国观的行动表现。对留守儿童具体爱国行为表现的调查显示，"坚决拥护中国共产党的领导"与"勤奋学习，练好本领"居于留守儿童选择的前列。2019 年（a）对留守儿童就新中国成立 70 周年以来所取得辉煌成就的态度的调查显示，89.46%的留守儿童感到"无比高兴"与"高兴"，这也是留守儿童爱国观的具体行为表现。

四、留守儿童的孝道观

（一）留守儿童的孝顺行为

1. 孝顺父母的意识

如表 4-25 所示，在对留守儿童就孝顺父母是否过时看法的调查中，79.99%的留守儿童表示孝顺父母"永远不过时"，选择"过时"与"有点过时"的合比率为 15.20%。从整体上看，大部分的留守儿童认为孝顺父母不会过时。

从 2019 年（a）与 2009 年比较来看，降幅最大的是"有点过时"，降幅达 1.01 个百分点。

表 4-25　留守儿童对孝顺父母是否过时的看法

选项	总计		留守儿童							
			2009 年		2010 年		2011 年		2012 年	
	人数/名	比率/%	人数/名	比率/%	人数/名	比率/%	人数/名	比率/%	人数/名	比率/%
过时	280	10.38	10	6.67	11	3.19	9	2.38	18	5.06
有点过时	130	4.82	4	2.67	17	4.93	16	4.23	10	2.81
永远不过时	2158	79.99	130	86.67	309	89.57	334	88.36	319	89.61
暂时不过时	65	2.41	3	2.00	4	1.16	14	3.70	4	1.12
不知道	65	2.41	3	2.00	4	1.16	5	1.32	5	1.40
合计	2698	100.00	150	100.00	345	100.00	378	100.00	356	100.00

选项	留守儿童						2019 年（a）与 2009 年比较
	2013 年		2016 年		2019 年（a）		
	人数/名	比率/%	人数/名	比率/%	人数/名	比率/%	率差/个百分点
过时	43	7.72	158	42.59	31	5.73	−0.94
有点过时	26	4.67	48	12.94	9	1.66	−1.01
永远不过时	450	80.79	143	38.54	473	87.43	0.76
暂时不过时	12	2.15	7	1.89	21	3.88	1.88
不知道	26	4.67	15	4.04	7	1.29	−0.71
合计	557	100.00	371	100.00	541	100.00	0.00

2. 孝顺父母的行为

（1）留守儿童的自述

如表 4-26 所示，在对留守儿童孝顺父母情况的调查中，留守儿童选择"很孝顺"与"孝顺"的合比率为 90.35%，选择"不怎么孝顺"与"不孝顺"的合比率为 6.79%。可见，大部分的留守儿童孝顺父母。

从 2019 年（a）与 2016 年比较来看，2019 年（a）留守儿童选择"很孝顺"的比率下降了 9.40 个百分点，选择"不怎么孝顺""不孝顺""不知道"的比率有所下降，选择"孝顺"的比率上升了 17.67 个百分点，说明留守儿童"孝顺"父母的人数多了，而"很孝顺"父母的人数少了，说明留守儿童在逐渐调整孝顺的尺度。

表 4-26　留守儿童孝顺父母的情况

选项	留守儿童							
	总计			2016 年		2019 年（a）		2019 年（a）与 2016 年比较
	人数/名	比率/%	排序	人数/名	比率/%	人数/名	比率/%	率差/个百分点
很孝顺	399	43.75	2	183	49.33	216	39.93	−9.40
孝顺	425	46.60	1	134	36.12	291	53.79	17.67
不怎么孝顺	47	5.15	3	26	7.01	21	3.88	−3.13
不孝顺	15	1.64	5	12	3.23	3	0.55	−2.68
不知道	26	2.85	4	16	4.31	10	1.85	−2.46
合计	912	100.00		371	100.00	541	100.00	0.00

（2）相关群体的认识

1）中学老师的认识。如表 4-27 所示，在对中学老师眼中未成年人孝顺父母情况的调查中，选择"很孝顺"与"孝顺"的合比率为 82.87%。选择"不怎么孝顺""不孝顺""很不孝顺"的合比率为 10.39%。

从 2019 年（a）与 2012 年比较来看，2019 年（a）中学老师认为"很孝顺"的比率增幅显著，认为"孝顺"的比率降幅较大。

表 4-27　中学老师眼中未成年人孝顺父母的情况

选项	中学老师											
	总计			2012 年		2013 年		2016 年		2019 年（a）		2019 年（a）与 2012 年比较
	人数/名	比率/%	排序	人数/名	比率/%	人数/名	比率/%	人数/名	比率/%	人数/名	比率/%	率差/个百分点
很孝顺	276	22.94	2	7	3.48	14	4.75	39	23.49	216	39.93	36.45
孝顺	721	59.93	1	144	71.64	196	66.44	90	54.22	291	53.79	−17.85
不怎么孝顺	45	3.74	5	0	0.00	0	0.00	24	14.46	21	3.88	3.88
不孝顺	73	6.07	4	23	11.44	45	15.25	2	1.20	3	0.55	−10.89
很不孝顺	7	0.58	6	1	0.50	4	1.36	2	1.20	0	0.00	−0.50
不知道	81	6.73	3	26	12.94	36	12.20	9	5.42	10	1.85	−11.09
合计	1203	100.00		201	100.00	295	100.00	166	100.00	541	100.00	0.00

2）家长的认识。如表 4-28 所示，在对家长眼中未成年人孝顺父母情况的调查中，家长选择"很孝顺"与"孝顺"的合比率为 88.52%，选择"不怎么孝顺""不孝顺""很不孝顺"的合比率为 8.45%。从调查数据来看，

大部分的家长认为未成年人孝顺父母。

　　从 2019 年（a）与 2012 年比较来看，家长选择"不怎么孝顺"的比率增幅最大，而降幅最大的是"不孝顺"。

表 4-28　家长眼中未成年人孝顺父母的情况

选项	家长											2019 年（a）与 2012 年比较
	总计			2012 年		2013 年		2016 年		2019 年（a）		
	人数/名	比率/%	排序	人数/名	比率/%	人数/名	比率/%	人数/名	比率/%	人数/名	比率/%	率差/个百分点
很孝顺	229	30.21	2	77	37.56	49	16.67	76	39.38	27	40.91	3.35
孝顺	442	58.31	1	109	53.17	199	67.69	99	51.30	35	53.03	−0.14
不怎么孝顺	14	1.85	5	0	0.00	0	0.00	11	5.70	3	4.55	4.55
不孝顺	40	5.28	3	12	5.85	27	9.18	0	0.00	1	1.52	−4.33
很不孝顺	10	1.32	6	5	2.44	4	1.36	1	0.52	0	0.00	−2.44
不知道	23	3.03	4	2	0.98	15	5.10	6	3.11	0	0.00	−0.98
合计	758	100.00		205	100.00	294	100.00	193	100.00	66	100.00	0.00

　　3）中学校长、德育工作者与小学校长的认识。如表 4-29 所示，在中学校长、德育工作者与小学校长眼中未成年人孝顺父母情况的调查中，72.46%的相关群体表示未成年人"很孝顺"或"孝顺"，选择"不怎么孝顺""不孝顺""很不孝顺"的合比率为 26.81%。

　　从 3 个相关群体的选择来看，小学校长选择"孝顺"的比率最高；在"很孝顺"上，德育工作者选择的比率最高。

表 4-29　中学校长、德育工作者与小学校长眼中未成年人孝顺父母的情况

选项	总计			中学校长		德育工作者		小学校长		中学校长与小学校长比较
				2019 年（a）		2019 年（a）		2020 年（a）		
	人数/人	比率/%	排序	人数/人	比率/%	人数/人	比率/%	人数/人	比率/%	率差/个百分点
很孝顺	29	21.01	3	4	7.69	16	35.56	9	21.95	−14.26
孝顺	71	51.45	1	23	44.23	24	53.33	24	58.54	−14.31
不怎么孝顺	34	24.64	2	24	46.15	3	6.67	7	17.07	29.08
不孝顺	2	1.45	4	1	1.92	1	2.22	0	0.00	1.92
很不孝顺	1	0.72	5	0	0.00	0	0.00	1	2.44	−2.44
不知道	1	0.72	5	0	0.00	1	2.22	0	0.00	0.00
合计	138	100.00		52	100.00	45	100.00	41	100.00	0.00

（二）基本认识

1. 留守儿童孝道观的形成既有传统孝道文化的继承又有新的时代烙印

孝道是个人立德修身的基础，也是留守儿童思想道德教育不可或缺的部分。留守儿童孝道观的形成，包含着对传统孝道文化的认知。留守儿童能够较为正确地看待传统孝道文化，注重传承其积极性元素。留守儿童孝道观的形成又包含着新的时代元素，留守儿童对孝道的认识受到新时代因素的影响，打上了新的时代烙印。

2. 留守儿童的孝道意识普遍较强

当前快速推进的城镇化进程日益冲击着传统的孝道文化，造成对包括留守儿童在内的未成年人的孝道观的冲击。对留守儿童就孝顺父母是否过时的调查显示，近八成的留守儿童认为"永远不过时"，且这一比率呈上升的态势。此外，选择"过时"与"有点过时"的比率均有所下降。可见，留守儿童的孝道意识普遍较强，且呈现出增强的趋势。

3. 留守儿童体现孝道观的行为较积极

留守儿童的孝道观主要体现在对父母的孝顺行为上。调查表明，九成多的留守儿童表示对父母"很孝顺"或"孝顺"。从多个年份的调查数据来看，选择"不怎么孝顺""不孝顺""不知道"的比率均有所降低，从侧面可以看出，留守儿童对父母表现出积极的孝道行为。对相关群体的调查显示，绝大多数的相关群体认为未成年人（含留守儿童）对父母"很孝顺"与"孝顺"，未成年人（含留守儿童）整体上践行孝道观的行为较积极。

五、留守儿童的公德观

（一）留守儿童的礼貌意识

1. 留守儿童的礼貌状况

（1）留守儿童的自述

如表 4-30 所示，在对留守儿童就未成年人有无礼貌评价的调查中，62.17% 的留守儿童认为未成年人"有礼貌"，15.24% 的留守儿童表示未成年人"没有礼貌"，选择"不好评价"的比率为 20.72%。

从 2019 年（a）与 2016 年比较来看，选择"有礼貌"的比率有所降低，选择"没有礼貌"和"不好评价"的比率有所增加。

表 4-30　留守儿童对未成年人有无礼貌的评价

选项	留守儿童							
	总计			2016 年		2019 年（a）		2019 年（a）与 2016 年比较
	人数/名	比率/%	排序	人数/名	比率/%	人数/名	比率/%	率差/个百分点
有礼貌	567	62.17	1	250	67.39	317	58.60	-8.79
没有礼貌	139	15.24	3	52	14.02	87	16.08	2.06
不好评价	189	20.72	2	55	14.82	134	24.77	9.95
不知道	17	1.86	4	14	3.77	3	0.55	-3.22
合计	912	100.00		371	100.00	541	100.00	0.00

（2）相关群体的评价

如表 4-31 所示，在对中学老师、家长、中学校长、德育工作者与小学校长眼中未成年人的礼貌情况的调查中，86.08%的相关群体选择"有礼貌"，选择"不好评价"的比率为 7.33%，选择"没有礼貌"的比率为 5.49%。

从中学校长与中学老师比较来看，中学校长选择"有礼貌"的比率较中学老师高 26.09 个百分点。可见，在未成年人的礼貌问题上，中学校长的评价高于中学老师。

表 4-31　中学老师、家长、中学校长、德育工作者与小学校长眼中未成年人的礼貌情况

选项	总计			中学老师		家长		中学校长		德育工作者		小学校长		中学校长与中学老师比较
				2019 年（a）		2019 年（a）		2020 年（a）		2019 年（a）		2020 年（a）		
	人数/名	比率/%	排序	人数/名	比率/%	人数/名	比率/%	人数/名	比率/%	人数/名	比率/%	人数/名	比率/%	率差/个百分点
有礼貌	235	86.08	1	51	73.91	54	81.82	52	100	38	84.44	40	97.56	26.09
没有礼貌	15	5.49	3	7	10.14	5	7.58	0	0.00	3	6.67	0	0.00	-10.14
不好评价	20	7.33	2	8	11.59	7	10.61	0	0.00	4	8.89	1	2.44	-11.59
不知道	3	1.10	4	3	4.35	0	0.00	0	0.00	0	0.00	0	0.00	-4.35
合计	273	100.00		69	100.00	66	100.00	52	100.00	45	100.00	41	100.00	0.00

（3）其他研究者的研究情况

在 2015 年江西省赣南老区×县的调查中，当问及留守儿童是否"在待人接物能有礼貌，使用文明用语"时，39.6%的留守儿童表示"我还要努力"，33.5%的留守儿童表示"对熟悉的人我挺有礼貌的"（王晓春等，2013）。

2. 留守儿童尊敬老师的现状

（1）留守儿童的自述

如表 4-32 所示，在对留守儿童尊敬老师情况的调查中，92.10%的留守儿童

表示"很尊敬"或"尊敬"老师，留守儿童选择"不尊敬"的比率为4.71%。

从2019年（a）与2016年比较来看，2019年（a）留守儿童选择"很尊敬"与"尊敬"的比率分别较2016年高4.00个百分点与4.49个百分点。总的来说，绝大部分的留守儿童认为自己尊敬老师。

表4-32　留守儿童尊敬老师的情况

选项	留守儿童							
	总计			2016年		2019年（a）		2019年（a）与2016年比较
	人数/名	比率/%	排序	人数/名	比率/%	人数/名	比率/%	率差/个百分点
很尊敬	474	51.97	1	184	49.60	290	53.60	4.00
尊敬	366	40.13	2	139	37.47	227	41.96	4.49
不尊敬	43	4.71	3	31	8.36	12	2.22	−6.14
很不尊敬	6	0.66	5	5	1.35	1	0.18	−1.17
不清楚	23	2.52	4	12	3.23	11	2.03	−1.20
合计	912	100.00		371	100.00	541	100.00	0.00

（2）相关群体的认识

如表4-33所示，在对中学老师、家长、中学校长、德育工作者与小学校长眼中未成年人尊敬自己情况的调查中，选择"很尊敬"与"尊敬"的合比率为91.94%，其中选择"尊敬"的比率为53.11%。

在这5个相关群体中，选择"很尊敬"比率最高的群体是小学校长，占比为46.34%；选择"尊敬"比率最高的群体是中学校长，占比为65.38%。可见，相关群体较普遍地认为未成年人"很尊敬"或"尊敬"校长。

表4-33　中学老师、家长、中学校长、德育工作者与小学校长眼中未成年人尊敬自己的情况

选项	总计			中学老师		家长		中学校长		德育工作者		小学校长		中学校长与中学老师比较
				2019年（a）		2019年（a）		2019年（a）		2019年（a）		2020年（a）		
	人数/名	比率/%	排序	人数/名	比率/%	人数/名	比率/%	人数/名	比率/%	人数/名	比率/%	人数/名	比率/%	率差/个百分点
很尊敬	106	38.83	2	27	39.13	26	39.39	14	26.92	20	44.44	19	46.34	−12.21
尊敬	145	53.11	1	33	47.83	34	51.52	34	65.38	23	51.11	21	51.22	17.55
不尊敬	13	4.76	3	4	5.80	4	6.06	4	7.69	0	0.00	1	2.44	1.89
很不尊敬	2	0.73	5	0	0.00	1	1.52	0	0.00	1	2.22	0	0.00	0.00
不清楚	7	2.56	4	5	7.25	1	1.52	0	0.00	1	2.22	0	0.00	−7.25
合计	273	100.00		69	100.00	66	100.00	52	100.00	45	100.00	41	100.00	0.00

（二）留守儿童的让座行为

1. 留守儿童的自述

如表 4-34 所示，在对留守儿童在公交车上见到老幼病残与孕妇主动让座情况的调查中，84.03%的留守儿童表示会"让"，7.44%的留守儿童表示"想让但又怕人家笑话"。选择"不让""不想让"的合比率为 7.63%。数据表明，大部分的留守儿童在坐公交时都能做到主动让座。

从 2019 年（a）与 2009 年比较来看，留守儿童选择"让"的比率有较大幅度增加，表明留守儿童在这方面的意识渐趋增强。

表 4-34　留守儿童在公交车上见到老幼病残与孕妇主动让座的情况

选项	总计		留守儿童							
			2009 年		2011 年		2013 年		2014 年	
	人数/名	比率/%	人数/名	比率/%	人数/名	比率/%	人数/名	比率/%	人数/名	比率/%
让	2215	84.03	117	78.00	304	80.42	482	86.54	307	86.97
不让	133	5.05	5	3.33	14	3.70	28	5.03	9	2.55
不想让	68	2.58	1	0.67	16	4.23	9	1.62	6	1.70
想让但又怕人家笑话	196	7.44	26	17.33	43	11.38	29	5.21	31	8.78
我家里人不给让	24	0.91	1	0.67	1	0.26	9	1.62	0	0.00
合计	2636	100.00	150	100.00	378	100.00	557	100.00	353	100.00

选项	留守儿童						2019 年（a）与 2009 年比较
	2015 年		2016 年		2019 年（a）		
	人数/名	比率/%	人数/名	比率/%	人数/名	比率/%	率差/个百分点
让	237	82.87	279	75.20	489	90.39	12.39
不让	19	6.64	51	13.75	7	1.29	−2.04
不想让	4	1.40	25	6.74	7	1.29	0.62
想让但又怕人家笑话	23	8.04	11	2.96	33	6.10	−11.23
我家里人不给让	3	1.05	5	1.35	5	0.92	0.25
合计	286	100.00	371	100.00	541	100.00	0.00

2. 与未成年人群体比较

如表 4-35 所示，在对未成年人在公交车上见到老幼病残与孕妇主动让座情况的调查中，80.51%的未成年人表示会"让"，选择"想让但又怕人家笑话"的比率为 9.12%，选择"不让"与"不想让"的合比率为 8.10%。

表 4-35　未成年人在公交车上见到老幼病残与孕妇主动让座的情况

未成年人

选项	总计		排序	2006 年		2007 年		2008 年		2009 年		2010 年		2011 年	
	人数/名	比率/%		人数/名	比率/%	人数/名	比率/%	人数/名	比率/%	人数/名	比率/%	人数/名	比率/%	人数/名	比率/%
让	22 708	80.51	1	1 635	67.39	2 071	68.01	3 285	81.61	1 821	82.18	1 539	79.49	1 558	80.68
不让	1 361	4.83	3	131	5.40	259	8.51	114	2.83	41	1.85	59	3.05	94	4.87
不想让	922	3.27	4	100	4.12	228	7.49	76	1.89	48	2.17	57	2.94	67	3.47
想让但又怕人家笑话	2 571	9.12	2	337	13.89	360	11.82	520	12.92	276	12.45	257	13.27	202	10.46
我家里人不给让	644	2.28	5	223	9.19	127	4.17	30	0.75	30	1.35	24	1.24	10	0.52
合计	28 206	100.00		2 426	100.00	3 045	100.00	4 025	100.00	2 216	100.00	1 936	100.00	1 931	100.00

未成年人

选项	2012 年（叶松庆，2016）		2013 年		2014 年		2015 年		2016 年（叶松庆，2021）		2019 年（a）		2019 年（a）与 2006 年比较 率差/个百分点
	人数/名	比率/%	人数/名	比率/%	人数/名	比率/%	人数/名	比率/%	人数/名	比率/%	人数/名	比率/%	
让	1 819	86.45	2 508	84.50	2 721	92.61	1 290	84.98	1 405	72.65	1 056	90.64	23.25
不让	114	5.42	150	5.05	70	2.38	70	4.61	238	12.31	21	1.80	-3.60
不想让	60	2.85	119	4.01	37	1.26	33	2.17	83	4.29	14	1.20	-2.92
想让但又怕人家笑话	89	4.23	150	5.05	102	3.47	106	6.98	112	5.79	60	5.15	-8.74
我家里人不给让	22	1.05	41	1.38	8	0.27	19	1.25	96	4.96	14	1.20	-7.99
合计	2 104	100.00	2 968	100.00	2 938	100.00	1 518	100.00	1 934	100.00	1 165	100.00	0.00

从 2019 年（a）与 2006 年比较来看，2019 年（a）未成年人选择"让"的比率较 2006 年高 23.25 个百分点，未成年人主动让座与助人的意识逐渐增强。

从留守儿童与未成年人群体的比较来看，各选项的比率差异不大，表明留守儿童作为未成年人群体的一部分，在是否让座行为上的表现较为相似。

3. 相关群体的感受

如表 4-36 所示，在对中学老师、家长、中学校长、德育工作者与小学校长和学生同车没有座位时，学生是否让座情况的调查中，相关群体选择"会让""不会让""让不让无所谓"的比率分别为 59.34%、14.29%、17.58%。选择"会让"比率最高的群体是德育工作者（82.22%），选择"不会让"比率最高的群体是中学校长（38.46%）。

从中学校长与中学老师比较来看，中学老师选择"会让"的比率远高于中学校长。

表 4-36　中学老师、家长、中学校长、德育工作者与小学校长和学生同车没有座位时，学生是否让座的情况

选项	总计			中学老师 2019 年（a）		家长 2019 年（a）		中学校长 2019 年（a）		德育工作者 2019 年（a）		小学校长 2020 年（a）		中学校长与中学老师比较
	人数/名	比率/%	排序	人数/名	比率/%	人数/名	比率/%	人数/名	比率/%	人数/名	比率/%	人数/名	比率/%	率差/个百分点
会让	162	59.34	1	54	78.26	41	62.12	1	1.92	37	82.22	29	70.73	−76.34
不会让	39	14.29	3	5	7.25	7	10.61	20	38.46	1	2.22	6	14.63	31.21
让不让无所谓	48	17.58	2	4	5.80	7	10.61	31	59.62	2	4.44	4	9.76	53.82
不清楚	24	8.79	4	6	8.70	11	16.67	0	0.00	5	11.11	2	4.88	−8.70
合计	273	100.00		69	100.00	66	100.00	52	100.00	45	100.00	41	100.00	0.00

4. 其他研究者的调研情况分析

在 2013 年 5 月江西省赣南老区×县的调查中，当问及在公共汽车上让座的情况时，67.5%的留守儿童表示会"大方地让座"，31.11%的留守儿童表示"想让但又不好意思，就没让"，还有 1.4%的留守儿童表示"装作没看见"（王晓春等，2013）。

（三）留守儿童的卫生习惯

1. 留守儿童是否随地吐痰

（1）留守儿童的自述（一）

如表 4-37 所示，在对留守儿童是否随地吐痰自我评定的调查中，留守

儿童表示"不会随地吐痰""会随地吐痰""有时会随地吐痰"的比率分别是 66.99%、8.70%、24.31%，虽然大多数留守儿童有良好的卫生习惯，但也有三成多的留守儿童的卫生习惯不佳。

从 2019 年（a）与 2006 年比较来看，留守儿童选择"不会随地吐痰"的比率有较大幅度上升，增幅达 34.95 个百分点，表明留守儿童的卫生习惯趋好。

表 4-37 留守儿童是否随地吐痰的自我评定

选项	总计		留守儿童							
			2009 年		2010 年		2012 年		2014 年	
	人数/名	比率/%	人数/名	比率/%	人数/名	比率/%	人数/名	比率/%	人数/名	比率/%
不会随地吐痰	1609	66.99	79	52.67	185	53.62	200	56.18	226	64.02
会随地吐痰	209	8.70	8	5.33	28	8.12	38	10.67	24	6.80
有时会随地吐痰	584	24.31	63	42.00	132	38.26	118	33.15	103	29.18
合计	2402	100.00	150	100.00	345	100.00	356	100.00	353	100.00

选项	留守儿童						2019 年（a）与 2009 年比较
	2015 年		2016 年		2019 年（a）		
	人数/名	比率/%	人数/名	比率/%	人数/名	比率/%	率差/个百分点
不会随地吐痰	205	71.68	240	64.69	474	87.62	34.95
会随地吐痰	40	13.99	52	14.02	19	3.51	−1.82
有时会随地吐痰	41	14.34	79	21.29	48	8.87	−33.13
合计	286	100.00	371	100.00	541	100.00	0.00

（2）留守儿童的自述（二）

如表 4-38 所示，在对 590 名儿童卫生习惯（是否随地吐痰）的调查中，留守儿童表示"不会随地吐痰""会随地吐痰""有时会随地吐痰"的比率分别是 65.81%、1.29%、32.90%。非留守儿童表示"不会随地吐痰""会随地吐痰""有时会随地吐痰"的比率分别是 74.48%、2.99%、22.53%。

从留守儿童与非留守儿童比较来看，留守儿童选择"会随地吐痰"的比率较非留守儿童低 1.70 个百分点，留守儿童选择"不会随地吐痰"的比率较非留守儿童低 8.67 个百分点，而留守儿童选择"有时会随地吐痰"的比率较非留守儿童高 10.37 个百分点。从"是否随地吐痰"这一视角看，留守儿童的卫生习惯略差于非留守儿童。

表 4-38　留守儿童与非留守儿童的卫生习惯

选项	总计			留守儿童		非留守儿童		留守儿童与非留守儿童比较
				2018 年		2018 年		
	人数/名	比率/%	排序	人数/名	比率/%	人数/名	比率/%	率差/个百分点
不会随地吐痰	426	72.20	1	102	65.81	324	74.48	−8.67
会随地吐痰	15	2.54	3	2	1.29	13	2.99	−1.70
有时会随地吐痰	149	25.25	2	51	32.90	98	22.53	10.37
合计	590	100.00		155	100.00	435	100.00	0.00

2. 留守儿童是否随地吐痰、乱扔垃圾

（1）留守儿童的自述

如表 4-39 所示，在对留守儿童是否随地吐痰、乱扔垃圾自我评定的调查中，47.52%的留守儿童表示自己"从不"随地吐痰、乱扔垃圾。选择"频繁""经常""有时""很少"的合比率为 50.42%。近半数的留守儿童有良好的卫生习惯，半数多的留守儿童的卫生习惯有欠缺，尤其是表示"频繁"和"经常"的留守儿童的卫生习惯不好。

从 2019 年（a）与 2014 年比较来看，有良好卫生习惯的留守儿童在增加。

表 4-39　留守儿童是否随地吐痰、乱扔垃圾的自我评定

选项	留守儿童											
	总计			2014 年		2015 年		2016 年		2019 年（a）		2019 年（a）与2014 年比较
	人数/名	比率/%	排序	人数/名	比率/%	人数/名	比率/%	人数/名	比率/%	人数/名	比率/%	率差/个百分点
频繁	89	5.74	5	13	3.68	6	2.10	33	8.89	37	6.84	3.16
经常	91	5.87	4	27	7.65	8	2.80	55	14.82	1	0.18	−7.47
有时	172	11.09	3	55	15.58	31	10.84	50	13.48	36	6.65	−8.93
很少	430	27.72	2	92	26.06	91	31.82	68	18.33	179	33.09	7.03
从不	737	47.52	1	166	47.03	123	43.01	160	43.13	288	53.23	6.20
其他	32	2.06	6	0	0.00	27	9.44	5	1.35	0	0.00	0.00
合计	1551	100.00		353	100.00	286	100.00	371	100.00	541	100.00	0.00

（2）相关群体的认识

如表 4-40 所示，在对中学老师、家长与中学校长就未成年人是否随地吐痰、乱扔垃圾评定的调查中，57.75%的受访群体表示未成年人"有时"会随地吐痰、乱扔垃圾，25.67%的相关群体认为留守儿童"从不"随地吐痰、乱扔垃圾，选择"经常"的比率为 16.58%。

从中学校长与中学老师比较来看，中学校长选择"经常"的比率较中学老师高 20.63 个百分点，中学老师选择"有时"的比率较中学校长高 13.77 个百分点。在对未成年人卫生习惯的看法上，中学老师好于中学校长。

表 4-40   中学老师、家长与中学校长对未成年人是否随地吐痰、乱扔垃圾的评定

| 选项 | 总计 | | | 中学老师 | | 家长 | | 中学校长 | | 中学校长与中学老师比较 |
| | | | | 2019 年（a） | | 2019 年（a） | | 2019 年（a） | | |
	人数/名	比率/%	排序	人数/名	比率/%	人数/名	比率/%	人数/名	比率/%	率差/个百分点
频繁	0	0.00	4	0	0.00	0	0.00	0	0.00	0.00
经常	31	16.58	3	7	10.14	8	12.12	16	30.77	20.63
有时	108	57.75	1	44	63.77	38	57.58	26	50.00	−13.77
很少	0	0.00	4	0	0.00	0	0.00	0	0.00	0.00
从不	48	25.67	2	18	26.09	20	30.30	10	19.23	−6.86
其他	0	0.00	4	0	0.00	0	0.00	0	0.00	0.00
合计	187	100.00		69	100.00	66	100.00	52	100.00	0.00

（四）留守儿童的规则意识

1. 留守儿童自述（一）

如表 4-41 所示，在对留守儿童过马路是否闯红灯情况的调查中，54.89%的留守儿童表示"不会"，选择"经常会""有时会"的合比率为42.45%。可见不少留守儿童还不大遵守交通规则。

从 2019 年（a）与 2009 年比较来看，留守儿童选择"经常会"与"有时会"的比率有所下降，选择"不会"的比率上升幅度较大，留守儿童的规则意识渐趋增强。

表 4-41   留守儿童过马路是否闯红灯的情况

| 选项 | 总计 | | 留守儿童 | | | | | | | |
| | | | 2009 年 | | 2011 年 | | 2013 年 | | 2014 年 | |
	人数/名	比率/%	人数/名	比率/%	人数/名	比率/%	人数/名	比率/%	人数/名	比率/%
经常会	421	15.97	20	13.33	42	11.11	72	12.93	63	17.85
有时会	698	26.48	39	26.00	139	36.77	182	32.68	95	26.91
不会	1447	54.89	88	58.67	193	51.06	282	50.63	189	53.54
不清楚	70	2.66	3	2.00	4	1.06	21	3.77	6	1.70
合计	2636	100.00	150	100.00	378	100.00	557	100.00	353	100.00

续表

| 选项 | 留守儿童 | | | | | | 2019 年（a）与2009 年比较 |
| | 2015 年 | | 2016 年 | | 2019 年（a） | | |
	人数/名	比率/%	人数/名	比率/%	人数/名	比率/%	率差/个百分点
经常会	32	11.19	147	39.62	45	8.32	-5.01
有时会	59	20.63	89	23.99	95	17.56	-8.44
不会	188	65.73	114	30.73	393	72.64	13.97
不清楚	7	2.45	21	5.66	8	1.48	-0.52
合计	286	100.00	371	100.00	541	100.00	0.00

2. 留守儿童自述（二）

如表 4-42 所示，在 2018 年对 590 名儿童遵守交通规则（过马路是否闯红灯）情况的调查中，儿童表示"从不"的比率为 52.20%，选择"有时""经常"的合比率为 47.80%。这里也反映出留守儿童遵守交通规则的意识较差。

从留守儿童与非留守儿童比较来看，留守儿童选择"从不"的比率较非留守儿童低 22.89 个百分点，而选择"有时"的比率较非留守儿童高 21.86个百分点。从"过马路是否闯红灯"这一视角看，留守儿童的规则意识差于非留守儿童。

表 4-42　2018 年儿童过马路是否闯红灯的情况

| 选项 | 总计 | | | 留守儿童 | | 非留守儿童 | | 不清楚 | | 留守儿童与非留守儿童比较 |
	人数/名	比率/%	排序	人数/名	比率/%	人数/名	比率/%	人数/名	比率/%	率差/个百分点
经常	24	4.07	3	7	4.52	15	3.49	2	40.00	1.03
有时	258	43.73	2	93	60	164	38.14	1	20.00	21.86
从不	308	52.20	1	55	35.48	251	58.37	2	40.00	-22.89
合计	590	100.00		155	100.00	430	100.00	5	100.00	0.00

（五）留守儿童的助人精神

1. 愿意助人为乐

（1）留守儿童自述

如表 4-43 所示，在对留守儿童助人为乐情况的调查中，80.72%的留守儿童表示"愿意"助人为乐，10.41%的留守儿童表示"有条件地愿意"，选择"不愿意"的比率为 5.95%，大部分的留守儿童表示愿意助人为乐。

从 2019 年（a）与 2009 年比较来看，留守儿童选择"有条件地愿意"

的比率增幅较大，值得关注与探讨，这部分留守儿童在道德行为选择的过程中"工具理性"意识增强。

表 4-43　留守儿童助人为乐的情况

选项	总计		留守儿童							
			2009 年		2010 年		2012 年		2014 年	
	人数/名	比率/%	人数/名	比率/%	人数/名	比率/%	人数/名	比率/%	人数/名	比率/%
愿意	1939	80.72	133	88.67	295	85.51	292	82.02	281	79.60
不愿意	143	5.95	12	8.00	18	5.22	21	5.90	18	5.10
有条件地愿意	250	10.41	2	1.33	26	7.54	36	10.11	38	10.76
不知道	70	2.91	3	2.00	6	1.74	7	1.97	16	4.53
合计	2402	100.00	150	100.00	345	100.00	356	100.00	353	100.00

选项	留守儿童						2019 年（a）与 2009 年比较
	2015 年		2016 年		2019 年（a）		
	人数/名	比率/%	人数/名	比率/%	人数/名	比率/%	率差/个百分点
愿意	205	71.68	271	73.05	462	85.40	−3.27
不愿意	17	5.94	50	13.48	7	1.29	−6.71
有条件地愿意	57	19.93	29	7.82	62	11.46	10.13
不知道	7	2.45	21	5.66	10	1.85	−0.15
合计	286	100.00	371	100.00	541	100.00	0.00

（2）相关群体的认识

如表 4-44 所示，在对中学老师、家长与中学校长就未成年人助人为乐认识的调查中，80.75%的相关群体认为未成年人"愿意"助人为乐，10.16%的相关群体认为未成年人会"有条件地愿意"助人为乐。

从中学校长与中学老师比较来看，中学校长认为未成年人"愿意"助人为乐的比率较中学老师高 23.71 个百分点，中学老师认为未成年人"有条件地愿意"助人为乐的比率较中学校长高 13.54 个百分点，表明中学校长的看法好于中学老师。

表 4-44　中学老师、家长与中学校长对未成年人助人为乐的认识

选项	总计			中学老师		家长		中学校长		中学校长与中学老师比较
				2019 年（a）		2019 年（a）		2019 年（a）		
	人数/名	比率/名	排序	人数/名	比率/名	人数/名	比率/名	人数/名	比率/名	率差/个百分点
愿意	151	80.75	1	46	66.67	58	87.88	47	90.38	23.71

续表

选项	总计			中学老师		家长		中学校长		中学校长与中学老师比较
				2019年（a）		2019年（a）		2019年（a）		
	人数/名	比率/名	排序	人数/名	比率/名	人数/名	比率/名	人数/名	比率/名	率差/个百分点
不愿意	8	4.28	4	4	5.80	2	3.03	2	3.85	−1.95
有条件地愿意	19	10.16	2	12	17.39	5	7.58	2	3.85	−13.54
不知道	9	4.81	3	7	10.14	1	1.52	1	1.92	−8.22
合计	187	100.00		69	100.00	66	100.00	52	100.00	0.00

2. 主动搀扶别人

（1）留守儿童的自述

如表 4-45 所示，在对留守儿童看到别人摔倒时是否主动搀扶的调查中，64.83%的留守儿童表示看到别人摔倒会主动"上前去扶"，17.45%的留守儿童表示"不知怎么办"，还有 13.28%的留守儿童表示"不会去扶"。

从 2019 年（a）与 2009 年比较来看，选择"上前去扶"的比率有所下降，选择"不知怎么办"的比率有所上升，留守儿童遇到这种突发情况的应急处置能力有待进一步提升。

表 4-45 留守儿童看到别人摔倒时是否主动搀扶

选项	总计		留守儿童									
			2009年（叶松庆，2013a）		2011年		2013年		2014年	
	人数/名	比率/%	人数/名	比率/%	人数/名	比率/%	人数/名	比率/%	人数/名	比率/%
上前去扶	1709	64.83	113	75.33	237	62.70	348	62.48	220	62.32
不会去扶	350	13.28	12	8.00	55	14.55	79	14.18	41	11.61
根本不管	117	4.44	9	6.00	28	7.41	28	5.03	7	1.98
不知怎么办	460	17.45	16	10.67	58	15.34	102	18.31	85	24.08
合计	2636	100.00	150	100.00	378	100.00	557	100.00	353	100.00

选项	留守儿童						2019年（a）与2009年比较
	2015年		2016年		2019年（a）		
	人数/名	比率/%	人数/名	比率/%	人数/名	比率/%	率差/个百分点
上前去扶	172	60.14	231	62.26	388	71.72	−3.61
不会去扶	48	16.78	69	18.60	46	8.50	0.50
根本不管	6	2.10	22	5.93	17	3.14	−2.86

选项	留守儿童						2019 年（a）与 2009 年比较
	2015 年		2016 年		2019 年（a）		
	人数/名	比率/%	人数/名	比率/%	人数/名	比率/%	率差/个百分点
不知怎么办	60	20.98	49	13.21	90	16.64	5.97
合计	286	100.00	371	100.00	541	100.00	0.00

（2）相关群体的认识

如表 4-46 所示，在对中学老师、家长与中学校长就未成年人看到别人摔倒时是否主动搀扶认识的调查中，55.08% 的相关群体认为未成年人会"上前去扶"，选择"不知怎么办"的比率为 26.74%，选择"根本不管"的比率为 9.63%。

从中学校长与中学老师比较来看，中学校长选择未成年人"根本不管"的比率较中学老师高 16.33 个百分点，中学老师选择未成年人会"上前去扶"的比率较中学校长高 9.89 个百分点。从这里可看出，中学老师的看法好于中学校长。

表 4-46　中学老师、家长与中学校长对未成年人看到别人摔倒时是否主动搀扶的认识

选项	总计			中学老师		家长		中学校长		中学校长与中学老师比较
				2019 年（a）		2019 年（a）		2019 年（a）		
	人数/名	比率/%	排序	人数/名	比率/%	人数/名	比率/%	人数/名	比率/%	率差/个百分点
上前去扶	103	55.08	1	40	57.97	38	57.58	25	48.08	−9.89
不会去扶	16	8.56	4	7	10.14	4	6.06	5	9.62	−0.52
根本不管	18	9.63	3	2	2.90	6	9.09	10	19.23	16.33
不知怎么办	50	26.74	2	20	28.99	18	27.27	12	23.08	−5.91
合计	187	100		69	100	66	100	52	100	0

（六）基本认识

1. 留守儿童的公德认知相对较明晰

对社会公德的认知是感性层面的认知与理性层面的认知的结合。公德认知的形成主要来源于日常的学习与生活实践，体现在日常细节之中。从留守儿童的实际来看，大部分的留守儿童能做到有礼貌、遵守课堂教学秩序与纪律、尊重老师、主动让座、遵守交通规则、恪守秩序、助人为乐等。从调研的数据来看，大部分的留守儿童的公德认知相对较明晰，这就为其形成良好的公德奠定了良好的基础。

2. 留守儿童的公共秩序观念相对较弱

遵守公共秩序是社会公德的重要表现,在参与维系良好公共秩序的过程中又会形成良好的社会公德。调查显示,诸如在课堂秩序、社会公共秩序以及交通秩序等方面,大多数留守儿童能按照规范要求去遵守。但也应看到,部分留守儿童的公共秩序观念较弱,对公德的重要性认识不清,需要进一步加强教育与引导。

3. 留守儿童的社会责任感趋强

个人的存在是一种社会性存在,在社会化过程中确立良好的社会责任感,会进一步帮助其形成良好的公德。调查显示,80.72%的留守儿童表示"愿意"助人为乐。在看到别人摔倒时,64.83%的留守儿童会主动"上前去扶"。可见大部分的留守儿童具有较强的社会责任感,具体表现在助人为乐、积极帮助别人的过程之中,其公德行为也反映出其社会责任感趋强。

六、留守儿童的诚信观

(一)留守儿童的诚信意识

1. 留守儿童的自述

如表 4-47 所示,在对留守儿童就讲诚信人看法的调查中,86.14%的留守儿童选择"好样的,我要向他学习",选择"赞赏,但不值得学习"的比率为 7.32%,选择"是个呆子""无所谓"的比率分别为 1.69%与 3.13%。

从 2019 年(a)与 2011 年比较来看,留守儿童选择"好样的,我要向他学习"比率的增幅为 2.00 个百分点。选择"无所谓"的比率有所降低。可见大部分的留守儿童对讲诚信的人持肯定的态度。

表 4-47　留守儿童对讲诚信人的看法

选项	留守儿童									
	总计		2011 年		2012 年		2013 年		2014 年	
	人数/名	比率/%	人数/名	比率/%	人数/名	比率/%	人数/名	比率/%	人数/名	比率/%
好样的,我要向他学习	2448	86.14	332	87.83	320	89.89	495	88.87	297	84.14
赞赏,但不值得学习	208	7.32	21	5.56	21	5.90	27	4.85	28	7.93
是个呆子	48	1.69	3	0.79	2	0.56	5	0.90	8	2.27
无所谓	89	3.13	21	5.56	8	2.25	15	2.69	18	5.10
不知道	49	1.72	1	0.26	5	1.40	15	2.69	2	0.57
合计	2842	100.00	378	100.00	356	100.00	557	100.00	353	100.00

续表

选项	留守儿童						2019 年（a）与2011 年比较
	2015 年		2016 年		2019 年（a）		
	人数/名	比率/%	人数/名	比率/%	人数/名	比率/%	率差/个百分点
好样的，我要向他学习	240	83.92	278	74.93	486	89.83	2.00
赞赏，但不值得学习	30	10.49	55	14.82	26	4.81	−0.75
是个呆子	0	0.00	19	5.12	11	2.03	1.24
无所谓	6	2.10	6	1.62	15	2.77	−2.79
不知道	10	3.50	13	3.50	3	0.55	0.29
合计	286	100.00	371	100.00	541	100.00	0.00

2. 相关群体的认识

如表 4-48 所示，在对中学老师、家长与中学校长认为的未成年人对讲诚信人看法的调查中，相关群体认为未成年人的想法是"好样的，我要向他学习"占 80.75%，"赞赏，但不值得学习"占 10.16%。大部分的相关群体认为未成年人认可讲诚信的人。

从中学校长与中学老师比较来看，2019 年（a）中学校长选择"好样的，我要向他学习"的比率较中学老师高 14.55 个百分点，中学校长认为的未成年人的正向想法好于中学老师。

表 4-48　中学老师、家长与中学校长认为的未成年人对讲诚信的人的看法

选项	总计			中学老师		家长		中学校长		中学校长与中学老师比较
				2019 年（a）		2019 年（a）		2019 年（a）		
	人数/名	比率/%	排序	人数/名	比率/%	人数/名	比率/%	人数/名	比率/%	率差/个百分点
好样的，我要向他学习	151	80.75	1	51	73.91	54	81.82	46	88.46	14.55
赞赏，但不值得学习	19	10.16	2	9	13.04	4	6.06	6	11.54	−1.50
是个呆子	4	2.14	4	2	2.90	2	3.03	0	0.00	−2.90
无所谓	10	5.35	3	6	8.70	4	6.06	0	0.00	−8.70
不知道	3	1.60	5	1	1.45	2	3.03	0	0.00	−1.45
合计	187	100.00		69	100.00	66	100.00	52	100.00	0.00

（二）留守儿童的诚信行为

1. 留守儿童的自述

如表 4-49 所示，在对留守儿童讲诚信情况的调查中，67.68% 的留守儿童选择"讲"，20.07%的留守儿童选择"不大讲"，2.96%的留守儿童选择"不讲"。其余选项的占比较低。从数据来看，大部分的留守儿童表示"讲"诚信。

从2019年（a）与2009年比较来看，留守儿童选择"讲"诚信的比率有一定幅度的增加，可见留守儿童讲诚信的自我认知趋强。

表 4-49　留守儿童讲诚信的情况

| 选项 | 总计 | | 留守儿童 | | | | | | | |
| | | | 2009 年 | | 2011 年 | | 2013 年 | | 2014 年 | |
	人数/名	比率/%	人数/名	比率/%	人数/名	比率/%	人数/名	比率/%	人数/名	比率/%
讲	1784	67.68	115	76.67	250	66.14	307	55.12	228	64.59
不大讲	529	20.07	21	14.00	76	20.11	171	30.70	77	21.81
不讲	78	2.96	0	0.00	5	1.32	16	2.87	8	2.27
不愿讲	25	0.95	1	0.67	8	2.12	5	0.90	2	0.57
别人不讲我也不讲	105	3.98	5	3.33	26	6.88	17	3.05	21	5.95
不知道	115	4.36	8	5.33	13	3.44	41	7.36	17	4.82
合计	2636	100.00	150	100.00	378	100.00	557	100.00	353	100.00

| 选项 | 留守儿童 | | | | | | 2019 年（a）与 2009 年比较 |
| | 2015 年 | | 2016 年 | | 2019 年（a） | | |
	人数/名	比率/%	人数/名	比率/%	人数/名	比率/%	率差/个百分点
讲	174	60.84	249	67.12	461	85.21	8.54
不大讲	76	26.57	59	15.90	49	9.06	−4.94
不讲	10	3.50	32	8.63	7	1.29	1.29
不愿讲	1	0.35	7	1.89	1	0.18	−0.49
别人不讲我也不讲	14	4.90	15	4.04	7	1.29	−2.04
不知道	11	3.85	9	2.43	16	2.96	−2.37
合计	286	100.00	371	100.00	541	100.00	0.00

2. 与未成年人群体比较

如表4-50所示，在对未成年人讲诚信情况的调查中，70.96%的未成年人表示会"讲"诚信，选择"不大讲"的比率为15.30%，选择"不知道"的比率为4.63%。从数据来看，大部分的未成年人表示自己"讲"诚信。

从2019年（a）与2006年比较来看，未成年人选择"讲"诚信的比率增幅较大，表明未成年人的诚信意识在逐渐增强。从留守儿童与未成年人的比较来看，两者的各项比率相差不大，自我认知较为一致。

表 4-50　未成年人讲诚信的情况

选项	总计		留守儿童							
			2006 年（叶松庆，2010）		2008 年		2010 年（叶松庆，2013a）		2012 年	
	人数/名	比率/%	人数/名	比率/%	人数/名	比率/%	人数/名	比率/%	人数/名	比率/%
讲	11 728	70.96	1 385	57.09	2 908	72.25	1 446	74.69	1 542	73.29
不大讲	2 529	15.30	443	18.26	683	16.97	297	15.34	329	15.64
不讲	507	3.07	150	6.18	35	0.87	26	1.34	56	2.66
不愿讲	310	1.88	117	4.82	15	0.37	15	0.77	13	0.62
别人不讲我也不讲	688	4.16	148	6.10	203	5.04	95	4.91	89	4.23
不知道	766	4.63	183	7.54	181	4.50	57	2.94	75	3.56
合计	16 528	100.00	2 426	100.00	4 025	100.00	1 936	100.00	2 104	100.00

选项	留守儿童						2019 年（a）与 2006 年比较
	2014 年（叶松庆，2016）		2016 年		2019 年（a）		
	人数/名	比率/%	人数/名	比率/%	人数/名	比率/%	率差/个百分点
讲	2 100	71.48	1 332	68.87	1 015	87.12	30.03
不大讲	441	15.01	244	12.62	92	7.90	−10.36
不讲	77	2.62	146	7.55	17	1.46	−4.72
不愿讲	89	3.03	59	3.05	2	0.17	−4.65
别人不讲我也不讲	83	2.83	55	2.84	15	1.29	−4.81
不知道	148	5.04	98	5.07	24	2.06	−5.48
合计	2 938	100.00	1 934	100.00	1 165	100.00	0.00

3. 相关群体的认识

如表 4-51 所示，在对中学老师、家长、中学校长、德育工作者与小学校长眼中未成年人讲诚信情况的调查中，相关群体认为未成年人讲诚信的情况是，"讲"占 81.68%，"不大讲"占 14.29%，"不知道"占 2.20%，"别人不讲他也不讲"占 1.10%，"不讲"占 0.73%，"不愿讲"占 0.00%。总的来看，大多数相关群体认为未成年人"讲"诚信。

从中学校长与中学老师比较来看，中学校长选择未成年人"讲"诚信的比率较中学老师要高 12.16 个百分点，说明在这一点上，中学校长的看法好于中学老师。

表 4-51 中学老师、家长、中学校长、德育工作者与小学校长眼中未成年人讲诚信的情况

选项	总计			中学老师 2019 年（a）		家长 2019 年（a）		中学校长 2019 年（a）		德育工作者 2019 年（a）		小学校长 2020 年（a）		中学校长与中学老师比较
	人数/名	比率/%	排序	人数/名	比率/%	人数/名	比率/%	人数/名	比率/%	人数/名	比率/%	人数/名	比率/%	率差/个百分点
讲	223	81.68	1	50	72.46	58	87.88	44	84.62	38	84.44	33	80.49	12.16
不大讲	39	14.29	2	12	17.39	7	10.61	8	15.38	4	8.89	8	19.51	−2.01
不讲	2	0.73	5	1	1.45	0	0.00	0	0.00	1	2.22	0	0.00	−1.45
不愿讲	0	0.00	6	0	0.00	0	0.00	0	0.00	0	0.00	0	0.00	0.00
别人不讲他也不讲	3	1.10	4	1	1.45	0	0.00	0	0.00	2	4.44	0	0.00	−1.45
不知道	6	2.20	3	5	7.25	1	1.52	0	0.00	0	0.00	0	0.00	−7.25
合计	273	100.00		69	100.00	66	100.00	52	100.00	45	100.00	41	100.00	0.00

（三）留守儿童的崇诚态度

1. 留守儿童对真诚的看法

如表 4-52 所示，在对留守儿童就"当一个真诚的人好不好"看法的调查中，留守儿童的选择排序是，"好"（68.61%）、"不好评价"（17.78%）、"不好"（11.07%）、"不知道"（2.54%）。总的来看，大部分的留守儿童认为当一个真诚的人"好"。

从 2019 年（a）与 2009 年比较来看，留守儿童选择"好"的比率有所上升，选择"不好"的比率有所下降。可见留守儿童在这方面的认知正逐渐加强。

表 4-52 留守儿童对"当一个真诚的人好不好"的看法

选项	总计		留守儿童							
			2009 年		2010 年		2012 年		2014 年	
	人数/名	比率/%	人数/名	比率/%	人数/名	比率/%	人数/名	比率/%	人数/名	比率/%
好	1648	68.61	110	73.33	253	73.33	242	67.98	258	73.09
不好	266	11.07	13	8.67	27	7.83	6	1.69	33	9.35
不好评价	427	17.78	26	17.33	58	16.81	100	28.09	56	15.86
不知道	61	2.54	1	0.67	7	2.03	8	2.25	6	1.70
合计	2402	100.00	150	100.00	345	100.00	356	100.00	353	100.00

续表

| 选项 | 留守儿童 | | | | | | 2019 年（a）与
2009 年比较 |
| | 2015 年 | | 2016 年 | | 2019 年（a） | | |
	人数/名	比率/%	人数/名	比率/%	人数/名	比率/%	率差/个百分点
好	194	67.83	171	46.09	420	77.63	4.30
不好	38	13.29	129	34.77	20	3.70	−4.97
不好评价	48	16.78	43	11.59	96	17.74	0.41
不知道	6	2.10	28	7.55	5	0.92	0.25
合计	286	100.00	371	100.00	541	100.00	0.00

2. 留守儿童对诚实的认同度

如表 4-53 所示，在对留守儿童就"我认为一生中，在所有问题上都要诚实"认同度的调查中，45.35%的留守儿童表示认同（"有点同意""同意""非常同意"）这一表述，54.65%的留守儿童不同程度地不认同（"非常不同意""不同意""有点不同意"）这一表述。

从 2016 年与 2014 年比较来看，留守儿童选择"非常不同意""不同意"的比率有所上升，选择"非常同意"的比率也有所上升，但没有前者的幅度大，表明留守儿童对这一表述的认同度偏低。

表 4-53　留守儿童对"我认为一生中，在所有问题上都要诚实"的认同度

| 选项 | 留守儿童 | | | | | | | | 2016 年与
2014 年比较 |
| | 总计 | | | 2014 年 | | 2015 年 | | 2016 年 | |
	人数 /名	比率 /%	排序	人数 /名	比率 /%	人数 /名	比率 /%	人数 /名	比率 /%	率差/个百分点
非常不同意	146	14.46	5	47	13.31	33	11.54	66	17.79	4.48
不同意	197	19.50	2	49	13.88	39	13.64	109	29.38	15.50
有点不同意	209	20.69	1	73	20.68	77	26.92	59	15.90	−4.78
有点同意	159	15.74	4	67	18.98	58	20.28	34	9.16	−9.82
同意	175	17.33	3	74	20.96	54	18.88	47	12.67	−8.29
非常同意	124	12.28	6	43	12.18	25	8.74	56	15.09	2.91
合计	1010	100.00		353	100.00	286	100.00	371	100.00	0.00

3. 留守儿童对"做一个诚实的人会不会吃亏"的看法

如表 4-54 所示，在对留守儿童就"做一个诚实的人会不会吃亏"看法的调查中，留守儿童的看法分别是，"会"（30.50%）、"不会"（28.41%）、"短时会，长远不会"（25.34%）、"很难说"（13.47%）、"不知道"（2.28%）。

从 2019 年（a）与 2009 年比较来看，留守儿童选择"会"与"短时会，长远不会"的比率均有所上升，可见社会上的"老实吃亏论"在留守儿童中有一定的市场。

表 4-54　留守儿童对"做一个诚实的人会不会吃亏"的看法

选项	总计		留守儿童							
			2009 年		2011 年		2013 年		2014 年	
	人数/名	比率/%	人数/名	比率/%	人数/名	比率/%	人数/名	比率/%	人数/名	比率/%
会	804	30.50	27	18.00	105	27.78	148	26.57	61	17.28
不会	749	28.41	72	48.00	109	28.84	149	26.75	123	34.84
短时会，长远不会	668	25.34	0	0.00	110	29.10	173	31.06	102	28.90
很难说	355	13.47	40	26.67	49	12.96	73	13.11	61	17.28
不知道	60	2.28	11	7.33	5	1.32	14	2.51	6	1.70
合计	2636	100.00	150	100.00	378	100.00	557	100.00	353	100.00

选项	留守儿童						2019 年（a）与 2009 年比较
	2015 年		2016 年		2019 年（a）		
	人数/名	比率/%	人数/名	比率/%	人数/名	比率/%	率差/个百分点
会	72	25.17	177	47.71	214	39.56	21.56
不会	105	36.71	82	22.10	109	20.15	−27.85
短时会，长远不会	72	25.17	67	18.06	144	26.62	26.62
很难说	34	11.89	28	7.55	70	12.94	−13.73
不知道	3	1.05	17	4.58	4	0.74	−6.59
合计	286	100.00	371	100.00	541	100.00	0.00

4. 努力做到讲真话

如表 4-55 所示，在对留守儿童就"我能做到讲真话，尤其是在讲真话对自己不利的时候，更要这样做"说法认同度的调查中，选择含有同意选项（"有点同意""同意""非常同意"）的合比率为 56.44%，选择含有不同意选项（"非常不同意""不同意""有点不同意"）的合比率为 43.56%。

从 2016 年与 2014 年比较来看，留守儿童选择"非常不同意""不同意"的比率均有较大幅度的提升，说明留守儿童对这一说法的认同度趋低，不愿讲真话的留守儿童有所增加。

表 4-55 留守儿童对"我能做到讲真话，尤其是在讲真话对自己不利的时候，更要这样做"说法的认同度

选项	留守儿童									
	总计			2014 年		2015 年		2016 年		2016 年与 2014 年比较
	人数 /名	比率 /%	排序	人数 /名	比率 /%	人数 /名	比率 /%	人数 /名	比率 /%	率差/个百分点
非常不同意	113	11.19	6	20	5.67	26	9.09	67	18.06	12.39
不同意	166	16.44	3	37	10.48	28	9.79	101	27.22	16.74
有点不同意	161	15.94	4	62	17.56	49	17.13	50	13.48	−4.08
有点同意	203	20.10	2	94	26.63	55	19.23	54	14.56	−12.07
同意	224	22.18	1	99	28.05	77	26.92	48	12.94	−15.11
非常同意	143	14.16	5	41	11.61	51	17.83	51	13.75	2.14
合计	1010	100.00		353	100.00	286	100.00	371	100.00	0.00

5. 真诚对待他人

如表 4-56 所示，在对留守儿童就"自己可以真诚地对待他人，并且他人也是同样真诚地对待自己"说法认同度的调查中，选择含有"同意"选项（"有点同意""同意""非常同意"）的合比率为 48.32%，选择含有"不同意"选项（"非常不同意""不同意""有点不同意"）的合比率为 51.68%。

从 2016 年与 2014 年比较来看，留守儿童选择"非常同意"与"同意"的比率均有所提高，选择"非常不同意"与"不同意"的比率均有所降低，说明留守儿童对这一说法的认同度趋高，崇尚真诚并想真诚待人的留守儿童在逐渐增多。

表 4-56 留守儿童对"自己可以真诚地对待他人，并且他人也是同样真诚地对待自己"说法的认同度

选项	留守儿童									
	总计			2014 年		2015 年		2016 年		2016 年与 2014 年比较
	人数 /名	比率 /%	排序	人数 /名	比率 /%	人数 /名	比率 /%	人数 /名	比率 /%	率差/个百分点
非常不同意	169	16.73	4	88	24.93	14	4.90	67	18.06	−6.87
不同意	175	17.33	3	101	28.61	19	6.64	55	14.82	−13.79
有点不同意	178	17.62	2	49	13.88	28	9.79	101	27.22	13.34
有点同意	126	12.48	5	46	13.03	43	15.03	37	9.97	−3.06
同意	184	18.22	1	31	8.78	97	33.92	56	15.09	6.31
非常同意	178	17.62	2	38	10.76	85	29.72	55	14.82	4.06
合计	1010	100.00		353	100.00	286	100.00	371	100.00	0.00

（四）基本认识

1. 留守儿童的诚信意识较强

诚信意识是构成诚信观的重要内容，诚信意识增强将进一步改善对象的认知，为主体活动提供相应的动力，同时将进一步激发主体形成诚信品格，认识到诚信观的重要性，对促进个体社会化具有重要的指导意义。在留守儿童对讲诚信的人的看法中，86.14%的留守儿童表示"好样的，我要向他学习"，多数留守儿童对讲诚信之人持积极赞扬的态度。较多的相关群体也认为，未成年人（含留守儿童）普遍具有良好的诚信意识并且其诚信意识在逐渐增强。

2. 留守儿童的行为体现诚信品质

诚信观会通过具体的行为表现出来，在留守儿童诚信教育的过程中，要注重诚信行为的引导。重视留守儿童诚信意识与知识教育的同时，更加注重良好诚信行为习惯的养成。对留守儿童讲诚信情况的调查显示，近七成的留守儿童表示自己能够做到讲诚信，与未成年人群体的比较来看，选择的比率大致相当。八成多的相关群体认为未成年人（含留守儿童）讲诚信，其诚信品质从日常行为中能得以体现。

3. 真诚品质构成留守儿童诚信观的内在成分

诚信作为公民基础道德的重要内容，也是留守儿童的思想品德修养的重要内容。诚信观内在要求留守儿童求真务实、诚实守信。大部分留守儿童在对"一个人真诚好不好""我能做到讲真话，尤其是在讲真话对自己不利的时候，更要这样做"等问题上均有较好的认知，少数留守儿童的认知不够明晰。处在留守状态的成长环境中，留守儿童更需保持真诚，进一步锤炼自身的意志品质，塑好自己的诚信观。

七、留守儿童的感恩观

（一）留守儿童的感恩意识

1. 留守儿童的自述

如表 4-57 所示，在对儿童感恩意识的调查中，留守儿童选择"很强"与"强"的合比率为90.79%，非留守儿童选择"很强"与"强"的合比率为86.27%。

从留守儿童与非留守儿童比较来看，留守儿童的感恩意识较非留守儿童稍强。

表 4-57　儿童的感恩意识

选项	总计			留守儿童						非留守儿童						留守儿童与非留守儿童比较
				2016 年		2019 年(a)		小计		2016 年		2019 年(a)		小计		
	人数/名	比率/%	排序	人数/名	比率/%	人数/名	比率/%	人数/名	比率/%	人数/名	比率/%	人数/名	比率/%	人数/名	比率/%	率差/个百分点
很强	1331	45.43	1	139	37.47	297	54.90	436	47.81	545	38.90	350	56.73	895	44.35	3.46
强	1238	42.25	2	176	47.44	216	39.93	392	42.98	601	42.90	245	39.71	846	41.92	1.06
不强	216	7.37	3	31	8.36	23	4.25	54	5.92	146	10.42	16	2.59	162	8.03	−2.11
不清楚	145	4.95	4	25	6.74	5	0.92	30	3.29	109	7.78	6	0.97	115	5.70	−2.40
合计	2930	100.00		371	100.00	541	100.00	912	100.00	1401	100.00	617	100.00	2018	100.00	0.00

2. 相关群体的认识

如表 4-58 所示，在对中学老师、家长、中学校长、德育工作者与小学校长眼中未成年人的感恩意识的调查中，中学老师选择"很强"与"强"的合比率为 73.91%。大部分的中学老师认为未成年人有较强的感恩意识。

家长选择"很强"与"强"的合比率为 80.30%，其中选择"强"的比率为 43.94%，居于第一位。家长选择"不强"的比率为 15.15%。

中学校长选择"很强"与"强"的合比率为 25.00%。选择"不强"的比率为 75.00%，居于第一位。

德育工作者与小学校长选择"很强"和"强"的合比率均超过七成。

从中学校长与中学老师比较来看，中学老师选择"很强"的比率较中学校长要高很多，中学校长选择"不强"的比率较中学老师要高很多，两者的看法存在较大差异。

表 4-58　中学老师、家长、中学校长、德育工作者与小学校长眼中未成年人的感恩意识

选项	总计			中学老师		家长		中学校长		德育工作者		小学校长		中学校长与中学老师比较
				2019 年(a)		2019 年(a)		2019 年(a)		2019 年(a)		2020 年(a)		
	人数/名	比率/%	排序	人数/名	比率/%	人数/名	比率/%	人数/名	比率/%	人数/名	比率/%	人数/名	比率/%	率差/个百分点
很强	88	32.23	2	30	43.48	24	36.36	2	3.85	20	44.44	12	29.27	−39.63
强	95	34.80	1	21	30.43	29	43.94	11	21.15	16	35.56	18	43.90	−9.28
不强	83	30.40	3	16	23.19	10	15.15	39	75.00	7	15.56	11	26.83	51.81
没有	2	0.73	5	0	0.00	1	1.52	0	0.00	1	2.22	0	0.00	0.00

续表

选项	总计			中学老师 2019年（a）		家长 2019年（a）		中学校长 2019年（a）		德育工作者 2019年（a）		小学校长 2020年（a）		中学校长与中学老师比较
	人数/名	比率/%	排序	人数/名	比率/%	人数/名	比率/%	人数/名	比率/%	人数/名	比率/%	人数/名	比率/%	率差/个百分点
不清楚	5	1.83	4	2	2.90	2	3.03	0	0.00	1	2.22	0	0.00	-2.90
合计	273	100.00		69	100.00	66	100.00	52	100.00	45	100.00	41	100.00	0.00

（二）留守儿童的受教认识

如表 4-59 所示，在对留守儿童就感恩教育看法的调查中，84.43% 的留守儿童表示"有必要"，选择"没有必要"的比率为 6.63%，选择"可有可无"与"不知道"的比率分别为 5.60% 与 3.34%。大部分的留守儿童认为感恩教育"有必要"。

从 2019 年（a）与 2009 年比较来看，留守儿童选择"有必要"的比率略有降低，选择"没有必要"的比率略有上升，说明留守儿童的受教认识有所变化。

表 4-59　留守儿童对感恩教育的看法

选项	留守儿童									
	总计		2009 年		2010 年		2011 年		2012 年	
	人数/名	比率/%	人数/名	比率/%	人数/名	比率/%	人数/名	比率/%	人数/名	比率/%
有必要	2278	84.43	141	94.00	317	91.88	340	89.95	317	89.04
没有必要	179	6.63	1	0.67	11	3.19	15	3.97	13	3.65
可有可无	151	5.60	6	4.00	10	2.90	19	5.03	21	5.90
不知道	90	3.34	2	1.33	7	2.03	4	1.06	5	1.40
合计	2698	100.00	150	100.00	345	100.00	378	100.00	356	100.00

选项	留守儿童							
	2013 年		2016 年		2019 年（a）		2019 年（a）与 2009 年比较	
	人数/名	比率/%	人数/名	比率/%	人数/名	比率/%	率差/个百分点	
有必要	433	77.74	227	61.19	503	92.98	-1.02	
没有必要	34	6.10	98	26.42	7	1.29	0.62	
可有可无	44	7.90	26	7.01	25	4.62	0.62	
不知道	46	8.26	20	5.39	6	1.11	-0.22	
合计	557	100.00	371	100.00	541	100.00	0.00	

（三）留守儿童的感恩行动

1. 留守儿童的自述

如表 4-60 所示，在对留守儿童做过的感恩事的调查中，排在前五位的是："经常做家务"（7.11%）、"尊敬老师"（7.04%）、"不给爸妈惹是非"（6.97%）、"对帮助自己的人表示感谢"（6.17%）、"分担父母的忧愁"（6.16%）。围绕"父母""老师"做感恩之事是留守儿童选择的重点。

从 2019 年（a）与 2013 年比较来看，留守儿童选择"帮助邻居做事"的比率增幅相对较大，选择"为灾区人民捐款"的比率降幅相对较大。

表 4-60　留守儿童做过的感恩事（多选题）

选项	留守儿童							
	总计			2013 年		2019 年（a）		2019 年（a）与 2013 年比较
	人数/名	比率/%	排序	人数/名	比率/%	人数/名	比率/%	率差/个百分点
给爸爸洗头	356	3.72	17	143	3.82	213	3.65	−0.17
给妈妈梳头	409	4.27	14	179	4.79	230	3.95	−0.84
放学回家问候父母	583	6.09	6	239	6.39	344	5.90	−0.49
经常做家务	680	7.11	1	294	7.86	386	6.62	−1.24
分担父母的忧愁	589	6.16	5	236	6.31	353	6.06	−0.25
为家里节省经济开支	514	5.37	9	208	5.56	306	5.25	−0.31
不给爸妈惹是非	667	6.97	3	287	7.67	380	6.52	−1.15
顺着爸妈的意思行事	442	4.62	13	181	4.84	261	4.48	−0.36
记住爸妈的生日，并表示庆祝	504	5.27	10	187	5.00	317	5.44	0.44
为社会作贡献	398	4.16	16	143	3.82	255	4.38	0.56
尊敬老师	674	7.04	2	245	6.55	429	7.36	0.81
刻苦学习	583	6.09	6	211	5.64	372	6.38	0.74
学雷锋做好事	404	4.22	15	168	4.49	236	4.05	−0.44
帮助同学	572	5.98	8	205	5.48	367	6.30	0.82
为灾区人民捐款	456	4.77	11	215	5.75	241	4.14	−1.61
对帮助自己的人表示感谢	590	6.17	4	211	5.64	379	6.50	0.86
到敬老院、福利院做志愿者	293	3.06	19	105	2.81	188	3.23	0.42
帮助邻居做事	456	4.77	11	151	4.04	305	5.23	1.19
见义勇为	329	3.44	18	112	2.99	217	3.72	0.73

续表

选项	留守儿童						
	总计			2013 年		2019 年（a）		2019 年（a）与 2013 年比较
	人数/名	比率/%	排序	人数/名	比率/%	人数/名	比率/%	率差/个百分点
从未做过	69	0.72	20	20	0.53	49	0.84	0.31
合计	9568	100.00		3740	100.00	5828	100.00	0.00

2. 相关群体的看法

如表 4-61 示，在对中学老师、家长与中学校长认为未成年人做过的感恩事的调查中，中学老师选择排在前五位的是："放学回家问候父母"（9.22%）、"经常做家务"（7.62%）、"不给爸妈惹是非"（7.41%）、"刻苦学习"（7.01%）、"尊敬老师"（6.81%）。

家长选择排在前五位的是："经常做家务"（8.50%）、"放学回家问候父母"（7.51%）、"刻苦学习"（7.51%）、"不给爸妈惹是非"（7.31%）、"尊敬老师"（6.52%）。

中学校长选择排在前五位的是："记住爸妈的生日，并表示庆祝"（9.49%）、"给爸爸洗头"（9.12%）、"给妈妈梳头"（8.76%）、"放学回家问候父母"（8.58%）、"经常做家务"（8.58%）。

从相关群体的视角来看，未成年人做感恩的事主要是基于自身的角色，围绕"父母""老师"而做的比较容易做到的事。

表 4-61　中学老师、家长与中学校长认为未成年人做过的感恩事

选项	总计			中学老师 2019 年（a）		家长 2019 年（a）		中学校长 2019 年（a）		中学老师与家长比较	中学老师与中学校长比较
	人数/名	比率/%	排序	人数/名	比率/%	人数/名	比率/%	人数/名	比率/%	率差/个百分点	率差/个百分点
给爸爸洗头	104	6.70	6	21	4.21	33	6.52	50	9.12	-2.31	-4.91
给妈妈梳头	91	5.86	10	19	3.81	24	4.74	48	8.76	-0.93	-4.95
放学回家问候父母	131	8.44	1	46	9.22	38	7.51	47	8.58	1.71	0.64
经常做家务	128	8.24	2	38	7.62	43	8.50	47	8.58	-0.88	-0.96
分担父母的忧愁	98	6.31	8	30	6.01	22	4.35	46	8.39	1.66	-2.38
为家里节省经济开支	99	6.37	7	26	5.21	26	5.14	47	8.58	0.07	-3.37
不给爸妈惹是非	117	7.53	3	37	7.41	37	7.31	43	7.85	0.10	-0.44
顺着爸妈的意思行事	74	4.76	12	23	4.61	19	3.75	32	5.84	0.86	-1.23

续表

选项	总计			中学老师 2019 年（a）		家长 2019 年（a）		中学校长 2019 年（a）		中学老师与家长比较	中学老师与中学校长比较
	人数/名	比率/%	排序	人数/名	比率/%	人数/名	比率/%	人数/名	比率/%	率差/个百分点	率差/个百分点
记住爸妈的生日，并表示庆祝	109	7.02	4	27	5.41	30	5.93	52	9.49	−0.52	−4.08
为社会作贡献	39	2.51	17	18	3.61	20	3.95	1	0.18	−0.34	3.43
尊敬老师	80	5.15	11	34	6.81	33	6.52	13	2.37	0.29	4.44
刻苦学习	106	6.83	5	35	7.01	38	7.51	33	6.02	−0.50	0.99
学雷锋做好事	67	4.31	13	21	4.21	17	3.36	29	5.29	0.85	−1.08
帮助同学	53	3.41	15	28	5.61	25	4.94	0	0.00	0.67	5.61
为灾区人民捐款	42	2.70	16	19	3.81	23	4.55	0	0.00	−0.74	3.81
对帮助自己的人表示感谢	95	6.12	9	26	5.21	26	5.14	43	7.85	0.07	−2.64
到敬老院、福利院做志愿者	54	3.48	14	22	4.41	20	3.95	12	2.19	0.46	2.22
帮助邻居做事	32	2.06	18	14	2.81	16	3.16	2	0.36	−0.35	2.45
见义勇为	27	1.74	19	13	2.61	11	2.17	3	0.55	0.44	2.06
从未做过	7	0.45	20	2	0.40	5	0.99	0	0.00	−0.59	0.40
合计	1553	100.00		499	100.00	506	100.00	548	100.00	0.00	0.00

3. 其他研究者的调研情况分析

如表 4-62 所示，在 2005 年湖南省岳阳、娄底、郴州、湘西等市的留守儿童调查（N：456 名）中，56.7%的留守儿童表示"很想念"父母，33.6%的留守儿童表示"偶尔想念"（李翠英等，2006）。

在 2008 年河北省尚义县大清沟的留守儿童调查（N：335 名，其中留守儿童 218 名、非留守儿童 117 名）中，94.3%的留守儿童表示"常常想念"或"有时想"父母（陈香等，2009）。

在 2013 年安徽省铜陵市郊区和铜陵县的留守儿童调查（N：117 名）中，72.88%的留守儿童表示"感激"或"比较感激"看护人（张逊志，2014）。

在 2016 年山西省 J 县 X 村的留守儿童调查中，60.0%的留守儿童表示"十分想念"外出打工的父母，26.7%的留守儿童表示"偶尔想念"外出打工的父母（赵婷婷，2017）。

在 2020 年安徽省安庆市岳西县农村及城镇地区 3 所中学的留守儿童调查（N：267 名）中，71.9%的留守儿童表示"十分想念"或"经常想念"外出的父母，19.9%的留守儿童表示"偶尔想念"父母（江郁等，2020）。

　　总的看，留守儿童较为普遍地"想念"父母，这也是他们在目前阶段最显著的感恩表达。

表 4-62　留守儿童的感恩观　　　　　　（%）

2005 年湖南省岳阳、娄底、郴州、湘西等市的留守儿童调查（是否想念父母）		2008 年河北省尚义县大清沟的留守儿童调查（对父母的想念）		2013 年安徽省铜陵市郊区和铜陵县的留守儿童调查（对看护人的感激）		2016 年山西省 J 县 X 村的留守儿童调查（是否想念外出打工的父母）		2020 年安徽省安庆市岳西县农村及城镇地区 3 所中学的留守儿童调查（对外出父母的想念程度）	
很想念	56.7	常常想念	75.9	感激	37.29	十分想念	60.0	十分想念	36.7
偶尔想念	33.6	有时想	18.4	比较感激	35.59	偶尔想念	26.7	经常想念	35.2
根本不想	9.7	很少想	4.5	一般	26.27	不想念	13.3	偶尔想念	19.9
		从来不想	1.2	冷淡	0.85			一般想念	4.5
								不想念	3.7
合计	100.0	合计	100.0	合计	100.0	合计	100.0	合计	100.0

（四）基本认识

1. 留守儿童的感恩意识较强

　　感恩是一个人具备的基本素养，是做人的道德要求之一。良好的感恩意识有助于唤起个体感恩的心，培养乐于助人、乐善好施和与他人为善的胸襟和气度，塑造反哺父母、老师、社会的感恩行为。对于留守儿童而言，感恩意识有助于其形成高尚的道德品质和健全的人格心理。关于留守儿童感恩意识的调查显示，90.79%的留守儿童认为自己的感恩意识"很强"或"强"，并且在增强。多数相关群体也认为未成年人的感恩意识较强。

2. 留守儿童的感恩教育是感恩观的内在要求

　　感恩教育是形成感恩观的重要途径，通过感恩教育可以促成个体形成较为完善的人格，同时有助于维系不同层面的社会关系，懂得相互理解与相互关爱，才能对生活与别人心存感激，才能进一步激发生活的动力。84.43%的留守儿童认为感恩教育"有必要"，留守儿童悦纳感恩教育，无疑会进一步推动对其进行感恩教育，为留守儿童感恩观的形成创造条件。

3. 留守儿童的感恩观体现在细小与精微之处

　　留守儿童感恩观的发展与巩固需要进一步落实到实践与行动当中。对留守儿童感恩行为的调查显示，大部分的留守儿童会力所能及地去塑造感恩观，体现在做家务、尊敬老师、不给爸妈惹是非等日常生活中的细小与精微之处。这些看似不起眼的小事对培养留守儿童的感恩观具有重要的潜移默化作用。

八、留守儿童的劳动观

（一）留守儿童的劳动态度

1. 留守儿童的自述

如表 4-63 所示，在对留守儿童劳动态度的调查中，61.45%的留守儿童表示"爱劳动"，19.03%的留守儿童表示"无所谓"，选择"不爱劳动"与"不知道什么叫劳动"的比率分别 17.74%与 1.79%。大部分的留守儿童爱劳动，但也存在较大比率的留守儿童态度模糊。

从 2019 年（a）与 2009 年比较来看，2019 年（a）留守儿童选择"爱劳动"的比率较 2009 年高 10.83 个百分点，选择"无所谓"的比率下降了12.84 个百分点，可见留守儿童对劳动越来越认同。

表 4-63　留守儿童的劳动态度

选项	总计		留守儿童							
			2009 年		2010 年		2012 年		2014 年	
	人数/名	比率/%	人数/名	比率/%	人数/名	比率/%	人数/名	比率/%	人数/名	比率/%
爱劳动	1476	61.45	93	62.00	250	72.46	229	64.33	188	53.26
不爱劳动	426	17.74	15	10.00	51	14.78	46	12.92	63	17.85
无所谓	457	19.03	42	28.00	42	12.17	67	18.82	102	28.90
不知道什么叫劳动	43	1.79	0	0.00	2	0.58	14	3.93	0	0.00
合计	2402	100.00	150	100.00	345	100.00	356	100.00	353	100.00

选项	留守儿童						2019 年（a）与2009 年比较
	2015 年		2016 年		2019 年（a）		
	人数/名	比率/%	人数/名	比率/%	人数/名	比率/%	率差/个百分点
爱劳动	158	55.24	164	44.20	394	72.83	10.83
不爱劳动	49	17.13	138	37.20	64	11.83	1.83
无所谓	75	26.22	47	12.67	82	15.16	−12.84
不知道什么叫劳动	4	1.40	22	5.93	1	0.18	0.18
合计	286	100.00	371	100.00	541	100.00	0.00

2. 相关群体的认识

如表 4-64 所示，在对中学老师、家长与中学校长眼中未成年人的劳动态度的调查中，42.78%的相关群体认为未成年人"爱劳动"，33.69%的相关群体认为未成年人持"无所谓"的态度，22.46%的相关群体认为未成年人"不爱劳动"。相关群体认为，大多数未成年人爱劳动。

从中学校长与中学老师比较来看，中学老师选择"爱劳动"的比率较中学校长要高 44.95 个百分点，而中学校长选择"无所谓"的比率比中学老师高 65.30 个百分点。这表明中学校长对未成年人劳动态度的评价度远低于中学老师。

表 4-64　中学老师、家长与中学校长眼中未成年人的劳动态度

选项	总计			中学老师		家长		中学校长		中学校长与中学老师比较
				2019 年（a）		2019 年（a）		2019 年（a）		
	人数/名	比率/%	排序	人数/名	比率/%	人数/名	比率/%	人数/名	比率/%	率差/个百分点
爱劳动	80	42.78	1	35	50.72	42	63.64	3	5.77	-44.95
不爱劳动	42	22.46	3	20	28.99	16	24.24	6	11.54	-17.45
无所谓	63	33.69	2	12	17.39	8	12.12	43	82.69	65.30
不知道什么叫劳动	2	1.07	4	2	2.90	0	0.00	0	0.00	-2.90
合计	187	100.00		69	100.00	66	100.00	52	100.00	0.00

（二）留守儿童的劳动行为

1. 留守儿童做家务的现状

（1）留守儿童的自述

如表 4-65 所示，在对留守儿童做家务情况的调查中，67.79%的留守儿童会"经常做"，23.81%的留守儿童表示"基本不做"，选择其他选项的比率相对较低。总的来看，大部分留守儿童会"经常做"家务，帮助家庭分担家务。

从 2019 年（a）与 2009 年比较来看，留守儿童选择"经常做"的比率有较大幅度上升，选择"基本不做"的比率降幅明显，说明留守儿童做家务劳动的主动性逐渐增强。

表 4-65　留守儿童做家务的情况

选项	留守儿童													
	总计			2009 年		2010 年		2011 年		2016 年		2019 年（a）		2019 年（a）与 2009 年比较
	人数/名	比率/%	排序	人数/名	比率/%	人数/名	比率/%	人数/名	比率/%	人数/名	比率/%	人数/名	比率/%	率差/个百分点
经常做	1210	67.79	1	89	59.33	256	74.20	258	68.25	188	50.67	419	77.45	18.12
基本不做	425	23.81	2	48	32.00	65	18.84	85	22.49	135	36.39	92	17.01	−14.99
根本不做	32	1.79	5	2	1.33	2	0.58	4	1.06	17	4.58	7	1.29	−0.04
自己不愿做	50	2.80	4	3	2.00	9	2.61	16	4.23	9	2.43	13	2.40	0.40
爸妈不让做	68	3.81	3	8	5.33	13	3.77	15	3.97	22	5.93	10	1.85	−3.48
合计	1785	100.00		150	100.00	345	100.00	378	100.00	371	100.00	541	100.00	0.00

（2）相关群体的认识

如表 4-66 所示，在对中学老师、家长与中学校长眼中未成年人做家务情况的调查中，34.76% 的相关群体表示未成年人"基本不做"家务，选择"经常做"的比率为 33.16%，选择"根本不做"的比率为 19.79%。相关群体认为未成年人"经常做"家务和"基本不做"家务的比率大致相当。

从中学校长与中学老师比较来看，中学老师选择"经常做"的比率较中学校长的同项比率高 39.13 个百分点。中学校长选择"根本不做"的比率较中学老师要高 44.18 个百分点，表明中学老师对未成年人做家务情况的评价好于中学校长。

表 4-66　中学老师、家长与中学校长眼中未成年人做家务的情况

选项	总计			中学老师		家长		中学校长		中学校长与中学老师比较
				2019 年（a）		2019 年（a）		2019 年（a）		
	人数/名	比率/%	排序	人数/名	比率/%	人数/名	比率/%	人数/名	比率/%	率差/个百分点
经常做	62	33.16	2	27	39.13	35	53.03	0	0.00	−39.13
基本不做	65	34.76	1	28	40.58	25	37.88	12	23.08	−17.50
根本不做	37	19.79	3	8	11.59	0	0.00	29	55.77	44.18
自己不愿做	2	1.07	5	0	0.00	2	3.03	0	0.00	0.00
爸妈不让做	21	11.23	4	6	8.70	4	6.06	11	21.15	12.45
合计	187	100.00		69	100.00	66	100.00	52	100.00	0.00

（3）其他研究者的调研情况分析

如表 4-67 所示，在 2006 年四川省丰宁县的留守儿童调查[N：656 名，其中村（组）干部、留守儿童、临时监护人、学校负责人、教师代表共 352 名]中，30.0%的留守儿童在课余时间"常做"家务，59.0%的留守儿童"一般"会利用课余时间做家务，11.0%的留守儿童在课余时间"不做"家务（杨晓林等，2007）。

在 2012 年云南省、贵州省、四川省的留守儿童调查（N：1130 名）中，73.0%的留守儿童表示会"承担一部分家里的劳务"（林晓丹，2012）。

在 2014 年江西省各地区和学校的留守儿童调查（N：244 名）中，73.03%的留守儿童"经常做家务或偶尔做家务"（廖金萍，2015）。

在 2016 年四川省统计局民调中心开展的留守儿童状况专项调查（N：留守儿童 2000 名）中，72.8%的留守儿童表示会"帮忙做家务"（雷俊雯，2016）。

表 4-67　留守儿童的劳动表现　　　　　　　　　　（%）

2006 年四川省丰宁县的留守儿童调查（留守儿童在课余时间做家务情况）		2012 年云南省、贵州省、四川省的留守儿童调查（留守儿童做家务的情况）		2014 年江西省各地区和学校的留守儿童调查（留守儿童做家务的情况）		2016 年四川省统计局民调中心开展的留守儿童状况专项调查[留守儿童在放学以后及寒暑假里的课外活动（多选题）]		2018 年湖北省内 16 个农村的留守儿童居住地调查（留守儿童家务劳动情况）	
常做	30.0	承担一部分家里的劳务	73.0	经常做家务或偶尔做家务	73.03	帮忙做家务	72.8	总是	4.9
一般	59.0	未标明	27.0	未标明	26.97	复习功课做作业	68.6	经常	24.5
不做	11.0					帮助家里干农活	49.4	有时	58.1
						读课外书籍或看电视	38.3	不用	12.5
						与同伴玩	26.2		
						打球等运动	7.6		
						上网或打游戏	3.9		
						其他	0.4		
合计	100.0	合计	100.0	合计	100.0	合计	—	合计	100.0

在 2018 年湖北省内 16 个农村的留守儿童居住地调查（N：留守儿童 50万名、教师 500 名）中，留守儿童"总是"与"经常"做家务的合比率为29.4%，58.1%的留守儿童表示"有时"会做家务（吴延清等，2018）。

2. 留守儿童做家务的类型

（1）留守儿童的自述

1）大范围的调查结果。如表 4-68 所示，在对留守儿童做家务类型的调查中，选择排在前五位的是："洗碗"（61.77%）、"扫地"（18.84%）、"洗衣服"（5.26%）、"拖地板"（4.77%）、"晾晒衣服"（4.04%）。从数据来看，留守儿童做家务主要集中在"洗碗""扫地"类别，这与其能力匹配。

从 2019 年（a）与 2010 年比较来看，留守儿童选择"洗碗"的比率增幅较大，其余大多数选项均呈现不同程度的下降。

表 4-68　留守儿童做家务的类型

| 选项 | 留守儿童 | | | | | | | | | | 2019 年（a）与 2010 年比较 |
| | 总计 | | | 2010 年 | | 2011 年 | | 2016 年 | | 2019 年（a） | |
	人数/名	比率/%	排序	人数/名	比率/%	人数/名	比率/%	人数/名	比率/%	人数/名	比率/%	率差/个百分点
洗碗	1010	61.77	1	203	58.84	189	50.00	188	50.67	430	79.48	20.64
扫地	308	18.84	2	64	18.55	61	16.14	135	36.39	48	8.87	−9.68
拖地板	78	4.77	4	14	4.06	32	8.47	17	4.58	15	2.77	−1.29
帮家里购买小物品	53	3.24	6	15	4.35	16	4.23	9	2.43	13	2.40	−1.95
洗衣服	86	5.26	3	6	1.74	51	13.49	15	4.04	14	2.59	0.85
晾晒衣服	66	4.04	5	43	12.46	12	3.17	0	0.00	11	2.03	−10.43
其他	34	2.08	7	0	0.00	17	4.50	7	1.89	10	1.85	1.85
合计	1635	100.00		345	100.00	378	100.00	371	100.00	541	100.00	0.00

2）小范围的调查结果。如表 4-69 所示，在 2018 年对儿童的调查中，选择排在前五位的是："洗碗"（25.91%）、"拖地"（23.91%）、"洗衣服"（16.50%）、"洗菜"（16.10%）、"捶背"（13.39%）。

从留守儿童与非留守儿童比较来看，留守儿童选择"洗碗""洗衣服"的比率较非留守儿童要高，而非留守儿童选择"捶背""洗菜"的比率较留守儿童要高。

表 4-69　儿童做家务的类型

选项	总计			留守儿童		非留守儿童		不清楚		留守儿童与非留守儿童比较
				2018 年		2018 年		2018 年		
	人数/名	比率/%	排序	人数/名	比率/%	人数/名	比率/%	人数/名	比率/%	率差/个百分点
洗碗	507	25.91	1	137	27.51	365	25.42	5	21.74	2.09
洗菜	315	16.10	4	73	14.66	237	16.50	5	21.74	−1.84
洗衣服	323	16.50	3	99	19.88	223	15.53	1	4.35	4.35
拖地	468	23.91	2	121	24.30	343	23.89	4	17.39	0.41
洗脚	60	3.07	6	16	3.21	43	2.99	1	4.35	0.22
捶背	262	13.39	5	47	9.44	212	14.76	3	13.04	−5.32
以上都没有做过	22	1.12	7	5	1.00	13	0.91	4	17.39	0.09
合计	1957	100.00		498	100.00	1436	100.00	23	100.00	0.00

（2）相关群体的认识

如表 4-70 所示，在中学老师、家长与中学校长眼中未成年人做家务情况的调查中，选择排在前五位的是："洗碗"（51.87%）、"拖地板"（14.44%）、"扫地"（11.76%）、"其他"（9.09%）、"洗衣服"（8.02%）。相关群体眼中未成年人做家务类型中，"洗碗"居于首位，其次是"拖地板"和"扫地"。

从中学校长与中学老师比较来看，中学老师选择"洗碗"比率较中学校长同项比率要高 53.68 个百分点。

表 4-70　中学老师、家长与中学校长眼中未成年人做家务的情况

选项	总计			中学老师		家长		中学校长		中学校长与中学老师比较
				2019 年（a）		2019 年（a）		2019 年（a）		
	人数/名	比率/%	排序	人数/名	比率/%	人数/名	比率/%	人数/名	比率/%	率差/个百分点
洗碗	97	51.87	1	45	65.22	46	69.70	6	11.54	−53.68
扫地	22	11.76	3	6	8.70	8	12.12	8	15.38	6.68
拖地板	27	14.44	2	0	0.00	1	1.52	26	50.00	50.00
帮家里购买小物品	7	3.74	6	5	7.25	2	3.03	0	0.00	−7.25
洗衣服	15	8.02	5	4	5.80	2	3.03	9	17.31	11.51
晾晒衣服	2	1.07	7	0	0.00	2	3.03	0	0.00	0.00
其他	17	9.09	4	9	13.04	5	7.58	3	5.77	−7.27
合计	187	100.00		69	100.00	66	100.00	52	100.00	0.00

3. 参加学校组织的劳动

（1）留守儿童的自述

如表 4-71 所示，在对留守儿童参加学校劳动情况的调查中，64.77%的留守儿童选择"在教室里大扫除"，12.91%的留守儿童选择"帮同学做事"，4.71%的留守儿童选择"帮老师做事"。总的来看，留守儿童参加学校的劳动主要是大扫除和做些力所能及的事情。

从 2019 年（a）与 2010 年比较来看，2019 年（a）留守儿童选择"在教室里大扫除"的比率较 2009 年高出 12.71 个百分点。

表 4-71　留守儿童参加学校劳动的情况

选项	留守儿童											2019年（a）与2010年比较
	总计			2010 年		2011 年		2016 年		2019 年（a）		
	人数/名	比率/%	排序	人数/名	比率/%	人数/名	比率/%	人数/名	比率/%	人数/名	比率/%	率差/个百分点
在教室里大扫除	1059	64.77	1	231	66.96	228	60.32	169	45.55	431	79.67	12.71
在校园里植树	159	9.72	3	8	2.32	23	6.08	119	32.08	9	1.66	-0.66
集体上车站码头等公共场所搞卫生	86	5.26	4	23	6.67	26	6.88	23	6.20	14	2.59	-4.08
帮同学做事	211	12.91	2	64	18.55	43	11.38	44	11.86	60	11.09	-7.46
帮老师做事	77	4.71	5	19	5.51	15	3.97	16	4.31	27	4.99	-0.52
其他	43	2.63	6	0	0.00	43	11.38	0	0.00	0	0.00	0.00
合计	1635	100.00		345	100.00	378	100.00	371	100.00	541	100.00	0.00

（2）相关群体的认识

如表 4-72 所示，在对中学老师、家长与中学校长眼中未成年人参加学校劳动情况的调查中，大部分相关群体认为未成年人在校主要是"在教室里大扫除"，其次是"集体上车站码头等公共场所搞卫生"。

从中学校长与中学老师比较来看，中学老师选择"在教室里大扫除"的比率较中学校长高 51.29 个百分点，而中学校长选择"集体上车站码头等公共场所搞卫生"的比率则比中学老师高 61.98 个百分点，两者的认识差异较大。

表 4-72　中学老师、家长与中学校长眼中未成年人参加学校劳动的情况

选项	总计			中学老师		家长		中学校长		中学校长与中学老师比较
				2019 年（a）		2019 年（a）		2019 年（a）		
	人数/名	比率/%	排序	人数/名	比率/%	人数/名	比率/%	人数/名	比率/%	率差/个百分点
在教室里大扫除	105	56.15	1	46	66.67	51	77.27	8	15.38	−51.29
在校园里植树	14	7.49	3	3	4.35	3	4.55	8	15.38	11.03
集体上车站码头等公共场所搞卫生	42	22.46	2	5	7.25	1	1.52	36	69.23	61.98
帮同学做事	9	4.81	5	4	5.80	5	7.58	0	0.00	−5.80
帮老师做事	10	5.35	4	5	7.25	5	7.58	0	0.00	−7.25
其他	7	3.74	6	6	8.70	1	1.52	0	0.00	−8.70
合计	187	100.00		69	100.00	66	100.00	52	100.00	0.00

（三）基本认识

1. 留守儿童的劳动态度是形成劳动观的重要前提

在劳动观的形成过程中，劳动态度是重要的内容。劳动态度是通过劳动教育与劳动体验，让学生感受到劳动的价值与复杂性，在参与劳动的过程中充分获得满足感与充实感，从而培养对劳动的热爱与重视，为树立正确的劳动观奠定基础。对留守儿童劳动态度的调查显示，61.45%的留守儿童表示"爱劳动"，从多年份的数据来看，选择"爱劳动"的比率有所增加。对相关群体的调查显示，中学老师与家长认为大多数未成年人爱劳动。

2. 留守儿童有经常性的劳动观行为且主要体现于家庭劳动

劳动观要落实到实际的行动中，在实践中感受劳动所创造的价值。对留守儿童劳动行为的调查显示，67.79%的留守儿童表示在家会"经常"做家务，且留守儿童"经常"做家务的比率有所上升。对相关群体的调查显示，53.03%的家长认为未成年人"经常"做家务，39.13%的中学老师认为未成年人"经常"做家务，没有中学校长认为未成年人"经常"做家务。在具体的家务类型中，留守儿童多集中在"洗碗""扫地""洗衣服"等力所能及的家庭劳务事上。多数留守儿童有经常性的劳动行为且主要体现在家庭劳动上。

3. 留守儿童劳动观教育需要拓宽学校劳动场域

学校劳动教育是留守儿童形成劳动观的重要方面，通过让留守儿童参与学校组织的劳动教育，不仅可以增进留守儿童相互之间的交流与沟通，

同时也会进一步增强留守儿童的劳动能力。对留守儿童参加学校劳动情况的调查显示，大部分的留守儿童在校的劳动主要是"在教室里大扫除"，其次是帮同学或老师做事等。学校劳动教育应从实际出发，进一步挖掘相关要素，结合本地区的实际有针对性地开展劳动教育，提高留守儿童劳动的积极性，培养他们的劳动习惯，帮助他们形成正确的劳动观。

九、留守儿童的人际观

（一）留守儿童的人际定位

1. 对同学关系的定位

如表 4-73 所示，在对留守儿童就同学关系定位的调查中，52.73%的留守儿童认为同学关系应"亲密得像亲兄弟姐妹"，38.83%的留守儿童选择"一般化"，选择"不清楚"的比率为 5.87%。

从 2016 年与 2009 年比较来看，2016 年留守儿童选择"一般化"与"无所谓"的比率有所上升，选择"亲密得像亲兄弟姐妹"的比率下降幅度较大，说明留守儿童对同学关系的定位有较明显的变化，也就是在逐渐淡化同学关系。

表 4-73　留守儿童对同学关系的定位

选项	留守儿童										2016 年与 2009 年比较
	总计			2009 年		2010 年		2011 年		2016 年	
	人数/名	比率/%	排序	人数/名	比率/%	人数/名	比率/%	人数/名	比率/%	人数/名	比率/%	率差/个百分点
亲密得像亲兄弟姐妹	656	52.73	1	91	60.67	185	53.62	207	54.76	173	46.63	-14.04
一般化	483	38.83	2	52	34.67	132	38.26	149	39.42	150	40.43	5.76
无所谓	32	2.57	4	0	0.00	0	0.00	12	3.17	20	5.39	5.39
不清楚	73	5.87	3	7	4.67	28	8.12	10	2.65	28	7.55	2.88
合计	1244	100.00		150	100.00	345	100.00	378	100.00	371	100.00	0.00

2. 对"有好朋友好不好"的认识

如表 4-74 所示，在对留守儿童就"有好朋友好不好"看法的调查中，80.22%的留守儿童选择"好"，选择"不好"与"无所谓"的比率分别为 13.75%与 3.70%。大部分的留守儿童认为有好朋友"好"。

从 2016 年与 2009 年比较来看，留守儿童选择"好"的比率下降幅度较大，选择"不好"的比率上升幅度较大。这种变化与留守儿童对同学关系定位的变化有一定联系，这也是淡化人际关系的一种表现。

表 4-74　留守儿童对"有好朋友好不好"的看法

| 选项 | 留守儿童 | | | | | | | | | | 2016 年与2009 年比较 |
| | 总计 | | | 2009 年 | | 2010 年 | | 2011 年 | | 2016 年 | |
	人数/名	比率/%	排序	人数/名	比率/%	人数/名	比率/%	人数/名	比率/%	人数/名	比率/%	率差/个百分点
好	998	80.22	1	141	94.00	318	92.17	339	89.68	200	53.91	−40.09
不好	171	13.75	2	3	2.00	17	4.93	25	6.61	126	33.96	31.96
无所谓	46	3.70	3	5	3.33	6	1.74	10	2.65	25	6.74	3.41
不知道	29	2.33	4	1	0.67	4	1.16	4	1.06	20	5.39	4.72
合计	1244	100.00		150	100.00	345	100.00	378	100.00	371	100.00	0.00

（二）留守儿童的人际状况

1. 留守儿童的一般人际关系

（1）留守儿童的自述

如表 4-75 所示，在对留守儿童就自身人际关系评价的调查中，选择"很好"与"好"的合比率为 68.62%，其中选择"好"的比率为 36.53%，居于第一位。

从 2019 年（a）与 2009 年比较来看，留守儿童选择"好"的比率有较大幅度下降，选择"一般化"的比率有较大幅度上升。这种变化与留守儿童对人际关系定位的变化有一定联系。

表 4-75　留守儿童对自身人际关系的评价

| 选项 | 总计 | | 留守儿童 | | | | | | | |
| | | | 2009 年 | | 2011 年 | | 2013 年 | | 2014 年 | |
	人数/名	比率/%	人数/名	比率/%	人数/名	比率/%	人数/名	比率/%	人数/名	比率/%
很好	846	32.09	55	36.67	86	22.75	157	28.19	132	37.39
好	963	36.53	65	43.33	147	38.89	201	36.09	126	35.69
一般化	668	25.34	22	14.67	129	34.13	173	31.06	75	21.25
不好	97	3.68	4	2.67	11	2.91	15	2.69	13	3.68
很不好	27	1.02	2	1.33	5	1.32	3	0.54	1	0.28
不知道	35	1.33	2	1.33	0	0.00	8	1.44	6	1.70
合计	2636	100.00	150	100.00	378	100.00	557	100.00	353	100.00

续表

选项	留守儿童						2019 年（a）与 2009 年比较
	2015 年		2016 年		2019 年（a）		
	人数/名	比率/%	人数/名	比率/%	人数/名	比率/%	率差/个百分点
很好	98	34.27	115	30.99	203	37.52	0.85
好	101	35.31	160	43.13	163	30.13	−13.20
一般化	65	22.73	68	18.33	136	25.14	10.47
不好	14	4.90	17	4.58	23	4.25	1.58
很不好	4	1.40	4	1.08	8	1.48	0.15
不知道	4	1.40	7	1.89	8	1.48	0.15
合计	286	100.00	371	100.00	541	100.00	0.00

（2）相关群体的评价

1）教育、科技、人事管理部门领导的评价。如表 4-76 所示，在对 2010 年教育、科技、人事管理部门领导眼中未成年人的人际关系的调查中，选择"一般化"的比率为 70.59%，居于第一位。选择"好"的比率为 20.59%，其余选项占比较低。总的来看，在大部分教育、科技、人事管理部门领导眼中，未成年人的人际关系"一般化"。

表 4-76　教育、科技、人事管理部门领导眼中未成年人的人际关系

选项	教育、科技、人事管理部门领导									
	2010 年									
	总计			正处级			副处级			副处级与正处级比较
	人数 /名	比率/%	排序	人数 /名	比率/%	排序	人数 /名	比率/%	排序	人数 差/名	率差/个 百分点
很好	1	2.94	4	0	0.00	3	1	5.26	4	1	5.26
好	7	20.59	2	5	33.33	2	2	10.53	2	−3	−22.81
一般化	24	70.59	1	10	66.67	1	14	73.68	1	4	7.02
不好	2	5.88	3	0	0.00	3	2	10.53	2	2	10.53
很不好	0	0.00	5	0	0.00	3	0	0.00	5	0	0.00
不知道	0	0.00	5	0	0.00	3	0	0.00	5	0	0.00
合计	34	100.00		15	100.00		19	100.00		4	0.00

2）中学老师、家长、中学校长、德育工作者与小学校长的评价。如表 4-77 所示，在对中学老师、家长、中学校长、德育工作者与小学校长眼中未成年人的人际关系的调查中，37.36% 的相关群体选择"好"，选择"很

好"的比率为30.04%，选择"一般化"的比率为31.14%。

从中学校长与中学老师比较来看，中学校长选择"一般化"的比率较中学老师要高54.71个百分点，中学老师选择"很好"的比率较中学校长要高28.03个百分点，中学老师选择"好"的比率较中学校长要高25.23个百分点，可见中学校长与中学老师对未成年人人际关系的认识差异较大。

表4-77　中学老师、家长、中学校长、德育工作者与小学校长眼中未成年人的人际关系

| 选项 | 总计 | | | 中学老师 | | 家长 | | 中学校长 | | 德育工作者 | | 小学校长 | | 中学校长与中学老师比较 |
| | | | | 2019年（a） | | 2019年（a） | | 2019年（a） | | 2019年（a） | | 2020年（a） | | |
	人数/名	比率/%	排序	人数/名	比率/%	人数/名	比率/%	人数/名	比率/%	人数/名	比率/%	人数/名	比率/%	率差/个百分点
很好	82	30.04	3	22	31.88	21	31.82	2	3.85	25	55.56	12	29.27	−28.03
好	102	37.36	1	32	46.38	24	36.36	11	21.15	16	35.56	19	46.34	−25.23
一般化	85	31.14	2	14	20.29	18	27.27	39	75.00	4	8.89	10	24.39	54.71
不好	0	0.00	6	0	0.00	0	0.00	0	0.00	0	0.00	0	0.00	0.00
很不好	1	0.37	5	0	0.00	1	1.52	0	0.00	0	0.00	0	0.00	0.00
不知道	3	1.10	4	1	1.45	2	3.03	0	0.00	0	0.00	0	0.00	−1.45
合计	273	100.00		69	100.00	66	100.00	52	100.00	45	100.00	41	100.00	0.00

（3）其他研究者的调研情况分析

如表4-78所示，在2005年湖南省岳阳、娄底、郴州、湘西等市的留守儿童调查（N：456名）中，36.4%的留守儿童表示自身的社交能力"较强"，12.1%的留守儿童表示自身的社交能力"很强"（李翠英等，2006）。

表4-78　留守儿童的人际关系　　　　　　　　　（%）

2005年湖南省岳阳、娄底、郴州、湘西等市的留守儿童调查（留守儿童的社交能力）		2010年江西省乐平市的留守儿童调查（留守儿童当受到别人的欺负时）		2015年广东省韶关市始兴县、韶关市江尾镇、梅州市汤西镇、梅州市水寨镇、清远市石潭镇、肇庆市凤岗镇和英德市江古山村的调查（留守儿童在与异性同学交往时）		2017年11月湖北省武汉市新洲区三店街宋寨村、杨湾村、长塘村、蔡河村的留守儿童调查（有人欺负你，你怎么做）		2019年吉林省东南部边远地区留守儿童人际心理问题的调查[留守儿童在人际关系与人际交往方面（多选题）]	
很强	12.1	忍让	39.78	有些紧张和异常兴奋	44.8	告诉父母	24.4	存在一定程度的交际困扰	70.1
较强	36.4	会和欺负自己的人协商解决	35.48	不好意思	26.4	告诉老师	18.9	存在交谈困扰	61.0
较差	34.4	找自己的监护人解决	24.74	未标明	28.8	告知亲友	16.5	人际关系状况不佳	65.8

续表

	2005 年湖南省岳阳、娄底、郴州、湘西等市的留守儿童调查（留守儿童的社交能力）		2010 年江西省乐平市的留守儿童调查（留守儿童当受到别人的欺负时）		2015 年广东省韶关市始兴县、韶关市江尾镇、梅州市汤西镇、梅州市水寨镇、清远市石潭镇、肇庆市凤岗镇和英德市江古山村的调查（留守儿童在与异性同学交往时）		2017 年 11 月湖北省武汉市新洲区三店街宋寨村、杨湾村、长塘村、蔡河村的留守儿童调查（有人欺负你，你怎么做）		2019 年吉林省东南部边远地区留守儿童人际心理问题的调查[留守儿童在人际关系与人际交往方面（多选题）]	
很差	17.1						与之较量	16.0	社交回避行为倾向	42.1
							默默忍受	24.2	存在一定社交焦虑体验	37.4
									社交痛苦和焦虑	49.0
合计	100.0	合计	100.0	合计	100.0	合计	100.0	合计	—	

在 2010 年江西省乐平市的留守儿童调查中，35.48%的留守儿童表示当受到别人的欺负时，"会和欺负自己的人协商解决"，39.78%的留守儿童会选择"忍让"（朱延平等，2011）。

在 2015 年广东省韶关市始兴县、韶关市江尾镇、梅州市汤西镇、梅州市水寨镇、清远市石潭镇、肇庆市凤岗镇和英德市江古山村的调查中，有44.8%的留守儿童在与异性同学交往时会"有些紧张和异常兴奋"（闫丽，2016）。

在 2017 年 11 月湖北省武汉市新洲区三店街宋寨村、杨湾村、长塘村、蔡河村的留守儿童调查（N：175 名）中，24.4%的留守儿童表示在有人欺负自己时会"告诉父母"，24.2%的留守儿童则表示会"默默忍受"（肖飞，2018）。

在 2019 年吉林省东南部边远地区留守儿童人际心理问题的调查（N：留守儿童 418 名、非留守儿童 902 名）中，70.1%的留守儿童表示在人际关系和人际交往方面"存在一定程度的交际困扰"，65.8%的留守儿童表示"人际关系状况不佳"（李飞等，2020）。

2. 留守儿童的师生关系

（1）留守儿童的自述

1）对师生关系的评价。如表 4-79 所示，在对留守儿童就师生关系评价的调查中，37.23%的留守儿童认为"比较好"，选择"一般化"的比率为28.97%，选择"很好"的比率为26.64%。

从 2016 年与 2010 年比较来看，留守儿童选择"比较好"与"很好"的比率有明显上升，其中上升幅度最大的是"比较好"。

表 4-79　留守儿童对师生关系的评价

选项	留守儿童									
	总计			2010 年		2011 年		2016 年		2016 年与 2010 年比较
	人数/名	比率/%	排序	人数/名	比率/%	人数/名	比率/%	人数/名	比率/%	率差/个百分点
很好	342	26.64	3	95	26.69	125	22.44	122	32.88	6.19
比较好	478	37.23	1	116	32.58	202	36.27	160	43.13	10.55
一般化	372	28.97	2	124	34.83	187	33.57	61	16.44	−18.39
不好	38	2.96	5	7	1.97	24	4.31	7	1.89	−0.08
不清楚	54	4.21	4	14	3.93	19	3.41	21	5.66	1.73
合计	1284	100.00		356	100.00	557	100.00	371	100.00	0.00

2）对师生融洽度的认识。如表 4-80 所示，在对儿童就师生融洽度认识的调查中，留守儿童选择"非常融洽"与"比较融洽"的合比率为 67.17%，这一合比率较非留守儿童同项比率要低 7.99 个百分点。此外，留守儿童选择"比较紧张"的比率为 3.92%，这一比率较非留守儿童同项比率要高 0.69 个百分点。留守儿童认为自己与老师间的关系要比非留守儿童与老师的关系稍差，可见老师需要多关注留守儿童，处理好相互关系。

表 4-80　儿童对师生融洽度的认识

选项	总计			留守儿童		非留守儿童		不清楚		留守儿童与非留守儿童比较
				2019 年（b）		2019 年（b）		2019 年（b）		
	人数/名	比率/%	排序	人数/名	比率/%	人数/名	比率/%	人数/名	比率/%	率差/个百分点
非常融洽	436	37.62	1	193	36.01	242	39.03	1	33.33	−3.02
比较融洽	393	33.91	2	167	31.16	224	36.13	2	66.67	−4.97
一般	289	24.94	3	155	28.92	134	21.61	0	0.00	7.31
比较紧张	41	3.54	4	21	3.92	20	3.23	0	0.00	0.69
合计	1159	100.00		536	100.00	620	100.00	3	100.00	0.00

（2）相关群体的认识

如表 4-81 所示，在对中学老师、家长与中学校长眼中未成年人的师生关系的调查中，34.22% 的相关群体认为未成年人的师生关系"一般化"，居于第一位，选择"比较好"与"很好"的比率相当，均居于第二位。从单个选项的比率来看，家长选择"很好"的比率最高，中学老师选择"比较好"的比率最高。

从中学校长与中学老师比较来看，中学老师选择"很好"与"比较好"的比率均较中学校长高，中学校长则强调"一般化"。可见中学校长与中学老师对未成年人人际关系的认识差异较大。

表 4-81　中学老师、家长与中学校长眼中未成年人的师生关系

| 选项 | 总计 | | | 中学老师 | | 家长 | | 中学校长 | | 中学校长与中学老师比较 |
| | | | | 2019 年（a） | | 2019 年（a） | | 2019 年（a） | | |
	人数/名	比率/%	排序	人数/名	比率/%	人数/名	比率/%	人数/名	比率/%	率差/个百分点
很好	60	32.09	2	28	40.58	29	43.94	3	5.77	−34.81
比较好	60	32.09	2	30	43.48	24	36.36	6	11.54	−31.94
一般化	64	34.22	1	10	14.49	11	16.67	43	82.69	68.2
不好	0	0.00	5	0	0.00	0	0.00	0	0.00	0.00
不清楚	3	1.60	4	1	1.45	2	3.03	0	0.00	−1.45
合计	187	100.00		69	100.00	66	100.00	52	100.00	0.00

（3）其他研究者的调研情况分析

如表 4-82 所示，在 2006 年四川省丰宁县的留守儿童调查[N：656 名，其中村（组）干部、留守儿童、临时监护人、学校负责人、教师代表共 352 人]中，46.0%的留守儿童表示和老师会"说一点"心里话，38.0%的留守儿童表示"愿意"和老师说心里话（杨晓林等，2007）。

表 4-82　留守儿童的师生关系　　　　　　　　　（%）

2006 年四川省丰宁县的留守儿童调查（留守儿童和老师是否说心里话）		2013 年广西 W 村的留守儿童调查（留守儿童与老师的关系）		2014 年重庆市渝北区洛碛初级中学留守儿童的调查（留守儿童在遇到困难或心里有事时是否告诉老师）		2017 年陕西省宝鸡地区的留守儿童调查（你与老师的关系）		2019 年甘肃省定西市临洮县的留守儿童调查（留守儿童与老师的关系）	
愿意	38.0	很好	59.3	非常愿意	3.2	非常融洽	14.7	与教师关系一般	21.85
说一点	46.0	一般	35.6	愿意	16.5	融洽	68.1	与教师关系较差	10.08
不愿意	16.0	不好	5.2	不太愿意	46.2	不融洽	14.4	未标明	68.07
				不愿意	34.1	很不融洽	2.9		
合计	100.0	合计	100.0	合计	100.0	合计	100.0	合计	100.00

在 2013 年广西 W 村的留守儿童调查（N：135 名）中，59.3%的留守儿童表示与老师的关系"很好"，35.6%的留守儿童认为与老师的关系"一般"（董晓绒等，2014）。

在 2014 年重庆市渝北区洛碛初级中学留守儿童的调查（N：216 名）中，46.2% 的留守儿童表示遇到困难或心理事"不太愿意"告诉老师，34.1% 的留守儿童表示"不愿意"告诉老师（谢德仲等，2015）。

在 2017 年陕西省宝鸡地区的留守儿童调查（N：689 名）中，68.1% 的留守儿童表示与老师相处"融洽"，14.7% 的留守儿童表示与老师相处"非常融洽"（茹宗志等，2017）。

在 2019 年甘肃省定西市临洮县的留守儿童调查（N：留守儿童 120 名）中，21.85% 的留守儿童表示"与教师关系一般"，10.08% 的留守儿童表示"与教师关系较差"（于万云，2019）。

3. 留守儿童的同学关系

（1）留守儿童的自述

1）与同学交往的主动性。在 2017 年对留守儿童与同学主动交往情况的调查中，59.17% 的留守儿童表示"大多数情况下都会"与同学主动交往。33.56% 的留守儿童表示"偶尔会"与同学主动交往，选择"从来不会"的比率为 6.57%，选择"不清楚"的比率为 0.69%。

2）对同学关系的评价如表 4-83 所示，在对留守儿童的同学关系的调查中，38.73% 的留守儿童认为与同学关系"比较好"，选择"很好"的比率为 39.21%，选择"一般化"的比率为 18.42%。

从 2019 年（a）与 2009 年比较来看，留守儿童选择"一般化"的比率增加 19.39 个百分点，选择"很好""比较好"的比率有较大幅度的下降。这种变化与前面所述的留守儿童对人际关系定位的变化是一致的。

表 4-83　留守儿童的同学关系

选项	留守儿童									
	总计		2009 年		2010 年		2011 年		2012 年	
	人数/名	比率/%	人数/名	比率/%	人数/名	比率/%	人数/名	比率/%	人数/名	比率/%
很好	1058	39.21	66	44.00	118	34.20	132	34.92	134	37.64
比较好	1045	38.73	72	48.00	168	48.70	163	43.12	136	38.20
一般化	497	18.42	10	6.67	49	14.20	75	19.84	76	21.35
不好	48	1.78	1	0.67	4	1.16	6	1.59	2	0.56
不清楚	21	0.78	1	0.67	1	0.29	0	0.00	3	0.84
好不好无所谓	29	1.07	0	0.00	5	1.45	2	0.53	5	1.40
合计	2698	100.00	150	100.00	345	100.00	378	100.00	356	100.00

续表

| 选项 | 留守儿童 | | | | | | 2019 年（a）与 2009 年比较 |
| | 2013 年 | | 2016 年 | | 2019 年（a） | | |
	人数/名	比率/%	人数/名	比率/%	人数/名	比率/%	率差/个百分点
很好	200	35.91	191	51.48	217	40.11	−3.89
比较好	232	41.65	111	29.92	163	30.13	−17.87
一般化	101	18.13	45	12.13	141	26.06	19.39
不好	12	2.15	12	3.23	11	2.03	1.36
不清楚	6	1.08	6	1.62	4	0.74	0.07
好不好无所谓	6	1.08	6	1.62	5	0.92	0.92
合计	557	100.00	371	100.00	541	100.00	0.00

3）对同学融洽度的认识。如表 4-84 所示，在对儿童就同学融洽度认识的调查中，留守儿童选择"非常融洽"的比率较非留守儿童要低 7.91 个百分点，选择"比较融洽"的比率较非留守儿童要高 1.28 个百分点，选择"一般"的比率较非留守儿童要高 6.70 个百分点，选择"比较紧张"的比率较非留守儿童要低 0.07 个百分点。

总的来看，留守儿童与同学的关系虽然较好，但差于非留守儿童的同学关系。

表 4-84　儿童对同学融洽度的认识

| 选项 | 总计 | | | 留守儿童 | | 非留守儿童 | | 不清楚 | | 留守儿童与非留守儿童比较 |
| | | | | 2019 年（b） | | 2019 年（b） | | 2019 年（b） | | |
	人数/名	比率/%	排序	人数/名	比率/%	人数/名	比率/%	人数/名	比率/%	率差/个百分点
非常融洽	449	38.74	1	185	34.51	263	42.42	1	33.33	−7.91
比较融洽	393	33.91	2	185	34.51	206	33.23	2	66.67	1.28
一般	282	24.33	3	150	27.99	132	21.29	0	0.00	6.70
比较紧张	35	3.02	4	16	2.99	19	3.06			−0.07
合计	1159	100.00		536	100.00	620	100.00	3	100.00	0.00

（2）相关群体的认识

如表 4-85 所示，在对中学老师、家长、中学校长、德育工作者与小学校长眼中未成年人的同学关系的调查中，相关群体认为"很好"的比率为 40.29%，"比较好"的比率为 38.83%，"一般化"的比率为 19.78%，"不好"

的比率为 0.37%。总的来看，近八成的相关群体认为未成年人的同学关系"很好"或"比较好"。认为未成年人的同学关系"很好"的比率最高的群体是德育工作者，认为未成年人的同学关系"比较好"的比率最高的群体是小学校长，认为未成年人的同学关系"一般化"的比率最高的群体是中学校长。

从中学校长与中学老师比较来看，中学老师选择"很好"的比率较中学校长要高 46.87 个百分点，中学校长选择"一般化"的比率较中学老师要高 61.96 个百分点。可见中学校长与中学老师对未成年人同学关系的认识差异较大。

表 4-85　中学老师、家长、中学校长、德育工作者与小学校长眼中未成年人的同学关系

选项	总计			中学老师 2019 年（a）		家长 2019 年（a）		中学校长 2019 年（a）		德育工作者 2019 年（a）		小学校长 2020 年（a）		中学校长与中学老师比较
	人数/名	比率/%	排序	人数/名	比率/%	人数/名	比率/%	人数/名	比率/%	人数/名	比率/%	人数/名	比率/%	率差/个百分点
很好	110	40.29	1	35	50.72	33	50.00	2	3.85	24	53.33	16	39.02	−46.87
比较好	106	38.83	2	25	36.23	26	39.39	11	21.15	21	46.67	23	56.10	−15.08
一般化	54	19.78	3	9	13.04	4	6.06	39	75.00	0	0.00	2	4.88	61.96
不好	1	0.37	5	0	0.00	1	1.52	0	0.00	0	0.00	0	0.00	0.00
不清楚	2	0.73	4	0	0.00	2	3.03	0	0.00	0	0.00	0	0.00	0.00
好不好无所谓	0	0.00	6	0	0.00	0	0.00	0	0.00	0	0.00	0	0.00	0.00
合计	273	100.00		69	100.00	66	100.00	52	100.00	45	100.00	41	100.00	0.00

（3）其他研究者的调研情况分析

如表 4-86 所示，在 2008 年河北省尚义县大清沟的留守儿童调查（N：335 名，其中留守儿童 218 名、非留守儿童 117 名）中，62.0%的留守儿童表示与同学关系"很好或比较好"（陈香等，2009）。

在 2014 年安徽省宿州市泗县农村某学校的留守儿童调查（N：150 名）中，89.9%的留守儿童表示"更愿意和留守儿童在一起玩耍"（朱海雪等，2014）。

在 2015 年全国 10 个省份的调查（N：9406 名）中，超过一半的留守儿童认为自己"和很多同学关系很好"。其中，初中生"只和几个同学关系好"的比率为 19.2%，小学生"只和几个关系同学关系好"的比率为 18.7%（秦玉友等，2015）。

在 2016～2018 年江西省南昌市 23 所学校的调查中，20.0%的留守儿童认为自己"没有"朋友（廖金萍等，2018）。

在 2019 年甘肃省定西市临洮县的留守儿童调查（*N*：留守儿童 120 名）中，15.13%的留守儿童表示"与同学关系一般"（于万云，2019）。

表 4-86　留守儿童的同学关系　　　　　　（%）

2008 年河北省尚义县大清沟的留守儿童调查（你的同学关系）		2014 年安徽省宿州市泗县农村某学校的留守儿童调查（同学关系）		2015 年全国 10 个省份（东部 2 个省、中部 5 个省、西部 3 个省）20 个市（县）的中小学的调查（同学关系状况比较）			2016 ～ 2018 年江西省南昌市 23 所学校的调查（自己有没有朋友）		2019 年甘肃省定西市临洮县的留守儿童调查（与同学的关系）	
很好或比较好	62.0	更愿意和留守儿童在一起玩耍	89.9	只和几个同学关系好	19.2*	18.7**	没有	20.0	与同学关系一般	15.13
未标明	38.0	未标明	10.1	和很多同学关系很好	50.7	50.2	未标明	80.0	与同学关系比较冷漠	3.36
				班里同学都和我关系很好	30.2	31.1			未标明	81.51
合计	100.0	合计	100.0	合计	100.0	100.0	合计	100.0	合计	100.00

* 本列数据表示初中生比率，** 本列数据表示小学生比率。

4. 留守儿童的深层人际关系

（1）留守儿童的自述

如表 4-87 所示，在对留守儿童有无好朋友情况的调查中，82.56%的留守儿童选择"有"好朋友，9.24%的留守儿童表示"没有"好朋友。

从 2016 年与 2009 年比较来看，留守儿童选择"有"的比率有所降低，选择"没有"的比率明显增加。这种变化与留守儿童对人际关系定位的变化有联系。

表 4-87　留守儿童有无好朋友的情况

选项	留守儿童											2016 年与 2009 年比较
	总计			2009 年		2010 年		2011 年		2016 年		
	人数/名	比率/%	排序	人数/名	比率/%	人数/名	比率/%	人数/名	比率/%	人数/名	比率/%	率差/个百分点
有	1027	82.56	1	136	90.67	304	88.12	322	85.19	265	71.43	−19.24
没有	115	9.24	2	5	3.33	31	8.99	25	6.61	54	14.56	11.23
打算有	65	5.23	3	6	4.00	9	2.61	24	6.35	26	7.01	3.01
不打算有	37	2.97	4	3	2.00	1	0.29	7	1.85	26	7.01	5.01
合计	1244	100.00		150	100.00	345	100.00	378	100.00	371	100.00	0.00

在对留守儿童在校有几个好友的同类调查中（茹宗志等，2017），2.6%的留守儿童表示"没有"好友，选择有"一个"好友的比率为8.0%，选择有"两个"好友的比率为10.0%，选择有"三个"好友的比率为9.3%，选择有"四个"好友及以上的占比为70.1%。在交友标准的考量中，9.9%的留守儿童选择"家附近的同学交好友"，10.60%的留守儿童则是"从人缘的角度来选择好友"。20.2%的留守儿童则是认为"该同学帮助过我，我才和他好"，选择"其他"标准的占比为9.9%。从调查数据来看，大部分的留守儿童有好友，其交好友的标准多元化。

（2）相关群体的认识

如表4-88所示，在对中学老师、家长、中学校长、德育工作者与小学校长眼中未成年人有无好朋友情况的调查中，中学老师选择"有"的比率为81.16%，选择"没有"的比率为4.35%。家长选择"有"的比率为83.33%，选择"打算有"的比率为13.64%，选择"没有"的比率为3.03%。中学校长选择"有"的比率为28.85%，是此选项比率最低的群体。德育工作者选择"有"的比率为86.67%。小学校长选择"有"的比率为87.80%，是此选项比率最高的群体。

从中学校长与中学老师比较来看，中学校长选择"有"的比率较中学老师低52.31个百分点，可见两者的看法差异之大。

表4-88 中学老师、家长、中学校长、德育工作者与小学校长眼中未成年人有无好朋友的情况

选项	总计			中学老师 2019年（a）		家长 2019年（a）		中学校长 2019年（a）		德育工作者 2019年（a）		小学校长 2020年（a）		中学校长与中学老师比较
	人数/名	比率/%	排序	人数/名	比率/%	人数/名	比率/%	人数/名	比率/%	人数/名	比率/%	人数/名	比率/%	率差/个百分点
有	201	73.63	1	56	81.16	55	83.33	15	28.85	39	86.67	36	87.80	-52.31
没有	20	7.33	3	3	4.35	2	3.03	7	13.46	3	6.67	5	12.20	9.11
打算有	48	17.58	2	6	8.70	9	13.64	30	57.69	3	6.67	0	0.00	48.99
不打算有	4	1.47	4	4	5.80	0	0.0	0	0.00	0	0.00	0	0.00	-5.80
合计	273	100.00		69	100.00	66	100.00	52	100.00	45	100.00	41	100.00	0.00

（3）其他研究者的调研情况分析

如表4-89所示，在2005年湖南省岳阳、娄底、郴州、湘西等市的留守儿童调查（N：456名）中，28.1%的留守儿童表示自己有"很多"好朋友，33.9%的留守儿童表示自己有"较多"的好朋友（李翠英等，2006）。

在2008年甘肃省西和县留守儿童的生存状况调查（N：336名）中，41.7%

的留守儿童表示有"很多"好朋友，52.8%的非留守儿童表示有"很多"好朋友，显然，非留守儿童有好朋友的人数多于留守儿童（邓红等，2009）。

在 2011 年 1 月～2012 年 1 月山东省青岛市、德州市、临沂市、济南市和淄博市的留守儿童调查（N：留守儿童 256 名）中，62.9%的留守儿童表示自己有 6 个及以上的朋友，19.9%的留守儿童表示自己有 3～5 个朋友（李楠等，2016）。

在 2015 年江苏省苏北地区留守儿童的性格发展状况调查中，54.12%的留守儿童表示朋友"很少"（陆佩玉等，2016）。

在 2017 年陕西省宝鸡地区的留守儿童调查（N：689 名）中，70.1%的留守儿童表示自己有"四个及以上"的好朋友，10.0%的留守儿童有"两个"好朋友（茹宗志等，2017）。

表 4-89　留守儿童的朋友情况

2005 年湖南省岳阳、娄底、郴州、湘西等市的留守儿童调查（有无好朋友）			2008 年甘肃省西和县留守儿童的生存状况调查（自己朋友的数量）			2011 年 1 月～2012 年 1 月山东省青岛市、德州市、临沂市、济南市和淄博市的留守儿童调查（朋友的数量）			2015 年江苏省苏北地区留守儿童的性格发展状况调查（朋友多不多）		2017 年陕西省宝鸡地区的留守儿童调查（朋友的数量）	
选项	留守儿童		选项	留守儿童	非留守儿童	选项	留守儿童		选项	留守儿童	选项	留守儿童
	人数/名	比率/%		比率/%	比率/%		人数/名	比率/%		比率/%		比率/%
很多	128	28.1	很多	41.7	52.8	无	7	2.7	很少	54.12	一个	8.0
较多	155	33.9	一些	44.0	38.6	1～2 个	37	14.5	一般	24.71	两个	10.0
较少	163	35.8	很少	14.0	8.1	3～5 个	51	19.9	未标明	21.17	三个	9.3
很少	10	2.2	没有	0.3	0.5	≥6 个	161	62.9			四个及以上	70.1
											没有	2.6
合计	456	100.0	合计	100.0	100.0	合计	256	100.0	合计	100.0	合计	100.0

（三）留守儿童的交友方式

1. 留守儿童的交友意愿

如表 4-90 所示，在对留守儿童交友意愿的调查中，64.87%的留守儿童表示"愿意"，选择"不愿意"的比率为 23.95%，选择"不知道"的比率为 11.17%。

从 2016 年与 2009 年比较来看，留守儿童选择"愿意"的比率有所上升，选择"不知道"与"不愿意"的比率有所降低。留守儿童交友的意愿趋于强烈。

表 4-90　留守儿童的交友意愿

选项	留守儿童										
	总计			2009 年		2010 年		2011 年		2016 年		2016 年与2009 年比较
	人数/名	比率/%	排序	人数/名	比率/%	人数/名	比率/%	人数/名	比率/%	人数/名	比率/%	率差/个百分点
愿意	807	64.87	1	96	64.00	213	61.74	245	64.81	253	68.19	4.19
不愿意	298	23.95	2	31	20.67	108	31.30	90	23.81	69	18.60	-2.08
不知道	139	11.17	3	23	15.33	24	6.96	43	11.38	49	13.21	-2.12
合计	1244	100.00		150	100.00	345	100.00	378	100.00	371	100.00	0.00

2. 留守儿童的交友方式

（1）留守儿童的自述

如表 4-91 所示，在对留守儿童交友方式的调查中，71.38%的留守儿童选择"现实生活中交友"，19.13%的留守儿童选择"网络交友"，选择"无所谓"的比率为 9.49%。

从 2016 年与 2009 年比较来看，留守儿童选择"网络交友"的比率增长明显。可见，网络的迅猛发展逐渐影响了留守儿童的交友方式。

表 4-91　留守儿童的交友方式

选项	留守儿童										
	总计			2009 年		2010 年		2011 年		2016 年		2016 年与2009 年比较
	人数/名	比率/%	排序	人数/名	比率/%	人数/名	比率/%	人数/名	比率/%	人数/名	比率/%	率差/个百分点
网络交友	238	19.13	2	15	10.00	39	11.30	39	10.32	145	39.08	29.08
现实生活中交友	888	71.38	1	125	83.33	288	83.48	312	82.54	163	43.94	-39.39
无所谓	118	9.49	3	10	6.67	18	5.22	27	7.14	63	16.98	10.31
合计	1244	100.00		150	100.00	345	100.00	378	100.00	371	100.00	0.00

（2）相关群体的认识

如表 4-92 所示，在对中学老师、家长、中学校长、德育工作者与小学校长眼中未成年人的交友方式的调查中，中学老师选择"现实交友"的比率为 82.61%，居于第一位，选择"个别交友"的比率为 10.14%；家长选择"现实交友"的比率为 74.24%，选择"个别交友"的比率为 3.03%；中学校长选择"个别交友"的比率为 55.77%；德育工作者与小学校长认为未成年人主要的交友方式是"现实交友"。

从中学校长与中学老师比较来看,中学老师选择"现实交友"的比率较中学校长要高 59.53 个百分点,中学校长选择"个别交友"的比率较中学老师高 45.63 个百分点,两者的认识差异较大。

表 4-92　中学老师、家长、中学校长、德育工作者与小学校长眼中未成年人的交友方式

选项	总计			中学老师 2019 年 （a）		家长 2019 年 （a）		中学校长 2019 年 （a）		德育工作者 2019 年 （a）		小学校长 2020 年 （a）		中学校长与中学老师比较
	人数/名	比率/%	排序	人数/名	比率/%	人数/名	比率/%	人数/名	比率/%	人数/名	比率/%	人数/名	比率/%	率差/个百分点
现实交友	180	65.93	1	57	82.61	49	74.24	12	23.08	33	73.33	29	70.73	−59.53
网络交友	20	7.33	3	2	2.90	6	9.09	0	0.00	6	13.33	6	14.63	−2.90
个别交友	46	16.85	2	7	10.14	2	3.03	29	55.77	4	8.89	4	9.76	45.63
群体交友	16	5.86	4	0	0.00	4	6.06	11	21.15	1	2.22	0	0.00	21.15
不清楚	11	4.03	5	3	4.35	5	7.58	0	0.00	1	2.22	2	4.88	−4.35
合计	273	100.00		69	100.00	66	100.00	52	100.00	45	100.00	41	100.00	0.00

（四）留守儿童的网络社交

1. 直接会见网友

如表 4-93 所示,在对留守儿童和网友见面情况的调查中,61.80% 的留守儿童表示"从不见面",选择"见过面"的比率为 13.07%,选择"经常见面"的比率为 11.57%,选择"从不上网"的比率为 6.84%。留守儿童与网友见面（即"经常见面"和"见过面"）的比率较"从不见面"的偏低。

从 2019 年（a）与 2010 年比较来看,留守儿童选择"经常见面"的比率有所上升,选择"从不见面"的比率有所降低,说明留守儿童和网友见面的概率在增大。

表 4-93　留守儿童和网友见面的情况

选项	留守儿童									
	总计		2010 年		2012 年		2013 年		2014 年	
	人数/名	比率/%	人数/名	比率/%	人数/名	比率/%	人数/名	比率/%	人数/名	比率/%
经常见面	325	11.57	16	4.64	26	7.30	61	10.95	8	2.27
见过面	367	13.07	40	11.59	50	14.04	57	10.23	44	12.46
从不见面	1736	61.80	257	74.49	236	66.29	355	63.73	227	64.31
说不清	189	6.72	32	9.28	14	3.93	52	9.34	34	9.63
从不上网	192	6.84	0	0.00	30	8.43	32	5.75	40	11.33
合计	2809	100.00	345	100.00	356	100.00	557	100.00	353	100.00

续表

选项	留守儿童						
	2015 年		2016 年		2019 年（a）		2019 年（a）与2010 年比较
	人数/名	比率/%	人数/名	比率/%	人数/名	比率/%	率差/个百分点
经常见面	22	7.69	135	36.39	57	10.54	5.90
见过面	48	16.78	76	20.49	52	9.61	−1.98
从不见面	173	60.49	125	33.69	363	67.10	−7.39
说不清	22	7.69	20	5.39	15	2.77	−6.51
从不上网	21	7.34	15	4.04	54	9.98	9.98
合计	286	100.00	371	100.00	541	100.00	0.00

2. 与网友视频互动

如表 4-94 所示，在对留守儿童与网友视频互动情况的调查中，28.86%的留守儿童表示"从未"与网友视频互动，26.29%的留守儿童表示"很少"与网友视频互动。留守儿童选择"经常"与网友视频的比率为 18.21%。大部分留守儿童与网友进行视频互动的频率较低。

从 2016 年与 2010 年比较来看，留守儿童选择"经常"与网友视频的比率大幅升高，选择"从未"与网友视频的比率大幅降低。说明留守儿童与网友视频互动的概率在增大。

表 4-94　留守儿童与网友视频互动的情况

选项	留守儿童														
	总计		2010 年		2011 年		2013 年		2014 年		2015 年		2016 年		2016 年与 2010 年比较
	人数/名	比率/%	人数/名	比率/%	人数/名	比率/%	人数/名	比率/%	人数/名	比率/%	人数/名	比率/%	人数/名	比率/%	率差/个百分点
经常	417	18.21	45	13.04	39	10.32	103	18.49	19	5.38	47	16.43	164	44.20	31.16
不经常	503	21.97	65	18.84	100	26.46	152	27.29	54	15.30	55	19.23	77	20.75	1.91
很少	602	26.29	76	22.03	98	25.93	133	23.88	121	34.28	101	35.31	73	19.68	−2.35
从未	661	28.86	159	46.09	112	29.63	144	25.85	133	37.68	67	23.43	46	12.40	−33.69
从不上网	107	4.67	0	0.00	29	7.67	25	4.49	26	7.37	16	5.59	11	2.96	2.96
合计	2290	100.00	345	100.00	378	100.00	557	100.00	353	100.00	286	100.00	371	100.00	0.00

（五）基本认识

1. 留守儿童的人际交往对象大多处在特定场域和特定关系之中

拥有和谐的人际关系是心理健康重要的标准。和谐的人际观可以让留守儿童客观地认识自己，在与他人交往过程中保持自我，同时也能被周围人所理解和接受，对促进其身心健康具有重要的意义。在对留守儿童人际关系状况的考察中，超过一半的留守儿童认为自身的同学关系应亲密得如同兄弟姐妹，八成多的留守儿童认为拥有好朋友是一件好事。与此同时，大多数留守儿童对自身的人际关系、师生关系以及同学关系评价较高。留守儿童交往的对象多是与其密切相关和密切接触的群体，其人际交往对象多是"熟人"，且大多处在特定场域与特定关系之中，诸如学校场域以及同学、师生关系等。

2. 留守儿童人际交往方式呈现"新旧交织"状况

人际观的形成有赖于人际交往，而人际交往的手段与方式在一定程度上决定交往的成效。从调查数据来看，大多数的留守儿童有较为强烈的交友愿望，表示"愿意"交友的占比为 64.87%，从多个年份的数据来看，选择"愿意"的比率趋于上升。从交友的方式来看，大多数留守儿童以"现实生活中交友"为主，"网络交友"的占比有所增加，交友的传统方式与现代方式并存，表明留守儿童人际交往的方式呈现"新旧交织"状况。

3. 正确处理网络人际关系成为留守儿童人际观培育的重点

时代的发展以及技术的进步逐步改变了留守儿童的生活以及社会交往的方式，深刻影响着留守儿童的人际观。网络交往作为一种新的行为方式，冲破了传统的面对面交流，改变了交往的时空状态。从留守儿童网络交友状况来看，接近四分之一的留守儿童会与网友见面（即"经常见面"或"见过面"），18.21%的留守儿童会"经常"与网友视频互动。针对留守儿童人际交往呈现的新形式，需进一步加强对留守儿童人际观的培育，避免其陷入网络交友的乱象与怪圈之中。

十、留守儿童的恋爱观

（一）留守儿童的恋爱

1. 恋爱在留守儿童生活中的位置

（1）留守儿童的自述

在 2009～2013 年、2016 年、2019 年对留守儿童感到最幸福的事的调查中，在 17 个选项中，留守儿童选择的排序是："身体好"（23.80%）、"学习成绩好"（15.46%）、"实现个人价值"（10.79%）、"经常帮助别人"（9.12%）、"得到别人尊重"（9.04%）、"生活好"（7.86%）、"考上名牌大学"（4.19%）、"家长对自己好"（4.04%）、"其他"（3.97%）、"能挣大钱"（3.30%）、"谈恋爱"（2.48%）、"见义勇为"（1.52%）、"有商业头脑"（1.45%）、"老师对自己好"（0.85%）、"经常受表扬"（0.74%）、"评上三好学生"（0.70%）、"不知道"（0.70%）。其中，留守儿童把"谈恋爱"排在让其感到最幸福的事的第 11 位，可见"谈恋爱"在留守儿童的生活中有一定的地位。

（2）相关群体的看法

在 2019 年对中学老师、家长与中学校长眼中未成年人感到最幸福的事的调查中，在 17 个选项中，相关群体选择的排序是："经常帮助别人"（22.94%）、"得到别人尊重"（17.45%）、"生活好"（15.11%）、"学习成绩好"（12.50%）、"其他"（7.96%）、"实现个人价值"（7.42%）、"身体好"（7.28%）、"能挣大钱"（4.53%）、"见义勇为"（2.61%）、"老师对自己好"（0.96%）、"谈恋爱"（0.82%）、"家长对自己好"（0.27%）、"考上名牌大学"（0.14%）、"经常受表扬"（0.14%）、"不知道"（0.14%）、"评上三好学生"（0.00%）、"有商业头脑"（0.00%）。其中，相关群体把"谈恋爱"排在让未成年人感到最幸福的事的第 11 位，可见相关群体认为"谈恋爱"在未成年人生活中有一定的地位。

从留守儿童的自述与对相关群体的调查可知，两者选择"谈恋爱"的比率不同，但排序相同，说明"谈恋爱"在留守儿童的生活中具有一定的地位。

2. 留守儿童的恋爱情况

（1）留守儿童的自述

如表 4-95 所示，在对留守儿童谈恋爱情况的调查中，61.21%的留守儿童表示"没谈过"，选择"谈过"的比率为 29.59%，选择"不清楚"的比率为 9.21%。大部分的留守儿童没谈过恋爱。

从 2019 年（a）与 2012 年比较来看，留守儿童选择"谈过"的比率呈现增长的态势。

表 4-95　留守儿童谈恋爱的情况

选项	留守儿童										
	总计			2012 年		2013 年		2016 年		2019 年（a）		2019 年（a）与2012 年比较
	人数/名	比率/%	排序	人数/名	比率/%	人数/名	比率/%	人数/名	比率/%	人数/名	比率/%	率差/个百分点
谈过	540	29.59	2	101	28.37	150	26.93	122	32.88	167	30.87	2.50
没谈过	1117	61.21	1	222	62.36	342	61.40	206	55.53	347	64.14	1.78
不清楚	168	9.21	3	33	9.27	65	11.67	43	11.59	27	4.99	−4.28
合计	1825	100.00		356	100.00	557	100.00	371	100.00	541	100.00	0.00

（2）相关群体的认识

如表 4-96 所示，在对中学老师、家长与中学校长眼中未成年人谈恋爱情况的调查中，41.18%的相关群体表示"不清楚"，选择"谈过"与"没谈过"的比率分别为 35.83%与 22.99%。

从中学校长与中学老师比较来看，中学老师选择"谈过"的比率远高于中学校长的同项比率，中学校长选择"不清楚"的比率远高于中学老师，说明中学老师比中学校长更了解留守儿童的早恋情况。

表 4-96　中学老师、家长与中学校长眼中未成年人谈恋爱的情况

选项	总计			中学老师		家长		中学校长		中学校长与中学老师比较
				2019 年（a）		2019 年（a）		2019 年（a）		
	人数/名	比率/%	排序	人数/名	比率/%	人数/名	比率/%	人数/名	比率/%	率差/个百分点
谈过	67	35.83	2	40	57.97	22	33.33	5	9.62	−48.35
没谈过	43	22.99	3	7	10.14	26	39.39	10	19.23	9.09
不清楚	77	41.18	1	22	31.88	18	27.27	37	71.15	39.27
合计	187	100.00		69	100.00	66	100.00	52	100.00	0.00

（二）留守儿童的早恋

1. 留守儿童遭遇早恋的情况

（1）留守儿童的自述

1）大范围的调查结果。如表 4-97 所示，在对留守儿童遭遇早恋情况的调查中，54.82%的留守儿童表示"没有遭遇过"，34.85%的留守儿童表示"遭遇过"，10.33%的留守儿童表示"不知什么是'早恋'"。大部分留守儿童表示没有遭遇过早恋。

从 2019 年（a）与 2009 年比较来看，留守儿童选择"没有遭遇过"的比率有所下降，选择"遭遇过"的比率有所上升。这说明早恋现象在留守儿童中有所增多。

表 4-97　留守儿童遭遇早恋的情况

选项	留守儿童								
	总计		2009 年		2011 年		2012 年		
	人数/名	比率/%	人数/名	比率/%	人数/名	比率/%	人数/名	比率/%	
遭遇过	820	34.85	46	30.67	131	34.66	141	39.61	
没有遭遇过	1290	54.82	92	61.33	232	61.38	190	53.37	
不知什么是"早恋"	243	10.33	12	8.00	15	3.97	25	7.02	
合计	2353	100.00	150	100.00	378	100.00	356	100.00	

续表

选项	留守儿童						2019 年（a）与2009 年比较
	2013 年		2016 年		2019 年（a）		
	人数/名	比率/%	人数/名	比率/%	人数/名	比率/%	率差/个百分点
遭遇过	189	33.93	134	36.12	179	33.09	2.42
没有遭遇过	311	55.83	176	47.44	289	53.42	−7.91
不知什么是"早恋"	57	10.23	61	16.44	73	13.49	5.49
合计	557	100.00	371	100.00	541	100.00	0.00

2）小范围的调查结果。在 2017 年对留守儿童遭遇早恋情况的调查中，66.78%的留守儿童表示"遭遇过"早恋，32.53%的留守儿童表示"没有遭遇过"，选择"不知什么是'早恋'"的比率为 0.69%。大部分的留守儿童均表示遭遇过早恋。这一结果与前述大范围的调查结果相左。

（2）其他研究者的调研情况分析

如表 4-98 所示，在 2009 年山东省某市 8 所小学和 8 所初中的留守儿童调查（N：留守儿童 500 名、非留守儿童 500 名）中，有 0.70%的留守儿童"早恋"（董士昙，2009）。

在 2013 年湖北省大冶市、枝江市、咸宁市通城县和崇阳县、武汉市江夏区和新洲区、黄冈市黄梅县、广水市等县市、区村的调查（N：480 个家庭，其中留守儿童家庭 159 个、非留守儿童家庭 321 个）中，受访者反映有17.29%的留守儿童有"早恋"行为（高飞，2011）。

在 2013 年安徽省铜陵市郊区和铜陵县的留守儿童调查（N：117 名）中，有 3.88%的留守儿童"早恋"（张逊志，2014）。

表 4-98　留守儿童的早恋行为　　（%）

2009 年山东省某市 8 所小学和 8 所初中的留守儿童调查（不良行为表现）			2013 年湖北省大冶市、枝江市、咸宁市通城县和崇阳县、武汉市江夏区和新洲区、黄冈市黄梅县、广水市等县市、区村的调查[父母外出打工的儿童存在哪些不良行为（受访者反映）（多选题）]		2013 年安徽省铜陵市郊区和铜陵县的留守儿童调查（留守儿童的不良行为）	
抽烟	3.48	0.78*	沉溺于网络	65.42	逃学	16.28
酗酒	0.70	0.00	不遵守课堂纪律	46.46	贪玩	10.85
早恋	0.70	0.19	撒谎	43.33	喝酒	6.20
经常说谎	11.15	3.10	打架斗殴	35.00	爱讲脏话	4.66
经常出入不良场所	6.62	2.13	抽烟喝酒	33.54	早恋	3.88

续表

2009 年山东省某市 8 所小学和 8 所初中的留守儿童调查（不良行为表现）			2013 年湖北省大冶市、枝江市、咸宁市通城县和崇阳县、武汉市江夏区和新洲区、黄冈市黄梅县、广水市等县市、区村的调查[父母外出打工的儿童存在哪些不良行为（受访者反映）（多选题）]		2013 年安徽省铜陵市郊区和铜陵县的留守儿童调查（留守儿童的不良行为）	
夜不归宿	3.14	0.39*	早恋	17.29	撒谎和抽烟	3.10
离家出走	1.39	0.19	偷东西	13.96	小偷小摸	2.33
其他	1.74	0.78			不尊重看护人	2.33
未标明	71.08	92.44			不讲卫生	2.33
					打架	1.55
					未标明	46.49
合计	100.00	100.00	合计	—	合计	100.00

* 本列表示非留守儿童调查结果。

2. 对留守儿童早恋的微观估计

（1）留守儿童的自述

如表 4-99 所示，在对留守儿童就早恋的微观估计的调查中，23.55%的留守儿童表示在“5%及以下”，选择“10%左右”的比率为 21.99%，选择“50%及以上”的比率为 16.27%，选择“不清楚”的比率为 15.66%。

从 2019 年（a）与 2013 年比较来看，留守儿童选择“5%及以下”“30%左右”的比率增加明显。

表 4-99 留守儿童对早恋的微观估计

选项	留守儿童									
	总计			2013 年		2016 年		2019 年（a）		2019 年（a）与 2013 年比较
	人数/名	比率/%	排序	人数/名	比率/%	人数/名	比率/%	人数/名	比率/%	率差/个百分点
5%及以下	346	23.55	1	108	19.39	101	27.22	137	25.32	5.93
10%左右	323	21.99	2	112	20.11	123	33.15	88	16.27	−3.84
20%左右	112	7.62	6	59	10.59	27	7.28	26	4.81	−5.78
30%左右	104	7.08	7	23	4.13	17	4.58	64	11.83	7.70
40%左右	115	7.83	5	48	8.62	19	5.12	48	8.87	0.25
50%及以上	239	16.27	3	113	20.29	44	11.86	82	15.16	−5.13
不清楚	230	15.66	4	94	16.88	40	10.78	96	17.74	0.86
合计	1469	100.00		557	100.00	371	100.00	541	100.00	0.00

（2）相关群体的认识

如表 4-100 所示，在对中学老师、家长、中学校长、德育工作者与小学校长就未成年人早恋的微观估计的调查中，32.59%相关群体表示在"5%及以下"，21.48%的相关群体表示在 10%左右，较多的相关群体认为未成年人早恋的比率较低。

从中学校长与中学老师比较来看，中学老师选择"5%及以下"的比率较中学校长低 9.98 个百分点，中学校长选择"10%左右"的比率较中学老师低 7.84 个百分点。两者虽然比率有差异，但都较肯定地认为有一定比率的未成年人遭遇了早恋。

表 4-100　中学老师、家长、中学校长、德育工作者与小学校长对未成年人早恋的微观估计

选项	总计			中学老师 2019 年（a）		家长 2019 年（a）		中学校长 2019 年（a）		德育工作者 2019 年（a）		小学校长 2020 年（a）		中学校长与中学老师比较
	人数/名	比率/%	排序	人数/名	比率/%	人数/名	比率/%	人数/名	比率/%	人数/名	比率/%	人数/名	比率/%	率差/个百分点
5%及以下	88	32.59	2	17	24.64	21	31.82	18	34.62	20	44.44	12	31.58	9.98
10%左右	58	21.48	3	20	28.99	13	19.70	11	21.15	8	17.78	6	15.79	−7.84
20%左右	35	12.96	4	14	20.29	5	7.58	8	15.38	5	11.11	3	7.89	−4.91
30%左右	16	5.93	5	3	4.35	5	7.58	5	9.62	2	4.44	1	2.63	5.27
40%左右	11	4.07	6	5	7.25	3	4.55	2	3.85	1	2.22	0	0.00	−3.40
50%及以上	8	2.96	7	2	2.90	3	4.55	2	3.85	1	2.22	0	0.00	0.95
不清楚	54	20.00	1	8	11.59	16	24.24	6	11.54	8	17.78	16	42.11	−0.05
合计	270	100.00		69	100.00	66	100.00	52	100.00	45	100.00	38	100.00	0.00

（三）留守儿童的网恋

1. 留守儿童对网恋的态度

如表 4-101 所示，在对留守儿童就网恋形式看法的调查中，68.42%的留守儿童表示网恋形式"不好"，选择"好"的比率为 12.64%，选择"说不清"的比率为 18.94%。大部分留守儿童认为网恋形式不好。

从 2019 年（a）与 2010 年比较来看，留守儿童选择"好"的比率有所增加，可见留守儿童对网恋形式的认可度有所增加。

表 4-101　留守儿童对网恋形式的看法

选项	总计		留守儿童							
			2010 年		2012 年		2013 年		2014 年	
	人数/名	比率/%	人数/名	比率/%	人数/名	比率/%	人数/名	比率/%	人数/名	比率/%
好	355	12.64	19	5.51	47	13.20	72	12.93	39	11.05
不好	1922	68.42	253	73.33	211	59.27	385	69.12	241	68.27
说不清	532	18.94	73	21.16	98	27.53	100	17.95	73	20.68
合计	2809	100.00	345	100.00	356	100.00	557	100.00	353	100.00

选项	留守儿童						2019 年（a）与 2010 年比较
	2015 年		2016 年		2019 年（a）		
	人数/名	比率/%	人数/名	比率/%	人数/名	比率/%	率差/个百分点
好	34	11.89	88	23.72	56	10.35	4.84
不好	217	75.87	221	59.57	394	72.83	−0.50
说不清	35	12.24	62	16.71	91	16.82	−4.34
合计	286	100.00	371	100.00	541	100.00	0.00

2. 留守儿童的真实网恋

（1）留守儿童的自述

如表 4-102 所示，在对留守儿童真实网恋的调查中，76.54%的留守儿童表示"没有"，选择"有"的比率为 11.89%。选择"不确定"和"从不上网"的比率分别为 7.58%和 3.99%。大部分留守儿童表示"没有"真实网恋。

从 2019 年（a）与 2010 年比较来看，留守儿童选择"没有"的比率下降幅度相对较大，选择"有"的比率有所上升，说明留守儿童的网恋现象在增多。

表 4-102　留守儿童的真实网恋

选项	总计		留守儿童							
			2010 年		2012 年		2013 年		2014 年	
	人数/名	比率/%	人数/名	比率/%	人数/名	比率/%	人数/名	比率/%	人数/名	比率/%
有	334	11.89	25	7.25	46	12.92	75	13.46	21	5.95
没有	2150	76.54	308	89.28	281	78.93	419	75.22	259	73.37
不确定	213	7.58	10	2.90	18	5.06	39	7.00	64	18.13
从不上网	112	3.99	2	0.57	11	3.09	24	4.31	9	2.55
合计	2809	100.00	345	100.0	356	100.00	557	100.00	353	100.00

续表

| 选项 | 留守儿童 | | | | | | 2019 年（a）与
2010 年比较 |
| | 2015 年 | | 2016 年 | | 2019 年（a） | | |
	人数/名	比率/%	人数/名	比率/%	人数/名	比率/%	率差/个百分点
有	29	10.14	89	23.98	49	9.06	1.81
没有	219	76.57	228	61.46	436	80.59	-8.69
不确定	33	11.54	24	6.47	25	4.62	1.72
从不上网	5	1.75	30	8.09	31	5.73	5.16
合计	286	100.00	371	100.00	541	100.00	0.00

（2）相关群体的认识

如表 4-103 所示，在对中学老师、家长与中学校长眼中未成年人真实网恋的调查中，27.27% 的相关群体表示"没有"，选择"有"的比率为 37.43%，选择"不清楚"与"不确定"的比率分别为 14.97% 与 20.32%。

从中学校长与中学老师比较来看，中学老师选择"有"的比率远高于中学校长，中学老师选择"没有"的比率远低于中学校长。中学校长与中学老师的看法有差异。

表 4-103　中学老师、家长与中学校长眼中未成年人的真实网恋

| 选项 | 总计 | | | 中学老师 | | 家长 | | 中学校长 | | 中学校长与
中学老师比较 |
| | | | | 2019 年（a） | | 2019 年（a） | | 2019 年（a） | | |
	人数 /名	比率/%	排序	人数 /名	比率/%	人数 /名	比率/%	人数 /名	比率/%	率差/个百分点
有	70	37.43	1	31	44.93	24	36.36	15	28.85	-16.08
没有	51	27.27	2	10	14.49	21	31.82	20	38.46	23.97
不确定	38	20.32	3	17	24.64	12	18.18	9	17.31	-7.33
不清楚	28	14.97	4	11	15.94	9	13.64	8	15.38	-0.56
合计	187	100.00		69	100.00	66	100.00	52	100.00	0.00

3. 对留守儿童网恋的微观估计

（1）留守儿童的自述

如表 4-104 所示，在对留守儿童就网恋的微观估计的调查中，30.70% 的留守儿童选择"5% 及以下"，28.80% 的留守儿童表示"不清楚"，选择"10% 左右"的比率为 18.45%。留守儿童对网恋比率的估计相对较低。

从 2019 年（a）与 2013 年比较来看，留守儿童对网恋微观估计的选择比率上大都有下降，下降的部分较多地变成"不清楚"，一方面说明留守儿童的网恋比率有所降低，另一方面说明部分留守儿童对网恋的界定还不怎么清晰。

表 4-104 留守儿童对网恋的微观估计

选项	留守儿童											
	总计			2013 年		2016 年		2019 年（a）		2019 年（a）与 2013 年比较		
	人数/名	比率/%	排序	人数/名	比率/%	人数/名	比率/%	人数/名	比率/%	率差/个百分点		
5%及以下	451	30.70	1	173	31.06	103	27.76	175	32.35	1.29		
10%左右	271	18.45	3	83	14.90	130	35.04	58	10.72	−4.18		
20%左右	107	7.28	4	48	8.62	31	8.36	28	5.18	−3.44		
30%左右	56	3.81	7	25	4.49	14	3.77	17	3.14	−1.35		
40%左右	62	4.22	6	26	4.67	8	2.16	28	5.18	0.51		
50%及以上	99	6.74	5	55	9.87	11	2.96	33	6.10	−3.77		
不清楚	423	28.80	2	147	26.39	74	19.95	202	37.34	10.95		
合计	1469	100.00		557	100.00	371	100.00	541	100.00	0.00		

（2）相关群体的认识

如表 4-105 所示，在对中学老师、家长、中学校长、德育工作者与小学校长就未成年人网恋的微观估计的调查中，47.04%的相关群体表示"不清楚"，选择"5%及以下"的比率为 34.44%，选择"10%左右"的比率为 9.26%。

从中学校长与中学老师比较来看，中学老师选择"5%及以下"的比率远高于中学校长，中学校长选择"不清楚"的比率远高于中学老师，说明中学老师比中学校长更了解未成年的网恋情况。

表 4-105 中学老师、家长、中学校长、德育工作者与小学校长对未成年人网恋的微观估计

选项	总计			中学老师		家长		中学校长		德育工作者		小学校长		中学校长与中学老师比较
				2019 年（a）		2019 年（a）		2019 年（a）		2019 年（a）		2020 年（a）		
	人数/名	比率/%	排序	人数/名	比率/%	人数/名	比率/%	人数/名	比率/%	人数/名	比率/%	人数/名	比率/%	率差/个百分点
5%及以下	93	34.44	2	36	52.17	24	36.36	4	7.69	20	44.44	9	23.68	−44.48
10%左右	25	9.26	3	9	13.04	8	12.12	0	0.00	3	6.67	5	13.16	−13.04
20%左右	11	4.07	4	4	5.80	1	1.52	0	0.00	2	4.44	4	10.53	−5.80
30%左右	4	1.48	6	0	0.00	3	4.55	1	1.92	0	0.00	0	0.00	1.92

续表

选项	总计			中学老师		家长		中学校长		德育工作者		小学校长		中学校长与中学老师比较
				2019 年（a）		2019 年（a）		2019 年（a）		2019 年（a）		2020 年（a）		
	人数/名	比率/%	排序	人数/名	比率/%	人数/名	比率/%	人数/名	比率/%	人数/名	比率/%	人数/名	比率/%	率差/个百分点
40%左右	7	2.59	5	1	1.45	5	7.58	0	0.00	1	2.22	0	0.00	−1.45
50%及以上	3	1.11	7	0	0.00	2	3.03	0	0.00	1	2.22	0	0.00	0.00
不清楚	127	47.04	1	19	27.54	23	34.85	47	90.38	18	40.00	20	52.63	62.84
合计	270	100.00		69	100.00	66	100.00	52	100.00	45	100.00	38	100.00	0.00

（四）基本认识

1. 少数留守儿童尚未形成正确社交观

恋爱是人生中重要的经历，对留守儿童恋爱观的关注有助于了解其现实的心理状况，对加强留守儿童的教育关爱具有重要的现实意义。对留守儿童感到最幸福的事的调查显示，2.48%的留守儿童表示"谈恋爱"是最幸福的事。对留守儿童谈恋爱情况的调查显示，29.59%的留守儿童表示"谈过"恋爱，且选择"谈过"的比率呈现增长的态势。总的来看，虽然在留守儿童的自我认知中，其将"谈恋爱"置于身体、学业等生活内容之后，但从实际情况来看，部分留守儿童有"早恋"的行为，需要对其加以正确的引导。

2. 从思想引导与行为规训的角度去认识留守儿童的"早恋"

留守儿童尚处在生理与心理的成型期，很容易受到外界的影响。我们需要正确认识留守儿童的"早恋"现象，充分了解"早恋"现象背后的思想与心理动因。对留守儿童早恋现象的调查显示，34.85%的留守儿童表示"遭遇过"早恋，从年份的比较来看，选择"遭遇过"的比率有所上升。对于留守儿童的"早恋"问题，既要进行思想教育与引导，又要进一步规范留守儿童的早恋行为，确保其树立正确的恋爱观。

3. 正确看待留守儿童的"网恋"现象

在对留守儿童真实网恋情况的调查中，11.89%的留守儿童表示"有"真实的网恋，在对网恋的微观估计中，有相当部分的留守儿童认为网恋现象在该群体中存在。对于留守儿童的网恋，要正确地看待。网恋由于缺乏面对面的接触与交流，无法提供相应的心理上的安全感。在网恋中，如果过多地依赖网友，本人在现实生活中与老师、同学的直面沟通交流就会变少，会出现离群现象，甚至产生一定的社交障碍。因此，要注意对留守儿童就恋爱观加以正确的引导。

十一、对留守儿童价值观发展的总体认识

（一）留守儿童价值观发展的不平衡态势

留守儿童价值观发展的不平衡态势主要表现为在思想观念具体内容的广度和深度上存在不平衡现象。留守儿童在对一些根本性问题的认识上没有明显变化，能坚持主流价值观，坚持正确的立场，对部分价值观体现出较强的主观性与松散性。

1. 留守儿童的自述

如表 4-106 所示，在对儿童对价值观的自我认识的调查中，留守儿童选择"正确"的比率较非留守儿童要高。非留守儿童选择"比较正确"的比率较留守儿童稍高，留守儿童选择"很难判断"的比率较非留守儿童的比率略低。部分留守儿童存在很难判断的情形，价值判断较为模糊，在教育过程中应加以重视。

表 4-106　儿童对价值观的自我认识

选项	总计			留守儿童					
				2016 年		2019 年（a）		小计	
	人数/名	比率/%	排序	人数/名	比率/%	人数/名	比率/%	人数/名	比率/%
正确	1526	52.08	1	141	38.01	348	64.33	489	53.62
比较正确	918	31.33	2	165	44.47	120	22.18	285	31.25
一般化	245	8.36	3	33	8.89	34	6.28	67	7.35
不正确	37	1.26	5	7	1.89	4	0.74	11	1.21
很难判断	204	6.96	4	25	6.74	35	6.47	60	6.58
合计	2930	100.00		371	100.00	541	100.00	912	100.00

选项	非留守儿童						留守儿童与非留守儿童比较
	2016 年		2019 年（a）		小计		
	人数/名	比率/%	人数/名	比率/%	人数/名	比率/%	率差/个百分点
正确	644	45.97	393	63.70	1037	51.39	2.23
比较正确	466	33.26	167	27.07	633	31.37	−0.12
一般化	151	10.78	27	4.38	178	8.82	−1.47
不正确	21	1.50	5	0.81	26	1.29	−0.08
很难判断	119	8.49	25	4.05	144	7.14	−0.56
合计	1401	100.00	617	100.00	2018	100.00	0.00

2. 相关群体的评价

如表 4-107 所示，在对中学老师、家长、中学校长、德育工作者与小学校长就未成年人价值观评价的调查中，48.54% 的相关群体认为未成年人的价值观"比较正确"，选择"正确"的比率为 28.76%。相关群体认为，未成年人价值观总体向好。

从中学校长与中学老师比较来看，中学老师更多地选择未成年人的价值观"正确"，而中学校长更多地选择未成年人的价值观"比较正确"。

表 4-107　中学老师、家长、中学校长、德育工作者与小学校长对未成年人价值观的评价

选项	总计			中学老师 2019 年（a）		家长 2019 年（a）		中学校长 2019 年（a）		德育工作者 2019 年（a）		小学校长 2020 年（a）		中学校长与中学老师比较
	人数/名	比率/%	排序	人数/名	比率/%	人数/名	比率/%	人数/名	比率/%	人数/名	比率/%	人数/名	比率/%	率差/个百分点
正确	128	28.76	2	28	40.58	31	46.97	6	11.54	25	55.56	38	17.84	−29.04
比较正确	216	48.54	1	31	44.93	19	28.79	39	75.00	16	35.56	111	52.11	30.07
一般化	87	19.55	3	7	10.14	14	21.21	7	13.46	3	6.67	56	26.29	3.32
不正确	4	0.90	5	1	1.45	1	1.52	0	0.00	1	2.22	1	0.47	−1.45
很难判断	10	2.25	4	2	2.90	1	1.52	0	0.00	0	0.00	7	3.29	−2.90
合计	445	100.00		69	100.00	66	100.00	52	100.00	45	100.00	213	100.00	0.00

（二）留守儿童价值观发展往往会介入"他者"视角

留守儿童作为特殊的群体，既具备作为"儿童"的未成年人的属性，又因处"留守"状态而具备特殊性。在留守儿童价值观的发展过程中，他们往往会内在地体现出其作为儿童的一般性特征，同时又有其处在留守状态的特殊性。其中，最为突出的是留守儿童的价值观发展会介入"他者"的视角。留守儿童长期与父母分离，留守儿童的监护人一般是单亲或者隔代老人，有时甚至是亲戚，而不是由父母监护与照顾便有可能对留守儿童产生不同的影响。在这种背景下，其价值观的发展往往会受到"他者"的直接抑或间接的影响。从本书的调查数据来看，留守儿童思想观念的认识与成年人视角下的未成年人价值观存在些许的不同，或多或少地表明这种"他者"视角的存在。通过分析其他研究者的调研数据，同样可以管窥"他者"视角。

1. 留守儿童的自我评价

如表 4-108 所示，在 2005 年湖南省岳阳、娄底、郴州、湘西等市的留

守儿童调查（N：456 名）中，37.9%的留守儿童认为个人卫生习惯"很好"，选择"较好"的比率为 42.1%。28.1%的留守儿童认为其生活自理能力"很强"，选择"较强"的比率为 39.9%（李翠英等，2006）。

在 2006 年四川省丰宁县的留守儿童调查[N：656 名，其中村（组）干部、留守儿童、临时监护人、学校负责人、教师代表共 352 名]中，54.0%的留守儿童认为自身性格"开朗"，选择"柔弱"的比率为 25.0%（杨晓林等，2007）。

在 2006 年至 2007 年浙江省宁波、湖州、台州、温州、舟山、嘉兴、丽水、绍兴、杭州、金华、衢州等 11 个市的 186 个行政村的留守儿童调查（N：留守儿童 320 名、监护人 310 名、村干部 219 名）中，86.6%的留守儿童对生活现状表示"肯定"（陈厥祥等，2008）。

在 2008 年贵州省 6 个县的留守儿童调查（N：留守儿童 3966 名、监护人 3270 名）中，82.0%的留守儿童认为性格上的自我评价"表现为冷漠、内向、孤独、悲观、自卑"（陈婷，2008）。

表 4-108　留守儿童的自我评价（一）　　　　　（%）

2005 年湖南省岳阳、娄底、郴州、湘西等市的留守儿童调查		2006 年四川省丰宁县的留守儿童调查		2006 年至 2007 年浙江省宁波、湖州、台州、温州、舟山、嘉兴、丽水、绍兴、杭州、金华、衢州等 11 个市的 186 个行政村的留守儿童调查		2008 年贵州省 6 个县的留守儿童调查	
个人卫生习惯		生活自理能力		留守儿童对性格的自我评测		留守儿童对生活现状的评价		留守儿童性格上的自我评价	
很好	37.9	很强	28.1	开朗	54.0	肯定	86.6	表现为冷漠、内向、孤独、悲观、自卑	82.0
较好	42.1	较强	39.9	暴躁	21.0	未标明	13.4	未标明	18.0
较差	20.0	较差	32.0	柔弱	25.0				
很差	0.0	很差	0.0						
合计	100.0	合计	100.0	合计	100.0	合计	100.0	合计	100.0

如表 4-109 所示，在 2009 年的连云港市赣榆县塔山镇、灌云县穆圩乡各村的留守儿童调查（N：278 名）中，64.03%的留守儿童选择"我做得很一般"，27.70%的留守儿童认为"我很棒，我做得很好"（黄治东等，2010）。

表 4-109　留守儿童的自我评价（二）　　　　　（%）

2009 年连云港市赣榆县塔山镇、灌云县穆圩乡各村的留守儿童调查（你认为平时自己的表现）		2010 年河南省濮阳市、南阳市、信阳市、鄢陵县的留守儿童调查（留守儿童的自我评价）		2013 年安徽省铜陵市郊区和铜陵县的留守儿童调查（留守儿童在对待人生的态度上）		2016 年江西省赣州市的留守儿童调查（留守儿童自信心怎样）		2019 年四川遂宁市蓬溪县的留守儿童调查［对自己相关方面的评价（多选题）］	
我很棒，我做得很好	27.70	很一般	52.7	很乐观	21.01	不自信	32.9	自己团结同学、尊敬师长	88.7
我做得很一般	64.03	未标明	47.3	奋力争取明天的幸福	31.93	未标明	67.1	能虚心向别人请教	34.1
我做得比别人差	6.11			未标明	47.06			对自己的成绩不满意	26.8
我做什么都不成功	2.16							对自己的行为习惯不满意	25.4
合计	100.00	合计	100.0	合计	100.00	合计	100.0	合计	—

在 2010 年河南省濮阳市、南阳市、信阳市、鄢陵县的留守儿童调查（N：86 490 名）中，52.7%的留守儿童认为自己"很一般"（王世炎等，2011）。

在 2013 年安徽省铜陵市郊区和铜陵县的留守儿童调查（N：117 名）中，31.93%的留守儿童认为自己在对待人生的态度上，表示"奋力争取明天的幸福"（张逊志，2014）。

在 2016 年江西省赣州市的留守儿童调查中，32.9%的留守儿童表示自己"不自信"（康安峰等，2016）。

在 2019 年四川遂宁市蓬溪县的留守儿童调查（N：205 名）中，88.7%的留守儿童表示"自己团结同学、尊敬师长"（杨薪铃等，2020）。

2. 教师的评价

如表 4-110 所示，在 2006 年江苏省的留守儿童调查（N：留守儿童1500 名、教师 100 名）中，74.8%的教师对留守儿童父母外出打工后留守儿童的"学习态度不认真了"的变化持"完全同意与同意"的态度（辛秀慧，2007）。

在 2007 年河南省妇女联合会的留守儿童调查中，43.0%的班主任认为留守儿童"思想品德优秀",选择"思想品德良好"的比率为 54.0%（张宇辉，2007）。

在 2007 年福建省将乐县万安中心小学的留守儿童调查（N：230名）中，53.0%的教育者认为留守儿童的行为习惯"一般"（李雪琴，2008）。

在 2007 年四川省某市某镇的留守儿童调查中，50.0%的教师认为留守儿童品行"一般"（罗小娟等，2008）。

表 4-110　教师对留守儿童的评价（一）

2006 年江苏省的留守儿童调查[父母外出打工后留守儿童的变化（教师）]				2007 年河南省妇女联合会的留守儿童调查[对留守儿童思想品德的评价（班主任）]		2007 年福建省将乐县万安中心小学的留守儿童调查[留守儿童的行为习惯（教育者）]			2007 年四川省某市某镇的留守儿童调查[对留守儿童品行的评价（教师）]	
选项	完全同意与同意	不确定	完全不同意和不同意	选项	留守儿童	选项	教育者		选项	留守儿童
	比率/%	比率/%	比率/%		比率/%		人数/名	比率/%		比率/%
学习积极性低了	9.3	12.2	78.5	思想品德优秀	43.0	较好	57	25.0	很好	15.0
学习态度不认真了	74.8	11.8	13.4	思想品德良好	54.0	一般	123	53.0	一般	50.0
绝大多数厌学	21.5	17.9	60.6	思想品德较差	3.0	较差	50	22.0	差	35.0
品德变差了	13.8	20.3	65.9							
违反校纪的更多	17.9	13.4	68.7							
学习成绩一般较差	26.5	19.0	54.5							
				合计	100.0	合计	230	100.0	合计	100.0

如表 4-111 所示，在 2008 年福建省安溪县的留守儿童调查中，班主任给留守儿童打的操行等级中，留守儿童获得"优"的比率为 32.1%，"良"的比率为 28.4%（王俊忠等，2009）。

表 4-111　教师对留守儿童的评价（二）　　（%）

2008 年福建省安溪县的留守儿童调查		2009 年山东省某市 8 所小学与 8 所初中的留守儿童调查		2013 年河北省某市的留守儿童调查					
班主任给儿童打的操行等级		班主任对留守儿童的评价		留守儿童成绩一般较差		留守儿童难以教育		留守儿童大部分很可怜	
选项	对留守儿童	对非留守儿童	选项	班主任	选项	教师	选项	教师	选项	教师
优	32.1	66.9	留守儿童普遍任性，不好管理，性格孤僻，沉默寡言，缺乏自信心与安全感，不合群，毛病多，上课精力不集中，成绩不如非留守儿童	87.0	同意	60.9	同意	87.6	同意	57.1
良	28.4	26.1	未标明	13.0	不确定	15.7	不确定	6.8	不确定	13.2
中	21.0	5.2			不同意	23.4	不同意	5.6	不同意	29.7
差	18.5	1.5								
未标明		0.3								
合计	100.0	100.0	合计	100.0	合计	100.0	合计	100.0	合计	100.0

在 2009 年山东省某市 8 所小学与 8 所初中的留守儿童调查（N：留守儿童 500 名、非留守儿童 500 名、班主任 72 名）中，87.0%的班主任认为"留守儿童普遍任性，不好管理，性格孤僻，沉默寡言，缺乏自信心与安全感，不合群，毛病多，上课精力不集中，成绩不如非留守儿童"（董士县等，2010a）。

在 2013 年河北省某市的留守儿童调查（N：留守儿童 120 名、教师 130 名）中，60.9%的教师同意"留守儿童成绩一般较差"，87.6%的教师同意"留守儿童难以教育"，57.1%的教师同意"留守儿童大部分很可怜"等说法（王冬岩等，2013）。

在 2013 年河北省某市的留守儿童调查中，54.3%的教师同意"留守儿童有自卑感"，69.8%的教师同意"留守儿童违反校纪多"等说法（王冬岩等，2013）。

在 2013 年贵州省和河南省的 20 所学校的留守儿童调查中，47.62%的教师认为留守儿童的性格"孤僻"，而选择留守儿童"内向腼腆"的比率为 38.10%（郑继兴等，2013）。

如表 4-112 所示，在 2015 年云南省宣威市居住在坝区、半山区、山区等共计 12 所中小学的调查（*N*：1024 名儿童，其中留守儿童 560 名、非留守儿童 464 名；教师数量不详）中，45.16%的教师"同意"留守儿童的成绩普遍较差，35.48%的教师"同意"留守儿童违反校纪的更多，77.42%的教师"同意"留守儿童的心理问题更多，51.61%的教师"同意"留守儿童中问题学生较多（刘倩，2016）。

表 4-112　教师对留守儿童的评价（三）　　　　　（%）

留守儿童的成绩普遍较差		留守儿童违反校纪的更多		留守儿童的心理问题更多		留守儿童中问题学生较多	
非常同意	16.13	非常同意	25.81	非常同意	19.35	非常同意	17.13
同意	45.16	同意	35.48	同意	77.42	同意	51.61
有时同意	22.56	有时同意	25.81	有时同意	3.23	有时同意	21.58
不同意	16.15	不同意	12.90	不同意	0.00	不同意	9.68
非常不同意	0.00	非常不同意	0.00	非常不同意	0.00	非常不同意	0.00
合计	100.00	合计	100.00	合计	100.00	合计	100.00

如表 4-113 所示，在 2015 年对云南省宣威市居住在坝区、半山区、山区等共计 12 所中小学的调查（*N*：1024 名儿童，其中留守儿童 560 名、非留守儿童 464 名；教师数量不详）中，近四成的教师同意（含"非常同意"与"同意"）"留守儿童道德观念较差"，38.71%的教师"同意"留守儿童和同学关系较差，22.68%的教师"同意"留守儿童在交往上问题很大，29.03%的教师"同意"留守儿童生活自理能力更强等说法（刘倩，2016）。

表 4-113　教师对留守儿童的评价（四）　　　　　（%）

留守儿童的道德观念较差		留守儿童和同学关系较差		留守儿童在交往上问题很大		留守儿童生活自理能力更强	
非常同意	9.95	非常同意	0.00	非常同意	12.90	非常同意	12.87
同意	29.09	同意	38.71	同意	22.68	同意	29.03
有时同意	35.15	有时同意	25.82	有时同意	25.81	有时同意	16.13
不同意	25.81	不同意	32.22	不同意	38.61	不同意	38.74
非常不同意	0.00	非常不同意	3.25	非常不同意	0.00	非常不同意	3.23
合计	100.00	合计	100.00	合计	100.00	合计	100.00

3. 其他方面的评价

"我们对农村留守儿童的思想现状分析，发现留守儿童政治思想素质差，政治思想观念淡薄，大多数留守儿童无远大理想，没有奋斗目标，不能树立正确的人生观、价值观。据调查发现，学生的理想、抱负、人生观、经济观等内容的问卷调查，与非打工族子女相比较，理想、人生价值的明确度要低。大多数留守儿童性格脆弱，任性、倔强、自私、缺乏同情心和爱心，逆反心理特别严重，走向自以为是或自卑两个极端。临时监护人对留守儿童的监护不力，溺爱、放纵情况严重助长了孩子的不良习气。如很多留守儿童好逸恶劳，不能体谅父母的辛苦，热衷于吃喝玩乐，沉迷于游戏录像，有些留守儿童甚至染上了小偷小摸的恶习，走上了犯罪的道路。由于大部分外出父母亲忽视对小孩的思想道德教育，仅仅以物质和金钱来弥补自己的小孩，导致留守儿童形成享乐主义人生观、个人主义、金钱至上，消极颓废思想流行。"（伍梅，2012）

"在课题组组织的教师卷调查中，当被问及'您认为留守儿童教育中存在的最大问题是什么'时，排在第一位的是心理问题；164 名接受调查的中小学教师中有 114 名认为自己所教班级的留守儿童在性格方面比非留守儿童更加内向，占 69.5%。当被问到'您所接触的留守儿童比起有父母在家的儿童主要有什么不同'时，排在第一位的是'更胆小、孤僻、容易紧张'。"（王晓春等，2013）

（三）留守儿童价值观发展呈现主体性与功利性并进趋向

留守儿童缺少非留守儿童的生态优势与成长环境，对艰辛、竞争、利益、人情世故、人生追求等的认知有别于非留守儿童，主体性较显著，功利性倾向较突出，对涉及个人相关的事务较为关注。受正确社会价值导向、社会正能量、长辈以及监护群体的影响，留守儿童主体上认同大多数传统价值观，勇于践行社会主义核心价值观，注重对新事物与新观念的悦纳。与此同时，随着社会的转型与发展，社会翻天覆地的变化在人们的观念中得到充分的反映，经济成分、利益主体、从业方式等方面的多样化导致人们的价值观日渐多元化，尤其是在市场经济的发展带来物质富足与消费至上的背景下，功利主义倾向越来越明显。留守儿童在社会化过程中接受潜在的影响，功利化特征明显。以抖音、今日头条、微博等自媒体的发展，对留守儿童的价值观发展产生一定的影响。相当多的留守儿童凸显主体性，期待着将来干大事或者经商当老板，因为在其认知里，父母外出打工的目的就是为了赚钱，用于改变家庭的生活状况。在自媒体发展的新时期，包括广告、直播带货等在内的商业文化刺激着留守儿童的消费欲望，激起他们的无穷想象，幸福与快乐的生活已经被货币所物化与量化，价值观发展呈主体性与功利性并进趋向。

十二、留守儿童价值观发展的基本特点

（一）主导性与异质性：主位诉求意识强烈与自我发展动力不足

留守儿童作为未成年人中的特殊群体，既有未成年人群体的共性，也有其作为留守儿童的特殊性。在本书中，对未成年人的考察主要是从成年人的视角展开的。从上述 10 个方面的发展变化来看，留守儿童与未成年人的价值观发展均呈现出理性化与多元化的发展态势。但也要看到，留守儿童的价值观发展所呈现出的强烈的主位诉求意识。所谓主位诉求，就是将自身置于留守的境地，从自身的实际境况去考量与衡量问题，留守儿童的价值观发展带有强烈的主位诉求意识，认为自身是具有很强的能动性的主体，对事物的认知以及由此形成的价值观具有强烈的"自我认识"与主导性。与此同时，留守儿童的自我发展的动力却显不足。留守儿童处于留守状态，长期与父母分离，家庭教育关爱功能弱化，使得一些留守儿童在其价值观出现些许偏差时得不到及时引导。留守儿童的监护人一般是隔代祖辈或是其他亲戚，监护人"重养不重教"的现象较为普遍。处在未成年期的留守儿童并不具备成年人的自我管理与照顾能力。如果监护人责任落实不到位，没有对他们进行悉心照料与正确引导，留守儿童的安全受到威胁，受到意外伤害的风险增加。其思想意识不稳定，认知不成熟，易受到不良思想的侵蚀，对其价值观的发展也会造成负面影响。留守儿童自我发展的动力不足源于其缺乏有效的家庭支持与教育关爱，也有自我身心脆弱的因素影响。

（二）渗透性与失衡性：网络影响力度增大与认知变化层级明显

当前留守儿童处在新的时代，其思想与行为必然带着其所处时代的环境与文化烙印。在时代大背景下，留守儿童与外界的接触更加密切，尤其是随着移动互联网的发展，留守儿童接触网络的概率与频次逐渐增加。从留守儿童的网恋、与网友视频以及见面等调查数据来看，网络影响始终存在，并且其影响力度逐渐增大。这种影响具有一定的渗透性，留守儿童在长期接触互联网的过程中，其价值观发展必然受到网络的影响，如何高效利用网络，并使其趋利避害，是今后留守儿童价值观教育的重要内容。留守儿童思想变化的层级性表现为在不同层面的价值观认识的深度与广度不同。在诸如对社会主义核心价值观的认识上，留守儿童始终保持高度的认同与肯定，但是在涉及自身价值实现等问题上，趋向于理性与务实。此外，在同一价值观内部的认知也存在一定的层级性差异。诸如在对人际交往的认知上，留守儿童对自身的人际交往的认识相对较好，但是在一些问题的认识上却出现层级性的差异，有些同类型的调研数据反映出留守儿童的人际交往存在这样或那样的问题。从这一个侧面可以看出，留守儿童具体价值观的内部存在一定的层级性。

（三）成长性与匮乏性：社会冷暖感悟灵敏与父母关爱希冀趋强

留守儿童在留守状态下，长期与父母分离，往往承受着较差的家庭环境，没有父母的陪伴与指导，在学习、生活、情感等问题中面对诸多的问题。在这种情境下，留守儿童容易形成敏感的心态，加之自身的经历，其对社会冷暖的感悟灵敏。此外，父母是儿童成长过程中的重要角色，这种重要性随着儿童年龄的增长而有所变化。从儿童心理学的角度看，幼儿时期是对父母依赖性最强的阶段，只有当他们进入成熟阶段以后，开始更多地接触社会，才逐渐与父母拉开距离。父母是儿童成长过程中的主要向导，对子女的社会化具有重要的指导作用。父母在儿童成长过程中的重要性体现在多个方面，包括经济支持、安全保护、心理援助、学习监督等方面。所以，父母在儿童成长过程中的角色缺失，必然会导致留守儿童在上述权益方面的缺失。总而言之，亲子分离必然会对留守儿童的成长与生活造成不利影响。从留守儿童的调查数据来看，较大部分留守儿童在没有父母关爱的生活、学习与成长环境中，或多或少地都会出现一些思想、身体、生活、学习、心理、安全上的问题。留守儿童更多地期盼有父母的陪伴或者留在父母身边。所以，留守儿童价值观发展离不开父母的教育关爱，这也是切实促进留守儿童健康成长的需要。

第五章　农村留守儿童教育关爱的现状分析

　　广义上，教育让人们能获得更多的知识与能力，从而促进精神境界提升直至实现全面发展。从狭义上看，教育是指在教育者的指导与安排下进行的一系列组织活动，旨在培养社会所需人才。从其本质上看，教育是教育者引导受教育者学习知识和指导受教育者的行为。留守儿童的教育，根据教育主体的不同可以分为学校教育、家庭教育、社会教育以及自我教育等。从留守儿童的教育实际来看，4个方面的教育的融合形成统一的整体，任何一方面的缺失对留守儿童的身心发展与健康成长均不利。

　　关爱是主体对客体的关注、尊重、欣赏和悦纳，并促进对方的成长与进步。关爱包含人自身，也包括人对自然与环境以及社会的关注，关爱作为一种道德关系的范畴而存在，是人们基于道德认知的理解进而产生对他人、自我、自然、环境以及社会的关心、爱护和同情的情感。简而言之，关爱作为一种积极主动的活动，是人的创造力的表现，从本质上是一种善意的给予。留守儿童的关爱，是指各类教育主体（包含教师、家长、学校及教育部门领导等）基于对留守儿童的关心和自身的角色定位，通过适当的载体与方式，给予留守儿童肯定与尊重，为维护留守儿童的身心发展等利益所作出的努力。

　　对留守儿童教育关爱现状的分析，既侧重教育也关注关爱，两者相互融合，合为一体。在现状的分析中，依然沿用"多群体"与"比对"相结合的技术路向（详见第四章），从留守儿童的基本状况、监护人情况、留守儿童教育关爱的一般性状况与具体性状况，以及留守儿童教育关爱的特点及成效等方面分析留守儿童教育关爱的现状。

一、留守儿童的基本状况

（一）留守儿童所占比率

　　1. 相关群体的认识

　　（1）中学老师、家长与德育工作者的认识

　　如表5-1所示，从中学老师、家长与德育工作者估计的其所在学校留守儿童所占比率情况来看，33.52%的相关群体表示"不清楚"，选择"50%"

的比率为 25.00%，选择"30%"的比率为 13.64%。从单个群体来看，中学老师选择"50%"的比率最高，为 41.79%；家长选择"不清楚"的比率最高，为 44.44%；德育工作者选择"不清楚"的比率最高，为 36.96%。

表 5-1　中学老师、家长与德育工作者估计的其所在学校留守儿童所占比率

选项	总计			中学老师		家长		德育工作者		中学老师与家长比较
				2019 年（b）		2019 年（b）		2019 年（b）		
	人数/名	比率/%	排序	人数/名	比率/%	人数/名	比率/%	人数/名	比率/%	率差/个百分点
50%	44	25.00	2	28	41.79	10	15.87	6	13.04	25.92
30%	24	13.64	3	13	19.40	7	11.11	4	8.70	8.29
20%	12	6.82	5	4	5.97	6	9.52	2	4.35	−3.55
10%	11	6.25	6	2	2.99	5	7.94	4	8.70	−4.95
5%	19	10.79	4	6	8.96	6	9.52	7	15.22	−0.56
5%以下	7	3.98	7	0	0.00	1	1.59	6	13.04	−1.59
不清楚	59	33.52	1	14	20.90	28	44.44	17	36.96	−23.54
合计	176	100.00		67	100.00	63	100.00	46	100.00	0.00

从中学老师与家长的比较来看，中学老师更多地认为其所在学校留守儿童占比较高，而家长则更多地表示"不清楚"。

（2）中学校长与小学校长的认识

如表 5-2 所示，在对中学校长与小学校长估计的其所在学校留守儿童所占比率的调查中，中学校长选择"50%"和"30%"的比率均为 28.32%，选择"20%"的比率 19.65%。小学校长选择"20%"的比率为 25.82%，选择"50%"的比率为 24.41%。

从中学校长与小学校长比较来看，中学校长选择"50%""30%"的比率均较小学校长要高，中学校长认为其所在学校留守儿童所占比率较小学校长认为的要高。

表 5-2　中学校长与小学校长估计的其所在学校留守儿童所占比率

选项	总计			中学校长								小学校长		中学校长与小学校长比较
				2019 年（b）		2020 年（b）		2021 年（c）		小计		2021 年（c）		
	人数/名	比率/%	排序	人数/名	比率/%	人数/名	比率/%	人数/名	比率/%	人数/名	比率/%	人数/名	比率/%	率差/个百分点
50%	101	26.17	1	29	35.37	8	19.51	12	24.00	49	28.32	52	24.41	3.91
30%	93	24.09	2	20	24.39	16	39.02	13	26.00	49	28.32	44	20.66	7.66

续表

选项	总计			中学校长								小学校长		中学校长与小学校长比较
				2019年(b)		2020年(b)		2021年(c)		小计		2021年(c)		
	人数/名	比率/%	排序	人数/名	比率/%	人数/名	比率/%	人数/名	比率/%	人数/名	比率/%	人数/名	比率/%	率差/个百分点
20%	89	23.06	3	11	13.41	12	29.27	11	22.00	34	19.65	55	25.82	-6.17
10%	59	15.28	4	8	9.76	2	4.88	10	20.00	20	11.56	39	18.31	-6.75
5%	16	4.15	6	7	8.54	0	0.00	4	8.00	11	6.36	5	2.35	4.01
5%以下	23	5.96	5	7	8.54	1	2.44	0	0.00	8	4.62	15	7.04	-2.42
不清楚	5	1.29	7	0	0.00	2	4.88	0	0.00	2	1.16	3	1.41	-0.25
合计	386	100.00		82	100.00	41	100.00	50	100.00	173	100.00	213	100.00	0.00

2. 本书的留守儿童所占比率

如表 5-3 所示，本书从 2006 年开始将留守儿童群体从未成年人群体中单独划出来进行相关分析。本书中的留守儿童总人数（2006~2019 年调查数据）为 7346 人，占本书中的未成年人的 24.05%。

3. 其他研究者的调研情况分析（表 5-4）

在 2007 年浙江 R 市的留守儿童调查中，留守儿童的比率为 11.5%（邓纯考，2012）。

在 2012 年河南省西平县政协的留守儿童调查中，全县 2~12 岁留守儿童的比率为 48.88%（王梅军，2012）。

在 2015 年国家卫生健康委员会发布的《中国家庭发展报告 2015》中，留守儿童的比率为 35.1%（丁洋，2015）。

在 2019 年甘肃省庆阳市的留守儿童调查中，2016 年、2017 年、2018 年义务教育阶段的留守儿童的比率分别为 13.1%、13.6%和 13.4%，总体上留守儿童的比率在 13.0%以上。

4. 本书与其他研究者调研情况的比较分析

在其他研究者的调查中，2012 年、2015 年的留守儿童占比较本书的调查数据要高。

从比较分析来看，不同地区存在着不同数量的留守儿童，且留守儿童数量呈现较强的地区差异性。

从与其他研究者的调查数据比较来看，本书的调查数据覆盖面较广，调查基数大，样本具有较强的代表性，基于十余年的调查，本书认为自身留守儿童的数据不会出现"过高或过低"现象。

表 5-3　本书中留守儿童所占比率

未成年人

选项	总计		2006 年		2007 年		2008 年		2009 年	
	人数/名	比率/%	人数/名	比率/%	人数/名	比率/%	人数/名	比率/%	人数/名	比率/%
留守儿童	7 346	24.05	703	28.98	975	32.02	1 046	25.99	150	6.77
合计	30 549	100.00	2 426	100.00	3 045	100.00	4 025	100.00	2 216	100.00

未成年人

选项	2010 年		2011 年		2012 年		2013 年	
	人数/名	比率/%	人数/名	比率/%	人数/名	比率/%	人数/名	比率/%
留守儿童	345	12.01	378	19.58	356	16.92	557	18.77
合计	1 936	100.00	1 931	100.00	2 104	100.00	2 968	100.00

未成年人

选项	2014 年		2015 年		2016 年		2017 年 (a)		2017 年 (b)		2018 年		2019 年 (a)		2019 年 (b)	
	人数	比率	人数	比率	人数	比率	人数	比率	人数	比率	人数	比率	人数	比率	人数	比率
留守儿童	353	12.01	286	18.84	371	19.18	289	100	305	100	155	26.27	541	46.44	536	45.73
合计	2 938	100.00	1 518	100.00	1 934	100.00	289	100.00	305	100.00	590	100.00	1 165	100.00	1 159	100.00

注：2017 年调查只选择了留守儿童，故比率为 100%。

表 5-4　其他研究成果中留守儿童所占比率

年份	地区	留守儿童占比/%
2007	浙江 R 市	11.54
2012	河南省西平县	49.0（2～12 岁农村儿童）
2015	全国	35.1
2016	甘肃省庆阳市	13.1（义务教育阶段儿童）
2017	甘肃省庆阳市	13.6（义务教育阶段儿童）
2018	甘肃省庆阳市	13.4（义务教育阶段儿童）

（二）留守儿童对父母外出打工的态度

1. 留守儿童的自述

如表 5-5 所示，在对留守儿童就父母外出打工态度的调查中，40.92%的留守儿童表示"支持"，选择"不支持"的比率为 22.28%，选择"无所谓"的比率为 20.13%。四成以上的留守儿童支持父母外出打工。

从 2019 年（b）与 2016 年比较来看，留守儿童选择"支持"的比率有一定程度的提高，选择"不支持"的比率大幅降低，说明留守儿童在心理上慢慢适应了目前的留守状况。

表 5-5　留守儿童对父母外出打工的态度

选项	总计			留守儿童						
				2016 年		2017 年（b）		2019 年（b）		2019 年（b）与 2016 年比较
	人数/名	比率/%	排序	人数/名	比率/%	人数/名	比率/%	人数/名	比率/%	率差/个百分点
支持	496	40.92	1	132	35.58	140	45.91	224	41.79	6.21
不支持	270	22.28	2	139	37.47	47	15.41	84	15.67	−21.8
无所谓	244	20.13	3	47	12.67	76	24.92	121	22.57	9.90
其他	202	16.67	4	53	14.28	42	13.77	107	19.96	5.68
合计	1212	100.00		371	100.00	305	100.00	536	100.00	0.00

2. 其他研究者的调研情况分析

如表 5-6 所示，在 2006 年四川省丰宁县的留守儿童调查[N：656 名，其中村（组）干部、留守儿童、临时监护人、学校负责人、教师代表共 352 名]中，51.0%的留守儿童对父母外出打工表示"理解"，选择"不愿意"的比率为 31.0%（杨晓林等，2007）。

在 2013 年贵州省黔东南州西部的留守儿童调查（N：留守儿童 186 名、非留守儿童 92 名、监护人 20 名）中，60.0%的留守儿童表示"不赞成"父母外出打工（牛佳宁，2014）。

在 2019 年 11 月至 2020 年 2 月陕西省的留守儿童调查（N：1051 名，

其中留守儿童 662 名、校长 32 名、教师 357 名）中，54.8%的留守儿童表示对在外打工的父母"从来未有"怨恨，19.6%的留守儿童表示"基本没有"怨恨（马多秀等，2021）。

在 2020 年 10～12 月贵州省毕节市的留守儿童调查（N：191 名）中，13～16 岁的留守儿童对父母外出打工，选择"完全理解"的比率为 65.45%，选择"无所谓"的比率为 21.99%（龙茜等，2021）。

在 2021 年河南省的留守儿童调查中，留守儿童对父母外出打工表示"支持""反对""无所谓"的比率均为 33.33%（陈卓，2021）。

表 5-6　留守儿童对父母外出打工的态度　　　　　　　　　（%）

2006 年四川省丰宁县的留守儿童调查（留守儿童对父母外出打工的态度）		2013 年贵州省黔东南州西部的留守儿童调查（留守儿童是否赞成父母外出打工）		2019 年 11 月至 2020 年 2 月陕西省的留守儿童调查（留守儿童对在外打工的父母是否有怨恨）		2020 年 10～12 月贵州省毕节市的留守儿童调查（13～16 岁的留守儿童对父母外出打工的态度）		2021 年河南省的留守儿童调查（留守儿童对父母外出打工的态度）	
理解	51.0	不赞成	60.0	经常有	4.2	完全理解	65.45	支持	33.33
愿意	18.0	未标明	40.0	偶尔有	11.8	无所谓	21.99	反对	33.33
不愿意	31.0			一般	9.5	埋怨	12.57	无所谓	33.33
				基本没有	19.6				
				从来未有	54.8				
合计	100.0	合计	100.0	合计	100.0	合计	100.00	合计	100.00

3. 本书与其他研究者调研情况的比较分析

在本书的调查中，40.92%的留守儿童对父母外出打工表示"支持"，选择"不支持"的比率为 22.28%，选择"无所谓"的比率为 20.13%，选择"其他"的比率为 16.67%。

在其他研究者的调查中，2006 年、2020 年超过半数的留守儿童对家长外出打工持"支持"或"完全理解"的态度。2013 年超过半数的留守儿童对父母外出打工表示"不赞成"。2021 年留守儿童对父母外出打工持"支持""反对""无所谓"态度的比率相当。

从本书与其他研究者调研情况的比较来看，留守儿童对父母外出打工的态度基本上相似，均持相对支持和理解的态度。在无所谓态度的表达中，2020 年 10～12 月贵州省毕节市的留守儿童调查数据与本书调查数据较为一致，均约 20.00%。

（三）留守儿童的监护类型

1. 其他研究者的调研情况分析

如表 5-7 所示，在 2006 年四川省成都市金堂县淮口镇创新中学的调查
（N：120 名，其中留守儿童 50 名、非留守儿童 70 名）中，44.0%的留守儿
童表示自己的监护类型为"母亲监护"，选择"祖辈监护"的比率为 36.0%
（陆杨等，2007）。

在 2010 年山东省某农村学校的留守儿童调查中，44.54%的留守儿童表示
"与祖辈在一起"，40.50%的留守儿童表示"与母亲单独在一起"（孟凡蕾，2012）。

在 2014 年安徽省宿州市泗县农村某学校的留守儿童调查（N：150 名）
中，57.0%的留守儿童表示自己是"隔代监护"，表示"单亲监护"的比率
为 26.2%（朱海雪等，2014）。

在 2018 年 5 月至 2019 年 8 月陕西省陇中地区的留守儿童调查中，51.0%的
留守儿童表示"单亲监护"，表示"隔代监护"的比率为 48.0%（吴懔劼，2019）。

在 2020 年 10～12 月贵州省毕节市的留守儿童调查（N：191 名）中，
71.73%的留守儿童表示"双亲留守"，表示"单亲留守"的比率为 28.27%
（龙茜等，2021）。

表 5-7   留守儿童的监护类型   （%）

2006 年四川省成都市金堂县淮口镇创新中学的调查		2010 年山东省某农村学校的留守儿童调查		2014 年安徽省宿州市泗县农村某学校的留守儿童调查		2018 年 5 月至 2019 年 8 月陕西省陇中地区的留守儿童调查		2020 年 10～12 月贵州省毕节市的留守儿童调查	
母亲监护	44.0	与母亲单独在一起	40.50	单亲监护	26.2	单亲监护	51.0	单亲留守	28.27
父亲监护	20.0	与父亲单独在一起	12.46	隔代监护	57.0	隔代监护	48.0	双亲留守	71.73
祖辈监护	36.0	与祖辈在一起	44.54	其他监护	16.8	非直系亲属监护	0.4		
		与其他亲戚在一起	2.50			监护缺失即留守儿童自己照顾自己	0.6		
合计	100.0	合计	100.00	合计	100.0	合计	100.0	合计	100.00

2. 其他研究者调研情况的总体性认识

从其他研究者的调研情况来看，留守儿童的监护类型主要是隔代监护
和随父母一方监护（单亲监护），总体上来看，多数的留守儿童是隔代监护。
在本书中虽未设置留守儿童监护人类型选项，但从近年来实地调研情况，
尤其是针对安徽省留守儿童的实际调研情况来看，留守儿童的监护类型主

要是由爷爷奶奶作为监护人的隔代监护类型。

其他研究者的调研中出现了亲属监护、寄养监护或托养监护等监护人类型，多样化的监护类型反映出留守儿童监护呈现出新的现象与情况。在本书对安徽省合肥市肥东县的调研中，肥东县陈集镇阳光小学校长创办的全国首个留守儿童寄宿制村级小学，不同于隔代监护和单亲监护等类型，寄宿制学校使得监护人的主体变为学校教师。

（四）留守儿童的监护人

1. 其他研究者的调研情况分析

如表 5-8 所示，在 2006 年四川省丰宁县的留守儿童调查[N：656 名，其中村（组）干部、留守儿童、临时监护人、学校负责人、教师代表共 352 名]中，留守儿童的监护人是"其他亲属"的比率为 43.0%，选择"爷爷奶奶"的比率为 42.0%（杨晓林等，2007）。

在 2010 年下半年河南省汝南县人大常委会、县总工会等的专题调研（N：45 129 名）中，受访者选择"爷爷奶奶、姥姥姥爷管"的比率为 88.0%，选择"近亲代管"的比率为 10.9%（吴予，2011）。

在 2014 年重庆市渝北区洛碛初级中学的调查（N：留守儿童 220 名、非留守儿童 516 名）中，受访者选择"爷爷奶奶"为留守儿童监护人的比率为 41.8%，选择"母亲"的比率为 35.0%（古洪金等，2015）。

在 2018 年 7 月湖北省留守儿童和困境儿童信息系统录入数据中，81.0% 的留守儿童选择"（外）祖父母"为其监护人，选择"父母的朋友、村委会、学校或其他机构"的比率为 17.85%（雷建玲，2019）。

在 2020 年江苏省宿迁市泗阳县的留守儿童调查（N：456 名）中，56.80% 的留守儿童选择"祖辈"为其监护人，选择"单亲"的比率为 36.69%（匡凤等，2021）。

表 5-8　留守儿童的监护人　　　（%）

2006 年四川省丰宁县的留守儿童调查		2010 年下半年河南省汝南县人大常委会、县总工会等的专题调研		2014 年重庆市渝北区洛碛初级中学的调查		2018 年 7 月湖北省留守儿童和困境儿童信息系统录入数据		2020 年江苏省宿迁市泗阳县的留守儿童调查	
爷爷奶奶	42.0	爷爷奶奶、姥姥姥爷管	88.0	爷爷奶奶	41.8	（外）祖父母	81.0	祖辈	56.80
姥爷姥姥	15.0	近亲代管	10.9	母亲	35.0	兄弟姐妹	0.08	亲戚	1.32
其他亲属	43.0	邻里、认干亲代管	1.1	外公外婆	9.5	其他近亲属	1.07	邻居	0.66

续表

2006 年四川省丰宁县的留守儿童调查		2010 年下半年河南省汝南县人大常委会、县总工会等的专题调研		2014 年重庆市渝北区洛碛初级中学的调查		2018 年 7 月湖北省留守儿童和困境儿童信息系统录入数据		2020 年江苏省宿迁市泗阳县的留守儿童调查	
				其他直系亲属	13.7	父母的朋友、村委会、学校或其他机构	17.85	同辈	1.54
								单亲	39.69
合计	100.0	合计	100.0	合计	100.0	合计	100.00	合计	100.00

2. 其他研究者的调研情况的总体性认识

从其他研究者的调研情况来看，在留守儿童的监护人上与留守儿童的监护类型相吻合，留守儿童的监护人大多是爷爷奶奶或姥姥姥爷，还有些是父母中的一方，其中以母亲居多。总的来说，当前多数留守儿童的监护人是隔代监护中的祖辈。对于留守儿童的教育关爱的分析，应要注意这一监护人群体。如何使其能做好留守儿童的教育关爱，弥合代际的"鸿沟"，是需要重点关注的课题。

（五）留守儿童受到的影响

1. 父母外出打工造成的影响

如表 5-9 所示，在就父母外出给留守儿童学习与生活造成影响的调查中，36.98%的留守儿童表示"有一点影响"，选择"有很大的影响"的比率为 24.98%，选择"没有影响"的比率为 25.38%。六成以上的留守儿童表示父母外出打工对其生活与学习造成了一定的影响。

从 2019 年（b）与 2016 年比较来看，留守儿童选择"有很大的影响"的比率降低幅度较大，选择"有一点影响"的比率有较大幅度的升高，说明影响依然存在，只是造成的影响强度降低了。

表 5-9　父母外出打工给留守儿童学习与生活造成的影响

选项	总计			留守儿童								2019 年（b）与 2016 年比较
				2016 年		2017 年（a）		2017 年（b）		2019 年（b）		
	人数/名	比率/%	排序	人数/名	比率/%	人数/名	比率/%	人数/名	比率/%	人数/名	比率/%	率差/个百分点
有很大的影响	375	24.98	3	183	49.33	24	8.31	17	5.57	151	28.17	-21.16
有一点影响	555	36.98	1	100	26.95	125	43.25	106	34.75	224	41.79	14.84
没有影响	381	25.38	2	49	13.21	95	32.87	146	47.87	91	16.98	3.77
说不好	190	12.66	4	39	10.51	45	15.57	36	11.80	70	13.06	2.55
合计	1501	100.00		371	100.00	289	100.00	305	100.00	536	100.00	0.00

2. 其他研究者的调研情况分析

如表 5-10 所示，在 2006 年四川省丰宁县的留守儿童调查[N: 656 名，其中村（组）干部、留守儿童、临时监护人、学校负责人、教师代表共 352 名]中，54.0%的留守儿童表示父母打工对留守儿童"起坏作用"，选择"没有多少影响"的比率为 32.0%（杨晓林等，2007）。

在 2011 年四川省泸州市叙永县汉苗族杂居区的留守儿童调查（N: 1021 名，其中留守儿童 598 名、监护人 423 名）中，39.4%的汉族监护人认为外出打工对留守儿童"有一些"影响，30.6%的苗族监护人认为外出打工对留守儿童"完全无"影响（王江等，2012）。

在 2014 年安徽省宿州市泗县农村某学校的留守儿童调查（N: 150 名）中，91.9%的教师认为父母外出打工对留守儿童"没有影响"（朱海雪等，2014）。

在 2019 年甘肃省庆阳市的留守儿童调查中，55.6%的学校校长表示父母外出打工"对留守儿童的学业有重要影响"，选择"有一点影响"的比率为 38.9%（庆阳市人民政府研究室课题组，2019）。

在 2020 年黑龙江省留守儿童学习监护现状的调查中，81.7%的留守儿童表示父母外出打工"对学习影响很大"（郭庆娟，2021）。

表 5-10　留守儿童受影响最大的方面　（%）

2006 年四川省丰宁县的留守儿童调查（父母打工对留守儿童的影响）		2011 年四川省泸州市叙永县汉苗族杂居区的留守儿童调查（外出打工对留守儿童影响）			2014 年安徽省宿州市泗县农村某学校的留守儿童调查（父母外出打工对留守儿童学习的影响）		2019 年甘肃省庆阳市的留守儿童调查（认为父母外出打工的影响）		2020 年黑龙江省留守儿童学习监护现状的调查（父母外出打工对留守儿童的影响）	
选项	留守儿童	选项	汉族监护人	苗族监护人	选项	留守儿童	选项	29 所学校校长	选项	留守儿童
起好作用	14.0	很大	16.3	12.9	没有影响	91.9	对留守儿童的学业有重要影响	55.6	对学习影响很大	81.7
起坏作用	54.0	有一些	39.4	29.1	好的影响	5.4	有一点影响	38.9	未标明	18.3
没有多少影响	32.0	几乎无	25.0	27.4	坏的影响	2.7	有轻微影响	5.5		
		完全无	19.3	30.6						
合计	100.0	合计	100.0	100.0	合计	100.0	合计	100.0	合计	100.0

3. 本书与其他研究者调研情况的比较分析

在本书的调查中，留守儿童认为父母外出打工对学习与生活造成"很大的影响"和"有一点影响"的合比率为61.96%，可见，较大部分的留守儿童认为父母外出打工对其学习与生活造成了影响。

在其他研究者的调查中，一方面，留守儿童认为父母外出打工确实对其造成了一定的影响。另一方面，从影响的层面来看，留守儿童认为对其学习、心理、性格等方面造成影响，其中大部分的留守儿童认为对学习造成的影响较大，可以看出，其他研究者的调查情况与本书的调查情况较为一致。

（六）留守儿童的诉求

1. 留守儿童最需要得到的关爱

（1）留守儿童的自述

如表5-11所示，在对儿童就如果学校有关爱站自己更希望得到哪方面关爱看法的调查中，42.22%的留守儿童表示更希望得到学习上的关爱，36.71%的留守儿童表示更希望得到心理上的关爱。非留守儿童选择学习上的关爱的比率为34.04%，这一比率较留守儿童要低8.18个百分点。总的来看，留守儿童需要得到学习上和心理上的关爱。

留守儿童长期处于亲子疏离的状态，心理健康问题较为突出，需要教育工作者及时地介入，提供心理专业咨询。

表 5-11　儿童对如果学校有关爱站自己更希望得到哪方面关爱的看法

选项	总计		留守儿童							
			2016 年		2017 年（a）		2019 年（b）		小计	
	人数/名	比率/%	人数/名	比率/%	人数/名	比率/%	人数/名	比率/%	人数/名	比率/%
学习上，因为我学习上不能解决的问题在家中也得不到解决	1193	37.08	169	45.55	132	45.67	204	38.06	505	42.22
心理上，因为我有困惑不知道该向谁倾诉	1122	34.88	121	32.61	86	29.76	232	43.28	439	36.71
生活上，因为监护人解决不了	253	7.86	29	7.82	11	3.81	40	7.46	80	6.69
其他	649	20.17	52	14.02	60	20.76	60	11.19	172	14.38
合计	3217	100.00	371	100.00	289	100.00	536	100.00	1196	100.00

续表

选项	非留守儿童						留守儿童与非留守儿童比较
	2016 年		2019 年（b）		小计		
	人数/名	比率/%	人数/名	比率/%	人数/名	比率/%	率差/个百分点
学习上，因为我学习上不能解决的问题在家中也得不到解决	444	31.69	244	39.35	688	34.04	8.18
心理上，因为我有困惑不知道该向谁倾诉	440	31.41	243	39.19	683	33.80	2.91
生活上，因为监护人解决不了	112	7.99	61	9.84	173	8.56	−1.87
其他	405	28.91	72	11.61	477	23.60	−9.22
合计	1401	100.00	620	100.00	2021	100.00	0.00

（2）相关群体的认识

1）中学老师、家长与德育工作者的认识。如表 5-12 所示，在对中学老师、家长与德育工作者就如果学校有关爱站留守儿童更希望得到哪方面关爱看法的调查中，选择学习上的比率为 47.73%。选择心理上的比率为 43.18%。

在单个群体比较中，中学老师选择学习上的比率为 56.72%，家长选择心理上的比率为 55.56%。德育工作者认为留守儿童在学习上和心理上均需要得到关爱。

从中学老师与家长比较来看，家长更多地认为留守儿童需要心理上的关爱，而中学老师则倾向于留守儿童需要学习上的关爱。

表 5-12　中学老师、家长与德育工作者对如果学校有关爱站留守儿童更希望得到哪方面关爱的看法

选项	总计			中学老师		家长		德育工作者		中学老师与家长比较
				2019 年（b）		2019 年（b）		2019 年（b）		
	人数/名	比率/%	排序	人数/名	比率/%	人数/名	比率/%	人数/名	比率/%	率差/个百分点
学习上，因为学习上不能解决的问题在家中也得不到解决	84	47.73	1	38	56.72	25	39.68	21	45.65	17.04
心理上，因为有困惑不知道该向谁倾诉	76	43.18	2	20	29.85	35	55.56	21	45.65	−25.71
生活上，因为监护人解决不了	13	7.39	3	6	8.96	3	4.76	4	8.70	4.20
其他	3	1.70	4	3	4.48	0	0.00	0	0.00	4.48
合计	176	100.00		67	100.00	63	100.00	46	100.00	0.00

2）中学校长与小学校长的认识。如表 5-13 所示，在对中学校长与小

学校长就如果学校有关爱站留守儿童更希望得到哪方面关爱看法的调查中，53.37%的相关群体选择心理上，选择学习上的比率为36.27%。

从中学校长与小学校长比较来看，中学校长认为留守儿童更需要心理上的关爱。

表 5-13　中学校长与小学校长对如果学校有关爱站留守儿童更希望得到
哪方面关爱的看法

| 选项 | 总计 | | | 中学校长 | | | | | | | | 小学校长 | | 中学校长与小学校长 |
| | | | | 2019 年（b） | | 2020 年（b） | | 2021 年（c） | | 小计 | | 2021 年（c） | | |
	人数/名	比率/%	排序	人数/名	比率/%	人数/名	比率/%	人数/名	比率/%	人数/名	比率/%	人数/名	比率/%	率差/个百分点
学习上，因为我学习上不能解决的问题在家中也得不到解决	140	36.27	2	27	32.93	17	41.46	17	34.00	61	35.26	79	37.09	−1.83
心理上，因为我有困惑不知道该向谁倾诉	206	53.37	1	48	58.54	22	53.66	27	54.00	97	56.07	109	51.17	4.90
生活上，因为监护人解决不了	33	8.55	3	5	6.10	1	2.44	6	12.00	12	6.94	21	9.86	−2.92
其他	7	1.81	4	2	2.44	1	2.44	0	0.00	3	1.73	4	1.88	−0.15
合计	386	100.00		82	100.00	41	100.00	50	100.00	173	100.00	213	100.00	0.00

（3）其他研究者的调研情况分析

如表 5-14 所示，在 2008 年河北省尚义县大清沟的留守儿童调查（N：335 名，其中留守儿童 218 名、非留守儿童 117 名）中，对于"你希望父母打电话回来和你说些什么"，22.0%的留守儿童选择"想听父母谈谈他们在外工作的一些情况"，选择"希望父母了解他们的心情或想法"的比率为21.8%（陈香等，2009）。

在 2013 年湖北省的调查（N：480 个家庭，其中留守儿童家庭 159 个、非留守儿童家庭 321 个）中，针对"留守儿童最需要的帮助"，70.21%的留守儿童选择"学习上需要人辅导"，选择"情感上需要别人的关心"的比率为 65.21%（高飞，2011）。

在 2014 年江西省各地区和学校的留守儿童调查（N：244 名）中，针对"留守儿童最需要的帮助"，64.98%的留守儿童表示"希望志愿者能够帮助辅导功课"，选择"希望提供学习用品及玩具"的比率为 21.96%（廖金萍，2015）。

在 2019 年重庆市澄溪镇留守儿童关爱服务体系的调查（*N*：180 名）中，针对"留守儿童最需要得到什么帮助"，47.2%的留守儿童表示希望得到"心理情感"方面的帮助，选择"学习指导"的比率为 33.9%（卢雅灵，2020）。

在 2020 年云南省楚雄彝族自治州 H 乡留守儿童教育现状的调查（*N*：500 名）中，针对"你最需要得到什么人的关心和帮助"，58.0%的留守儿童表示"最需要爸爸妈妈的关心和帮助"，选择"最需要得到老师的关心和帮助"的比率为 32.0%（蒋艳等，2020）。

表 5-14　留守儿童最需要得到的帮助　　　　　　　　　　　（%）

2008 年河北省尚义县大清沟的留守儿童调查（你希望父母打电话回来和你说些什么）		2013 年湖北省的调查［留守儿童最需要的帮助（多选题）（受访者的反映）］		2014 年江西省各地区和学校的留守儿童调查［留守儿童最需要的帮助（多选题）］		2019 年重庆市澄溪镇留守儿童关爱服务体系的调查（留守儿童最需要得到什么帮助）		2020 年云南省楚雄彝族自治州 H 乡留守儿童教育现状的调查（你最需要得到什么人的关心和帮助）	
希望父母了解他们的心情或想法	21.8	学习上需要人辅导	70.21	希望志愿者能够帮助辅导功课	64.98	生活照顾	7.8	最需要爸爸妈妈的关心和帮助	58.0
想听父母谈谈他们在外工作的一些情况	22.0	情感上需要别人的关心	65.21	希望提供学习用品及玩具	21.96	学习指导	33.9	最需要得到老师的关心和帮助	32.0
想听到爸妈说出他们对自己的思念	18.2	需要更多的管束	39.80	希望志愿者能够陪着他	18.14	心理情感	47.2	最需要同学和朋友的关心和帮助	8.0
未标明	38.0					身体健康	5.0	其他	2.0
						上下学安全	6.1		
合计	100.0	合计	—	合计	—	合计	100.0	合计	100.0

（4）本书与其他研究者调研情况的比较分析

在本书的调查中，大部分的留守儿童希望在学习上和心理上得到关爱。多数中学校长、小学校长与家长认为应该更多地在心理上给予留守儿童关爱，中学老师则认为应多从学习上给予关爱，德育工作者则认为学习上和心理上需同等对待，均需给予关爱。

在其他研究者的调查中，多数留守儿童希望在学习、功课辅导、心理情感等方面得到关爱。总的来看，留守儿童由于父母外出打工，对其学业和心理方面造成一定的影响。父母外出打工对留守儿童哪方面影响最大的调查显示，留守儿童认为在学习和心理方面的影响最大。从上述的影响层面来看，与其诉求相对应。与此同时，其他研究者的调研成果均指向学习和心理等方面，进而间接上也映衬了本书的客观性。

2. 留守儿童的生活期待

如表 5-15 所示，在对留守儿童在生活上期待的调查中，留守儿童排在前五位的是："得到学校的关怀、父母的关怀"（20.35%）、"希望父母在外可以平安、健康"（17.61%）、"自己照顾自己的能力越来越强"（17.12%）、"有很多朋友，可以和大家分享"（16.74%）、"吃得好点，穿得好点"（8.72%）。

从 2019 年（a）与 2016 年比较来看，留守儿童在生活上"得到学校的关怀、父母的关怀"以及"有很多朋友，可以和大家分享"的期望值显著降低。

表 5-15 留守儿童在生活上的期待

选项	总计			留守儿童							2019年(a)与2016年比较
				2016年		2017年(a)		2017年(b)		2019年(a)	
	人数/名	比率/%	排序	人数/名	比率/%	人数/名	比率/%	人数/名	比率/%	人数/名	比率/%	率差/个百分点
得到学校的关怀、父母的关怀	861	20.35	1	179	30.03	178	18.62	153	17.61	351	19.40	-10.63
有很多朋友，可以和大家分享	708	16.74	4	150	25.17	168	17.57	131	15.07	259	14.32	-10.85
吃得好点，穿得好点	369	8.72	5	43	7.21	85	8.89	55	6.33	186	10.28	3.07
自己照顾自己的能力越来越强	724	17.12	3	70	11.74	171	17.89	189	21.75	294	16.25	4.51
希望父母赚很多的钱然后回家	248	5.86	6	37	6.21	58	6.07	39	4.49	114	6.30	0.09
希望父母在外可以平安、健康	745	17.61	2	62	10.40	197	20.61	201	23.13	285	15.75	5.35
希望可以获得自由，不受学校束缚	185	4.37	8	26	4.36	39	4.08	27	3.11	93	5.14	0.78
摆脱痛苦的世界	182	4.30	9	16	2.68	34	3.56	30	3.45	102	5.64	2.96
其他	208	4.92	7	13	2.18	26	2.72	44	5.06	125	6.91	4.73
合计	4230	100.00		596	100.00	956	100.00	869	100.00	1809	100.00	0.00

3. 留守儿童的内心愿望

（1）留守儿童的自述

如表 5-16 所示，在对留守儿童内心愿望的调查中，62.69%的留守儿童表示要"读完高中上大学"，这是主流愿望。选择"读完中学"的比率为

16.19%，选择"长大了赚钱"的比率为 13.72%。

从 2019 年（b）与 2016 年比较来看，留守儿童选择"读完高中上大学"的比率显著增高，选择"读完中学"的比率显著降低。说明留守儿童的期望值逐渐提高。

表 5-16　留守儿童的内心愿望

选项	留守儿童										
	总计			2016 年		2017 年（a）		2017 年（b）		2019 年（b）		2019 年（b）与 2016 年比较
	人数/名	比率/%	排序	人数/名	比率/%	人数/名	比率/%	人数/名	比率/%	人数/名	比率/%	率差/个百分点
读完中学	243	16.19	2	146	39.35	4	1.38	9	2.95	84	15.67	−23.68
读完高中上大学	941	62.69	1	140	37.74	201	69.55	274	89.84	326	60.82	23.08
长大了赚钱	206	13.72	3	56	15.09	46	15.92	18	5.90	86	16.04	0.95
不清楚	111	7.40	4	29	7.82	38	13.15	4	1.31	40	7.46	−0.36
合计	1501	100.00		371	100.00	289	100.00	305	100.00	536	100.00	0.00

（2）其他研究者的调研情况分析

如表 5-17 所示，在 2005 年湖南省岳阳、娄底、郴州、湘西等市的留守儿童调查（N：456 名）中，46.4%的留守儿童表示目前最大的愿望是"提高学习成绩"，选择"父母早点回家"和"父母工作顺利"的比率分别为 21.6%和 20.6%（李翠英等，2006）。

在 2011 年黑龙江省桦川县苏家店镇的留守儿童调查（N：349 名）中，88.4%的留守儿童表示自己目前最大的愿望是"继续读书"，选择"考大学"的比率为 52.8%（马涛等，2012）。

在 2016 年山西省 J 县 X 村的留守儿童调查中，80.0%的留守儿童表示目前最大愿望是"父母一直陪在身边"，选择"希望父母经常回家"的比率为 56.7%，选择"有很多朋友关心"的比率为 46.7%（赵婷婷，2017）。

在 2019 年 11 月至 2020 年 2 月陕西省的留守儿童调查（N：1051 名，其中留守儿童 662 名、校长 32 名、教师 357 名）中，49.0%的留守儿童表示对自己学业的期望是"达到优秀"，选择"尽力而为"的比率为 43.1%（马多秀等，2021）。

在 2020 年 10～12 月贵州省毕节市的留守儿童调查（N：330 名，其中，等于小于 9 岁 63 名、19～12 岁 76 名、13～16 岁 191 名；男生 144 名、女生 186 名）中，留守儿童更多地希望父母能赚很多的钱，然后回家（龙茜等，2021）。

表5-17　留守儿童的内心愿望

(%)

2005年湖南省岳阳、娄底、郴州，湘西等市的留守儿童调查（目前你最大的愿望是什么）		2011年黑龙江省桦川县苏家店镇的留守儿童调查[自己目前的最大愿望是（多选题）]		2016年山西省J县X村的留守儿童调查[目前你最大的愿望是什么（多选题）]		2019年11月至2020年2月陕西省的留守儿童调查[你对自己学业的期望]		2020年10~12月贵州省毕节市的留守儿童调查[留守儿童的内心愿望（多选题）]		
选项	留守儿童	选项	留守儿童	选项	留守儿童	选项	留守儿童	选项	留守儿童	非留守儿童
提高学习成绩	46.4	继续读书	88.4	父母一直陪在身边	80.0	达到优秀	49.0	父母在身边关怀	39.5	60.5
父母工作顺利	20.6	考大学	52.8	有很多朋友关心	46.7	尽力而为	43.1	能得到学校更多的关怀	42.9	57.1
父母早点回家	21.6			希望生活条件更好	20.0	顺其自然	6.1	有很多朋友，可以和大家一起分享快乐	37.9	62.1
有更多知心朋友	7.2			希望自己更独立	40.0	其他	1.8	希望自己的父母能赚很多的钱，然后回家	48.1	51.9
改善生活条件	4.2			希望父母经常回家	56.7			希望父母在外可以平安、健康	37.7	62.3
				希望可以获得自由，不被学校束缚	20.0			希望获得自由	43.2	56.8
合计	100	合计	—	合计	—	合计	100	合计	—	—

（3）本书与其他研究者调研情况的比较分析

在本书的调查中，62.69%的留守儿童表示要"读完高中上大学"，选择"读完中学"的比率为16.19%，选择"长大了赚钱"的比率为13.72%，还有小部分的留守儿童表示"不清楚"自己的内心愿望。大部分留守儿童聚焦学业，尤其是持续性地完成学业。

在其他研究者的调查中，留守儿童的内心愿望主要聚焦在学业成绩以及家庭陪伴层面。大部分的留守儿童表示希望提高自身的学习成绩，希望自己将来"考大学"，并希望在学习上得到老师的帮助。部分留守儿童表示希望父母能陪在身边，希望与父母生活在一起。

从比较分析来看，留守儿童对学习尤其是继续更好地学习均表达出很强烈的愿望，两者的研究结果保持较高的一致性。

（七）留守的利弊

1. 留守的好处

（1）留守儿童的自述

如表5-18所示，在对留守儿童就留守好处认识的调查中，20.03%的留守儿童选择"能够自我独立"，选择"学会自我管理"的比率为17.62%，选择"学会坚强"的比率为17.25%，选择"穷人的孩子早当家"的比率为11.55%。

从2019年（b）与2016年比较来看，留守儿童选择"学会坚强""学会自我管理""敢于面对困难""更理解和尊敬父母"的比率均有所上升，而选择"穷人的孩子早当家""能够自我独立"的比率下降幅度较大，说明留守对儿童的独立性的培养有一定的作用，但不是很显著。

表5-18　留守儿童对留守好处的认识（多选题）

选项	总计			留守儿童								
				2016年		2017年（a）		2017年（b）		2019年（b）		2019年（b）与2016年比较
	人数/名	比率/%	排序	人数/名	比率/%	人数/名	比率/%	人数/名	比率/%	人数/名	比率/%	率差/个百分点
穷人的孩子早当家	495	11.55	6	133	21.76	87	9.85	62	6.74	213	11.39	-10.37
能够自我独立	858	20.03	1	197	32.24	147	16.65	175	19.02	339	18.13	-14.11
学会坚强	739	17.25	3	81	13.26	175	19.82	181	19.67	302	16.15	2.89

续表

选项	总计			留守儿童								2019 年（b）与 2016 年比较
				2016 年		2017 年（a）		2017 年（b）		2019 年（b）		
	人数/名	比率/%	排序	人数/名	比率/%	人数/名	比率/%	人数/名	比率/%	人数/名	比率/%	率差/个百分点
学会自我管理	755	17.62	2	63	10.31	177	20.05	173	18.80	342	18.29	7.98
敢于面对困难	641	14.96	4	73	11.95	132	14.95	147	15.98	289	15.45	3.50
更理解和尊敬父母	559	13.05	5	43	7.04	125	14.16	138	15.00	253	13.53	6.49
其他	237	5.53	7	21	3.44	40	4.53	44	4.78	132	7.06	3.62
合计	4284	100.00		611	100.00	883	100.00	920	100.00	1870	100.00	0.00

（2）相关群体的认识

1）中学老师与家长的认识。如表 5-19 所示，在对中学老师与家长就留守好处认识的调查中，24.98%的相关群体选择"能够自我独立"，选择"穷人的孩子早当家"的比率为 18.50%。

在中学老师与家长比较中，中学老师选择"能够自我独立"的比率较家长要高 3.11 个百分点，家长选择"敢于面对困难"的比率较中学老师要高 2.91 个百分点。

2）中学校长的认识。如表 5-20 所示，在对中学校长就留守好处认识的调查中，24.46%的中学校长表示留守"能够自我独立"，选择"学会自我管理"的比率为 22.48%，选择"学会坚强"的比率为 16.06%。

从 2021 年（c）与 2016 年比较来看，选择"更理解和尊敬父母"的比率有所上升，由此可见，留守儿童的宽容度有所增长。

3）德育工作者与小学校长的认识。如表 5-21 所示，在对德育工作者与小学校长就留守好处认识的调查中，相关群体选择"能够自我独立"的比率为 22.52%。选择"学会自我管理"的比率为 19.12%。选择"穷人的孩子早当家"的比率为 14.87%。

从小学校长与德育工作者比较来看，小学校长选择"更理解和尊敬父母"的比率较德育工作者要高 4.46 个百分点，德育工作者选择"学会自我管理"的比率较小学校长要高 3.19 个百分点。

表 5-19 中学老师与家长对留守好处的认识

选项	总计 人数/名	总计 比率/%	排序	中学老师 2016年 人数/名	中学老师 2016年 比率/%	中学老师 2019年(b) 人数/名	中学老师 2019年(b) 比率/%	中学老师 小计 人数/名	中学老师 小计 比率/%	家长 2016年 人数/名	家长 2016年 比率/%	家长 2019年(b) 人数/名	家长 2019年(b) 比率/%	家长 小计 人数/名	家长 小计 比率/%	中学老师与家长比较 率差/个百分点
穷人的孩子早当家	217	18.50	2	64	18.13	37	17.20	101	17.78	88	22.06	28	13.59	116	19.17	-1.39
能够自我独立	293	24.98	1	98	27.76	53	24.65	151	26.58	96	24.06	46	22.33	142	23.47	3.11
学会坚强	183	15.60	3	57	16.15	35	16.28	92	16.20	56	14.04	35	16.99	91	15.04	1.16
学会自我管理	179	15.26	4	51	14.45	33	15.35	84	14.79	57	14.29	38	18.45	95	15.70	-0.91
敢于面对困难	156	13.30	5	45	12.75	22	10.23	67	11.80	55	13.78	34	16.50	89	14.71	-2.91
更理解和尊敬父母	112	9.55	6	30	8.50	23	10.70	53	9.33	40	10.02	19	9.22	59	9.75	-0.42
其他	33	2.81	7	8	2.26	12	5.58	20	3.52	7	1.75	6	2.91	13	2.15	1.37
合计	1173	100.00		353	100.00	215	100.00	568	100.00	399	100.00	206	100.00	605	100.00	0.00

表 5-20　中学校长对留守好处的认识

选项	总计			中学校长							2021 年（c）与 2016 年比较
				2016 年		2019 年（b）		2020 年（b）		2021 年（c）	
	人数/名	比率/%	排序	人数/名	比率/%	人数/名	比率/%	人数/名	比率/%	人数/名	比率/%	率差/个百分点
穷人的孩子早当家	74	11.31	5	22	18.18	22	10.14	16	8.60	14	10.77	−7.41
能够自我独立	160	24.46	1	32	26.45	54	24.88	44	23.66	30	23.08	−3.37
学会坚强	105	16.06	3	19	15.70	35	16.13	31	16.67	20	15.38	−0.32
学会自我管理	147	22.48	2	23	19.01	56	25.81	48	25.81	20	15.38	−3.63
敢于面对困难	87	13.30	4	16	13.22	26	11.98	29	15.59	16	12.31	−0.91
更理解和尊敬父母	44	6.73	6	3	2.48	16	7.37	13	6.99	12	9.23	6.75
其他	37	5.66	7	6	4.96	8	3.69	5	2.69	18	13.85	8.89
合计	654	100.00		121	100.00	217	100.00	186	100.00	130	100.00	0.00

表 5-21　德育工作者与小学校长对留守好处的认识

选项	总计			德育工作者		小学校长		小学校长与德育工作者比较
				2019 年（b）		2021 年（c）		
	人数/名	比率/%	排序	人数/名	比率/%	人数/名	比率/%	率差/个百分点
穷人的孩子早当家	105	14.87	3	16	16.67	89	14.59	−2.08
能够自我独立	159	22.52	1	24	25.00	135	22.13	−2.87
学会坚强	100	14.16	4	15	15.63	85	13.93	−1.70
学会自我管理	135	19.12	2	21	21.88	114	18.69	−3.19
敢于面对困难	88	12.46	5	12	12.50	76	12.46	−0.04
更理解和尊敬父母	64	9.07	6	5	5.21	59	9.67	4.46
其他	55	7.79	7	3	3.13	52	8.52	5.39
合计	706	100.00		96	100.00	610	100.00	0.00

2. 留守的弊处

（1）留守儿童的自述

如表 5-22 所示，在对留守儿童就留守弊处认识的调查中，20.30% 的留守儿童选择"孤僻内向"，选择"抽烟、酗酒、赌博"的比率为 14.51%，选择"我行我素"的比率为 14.48%，选择"结伙滋事、打架斗殴"的比率为 13.95%。

从 2019 年（b）与 2016 年比较来看，留守儿童选择"抽烟、酗酒、赌博""结伙滋事、打架斗殴""早恋""盗窃、抢劫等违法行为"的比率明显上升,选择"孤僻内向""我行我素"的比率下降幅度较大。这说明留守对儿童产生了较多的负面影响,滋生不良行为的概率增大,而对其性格养成的影响力有所减弱。

表 5-22 留守儿童对留守弊处的认识

选项	总计			留守儿童								
				2016 年		2017 年(a)		2017 年(b)		2019 年(b)		2019 年(b)与 2016 年比较
	人数/名	比率/%	排序	人数/名	比率/%	人数/名	比率/%	人数/名	比率/%	人数/名	比率/%	率差/个百分点
我行我素	628	14.48	3	131	21.47	90	11.12	129	12.75	278	14.59	−6.88
孤僻内向	880	20.30	1	196	32.13	143	17.68	180	17.79	361	18.95	−13.18
任性乖张	420	9.69	6	59	9.67	79	9.77	86	8.50	196	10.29	0.62
抽烟、酗酒、赌博	629	14.51	2	68	11.15	142	17.55	149	14.72	270	14.17	3.02
结伙滋事、打架斗殴	605	13.95	4	58	9.51	125	15.45	152	15.02	270	14.17	4.66
早恋	489	11.28	5	51	8.36	82	10.14	137	13.54	219	11.50	3.14
盗劫、抢劫等违法行为	371	8.56	7	27	4.43	60	7.42	106	10.47	178	9.34	4.91
其他	314	7.24	8	20	3.28	88	10.88	73	7.21	133	6.98	3.70
合计	4336	100.00		610	100.00	809	100.00	1012	100.00	1905	100.00	0.00

(2)相关群体的认识

1)中学老师与家长的认识。如表 5-23 所示,在对中学老师与家长就留守弊处认识的调查中,相关群体选择"孤僻内向"的比率为 26.62%,选择"我行我素"的比率为 19.34%,选择"任性乖张"的比率为 12.78%。

从中学老师与家长比较来看,家长选择"孤僻内向"的比率较中学老师要高 3.52 个百分点,而中学老师选择"早恋"的比率较家长要高 2.37 个百分点。

2)中学校长的认识。如表 5-24 所示,在对中学校长就留守弊处认识的调查中,中学校长选择"孤僻内向"的比率为 30.21%,选择"任性乖张"的比率为 17.02%,选择"我行我素"的比率为 14.42%。

从 2021 年(c)与 2016 年比较来看,中学校长选择"孤僻内向"的比率降低了 8.18 个百分点,选择"任性乖张"的比率升高了 6.57 个百分点。

表 5-23　中学老师与家长对留守弊处的认识

选项	总计			中学老师							家长						中学老师与家长比较
				2016 年		2019 年（b）		小计			2016 年		2019 年（b）		小计		
	人数/名	比率%	排序	人数/名	比率%	人数/名	比率%	人数/名	比率%		人数/名	比率%	人数/名	比率%	人数/名	比率%	率差个百分点
我行我素	218	19.34	2	76	23.75	30	12.15	106	18.69		82	21.64	30	16.57	112	20.00	-1.31
孤僻内向	300	26.62	1	99	30.94	42	17.00	141	24.87		108	28.50	51	28.18	159	28.39	-3.52
任性乖张	144	12.78	3	43	13.44	33	13.36	76	13.40		44	11.61	24	13.26	68	12.14	1.26
抽烟、酗酒、赌博	97	8.61	6	19	5.94	27	10.93	46	8.11		32	8.44	19	10.50	51	9.11	-1.00
结伙滋事、打架斗殴	135	11.98	4	35	10.94	32	12.96	67	11.82		47	12.40	21	11.60	68	12.14	-0.32
早恋	104	9.23	5	31	9.69	28	11.33	59	10.41		29	7.65	16	8.84	45	8.04	2.37
盗劫、抢劫等违法行为	76	6.74	7	11	3.43	29	11.74	40	7.05		24	6.33	12	6.63	36	6.43	0.62
其他	53	4.70	8	6	1.87	26	10.53	32	5.64		13	3.43	8	4.42	21	3.75	1.89
合计	1127	100.00		320	100.00	247	100.00	567	100.00		379	100.00	181	100.00	560	100.00	0.00

表 5-24　中学校长对留守弊处的认识

选项	总计			中学校长							2021 年（c）与 2016 年比较
				2016 年		2019 年（b）		2020 年（b）		2021 年（c）	
	人数/名	比率/%	排序	人数/名	比率/%	人数/名	比率/%	人数/名	比率/%	人数/名	比率/%	率差/个百分点
我行我素	94	14.42	3	17	14.17	28	14.00	24	13.04	25	16.89	2.72
孤僻内向	197	30.21	1	39	32.50	63	31.50	59	32.07	36	24.32	−8.18
任性乖张	111	17.02	2	14	11.67	38	19.00	32	17.39	27	18.24	6.57
抽烟、酗酒、赌博	65	9.97	4	12	10.00	24	12.00	19	10.33	10	6.76	−3.24
结伙滋事、打架斗殴	59	9.05	5	13	10.83	16	8.00	18	9.78	12	8.11	−2.72
早恋	57	8.74	6	10	8.33	14	7.00	20	10.87	13	8.78	0.45
盗劫、抢劫等违法行为	28	4.29	8	6	5.00	9	4.50	7	3.80	6	4.05	−0.95
其他	41	6.29	7	9	7.50	8	4.00	5	2.72	19	12.84	5.34
合计	652	100.00		120	100.00	200	100.00	184	100.00	148	100.00	0.00

3）德育工作者与小学校长的认识。如表 5-25 所示，在对德育工作者与小学校长就留守弊处认识的调查中，27.20%的相关群体选择"孤僻内向"，选择"我行我素"的比率为 18.27%，选择"任性乖张"的比率为 15.48%。

在德育工作者与小学校长比较中，德育工作者选择"我行我素"的比率较小学校长比率要高 7.01 个百分点，小学校长选择"任性乖张"的比率较德育工作者要高 7.87 个百分点。

表 5-25　德育工作者与小学校长对留守弊处的认识

选项	总计			德育工作者		小学校长		德育工作者与小学校长比较
				2019 年（b）		2021 年（c）		
	人数/名	比率/%	排序	人数/名	比率/%	人数/名	比率/%	率差/个百分点
我行我素	131	18.27	2	25	24.27	106	17.26	7.01
孤僻内向	195	27.20	1	32	31.07	163	26.55	4.52
任性乖张	111	15.48	3	9	8.74	102	16.61	−7.87
抽烟、酗酒、赌博	52	7.25	7	9		43	7.00	1.74
结伙滋事、打架斗殴	75	10.46	4	9	8.74	66	10.75	−2.01
早恋	61	8.51	5	8	7.77	53	8.63	−0.86
盗劫、抢劫等违法行为	36	5.02	8	5	4.85	31	5.05	−0.20
其他	56	7.81	6	6	5.83	50	8.14	−2.31
合计	717	100.00		103	100.00	614	100.00	0.00

总的来看，被访者较一致的认识是，留守对于儿童而言，有利有弊，但弊大于利。

二、留守儿童父母（监护人）的相关情况

留守儿童父母（监护人）的文化程度关系到留守儿童教育关爱与家校育人的成效。

（一）留守儿童父母（监护人）的文化程度

1. 留守儿童的自述

如表 5-26 所示，在对留守儿童父母（监护人）文化程度状况的调查中，35.20%的留守儿童认为自己的父母（监护人）是"初中"文化程度，选择"没上过学"和"小学"的合比率为 43.65%，选择"高中及以上"的比率为 21.15%。留守儿童父母（监护人）的文化程度多集中在初中及小学。父母（监护人）的文化程度高一些，其知识面与看问题的视角会更为全面，对教育关爱留守儿童则更有利。

从 2019 年（b）与 2016 年比较来看，留守儿童选择"没上过学"的比率大幅下降，说明留守儿童父母（监护人）的受教育状况有较大的改善。

表 5-26　留守儿童父母（监护人）的文化程度状况

选项	总计			留守儿童						
				2016 年		2017 年（a）		2019 年（b）		2019 年（b）与 2016 年比较
	人数/名	比率/%	排序	人数/名	比率/%	人数/名	比率/%	人数/名	比率/%	率差/个百分点
没上过学	238	19.90	4	164	44.20	9	3.11	65	12.13	−32.07
小学	284	23.75	2	91	24.53	79	27.34	114	21.27	−3.26
初中	421	35.20	1	66	17.79	146	50.52	209	38.99	21.2
高中及以上	253	21.15	3	50	13.48	55	19.03	148	27.61	14.13
合计	1196	100.00		371	100.00	289	100.00	536	100.00	0.00

2. 其他研究者的调研情况分析

如表 5-27 所示，在 2008 年 6 月至 2009 年 5 月湖南省慈利县、邵阳县与重庆市梁平县 8 个乡镇 16 个行政村的留守儿童调查（N：102 名）中，针对监护人的文化水平，49.02%的留守儿童选择"小学"，选择"初中"的

比率为 19.61%，选择"文盲"的比率为 15.69%（刘辉等，2010）。

在 2012 年江西省上饶市、九江市 3 所农村小学和 1 所乡镇中学的留守儿童调查（N：473 名）中，针对监护人的文化水平，54.3%的留守儿童选择"未接受过正规学校教育"，选择"小学和初中"的比率为 41.2%（周琢虹，2012）。

在 2016 年江西省赣州市的留守儿童调查（N：319 047 名）中，47.6%的留守儿童监护人（祖父母）的文化水平为"小学"，选择"未上过学"的比率为 10.0%（康安峰等，2016）。

在 2019 年甘肃省庆阳市的留守儿童调查中，留守儿童监护人文化水平在"小学及以下"的比率为 69.35%，文化水平在"初中"的比率为 25.13%（庆阳市人民政府研究室课题组，2019）。

在 2020 年江苏省宿迁市泗阳县的留守儿童调查（N：456 名）中，60.96%的留守儿童父母的文化程度是"初中"，"高中"的比率为 16.23%，"小学"的比率为 14.04%（匡凤等，2021）。

表 5-27　留守儿童父母（监护人）的文化程度　　　　　（%）

2008 年 6 月至 2009 年 5 月湖南省慈利县、邵阳县与重庆市梁平县 8 个乡镇 16 个行政村的留守儿童调查		2012 年江西省上饶市、九江市 3 所农村小学和 1 所乡镇中学的留守儿童调查		2016 年江西省赣州市的留守儿童调查		2019 年甘肃省庆阳市的留守儿童调查		2020 年江苏省宿迁市泗阳县的留守儿童调查	
选项	留守儿童	选项	留守儿童	选项	监护人	选项	监护人	选项	留守儿童
文盲	15.69	未接受过正规学校教育	54.3	未上过学	10.0	小学及以下	69.35	没上过学	3.73
小学	49.02	小学和初中	41.2	小学	47.6	初中	25.13	小学	14.04
初中	19.61	高中	4.5	未标明	42.4	高中	4.02	初中	60.96
高中	9.80					其他	1.51	高中	16.23
大专及以上	2.94							高中以上	4.39
未标明	2.94							未标明	0.65
合计	100.00	合计	100.00	合计	100.00	合计	100.00	合计	100.00

3. 本书与其他研究者调研情况的比较分析

在本书的调查中，35.20%的留守儿童认为自己的父母（监护人）是"初中"文化程度，留守儿童选择"没上过学"和"小学"的合比率为 43.65%，选择"高中及以上"的比率为 21.15%。结果表明，四成多的留守儿童的父母（监护人）的文化程度在小学及以下。

在其他研究者的调查中，2008 年、2012 年、2016 年、2019 年的调查数据显示，一半以上的留守儿童父母（监护人）的文化程度是小学及以下，其中部分调查数据中还包括文盲和半文盲；2020 年的调查数据显示，大部分留守儿童父母（监护人）的文化程度是"初中"。

本书的调查数据截至 2019 年，从与其他研究者调研数据的比较来看，均认为留守儿童父母（监护人）文化程度近年虽有一定的提高，但总体还是相对偏低的。提高留守儿童父母（监护人）的文化程度，在很大程度上有助于改进其教育关爱方式，促进留守儿童的健康成长与发展。

（二）留守儿童父母（监护人）的辅导能力

1. 其他研究者的调研情况分析

如表 5-28 所示，在 2008 年广西 L 县农村初中留守儿童家庭德育现状的调查（N：留守儿童 1712 名、监护人 157 名）中，对监护人的监护能力，30.57% 的监护人"没文化没精力，根本不能胜任"，25.48% 的监护人"有时间有文化有精力，能够胜任"，20.38% 的监护人"有文化但没精力，基本不能胜任"（罗箭华，2009）。

在 2014 年安徽省宿州市泗县农村某学校的留守儿童调查（N：150 名）中，针对监护人给留守儿童学习辅导的情况，57.7% 的留守儿童表示"完全不能辅导"，选择"部分辅导"的比率为 27.5%（朱海雪等，2014）。

在 2016 年云南省留守儿童义务教育现状的调查（N：学生 609 名、教师 305 名）中，45.91% 的监护人表示"不能"辅导留守小学生的学习，仅有 20.69% 的监护人"能"辅导留守小学生的学习。58.77% 的监护人表示"不能"辅导留守中学生的学习，11.40% 的监护人表示"能"辅导留守中学生的学习（成巧云等，2016）。

在 2020 年黑龙江省留守儿童学习监护现状的调查中，69.34% 的留守儿童"没有人辅导"，20.27% 的留守儿童"除了父母之外的监护人辅导"（郭庆娟，2021）。

在 2020 年青海省脑山地区的留守儿童调查（N：49 名）中，78.94% 的留守儿童表示监护人"重视，但不能辅导"，选择"重视，能辅导"和"不重视"的比率均为 10.53%（郭守全，2021）。

表 5-28　留守儿童父母（监护人）的学习辅导能力　　（%）

2008 年广西 L 县农村初中留守儿童家庭德育现状的调查（监护人的监护能力）		2014 年安徽省宿州市泗县农村某学校的留守儿童调查（监护人给留守儿童学习辅导的情况）		2016 年云南省留守儿童义务教育现状的调查（监护人辅导留守儿童学习的情况）			2020 年黑龙江省留守儿童学习监护现状的调查（监护人的学习辅导能力）		2020 年青海省脑山地区的留守儿童调查（监护人的学习辅导）	
有时间有文化有精力，能够胜任	25.48	全面辅导	14.8	能	20.69*	11.40**	没有人辅导	69.34	重视，能辅导	10.53
没文化没精力，根本不能胜任	30.57	部分辅导	27.5	大部分	7.76	5.26	除了父母之外的监护人辅导	20.27	重视，但不能辅导	78.94
有文化但没精力，基本不能胜任	20.38	完全不能辅导	57.7	少部分	25.65	24.56	由其他人辅导	10.39	不重视	10.53
有精力但没文化，基本不能胜任	15.92			不能	45.91	58.77				
不知道如何教育孩子	5.09									
其他	2.54									
合计	100.00	合计	100.00	合计	100.00	100.00	合计	100.00	合计	100.00

* 本列表示监护人辅导留守小学生的情况，** 本列表示监护人辅导留守中学生的情况。

2. 其他研究者调研情况的总体性认识

在其他研究者的调研中，留守儿童父母（监护人）对留守儿童的学习辅导状况不容乐观，大部分的留守父母（监护人）没有精力和文化能力来辅导留守儿童学习。上述本书以及其他研究中关于留守儿童父母（监护人）文化程度的调查显示，相当部分留守儿童父母（监护人）的文化程度是小学及以下的水平，文化程度相对较低。一般而言，处在较低文化水平下，父母（监护人）或多或少地会影响自己辅导留守儿童的学习成效。此外，留守儿童的父母（监护人）忙于生计，没有时间和精力也是造成辅导困难的重要因素。

三、留守儿童教育关爱的一般状况

"农村留守儿童的教育与关爱工作是一项全面系统的工程,主要涉及政府、学校等多个层面。"(叶松庆等,2017b)

(一)党组织和政府部门的教育关爱举措

1. 本书的前期成果呈现的状况(叶松庆等,2017a)

(1)建设留守儿童活动之家以提供学习和娱乐场所

留守儿童活动之家为留守儿童提供必要的现代化设备与阅读场所,并且有相应的规章制度,能够满足留守儿童基本的文化生活要求,留守儿童活动之家是进一步落实留守儿童教育关爱行动的重要举措。留守儿童活动之家应具备以下的构成要素:一是具备基本的硬件设施。留守儿童活动之家应具备必要的体育活动器材,以供留守儿童开展必要的体育活动,还应配备电话网络和电子设备,便于留守儿童与在外打工的父母电话联系或视频交流,有助于父母亲及时了解留守儿童的心理与行为状况,增强他们之间的交流和沟通。二是举办必要的交流活动。留守儿童活动之家可以定期举办一些有关文体娱乐、情感联络以及心理咨询等方面的活动。与此同时,要充分利用节假日,充分利用大学生开展暑期社会实践机会,吸纳大学生参与到具体的活动之中,让留守儿童在节假日尤其是寒暑假中感受假期的乐趣。三是注重队伍建设。留守儿童活动之家建立之后,不能"束之高阁",要充分利用留守儿童活动之家的优势,因此,需要配备必要的管理与服务队伍,切实在留守儿童活动之家开放的过程中,尽心尽力地为留守儿童服务。同时还可以与当地的群团组织建立良好的联系,吸纳青年志愿者加入管理队伍当中,切实提高留守儿童活动之家的利用效率,真正发挥"家"的功能,让留守儿童能有归属感。

(2)签署监护人委托责任书且实施一人一档制

留守儿童父母长期在外打工,在一定程度上导致其监护缺位。为了加强对留守儿童有效的管理,避免留守儿童出现"三无"(无人照料、无人管理、无人监护)的情况,需要留守儿童的父母委托监护人(包括留守儿童的祖父母、外祖父母以及其他亲属等),地方民政部门,以及留守儿童父母及留守儿童实际监护人三方签署监护人委托责任书,进一步明确相关责任主体的监护责任,避免出现监护缺位的问题。在确保留守儿童处在实际监护的状况下,地方民政部门要建立留守儿童的一人一档制度,翔实地记录留守儿童的学习、生活以及其他必要信息,定期梳理相关数据,并定期实地查看留守儿童所在的学校以及住所，确保不留信息的"盲区"，避免出现留守儿童信息"失真"与监护"失控"的问题。

（3）配备留守儿童教育关爱保护工作专职干部

留守儿童教育关爱"最后一公里"在于落实到具体行动之中。为落实留守儿童的教育关爱行动，避免出现相互推诿扯皮的现象，地方民政部门往往会根据实际情况，在留守儿童相对集中的区域设置专职干部。专职干部一般由村委会干部或以购买服务的方式引入第三方机构的人员来担任。在实地调研考察中得知，也有热心的志愿者加入其中。专职干部的主要职责包括实地走访与了解留守儿童的家庭基本情况，以及当前学习与生活的状况，并根据留守儿童的具体情况，制定相应的有针对性和可操作性强的教育关爱实施方案。对区域内留守儿童的情况汇总后，通过文件的形式报送至相关民政部门，为民政部门做具体决策提供相应的依据。一方面，专职干部要发挥好桥梁纽带的作用，积极将相关政策告知留守儿童的实际监护人和在外打工的留守儿童父母；另一方面，要将实地了解的情况反馈给民政管理部门，进而不断优化决策，提高留守儿童教育关爱的实效性。

（4）着力解决留守儿童的入学及教育问题

对留守儿童的教育关爱既要重视物质层面，又要重视对留守儿童的心灵的关爱。党和政府着力构建农民工本地就业兼子女外地入学保障机制，切实保障留守儿童接受教育，享有平等的受教育权。一方面，党和政府着力加大对农村学校的基础设施与师资的投入，让留守儿童接受稳定的高质量教育，与此同时，注意防止师资与生源的流失；另一方面，党和政府多措并举，吸收广大留守儿童进城（入镇）读书，解决留守儿童"上学难""读书难"的问题，使得留守儿童与城镇儿童享有同等的教育发展机会和待遇，降低留守儿童在城镇入学的阻力，减少亲子长期分离的现象，促使留守儿童能留在父母身边，从而在健全完整的家庭生活环境中健康成长。

（5）注重健全留守儿童的教育关爱运行机制

留守儿童的教育关爱作为系统性工程，党和政府注重建立健全教育关爱的"运行维护机制"（叶松庆等，2018b），具体包括：利用大数据平台来更新与收集留守儿童的信息，为细化留守儿童的教育关爱措施奠定基础。党和政府在采取具体措施的过程中，注重明晰不同职能部门的职责与边界，做好留守儿童教育关爱工作规范化。此外，注重对教育关爱运行机制的监督与反馈，从具体运行过程中发现问题，并着力加以解决，优化举措，努力实现留守儿童教育关爱的高质量供给。

2. 其他研究者的调研情况分析

在 2007 年辽宁省义县的留守儿童调查中，100.0%的留守儿童表示基层党组织的关爱行动主要是"结成'一对一'帮护对子，配备'代理妈妈'"（张庆国等，2007）。

如表 5-29 所示，在 2008 年吉林省白山市江源区、八道江区、抚松县、临江市的留守儿童调查中，已经成立 86 个"关爱留守儿童工作领导小组"、55 对八道江区"五老"志愿者与留守儿童结成帮扶对子等（佚名，2008）。

在 2017 年河北省的留守儿童调查中，基层党组织和地方政府建构的留守儿童关爱服务体系主要包括：培育"四个场域"、打造"五个主体"、创新"五个机制"（牟永福等，2017）。

在 2018 年安徽省民政厅、安徽行政学院的调查（N：16 个县）中，各县留守儿童关爱保护工作形成了"以政府为主导""以家庭为中心""以学校为主阵地和纽带""以村组（社区）为依托"的留守儿童关爱保护工作体系（倪大兵等，2018）。

表 5-29　党组织和政府部门教育关爱留守儿童的相关情况（一）

2008 年吉林省白山市江源区、八道江区、抚松县、临江市的留守儿童调查[县（市）区委和乡镇（街）委的关爱行动]		2017 年河北省的留守儿童调查（基层党组织和地方政府建构留守儿童关爱服务体系）		2018 年安徽省民政厅、安徽行政学院的调查（各县留守儿童关爱保护工作）	
选项	已完成数量	选项	是否已完成	选项	是否已完成
全市成立"关爱留守儿童工作领导小组"	86 个	培育"四个场域"（舆论场、权益场、网络场、社区场）	√	以政府为主导的农村儿童关爱保护工作体系	√
江源区建立关爱留守儿童工作制度	14 项	打造"五个主体"[家庭，县、乡镇人民政府，村委会（居委会），学校，群团组织和社会力量]	√	形成以家庭为中心的留守儿童关爱保护责任体系	√
八道江区"五老"志愿者与留守儿童结成帮扶对子	55 对	创新"五个机制"（强制报告机制、应急处置机制、评估帮扶机制、监护干预机制、协调联动机制）	√	以学校为主阵地和纽带开展关爱保护成为当前工作的着力点	√
江源区正岔街道的"家庭小课堂"	10 个			以村组（社区）为依托的关爱服务得到加强	√
抚松县帮扶教育失足留守儿童	39 名				

如表 5-30 所示，在 2019 年福建省龙岩市武平、长汀、上杭、永定、新罗等 5 个县（区）的留守儿童调查（N：375 名）中，该 5 个县（区）中配备儿童督导员 134 名、儿童主任 1939 名，建立"儿童之家"14 个，设有"乡村级儿童关爱基础示范点"72 个、"县级儿童关爱特色示范点"10 个、"市级样板儿童关爱示范点"1 个，可见市委市政府领导对留守儿童教育关爱是很重视的（张毅，2020）。

在 2019 年湖南省郴州市的调查中，市委市政府关爱留守儿童的举措是"创建留守儿童关爱保护工作示范村"261 个（黄江虹，2019）。

在 2020 年湖南省郴州市嘉禾县关爱保护留守儿童工作调查中，该县设有村级留守儿童之家 106 个，建设达标，运行良好，同时配备乡镇督导员和儿童主任 206 名（心彧，2020）。

在 2020 年×省×县政府购买关爱留守儿童公共服务的调查中，县政府向 10 所镇中心学校拨专款 30 万元，用于关爱留守儿童（顾梦雨等，2020）。

在 2020 年贵州省望谟县留守儿童关爱模式的调查（N：乡镇 15 个、中小学 82 所）中，望谟县已经全面落实"普惠政策"模式，"重点关注，精准包保"模式效果佳，借力"社会力量"模式效果佳，"四在学校，幸福校园"模式见成效（刘秀祥等，2020）。

如表 5-31 所示，在 2021 年河南省商丘市教育关爱留守儿童的相关举措中，19 个部门参与民政部门牵头的儿童福利服务体系建设工作联席会议，成立 10 个儿童福利指导中心、147 个乡（镇、街道办事处）督导站、2000 个"儿童之家"，建立 147 个孤儿、事实性无人抚养儿童、困境儿童、留守儿童动态数据库，培训了 175 名儿童督导员和儿童福利指导中心主任，对留守儿童集中供养 1350 元/（人·月）、分散供养 950 元/（人·月）。商丘市从健全儿童福利服务体系工作机制、推进儿童福利服务体系全覆盖、强化儿童福利服务体系保障以及加强儿童关爱保护政策落实等层面来落实留守儿童的教育关爱（商丘市民政局，2021）。

在党委与政府建立关爱留守儿童联席会议制度的调查中，民政部（国务院办公厅，2018）、福建省（福建省人民政府办公厅，2019）、福建省漳州市（漳州市人民政府办公室，2020）以及湖北省襄阳市（襄阳市人民政府办公室，2019）等地均建立了关爱留守儿童的联席会议制度（不完全调查）。

表 5-30　党组织和政府部门教育关爱留守儿童的相关情况（二）

2019年福建省龙岩市武平、长汀、上杭、永定、新罗等五个县区的留守儿童调查（市委市政府的关爱举措）		2019年湖南省郴州市的调查（市委、市政府关爱留守儿童的举措）		2020年湖南省郴州市嘉禾县关爱保护留守儿童工作调查（县委县政府关爱举措）		2020年×省×县政府购买关爱留守儿童公共服务的调查（×县政府购买关爱服务情况）		2020年贵州省望谟县留守儿童关爱模式的调查（县委、县政府建立的关爱留守儿童模式）		
选项	已完成数量	选项	已完成数量	选项	已完成数量	选项	已完成数量	选项	是否已完成	效果
配备儿童督导员	134名	创建留守儿童关爱保护工作示范村	261个	村级留守儿童之家（建设达标、运行良好）	106个	向10所镇中心学校拨款30万元专款用于关爱留守儿童	10所	"普惠政策"模式	√	全面落实
配备儿童主任	1939名			配备乡镇督导员和儿童主任	206名			"四在学校、幸福校园"模式	√	见成效
建立"儿童之家"	14个							"重点关注、精准包保"模式	√	效果佳
设有"乡村级儿童关爱基础示范点"	72个							借力"社会力量"模式	√	效果佳
设有"县级儿童关爱特色示范点"	10个									
设有"市级关爱儿童样板儿童示范点"	1个									

表 5-31　党组织和政府部门教育关爱留守儿童的相关情况（三）

健全儿童福利服务体系工作机制		推进儿童福利服务体系全覆盖		强化儿童福利服务体系保障		加强儿童关爱保护政策落实	
选项	参与部门数/个	选项	数量/个	选项	人数/名	选项	金额/元/（人·月）
民政部门牵头的儿童福利服务体系建设工作联席会议	19	成立儿童福利指导中心	10	培训儿童督导员和儿童福利指导中心主任	175	集中供养	1350
		成立乡镇（街道办事处）督导站	147			分散供养	950
		成立"儿童之家"	2000				
		建立孤儿、事实性无人抚养儿童、困境儿童、留守儿童动态数据库	147				
合计	19	合计	2304	合计	175	合计	2300

（二）学校实行的教育关爱措施

1. 学校领导重视留守儿童的生存状况

（1）留守儿童的自述

如表 5-32 所示，在对儿童就学校是否重视留守儿童生存状况看法的调查中，44.78%的留守儿童表示"不清楚"，选择"重视"的比率为 37.50%，选择"不重视"的比率为 17.72%。44.35%的非留守儿童表示学校"重视"留守儿童生存状况，选择"不清楚"的比率为 39.19%。

从留守儿童与非留守儿童比较来看，留守儿童对这一问题更多地表现为"不清楚"，非留守儿童则更多地认为学校"重视"留守儿童的生存状况。

表 5-32　儿童对学校是否重视留守儿童生存状况的看法

选项	总计			留守儿童 2019 年（b）		非留守儿童 2019 年（b）		不清楚 2019 年（b）		留守儿童与非留守儿童比较
	人数/名	比率/%	排序	人数/名	比率/%	人数/名	比率/%	人数/名	比率/%	率差/个百分点
重视	476	41.07	2	201	37.50	275	44.35	0	0.00	−6.85
不重视	198	17.08	3	95	17.72	102	16.45	1	33.33	1.27

续表

选项	总计			留守儿童 2019 年（b）		非留守儿童 2019 年（b）		不清楚 2019 年（b）		留守儿童与非留守儿童比较
	人数/名	比率/%	排序	人数/名	比率/%	人数/名	比率/%	人数/名	比率/%	率差/个百分点
不清楚	485	41.85	1	240	44.78	243	39.19	2	66.67	5.59
合计	1159	100.00		536	100.00	620	100.00	3	100.00	0.00

（2）相关群体的认识

1）中学老师、家长与德育工作者的认识。如表 5-33 所示，在对中学老师、家长与德育工作者就学校是否重视留守儿童生存状况看法的调查中，59.70% 的中学老师表示学校"重视"留守儿童生存状况，选择"不清楚"的比率为 22.39%。57.14% 的家长认为学校"重视"留守儿童的生存状况。德育工作者选择"重视"和"不重视"的比率分别为 43.48% 和 41.30%，率差较小。

从中学老师与家长比较来看，中学老师选择"不重视"和"重视"的比率较家长要高，家长选择"不清楚"的比率较中学老师要高。

表 5-33　中学老师、家长与德育工作者对学校是否重视留守儿童生存状况的看法

选项	总计			中学老师 2019 年（a）		家长 2019 年（a）		德育工作者 2019 年（a）		中学老师与家长比较
	人数/名	比率/%	排序	人数/名	比率/%	人数/名	比率/%	人数/名	比率/%	率差/个百分点
重视	96	54.55	1	40	59.70	36	57.14	20	43.48	2.56
不重视	38	21.59	3	12	17.91	7	11.11	19	41.30	6.80
不清楚	42	23.86	2	15	22.39	20	31.75	7	15.22	−9.36
合计	176	100.00		67	100.00	63	100.00	46	100.00	0.00

2）中学校长与小学校长的认识。如表 5-34 所示，在对中学校长与小学校长就学校是否重视留守儿童生存状况的调查中，83.68% 的相关群体表示学校"重视"，81.50% 的中学校长表示学校"重视"留守儿童的生存状况，但在不同的年份，中学校长选择"重视"的比率有所变化，选择"不重视"的比率有波动。

从中学校长与小学校长比较来看，小学校长选择"重视"的比率要高于中学校长，选择"不重视"的比率低于中学校长。

表 5-34 中学校长与小学校长对学校是否重视留守儿童生存状况的看法

选项	总计			中学校长								小学校长		中学校长与小学校长比较
				2019年(a)		2020年(a)		2021年(c)		小计		2021年(c)		
	人数/名	比率/%	排序	人数/名	比率/%	人数/名	比率/%	人数/名	比率/%	人数/名	比率/%	人数/名	比率/%	率差/个百分点
重视	323	83.68	1	65	79.27	37	90.24	39	78.00	141	81.50	182	85.45	-3.95
不重视	50	12.95	2	13	15.85	3	7.32	11	22.00	27	15.61	23	10.80	4.81
不清楚	13	3.37	3	4	4.88	1	2.44	0	0.00	5	2.89	8	3.76	-0.87
合计	386	100.00		82	100.00	41	100.00	50	100.00	173	100.00	213	100.00	0.00

2. 学校设立留守儿童关爱站

（1）留守儿童的自述

留守儿童关爱站是教育关爱留守儿童的重要场所，留守儿童可以利用该场所进行阅读、聊天、与父母联系等。

如表 5-35 所示，在对留守儿童就学校有没有设立专门针对留守儿童的关爱站认识的调查中，41.04%的留守儿童表示"有"，选择"没有"的比率为 36.78%。

从 2019 年（b）与 2016 年比较来看，留守儿童认为"有"的比率有较大幅度的下降，认为"没有"的比率有一定幅度的提升，认为"不清楚"的比率也有一定幅度的提升，可见留守儿童对学校专门设立针对留守儿童的关爱站的了解程度逐渐降低。

表 5-35 留守儿童对学校有没有设立专门针对留守儿童的关爱站的认识

选项	总计			留守儿童								2019年（b）与2016年比较
				2016年		2017年（a）		2017年（b）		2019年（b）		
	人数/名	比率/%	排序	人数/名	比率/%	人数/名	比率/%	人数/名	比率/%	人数/名	比率/%	率差/个百分点
有	616	41.04	1	182	49.06	154	53.29	111	36.39	169	31.53	-17.53
没有	552	36.78	2	108	29.11	52	17.99	194	63.61	198	36.94	7.83
不清楚	333	22.19	3	81	21.83	83	28.72	0	0.00	169	31.53	9.69
合计	1501	100.00		371	100.00	289	100.00	305	100.00	536	100.00	0.00

（2）相关群体的认识

1）中学老师、家长与德育工作者的认识。如表 5-36 所示，在对中学老师、家长与德育工作者就学校有没有专门针对留守儿童的关爱站认识的调查中，52.24%的中学老师选择"有"，选择"没有"的比率为28.36%。41.27%的家长选择"有"，选择"没有"的比率为30.16%。德育工作者选择"有"的比率为41.30%，选择"没有"的比率为34.78%。四成以上的相关群体认为学校"有"专门针对留守儿童的关爱站。

　　从中学老师与家长比较来看，中学老师选择"有"的比率较家长要高，家长选择"不清楚"的比率较中学老师要高。中学老师对学校的了解比家长要准确一些。

表 5-36　中学老师、家长与德育工作者对学校有没有专门针对留守儿童的关爱站的认识

选项	总计			中学老师		家长		德育工作者		中学老师与家长比较
				2019 年（b）		2019 年（b）		2019 年（b）		
	人数/名	比率/%	排序	人数/名	比率/%	人数/名	比率/%	人数/名	比率/%	率差/个百分点
有	80	45.45	1	35	52.24	26	41.27	19	41.30	10.97
没有	54	30.68	2	19	28.36	19	30.16	16	34.78	−1.80
不清楚	42	23.86	3	13	19.40	18	28.57	11	23.91	−9.17
合计	176	100.00		67	100.00	63	100.00	46	100.00	0.00

　　2）中学校长与小学校长的认识。如表 5-37 所示，在对中学校长与小学校长就学校有没有专门针对留守儿童的关爱站认识的调查中，66.47%的中学校长选择"有"，选择"没有"的比率为32.37%。从不同年份来看，中学校长选择"有"的比率有波动，选择"没有"的比率有波动。小学校长认为"有"的比率较高。

　　从中学校长与小学校长比较来看，中学校长选择"有"的比率小计较小学校长低 5.83 个百分点，中学校长选择"没有"的比率小计较小学校长高 7.02%。这从侧面说明在小学设立的关爱站多于中学。

表 5-37　中学校长、小学校长对学校有没有专门针对留守儿童的关爱站的认识

选项	总计			中学校长								小学校长		中学校长与小学校长比较
				2019 年（b）		2020 年（b）		2021 年（c）		小计		2021 年（c）		
	人数/名	比率/%	排序	人数/名	比率/%	人数/名	比率/%	人数/名	比率/%	人数/名	比率/%	人数/名	比率/%	率差/个百分点
有	269	69.69	1	53	64.63	32	78.05	30	60.00	115	66.47	154	72.30	−5.83
没有	110	28.50	2	28	34.15	9	21.95	19	38.00	56	32.37	54	25.35	7.02
不清楚	7	1.81	3	1	1.22	0	0.00	1	2.00	2	1.16	5	2.35	−1.19
合计	386	100.00		82	100.00	41	100.00	50	100.00	173	100.00	213	100.00	0.00

3. 留守儿童可寄宿在学校

（1）留守儿童的自述

如表 5-38 所示，在对儿童就留守儿童可否寄宿学校看法的调查中，37.70%的儿童表示"可以"，选择"不可以"的儿童比率为 20.19%，42.11%的儿童表示"不清楚"。不论如何说，受访的近四成的留守儿童表示是"可以"寄宿学校的。

从留守儿童与非留守儿童比较来看，两者的看法基本一致。

表 5-38　儿童对留守儿童可否寄宿学校的看法

选项	总计			留守儿童 2019 年（b）		非留守儿童 2019 年（b）		不清楚 2019 年（b）		留守儿童与非留守儿童比较
	人数/名	比率/%	排序	人数/名	比率/%	人数/名	比率/%	人数/名	比率/%	率差/个百分点
可以	437	37.70	2	198	36.94	239	38.55	0	0.00	−1.61
不可以	234	20.19	3	108	20.15	125	20.16	1	33.33	−0.01
不清楚	488	42.11	1	230	42.91	256	41.29	2	66.67	1.62
合计	1159	100.00		536	100.00	620	100.00	3	100.00	0.00

（2）相关群体的认识

1）中学老师、家长与德育工作者的认识。如表 5-39 所示，在对中学老师、家长与德育工作者就留守儿童可否寄宿学校看法的调查中，相关群体选择"可以"的比率为 49.12%，选择"不可以"的比率为 21.35%，选择"不清楚"的比率为 29.53%。近半数的相关群体认为留守儿童可以寄宿学校。也就是说，受访的 51.93%的中学老师、41.30%的德育工作者所在学校的留守儿童是可以寄宿学校的。

从中学老师与家长比较来看，中学老师选择"可以"的比率较家长要高，而家长选择"不可以"的比率较中学老师要高。

表 5-39　中学老师、家长与德育工作者对留守儿童可否寄宿学校的看法

选项	总计			中学老师						家长 2019 年（b）		德育工作者 2019 年（b）		中学老师与家长比较
				2016 年		2019 年（b）		小计						
	人数/名	比率/%	排序	人数/名	比率/%	人数/名	比率/%	人数/名	比率/%	人数/名	比率/%	人数/名	比率/%	率差/个百分点
可以	168	49.12	1	86	51.81	35	52.24	121	51.93	28	44.44	19	41.30	7.49
不可以	73	21.35	3	29	17.47	12	17.91	41	17.60	18	28.57	14	30.43	−10.97

续表

| 选项 | 总计 | | | 中学老师 | | | | | | 家长 | | 德育工作者 | | 中学老师与家长比较 |
| | | | | 2016 年 | | 2019 年（b） | | 小计 | | 2019 年（b） | | 2019 年（b） | | |
	人数/名	比率/%	排序	人数/名	比率/%	人数/名	比率/%	人数/名	比率/%	人数/名	比率/%	人数/名	比率/%	率差/个百分点
不清楚	101	29.53	2	51	30.72	20	29.85	71	30.47	17	26.98	13	28.26	3.49
合计	342	100.00		166	100.00	67	100.00	233	100.00	63	100.00	46	100.00	0.00

2）中学校长与小学校长的认识。如表 5-40 所示，在对中学校长与小学校长就留守儿童可否寄宿学校看法的调查中，46.19%的相关群体选择"可以"，选择"不可以"的比率为 46.41%。也就是说，四成多的中小学留守儿童是可以寄宿学校的。

从中学校长与小学校长比较来看，小学校长选择"可以"的比率较中学校长要高，中学校长选择"不可以"的比率要高于小学校长。

表 5-40　中学校长与小学校长对留守儿童可否寄宿学校的看法

| 选项 | 总计 | | | 中学校长 | | | | | |
| | | | | 2016 年 | | 2019 年（b） | | 2020 年（b） | |
	人数/名	比率/%	排序	人数/名	比率/%	人数/名	比率/%	人数/名	比率/%
可以	212	46.19	2	25	39.06	48	58.54	16	32.00
不可以	213	46.41	1	21	32.81	30	36.59	34	68.00
不清楚	34	7.41	3	18	28.13	4	4.88	0	0.00
合计	459	100.00		64	100.00	82	100.00	50	100.00

| 选项 | 中学校长 | | | | 小学校长 | | 中学校长与小学校长比较 |
| | 2021 年（c） | | 小计 | | 2021 年（c） | | |
	人数/名	比率/%	人数/名	比率/%	人数/名	比率/%	率差/个百分点
可以	16	32.00	105	42.68	107	50.23	−7.55
不可以	34	68.00	119	48.37	94	44.13	4.24
不清楚	0	0.00	22	8.94	12	5.63	3.31
合计	50	100.00	246	100.00	213	100.00	0.00

4. 学校定期开展关爱留守儿童活动和召开相关会议

（1）留守儿童的自述

如表 5-41 所示，在对儿童就学校是否定期开展关爱留守儿童活动和召开相关会议看法的调查中，38.91%的儿童认为"有"，选择"没有"的比率为 26.14%，选择"不清楚"的比率为 34.94%。在儿童的眼中，学校针对留守儿童的关爱活动"有"，但偏少。

从留守儿童与非留守儿童比较来看，留守儿童选择"有"的比率较非留守儿童低 2.13 个百分点，留守儿童选择"没有"的比率较非留守儿童高 4.67 个百分点。两者的看法略有不同。

表 5-41　儿童对学校是否定期开展关爱留守儿童活动和召开相关会议的看法

选项	总计			留守儿童 2019 年（b）		非留守儿童 2019 年（b）		不清楚 2019 年（b）		留守儿童与非留守儿童比较
	人数/名	比率/%	排序	人数/名	比率/%	人数/名	比率/%	人数/名	比率/%	率差/个百分点
有	451	38.91	1	203	37.87	248	40.00	0	0.00	−2.13
没有	303	26.14	3	153	28.54	148	23.87	2	66.67	4.67
不清楚	405	34.94	2	180	33.58	224	36.13	1	33.33	−2.55
合计	1159	100.00		536	100.00	620	100.00	3	100.00	0.00

（2）相关群体的认识

1）中学老师、家长与德育工作者的认识。如表 5-42 所示，在对中学老师、家长与德育工作者就学校是否定期开展关爱留守儿童活动和召开相关会议看法的调查中，相关群体选择"有"的比率为 46.49%，选择"没有"的比率为 23.98%，选择"不清楚"的比率为 29.53%。中学老师群体选择"有"的比率合计为 48.07%，家长选择"有"的比率为 38.10%，均低于德育工作者选择"有"的比率（50.00%）。

从中学老师与家长比较来看，中学老师选择"有""不清楚"的比率高于家长。

表 5-42　中学老师、家长与德育工作者对学校是否定期开展关爱留守儿童活动和召开相关会议的看法

选项	总计			中学老师						家长 2019 年（b）		德育工作者 2019 年（b）		中学老师与家长比较
				2016 年		2019 年（b）		小计						
	人数/名	比率/%	排序	人数/名	比率/%	人数/名	比率/%	人数/名	比率/%	人数/名	比率/%	人数/名	比率/%	率差/个百分点
有	159	46.49	1	74	44.58	38	56.72	112	48.07	24	38.10	23	50.00	9.97
没有	82	23.98	3	34	20.48	14	20.90	48	20.60	21	33.33	13	28.26	−12.73
不清楚	101	29.53	2	58	34.94	15	22.39	73	31.33	18	28.57	10	21.74	2.76
合计	342	100.00		166	100.00	67	100.00	233	100.00	63	100.00	46	100.00	0.00

2）中学校长与小学校长的认识。如表 5-43 所示，在对中学校长与小学校长就学校是否定期开展关爱留守儿童活动和召开相关会议看法的调查

中，65.78%的相关群体选择"有"，选择"没有"的比率为26.44%。

从中学校长与小学校长比较来看，中学校长选择"有"的比率为53.59%，这一比率远低于小学校长选择"有"的比率（79.34%），小学校长选择"没有"的比率较中学校长要低17.23个百分点。从这里可以侧面看出，小学对留守儿童教育关爱所做的工作比中学要多一些。

表5-43　中学校长与小学校长对学校是否定期开展关爱留守儿童活动和召开相关会议的看法

选项	总计			中学校长					
				2016年		2019年（b）		2020年（b）	
	人数/名	比率/%	排序	人数/名	比率/%	人数/名	比率/%	人数/名	比率/%
有	296	65.78	1	17	26.56	49	59.76	26	63.41
没有	119	26.44	2	27	42.19	32	39.02	11	26.83
不清楚	35	7.78	3	20	31.25	1	1.22	4	9.76
合计	450	100.00		64	100.00	82	100.00	41	100.00

选项	中学校长				小学校长		中学校长与小学校长比较
	2021年（c）		小计		2021年（c）		
	人数/名	比率/%	人数/名	比率/%	人数/名	比率/%	率差/个百分点
有	35	70.00	127	53.59	169	79.34	−25.75
没有	12	24.00	82	34.60	37	17.37	17.23
不清楚	3	6.00	28	11.81	7	3.29	8.52
合计	50	100.00	237	100.00	213	100.00	0.00

5. 学校对留守儿童教育关爱的举措

（1）中学校长的认识

对2016年的64位中学校长的调查结果进行分析，来看学校的留守儿童教育关爱举措。

如表5-44所示，在对中学校长眼中学校的留守儿童教育关爱相关举措的调查中，中学校长选择"建立了教师与留守儿童之间的帮扶对子""建立了针对特殊留守儿童的补助政策和相关文件""有措施加强与留守儿童的谈心，以随时掌握留守儿童的动态""所在的学校建立留守儿童相关档案资料""学校留守儿童的管理形成'校长—分管领导—班主任'的三级管理体制"等措施的比率相对较高，认为学校切实采取了上述措施。39.06%的中学校长认为学校教育关爱留守儿童没有"与相关高校建立长效合作机制，旨在推动留守儿童更好地发展"。

表 5-44 中学校长眼中学校的留守儿童教育关爱的相关举措

	中学校长															
	2016 年															
选项	平均			学校有没有专门针对留守儿童的关爱站		建立特殊时期（如：寒暑假、重大假日）留守儿童关爱机制		建立教师与留守儿童之间的帮扶对子		建立针对特殊留守儿童的补助政策和相关文件		与相关高校建立长效合作机制，旨在推动留守儿童更好地发展		采取措施加强与留守儿童的谈心，以随时掌握留守儿童的动态	
	人数/名	比率/%	排序	人数/名	比率/%	人数/名	比率/%	人数/名	比率/%	人数/名	比率/%	人数/名	比率/%	人数/名	比率/%
有	29.04	45.94	1	25	39.06	25	39.06	44	68.75	31	48.44	20	31.25	31	48.44
没有	15.06	24.38	3	21	32.81	17	26.56	2	3.13	14	21.88	25	39.06	13	20.31
不清楚	19.00	29.69	2	18	28.13	22	34.38	18	28.13	19	29.68	19	29.69	20	31.25
合计	64.00	100.00		64	100.00	64	100.00	64	100.00	64	100.00	64	100.00	64	100.00

	中学校长							
	2016 年							
选项	学校配备一些设备如网络、亲情电话系统免费向留守儿童开放，以加强亲情联系		所在的学校建立留守儿童相关档案资料		学校对留守儿童有寄宿集中的安排或打算		学校留守儿童的管理形成"校长—分管领导—班主任"的三级管理体制	
	人数/名	比率/%	人数/名	比率/%	人数/名	比率/%	人数/名	比率/%
有	25	39.06	34	53.13	25	39.06	34	53.13
没有	15	23.44	17	26.56	21	32.81	11	17.19
不清楚	24	37.50	13	20.31	18	28.13	19	29.68
合计	64	100.00	64	100.00	64	100.00	64	100.00

如表 5-44 所示，在对中学校长眼中学校的留守儿童教育关爱相关举措的调查中，39.06%的中学校长认为"学校有配备一些设备如网络、亲情电话系统免费向留守儿童开放，以加强亲情联系"。53.13%的中学校长选择"所在的学校建立留守儿童相关档案资料"，39.06%的中学校长认为"学校对留守儿童有寄宿集中的安排或打算"，53.13%的中学校长认为"学校留守儿童的管理形成'校长—分管领导—班主任'的三级管理体制"。

45.94%的中学校长认为学校采取了相应的措施来加强对留守儿童的教育关爱，认为学校建立了相应的管理体制以及建立留守儿童相关档案等方面的举措等。

（2）其他研究者的调研情况分析

如表 5-45 所示，在 2019 年 11 月至 2020 年 2 月陕西省的太白县、陇县、麟游县、扶风县、千阳县的留守儿童调查（*N*：1051 名，其中留守儿童 662 名、中学校长 32 名、教师 357 名）中，90.3%的中学校长表示为留守儿童建立了与父母沟通的渠道，61.3%的中学校长表示学校"无"专门的心理健康老师（马多秀等，2021）。

表 5-45　中学校长眼中学校教育关爱留守儿童的相关举措　　（%）

为留守儿童建立与父母沟通的渠道		贵校有专门的心理健康老师吗	
选项	比率	选项	比率
有	90.3	有	38.7
无	9.7	无	61.3
合计	100.0	合计	100.0

（3）本书与其他研究者调研情况的比较分析

在本书的调查中，近半数的中学校长认为学校建立了留守儿童关爱站、特殊时期的关爱机制、帮扶对子、与留守儿童谈心、留守儿童档案资料等相关措施，加强了与高校的合作，开通了亲情电话，虽未直接涉及心理健康的问题，但在纾解留守儿童状态，尤其是谈心方面，中学校长认为学校采取了相关的措施，以此来了解留守儿童的动态。

在其他研究者的调查中，多数中学校长认为建立了与父母沟通的渠道，但在配备心理健康教师方面有待加强。

本书与其他研究者的调研结果大致相似。

6. 学校具体落实教育关爱的措施（叶松庆等，2017b）

（1）建立"代管家长"制度

留守儿童群体的产生：为了改善家庭经济与生活状况，留守儿童的父母外出打工，导致留守儿童父母与留守儿童长期分离。面对长期分离的现实境况，结合留守儿童大部分时间都在学校读书，他们与老师交流和生活的机会很多。因此，学校教师承担的不仅是课程教学任务，更重要的是承担如何更好地教育留守儿童的任务，建立"代管家长"制度有助于进一步调动教师的积极性并发挥其重要作用，同时也是细化教育关爱的一种好的措施。

在本书中，安徽省合肥市肥西县铭传中学尝试建立留守儿童"代管家长"制度，学校每学期会通过摸底各班级的留守儿童数量，由学校办公室统一安排，选择责任心强和熟悉留守儿童情况的班主任或任课教师担任留守儿童的"代管家长"。"代管家长"的主要工作职责包括：一是全面掌握留守儿童的相关情况和信息，了解留守儿童家庭的基本信息、学习学业情况、日常行为习惯以及日常生活起居等；二是注重留守儿童心理方面的纾解，关注留守儿童的心理健康，加强对其情感交流，缓解其由于留守出现的不同心理状况；三是加强留守儿童的安全教育，尤其是寒暑假的防溺水等教育。

"代管家长"制度要求代管教师每学期撰写至少一篇有关自身工作的心得或文章，认真总结在具体实践过程出现的问题。需要指出的是，"代管家长"制度具有一定的动态性与弹性，对于不能胜任的代管教师，将不再由其担任"代管家长"。

（2）开展丰富多彩的关爱活动

留守儿童作为未成年人群体中的特殊群体，具备未成年人群体的一般性特征，诸如容易接受形式新颖与多样的活动，并在活动中收获与成长，从而取得良好的教育关爱成效。在本书实地调研的过程中，肥西县铭传初级中学定期举办了丰富多彩的活动，活动的形式主要包括：一是充分利用节假日开展"暖心服务活动"。学校利用节假日组织留守儿童参观就近的景区、名胜或开展野炊等。二是举办相关的文体活动，满足留守儿童身心健康的需求，诸如开展"书香阅读"、"我是小先生"、校园运动会、文体表演和才艺活动等。这些活动的举办会让留守儿童充分感受到集体的温暖并通过参与活动来和同学建立较稳定的联系并增进其交流，改善因为留守导致的不良状态。三是举办"心情驿站"活动。学校设置"心情驿站"信箱，留守儿童遇到"烦心事""闹心事""不开心的事"，均可写信投至信箱，学校将会安排专门的心理教师来了解和处理留守儿童的诉求，掌握其现实心理状况，进而有针对性地做好关爱工作。

（3）定期安排免费体检

身体健康是留守儿童较为看重的因素，同时也是个体走向成功，不断实现自身价值的重要基础。留守儿童处在身心发育的关键时期，身体健康关乎其未来的发展。在实地调研过程中发现，留守儿童中存在营养不均衡、发育不良、不注重个人卫生、喜欢吃垃圾食品等现象。留守儿童虽然看重自身的身体健康，但在实际生活中缺乏必要的规训，对体检的重要性认识不清。因此，对留守儿童定期开展体检，有助于深入了解其身体的发育状况，对其出现的有碍健康的问题能及早地干预。

（三）在外打工父母的教育关爱行为

1. 在物质方面的关爱

（1）供给生活费

1）家长的自述。在本书对家长（每年）供给留守儿童生活费的调查中，50.78%的家长选择"低于300元"，29.02%的家长选择"300~600元"，选择"高于1000元"的比率为10.36%，选择"600~1000元"的比率为9.84%。大部分的家长供给留守儿童的生活费相对偏低。

2）其他研究者的调研情况分析。如表5-46所示，在2006年至2007年浙江省11个市的186个行政村的留守儿童调查（N：留守儿童320名、监护人310名、村干部219名）中，84.0%的留守儿童表示"有生活费"，生活费在"50元以上"的比率为53.5%（陈厥祥等，2008）。

表 5-46　留守儿童的生活费状况　　　　　　（%）

2006年至2007年浙江省宁波、湖州、台州、温州、舟山、嘉兴、丽水、绍兴、杭州、金华、衢州等11个市的186个行政村的留守儿童调查[留守儿童的生活费（多选题）]		2008年重庆市巫溪县文峰镇、尖山镇等六个乡镇的留守儿童调查（留守儿童每年的生活费）		2009年7月江西省新干县计生委联合县妇联13个调查小组的留守儿童调查（留守儿童每月的生活费）		2017年陕西省宝鸡地区的留守儿童调查（留守儿童过生日的花费）	
有生活费	84.0	1000元以下	56.6	100元以下	67.4	没有过生日	35.0
50元以上	53.5	1001~1500元	36.4	101~200元	26.5	100元以内	53.6
		1500以上	7.0	201~300元	5.5	300元以内	8.7
				300元以上	0.6	500元以内	1.2
						超过500元	1.5
合计	—	合计	100.0	合计	100.0	合计	100.0

在2008年重庆市巫溪县文峰镇、尖山镇等6个乡镇的留守儿童调查（N：938名）中，56.6%的留守儿童每年生活费在"1000元以下"，每年生活费在"1001~1500元"的比率为36.4%（帅晓玲，2009）。

在2009年7月江西省新干县计生委联合县妇联13个调查小组的留守儿童调查中，67.4%的留守儿童每月的生活费在"100元以下"，每月生活费"300元以上"的留守儿童仅有0.6%（孙水英，2009）。

在2017年陕西省宝鸡地区的留守儿童调查（N：689名）中，35.0%的留守儿童表示"没有过生日"，53.6%的留守儿童过生日的花费在"100元以内"，花费"超过 500 元"的比率为 1.5%（茹宗志等，2017）。

3）本书与其他研究者调研情况的比较分析。在本书的调查中，超过半数的家长（每年）给留守儿童的生活费"低于 300 元"，近三成的家长供给留守儿童"300～600 元"的生活费。家长供给留守儿童的生活费多集中在 600 元及以下的区间，相对较低。

在其他研究者的调查中，大部分的父母会给留守儿童一定的生活费，但相对较低。

（2）供给零花钱

1）留守儿童的自述。如表 5-47 所示，在父母（监护人）给留守儿童零花钱方面的做法的调查中，留守儿童选择"只要有要求就给"的比率为 36.24%，选择"偶尔会给"的比率为 17.32%，选择"经常给，但有时问使用情况"的比率为 16.26%，选择"经常给，但对使用情况有较严格的要求"的比率为 11.93%。可见相当部分的留守儿童有一定的零花钱。

从 2019 年（b）与 2016 年比较来看，留守儿童选择"从来不给"的比率下降了 8.02 个百分点，选择"经常给，但有时问使用情况"的比率提高了 8.65 个百分点，说明留守儿童父母（监护人）在经济上逐渐关心留守儿童。

表 5-47　父母（监护人）给留守儿童零花钱方面的做法

选项	总计			留守儿童								
				2016 年		2017 年（a）		2017 年（b）		2019 年（b）		2019 年（b）与 2016 年比较
	人数/名	比率/%	排序	人数/名	比率/%	人数/名	比率/%	人数/名	比率/%	人数/名	比率/%	率差/个百分点
从来不给	274	18.25	2	99	26.68	43	14.88	32	10.49	100	18.66	-8.02
只要有要求就给	544	36.24	1	157	42.32	95	32.87	83	27.21	209	38.99	-3.33
偶尔会给	260	17.32	3	39	10.51	65	22.49	85	27.87	71	13.25	2.74
经常给，但有时问使用情况	244	16.26	4	33	8.89	51	17.65	66	21.64	94	17.54	8.65
经常给，但对使用情况有较严格的要求	179	11.93	5	43	11.59	35	12.11	39	12.79	62	11.57	-0.02
合计	1501	100.00		371	100.00	289	100.00	305	100.00	536	100.00	0.00

2）其他研究者的调研情况分析。如表 5-48 所示，在 2005 年湖南省岳

阳、娄底、郴州、湘西等市的留守儿童调查（N：456 名）中，62.5%的留守儿童表示有"足够"的零花钱，37.5%的留守儿童表示零花钱"不够"（李翠英等，2006）。

表 5-48 　留守儿童的零花钱 　　　　　　　　　　（%）

2005 年湖南省岳阳、娄底、郴州、湘西等市的留守儿童调查（留守儿童零花钱的数量）		2007 年四川省德阳市 C 镇的留守儿童调查（留守儿童零花钱使用）		2009 年连云港市赣榆县塔山镇、灌云县穆圩乡各村的留守儿童调查（留守儿童每月的零花钱是多少）		2013 年安徽省铜陵市郊区和铜陵县的留守儿童调查（留守儿童每月的零花钱）		2017 年陕西省宝鸡地区的留守儿童调查（留守儿童一周的零花钱大概有多少）	
足够	62.5	不能有计划、有意义地使用零花钱	75.0	10 元以下	54.68	10～50 元	43.22	10 元以内	45.0
不够	37.5	未标明	25.0	11～30 元	41.37	51～100 元	31.36	11～30 元	17.6
				31～40 元	2.87	超过 100 元	5.08	31～50 元	8.6
				超过 40 元	1.08	用多少给多少	3.39	51～100 元	11.0
						未标明	16.95	超过 100 元	4.2
								没有	13.6
合计	100.0	合计	100.0	合计	100.00	合计	100.00	合计	100.0

在 2007 年四川省德阳市 C 镇的留守儿童调查中，75.0%的留守儿童"不能有计划、有意义地使用零花钱"（赵钦等，2008）。

在 2009 年连云港市赣榆县塔山镇、灌云县穆圩乡各村的留守儿童调查（N：278 名）中，54.68%的留守儿童每月的零花钱在"10 元以下"，41.37%的留守儿童每月的零花钱在"11～30 元"（黄治东等，2010）。

在 2013 年安徽省铜陵市郊区和铜陵县的留守儿童调查（N：117 名）中，43.22%的留守儿童每月的零花钱在"10～50 元"，31.36%的留守儿童每月的零花钱在"51～100 元"，"100 元以上"的比率为 5.08%（张逊志，2014）。

在 2017 年陕西省宝鸡地区的留守儿童调查（N：689 名）中，45.0%的留守儿童一周的零花钱大概在"10 元以内"，17.6%的留守儿童一周的零花钱在"11～30 元"，选择"没有"零花钱的比率为 13.6%（茹宗志等，2017）。

3）本书与其他研究者调研情况的比较分析。在本书的调查中，多数留守儿童有一定数量的零花钱，但数额不高。

在其他研究者的调查中，多数留守儿童父母（监护人）会给予留守儿童一定数量的零花钱，额度集中在每月 10～50 元。

从本书与其他研究调研情况的比较来看，多数留守儿童父母（监护人）都会给留守儿童一定数量的零花钱供其消费，但留守儿童对零花钱的使用还应进一步加强管理。

2. 在精神方面的关爱

（1）关心留守儿童

如表 5-49 所示，在 2013 年贵州省黔东南州的留守儿童调查（N：3057 名）中，针对父母关心留守儿童情况，39.3%的留守儿童表示父母"未到学校找过老师或通过其他方式与学校联系"，留守儿童选择"对留守儿童不关心"的比率为 36.8%（杨建忠，2014）。

在 2014 年广东省河源市连平县的留守儿童调查中，40.7%的留守儿童表示父母最关心自己的"学习"，留守儿童选择关心"人身安全"和"生活"的比率分别为 26.6%和 21.6%，选择关心"人际交往"的比率为 1.5%（李齐政，2014）。

在 2017 年陕西省宝鸡地区的留守儿童调查（N：689 名）中，56.0%的留守儿童认为在外打工的父母"清楚"自己的情况，选择"很清楚"的比率为 16.3%，选择"不清楚"的比率为 25.7%（茹宗志等，2017）。

在 2018 年曲阜师范大学政治与公共管理学院教师对 2016～2018 年部分省市留守儿童实地调研数据整理结果中，50.5%的家长表示外出期间会"给孩子打电话，发短信"，21.1%的家长会"定期回家看孩子"，家长选择"给孩子寄礼物"的比率为 11.9%（尹延君，2019）。

在 2019 年吉林省的留守儿童调查（N：1000 名）中，54.6%的留守儿童表示父母外出期间会通过"打电话、视频聊天"的方式关注自己的生活学习，留守儿童选择"与监护人沟通"的比率为 16.7%，选择"定期回家看孩子"的比率为 16.6%（姜丽，2020）。

表 5-49　在外打工的父母关心留守儿童的情况　　　　　　（%）

2013 年贵州省黔东南州的留守儿童调查（父母关心留守儿童情况）		2014 年广东省河源市连平县的留守儿童调查（父母最关心留守儿童的什么方面）		2017 年陕西省宝鸡地区的留守儿童调查（在外打工的父母是否了解留守儿童的情况）		2018 年曲阜师范大学政治与公共管理学院教师对 2016～2018 年部分省市留守儿童实地调研数据整理结果（父母在外出期间如何关心孩子）		2019 年吉林省的留守儿童调查（父母外出期间对留守儿童生活学习的关注点）	
选项	留守儿童	选项	留守儿童	选项	留守儿童	选项	家长	选项	留守儿童
对留守儿童不关心	36.8	学习	40.7	很清楚	16.3	给孩子打电话，发短信	50.5	打电话、视频聊天	54.6

续表

选项	留守儿童	选项	留守儿童	选项	留守儿童	选项	家长	选项	留守儿童
未到学校找过老师或通过其他方式与学校联系	39.3	人身安全	26.6	清楚	56.0	给孩子寄礼物	11.9	与监护人沟通	16.7
未标明	23.9	生活	21.6	不清楚	25.7	定期回家看孩子	21.1	与孩子老师交流	1.9
		思想	4.3	根本不清楚	2.0	与监护人和老师交流孩子学习	15.1	定期回家看孩子	16.6
		人际交往	1.5			其他	1.4	寄送生活用品	6.1
		其他	5.3			缺失值	0.0	无效值	4.1
合计	100.0	合计	100.0	合计	100.0	合计	100.0	合计	100.0

（2）与留守儿童的通信联系

1）留守儿童的自述。如表 5-50 所示，在对在外打工的父母与留守儿童的联系工具的调查中，58.89%的留守儿童表示通过"电话"联系，选择"微信/QQ"的比率为 11.93%，选择"短信"的比率为 10.33%。其余选项的比率均不足 10.00%。

从 2019 年（a）与 2016 年比较来看，留守儿童选择"短信"的比率急剧减少，选择"电话"和"微信/QQ"的比率大幅上升，其中增幅最大的是"微信/QQ"。可见，随着移动通信技术的发展，留守儿童与父母的联系也在不断改善。

表 5-50　在外打工的父母与留守儿童的联系工具

选项	留守儿童										
	总计			2016 年		2017 年（a）		2017 年（b）		2019 年（a）		2019 年（a）与 2016 年比较
	人数/名	比率/%	排序	人数/名	比率/%	人数/名	比率/%	人数/名	比率/%	人数/名	比率/%	率差/个百分点
电话	884	58.89	1	169	45.55	208	71.97	205	67.21	302	56.34	10.79
短信	155	10.33	3	112	30.19	8	2.77	8	2.62	27	5.04	−25.15
视频	104	6.93	4	26	7.01	13	4.50	24	7.87	41	7.65	0.64
书信	87	5.80	6	18	4.85	5	1.73	56	18.36	8	1.49	−3.36
微信/QQ	179	11.93	2	17	4.58	42	14.53	7	2.30	113	21.08	16.50

续表

选项	留守儿童										
	总计			2016 年		2017 年（a）		2017 年（b）		2019 年（a）		2019 年（a）与 2016 年比较
	人数/名	比率/%	排序	人数/名	比率/%	人数/名	比率/%	人数/名	比率/%	人数/名	比率/%	率差/个百分点
其他	92	6.13	5	29	7.82	13	4.50	5	1.64	45	8.40	0.58
合计	1501	100.00		371	100.00	289	100.00	305	100.00	536	100.00	0.00

2）其他研究者的调研情况分析。如表 5-51 所示，在 2005 年安徽省阜南县 9 所中小学的留守儿童调查（N：316 名）中，针对"父母多久与你联系"，38.6%的留守儿童表示"3 个月以上 1 次"，21.4%的留守儿童选择"2 个月 1 次"，选择"1 个月 1 次"的比率为 12.7%（张德乾，2006）。

在 2010 年下半年河南省汝南县人大常委会、县总工会等的专题调研（N：45 077 名）中，留守儿童选择"父母长期不与留守儿童联系"的比率为 4.33%（邓红等，2009）。

在 2014 年陕西中医学院人文科学系的留守儿童调查（N：97 名）中，30.9%的留守儿童表示"很少联系"父母，选择"不定时地经常联系"父母的比率为 24.8%，选择"平均一周一次"联系父母的比率为 22.7%，选择"平均每月一次"联系父母的比率为 21.6%（贾利利，2014）。

表 5-51　在外打工的父母与留守儿童的联系频率　　　　（%）

2005 年安徽省阜南县 9 所中小学的留守儿童调查（父母多久与你联系）		2010 年下半年河南省汝南县人大常委会、县总工会等的专题调研（父母与你的联系频率）		2014 年陕西中医学院人文科学系的留守儿童调查（留守儿童多久和父母联系一次）		2018 年安徽省安庆市某乡镇的留守儿童调查（父母多久与你联系）		2020 年黑龙江省留守儿童学习监护现状的调查（父母与留守儿童联系）	
1 个月 1 次	12.7	父母长期不与留守儿童联系	4.33	平均一周一次	22.7	一天通话一次	9.5	每天联系一次	20.35
2 个月 1 次	21.4	未标明	95.67	平均每月一次	21.6	一周通话一次	65.1	每周联系一次	39.06
3 个月以上 1 次	38.6			不定时地经常联系	24.8	一月通话一次	22.2	每月联系一次	22.19
半年以上 1 次	19.7			很少联系	30.9	半年通话一次	1.6	每半年联系一次	14.87
不联系	7.6					一年通话一次	1.6	未标明	3.53
合计	100.0	合计	100.0	合计	100.0	合计	100.0	合计	100.00

在 2018 年安徽省安庆市某乡镇的留守儿童调查（N: 200 名）中，65.1%的留守儿童表示父母与自己"一周通话一次"，选择"一月通话一次"的比率为 22.2%，选择"一天通话一次"的比率为 9.5%（汪燕，2018）。

在 2020 年黑龙江省留守儿童学习监护现状的调查中，39.06%的留守儿童表示父母"每周联系一次"，选择"每月联系一次"的比率为 22.19%，选择"每天联系一次"的比率为 20.35%（郭庆娟，2021）。

在其他研究者的调查中，主要考察外出打工父母与留守儿童联系的频率，从其他研究者的调研情况来看，父母与留守儿童联系的频率主要集中在一周到一个月左右联系一次，联系的频率相对较低。

（3）与留守儿童见面的频率

1）其他研究者的调研情况分析。在 2006 年甘肃省陇南地区的留守儿童调查中，87.3%的留守儿童表示父母"每年见孩子 1 次到 2 次"，选择"1～2 年见孩子 1 次"的比率为 32.7%（高志辉，2007）。

如表 5-52 所示，在 2010 年河南省信阳市两个劳务输出大县的 200 户留守儿童家庭调查（N: 200 名）中，62.0%的留守儿童表示"每隔半年或一年能够和父母"见面，选择"几年见一次"的比率为 20.0%（常桂芳等，2011）。

表 5-52　在外打工的父母与留守儿童的见面频率　　　　　　（%）

2010 年河南省信阳市两个劳务输出大县的 200 户留守儿童家庭调查（留守儿童与父母见面情况）		2016 年山西省 J 县 X 村的留守儿童调查（父母多长时间回家一次）		2018 年重庆市 R 县两个乡镇的留守儿童调查（留守儿童与父母见面情况）		2020 年 10～12 月贵州省毕节市的留守儿童调查（留守儿童与父母见面情况）	
每隔半年或一年能够和父母	62.0	半个月	3.30	每 1～3 个月	12.7	半年一次	27.23
几年见一次	20.0	半个月到一个月	26.7	每 3～6 个月	9.6	一年一次	58.12
未标明	18.0	一个月到 3 个月	23.3	每半年到一年	46.0	两年以上	14.66
		半年以上	46.7	一年以上	31.7		
合计	100.0	合计	100.0	合计	100.0	合计	100.00

在 2016 年山西省 J 县 X 村的留守儿童调查中，46.7%的留守儿童表示父母"半年以上"回家一次，选择"半个月到一个月"回家一次的比率为 26.7%（李佳圣，2011）。

在 2018 年重庆市 R 县两个乡镇的留守儿童调查（N：63 名）中，"每半年到一年"的比率为 46.0%，选择"一年以上"的比率为 31.7%（赵婷婷，2017）。

在 2020 年 10～12 月贵州省毕节市的留守儿童调查（N：191 名）中，58.12% 的留守儿童表示与父母见面的频次是"一年一次"，选择"半年一次"的比率为 27.23%（王靖涵，2018）。

2）其他研究者调研情况的总体性认识。其他研究者关于父母与留守儿童见面频率的调查显示，大部分在外打工的父母与留守儿童见面的频率为半年到一年才见一次面，见面频率相对较低，在一定程度上促使在外打工的父母通过其他的形式加强与留守儿童的沟通和交流以进一步了解留守儿童的情况。总的来说，留守儿童与父母的见面频率低，缺乏情感交流，感情联结偏弱。

（四）社会方面的教育关爱情况

1. 社区（或村里）设立留守儿童关爱站的情况

（1）留守儿童的自述

如表 5-53 所示，在对留守儿童就社区（或村里）有没有专门针对留守儿童的关爱站认识的调查中，35.11% 的留守儿童表示"有"，选择"没有"的比率为 33.18%，选择"不清楚"的比率为 31.71%。

从 2019 年（b）与 2016 年比较来看，留守儿童认为"有"的比率有较大幅度的下降，认为"没有"的比率有一定幅度的提升，"不清楚"的比率也有一定幅度的提升，可见留守儿童对社区（或村里）专门设立针对留守儿童的关爱站的了解程度不高。

表 5-53　留守儿童对社区（或村里）有没有专门针对留守儿童的关爱站的认识

选项	总计			留守儿童								
				2016 年		2017 年（a）		2017 年（b）		2019 年（b）		2019 年（b）与 2016 年比较
	人数/名	比率/%	排序	人数/名	比率/%	人数/名	比率/%	人数/名	比率/%	人数/名	比率/%	率差/个百分点
有	527	35.11	1	178	47.98	69	23.88	111	36.39	169	31.53	−16.45
没有	498	33.18	2	107	28.84	100	34.60	93	30.49	198	36.94	8.10
不清楚	476	31.71	3	86	23.18	120	41.52	101	33.11	169	31.53	8.35
合计	1501	100.00		371	100.00	289	100.00	305	100.00	536	100.00	0.00

（2）相关群体的认识

1）中学老师、家长与德育工作者的认识。如表 5-54 所示，在对中学老师、家长与德育工作者就社区（或村里）有没有专门针对留守儿童的关爱站认识的调查中，47.16%的相关群体选择"有"，选择"没有"和"不清楚"的比率分别为25.57%和27.27%。选择"有"的比率最高的群体是中学老师，选择"没有"的比率最高的群体是德育工作者，选择"不清楚"的比率最高的群体是家长。

从中学老师与家长比较来看，中学老师选择"有"的比率较家长高 21.60个百分点，中学老师选择"不清楚"的比率较家长低 12.43 个百分点。这说明中学老师对社区（或村里）的留守儿童关爱站的了解程度高于家长。

表 5-54　中学老师、家长与德育工作者对社区（或村里）有没有专门针对留守儿童的关爱站的认识

选项	总计			中学老师		家长		德育工作者		中学老师与家长比较
				2019 年（b）		2019 年（b）		2019 年（b）		
	人数/名	比率/%	排序	人数/名	比率/%	人数/名	比率/%	人数/名	比率/%	率差/个百分点
有	83	47.16	1	40	59.70	24	38.10	19	41.30	21.60
没有	45	25.57	3	13	19.40	18	28.57	14	30.43	−9.17
不清楚	48	27.27	2	14	20.90	21	33.33	13	28.26	−12.43
合计	176	100.00		67	100.00	63	100.00	46	100.00	0.00

2）中学校长与小学校长的认识。如表 5-55 所示，在对中学校长与小学校长就社区（或村里）有没有专门针对留守儿童的关爱站认识的调查中，43.93%的中学校长表示"有"，选择"没有"的比率为40.46%。

从中学校长与小学校长比较来看，中学校长选择"有"的比率较小学校长低 8.65 个百分点，中学校长选择"没有"的比率较小学校长高 2.90 个百分点。这说明小学校长对社区（或村里）的留守儿童关爱站的重视程度高于中学校长。

表 5-55　中学校长与小学校长对社区（或村里）有没有专门针对留守儿童的关爱站的认识

选项	总计			中学校长								小学校长		中学校长与小学校长比较
				2019 年（b）		2020 年（b）		2021 年（c）		小计		2021 年（c）		
	人数/名	比率/%	排序	人数/名	比率/%	人数/名	比率/%	人数/名	比率/%	人数/名	比率/%	人数/名	比率/%	率差/个百分点
有	188	48.70	1	34	41.46	25	60.98	17	34.00	76	43.93	112	52.58	−8.65

续表

选项	总计			中学校长								小学校长		中学校长与小学校长比较
				2019 年 (b)		2020 年 (b)		2021 年 (c)		小计		2021 年 (c)		
	人数/名	比率/%	排序	人数/名	比率/%	人数/名	比率/%	人数/名	比率/%	人数/名	比率/%	人数/名	比率/%	率差/个百分点
没有	150	38.86	2	30	36.59	12	29.27	28	56.00	70	40.46	80	37.56	2.90
不清楚	48	12.44	3	18	21.95	4	9.76	5	10.00	27	15.61	21	9.86	5.75
合计	386	100.00		82	100.00	41	100.00	50	100.00	173	100.00	213	100.00	0.00

2. 社区（或村里）的教育关爱

如表 5-56 所示，在 2013 年 5 月江西省赣南老区×县的留守儿童调查（N：780 名，其中留守儿童 424 名、非留守儿童 192 名、教师 164 名）中，67.0%的留守儿童表示学校、社会"很关心"自己，选择"很少关心"的比率为 24.3%（王晓春等，2013）。

在 2015 年河北省石家庄市的留守儿童调查中，90.0%以上的留守儿童"在册在管"（刘文静，2015）。

在 2016 年云南省留守儿童义务教育现状的调查（N：学生 609 名、教师 305 名）中，45.75%的小学老师认为社区（村民小组）"会"关心留守儿童，54.10%的初中老师认为社区（村民小组）"会"关心留守儿童，初中老师认为社区（村民小组）"不会"关心留守儿童的比率较小学老师要高。关于社区（村民小组）关心留守儿童的情况，36.59%的留守儿童表示社区"会"关心留守儿童，选择"不会"的比率为 25.09%（成巧云等，2016）。

在 2019 年重庆市澄溪镇留守儿童关爱服务体系的调查（N：180 名）中，56.67%的留守儿童认为"社区内留守儿童活动场所、图书室等公共服务设施较为完备"，选择"未提供或不完备"的比率为 43.33%（卢雅灵，2020）。

表 5-56　社区的教育关爱情况　　　　　　　　（%）

2013 年 5 月江西省赣南老区×县的留守儿童调查（你觉得学校、社会对你的关心程度如何）		2015 年河北省石家庄市的留守儿童调查（在册在管情况）		2016 年云南省留守儿童义务教育现状的调查（社区（村民小组）是否会关心留守儿童的情况）				2019 年重庆市澄溪镇留守儿童关爱服务体系的调查（社区内留守儿童活动场所及设施情况）	
选项	留守儿童	选项	留守儿童	选项	小学老师	初中老师	留守儿童	选项	留守儿童
很关心	67.0	在册在管	＞90.0	会	45.75	54.10	36.59	社区内留守儿童活动场所、图书室等公共服务设施较为完备	56.67

续表

选项	留守儿童	选项	留守儿童	选项	小学老师	初中老师	留守儿童	选项	留守儿童
很少关心	24.3	未标明	10.0以下	不会	27.83	36.06	25.09	未提供或不完备	43.33
不关心	6.4			不知道	23.00	9.84	38.33		
不知道	2.3			未标明	3.42	0.00			
合计	100.0	合计	100.0	合计	100.0	100.0	100.0	合计	100.0

3. 周围人的教育关爱

如表 5-57 所示，在 2006 年 7 月江西省萍乡市一县一区的留守儿童调查（N：留守儿童 188 名、个案 28 名、教师 20 名）中，53.0%的留守儿童表示周围人"很关心"自己（肖善香，2006）。

表 5-57　周围人对留守儿童的教育关爱情况（一）　（%）

2006 年 7 月江西省萍乡市一县一区的留守儿童调查（周围的人对留守儿童的关心度）		2010 年河南省南阳市、信阳市、鄢陵县的留守儿童调查（身边的人对留守儿童的关心度）		2011 年 1 月～2012 年1 月山东省青岛市、德州市、临沂市、济南市和淄博市的留守儿童调查（周围人对留守儿童的关心情况）		2013 年安徽省铜陵市郊区和铜陵县的留守儿童调查（觉得身边的人是否关心自己）	
很关心	53.0	不太关心自己	49.1	很关心	73.4	从不关心	17.86
未标明	47.0	未标明	50.9	有时关心	19.5	很少关心	30.36
				偶尔关心	5.9	偶尔关心	23.21
				从不关心	1.2	未标明	28.57
合计	100.0	合计	100.0	合计	100.0	合计	100.00

在 2010 年河南省南阳市、信阳市、鄢陵县的留守儿童调查（N：86 490 名）中，49.1%的留守儿童表示身边人"不太关心自己"（王世炎等，2011）。

在 2011 年 1 月～2012 年 1 月山东省青岛市、德州市、临沂市、济南市和淄博市的留守儿童调查（N：256 名）中，73.4%的留守儿童表示周围人"很关心"自己，选择"有时关心"的比率为 19.5%（李楠等，2016）。

在 2013 年安徽省铜陵市郊区和铜陵县的留守儿童调查（N：117 名）中，30.36%的留守儿童认为身边的人"很少关心"自己，选择"偶尔关心"的比率为 23.21%，选择"从不关心"的比率为 17.86%（张逊志，2014）。

如表 5-58 所示，在 2018 年曲阜师范大学政治与公共管理学院教师对 2016～2018 年部分省市留守儿童实地调研数据整理结果中，44.3%的留守儿童表示会"有"其他人来村里关心留守儿童,选择"没有"的比率为 55.7%(尹延君,2019)。

在 2021 年天津音乐学院大学生的调查(N: 137 名)中,78.1%的大学生"认为关爱乡村留守儿童很好",40.88%的大学生认为要"了解乡村留守儿童的现状"。72.99%的大学生认为关爱留守儿童的方式可以选择"进行舞蹈美育课堂",选择"进行娱乐互动活动"的比率为 70.07%,选择"进行物品捐赠活动"和"进行艺术展演活动"的比率分别为 56.20%和 55.47%。选择"进行交谈了解活动"的比率为 48.18%(李保辉,2021)。

表 5-58　周围人对留守儿童的教育关爱情况(二)　　　　(%)

2018 年曲阜师范大学政治与公共管理学院教师对 2016~2018 年部分省市留守儿童实地调研数据整理结果		2021 年天津音乐学院大学生的调查			
有无其他人来村里关心留守儿童		对关爱留守儿童的看法(多选题)		关爱留守儿童的方式(多选题)	
选项	留守儿童	选项	大学生	选项	大学生
有	44.3	了解乡村留守儿童的现状	40.88	进行舞蹈美育课堂	72.99
没有	55.7	认为关爱乡村留守儿童很好	78.1	进行艺术展演活动	55.47
				进行娱乐互动活动	70.07
				进行物品捐赠活动	56.20
				进行交谈了解活动	48.18
合计	100.0	合计	—	合计	—

4. 本书与其他研究者调研情况的比较分析

在对社会教育关爱的考察中,主要涉及社区(或村里)以及周围人等教育关爱情况。

在本书的调查中,针对社区(或村里)是否设立关爱站的调查显示,三成多的留守儿童表示社区(或村里)有相应的留守儿童关爱站。对中学老师、家长、德育工作者、中学校长、小学校长相应的调查显示,近半数的相关群体表示社区(或村里)有相应的留守儿童关爱站。

在其他研究者的调查中,大部分的留守儿童表示社区对自己很关心,表现在对生活的关心以及提供较为完善的公共服务设施方面。在对周围人关心情况的调查显示,多数留守儿童表示周围人对自己很关心。总而言之,社区(或村里)对留守儿童群体较为重视,并给予了一定程度的关心。

四、留守儿童教育关爱的具体状况

选择留守儿童的学习、体育、情感、特殊时期等 4 个方面来讨论对留守儿童教育关爱的具体状况。

（一）对留守儿童学习上的教育关爱

1. 引导留守儿童明确学习目的

（1）留守儿童的自述

如表 5-59 所示，在对留守儿童学习目的的调查中，绝大多数留守儿童有较为明确的学习目的，36.65%的留守儿童认为"学习知识"是自己的学习目的。

从 2019 年（a）与 2009 年比较来看，留守儿童选择"学习知识"的比率有较大幅度提升。可见留守儿童基于"学习知识"这一目的学习的意识逐渐增强，留守儿童学习的目的多为正向与积极的。通过各方的关爱与引导，留守儿童进一步明白了学习的意义与价值，会更好地作出较为清晰的学业规划乃至自身的生涯发展规划。

表 5-59　留守儿童的学习目的

| 选项 | 总计 | | | 留守儿童 | | | | | | | | | | 2019 年（a）与 2009 年比较 |
| | | | | 2009 年 | | 2011 年 | | 2013 年 | | 2016 年 | | 2019 年（a） | | |
	人数/名	比率/%	排序	人数/名	比率/%	人数/名	比率/%	人数/名	比率/%	人数/名	比率/%	人数/名	比率/%	率差/个百分点
学习知识	732	36.65	1	44	29.33	118	31.22	162	29.08	121	32.61	287	53.05	23.72
学习本领	311	15.57	2	30	20.00	62	16.40	61	10.95	111	29.92	47	8.69	−11.31
为上大学打基础	209	10.47	4	22	14.67	54	14.29	66	11.85	30	8.09	37	6.84	−7.83
将来干大事	168	8.41	5	19	12.67	36	9.52	59	10.59	23	6.20	31	5.73	−6.94
为祖国	119	5.96	6	4	2.67	15	3.97	32	5.75	29	7.82	39	7.21	4.54
为社会	53	2.65	8	3	2.00	9	2.38	17	3.05	8	2.16	16	2.96	0.96
为父母	91	4.56	7	9	6.00	27	7.14	29	5.21	14	3.77	12	2.22	−3.78
为自己	267	13.37	3	19	12.67	53	14.02	105	18.85	33	8.89	57	10.54	−2.13
不知道	47	2.35	9	0	0.00	4	1.06	26	4.67	2	0.54	15	2.77	2.77
合计	1997	100.00		150	100.00	378	100.00	557	100.00	371	100.00	541	100.00	0.00

（2）相关群体的认识

如表 5-60 所示，在对中学老师、家长、中学校长、德育工作者与小学校长眼中未成年人的学习目的的调查中，52.75%的相关群体认为未成年人的学习目的是"学习知识"，这种认识与留守儿童的认识较为一致。

表 5-60　中学老师、家长、中学校长、德育工作者与小学校长眼中未成年人的学习目的

选项	总计			中学老师 2019 年（a）		家长 2019 年（a）		中学校长 2019 年（a）		德育工作者 2019 年（a）		小学校长 2020 年（a）		中学老师与家长比较
	人数/名	比率/%	排序	人数/名	比率/%	人数/名	比率/%	人数/名	比率/%	人数/名	比率/%	人数/名	比率/%	率差/个百分点
学习知识	144	52.75	1	42	60.87	36	54.55	18	34.62	29	64.44	19	46.34	6.32
学习本领	37	13.55	2	7	10.14	8	12.12	14	26.92	5	11.11	3	7.32	-1.98
为上大学打基础	36	13.19	3	12	17.39	7	10.61	2	3.85	5	11.11	10	24.39	6.78
将来干大事	6	2.20	7	1	1.45	2	3.03	1	1.92	1	2.22	1	2.44	-1.58
为祖国	16	5.86	5	1	1.45	6	9.09	6	11.54	2	4.44	1	2.44	-7.64
为社会	17	6.23	4	1	1.45	2	3.03	11	21.15	1	2.22	2	4.88	-1.58
为父母	9	3.30	6	2	2.90	0	0.00	0	0.00	2	4.44	5	12.20	2.90
为自己	6	2.20	7	1	1.45	5	7.58	0	0.00	0	0.00	0	0.00	-6.13
不知道	2	0.73	9	2	2.90	0	0.00	0	0.00	0	0.00	0	0.00	2.90
合计	273	100.00		69	100.00	66	100.00	52	100.00	45	100.00	41	100.00	0.00

未成年人在接受教育的过程中，既要学知识、学本领，又要兼顾今后自身的发展。相关群体基于"学习"对未成年人的学习目的予以引导，不同的相关群体的关爱引导各有侧重。

（3）其他研究者的调研情况分析

如表 5-61 所示，在 2008 年贵州省苗族侗族自治州凯里市旁海镇、凯里市麻江县宣威镇、凯里市雷山县大塘乡和桃江乡的留守儿童调查（N：523 名，其中留守儿童 230 名、非留守儿童 293 名）中，39.4%的留守儿童表示其学习动机是"考个好大学"（吴小叶，2009）。

在 2010 年河南省新乡县、唐河县、杞县的留守儿童调查（N：152 名）中，52.0%的留守儿童表示，学习是"为了以后的理想和就业"（李向辉，2010）。

在 2014 年 10 月吉林省榆树市中学的留守儿童调查（N：297 名，其中留守儿童 161 名、非留守儿童 136 名）中，91.3%的留守儿童表示学习是"为上大学、找个好工作、减轻父母负担"（张程等，2015）。

在 2018 年曲阜师范大学政治与公共管理学院教师对 2016～2018 年部分省市留守儿童实地调研中，59.1%的留守儿童表示学习的目的是"报答父母，让父母过上好生活"（尹延君，2019）。

表 5-61　留守儿童的学习目的

(%)

2008 年贵州省苗族侗族自治州凯里市旁海镇、凯里市麻江县宣威镇、凯里市雷山县大塘乡和桃江乡的留守儿童调查（你的学习动机）

选项	留守儿童	非留守儿童
找个好工作	25.9	23.7
考个好大学	39.4	44.9
挣钱	5.1	3.6
给父母增光	19.0	17.5
像父母一样外出打工	1.9	1.5
不知道	6.0	5.2
其他	2.7	3.6
合计	100.0	100.0

2010 年河南省新乡县、唐河县、杞县的留守儿童学习目的调查（留守儿童学习是为了什么）

选项	留守儿童
为了以后的理想和就业	52.0
未标明	48.0
合计	100.0

2014 年 10 月吉林省榆树市中学的留守与非留守儿童学习目的调查（留守与非留守儿童对比）

选项	留守儿童	非留守儿童
为父母增光	3.7	6.6
为上大学、找个好工作、减轻父母负担	91.3	91.9
父母让我学的	0.0	0.7
不知道	5.0	0.7
未标明		0.1
合计	100.0	100.0

2018 年曲阜师范学院政治与公共管理学院教师对 2016～2018 年部分省市留守儿童学习目的地调研数据整理结果（学习目的）

选项	留守儿童
报答父母、让父母过上好生活	59.1
考上大学	28.4
获得知识	12.5
合计	100.0

2020 年云南省楚雄彝族自治州安州 H 乡留守儿童教育现状的调查（学习目的）

选项	留守儿童
学知识	35.0
考大学	15.0
长大后外出打工	30.0
不知道	20.0
合计	100.0

在 2020 年云南省楚雄彝族自治州 H 乡留守儿童教育现状的调查（N：500 名）中，35.0%的留守儿童表示学习的目的是"学知识"，选择"长大后外出打工"的比率为 30.0%，选择"不知道"和"考大学"的比率分别为 20.0%和 15.0%（蒋艳等，2020）。

（4）本书与其他研究者调研情况的比较分析

在本书的调查中，留守儿童的学习目的主要集中在"学习知识""学习本领""为自己"等方面，在半数以上相关群体眼中，未成年人的学习目的是"学习知识""学习本领"等，同时，相关群体积极对未成年人予以关爱与引导。

在其他研究者的调查中，留守儿童学习的主要目的是考个好大学、找个好工作、学习知识、报答父母等。

总的来看，对留守儿童学习目的上的教育关爱既要立足于留守儿童的实际，又要兼顾其今后的成长与发展。

2. 规范留守儿童的考试行为

（1）提高留守儿童对考试的认识

如表 5-62 所示，在对留守儿童就考试作弊认识的调查中，42.75%的留守儿童认为考试作弊是"不讲诚信"的行为，选择"不公平竞争"和"违反纪律"行为的比率分别是 26.50%、20.16%。也应看到，部分留守儿童对考试作弊表现出"无所谓"和"不知道"的态度。

从 2019 年（a）与 2011 年比较来看，留守儿童认为考试作弊是"不讲诚信"的行为的比率有较大幅度上升，说明相关群体对留守儿童学习上的教育关爱产生了较好的效果。还需进一步提高其对考试的认识，使其正确对待考试。

表 5-62　留守儿童对考试作弊的认识

选项	总计		留守儿童							
			2011 年		2012 年		2013 年		2014 年	
	人数/名	比率/%	人数/名	比率/%	人数/名	比率/%	人数/名	比率/%	人数/名	比率/%
不讲诚信	1215	42.75	117	30.95	154	43.26	235	42.19	97	27.48
违反纪律	573	20.16	75	19.84	63	17.70	109	19.57	97	27.48
不公平竞争	753	26.50	134	35.45	107	30.06	172	30.88	140	39.66
无所谓	167	5.88	44	11.64	17	4.78	29	5.21	15	4.25
不知道	134	4.71	8	2.12	15	4.21	12	2.15	4	1.13
合计	2842	100.00	378	100.00	356	100.00	557	100.00	353	100.00

选项	留守儿童						2019 年（a）与 2011 年比较
	2015 年		2016 年		2019 年（a）		
	人数/名	比率/%	人数/名	比率/%	人数/名	比率/%	率差/个百分点
不讲诚信	108	37.76	200	53.91	304	56.19	25.24

续表

选项	留守儿童						
	2015 年		2016 年		2019 年（a）		2019 年（a）与2011 年的比较
	人数/名	比率/%	人数/名	比率/%	人数/名	比率/%	率差/个百分点
违反纪律	61	21.33	55	14.82	113	20.89	1.05
不公平竞争	98	34.27	20	5.39	82	15.16	−20.29
无所谓	14	4.90	39	10.51	9	1.66	−9.98
不知道	5	1.75	57	15.36	33	6.10	3.98
合计	286	100.00	371	100.00	541	100.00	0.00

（2）规范留守儿童的考试行为

1）留守儿童的自述。如表 5-63 所示，在对留守儿童考试作弊频率的调查中，46.10%的留守儿童表示"从不"作弊，但仍有一些留守儿童表示"有时"作弊。

从 2019 年（a）与 2014 年比较来看，留守儿童表示"从不"作弊的比率提升了 12.17 个百分点，是该调查中变化最大的选项，说明学校的教育关爱取得了成效。针对存在作弊想法和有作弊行为的留守儿童要进一步采取必要的惩戒手段来加强引导，规范其考试行为，使其正确对待考试。

表 5-63　留守儿童考试作弊的频率

选项	总计			留守儿童								2019 年（a）与 2014 年比较
				2014 年		2015 年		2016 年		2019 年（a）		
	人数/名	比率/%	排序	人数/名	比率/%	人数/名	比率/%	人数/名	比率/%	人数/名	比率/%	率差/个百分点
频繁	168	10.83	4	27	7.65	14	4.90	86	23.18	41	7.58	−0.07
经常	159	10.25	5	20	5.67	20	6.99	110	29.65	9	1.66	−4.01
有时	197	12.70	3	53	15.01	34	11.89	30	8.09	80	14.79	−0.22
很少	279	17.99	2	80	22.66	78	27.27	43	11.59	78	14.42	−8.24
从不	715	46.10	1	173	49.01	120	41.96	91	24.53	331	61.18	12.17
其他	33	2.13	6	0	0.00	20	6.99	11	2.96	2	0.37	0.37
合计	1551	100.00		353	100.00	286	100.00	371	100.00	541	100.00	0.00

2）相关群体的看法。如表 5-64 所示，在中学老师、家长、中学校长、德育工作者与小学校长眼中未成年人的考试作弊情况的调查中，相

关群体认为超过两成的未成年人习惯（"频繁"和"经常"）作弊。因此，有必要进一步提升未成年人对考试的认识，规范其考试行为，使其充分认识考试作弊的危害性，为未成年人专注学业以及树立优良学风夯实基础。

表 5-64　中学老师、家长、中学校长、德育工作者与小学校长眼中未成年人的考试作弊情况

选项	总计			中学老师 2019 年（a）		家长 2019 年（a）		中学校长 2019 年（a）		德育工作者 2019 年（a）		小学校长 2020 年（a）		中学老师与家长比较
	人数/名	比率/%	排序	人数/名	比率/%	人数/名	比率/%	人数/名	比率/%	人数/名	比率/%	人数/名	比率/%	率差/个百分点
频繁	23	8.42	5	3	4.35	4	6.06	0	0.00	11	24.44	5	12.20	-1.71
经常	44	16.12	3	11	15.94	6	9.09	15	28.85	2	4.44	10	24.39	6.85
有时	97	35.53	1	15	21.74	16	24.24	36	69.23	13	28.89	17	41.46	-2.50
很少	63	23.08	2	25	36.23	16	24.24	0	0.00	16	35.56	6	14.63	11.99
从不	39	14.29	4	10	14.49	23	34.85	1	1.92	2	4.44	3	7.32	-20.36
其他	7	2.56	6	5	7.25	1	1.52	0	0.00	1	2.22	0	0.00	5.73
合计	273	100.00		69	100.00	66	100.00	52	100.00	45	100.00	41	100.00	0.00

3）其他研究者的调研情况分析。如表 5-65 所示，在 2010 年西南地区某市的留守儿童调查（N：254 名）中，66.67% 的留守儿童表示如果自己考试考得很糟糕，会"很沮丧，对自己失去信心"（左群英，2012）。

在 2017 年 11 月湖北省武汉市新洲区三店街宋寨村、杨湾村、长塘村、蔡河村的留守儿童调查（N：175 名）中，67.5% 的留守儿童表示学习考试失败的原因在于自己"努力不够"，24.8% 的留守儿童表示是"学习基础差"（肖飞，2018）。

表 5-65　留守儿童的考试表现　　　　　　　　　　　（%）

2010 年西南地区某市的留守儿童调查（如果你考试考得很糟糕）		2017 年 11 月湖北省武汉市新洲区三店街宋寨村、杨湾村、长塘村、蔡河村的留守儿童调查（学习考试失败的原因）	
很沮丧，对自己失去信心	66.67	努力不够	67.5
未标明	33.33	题目太难	4.1
		学习基础差	24.8
		没有父母的指导	3.6
合计	100.00	合计	100.00

4）本书与其他研究者调研情况的比较分析。在本书的调查中，有部分留守儿童对考试的认识不清楚，存在考试作弊的行为。

其他研究者的调查主要考察了留守儿童对考试的感受，从调查结果来看，均包含较多的负面因素。因此，亟待加强对留守儿童在内的未成年人的教育引导，规范其考试行为。

3. 帮助留守儿童提高学习成绩

（1）分析学习等次

1）留守儿童的自述。如表 5-66 所示，在对儿童的学习成绩在班级中的位置的调查中，25.25%的留守儿童的学习成绩处在"优异"层级，19.90%的留守儿童的学习成绩为"中下等"，选择"中上等"和"中等"层级的占比分别为 27.76%和 27.09%。

从留守儿童与非留守儿童比较来看，留守儿童的"优异"比率高于非留守儿童 3.48 个百分点，"中上等"比率低于非留守儿童 3.96 个百分点，"中等"比率高于非留守儿童 5.71 个百分点，"中下等"比率低于非留守儿童 5.24 个百分点。总的来看，两者的学习成绩差别不显著。

表 5-66　儿童的学习成绩在班级中的位置

选项	总计		留守儿童							
			2016 年		2017 年（a）		2019 年（b）		小计	
	人数/名	比率/%	人数/名	比率/%	人数/名	比率/%	人数/名	比率/%	人数/名	比率/%
优异	742	23.06	163	43.94	25	8.65	114	21.27	302	25.25
中上等	973	30.25	93	25.07	105	36.33	134	25.00	332	27.76
中等	756	23.50	55	14.82	127	43.94	142	26.49	324	27.09
中下等	746	23.19	60	16.17	32	11.07	146	27.24	238	19.90
合计	3217	100	371	100	289	100	536	100	1196	100

选项	非留守儿童						留守儿童与非留守儿童比较
	2016 年		2019 年（b）		小计		
	人数/名	比率/%	人数/名	比率/%	人数/名	比率/%	率差/个百分点
优异	280	19.99	160	25.81	440	21.77	3.48
中上等	466	33.26	175	28.23	641	31.72	−3.96
中等	268	19.13	164	26.45	432	21.38	5.71
中下等	387	27.62	121	19.52	508	25.14	−5.24
合计	1401	100.00	620	100.00	2021	100.00	0.00

2）相关群体的认识。如表 5-67 所示，在对中学老师、家长与中学校长眼中未成年人的学习成绩的调查中，54.55%的相关群体认为未成年人的学习成绩"优异"，认为成绩在"中上等"的比率为 37.43%，认为成绩在"中等"及"中下等"的合比率不足一成。在相关群体的认知中，大部分的未成年人成绩均较为优异。但应看到，在未成年人学习成绩较为优异的背景下，前述留守儿童的成绩等次的自我评价相对较低。

表 5-67　中学老师、家长与中学校长眼中未成年人的学习成绩

| 选项 | 总计 | | | 中学老师 2019 年（a） | | 家长 2019 年（a） | | 中学校长 2019 年（a） | | 中学老师与家长比较 |
	人数/名	比率/%	排序	人数/名	比率/%	人数/名	比率/%	人数/名	比率/%	率差/个百分点
优异	102	54.55	1	31	44.93	35	53.03	36	69.23	−8.10
中上等	70	37.43	2	31	44.93	28	42.42	11	21.15	2.51
中等	9	4.81	3	3	4.35	1	1.52	5	9.62	2.83
中下等	6	3.21	4	4	5.80	2	3.03	0	0.00	2.77
合计	187	100.00		69	100.00	66	100.00	52	100.00	0.00

3）其他研究者的调研情况分析。

第一，划分成绩等次。

如表 5-68 所示，在 2005 年湖南省岳阳、娄底、郴州、湘西等市的留守儿童调查（N：456 名）中，30.0%的留守儿童认为自己学习成绩"优秀"，选择"中等"和"良好"的比率分别为 23.0%和 21.7%（李翠英等，2006）。

表 5-68　留守儿童的学习成绩　　（%）

2005 年湖南省岳阳、娄底、郴州、湘西等市的留守儿童调查		2010 年河南省南阳市、信阳市、鄢陵县的留守儿童调查		2018 年安徽省庐江县的留守儿童调查		2020 年黑龙江省留守儿童学习监护现状调查	
优秀	30.0	优秀	19.2	优秀	14.5	名列前茅	8.9
良好	21.7	一般	63.4	一般	48.8	中上游	13.2
中等	23.0	较差	17.4	较差	36.7	一般	36.4
较差	19.5					不太好	41.5
很差	5.7						
合计	100.0	合计	100.0	合计	100.0	合计	100.0

在 2010 年河南省南阳市、信阳市、鄢陵县的留守儿童调查（N: 86 490名）中，63.6%的留守儿童表示自己学习成绩"一般"（王世炎等，2011）。

在 2018 年安徽省庐江县的留守儿童调查（N: 2000 名）中，48.8%的留守儿童表示自己学习成绩"一般"，"较差"的比率为 36.7%（邢应贵等，2019）。

在 2020 年黑龙江省留守儿童学习监护现状调查中，留守儿童选择"不太好"的比率为 41.5%（郭庆娟，2021）。

在 2015 年吉林省 53 所农村中小学留守儿童教育问题的调查中，80.0%左右的留守儿童学习成绩"中等或偏下"（王世君等，2015）。

第二，比较学习成绩。

在 2006 年四川省成都市金堂县淮口镇创新中学的留守儿童调查中，在"优"和"良"中，留守儿童均低于非留守儿童 5 个百分点，在"差"上，留守儿童高出非留守儿童近 10 个百分点（陆扬等，2007）。

在 2014 年 10 月吉林省榆树市中学的留守儿童调查中，留守儿童选择"优秀"的比率（7.5%）要低于非留守儿童（18.4%），留守儿童选择"较差"的比率要高出非留守儿童 7.6 个百分点（张程等，2015）。

如表 5-69 所示，在 2010 年陕西省咸阳市下辖 3 个县、市的留守儿童调查（N: 587 名）中，留守儿童选择"非常好"和"比较好"的比率均较非留守儿童要低（杨潇等，2018）。

在 2016 年广东省广州市的留守儿童调查（N: 留守儿童 83 名、非留守儿童 86 名）中，选择"成绩较差"的留守儿童远高于非留守儿童，选择"成绩优秀"的比率要略高于非留守儿童（傅晨等，2016）。

在 2018 年广西三县的留守儿童调查（N: 留守儿童 329 名、非留守儿童 413 名）中，52.3%的留守儿童学习成绩在"中等线下"，这一比率远高于非留守儿童（袁书等，2018）。

表 5-69　留守儿童与非留守儿童学习成绩的比较　　　　　　（%）

2010 年陕西省咸阳市下辖 3 个县、市的留守儿童调查			2016 年广东省广州市的留守儿童调查			2018 年广西三县的留守儿童调查		
选项	留守儿童	非留守儿童	选项	留守儿童	非留守儿童	选项	留守儿童	非留守儿童
非常好	5.78	10.08	成绩优秀	3.6	3.5	优秀	11.5	17.0
比较好	31.61	35.66	成绩较好	31.3	31.4	良好	22.2	34.6
一般	32.83	42.25	成绩中等	43.4	53.5	中等线下	52.3	38.1
比较差	9.73	10.47	成绩较差	21.7	11.6	较差	14.0	10.3

续表

选项	留守儿童 比率/%	非留守 儿童 比率/%	选项	留守儿童 比率/%	非留守 儿童 比率/%	选项	留守儿童 比率/%	非留守 儿童 比率/%
很差	1.82	1.55						
未标明	18.23							
合计	100.00	100.00	合计	100.00	100.00	合计	100.00	100.00

4）本书与其他研究者调研情况的比较分析。总体上来看，大部分的留守儿童学习成绩处在中等及以上的水平，也有相当部分留守儿童的学习成绩优异，但从与非留守儿童的比较来看，留守儿童的学习成绩稍有逊色。从这一现实来看，若要留守儿童在留守环境下提高学习成绩，需要得到各方的教育关爱。须进一步把留守儿童的学习固化为教育关爱的范畴，在具体实施的过程中，注重发挥学习成绩"优异"的留守儿童的示范作用，以带动其他留守儿童乃至未成年人群体迸发出学习积极性与主动性，从整体上提高学习成绩。

（2）分析留守后的成绩变化

1）留守儿童的自述。关注留守儿童留守状态下成绩的变化有助于了解其真实的学习境况及其对知识的掌握程度等。

如表 5-70 所示，在对留守儿童在留守后的成绩变化情况的调查中，留守儿童选择"成绩提升了"的比率为 26.65%，选择"成绩下降了"的比率为 20.59%，选择"没有变化"的比率为 27.32%，选择"不清楚"的比率为 25.45%。留守儿童在留守后"成绩提升了"与"成绩下降了"的率差为 6.06 个百分点，说明留守对留守儿童的学习成绩有一定的影响。

从 2019 年（b）与 2016 年比较来看，留守儿童选择"成绩提升了"的比率下降幅度较大，但选择"成绩下降了"的比率也有一定幅度的下降，选择"没有变化"的比率则上升了 10.03%。

表 5-70　留守儿童在留守后的成绩变化情况

选项	总计			留守儿童									
				2016 年		2017 年（a）		2017 年（b）		2019 年（b）		2019 年（b） 与 2016 年 比较
	人数 /名	比率 /%	排序	人数 /名	比率 /%	人数 /名	比率 /%	人数 /名	比率 /%	人数 /名	比率 /%	率差/个 百分点
成绩提升了	400	26.65	2	161	43.40	72	24.91	44	14.43	123	22.95	−20.45

续表

选项	总计			留守儿童								
				2016 年		2017 年（a）		2017 年（b）		2019 年（b）		2019 年（b）与 2016 年比较
	人数/名	比率/%	排序	人数/名	比率/%	人数/名	比率/%	人数/名	比率/%	人数/名	比率/%	率差/个百分点
成绩下降了	309	20.59	4	86	23.18	48	16.61	97	31.80	78	14.55	−8.63
没有变化	410	27.32	1	59	15.90	103	35.64	109	35.74	139	25.93	10.03
不清楚	382	25.45	3	65	17.52	66	22.84	55	18.03	196	36.57	19.05
合计	1501	100.00		371	100.00	289	100.00	305	100.00	536	100.00	0.00

　　2）相关群体的认识。本书 2016 年对中学校长的调查显示，28.13%的中学校长认为留守儿童留守后"成绩提升了"，29.69%的中学校长认为"成绩下降了"，10.93%的中学校长认为"没有变化"，31.25%的中学校长表示"不清楚"。中学校长作为学校教育的管理者和领导者，对留守儿童的学业、生活以及身心健康发展状况有较充分的认识与了解，应对留守儿童给予教育关爱。

　　3）其他研究者的调研情况分析。如表 5-71 所示，在 2012 年四川省 A县的留守儿童调查中，由于父母外出打工，53.85%的留守儿童认为"成绩变差"，选择"是否变差不确定"的比率为 42.30%（朱思思，2013）。

　　在 2019 年 11 月至 2020 年 2 月陕西省的留守儿童调查（N：1051 名，其中留守儿童 662 名、校长 32 名、教师 357 名）中，留守儿童选择有影响（含"非常有影响""比较有影响""有影响"）的合比率为 38.6%，选择"没有影响"和"根本没有影响"的比率分别为 46.4%和 15.0%（段顾等，2020）。

表 5-71　儿童留守后的成绩变化情况

2012 年四川省 A 县的留守儿童调查（由于父母外出打工）		2019 年 11 月至 2020 年 2 月陕西省的留守儿童调查（你认为父母外出打工，对你的学业有影响吗？）	
成绩变差	53.85	非常有影响	4.2
是否变差不确定	42.30	比较有影响	13.4
成绩没有变化	3.85	有影响	21.0
		没有影响	46.4
		根本没有影响	15.0
合计	100.00	合计	100.0

4）本书与其他研究者调研情况的比较分析。本书是从 2016 年开始对留守儿童在留守后的学习成绩变化情况进行调查的，留守儿童的自述与中学校长的认识都说明，留守对留守儿童的学习有一定的影响。

其他研究者的调查数据也表明，父母外出打工对留守儿童的学习有一定的影响。处在留守状态的留守儿童缺乏家长的监督与指导，这会或多或少地影响其学习成绩。这也反映出对留守儿童学习的教育关爱不仅需要持续，而且需要加大力度。

（3）找寻影响成绩的原因

1）留守儿童的自述。上述调查均表明留守儿童学习成绩不是太理想，本书将帮助探寻影响留守儿童成绩的具体原因。

如表 5-72 所示，在对留守儿童认为影响学习成绩原因的调查中，51.57% 的留守儿童认为是"自身因素导致"，22.65% 的留守儿童把原因归咎于"老师课堂教得不够好"，而选择"父母不在身边无人指导"影响学习成绩的比率仅有 8.99%。

从 2019 年（b）与 2016 年比较来看，留守儿童选择"老师课堂教得不够好"的比率下降了 24.74 个百分点，选择"自身因素导致"的比率提升了 26.43 个百分点，选择"父母不在身边无人指导"的比率下降了 5.39 个百分点，说明留守儿童逐渐能够在自身上找原因。

表 5-72　留守儿童认为影响学习成绩的原因

选项	总计			留守儿童								
				2016 年		2017 年（a）		2017 年（b）		2019 年（b）		2019 年（b）与 2016 年比较
	人数/名	比率/%	排序	人数/名	比率/%	人数/名	比率/%	人数/名	比率/%	人数/名	比率/%	率差/个百分点
老师课堂教得不够好	340	22.65	2	179	48.25	22	7.61	13	4.26	126	23.51	−24.74
父母不在身边无人指导	135	8.99	4	47	12.67	21	7.27	28	9.18	39	7.28	−5.39
自身因素导致	774	51.57	1	102	27.49	176	60.90	207	67.87	289	53.92	26.43
其他	252	16.79	3	43	11.59	70	24.22	57	18.69	82	15.30	3.71
合计	1501	100.00		371	100.00	289	100.00	305	100.00	536	100.00	0.00

2）其他研究者的调研情况分析。如表 5-73 所示，在 2007 年安徽省宣州市、泾县的留守儿童调查中，27.0% 的教师表示留守儿童上课"有时迟到"（张平，2007）。

表5-73　留守儿童学习成绩差的原因

(%)

2007年安徽省宣州市、泾县的留守儿童调查（留守儿童上课迟到及逃学情况）		2015年四川省统计局调民中心开展的留守儿童状况专项调查[成绩为何差（多选题）]		2018年曲阜师范大学政治与公共管理学院教师对2016~2018年部分省市留守儿童实地调研数据整理结果（学习不如以前的原因）		2020年云南省楚雄彝族自治州H乡留守儿童教育现状的调查（学习不好的主要原因）	
选项	教师	选项	留守儿童	选项	留守儿童	选项	留守儿童
有时迟到	27.0	没有良好的学习习惯	58.7	课下缺少辅导	13.6	没有父母的照顾和陪伴	55.0
经常迟到	1.0	自己学习能力差	39.2	父母不在身边，缺少监督和关爱	67.7	自己不努力	22.0
有过逃学的经历	11.0	没人给予课外辅导	24.1	自己学习不努力	17.2	老师教得不好	18.0
未标明	61.0		—	其他	1.5	其他原因	5.0
合计	100.0	合计	—	合计	100.0	合计	100.0

在 2015 年四川省统计局民调中心开展的留守儿童状况专项调查（N: 2000 名）中，58.7%的留守儿童表示"没有良好的学习习惯"导致成绩差（雷俊雯，2016）。

在 2018 年曲阜师范大学政治与公共管理学院教师对 2016～2018 年部分省市留守儿童实地调研数据整理结果中，67.7%的留守儿童认为学习不如以前的原因是"父母不在身边，缺少监督和关爱"（尹延君，2019）。

在 2020 年云南省楚雄彝族自治州 H 乡留守儿童教育现状的调查（N: 500 名）中，55.0%的留守儿童认为学习不好的主要原因是"没有父母的照顾和陪伴"（蒋艳，2020）。

3）本书与其他研究者调研情况的比较分析。在本书的调查中，大部分的留守儿童认为是自身原因影响了学习成绩。

在其他研究者的调查中，留守儿童学习成绩差的主要原因有：迟到；周末或放假期间做家务；没有良好的学习习惯；父母不在身边，缺少监督和关爱；没有父母的照顾和陪伴。上述更多的是留守儿童自身思想观念与行为层面的原因。

总的来看，自身原因以及缺乏父母陪伴会在很大程度上影响留守儿童的学习成绩，需从引导留守儿童的思想观念、规范留守儿童自身的学习行为、提高教师的课堂教学水平、增强留守儿童父母的关爱等方面，加大各方的教育关爱力度，进一步增强其教育关爱的实效性。

（4）分析考试不力的原因

如表 5-74 所示，在对儿童认为一般情况下考试没考好的原因的调查中，64.56%的留守儿童认为是"自己平时不努力"导致考试没考好。

从留守儿童与非留守儿童比较来看，留守儿童认为考试没考好的原因是"自己平时不努力"的比率较非留守儿童高 8.62 个百分点。这说明留守儿童逐渐能充分认识到自身不努力所带来的严重后果。教育关爱是外在辅助力量，要起作用还需留守儿童自身的努力。

表 5-74　儿童认为一般情况下考试没考好的原因

选项	总计			留守儿童							
				2016 年		2017 年（a）		2019 年（b）		小计	
	人数/名	比率/%	排序	人数/名	比率/%	人数/名	比率/%	人数/名	比率/%	人数/名	比率/%
自己平时不努力	2077	64.56	1	239	64.42	223	77.16	375	69.96	837	69.98
没有老师和家长的指导	335	10.41	3	52	14.02	14	4.84	58	10.82	124	10.37
自己本来就不行	292	9.08	4	31	8.36	11	3.81	58	10.82	100	8.36
其他	513	15.95	2	49	13.21	41	14.19	45	8.40	135	11.29
合计	3217	100.00		371	100.00	289	100.00	536	100.00	1196	100.00

续表

选项	非留守儿童						留守儿童与非留守儿童比较
	2016 年		2019 年（b）		小计		
	人数/名	比率/%	人数/名	比率/%	人数/名	比率/%	率差/个百分点
自己平时不努力	811	57.89	429	69.19	1240	61.36	8.62
没有老师和家长的指导	151	10.78	60	9.68	211	10.44	−0.07
自己本来就不行	113	8.07	79	12.74	192	9.50	−1.14
其他	326	23.27	52	8.39	378	18.70	−7.41
合计	1401	100.00	620	100.00	2021	100.00	0.00

4. 扩大留守儿童的知识面

如表 5-75 所示，在对留守儿童与其他同学相比认为自己知识面宽广度情况的调查中，28.31%的留守儿童认为自身的知识面"比大多数同学窄很多"，19.32%的留守儿童认为"比大多数同学窄一点"，18.12%的留守儿童认为"比大多数同学知识面宽一点"或"比大多数同学知识面宽得多"，认为"彼此差不多"的比率为 34.24%。总的来看，留守儿童认为自己的知识面没有其他同学宽广，这是留守儿童学习成绩不太理想的重要原因之一。

从 2019 年（b）与 2016 年的比较来看，2019 年（b）留守儿童选择"比大多数同学窄很多""比大多数同学窄一点""比大多数同学要宽得多"的比率均有所下降，选择"彼此差不多"的比率有较大幅度上升，表明留守儿童认为自己与同学知识面的差距在逐渐缩小，可以说，各方对留守儿童学习上的教育关爱有成效。

表 5-75　留守儿童与其他同学相比认为自己知识面宽广度的情况

选项	总计			留守儿童								2019 年（b）与 2016 年比较
				2016 年		2017 年（a）		2017 年（b）		2019 年（b）		
	人数/名	比率/%	排序	人数/名	比率/%	人数/名	比率/%	人数/名	比率/%	人数/名	比率/%	率差/个百分点
比大多数同学窄很多	425	28.31	2	164	44.20	25	8.7	30	9.84	206	38.43	−5.77
比大多数同学窄一点	290	19.32	3	76	20.49	59	20.4	65	21.31	90	16.79	−3.70
彼此差不多	514	34.24	1	51	13.75	152	52.6	152	49.84	159	29.66	15.91
比大多数同学宽一点	198	13.19	4	44	11.86	42	14.5	45	14.75	67	12.50	0.64

续表

选项	总计			留守儿童								
				2016 年		2017 年（a）		2017 年（b）		2019 年（b）		2019 年（b）与 2016 年比较
	人数/名	比率/%	排序	人数/名	比率/%	人数/名	比率/%	人数/名	比率/%	人数/名	比率/%	率差/个百分点
比大多数同学要宽得多	74	4.93	5	36	9.70	11	3.8	13	4.26	14	2.61	-7.09
合计	1501	100.00		371	100.00	289	100.00	305	100.00	536	100.00	0.00

5. 基本认识

（1）留守儿童的家庭教育功能不全对其学习成绩具有一定的影响

家庭尤其是家庭教育是儿童成长与发展的重要保障，在家庭教育中能培养孩子基本的社会规范以及树立相应的学习与生活目标。就留守儿童的实际境况来看，由于留守儿童父母常年外出打工，其家庭内部成员之间长期的间断性与远距离的空间阻隔，留守儿童父母与留守儿童非面对面的交流，其亲子交往几乎形成了较为松散的交往模式，造成留守儿童父母成为留守儿童学习与生活的"旁观者"，并非实质的"参与者"。留守儿童对学业较为重视，从留守儿童的学习成绩来看，接近一半的留守儿童认为其学习成绩处在"中等"和"中下等"。多数留守儿童留守之后，其成绩出现一定的变化，他们认为影响学习成绩的因素除自身之外，较多的是缺乏家庭教育与家长指导。在实际调研中也发现，留守儿童父母的文化程度普遍不高，加之常年在外打工，留守儿童的学习依赖实际监护人的监管。实际监护人多为祖辈或外祖辈，其受教育程度本身不高，难以对留守儿童学习形成有效的指导。留守儿童家庭教育功能的缺失，导致留守儿童缺乏较为温馨的家庭生活，学习上增加了困难，成绩较难达到理想状态。

（2）留守儿童的学习成就感有待增强

良好的学习成就感有助于更好地发挥学习的主动性与积极性。对留守儿童学习目的的调查显示，多数留守儿童认为学习主要是为了学习知识和增长本领。这一认知与未成年人群体的一般性认识基本一致。对中学老师、中学校长、小学校长等相关群体的调查显示，相关群体的认识与留守儿童的认识相似。此外，本书和其他研究者的调研成果表明，部分留守儿童认为学习的目的是找到工作以及更好地孝顺父母等。在留守儿童考试情况以及自身的知识面等方面的调查中，部分留守儿童在上述问题上评价较低，学习的成就感不强。在进入新时代的今天，知识更新进程日趋加速，只有通过不断的学习去完善自己，才能跟上新时代的步伐。学习不能拘泥于课堂知识学习抑或为了找工作等，学习应是作为一种责任和精神追求，只有将自身的学习融入民族和国家的事业之中，才能进一步增强学习的成就感。

（3）持续加强教育关爱，进一步增强留守儿童的学习效能感

学习效能指的是自身学习过程中对完成学业任务的能力与信心。一般来说包括学习能力、心理状态以及学习成效等方面。从学习能力来看，留守儿童处在留守状态下，家庭教育功能不全，其学习状况以及考试过程中部分留守儿童存在考试作弊行为反映出其学习能力稍显不足，有待进一步提升。从心理状态来看，留守儿童的学习与其自身的情绪情感有着紧密的联系。从其学习成效来看，留守儿童知识面、学习成绩还未达到理想状态。

留守儿童虽然在学习上存在一些问题，但其效能感在逐渐增强，不断进步是主流。这种主流的形成，离不开各方对其教育关爱，需要建立对留守儿童学习上的长期教育关爱机制。

（二）在留守儿童体育上的教育关爱

1. 提高留守儿童体育锻炼的积极性

（1）留守儿童的自述

留守儿童参加"青少年阳光体育运动"有助于提升其身体素质，促进身心健康发展。

如表 5-76 所示，在对留守儿童在"青少年阳光体育运动"中的积极性的调查中，72.64%的留守儿童表现出较高的积极性（"非常积极""积极"），但是有 7.75%的留守儿童参与"不积极"，还有 19.61%的留守儿童"不知道"有"青少年阳光体育运动"。基于此，一方面，要扩大"青少年阳光体育运动"的宣传，扩大参与面；另一方面，要充分调动留守儿童积极性，切实让留守儿童感受到体育锻炼的益处。

从 2019 年（a）与 2011 年比较来看，留守儿童参加"青少年阳光体育运动""非常积极"的比率上升了 27.66 个百分点，认为"积极"的比率下降了 26.69 个百分点，认为"不积极"的比率下降了 2.68 个百分点。从绝对值上看，留守儿童"积极"下降的百分比近似于"非常积极"上升的百分比，说明留守儿童的积极性的层级有了提高。这也表明各方对留守儿童体质上的教育关爱较有成效。

表 5-76 留守儿童在"青少年阳光体育运动"中的积极性

| 选项 | 总计 | | | 留守儿童 | | | | | | 2019 年（a）与 2011 年比较 |
| | | | | 2011 年 | | 2016 年 | | 2019 年（a） | | |
	人数/名	比率/%	排序	人数/名	比率/%	人数/名	比率/%	人数/名	比率/%	率差/个百分点
非常积极	504	39.07	1	89	23.54	138	37.20	277	51.20	27.66
积极	433	33.57	2	191	50.53	113	30.46	129	23.84	−26.69
不积极	100	7.75	4	36	9.52	27	7.28	37	6.84	−2.68
不知道	253	19.61	3	62	16.40	93	25.07	98	18.11	1.71
合计	1290	100.00		378	100.00	371	100.00	541	100.00	0.00

（2）相关群体的看法

1）中学老师的看法。如表 5-77 所示，在对中学老师眼中未成年人参加"青少年阳光体育运动"积极性的调查中，53.06%的中学老师认为未成年人"积极"参加"青少年阳光体育运动"，其次选择的是"一般化""不积极"等。中学老师作为重要的教育引导力量，在"青少年阳光体育运动"中积极动员未成年人参与，形成了良好的氛围，让未成年人充分感受到体育运动的乐趣，也增强了未成年人的体质。

表 5-77 中学老师眼中未成年人参加"青少年阳光体育运动"的积极性

| 选项 | 总计 | | | 中学老师 | | | | | | | | | | | 2019 年（a）与 2013 年比较 |
| | | | | 2013 年 | | 2014 年 | | 2015 年 | | 2016 年 | | 2019 年（a） | | |
	人数/名	比率/%	排序	人数/名	比率/%	人数/名	比率/%	人数/名	比率/%	人数/名	比率/%	人数/名	比率/%	率差/个百分点
积极	486	53.06	1	138	46.78	117	50.43	90	58.44	94	56.63	47	68.12	21.34
一般化	332	36.24	2	104	35.25	107	46.12	50	32.47	52	31.33	19	27.54	−7.71
不积极	53	5.79	3	20	6.78	6	2.59	10	6.49	16	9.64	1	1.45	−5.33
不清楚	45	4.91	4	33	11.19	2	0.86	4	2.60	4	2.41	2	2.90	−8.29
合计	916	100.00		295	100.00	232	100.00	154	100.00	166	100.00	69	100.00	0.00

2）家长的看法。如表 5-78 所示，在对家长眼中未成年人参加"青少年阳光体育运动"积极性的调查中，59.88%的家长认为未成年人会"积极"参加"青少年阳光体育运动"，且家长选择"积极"的比率在提高。家长认为未成年人参加"青少年阳光体育运动"的积极性不高的比率较低。家长是最关注未成年人的身体健康的群体，日常的教育关爱必在其中。

表 5-78　家长眼中未成年人参加"青少年阳光体育运动"的积极性

选项	总计			家长								
				2014 年		2015 年		2016 年		2019 年（a）		2019 年（a）与 2014 年比较
	人数/名	比率/%	排序	人数/名	比率/%	人数/名	比率/%	人数/名	比率/%	人数/名	比率/%	率差/个百分点
积极	388	59.88	1	144	61.28	83	53.90	110	56.99	51	77.27	15.99
一般化	206	31.79	2	63	26.81	61	39.61	69	35.75	13	19.70	−7.11
不积极	13	2.01	4	4	1.70	2	1.30	5	2.59	2	3.03	1.33
不清楚	41	6.33	3	24	10.21	8	5.19	9	4.66	0	0.00	−10.21
合计	648	100.00		235	100.00	154	100.00	193	100.00	66	100.00	0.00

　　3）中学校长的看法。如表 5-79 所示，在对中学校长眼中未成年人参加"青少年阳光体育运动"积极性的调查中，54.26% 的中学校长认为未成年人能"积极"参与"青少年阳光体育运动"，认为"不积极"的比率相对较小。总体来看，中学校长对未成年人参加"青少年阳光体育运动"知悉程度较高，关注力度较大，其中对留守儿童体质上的教育关爱也必不可少。

表 5-79　中学校长眼中未成年人参加"青少年阳光体育运动"的积极性

选项	中学校长						
	总计			2013 年		2014 年（a）	
	人数/名	比率/%	排序	人数/名	比率/%	人数/名	比率/%
积极	210	54.26	1	105	57.69	32	46.38
一般化	157	40.57	2	76	41.76	33	47.83
不积极	17	4.39	3	1	0.55	3	4.35
不清楚	3	0.78	4	0	0.00	1	1.45
合计	387	100.00		182	100.00	69	100.00

选项	中学校长						
	2015 年（a）		2016 年		2019 年（a）		2019 年（a）与 2013 年的比较
	人数/名	比率/%	人数/名	比率/%	人数/名	比率/%	率差/个百分点
积极	4	20.00	37	57.81	32	61.54	3.85
一般化	13	65.00	18	28.13	17	32.69	−9.07
不积极	3	15.00	7	10.94	3	5.77	5.22
不清楚	0	0.00	2	3.13	0	0.00	0.00
合计	20	100.00	64	100.00	52	100.00	0.00

2. 适度坚持留守儿童体育锻炼的强度

（1）留守儿童的自述

留守儿童经常锻炼有益身心健康，有助于排除消极和负面的情绪。

如表 5-80 所示，在对留守儿童锻炼身体的情况的调查中，44.75%的留守儿童表示"经常锻炼"，39.01%的留守儿童表示"不经常锻炼"，表示"从不锻炼"的比率为 4.33%，还有 11.91%的留守儿童"只是上体育课时"锻炼。从这里可以看出，学校比较重视留守儿童的体质健康，鼓励引导留守儿童"经常锻炼"身体，即使是"不经常锻炼"的留守儿童也还在间续锻炼，再加上上体育课时锻炼的人数，有 95.00%以上的留守儿童锻炼身体。教育者应适度坚持留守儿童体育锻炼的强度，动员"从不锻炼"的留守儿童加入锻炼的行列，通过锻炼排解消极性的情绪，把体育锻炼的"阳光"洒在全体留守儿童身上。

表 5-80　留守儿童锻炼身体的情况

选项	总计		留守儿童							
			2009 年		2010 年		2012 年		2014 年	
	人数/名	比率/%	人数/名	比率/%	人数/名	比率/%	人数/名	比率/%	人数/名	比率/%
经常锻炼	1075	44.75	46	30.67	114	33.04	144	40.45	172	48.73
不经常锻炼	937	39.01	84	56.00	174	50.43	155	43.54	129	36.54
从不锻炼	104	4.33	4	2.67	13	3.77	13	3.65	18	5.10
只是上体育课时	286	11.91	16	10.67	44	12.75	44	12.36	34	9.63
合计	2402	100.00	150	100.00	345	100.00	356	100.00	353	100.00

选项	留守儿童							
	2015 年		2016 年		2019 年（a）		2019 年（a）与 2009 年比较	
	人数/名	比率/%	人数/名	比率/%	人数/名	比率/%	率差/个百分点	
经常锻炼	125	43.71	135	36.39	339	62.66	31.99	
不经常锻炼	112	39.16	117	31.54	166	30.68	−25.32	
从不锻炼	26	9.09	24	6.47	6	1.11	−1.56	
只是上体育课时	23	8.04	95	25.61	30	5.55	−5.12	
合计	286	100.00	371	100.00	541	100.00	0.00	

（2）相关群体的看法

如表 5-81 所示，中学老师、家长、中学校长、德育工作者眼中未成年人的体育锻炼的调查中，74.14%的相关群体认为未成年人"经常锻炼"，两成多的相关群体认为未成年人"不经常锻炼"。从相关群体比较来看，中学校长认为未成年人"经常锻炼"的比率最高，中学老师认为未成年人"经常锻炼"的比率最低。

相关群体把握了自身的角色定位，为未成年人营造了良好的体育锻炼环境，体现了对未成年人体质上的教育关爱。

从中学老师与家长比较来看，家长认为"经常锻炼"的比率高于中学老师。在中学老师与家长眼里，没有"从不锻炼"的未成年人，这与留守儿童的自述有些差异。相关群体应进一步深入了解未成年人，把教育关爱真正落实到每一个未成年人身上。

表 5-81　中学老师、家长、中学校长、德育工作者眼中未成年人的体育锻炼

选项	总计			中学老师		家长		中学校长		德育工作者		中学老师与家长比较
				2019 年（a）		2019 年（a）		2019 年（a）		2019 年（a）		率差/个百分点
	人数/名	比率/%	排序	人数/名	比率/%	人数/名	比率/%	人数/名	比率/%	人数/名	比率/%	
经常锻炼	172	74.14	1	47	68.12	48	72.73	43	82.69	34	75.56	−4.61
不经常锻炼	47	20.26	2	16	23.19	16	24.24	6	11.54	9	20.00	−1.05
从不锻炼	5	2.16	4	0	0.00	0	0.00	3	5.77	2	4.44	0.00
只是上体育课时	8	3.45	3	6	8.70	2	3.03	0	0.00	0	0.00	5.67
合计	232	100.00		69	100.00	66	100.00	52	100.00	45	100.00	0.00

（3）其他研究者的调研情况分析

如表 5-82 所示，在 2017 年广西百色市的留守儿童调查（N：279 名）中，留守儿童每周课外体育锻炼次数分别为"1 次"和"0 次"的比率分别为 49.82%和 22.94%（李胜恒等，2017）。

在 2017 年 10～11 月湖南省张家界市慈利县的留守儿童调查（N：443 名）中，34.1%的留守儿童每周参与课外体育锻炼为"3 天及以上"（傅丹等，2018）。

在 2018 年河南省农村小学留守儿童体育活动边缘化的调查（N：183 名）中，留守儿童每周参与体育活动的次数在"2 次"和"≥3 次"的比率分别为 16.94%和 11.48%（郭燕，2019）。

在 2019 年江西省遂川县左安镇的留守儿童调查（N：91 名）中，41.76%的留守儿童每周体育锻炼次数为"3～4 次"（张招娣等，2020）。

在 2020 年江苏省徐州、连云港、宿迁、淮安、盐城市的留守儿童调查

（N：456 名）中，71.27%的留守儿童每周参与体育活动次数在"2～3 次"（徐云亮，2020）。

表 5-82　留守儿童参加体育活动的频率

2017 年广西百色市的留守儿童调查（每周课外体育锻炼的次数）			2017 年 10～11 月湖南省张家界市慈利县的留守儿童调查（每周参与课外体育锻炼日数）			2018 年河南省农村小学留守儿童体育活动边缘化的调查（每周参与体育活动次数）			2019 年江西省遂川县左安镇的留守儿童调查（每周体育锻炼次数）			2020 年江苏省徐州、连云港、宿迁、淮安、盐城市的留守儿童调查（每周参与体育活动次数）		
选项	人数/名	比率/%	选项	人数/名	比率/%	选项	人数/名	比率/%	选项	人数/名	比率/%	选项	人数/名	比率/%
0 次	64	22.94	没有	67	15.1	≥3次	21	11.48	1～2次	15	16.48	0 次	0	0.00
1 次	139	49.82	1 天	121	27.3	2次	31	16.94	3～4次	38	41.76	1 次	101	22.15
2 次	43	15.41	2 天	104	23.5	1 次	49	26.78	5～6次	22	24.18	2～3次	325	71.27
3 次	24	8.60	3 天及以上	151	34.1	其他	82	44.81	7 次	16	17.58	>4 次	30	6.58
4 次及以上	9	3.23												
合计	279	100.00	合计	443	100.00	合计	183	100.00	合计	91	100.00	合计	456	100.00

（4）本书与其他研究者调研情况的比较分析

在本书的调查中，数据显示留守儿童锻炼身体的频率有所增加。从相关群体的视角来看，多数相关群体认为未成年人经常锻炼身体。

在其他研究者的调查中，留守儿童每周参与体育锻炼能保持一定频次，可以看出，留守儿童也是经常锻炼身体的。

3. 引导留守儿童积极参与体育运动

（1）鼓励参加"青少年阳光体育运动"

积极鼓励引导留守儿童参加"青少年阳光体育运动"是加强对留守儿童体质教育关爱的具体举措。

如表 5-83 所示，在对儿童在"青少年阳光体育运动"中的参与情况的调查中，大部分的留守儿童会或多或少地参加"青少年阳光体育运动"，表示"不参加"和"不知道"的合比率为 26.49%。

从留守儿童与非留守儿童比较来看，留守儿童选择"每次都参加"的比率较非留守儿童高 6.82 个百分点，留守儿童选择"不参加"的比率较非留守儿童低 2.81 个百分点。说明留守儿童参加"青少年阳光体育运动"的

积极性高于非留守儿童，从侧面反映了学校对留守儿童体质上的教育关爱
较重视。

表 5-83 儿童在"青少年阳光体育运动"中的参与情况

选项	总计			留守儿童					
				2016 年		2019 年（a）		小计	
	人数/名	比率/%	排序	人数/名	比率/%	人数/名	比率/%	人数/名	比率/%
每次都参加	884	30.17	1	172	46.36	146	26.99	318	34.87
经常参加	639	21.81	2	56	15.09	131	24.21	187	20.50
偶尔参加	631	21.54	3	59	15.90	129	23.84	188	20.61
不参加	288	9.83	5	35	9.43	37	6.84	72	7.89
不知道	488	16.66	4	49	13.21	98	18.11	147	16.12
合计	2930	100.00		371	100.00	541	100.00	912	100.00

选项	非留守儿童						留守儿童与非留守儿童比较
	2016 年		2019 年（a）		小计		
	人数/名	比率/%	人数/名	比率/%	人数/名	比率/%	率差/个百分点
每次都参加	393	28.05	173	28.04	566	28.05	6.82
经常参加	294	20.99	158	25.61	452	22.40	−1.90
偶尔参加	304	21.70	139	22.53	443	21.95	−1.34
不参加	174	12.42	42	6.81	216	10.70	−2.81
不知道	236	16.85	105	17.02	341	16.90	−0.78
合计	1401	100.00	617	100.00	2018	100.00	0.00

（2）鼓励参加相关体育运动会

一般来说，中小学每年会定期举办校级的体育运动会，参加不同级别的体育运动有助于增强留守儿童的运动意识与增长见识。

如表 5-84 所示，在对留守儿童参加相关体育运动会和其他运动的情况的调查中，47.06%的留守儿童积极参与"学校运动会"，5.04%的留守儿童会参与"市（或县）运动会"，还有一些留守儿童参加了其他体育运动。留守儿童选择"不参加"的比率为 26.11%。

从 2019 年（a）与 2009 年比较来看，留守儿童参加"学校运动会"的比率上升了 27.96 个百分点，选择"不参加"的比率降低了 17.59 个百分点，说明留守儿童参加体育运动的积极性有所提高，也说明各方对留守儿童体质上的教育关爱有了较好的成效。

表 5-84　　留守儿童参加相关体育运动会和其他运动的情况

选项	留守儿童													
	总计			2009 年		2010 年		2011 年		2016 年		2019 年（a）		2019 年（a）与 2009 年比较
	人数/名	比率/%	排序	人数/名	比率/%	人数/名	比率/%	人数/名	比率/%	人数/名	比率/%	人数/名	比率/%	率差/个百分点
学校运动会	840	47.06	1	49	32.67	115	33.33	145	38.36	203	54.72	328	60.63	27.96
市（或县）运动会	90	5.04	6	3	2.00	13	3.77	12	3.17	46	12.40	16	2.96	0.96
球赛	109	6.11	4	8	5.33	18	5.22	22	5.82	29	7.82	32	5.91	0.58
其他	185	10.36	3	26	17.33	46	13.33	41	10.85	26	7.01	46	8.50	−8.83
不参加	466	26.11	2	53	35.33	136	39.42	136	35.98	45	12.13	96	17.74	−17.59
不知道	95	5.32	5	11	7.33	17	4.93	22	5.82	22	5.93	23	4.25	−3.08
合计	1785	100.00		150	100.00	345	100.00	378	100.00	371	100.00	541	100.00	0.00

4. 提高留守儿童的体育运动成效

（1）身体素质得到了提高

1）留守儿童的自述。如表 5-85 所示，在对留守儿童在"青少年阳光体育运动"中何种素质得到提高的调查中，选择排在前三位的是："身体素质"（50.62%）、"锻炼身体意识"（11.71%）、"团队精神"（10.70%）。其他各选项都有一定的比率。

从 2019 年（a）与 2011 年比较来看，留守儿童选择"身体素质"的比率有了较大幅度的提升（提升了 34.30 个百分点），选择"锻炼身体意识""团队精神"的比率有一定幅度的下降。锻炼身体的主要目的是提高"身体素质"，身体素质提高了也就是体质增强了，而且"身体素质"的比率在逐步上升，说明各方对留守儿童体质上的教育关爱取得了较好的成效。

表 5-85　　留守儿童在"青少年阳光体育运动"中何种素质得到提高

选项	留守儿童									
	总计			2011 年		2016 年		2019 年（a）		2019 年（a）与 2011 年比较
	人数/名	比率/%	排序	人数/名	比率/%	人数/名	比率/%	人数/名	比率/%	率差/个百分点
身体素质	653	50.62	1	103	27.25	217	58.49	333	61.55	34.30
锻炼身体意识	151	11.71	2	59	15.61	52	14.02	40	7.39	−8.22
运动技术	47	3.64	7	9	2.38	23	6.20	15	2.77	0.39
自信心	58	4.50	5	20	5.29	21	5.66	17	3.14	−2.15

续表

选项	总计			留守儿童							
				2011 年		2016 年		2019 年（a）		2019 年（a）与 2011 年比较
	人数/名	比率/%	排序	人数/名	比率/%	人数/名	比率/%	人数/名	比率/%	率差/个百分点
团队精神	138	10.70	3	72	19.05	25	6.74	41	7.58	−11.47
体育兴趣	53	4.11	6	16	4.23	19	5.12	18	3.33	−0.90
创新与实践能力	44	3.41	8	24	6.35	4	1.08	16	2.96	−3.39
其他	12	0.93	9	3	0.79	6	1.62	3	0.55	−0.24
不知道	134	10.39	4	72	19.05	4	1.08	58	10.72	−8.33
合计	1290	100.00		378	100.00	371	100.00	541	100.00	0.00

2）相关群体的看法。如表 5-86 所示，在对中学老师、家长、中学校长、德育工作者与小学校长眼中未成年人在"青少年阳光体育运动"中何种素质得到提高的调查中，72.96%的相关群体认为是"身体素质"。

从中学老师与家长比较来看，家长选择"身体素质"的比率较中学老师高 25.56 个百分点，家长选择"锻炼身体意识"的比率较中学老师低 12.84 个百分点。家长关注的是孩子的"身体素质"，老师侧重于"锻炼身体的意识"。两者的认识各有侧重。相关群体都对未成年人倾注了关爱，而且取得了较好的成效。

表 5-86　中学老师、家长、中学校长、德育工作者与小学校长眼中未成年人在"青少年阳光体育运动"中何种素质得到提高

选项	总计			中学老师		家长		中学校长		德育工作者		小学校长		中学老师与家长比较
				2019 年（a）		2019 年（a）		2019 年（a）		2019 年（a）		2020 年（a）		
	人数/名	比率/%	排序	人数/名	比率/%	人数/名	比率/%	人数/名	比率/%	人数/名	比率/%	人数/名	比率/%	率差/个百分点
身体素质	197	72.96	1	43	62.32	58	87.88	37	71.15	36	80.00	23	60.53	−25.56
锻炼身体意识	26	9.63	2	12	17.39	3	4.55	3	5.77	3	6.67	5	13.16	12.84
运动技术	21	7.78	3	5	7.25	1	1.52	12	23.08	1	2.22	2	5.26	5.73
自信心	7	2.59	5	2	2.90	1	1.52	0	0.00	2	4.44	2	5.26	1.38
团队精神	11	4.07	4	2	2.90	2	3.03	0	0.00	3	6.67	4	10.53	−0.13
体育兴趣	3	1.11	7	1	1.45	0	0.00	0	0.00	0	0.00	2	5.26	1.45
创新与实践能力	0	0.00	8	0	0.00	0	0.00	0	0.00	0	0.00	0	0.00	0.00

续表

选项	总计			中学老师 2019年（a）		家长 2019年（a）		中学校长 2019年（a）		德育工作者 2019年（a）		小学校长 2020年（a）		中学老师与家长比较
	人数/名	比率/%	排序	人数/名	比率/%	人数/名	比率/%	人数/名	比率/%	人数/名	比率/%	人数/名	比率/%	率差/个百分点
其他	0	0.00	8	0	0.00	0	0.00	0	0.00	0	0.00	0	0.00	0.00
不知道	5	1.85	6	4	5.80	1	1.52	0	0.00	0	0.00	0	0.00	4.28
合计	270	100.00		69	100.00	66	100.00	52	100.00	45	100.00	38	100.00	0.00

（2）留守儿童对自身是否是"小胖子"有了更清楚的自我认知

如表 5-87 所示，在对留守儿童就是不是"小胖子"的自我认知的调查中，70.58%的留守儿童认为自己不是"小胖子"。

从 2019 年（a）与 2009 年比较来看，留守儿童选择"是""不是"的比率变化较为一致。总的来看，根据留守儿童自述，留守儿童对自身是否是"小胖子"有了更清楚的自我认知，各方对留守儿童体质上的教育关爱较有成效。

表 5-87　留守儿童对是不是"小胖子"的自我认知

选项	总计			留守儿童								
				2009 年		2010 年		2011 年		2019 年（a）		2019 年（a）与 2009 年比较
	人数/名	比率/%	排序	人数/名	比率/%	人数/名	比率/%	人数/名	比率/%	人数/名	比率/%	率差/个百分点
是	299	21.15	2	31	20.67	64	18.55	80	21.16	124	22.92	2.25
不是	998	70.58	1	105	70.00	242	70.14	260	68.78	391	72.27	2.27
不知道是不是	117	8.27	3	14	9.33	39	11.30	38	10.05	26	4.81	−4.52
合计	1414	100.00		150	100.00	345	100.00	378	100.00	541	100.00	0.00

（3）留守儿童的体质与同龄人相似

1）留守儿童的自述。对留守儿童与同龄人身体素质之间的比较可以为今后的教育引导奠定基础。

如表 5-88 所示，在对儿童与同龄人相比觉得身体素质好不好的调查中，31.15%的留守儿童认为自己的身体素质与同龄人是"一样的"，认为"好一些"与"比别人好很多"的合比率为 30.79%，认为"差一些"与"比别人差很多"的合比率为 38.06%。30.81%的非留守儿童认为自己的身体素质与同龄人是"一样的"，认为"好一些"与"比别人好很多"的合比率为

24.52%，认为"差一些"与"比别人差很多"的合比率为44.68%。三成以上的儿童都认为自己的身体素质与同龄人一样。

从留守儿童与非留守儿童比较来看，两者的"一样的"的比率极相近。留守儿童的比别人差（"差一些"与"比别人差很多"）的比率较比别人好（"好一些"与"比别人好很多"）的比率高7.27个百分点，非留守儿童的比别人差的比率较比别人好的比率高20.16个百分点，两者相比，留守儿童高出的比率较非留守儿童高出的比率要低12.89个百分点。也就是说，留守儿童认为"好"的比率大于非留守儿童，认为"差"的比率低于非留守儿童。即自我判断上留守儿童的身体素质比非留守儿童好。应该说，这也是各方对留守儿童教育关爱的结果，虽然这只是儿童的自述。

表 5-88　儿童与同龄人相比觉得身体素质好不好

| 选项 | 总计 | | | 留守儿童 | | | | | | 非留守儿童 | | 留守儿童与非留守儿童比较 |
| | | | | 2017 年（a） | | 2019 年（b） | | 小计 | | 2019 年（b） | | |
	人数/名	比率/%	排序	人数/名	比率/%	人数/名	比率/%	人数/名	比率/%	人数/名	比率/%	率差/个百分点
比别人差很多	262	18.13	3	28	9.69	93	17.35	121	14.67	141	22.74	−8.07
差一些	329	22.77	2	81	28.03	112	20.90	193	23.39	136	21.94	1.45
一样的	448	31.00	1	86	29.76	171	31.90	257	31.15	191	30.81	0.34
好一些	262	18.13	3	50	17.30	111	20.71	161	19.52	101	16.29	3.23
比别人好很多	144	9.97	5	44	15.22	49	9.14	93	11.27	51	8.23	3.04
合计	1445	100.00		289	100.00	536	100.00	825	100.00	620	100.00	0.00

2）相关群体的认识。如表5-89所示，在对中学校长与小学校长眼中留守儿童和同龄人相比的身体素质状况的调查中，32.32%的相关群体认为留守儿童和同龄人的身体素质是"一样的"，认为身体素质要"差一些"与"比别人差很多"的合比率为64.64%，认为身体素质"好一些"与"比别人好很多"的合比率为3.04%。

从中学校长与小学校长比较来看，两者在"差一些""比别人差很多""一样的"的比率上有较大的不同，而在"好一些""比别人好很多"的比率上差别很小。总的来看，在大部分中学校长与小学校长眼中，留守儿童的身体素质比同龄人差，有待进一步提升。这与留守儿童的自述差异较大。

基于此，中学校长、小学校长须进一步判断实况，采取更切实的教育关爱措施以改变状况。

表 5-89　中学校长与小学校长眼中留守儿童和同龄人相比的身体素质状况

选项	总计			中学校长		小学校长		中学校长与小学校长比较
				2021 年（c）		2021 年（c）		
	人数/名	比率/%	排序	人数/名	比率/%	人数/名	比率/%	率差/个百分点
比别人差很多	23	8.75	3	6	12.00	17	7.98	4.02
差一些	147	55.89	1	24	48.00	123	57.75	−9.75
一样的	85	32.32	2	18	36.00	67	31.46	4.54
好一些	7	2.66	4	2	4.00	5	2.35	1.65
比别人好很多	1	0.38	5	0	0.00	1	0.47	−0.47
合计	263	100.00		50	100.00	213	100.00	0.00

（4）留守儿童在生理发育上与同龄人相似

1）留守儿童的自述。如表 5-90 所示，在对儿童在生理发育上和同龄人相比情况的调查中，61.78%的儿童认为自己的生理发育处在"正常水平"，认为"比同龄人长得好"的比率大于"发育迟缓"的比率。总的来看，儿童的生理发育正常。

从留守儿童与非留守儿童比较来看，留守儿童认为处在"正常水平"的比率较非留守儿童高 5.03 个百分点，留守儿童认为"发育迟缓"的比率较非留守儿童低 3.88 个百分点，可以说，留守儿童的生理发育水平不比非留守儿童低。这也从侧面反映出各方的教育关爱已见成效。

表 5-90　儿童在生理发育上和同龄人相比的情况

选项	总计			留守儿童		非留守儿童		不清楚		留守儿童与非留守儿童比较
				2019 年（b）		2019 年（b）		2019 年（b）		
	人数/名	比率/%	排序	人数/名	比率/%	人数/名	比率/%	人数/名	比率/%	率差/个百分点
比同龄人长得好	268	23.12	2	120	22.39	146	23.55	2	66.67	−1.16
正常水平	716	61.78	1	346	64.55	369	59.52	1	33.33	5.03
发育迟缓	175	15.10	3	70	13.06	105	16.94	0	0.00	−3.88
合计	1159	100.00		536	100.00	620	100.00	3	100.00	0.00

2）相关群体的认识。表 5-91 所示，在对中学校长与小学校长眼中留守儿童在生理发育上和同龄人相比情况的调查中，58.94%的相关群体认为留守儿童的生理发育处在"正常水平"，三成多的相关群体认为留守儿童的生理"发育迟缓"。这种认识与儿童的自述也有差异。

从中学校长与小学校长比较来看，两者的认识差异不大。针对"发育迟缓"的留守儿童，须给予他们更多的关爱，要从分析成因以及加强改进措施等方面着手，增强其体质。

表 5-91　中学校长与小学校长眼中留守儿童在生理发育上和同龄人相比的情况

选项	总计			中学校长		小学校长		中学校长与小学校长比较
				2021 年（c）		2021 年（c）		
	人数/名	比率/%	排序	人数/名	比率/%	人数/名	比率/%	率差/个百分点
比同龄人长得好	16	6.08	3	3	6.00	13	6.10	−0.10
正常水平	155	58.94	1	30	60.00	125	58.69	1.31
发育迟缓	92	34.98	2	17	34.00	75	35.21	−1.21
合计	263	100.00		50	100.00	213	100.00	0.00

5. 增大对留守儿童体质关爱的支持力度

（1）按规定开设学校体育课程

学校体育课让学生接受基本的体育运动技能，培养体育情操。

1）留守儿童的自述。如表 5-92 所示，在对留守儿童认为的学校体育课开设情况的调查中，70.56% 的留守儿童认为学校体育课开设"正常"，22.65% 的留守儿童认为开设"不正常"，4.10% 的留守儿童认为学校"从不上体育课"。

从 2019 年（a）与 2009 年比较来看，留守儿童虽然认为"从不上体育课"的现象还存在，但认为体育课开设"正常"的比率提升了 15.70 个百分点，认为"不正常"的比率下降了 14.29 个百分点，说明各方对留守儿童体质上的教育关爱有了较好的成效。但对如何消灭"从不上体育课"的现象，还需继续努力。

表 5-92　留守儿童认为的学校体育课开设情况

选项	总计		留守儿童							
			2009 年		2011 年		2013 年		2014 年	
	人数/名	比率/%	人数/名	比率/%	人数/名	比率/%	人数/名	比率/%	人数/名	比率/%
正常	1860	70.56	104	69.33	199	52.65	377	67.68	269	76.20
不正常	597	22.65	40	26.67	159	42.06	131	23.52	62	17.56
从不上体育课	108	4.10	4	2.67	15	3.97	23	4.13	15	4.25
不知道	71	2.69	2	1.33	5	1.32	26	4.67	7	1.98
合计	2636	100.00	150	100.00	378	100.00	557	100.00	353	100.00

选项	留守儿童						2019 年（a）与2009 年比较
	2015 年		2016 年		2019 年（a）		
	人数/名	比率/%	人数/名	比率/%	人数/名	比率/%	率差/个百分点
正常	207	72.38	244	65.77	460	85.03	15.70

续表

选项	留守儿童						
	2015 年		2016 年		2019 年（a）		2019 年（a）与2009 年比较
	人数/名	比率/%	人数/名	比率/%	人数/名	比率/%	率差/个百分点
不正常	60	20.98	78	21.02	67	12.38	−14.29
从不上体育课	18	6.29	22	5.93	11	2.03	−0.64
不知道	1	0.35	27	7.28	3	0.55	−0.78
合计	286	100.00	371	100.00	541	100.00	0.00

2）相关群体的认识。中学老师是体育课的主体授课力量，对学校的体育课开设情况有较为清晰的认识。

如表 5-93 所示，在对中学老师认为的学校体育课开设情况的调查中，71.04%的中学老师认为学校体育课开设"正常"，认为"不正常"的比率为24.92%。

从 2019 年（a）与 2009 年比较来看，中学老师选择"正常"的比率提升了 3.82 个百分点，选择"不正常"的比率下降了 9.93 个百分点，但仍存在个别学校"从不上体育课"的情况。学校"正常"上体育课的比率增大，说明学校对留守儿童体质上的教育关爱的力度在增大。

表 5-93　中学老师认为的学校体育课开设情况

选项	中学老师														2019 年（a）与2009 年比较
	总计			2009 年		2010 年		2011 年		2016 年		2019 年（a）			
	人数/名	比率/%	排序	人数/名	比率/%	人数/名	比率/%	人数/名	比率/%	人数/名	比率/%	人数/名	比率/%		率差/个百分点
正常	633	71.04	1	166	74.44	146	67.91	131	60.09	136	81.93	54	78.26		3.82
不正常	222	24.92	2	48	21.52	67	31.16	76	34.86	23	13.86	8	11.59		−9.93
从不上体育课	16	1.80	4	5	2.24	0	0.00	6	2.75	4	2.41	1	1.45		−0.79
不知道	20	2.24	3	4	1.79	2	0.93	5	2.29	3	1.81	6	8.70		6.91
合计	891	100.00		223	100.00	215	100.00	218	100.00	166	100.00	69	100.00		0.00

3）其他研究者的调研情况分析。在 2016 年贵州省雷山县的留守儿童调查中，雷山县体育与健康课的开课率为 88.81%，比全国平均水平（93.3%）低（王宪明，2016）。

如表 5-94 所示，在 2017 年广西百色市的留守儿童调查（N：279 名）

中，58.42%的留守儿童体育课堂的体育锻炼是"集体活动"（李胜恒等，2017）。

在2018年河南省农村小学留守儿童体育活动边缘化的调查（N：183名）中，体育课开课率为62.50%（郭燕，2019）。

表 5-94　留守儿童上体育课与参加体育活动的情况

2017年广西百色市的留守儿童调查（体育课堂的体育锻炼类别）			2018年河南省农村小学留守儿童体育活动边缘化的调查（体育课开课率与体育活动情况）	
选项	留守儿童		选项	教育者
	人数/名	比率/%		比率/%
集体活动	163	58.42	开课率	62.50
分组活动	91	32.62	坚持早操	几乎为0
独自活动	25	8.96	坚持课间操	25.0
			课后体育活动	12.5
			不知道"阳光体育运动"何时启动	＞50.0
合计	279	100.00	合计	100.00

4）本书与其他研究者调研情况的比较分析。在本书的调查中，大多数的留守儿童和中学老师认为学校体育课能正常开设。其他研究者的调查认为体育课的开课率相对较高。总的来看，体育课作为增强体质的重要课程，其开课率相对较高，说明对留守儿童的体质健康的关爱，学校都比较重视。

（2）提高老师与家长支持留守儿童体育锻炼的积极性

老师与家长支持留守儿童参加体育锻炼无疑会大幅度提升留守儿童的参与度。

如表 5-95 所示，在对留守儿童就老师与家长支持体育锻炼看法的调查中，73.40%的留守儿童认为老师和家长对体育锻炼较为重视（含"非常重视"与"重视"）。

从2019年（a）与2009年比较来看，留守儿童选择"非常重视"的比率提升了18.11个百分点，选择"重视"的比率提升了8.91个百分点，选择"不重视"的比率下降了10.66个百分点，选择"根本不管不问"的比率下降了5.85个百分点。从这种变化来看，老师与家长对留守儿童体育锻炼支持的积极性在增强，这里面也充分体现了老师与家长对留守儿童体质上的教育关爱。

表 5-95　留守儿童对老师与家长支持体育锻炼的看法

选项	总计		留守儿童							
			2009 年		2011 年		2013 年		2014 年	
	人数/名	比率/%	人数/名	比率/%	人数/名	比率/%	人数/名	比率/%	人数/名	比率/%
非常重视	779	29.55	28	18.67	50	13.23	170	30.52	118	33.43
重视	1156	43.85	59	39.33	146	38.62	240	43.09	161	45.61
不重视	412	15.63	34	22.67	136	35.98	77	13.82	43	12.18
根本不管不问	130	4.93	11	7.33	27	7.14	28	5.03	14	3.97
不知道	159	6.03	18	12.00	19	5.03	42	7.54	17	4.82
合计	2636	100.00	150	100.00	378	100.00	557	100.00	353	100.00

选项	留守儿童						2019 年（a）与 2009 年比较
	2015 年		2016 年		2019 年（a）		
	人数/名	比率/%	人数/名	比率/%	人数/名	比率/%	率差/个百分点
非常重视	106	37.06	108	29.11	199	36.78	18.11
重视	126	44.06	163	43.94	261	48.24	8.91
不重视	28	9.79	29	7.82	65	12.01	−10.66
根本不管不问	18	6.29	24	6.47	8	1.48	−5.85
不知道	8	2.80	47	12.67	8	1.48	−10.52
合计	286	100.00	371	100.00	541	100.00	0.00

6. 基本认识

（1）留守儿童的体育自律行为养成有待进一步深化

自律本质上是自我严格要求，并体现在自身的一言一行上。留守儿童的体育自律行为是其有意识地自觉自愿地接受和主动去锻炼，从而促进其身体素质的提升与发展。留守儿童自主积极地参与"青少年阳光体育运动"、接受体育锻炼以及参加运动会是其体质发展的重要举措。部分留守儿童对参与"青少年阳光体育运动""不积极"甚至表示"不知道"。留守儿童的体育锻炼也呈现出"两极化"的现象，不参加运动会的比率也接近三成。因此，有必要进一步深化留守儿童体育自律行为的养成，使其对体育运动的作用有较为清晰的认识，不断促进自身的全面发展。

（2）各方对留守儿童体质上的教育关爱体现在留守儿童的身心发展水平上

留守儿童对健康行为的认知以及价值取向直接影响其体育参与的积极性。要让留守儿童切实明晰体育运动既能促进其良好身体素质的养成，又能帮助其获得对体育的精神性和文化性的理解，丰富自身的内涵。调查表明，留守儿童在"青少年阳光体育运动"中获得的较为全面的提升既包括身体素质，也包括锻炼意识、团队精神等。与此同时，留守儿童通过体育锻炼，生理发展水平不低于同龄人，甚至在某些方面强于非留守儿童。这里充分体现了各方群体对留守儿童体质上的教育关爱，并由此取得了较好的成效。

（3）留守儿童体质促进的支持系统不容忽视

留守儿童体质促进的支持系统包括社会、家庭、学校等多个方面，各方面应聚焦自身的主要职能并切实发挥作用。调查表明，学校方面已在大力落实体育课程的正常开设，确保留守儿童能接受完整的体育教学。学校老师与家长对留守儿童体育锻炼的支持力度正在增大。留守儿童体质的教育关爱靠的是不同支持系统的相互配合，并切实通过相关的举措来落实。支持系统的稳固与顺利运行将直接体现对留守儿童体质的教育关爱，影响留守儿童体质素质提升与发展的成效，其功能与作用需得到充分重视。

（三）在留守儿童情感上的教育关爱

1. 与父母亲交流中得到的教育关爱

（1）留守儿童孝敬父母的方式

1）留守儿童的自述。如表 5-96 所示，在对留守儿童孝敬父母的方式的调查中，选择排在前三位的是，"非常听他们的话"（32.71%）、"为他们分担喜悦与忧愁"（23.74%）、"坚决不做对不起他们的事"（14.12%）。

从 2019 年（a）与 2012 年比较来看，排在前三位的变化是：留守儿童选择"非常听他们的话"的比率提高了 17.45 个百分点，选择"为他们分担喜悦与忧愁"的比率降低了 9.59 个百分点，选择"坚决不做对不起他们的事"的比率降低了 7.05 个百分点。通过这种变化可以看到，留守儿童孝敬父母的侧重点发生了明显的变化。"非常听话"意味着"顺从"，这是留守儿童情感的深切表达，也是对父母关爱的热切回馈。

2）相关群体的看法。如表 5-97 所示，在对中学老师、家长、中学校长、德育工作者与小学校长眼中未成年人孝敬父母方式的调查中，相关选择排在前三位的是，"非常听他们的话"（53.11%）、"为他们分担喜悦与忧愁"（12.82%）、"坚决不做对不起他们的事"（10.26%），这种排序与留守儿童的排序完全一致。不同群体之间的看法略有差异。总的来看，孝敬父母主要通过"听话"表现出来。

表 5-96　留守儿童孝敬父母的方式

留守儿童

选项	总计		排序	2012 年		2013 年		2014 年		2015 年		2016 年		2019 年（a）		2019 年（a）与 2012 年比较 率差/个百分点
	人数/名	比率/%		人数/名	比率/%	人数/名	比率/%	人数/名	比率/%	人数/名	比率/%	人数/名	比率/%	人数/名	比率/%	
非常听他们的话	806	32.71	1	82	23.03	149	26.75	93	26.35	80	27.97	183	49.33	219	40.48	17.45
一切按他们的思想办事	172	6.98	6	20	5.62	29	5.21	13	3.68	22	7.69	68	18.33	20	3.70	-1.92
坚决不做对不起他们的事	348	14.12	3	58	16.29	98	17.59	73	20.68	32	11.19	37	9.97	50	9.24	-7.05
为他们分担喜悦与忧愁	585	23.74	2	121	33.99	133	23.88	79	22.38	77	26.92	43	11.59	132	24.40	-9.59
自己努力为社会作奉献	51	2.07	8	5	1.40	14	2.51	5	1.42	6	2.10	6	1.62	15	2.77	1.37
为家庭做贡献	209	8.48	5	31	8.71	57	10.23	43	12.18	36	12.59	12	3.23	30	5.55	-3.16
自立自强	218	8.85	4	26	7.30	49	8.80	36	10.20	24	8.39	17	4.58	66	12.20	4.90
不知道	75	3.05	7	13	3.65	28	5.03	11	3.12	9	3.15	5	1.35	9	1.66	-1.99
合计	2464	100.00		356	100.00	557	100.00	353	100.00	286	100.00	371	100.00	541	100.00	0.00

从中学老师与家长比较来看，中学老师认为未成年人孝敬父母的方式是"非常听他们的话"的比率较家长高 15.55 个百分点，选择"坚决不做对不起他们的事"的比率较家长低 9.35 个百分点，选择"为他们分担喜悦与忧愁"的比率较家长低 3.69 个百分点。这种差异基于不同群体各自的感受。总的来看，无论未成年人以哪种方式孝敬父母，都是对父母关爱的情感回报。

表 5-97　中学老师、家长、中学校长、德育工作者与小学校长眼中未成年人孝敬父母的方式

选项	总计			中学老师 2019 年（a）		家长 2019 年（a）	
	人数/名	比率/%	排序	人数/名	比率/%	人数/名	比率/%
非常听他们的话	145	53.11	1	40	57.97	28	42.42
一切按他们的思想办事	10	3.66	6	5	7.25	1	1.52
坚决不做对不起他们的事	28	10.26	3	4	5.80	10	15.15
为他们分担喜悦与忧愁	35	12.82	2	10	14.49	12	18.18
自己努力为社会作奉献	4	1.47	8	1	1.45	2	3.03
为家庭作贡献	21	7.69	5	3	4.35	5	7.58
自立自强	25	9.16	4	4	5.80	6	9.09
不知道	5	1.83	7	2	2.90	2	3.03
合计	273	100.00		69	100.00	66	100.00

选项	中学校长 2020 年（a）		德育工作者 2019 年（a）		小学校长 2021 年（c）		中学老师与家长比较
	人数/名	比率/%	人数/名	比率/%	人数/名	比率/%	率差/个百分点
非常听他们的话	34	65.38	20	44.44	23	56.10	15.55
一切按他们的思想办事	0	0.00	1	2.22	3	7.32	5.73
坚决不做对不起他们的事	0	0.00	7	15.56	7	17.07	−9.35
为他们分担喜悦与忧愁	1	1.92	11	24.44	1	2.44	−3.69
自己努力为社会作奉献	0	0.00	1	2.22	0	0.00	−1.58
为家庭作贡献	8	15.38	2	4.44	3	7.32	−3.23
自立自强	9	17.31	2	4.44	4	9.76	−3.29
不知道	0	0.00	1	2.22	0	0.00	−0.13
合计	52	100.00	45	100.00	41	100.00	0.00

（2）留守儿童与父母积极交流

如表 5-98 所示，在对留守儿童主动和父母交流生活、学习情况的调查中，大部分留守儿童会积极与父母进行交流，与父母"从不"交流的留守

儿童比率为 5.16%。可见绝大部分留守儿童能够对父母敞开心扉。

从 2019 年（a）与 2014 年比较来看，留守儿童选择"频繁"的比率提升了 39.37 个百分点，这种大幅度的变化，不仅体现了留守儿童对父母信任度的提升，也体现了留守儿童对父母关爱回报的力度增大。

表 5-98　留守儿童主动和父母交流生活、学习的情况

选项	留守儿童										
	总计			2014 年		2015 年		2016 年		2019 年（a）		2019 年（a）与 2014 年比较
	人数/名	比率/%	排序	人数/名	比率/%	人数/名	比率/%	人数/名	比率/%	人数/名	比率/%	率差/个百分点
频繁	589	37.98	1	62	17.56	52	18.18	167	45.01	308	56.93	39.37
经常	347	22.37	2	54	15.30	77	26.92	91	24.53	125	23.11	7.81
有时	331	21.34	3	141	39.94	69	24.13	60	16.17	61	11.28	−28.66
很少	186	11.99	4	69	19.55	57	19.93	31	8.36	29	5.36	−14.19
从不	80	5.16	5	27	7.65	27	9.44	13	3.50	13	2.40	−5.25
其他	18	1.16	6	0	0.00	4	1.40	9	2.43	5	0.92	0.92
合计	1551	100.00		353	100.00	286	100.00	371	100.00	541	100.00	0.00

2. 与老师交流中得到的教育关爱

（1）留守儿童喊"老师好"体现的情感反馈

1）留守儿童的自述。如表 5-99 所示，在对留守儿童喊"老师好"情况的调查中，57.45% 的留守儿童会"经常喊"，35.51% 的留守儿童会"有时喊"，"不喊"和"不想喊"的合比率为 7.04%。通过这一行为表现来看，多数留守儿童对老师有较深的情感。

从 2019 年（a）与 2009 年比较来看，留守儿童选择"经常喊"的比率有较大幅度的提升（21.65 个百分点），选择"有时喊""不喊""不想喊"的比率有一定幅度地降低。喊"老师好"是留守儿童一种礼貌性的行为，可以表达出对老师的尊重和尊敬，说明老师平时给予了留守儿童显性或隐性的教育关爱，才会得到留守儿童如此的情感反馈。

表 5-99　留守儿童喊"老师好"的情况

选项	总计		留守儿童							
			2009 年		2010 年		2012 年		2014 年	
	人数/名	比率/%	人数/名	比率/%	人数/名	比率/%	人数/名	比率/%	人数/名	比率/%
经常喊	1380	57.45	74	49.33	164	47.54	174	48.88	195	55.24

续表

选项	总计		留守儿童							
			2009 年		2010 年		2012 年		2014 年	
	人数/名	比率/%	人数/名	比率/%	人数/名	比率/%	人数/名	比率/%	人数/名	比率/%
有时喊	853	35.51	69	46.00	159	46.09	152	42.70	131	37.11
不喊	98	4.08	2	1.33	17	4.93	19	5.34	16	4.53
不想喊	71	2.96	5	3.33	5	1.45	11	3.09	11	3.12
合计	2402	100.00	150	100.00	345	100.00	356	100.00	353	100.00

选项	留守儿童							
	2015 年		2016 年		2019 年（a）		2019 年（a）与 2009 年比较
	人数/名	比率/%	人数/名	比率/%	人数/名	比率/%	率差/个百分点
经常喊	148	51.75	241	64.96	384	70.98	21.65
有时喊	114	39.86	90	24.26	138	25.51	−20.49
不喊	20	6.99	17	4.58	7	1.29	−0.04
不想喊	4	1.40	23	6.20	12	2.22	−1.11
合计	286	100.00	371	100.00	541	100.00	0.00

2）相关群体的认识。如表 5-100 所示，在对中学老师眼中未成年人喊"老师好"情况的调查中，46.53%的中学老师认为未成年人会"经常喊"，48.47%的中学老师认为未成年人会"有时喊"，认为"不喊""不愿喊""不敢喊"的合比率为 5.00%。总的来看，大部分中学老师认为未成年人有礼貌，对老师有较深厚的情感。

从 2019 年（a）与 2008 年比较来看，中学老师认为未成年人"经常喊""老师好"的比率大幅度上升了 35.36 个百分点，认为"有时喊"的比率下降了 37.61 个百分点，也就是说，未成年人"有时喊"的下降比率绝大部分加到了"经常喊"的上升比率中，说明中学老师平时予以未成年人的教育关爱取得了成效，未成年人对老师的情感逐渐深厚。

表 5-100　中学老师眼中未成年人喊"老师好"的情况

选项	总计			2008～2013 年（叶松庆，2016）		2019 年（a）		2008 年	2019 年（a）与 2008 年比较
	人数/名	比率/%	排序	人数/名	比率/%	人数/名	比率/%	比率/%	率差/个百分点
经常喊	503	46.53	2	451	44.57	52	75.36	40.00	35.36
有时喊	524	48.47	1	513	50.69	11	15.94	53.55	−37.61

续表

选项	总计			2008～2013年 （叶松庆，2016）		2019年（a）		2008年	2019年（a）与 2008年比较
	人数/名	比率/%	排序	人数/名	比率/%	人数/名	比率/%	比率/%	率差/个百分点
不喊	27	2.50	3	23	2.27	4	5.80	1.94	3.86
不愿喊	21	1.94	4	21	2.07	0	0.00	4.51	−4.51
不敢喊	6	0.56	5	4	0.40	2	2.90	0.00	2.90
合计	1081	100.00		1012	100.00	69	100.00	100.00	0.00

（2）留守儿童主动和老师交流学习、生活情况体现的情感反馈

1）留守儿童的自述。如表5-101所示，在对留守儿童主动和老师交流学习、生活情况的自我测定的调查中，62.09%（"频繁""经常""有时"的合比率）的留守儿童会主动与老师交流学习、生活情况，34.17%（"很少""从不"的合比率）的留守儿童不与老师交流学习、生活情况。多数留守儿童能向老师敞开心扉。

从2019年（a）与2014年比较来看，留守儿童主动与老师交流的比率升高的幅度较大，说明老师的教育关爱得到了留守儿童的情感反馈。

表5-101 留守儿童主动和老师交流学习、生活情况的自我测定

选项	总计			留守儿童							
				2014年		2015年		2016年		2019年（a）		2019年（a）与 2014年比较
	人数 /名	比率 /%	排序	人数 /名	比率 /%	人数 /名	比率 /%	人数 /名	比率 /%	人数 /名	比率 /%	率差/个百分点
频繁	357	23.02	2	42	11.90	30	10.49	159	42.86	126	23.29	11.39
经常	248	15.99	4	41	11.61	45	15.73	69	18.60	93	17.19	5.58
有时	358	23.08	1	98	27.76	62	21.68	38	10.24	160	29.57	1.81
很少	338	21.79	3	118	33.43	63	22.04	45	12.13	112	20.70	−12.73
从不	192	12.38	5	54	15.30	60	20.98	30	8.09	48	8.87	−6.43
其他	58	3.74	6	0	0.00	26	9.09	30	8.09	2	0.37	0.37
合计	1551	100.00		353	100.00	286	100.00	371	100.00	541	100.00	0.00

2）相关群体的认识。如表5-102所示，在对中学老师、家长与中学校长眼中未成年人主动和老师交流学习、生活情况的调查中，74.34%（"频繁""经常""有时"的合比率）的相关群体认为未成年人会主动和老师交流学习、生活，各群体之间的认识略有差异。

从中学老师与家长比较来看，各项的比率有一定的升降，但总体上差异不是很大。未成年人主动与老师交流学习与生活情况，体现了未成年人对老师的信任，也体现了未成年人对老师怀有较深厚的情感，也是对老师教育关爱的一种情感反馈。

表 5-102　中学老师、家长与中学校长眼中未成年人主动和老师交流学习、生活情况

| 选项 | 总计 | | | 中学老师 | | 家长 | | 中学校长 | | 中学老师与家长比较 |
| | | | | 2019 年（a） | | 2019 年（a） | | 2019 年（a） | | |
	人数/名	比率/%	排序	人数/名	比率/%	人数/名	比率/%	人数/名	比率/%	率差/个百分点
频繁	60	32.09	1	27	39.13	24	36.36	9	17.31	2.77
经常	31	16.58	4	13	18.84	16	24.24	2	3.85	−5.40
有时	48	25.67	2	25	36.23	20	30.30	3	5.77	5.93
很少	34	18.18	3	2	2.90	5	7.58	27	51.92	−4.68
从不	12	6.42	5	0	0.00	1	1.52	11	21.15	−1.52
其他	2	1.07	6	2	2.90	0	0.00	0	0.00	2.90
合计	187	100.00		69	100.00	66	100.00	52	100.00	0.00

3. 与人民交流中得到的教育关爱

（1）留守儿童在为灾区与贫困地区人民捐款中得到的教育关爱

如表 5-103 所示，在对留守儿童为灾区与贫困地区人民捐款情况的调查中，85.96%的留守儿童会"积极响应"为灾区与贫困地区人民捐款，选择"不响应"的比率为 8.23%，选择"不知道怎么办"的比率为5.80%。

留守儿童为灾区与贫困地区人民捐款既体现其强烈的爱心，同时也通过这种方式回馈社会对他们的教育关爱，让留守儿童在这种活动中充分感受到互帮互助的价值导向。

表 5-103　留守儿童为灾区与贫困地区人民捐款的情况

| 选项 | 总计 | | 留守儿童 | | | | | | | |
| | | | 2009 年 | | 2011 年 | | 2013 年 | | 2014 年 | |
	人数/名	比率/%	人数/名	比率/%	人数/名	比率/%	人数/名	比率/%	人数/名	比率/%
积极响应	2266	85.96	144	96.00	342	90.48	485	87.07	320	90.65
不响应	217	8.23	2	1.33	12	3.17	43	7.72	14	3.97
不知道怎么办	153	5.80	4	2.67	24	6.35	29	5.21	19	5.38
合计	2636	100.00	150	100.00	378	100.00	557	100.00	353	100.00

续表

选项	留守儿童						
	2015 年		2016 年		2019 年（a）		2019 年（a）与 2009 年比较
	人数/名	比率/%	人数/名	比率/%	人数/名	比率/%	率差/个百分点
积极响应	254	88.81	230	61.99	491	90.76	−5.24
不响应	24	8.39	99	26.68	23	4.25	2.92
不知道怎么办	8	2.80	42	11.32	27	4.99	2.32
合计	286	100.00	371	100.00	541	100.00	0.00

（2）留守儿童的正义感体现得到的教育关爱

如表 5-104 所示，在对留守儿童遇见坏人正在做坏事时的反应的调查中，大多数留守儿童能有正确的价值取向，并积极寻求帮助，且"见义勇为""报告给成年人"的比率逐渐增加，正义感趋强。

从 2019 年（a）与 2009 年比较来看，留守儿童选择"见义勇为"的比率增加了 10.35 个百分点，是增幅最大的选项。从这一点可以看出留守儿童面对特殊情况的基本态度与价值取向，这也是留守儿童对平时的教育关爱的一种情感反馈。

表 5-104　留守儿童遇见坏人正在做坏事时的反应

选项	总计		留守儿童							
			2009 年		2010 年		2012 年		2014 年	
	人数/名	比率/%	人数/名	比率/%	人数/名	比率/%	人数/名	比率/%	人数/名	比率/%
见义勇为	499	20.77	28	18.67	46	13.33	55	15.45	48	13.60
赶快打 110 报警	1194	49.71	73	48.67	200	57.97	184	51.69	172	48.73
报告给成年人	355	14.78	12	8.00	41	11.88	61	17.13	60	17.00
装作没看见	77	3.21	5	3.33	15	4.35	16	4.49	20	5.67
偷偷溜走	36	1.50	3	2.00	4	1.16	1	0.28	7	1.98
心情紧张	96	4.00	9	6.00	16	4.64	18	5.06	20	5.67
感到很害怕	53	2.21	10	6.67	14	4.06	8	2.25	10	2.83
不知道怎么办	92	3.83	10	6.67	9	2.61	13	3.65	16	4.53
合计	2402	100.00	150	100.00	345	100.00	356	100.00	353	100.00

选项	留守儿童						2019 年（a）与 2009 年比较
	2015 年		2016 年		2019 年（a）		
	人数/名	比率/%	人数/名	比率/%	人数/名	比率/%	率差/个百分点
见义勇为	47	16.43	118	31.81	157	29.02	10.35
赶快打 110 报警	135	47.20	178	47.98	252	46.58	−2.09
报告成年人	66	23.08	43	11.59	72	13.31	5.31
装作没看见	5	1.75	4	1.08	12	2.22	−1.11
偷偷溜走	8	2.80	5	1.35	8	1.48	−0.52
心情紧张	9	3.15	8	2.16	16	2.96	−3.04
感到很害怕	2	0.70	3	0.81	6	1.11	−5.56
不知道怎么办	14	4.90	12	3.23	18	3.33	−3.34
合计	286	100.00	371	100.00	541	100.00	0.00

4. 与同龄人交流中得到的教育关爱

（1）在表达同情心中得到的教育关爱

如表 5-105 所示，在对留守儿童对待流浪儿童态度的调查中，大多数留守儿童"觉得很可怜，心里很难过"或表现出很强的同情心（"非常同情，但又无能为力"）。

从 2019 年（a）与 2009 年比较来看，留守儿童"觉得很可怜，心里很难过"的比率升高了 4.70 个百分点，其余各项比率的变化不大。留守儿童同情心逐渐趋浓。

留守儿童在表达同情心的过程中，实际上也在接受感恩教育，充分感受来自各方的关爱。

（2）在表达感动中受到的教育关爱

如表 5-106 所示，对留守儿童是否为"未成年人见义勇为"行为感动的调查中，62.01%的留守儿童表示"会"，可见留守儿童内心对"未成年人见义勇为"的行为有较高认同度。

从 2019 年（a）与 2010 年比较来看，各项比率的升降变化没有明显差别，表明留守儿童在这方面的情绪、认知相对稳定。

留守儿童对未成年人见义勇为行为的态度，既反映了其内心正义感的尺度，也使其在表达感动中受到了教育关爱。

表 5-105　留守儿童对待流浪儿童的态度

留守儿童

选项	总计		2009 年		2011 年		2013 年		2014 年		2015 年		2016 年		2019 年 (a)		2019 年 (a) 与 2009 年比较
	人数/名	比率/%	人数/名	比率/%	人数/名	比率/%	人数/名	比率/%	人数/名	比率/%	人数/名	比率/%	人数/名	比率/%	率差百分点
觉得很可怜,心里很难过	1068	40.52	62	41.33	120	31.75	196	35.19	155	43.91	124	43.36	162	43.67	249	46.03	4.70
非常同情,但又无能为力	838	31.79	38	25.33	138	36.51	192	34.47	109	30.88	90	31.47	137	36.93	134	24.77	-0.56
给一点小钱	537	20.37	39	26.00	86	22.75	124	22.26	65	18.41	46	16.08	47	12.67	130	24.03	-1.97
不给钱	77	2.92	5	3.33	16	4.23	11	1.97	14	3.97	6	2.10	6	1.62	19	3.51	0.18
投以鄙视的眼光	51	1.93	2	1.33	6	1.59	14	2.51	4	1.13	9	3.15	11	2.96	5	0.92	-0.41
离得远远的	27	1.02	3	2.00	6	1.59	6	1.08	1	0.28	7	2.45	2	0.54	2	0.37	-1.63
呵斥	19	0.72	1	0.67	1	0.26	13	2.33	0	0.00	0	0.00	2	0.54	2	0.37	-0.30
不知道	19	0.72	0	0.00	5	1.32	1	0.18	5	1.42	4	1.40	4	1.08	0	0.00	0.00
合计	2636	100.00	150	100.00	378	100.00	557	100.00	353	100.00	286	100.00	371	100.00	541	100.00	0.00

表 5-106　留守儿童是否为"未成年人见义勇为"行为感动

选项	留守儿童							
	总计		2010 年		2011 年		2012 年	
	人数/名	比率/%	人数/名	比率/%	人数/名	比率/%	人数/名	比率/%
会	1580	62.01	253	73.33	235	62.17	187	52.53
不会	309	12.13	22	6.38	31	8.20	45	12.64
短时会，长远不会	318	12.48	38	11.01	72	19.05	47	13.20
很难说	254	9.97	21	6.09	28	7.41	69	19.38
不知道	87	3.41	11	3.19	12	3.17	8	2.25
合计	2548	100.00	345	100.00	378	100.00	356	100.00

选项	留守儿童							
	2013 年		2016 年（a）		2019 年（a）		2019 年（a）与2010 年比较	
	人数/名	比率/%	人数/名	比率/%	人数/名	比率/%	率差/个百分点	
会	281	50.45	227	61.19	397	73.38	0.05	
不会	105	18.85	62	16.71	44	8.13	1.75	
短时会，长远不会	73	13.11	34	9.16	54	9.98	−1.03	
很难说	83	14.90	17	4.58	36	6.65	0.56	
不知道	15	2.69	31	8.36	10	1.85	−1.34	
合计	557	100.00	371	100.00	541	100.00	0.00	

5. 与同学交流中得到的教育关爱

（1）在同学遇到困难予以帮助中得到的教育关爱

1）留守儿童的自述。如表 5-107 所示，在对留守儿童在同学遇到困难时予以帮助的情况的调查中，70.83%的留守儿童选择"会"，还有 23.13%的留守儿童表示"可能会"，2.11%的留守儿童表示"不一定"，明确表示"不会""不知道"的合比率为 3.92%。大部分留守儿童在同学遇到困难时"会"施以援手。

从 2019 年（a）与 2009 年比较来看，留守儿童表示"会"的比率提升了 3.59 个百分点，这是该调查中变化最大的比率。这说明留守儿童乐于助人之心逐渐浓烈。

帮助遇到困难的同学不仅体现了同学情谊，也让留守儿童体会到了同学间的相互关爱。

表 5-107 留守儿童在同学遇到困难时予以帮助的情况

选项	留守儿童									
	总计		2009 年		2010 年		2011 年		2012 年	
	人数/名	比率/%	人数/名	比率/%	人数/名	比率/%	人数/名	比率/%	人数/名	比率/%
会	1911	70.83	118	78.67	236	68.41	264	69.84	263	73.88
可能会	624	23.13	27	18.00	85	24.64	89	23.54	72	20.22
不会	77	2.85	3	2.00	18	5.22	17	4.50	4	1.12
不一定	57	2.11	2	1.33	6	1.74	7	1.85	13	3.65
不知道	29	1.07	0	0.00	0	0.00	1	0.26	4	1.12
合计	2698	100.00	150	100.00	345	100.00	378	100.00	356	100.00

选项	留守儿童						2019 年（a）与 2009 年比较
	2013 年		2016 年		2019 年（a）		
	人数/名	比率/%	人数/名	比率/%	人数/名	比率/%	率差/个百分点
会	383	68.76	202	54.45	445	82.26	3.59
可能会	137	24.60	130	35.04	84	15.53	-2.47
不会	14	2.51	19	5.12	2	0.37	-1.63
不一定	13	2.33	8	2.16	8	1.48	0.15
不知道	10	1.80	12	3.23	2	0.37	0.37
合计	557	100.00	371	100.00	541	100.00	0.00

2）相关群体的看法。如表 5-108 所示，在对中学老师、家长、中学校长、德育工作者与小学校长眼中未成年人在同学遇到困难时予以帮助情况的调查中，79.85%的相关群体认为"会"，还有 15.38%的相关群体认为"可能会"。

从中学老师与家长比较来看，中学老师选择"会"的比率较家长低 12.05 个百分点，显然，家长对未成年人的看法好于中学老师。

相关群体认为未成年人具有较高的助人为乐意识，这从侧面也可以看出相关群体的教育关爱有了情感反馈。

表 5-108 中学老师、家长、中学校长、德育工作者与小学校长眼中未成年人在同学遇到困难时予以帮助的情况

选项	总计			中学老师 2019 年（a）		家长 2019 年（a）		中学校长 2019 年（a）		德育工作者 2019 年（a）		小学校长 2020 年（a）		中学老师与家长比较
	人数/名	比率/%	排序	人数/名	比率/%	人数/名	比率/%	人数/名	比率/%	人数/名	比率/%	人数/名	比率/%	率差/个百分点
会	218	79.85	1	45	65.22	51	77.27	43	82.69	42	93.33	37	90.24	-12.05

续表

选项	总计			中学老师		家长		中学校长		德育工作者		小学校长		中学老师与家长比较
				2019 年（a）		2019 年（a）		2020 年（a）		2019 年（a）		2020 年（a）		
	人数/名	比率/%	排序	人数/名	比率/%	人数/名	比率/%	人数/名	比率/%	人数/名	比率/%	人数/名	比率/%	率差/个百分点
可能会	42	15.38	2	18	26.09	12	18.18	6	11.54	2	4.44	4	9.76	7.91
不会	7	2.56	3	2	2.90	1	1.52	3	5.77	1	2.22	0	0.00	1.38
不一定	2	0.73	5	2	2.90	0	0.00	0	0.00	0	0.00	0	0.00	2.90
不知道	4	1.47	4	2	2.90	2	3.03	0	0.00	0	0.00	0	0.00	−0.13
合计	273	100.00		69	100.00	66	100.00	52	100.00	45	100.00	41	100.00	0.00

3）其他研究者的调研情况分析。在 2019 年 11 月至 2020 年 2 月陕西省的调查中，45.4%的留守儿童表示"经常会"主动帮助身边有困难的同学和朋友，36.9%的留守儿童表示"偶尔会"，选择"一般""基本不会""从来不会"的比率分别为 12.4%、3.8%和 1.5%（马多秀等，2021）。

4）本书与其他研究者调研情况的比较分析。在本书的调查中，七成以上的留守儿童表示在同学遇到困难时"会"给予帮助，2019 年（a）留守儿童选择"会"的比率有所上升，近八成的相关群体认为留守儿童在同学遇到困难时"会"给予帮助。留守儿童在帮助困难同学的同时，也会感受到来自各方的教育关爱。

在其他研究者的调查中，留守儿童会帮助有困难同学的比率与本书结果相近。总的来看，大多数留守儿童在同学遇到困难时会给予帮助，具有良好的助人为乐意识。帮助别人既体现了对别人的关爱，也对等收到了被别人感激的关爱反馈。

（2）在日常生活中主动帮助同学得到的教育关爱

如表 5-109 所示，在对留守儿童主动帮助同学的自我评定的调查中，49.26%的留守儿童认为在日常生活中会经常性地（包括"频繁"和"经常"）主动帮助同学，选择"从不"帮助同学的比率为 5.61%。

从 2019 年（a）与 2014 年比较来看，留守儿童选择"经常"的比率提升了 12.17 个百分点，选择"有时"的比率下降了 19.27 个百分点。频率高的比率大幅度提升，频率低的比率大幅度降低，表明留守儿童帮助同学的主动性与积极性在逐渐提高，可见各方对留守儿童的教育关爱取得了较好的成效。

表 5-109 留守儿童主动帮助同学的自我评定

选项	留守儿童											
	总计			2014 年		2015 年		2016 年		2019 年（a）		2019 年（a）与 2014 年比较
	人数/名	比率/%	排序	人数/名	比率/%	人数/名	比率/%	人数/名	比率/%	人数/名	比率/%	率差/个百分点
频繁	328	21.15	3	54	15.30	51	17.83	135	36.39	88	16.27	0.97
经常	436	28.11	1	81	22.95	90	31.47	75	20.22	190	35.12	12.17
有时	417	26.89	2	147	41.64	77	26.92	72	19.41	121	22.37	−19.27
很少	245	15.80	4	51	14.45	45	15.73	40	10.78	109	20.15	5.70
从不	87	5.61	5	15	4.25	18	6.29	24	6.47	30	5.55	1.30
其他	38	2.45	6	5	1.42	5	1.75	25	6.74	3	0.55	−0.87
合计	1551	100.00		353	100.00	286	100.00	371	100.00	541	100.00	0.00

6. 基本认识

（1）留守儿童情感层面的关爱多表现为交流沟通与互动

情感的形成与发展离不开相互之间的认识、沟通与互动，在这一过程中逐渐表达自身的情感诉求，丰富自身的情感，也从诉求的反馈中得到别人的关爱。从对留守儿童情感关爱的层面来看，留守儿童与父母、老师、人民、同龄人以及同学之间的交流丰富了其情感内容，并且在交流与沟通互动的过程中，表达自身的价值立场与情感选择，感受到来自别人的教育关爱。

（2）留守儿童日常学习与生活构成其情感关爱的主要内容

留守儿童情感关爱的主要内容多源于留守儿童学习与生活场域，诸如父母交流的方式与频率、喊"老师好"的情况、与老师交流学习与生活、捐款以及帮助有困难的同学等方面。基于此，对留守儿童来说，正确引导尤其是针对其日常与学习生活中出现的不良现象与行为要及时加以纠正，通过这些细节和微小的身边事例，切实让留守儿童形成正确的认知，形成积极向上的情感取向，接受别人的情感关爱。

（3）重视与留守儿童存在邻近性关系群体的引导作用

留守儿童邻近性关系群体是其加强对其情感教育关爱的重要一环，其中重要的邻近性关系多表现为老师、家长、同学以及朋辈群体。邻近性群体与留守儿童之间存在时空交流的便利，且相互直接影响的频率与机会多。要高度重视邻近性群体的作用，并加以正确的引导与交流。对于邻近性群体中发生的事件与现象，尤其是可能带来不良影响的行为，要及时加以引导并扩大受教育面，不断形成良性邻近性关系群体的氛围与环境，以取得情感教育关爱的实效。

（四）在特殊时期对留守儿童的教育关爱

新冠疫情是全球性重大突发公共卫生事件，留守儿童在抗疫①中，其思想与行为表现在一定程度上可以折射出社会对留守儿童的教育关爱。通过中学校长和小学校长的视角对留守儿童在新冠疫情下思想与行为的表现，可以进一步了解留守儿童的教育关爱状况。

1. 积极做好特殊时期留守儿童的教育关爱预案

教育关爱预案旨在强化对留守儿童的保障，其具有一定的前置性。制定教育关爱预案，有助于在特殊时期（如新冠疫情期间）做好留守儿童教育关爱工作奠定基础。在本书 2016 年的中学校长就学校在特殊时期有无留守儿童教育关爱预案的调查中，39.06%的中学校长表示"有"，26.56%的中学校长表示"没有"，34.38%的中学校长表示"不清楚"。提前做好特殊时期留守儿童教育关爱预案，为做好留守儿童在特殊时期的教育关爱起到了重要作用。

2. 在抗疫中导引留守儿童的思想与行为

（1）注重留守儿童的爱国主义教育

如表 5-110 所示，在对中学校长与小学校长就"通过这次抗疫，学生受到了很好的爱国主义教育"看法的调查中，55.59%的中学校长与小学校长表示"非常同意"，37.83%的中学校长与小学校长表示"同意"，可见大多数中学校长与小学校长认为留守儿童通过此次抗疫受到了很好的爱国主义教育。在抗疫过程中涌现出很多感染和激励人的英雄人物及其先进事迹。在抗疫中，留守儿童自身的爱国主义情感得以激发。

表 5-110　中学校长与小学校长对"通过这次抗疫，学生受到了很好的
爱国主义教育"的看法

| 选项 | 总计 | | | 中学校长 | | | | | | 小学校长 | | 中学校长与小学校长比较 |
| | | | | 2020 年（b） | | 2021 年（c） | | 小计 | | 2021 年（c） | | |
	人数/名	比率/%	排序	人数/名	比率/%	人数/名	比率/%	人数/名	比率/%	人数/名	比率/%	率差/个百分点
非常同意	169	55.59	1	18	43.90	29	58.00	47	51.65	122	57.28	−5.63
同意	115	37.83	2	15	36.59	20	40.00	35	38.46	80	37.56	0.90
有点同意	13	4.28	3	5	12.20	1	2.00	6	6.59	7	3.29	3.30
有点不同意	3	0.99	5	0	0.00	0	0.00	0	0.00	3	1.41	−1.41

---

① 本书抗疫指的是抗击新冠疫情。

续表

选项	总计			中学校长						小学校长		中学校长与小学校长比较
				2020年（b）		2021年（c）		小计		2021年（c）		
	人数/名	比率/%	排序	人数/名	比率/%	人数/名	比率/%	人数/名	比率/%	人数/名	比率/%	率差/个百分点
不同意	4	1.32	4	3	7.32	0	0.00	3	3.30	1	0.47	2.83
非常不同意	0	0.00	6	0	0.00	0	0.00	0	0.00	0	0.00	0.00
合计	304	100.00		41	100.00	50	100.00	91	100.00	213	100.00	0.00

（2）帮助儿童增强走中国特色社会主义道路的信心

如表 5-111 所示，在对中学校长与小学校长就"通过这次抗疫，学生对中国走中国特色社会主义道路更加充满信心"看法的调查中，93.75%（包括"非常同意"和"同意"的比率）的中学校长与小学校长认为通过该次抗疫，学生对中国特色社会主义道路更加充满信心。在抗疫的过程中，党和政府始终坚持人民利益至上，全力攻坚克难，充分彰显了中国的制度优势。儿童在抗疫过程中，充分感受到"道路自信"的优势，进一步增强了走中国特色社会主义道路的决心与信心。

表 5-111　中学校长与小学校长对"通过这次抗疫，学生对中国走中国特色社会主义道路更加充满信心"的看法

选项	总计			中学校长						小学校长		中学校长与小学校长比较
				2020年（b）		2021年（c）		小计		2021年（c）		
	人数/名	比率/%	排序	人数/名	比率/%	人数/名	比率/%	人数/名	比率/%	人数/名	比率/%	率差/个百分点
非常同意	186	61.18	1	24	58.54	26	52.00	50	54.95	136	63.85	−8.90
同意	99	32.57	2	15	36.59	19	38.00	34	37.36	65	30.52	6.84
有点同意	10	3.29	3	0	0.00	2	4.00	2	2.20	8	3.76	−1.56
有点不同意	5	1.64	4	0	0.00	3	6.00	3	3.30	2	0.94	2.36
不同意	4	1.32	5	2	4.88	0	0.00	2	2.20	2	0.94	1.26
非常不同意	0	0.00	6	0	0.00	0	0.00	0	0.00	0	0.00	0.00
合计	304	100.00		41	100.00	50	100.00	91	100.00	213	100.00	0.00

（3）融洽留守儿童的家庭亲情氛围

如表 5-112 所示，在对中学校长与小学校长就疫情防控期间留守儿童和家长相处如何的看法的调查中，中学校长与小学校长认为在疫情防控期间，留守儿童居家过程中与父母交流的机会与频率显著增加，使得交流更为丰富，了解与认知更为全面，留守儿童的家庭亲情氛围融洽，对留守儿

童的教育关爱落到了实处。

表 5-112　中学校长与小学校长对疫情防控期间留守儿童和家长相处如何的看法

选项	总计			中学校长 2021 年（c）		小学校长 2021 年（c）		中学校长与小学校长比较
	人数/名	比率/%	排序	人数/名	比率/%	人数/名	比率/%	率差/个百分点
有明显的变化，较以前更加融洽了	89	33.84	2	14	28.00	75	35.21	−7.21
略有改变，但不明显	99	37.64	1	16	32.00	83	38.97	−6.97
没有变化	34	12.93	4	12	24.00	22	10.33	13.67
变得比以前更差了	41	15.59	3	8	16.00	33	15.49	0.51
合计	263	100.00		50	100.00	213	100.00	0.00

（4）积极引导留守儿童的社会交往

如表 5-113 所示，在对中学校长与小学校长眼中疫情期间留守儿童的社会交往情况的调查中，多数中学校长与小学校长认为留守儿童与家人交流居多且网络交往逐渐密切。学校对留守儿童的社会交往也进行了引导，线上的社交增多，尽量减少直面的交往，有效地配合了防疫工作。

表 5-113　中学校长与小学校长眼中疫情期间留守儿童的社会交往情况

选项	总计			中学校长 2021 年（3）		小学校长 2021 年（3）		中学校长与小学校长比较
	人数/名	比率/%	排序	人数/名	比率/%	人数/名	比率/%	率差/个百分点
几乎只和家人交流	129	49.05	1	20	40.00	109	51.17	−11.17
和日常交往的同学、朋友保持正常的联系	57	21.67	3	11	22.00	46	21.60	0.40
通过社交软件或网课平台与同学、朋友增加了联络频率和互致问候，增进了感情	65	24.71	2	16	32.00	49	23.00	9.00
不清楚	12	4.56	4	3	6.00	9	4.23	1.77
合计	263	100.00		50	100.00	213	100.00	0.00

（5）稳定留守儿童的心态与情绪

如表 5-114 所示，在对中学校长与小学校长眼中疫情发生以来留守儿童的主要情绪表现的调查中，中学校长与小学校长选择排在前五位的是"紧张"（16.55%）、"担心"（14.13%）、"平静"（13.73%）、"充满信心"（11.84%）、"感动"（10.77%），这些情绪表现中有一些负面的情绪。中学校长与小学校长在教育引导留守儿童的过程中，注意进一步稳定留守儿童的心态与情绪，引导留守儿童平和理性地应对疫情带来的生活与学习的变化。

表 5-114　中学校长与小学校长眼中疫情发生以来留守儿童的主要情绪表现

选项	总计			中学校长		小学校长		中学校长与小学校长比较
				2021 年（c）		2021 年（c）		
	人数/名	比率/%	排序	人数/名	比率/%	人数/名	比率/%	率差/个百分点
平静	102	13.73	3	16	11.11	86	14.35	−3.24
紧张	123	16.55	1	24	16.67	99	16.53	0.14
恐惧	67	9.02	6	9	6.25	58	9.68	−3.43
愤怒	14	1.88	11	1	0.69	13	2.17	−1.48
难过	29	3.90	9	6	4.17	23	3.84	0.33
害怕	62	8.34	7	12	8.33	50	8.35	−0.02
担心	105	14.13	2	20	13.89	85	14.19	−0.3
高兴	19	2.56	10	2	1.39	17	2.84	−1.45
感动	80	10.77	5	20	13.89	60	10.02	3.87
充满信心	88	11.84	4	21	14.58	67	11.19	3.39
其他	54	7.27	8	13	9.03	41	6.84	2.19
合计	743	100.00		144	100.00	599	100.00	0.00

（6）促进留守儿童情感情绪的正向变化

如表 5-115 所示，在对中学校长与小学校长眼中留守儿童现在情绪较新冠疫情暴发时的变化的调查中，接近八成的中学校长与小学校长认为留守儿童在抗疫以来的情绪较新冠疫情暴发初期呈现出积极的变化（"好很多"和"好一些"）。

从中学校长与小学校长比较来看，小学校长认为留守儿童情绪稳定并趋好的比率要更高。中小学校长善于并积极安抚留守儿童的情绪，这对促进其身心健康发展具有重要的意义，同时也是加强对其教育关爱的具体举措。

表 5-115　中学校长与小学校长眼中留守儿童现在情绪较新冠疫情暴发时的变化

选项	总计			中学校长		小学校长		中学校长与小学校长比较
				2021 年（c）		2021 年（c）		
	人数/名	比率/%	排序	人数/名	比率/%	人数/名	比率/%	率差/个百分点
好很多	139	52.85	1	25	50.00	114	53.52	−3.52
好一些	69	26.24	2	12	24.00	57	26.76	−2.76
差不多	53	20.15	3	13	26.00	40	18.78	7.22

续表

选项	总计			中学校长 2021 年（c）		小学校长 2021 年（c）		中学校长与小学校长比较
	人数/名	比率/%	排序	人数/名	比率/%	人数/名	比率/%	率差/个百分点
差一些	2	0.76	4	0	0.00	2	0.94	−0.94
差很多	0	0.00	5	0	0.00	0	0.00	0.00
合计	263	100.00		50	100.00	213	100.00	0.00

3. 在抗疫中引导留守儿童的学习与生活

（1）努力提升留守儿童的网课效果

如表 5-116 所示，在对中学校长与小学校长就防疫期间留守儿童网络授课效果与平日课堂授课效果优劣的看法的调查中，34.21%的中学校长与小学校长认为"课堂好于网络"，表明在一定程度上网课效果有待进一步提升。

从中学校长与小学校长比较来看，中学校长选择"课堂好于网络"的比率高出小学校长 9.20 个百分点，小学校长认为"网络好于课堂"的比率高出中学校长 4.19 个百分点，在"两者相当"这一选项上，小学校长的比率高出中学校长 7.12 个百分点，可见，两者的看法存在一定的差异。

课堂教学聚焦线下有助于授课教师管理班级与学生，网络授课对学生的自律性要求较高。无论是课堂还是网络授课，中学校长与校长都给予了高度重视，取得了较好的效果，使对留守儿童的教育关爱得以充分体现。

表 5-116　中学校长与小学校长对防疫期间留守儿童网络授课效果与平日课堂授课效果优劣的看法

选项	总计			中学校长						小学校长 2021 年（c）		中学校长与小学校长比较
				2020 年（b）		2021 年（c）		小计				
	人数/名	比率/%	排序	人数/名	比率/%	人数/名	比率/%	人数/名	比率/%	人数/名	比率/%	率差/个百分点
网络好于课堂	39	12.83	4	5	12.20	4	8.00	9	9.89	30	14.08	−4.19
两者相当	92	30.26	2	2	4.88	21	42.00	23	25.27	69	32.39	−7.12
课堂好于网络	104	34.21	1	18	43.90	19	38.00	37	40.66	67	31.46	9.20
说不清	69	22.70	3	16	39.02	6	12.00	22	24.18	47	22.07	2.11
合计	304	100.00		41	100.00	50	100.00	91	100.00	213	100.00	0.00

（2）养成留守儿童的良好生活习惯

如表 5-117 所示，在对中学校长与小学校长就防疫期间留守儿童养成了哪些习惯的看法的调查中，中学校长与小学校长认为，在防疫期间，留守儿童不同程度地养成了良好的生活习惯，其中以"戴口罩、勤洗手等文明习惯"以及"注重体育锻炼，增强身体素质"居多。可见，在抗疫防疫时期，相关群体对留守儿童的教育关爱得到了有效强化，效果明显。

表 5-117　中学校长与小学校长对防疫期间留守儿童养成了哪些习惯的看法

| 选项 | 总计 | | | 中学校长 | | | | | | 小学校长 | | 中学校长与小学校长比较 |
| | | | | 2020 年（b） | | 2021 年（c） | | 小计 | | 2021 年（c） | | |
	人数/名	比率/%	排序	人数/名	比率/%	人数/名	比率/%	人数/名	比率/%	人数/名	比率/%	率差/个百分点
戴口罩、勤洗手等文明习惯	295	33.83	1	41	57.75	48	31.37	89	39.73	206	31.79	7.94
食物应当煮熟，注重营养均衡	136	15.60	4	5	7.04	22	14.38	27	12.05	109	16.82	−4.77
良好的作息时间和习惯	114	13.07	5	8	11.27	23	15.03	31	13.84	83	12.81	1.03
注重体育锻炼，增强身体素质	174	19.95	2	10	14.08	35	22.88	45	20.09	129	19.91	0.18
分餐制，使用公筷	143	16.40	3	5	7.04	24	15.69	29	12.95	114	17.59	−4.64
无	10	1.15	6	2	2.82	1	0.65	3	1.34	7	1.08	0.26
合计	872	100.00		71	100.00	153	100.00	224	100.00	648	100.00	0.00

（3）强化留守儿童的遵规守序意识

如表 5-118 所示，在对中学校长与小学校长就留守儿童能否严格遵守勤洗手、不聚集、戴口罩规定看法的调查中，大多数中学校长与小学校长认为留守儿童能严格遵守勤洗手、不聚集、戴口罩的规定，个人防护的意识明显增强，这也是强化留守儿童遵规守序意识的重要方法，显然，在抗疫时期，相关群体对留守儿童的教育关爱达到了预期效果。

表 5-118　中学校长与小学校长对留守儿童能否严格遵守勤洗手、不聚集、戴口罩规定的看法

| 选项 | 总计 | | | 中学校长 | | 小学校长 | | 中学校长与小学校长比较 |
| | | | | 2021 年（c） | | 2021 年（c） | | |
	人数/名	比率/%	排序	人数/名	比率/%	人数/名	比率/%	率差/个百分点
个人严格遵守，并提醒他人遵守	122	46.39	1	23	46.00	99	46.48	−0.48
个人严格遵守	30	11.41	3	7	14.00	23	10.80	3.20
个人基本做到遵守，偶尔遵守不严格	103	39.16	2	17	34.00	86	40.38	−6.38

续表

选项	总计			中学校长		小学校长		中学校长与小学校长比较
				2021 年（c）		2021 年（c）		
	人数/名	比率/%	排序	人数/名	比率/%	人数/名	比率/%	率差/个百分点
遵守不严格	8	3.04	4	3	6.00	5	2.35	3.65
合计	263	100.00		50	100.00	213	100.00	0.00

4. 基本认识

（1）善于利用网络媒介开展留守儿童思想教育

留守儿童在防疫期间会使用网络进行线上上课，诸如"钉钉""腾讯会议"等新的技术平台，成为留守儿童线上上课的必备产品。中小学利用相关的网络媒介有针对性地加强了对留守儿童的教育关爱与引导，充分发挥了网络媒体的思想政治教育功能，同时教师积极运用技术平台的功能，开设了瞄准留守儿童实际的课程，从而取得了切实的育人实效。

（2）努力做好留守儿童的日常化思想与行为引导

在防疫期间，父母与留守儿童的交流以及谈心谈话的频率逐渐增多，父母也更容易掌握留守儿童实际的思想与行为状况。做好日常对留守儿童思想与行为的引导，让留守儿童切实感受到来自父母的关爱，进一步弥补因父母长期在外打工导致的亲情缺失。同时，中小学注重从留守儿童熟悉的生活环境、情绪状态、学习事例以及其他等多个方面入手，多种形式地提高与留守儿童沟通交流的水平，并切实运用适合留守儿童的话语，贴近其实际，把日常思想教育与行为引导落到了实处，也使在抗疫防疫期间对留守儿童的教育关爱落到了实处，并取得了很好的效果。

（3）重视留守儿童心态的变化及调适

留守儿童在新冠疫情暴发初期，多出现诸如紧张、恐惧、难过以及害怕等负面情绪，部分留守儿童的心态以及情绪调整较迟缓。中小学一方面高度重视留守儿童心态的变化，从其社会交往、日常反映以及其他各个层面深度了解；另一方面进一步凝聚包括学校、父母以及其他社会力量，切实拿出了行之有效的调适方案与举措，促进留守儿童心态的调整，并引导其保持较高的斗志投入到学习与生活之中，成效显著。

五、留守儿童教育关爱的特点与成效

（一）留守儿童教育关爱的特点

在分析留守儿童教育关爱现行做法的基础上，从统筹协调与分层实施相结合、普遍关爱与特殊照顾相结合、完善人格与全面发展相结合等方面分析了留守儿童教育关爱工作的特点（叶松庆等，2017a，2017b，2017c，2017d）。

1. 统筹协调与分层实施相结合

从实际调研的情况来看，留守儿童的教育关爱工作已经取得了阶段性的成效，不同区域和学校也建立了相应的制度与框架。不同主体之间基于各自的职责分工开展了形式多样的教育关爱活动，对推动留守儿童教育关爱工作具有积极的促进作用。留守儿童的教育关爱作为一项系统性工程，需要多主体、多要素以及多领域共同参与，并且要充分做好协调与配合，使得留守儿童教育关爱工作朝着高质量和科学化的方向发展。一方面，不同主体、不同要素和不同领域的力量进一步发挥自身的优势，明确自身的职责，细化落实相关的教育关爱政策与制度；另一方面，加强相互之间的协同配合，通过资源优化配置和适度整合的方式，形成强大的教育关爱合力，构建起较为齐全的教育关爱服务网络。

地方政府各部门严格按照留守儿童教育关爱的相关政策和文件抓好责任落实，同时注重不同层级的部门和人员的沟通与配合。地方民政部门作为留守儿童教育关爱的总主管，树立强烈的大局意识和统筹观念，做好不同部门之间的协同与配合工作，下好留守儿童教育关爱"一盘棋"，充分发挥不同层级教育关爱力量的作用。一方面，针对留守儿童教育层面存在的具体问题，诸如学业困难、基础薄弱以及无人指导等问题，通过履行家庭教育职责、提供学习辅导队伍以及其他形式帮助切实解决农村教育层面的问题；另一方面，在关爱层面，针对家庭经济困难、单亲留守儿童家庭，切实提供必要的生活救济与补助。与此同时，注意提升留守儿童的自我防护意识，增强留守儿童自我关爱的能力，同时通过完善校园及周边区域的防护，减少留守儿童侵害事件。总而言之，注重统筹协调与分层实施相结合，进一步激发各个部门的联动性，逐渐形成合力。

2. 普遍关爱与特殊照顾相结合

留守儿童群体作为一类特殊群体，与其他未成年人群体既有相似的地方，又有特殊的一面。从实际调研情况来看，留守儿童内部也存在一定的异质性，诸如留守儿童群体中的单亲留守儿童、不同性别的留守儿童等有不同特点。在对留守儿童进行教育关爱的过程中，遵循普遍关爱与特殊照顾相结合的原则。所谓普遍关爱主要包括 3 个层面。一是针对所有留守儿童群体，加强教育关爱。首先，建立留守儿童动态的档案，各地区的民政部门深入留守儿童群体之中，掌握第一手的留守儿童资料。其次，重视留守儿童的"主位诉求",尊重留守儿童自主选择,遵循留守儿童身心发展的规律,充分调动和发挥留守儿童的积极性与主动性。二是充分利用诸如留守儿童活动之家的教育关爱场所并将其对全部留守儿童开放。相关的教育关爱场所充分利用周末或节假日加强对留守儿童的学业辅导以及关爱活动。三是充分契合留守儿童的实际,实现"无死角"监管,不让任何一个留守儿童缺失监护。善于借助外力,通过地方民政组织、社会福利机构、大学生志愿者以及其他的人员,做到真正地帮扶每位留守儿童,充分掌握留守儿童的实际境况,确保留守儿童监护不存"死角"和"盲区"。

特殊照顾是指在普遍教育关爱的前提下,对诸如单亲留守儿童等特殊性的留守儿童给予特别的关爱。特殊照顾包括物质性照顾和精神性照顾两方面。一方面,物质性照顾是针对特殊家庭的留守儿童给予足够的救济,充分解决其基本生活和医疗等方面的困难,将相关的优惠政策向其倾斜;另一方面,对单亲、离异、残疾家庭的留守儿童给予更多的心理与人文关怀,学校组织心理教师开展相应的心理疏导工作,帮助其树立积极向上和乐观健康的社会心态。

3. 完善人格与全面发展相结合

留守儿童形成健全的人格是其全面发展的前提与基础,这对其成长尤其是正确思想观念与行为的塑造具有重要的影响。在对留守儿童的实际调研中发现,留守儿童中存在自卑、胆怯、孤僻等性格。学校应采取形式多样的方式和措施来进一步加强留守儿童的人格教育。首先,充分利用学校教育的主体性作用,通过课堂教学以及老师的课上课下教育与交流来引导留守儿童树立正确的"世界观、人生观与价值观"。其次,通过丰富多彩的校园文化活动来陶冶留守儿童情操,留守儿童通过参与这些形式多样的活动,逐渐融入朋辈群体之中,并通过相互的深入交流在集体中寻找自己的价值,逐渐地对自己有较为清晰的认识,逐渐树立信心。通过参与活动,留守儿童可以在团队中感受集体的力量,逐步打破不合群的现象,让孤僻性格的留守儿童逐渐合群,为其良好人格的形成奠定基础。

留守儿童的全面发展是促进其德智体美劳的全面发展。留守儿童作为乡村振兴的后备力量,促进其全面发展有助于培养振兴主力。对留守儿童而言,促进其德智体美劳的全面发展,可以通过制定相关的措施来加以实现。一方面,从留守儿童日常的行为中培养其良好的习惯,诸如通过饭后洗碗、打扫卫生等方式来锻炼其劳动意识;另一方面,注重培养其良好的身体素质,通过组织相关的体育运动与赛事,引导留守儿童参与其中,使其感受运动的快乐。此外，组织留守儿童积极参观游览名胜古迹，让留守儿童切实地认识美与感受美，通过美育，间接促进留守儿童心理的健康发展。

（二）留守儿童教育关爱的成效

1. 从留守儿童的自悟、感受、满意度来反映留守儿童教育关爱的成效

（1）留守儿童的自悟

1）其他研究者的调研情况分析。在2012年甘肃省天水市秦州区、秦安县、甘谷县、清水县的留守儿童调查中，60.0%的留守儿童认为学校、社会对自己的关心程度"一般化"，50.0%的留守儿童认为身边的人关心自己的程度也是"一般化"（李小润等，2013）。

如表5-119所示，在2016～2018年江西省南昌市23所学校的调查中，在关爱感悟层面，58.0%的留守儿童表示"很少受到社会关爱"，选择"一年甚至几年才举行一次关爱活动"的比率为30.0%。在关爱缺失层面，选择"学习上缺乏指导"的比率为40.0%，35.0%的留守儿童表示"内心的感情得不到倾诉"，25.0%的留守儿童"生活中缺乏照顾"。在举办心理辅导层面，7.0%的留守儿童表示"学校经常举办儿童心理疏导活动"。在关爱诉求层面，48.0%的留守儿童表示"欢迎志愿者活动"，选择"希望大学生志愿者辅导他们的功课"的比率为45.0%（廖金萍，2018）。

表5-119　留守儿童对教育关爱的自悟　（%）

关爱感悟		关爱缺失		举办心理辅导		关爱诉求	
很少受到社会关爱	58.0	内心的感情得不到倾诉	35.0	学校经常举办儿童心理疏导活动	7.0	欢迎志愿者活动	48.0
一年甚至几年才举行一次关爱活动	30.0	学习上缺乏指导	40.0	未标明	93.0	希望大学生志愿者辅导他们的功课	45.0
未标明	12.0	生活中缺乏照顾	25.0			未标明	7.0
合计	100.0	合计	100.0	合计	100.0	合计	100.0

2）其他研究者调研情况的总体性认识。在其他研究者调研情况的分析中，大部分的留守儿童表示能充分感受到来自学校、社会以及身边人的关爱。但也应看到，部分留守儿童表示存在一定的关爱缺乏的心理，包括内心的感情得不到倾诉、学习上缺乏指导以及生活中缺乏照顾。因此，对于留守儿童的教育关爱还有一定的提升空间，需进一步加大力度，做好相关工作，切实让留守儿童群体感受到温暖。

（2）留守儿童的感受

1）其他研究者的调研情况分析。如表 5-120 所示，在 2006 年 7 月江西省萍乡市一县一区的留守儿童调查（*N*：留守儿童 188 名、个案 28 例、教师 20 名）中，70.0%的留守儿童的自我感受是"最缺关爱"（肖善香，2006）。

表 5-120　留守儿童的感受（一）　　　　　（%）

2006 年 7 月江西省萍乡市一县一区的留守儿童调查（自我感受）		2007 年山东省莱州市双语学校的寄宿生和随机走访乡镇的留守儿童调查（自我感觉）		2008 年辽宁省留守儿童教育现状的调查（父母不在身边，你最大的苦恼是什么）				2009 年 3～4 月会同共青团湖南省委在永州市的祁阳、宁远两县的留守儿童调查（自我感觉）	
最缺关爱	70.0	认为周围人不关心我们	＞50.0	感到孤独	40.8	感到缺少爱	53.4	觉得自己不如别人	20.5
未标明	30.0	未标明	＜50.0	遇到困难时缺少帮助和照顾	40.3	感到无人交流	30.1	觉得受歧视	11.8
				学习上没人辅导	16.8	感到无人洗涮	10.1	认为自己被遗弃	9.5
				感到很快乐，没烦恼	2.1	感到缺钱	6.4	想离家出走或自杀	1.0
								未标明	57.2
合计	100.0	合计	100.0	合计	100.0	合计	100.0	合计	100.0

在 2007 年山东省莱州市双语学校的寄宿生和随机走访乡镇的留守儿童调查（*N*：360 名，其中留守儿童 204 名、非留守儿童 156 名）中，50.0%以上的留守儿童的自我感觉是"认为周围人不关心我们"（陈恒彬，2007）。

在 2008 年辽宁省留守儿童教育现状的调查（*N*：2850 名）中，针对"父母不在身边，你最大的苦恼是什么"，40.8%的留守儿童选择"感到孤独"，选择"遇到困难时缺少帮助和照顾"的比率为 40.3%，选择"学习上没人辅导"的比率为 16.8%。在"父母不在身边，你的感觉是什么"的调查中，53.4%的留守儿童表示"感到缺少爱"，选择"感到无人交流"的比率为 30.1%，选择"感到无人洗涮"的比率为 10.1%（于月萍，2008）。

在 2009 年 3～4 月会同共青团湖南省委在永州市的祁阳、宁远两县的留守儿童调查（N：3127 名）中，20.5%的留守儿童表示"觉得自己不如别人"，选择"觉得受歧视"的比率为 11.8%（钟建华，2011）。

如表 5-121 所示，在 2011 年山东省泰安市东平县的留守儿童调查（N：240 名）中，19.25%的留守儿童表示父母回家时自己的感受是"感觉和想象的不太一样，突然什么也不想说了"，选择"很烦，他们还不如不回来"的比率为 2.09%（吴伟等，2012）。

在 2012 年江苏省滨海县蔡桥镇三叉小学、界牌镇第二中心小学和正红中学的留守儿童调查（N：180 名）中，42.0%的留守儿童表示留守的感受是"感到孤独寂寞"，28.0%的留守儿童表示"缺乏果断感"，选择"孤僻"的比率为 19.0%（王礼生，2013）。

在 2014 年福建省留守儿童基本情况的调查（N：782 名）中，25.40%的留守儿童表示对于父母外出，自己"没感觉"，选择"无奈"和"被遗弃"的比率分别为 22.80%和 16.00%（陈伙平等，2015）。

在 2017 年广西壮族自治区柳州市融安县板桥乡的留守儿童调查（N：93 名）中，40.0%的留守儿童表示监护人"通过责骂或打骂来进行教育"（方家锋，2017）。

在 2017 年广西壮族自治区灵山县的留守儿童调查中，近一半的留守儿童因父母不在家而自卑，感觉自己遭受到了歧视或有孤独无助、悲观寂寞等负面情绪（陈茜，2017）。

表 5-121　留守儿童的感受（二）　　　　　　　（%）

2011 年山东省泰安市东平县的留守儿童调查（父母回家时你的感受）		2012 年江苏省滨海县蔡桥镇三叉小学、界牌镇第二中心小学和正红中学的留守儿童调查（留守的感受）		2014 年福建省留守儿童基本情况的调查（父母外出留守儿童的另样感觉）		2017 年广西壮族自治区柳州市融安县板桥乡的留守儿童调查（监护人的教育）	
感觉和想象的不太一样，突然什么也不想说了	19.25	感到孤独寂寞	42.0	没感觉	25.40	通过责骂或打骂来进行教育	40.0
很烦，他们还不如不回来	2.09	有被歧视与遗弃感	7.0	被遗弃	16.00	未标明	60.0
未标明	78.66	缺乏果断感	28.0	无奈	22.80		
		孤僻	19.0	痛苦	7.30		
		未标明	4.0	轻松自由	7.40		
				其他	21.10		
合计	100.00	合计	100.0	合计	100.00	合计	100.0

如表 5-122 所示，在 2018 年曲阜师范大学政治与公共管理学院教师对 2016～2018 年部分省市留守儿童实地调研数据整理结果（N：484 名）中，留守儿童回答"跟照顾你的人与家长在一起生活有何不同"时，选择"学习上少监督"和"生活上关爱"的比率均为 24.2%，选择"有需要不敢提"和"有困难不敢说"的比率分别为 23.6%和 17.8%（尹延君，2019）。

如 2019 年宁夏同心县 5 所农村学校的留守儿童调查（N：455 名）中，对父母外出打工的感受，36.70%的留守儿童表示"是一段痛苦的经历"，选择"被遗弃、孤独无助"和"其他"的比率分别为 27.69%和 16.48%，选择"无奈"的比率为 10.77%（赵枫等，2021）。

在 2019 年 5～10 月江苏省徐州的铜山、睢宁、贾汪等县（市）区的调查（N：留守儿童 300 名）中，72.8%的留守儿童表示由于缺少关爱、交流，其情绪反应是"忧虑、焦虑倾向"，选择"易怒"的比率为 59.6%，43.8%的留守儿童选择"易与他人打架或争斗"（唐桂丹，2020）。

在 2019 年 11 月至 2020 年 2 月陕西省的调查（N：1051 名，其中留守儿童 662 名、校长 32 名、教师 357 名）中，68.8%的留守儿童表示对于父母外出打工，自己的感觉是"孤独"，选择"无奈"和"被遗弃"的比率分别为 30.8%和 13.1%，选择"自由"的比率为 12.3%（马多秀等，2021）。

表 5-122　留守儿童的感受（三）　　　　　　　（%）

2018 年曲阜师范大学政治与公共管理学院教师对 2016～2018 年部分省市留守儿童实地调研数据整理结果（跟照顾你的人与家长在一起生活有何不同）		2019 年宁夏同心县 5 所农村学校的留守儿童调查（对父母外出打工的感受）		2019 年 5～10 月江苏省徐州的铜山、睢宁、贾汪等县（市）区的调查［由于缺少关爱、交流，留守儿童的情绪反应（多选题）］		2019 年 11 月至 2020 年 2 月陕西省的留守儿童调查［对于父母外出打工，你的感觉是（多选题）］	
有困难不敢说	17.8	被遗弃、孤独无助	27.69	忧虑、焦虑倾向	72.8	孤独	68.8
有需要不敢提	23.6	是一段痛苦的经历	36.70	易怒	59.6	无奈	30.8
学习上少监督	24.2	轻松、自由	8.35	易与他人打架或争斗	43.8	被遗弃	13.1
生活上少关爱	24.2	无奈	10.77			自由	12.3
没有什么不同	8.7	其他	16.48			其他	20.1
其他	1.7						
合计	100.0	合计	100.00	合计	—	合计	—

2）其他研究者调研情况的总体性认识。在其他研究者的调查中，部分留守儿童的感受主要表现为缺乏关爱、感到孤独、受到歧视、无奈、被遗

弃、无助等强烈的负性情绪。负性情绪充分表明，一方面，由于处在留守状态，留守儿童身心健康发展的状态或多或少出现了一些问题，留守本身会对其造成一定的心理压力；另一方面，由于父母长期的疏离，留守儿童缺乏面对面的情感交流，由此感受到强烈的孤独和无奈，长此以往将会导致留守儿童与父母之间的交往愈发生疏，形成心理上的"隔阂"，进而又会加剧这种负性情绪。

（3）留守儿童的满意度

1）生活上的满意度。

第一，留守儿童的自述。如表 5-123 所示，在对留守儿童现在生活状态满意度的调查中，留守儿童选择"非常满意"和"满意"的合比率为70.02%，选择"一般"的比率为 22.65%，选择"不满意"与"非常不满意"的合比率为 7.33%。总的来说，大部分的儿童对自己的生活状态比较满意。

从 2019 年（b）与 2016 年比较来看，留守儿童选择"非常满意"的比率略有上升，选择"非常不满意"的比率下降幅度较大。说明留守儿童对现在生活状态的满意度有所提升。

表 5-123　留守儿童对现在生活状态的满意度

选项	总计			留守儿童								
				2016 年		2017 年（a）		2017 年（a）		2019 年（b）		2019 年（b）与 2016 年比较
	人数/名	比率/%	排序	人数/名	比率/%	人数/名	比率/%	人数/名	比率/%	人数/名	比率/%	率差/个百分点
非常满意	459	30.58	2	120	32.35	88	30.45	70	22.95	181	33.77	1.42
满意	592	39.44	1	146	39.35	111	38.41	126	41.31	209	38.99	-0.36
一般	340	22.65	3	53	14.29	75	25.95	99	32.46	113	21.08	6.79
不满意	51	3.40	5	18	4.85	7	2.42	7	2.30	19	3.54	-1.31
非常不满意	59	3.93	4	34	9.16	8	2.77	3	0.98	14	2.61	-6.55
合计	1501	100.00		371	100.00	289	100.00	305	100.00	536	100.00	0.00

第二，其他研究者的调研情况分析。如表 5-124 所示，在 2006 年四川省成都市金堂县淮口镇创新中学的调查中，留守儿童的个人生活满意度要低于非留守儿童（陆杨等，2007）。

如表 5-124 所示，在 2008 年 6 月～2009 年 5 月湖南省慈利县、邵阳县，重庆市梁平县的留守儿童访谈调查（N：102 名）中，44.12%的留守儿童对自己的穿着"比较满意"，选择"非常满意"的比率为 28.43%，选择"不满意"的比率为 27.45%（刘辉等，2010）。

在 2011 年四川省嘉陵区大观乡的留守儿童调查（N: 344 名）中，51.2%的留守儿童针对目前生活状况选择"吃饱但不丰富"，选择"满意"的比率为 36.6%，选择"吃不饱"的比率为 12.2%（孟彦虎等，2012）。

在 2012 年江苏省滨海县蔡桥镇三叉小学、界牌镇第二中心小学和正红中学的留守儿童调查（N: 180 名）中，30.0%的留守儿童对现在生活"不满意"（王礼生，2013）。

在 2012 年四川省 A 县的留守儿童调查中，留守儿童对生活满意度为"满意"和"比较满意"的比率分别为 19.73%和 38.10%，选择"不满意"和"很不满意"的比率分别为 39.45%和 2.72%（朱思思，2013）。

表 5-124　留守儿童对目前生活的满意度（一）　　　（%）

2008 年 6 月～2009 年 5 月湖南省慈利县、邵阳县，重庆市梁平县的留守儿童访谈调查（对自己穿着的满意度）		2011 年四川省嘉陵区大观乡的留守儿童调查（对目前生活状况的看法）		2012 年江苏省滨海县蔡桥镇三叉小学、界牌镇第二中心小学和正红中学的留守儿童调查（对现在生活满意度）		2012 年四川省 A 县的留守儿童调查（对现在生活的满意度）	
非常满意	28.43	满意	36.6	不满意	30.0	满意	19.73
比较满意	44.12	吃饱但不丰富	51.2	未标明	70.0	比较满意	38.10
不满意	27.45	吃不饱	12.2			不满意	39.45
						很不满意	2.72
合计	100.00	合计	100.0	合计	100.0	合计	100.00

在 2014 年安徽省宿州市泗县农村某学校的留守儿童调查中，93.3%的留守儿童表示对监护人关爱自己的满意度是"满意或比较满意"（朱海雪等，2014）。

如表 5-125 所示，在 2017 年河北省的留守儿童调查中，77.71%的留守儿童表示目前生活状况为"一日三餐吃得饱但吃不好"，选择"不满意"和"生病后自己配药、买药"的比率分别为 43.44%和 38.41%，值得注意的是，26.45%的留守儿童"产生过轻生的念头"（牟永福等，2017）。

在 2018 年湖北省内 16 个留守儿童居住地的调查（N: 留守儿童 50 名、教师 500 名）中，就对目前生活的满意度，留守儿童选择"不满意""很满意"和"比较满意"的比率均较非留守儿童要低，选择"一般"和"比较不满意"的比率较非留守儿童要高（吴延清等，2018）。

在 2019 年河南省东部李庄的留守儿童调查（N: 留守儿童 126 名）

中，留守儿童调查对现有生活持"满意"态度的比率仅有 24.5%（闫东萍，2020）。

在 2019 年 11 月至 2020 年 2 月陕西省的留守儿童调查（N：1051 名，其中留守儿童 662 名、校长 32 名、教师 357 名）中，针对"你对目前的家庭生活条件持有什么态度或想法"，留守儿童选择"非常满意"和"比较满意"的比率分别为 33.8%和 23.5%，选择"满意"的比率为 36.0%（马多秀等，2021）。

表 5-125　留守儿童对目前生活的满意度（二）　　　（%）

2017 年河北省的留守儿童调查[对目前生活状况的满意度（多选题）]		2018 年湖北省内 16 个留守儿童居住地的调查（对目前生活的满意度）			2019 年河南省东部李庄的留守儿童调查（对现有生活的满意度）		2019 年 11 月至 2020 年 2 月陕西省的留守儿童调查（你对目前的家庭生活条件持有什么态度或想法？）	
选项	留守儿童	选项	留守儿童	非留守儿童	选项	留守儿童	选项	留守儿童
不满意	43.44	很满意	20.3	23.5	满意	24.5	非常满意	33.8
一日三餐吃得饱但吃不好	77.71	比较满意	36.3	41.2	不满意	25.8	比较满意	23.5
生病后自己配药、买药	38.41	一般	34.5	23.5	不满意，想改变	30.5	满意	36.0
生病后扛着	32.49	比较不满意	6.5	5.9	不满意，不想改变	19.2	不满意	5.5
产生过轻生的念头	26.45	不满意	2.3	5.9			非常不满意	1.2
遭遇过不安全	28.45							
合计	—	合计	100.0	100.0	合计	100.0	合计	100.0

第三，本书与其他研究者调研情况的比较分析。在本书的调查中，大部分留守儿童对自身生活比较满意，留守儿童选择"非常满意"和"满意"的合比率为 70.02%。

在其他研究者的调查中，多数留守儿童对生活状态比较满意。但部分留守儿童认为饮食能吃饱但不丰富，生病后需要自己配药、买药，甚至一些留守儿童产生过轻生的念头。可见，对于部分留守儿童，要注意加强对其教育与引导，充分了解其实质性的诉求，努力提升其对生活的信心和满意度，促进其更好地成长与发展。

2）学习上的满意度。

第一，其他研究者的调研情况分析。如表 5-126 所示，在 2013 年安徽省铜陵市郊区和铜陵县的留守儿童调查（N：117 名）中，留守儿童对自己的学习状况表示"满意"和"比较满意"的比率分别为 37.39%和 41.74%（张逊志，2014）。

在 2013 年 5 月江西省赣南老区×县的留守儿童调查（N：616 名，其中留守儿童 424 名、非留守儿童 192 名、教师 164 名）中，留守儿童选择"满意"的比率要低于非留守儿童，选择"比较满意"的比率要高于非留守儿童，其余选项二者差别不大（王晓春等，2013）。

在 2015 年河北省留守儿童参与体育活动的现状调查中，留守儿童对学校体育课的满意度，选择"十分满意"和"基本满意"的比率分别为 23.0%和 45.0%，选择"不满意"的比率为 32.0%（翟军等，2015）。

在 2016 年广东省的广州、肇庆、韶关、清远和揭阳五市的留守儿童调查（N：留守儿童 508 名、非留守儿童 504 名）中，留守初中生对自己目前的学习状况"满意"的比率要稍低于非留守初中生（张茂元，2016）。

表 5-126　　留守儿童对目前学习的满意度（一）　　　　　（%）

2013 年安徽省铜陵市郊区和铜陵县的留守儿童调查（对自己的学习状况）		2013 年 5 月江西省赣南老区×县的留守儿童调查（对自身学习状况的满意度）			2015 年河北省留守儿童参与体育活动的现状调查（对学校体育课的满意度）		2016 年广东省的广州、肇庆、韶关、清远和揭阳五市的留守儿童调查（对自己目前学习状况的满意度）		
选项	留守儿童	选项	留守儿童	非留守儿童	选项	留守儿童	选项	留守初中生	非留守初中生
满意	37.39	满意	10.6	19.3	十分满意	23.0	满意	21.7	22.2
比较满意	41.74	比较满意	44.8	34.9	基本满意	45.0	未标明	78.3	77.8
未标明	20.87	不满意	44.6	44.3	不满意	32.0			
		不知道	0.0	1.5					
合计	100.00	合计	100.0	100.0	合计	100.0	合计	100.0	100.0

如表 5-127 所示，在 2018 年安徽安庆市某乡镇的留守儿童调查（N：200 名）中，留守儿童对自己目前学习状况，选择"满意"和"比较满意"的比率分别为 14.0%和 46.5%，选择"不满意"的比率为 37.0%（汪燕，2018）。

在 2021 年河南省的留守儿童调查中，64.8%的留守儿童"对学习成绩不满意"，"对性格不满意"和"对形貌体形不满意"的比率分别为 13.6%和 11.9%（陈卓，2021）。

表 5-127　留守儿童对目前学习的满意度（二）　（%）

2018 年安徽安庆市某乡镇的留守儿童调查（对自己目前学习状况的满意度）		2021 年河南省的留守儿童调查（对自己学习、性格、身体是否满意）	
满意	14.0	对学习成绩不满意	64.8
比较满意	46.5	对性格不满意	13.6
不满意	37.0	对形貌体形不满意	11.9
未标明	2.5	未标明	9.7
合计	100.0	合计	100.0

第二，其他研究者调研情况的总体性认识。在其他研究者的调研中，多数留守儿童对目前学习的满意度较高，但部分地区的留守儿童对自己的学习状况不是很满意，2015 年河北省留守儿童参与体育活动的现状调查显示，32.0%的留守儿童对体育课程表现出"不满意"。部分留守儿童对自身性格、形体与相貌也存在诸多的不满意。因此，加强对留守儿童的进一步教育关爱，提升其满意度很有必要。

2. 从各方反馈来考察留守儿童教育关爱成效

（1）政府方面的反馈

在留守儿童教育关爱中，政府发挥着至关重要的作用。首先，政府部门尤其是地方民政部门积极主动地发挥协同作用，根据自身的具体职责，抓好留守儿童教育关爱政策的落实，同时注重政府与其他参与主体之间的相互配合，做到优势互补，形成强大合力，构筑起紧密联系服务齐全的留守儿童教育关爱网络。其次，政府部门注重引导留守儿童父母返乡创业和打工。留守儿童在教育关爱层面出现的一定程度的问题，或多或少地与父母的长期分离有关。政府充分利用包括相关媒体与平台等资源广泛宣传本地就业和创业的独特优势与政策，吸引更多的留守儿童父母返乡就业创业，待其返乡后政府做好后续的追踪与服务工作，切实让留守儿童父母"留得住""留得久"。再次，进一步加大对留守儿童教育关爱的投入。留守儿童群体的教育关爱涉及生活、学业、教育以及课后监护等多方面，需要围绕这些方面加强指导，这些教育关爱内容并不能一蹴而就，需要稳定的政府资金支持与投入。例如，留守儿童活动之家等教育关爱场所的日常维护和运营均需要一定的资金。部分地区留守儿童寄宿制学校的建设、学校设施甚至专业人才队伍的建设，均需要一定的资金来吸引更多的人加入关爱留守儿童的教育与服务队伍之中。最后，政府需承担起相应的监管职责。留守儿童教育关爱活动的实施，需要一定的政府监督，对于教育关爱过程中存在的疏漏和失职的地方政府要及时纠正，并给予必要的惩戒。

（2）学校方面的反馈

留守儿童大部分的时间都是在学校中度过的，学校成为教育关爱的主要阵地，教育者成为教育关爱的主要人员。近年来，留守儿童所在学校的办学条件逐渐改善，加大了基础设施建设，并且针对留守儿童教育关爱中所需要的学习、娱乐、健康等需求，配套了相应的基础设施。大部分的留守儿童所在的学校也针对本地区留守儿童的实际开展了丰富多彩的活动，建立了相应的平台，逐步形成了教育关爱的良好格局。此外，留守儿童学校建立和完善了留守儿童的信息与档案管理制度，对包括现有监护人、父母打工地点等信息在内的留守儿童信息做到翔实记录，力求信息精准。针对不同类型的留守儿童，分门别类地建立起思想动态、心理状态以及学业成绩等多维度的档案，根据每个留守儿童的实际，有针对性地进行帮助，确保教育关爱取得实效。学校定期与留守儿童父母或亲属沟通，利用合适的时机告知留守儿童父母其在校的状态，让家长掌握其成长的动态过程。留守儿童学校积极营造教育关爱留守儿童的良好氛围，大部分的学校建立起留守儿童关爱站或心理咨询室，逐步打造出一支有爱心、有能力和有方法的优质教师队伍，切实为留守儿童成长与发展保驾护航。

（3）家庭方面的反馈

家庭是承担留守儿童教育关爱责任的重要载体，对留守儿童的成长至关重要。家庭给予留守儿童的教育关爱是学校抑或其他主体无法取代的，因此，需要强化留守儿童服务的监护意识，鼓励留守儿童父母承担主体性的监护责任，为留守儿童提供更多的呵护与关爱。在留守儿童教育关爱的现状调查中，多数留守儿童表示希望父母能够陪在身边，期待父母能够回来，对父母体现出较大的依赖性。从留守儿童的实际来看，大多数的留守儿童父母在外打工，留守儿童多为"隔代监护"或"代理监护"等方式，这种监护方式忽略了留守儿童的情感需要，忽视了留守儿童心理问题。因此，亟待挖掘家庭教育关爱的潜力。比如鼓励在外打工的留守儿童父母通过视频聊天的方式，来加强彼此之间的交流与沟通，切实让留守儿童既体会到父母在外打工的艰辛，又能增进彼此的情感交流。此外，父母可以通过与留守儿童实际监护人（诸如"隔代监护"中的祖父母或外祖父母等）来了解留守儿童的现实境况，了解留守儿童的心理变化、情感变化以及观念变化。实际监护人也应转变沟通与交流的方式，注重运用适合留守儿童沟通的话语体系与方式，提升其监护能力。

（4）社区（村里）方面的反馈

社区（村里）是留守儿童生活的基本单元，对于留守儿童来说，社区

（村里）更像是个大家庭，包括邻里左右、亲戚朋友以及熟悉的同辈群体，社区（村里）具有天然的"人情味"和教育关爱的先天条件。社区（村里）比较充分地利用相互之间的密切联系，利用熟人关系，共同为留守儿童教育关爱活动提供强大的支持。在实际调研中，大部分的社区（村里）设有相应的留守儿童关爱站，并配有相应的负责人，对本社区（村里）的留守儿童进行相应的教育关爱，同时与留守儿童的父母、实际监护人以及社区（村里）周边的亲属建立联系，及时掌握和反馈留守儿童的信息与动态，切实将相应的教育关爱送到每一个留守儿童手中。与此同时，社区（村里）利用"熟人关系"的优势，把社区（村里）的留守老人以及其他群体组织起来，与留守儿童形成相应的互助模式，既营造了良好的邻里和互助的氛围，又形成了相互关爱的融洽氛围。总的来说，可利用社区（村里）独特的优势做好留守儿童教育关爱工作。

（5）社会方面的反馈

社会方面对留守儿童的教育关爱，往往通过群团组织以及社会公益性的组织来实现。群团组织具有较广的覆盖面，在实际调研中，部分地区的共青团、工会等组织会经常性发布相关留守儿童的教育关爱的需求信息，定期发布留守儿童的帮扶需求，便于相关的爱心机构或爱心人士提供相应的支持和服务。与此同时，通过与社会组织开展合作，有效引入社会组织中的专业力量，进而提升留守儿童教育关爱的水平。此外，充分发挥志愿服务的作用。一方面，政府设立一定资金用于鼓励和培育志愿队伍，吸引更多的优秀志愿者参与志愿服务；另一方面，不同志愿组织和团队之间切实加强合作，通过联合开展教育关爱活动，或者通过设立志愿服务基地的方式，使留守儿童教育关爱工作常态化与制度化，切实提升综合服务能力。

六、总体认识

各级政府及相关单位和各级各类学校积极制定与实施教育关爱工作方案，从设施、队伍、活动等方面不断加强和改进留守儿童的教育关爱工作。从总体上看，其教育关爱工作在多部门密切配合的同时多层级有序衔接，在整体教育关爱的同时兼顾重点帮扶，在促进全面协调发展的同时强调人格健康发展。总之，该项工作具有鲜明的特点且成效显著，对进一步提升工作质量具有重要的指导意义。

（一）留守儿童教育关爱效果的向好性与艰巨性

从留守儿童教育关爱的一般状况与具体状况来看，包括党和政府、学校、留守儿童父母（监护人）、社会等的不同主体均能积极采取措施参与留守儿童教育关爱工作。在留守儿童学习、体质、情感方面，其具体教育关爱状况总体上呈现出良好的发展态势，地方政府尤其是民政部门逐步建立起相应的留守儿童教育关爱体系与响应机制，顶层设计逐步完善。学校层面的教育关爱环境已经形成，学校教师、领导以及同学均能高度重视留守儿童的教育关爱工作。社区（村里）在基础设施建设、留守儿童动态信息调整、宣传等方面均作出卓有成效的努力。社会层面也逐步聚合多元主体参与，充分发挥群团组织以及志愿服务组织的积极性，形成教育关爱合力。总的来看，在新时代背景下，留守儿童也日渐适应当前的留守状态，也适应了政府、学校、家庭、社会和社区（村里）的合力影响，留守儿童教育关爱成效的向好性愈发增强。但从本书调研以及其他研究者的调研来看，留守儿童教育关爱层面存在一定的不良倾向与问题，亟待扭转和解决：一是留守儿童多为"隔代监护"或"代理监护"等，非真正父母监护，由于实际监护人缺乏正确的教育理念与方式方法，且受教育水平相对较低，留守儿童的心理状况相对较差。二是留守儿童的学习适应性相对薄弱，通过与非留守儿童的比较来看，留守儿童的学习适应性与主动性不及非留守儿童，状况相对较差。三是政府部门落实留守儿童教育关爱措施尚待细化，诸如应思考如何对异质性（不同性别、单亲家庭等）留守儿童采取相应的细化措施。从教育关爱中存留的问题来看，留守儿童教育关爱工作仍具有一定的困难，需要持之以恒地发力，不断强化教育关爱。

（二）留守儿童教育关爱动力的内源性与外推性

留守儿童教育关爱作为多元主体参与的系统性工作，既需要包括留守儿童的内源性动力的激发，又依赖于外推力的加持。从内源性动力来看，要切实重视留守儿童主体性的发挥。虽然留守儿童处于留守状态，面临诸多不利因素，但其身上也存在"闪光点"和优势，包括学校教师在内的多元主体要充分重视留守儿童自身的长处，充分激发其主观能动性，帮助其建立信心，让他们具有良好的思想道德观念和价值观，使其充分认识到当前所处的留守状态只是暂时性的，要积极乐观地面对当前的学习与生活，挖掘其自身所具有的可贵品质。要有意识地观察和感知留守儿童的主观感受，不刻意"放大"其留守状态与弱势，要有意识地培养其健康的人格与积极向上的社会心态，这也是教育关爱的真正意义所在。除激发留守儿童内源性教育关爱动力外，要注重动力的外推性。换言之，对于留守儿童教育关爱如何从外部展开，这涉及外部治理工具的选择。治理工具也就是选择什么样的方式与政策，将留守儿童教育关爱落实到具体行动和机制之中。一般而言，留守儿童教育关爱包括政府引领、学校助推、家庭主导以及社区（村里）辅助等外部的力量。地方政府的相关制度与举措可以在一定程度上为留守儿童及其家庭提供诸多关爱，政府在慰问、活动举办、教育指导、生活帮扶以及政策宣传等不同层面加以引领。学校重视留守儿童的社交与学业，为留守儿童的在校学习与生活提供优质服务，进而助力留守儿童适应学校的学习与生活，增强自身的自我成就感和获得感。家庭要注重留守儿童良好行为习惯的引导，为留守儿童成长提供情感性、实质性和及时的正向支持服务。社区（村里）是留守儿童课后教育关爱的载体，一般通过整合社会力量的方式来为留守儿童教育关爱提供辅助力量。

（三）留守儿童教育关爱资源的失衡与欠缺

留守儿童教育关爱资源的失衡是指不同教育关爱主体之间在资源的配置与使用的过程中出现的失衡现象，有的主体投入较多，有的主体投入偏少。所谓留守儿童教育关爱资源的欠缺是指同一参与主体在留守儿童教育关爱的不同层面出现的提供不足现象，有的层面提供较足，有的层面提供偏少。留守儿童教育关爱资源的失衡与欠缺具体表现在：一是政府的资源宏观调控和资源配置方面。一般来说，政府通过公共政策、财政、福利以及教育支持等措施来强化资源宏观调控与配置，但针对异质性留守儿童的投入相对不足。二是学校的帮扶性支持与心理咨询不足。从调查数据来看，留守儿童较为重视自身的学业成绩与个人发展，学校在一定程度上做到了学业支持，但个性化与针对性强的学业辅导偏少。此外，学校在心理咨询方面的队伍建设相对滞后，专业心理咨询人才匮乏，对留守儿童的心理关怀尚不能提供专业的咨询和服务。三是家庭教育功能的缺失。家庭的教育关爱并没有建立起实际监护人的培训与督导制度，实际监护人的监护水平有待提升，对监护人并未设置相应的规范性条件，诸如禁止简单粗暴地打骂留守儿童等，留守儿童家庭教育功能相对缺失。四是社区（村里）与社会组织的联结尚不明显。社区（村里）与专业社会组织之间的交流与沟通偏少，开展的专业化指导少，留守儿童的社区（村里）相关教育关爱活动的参与度较低。

第六章　现状反映的问题及体现的机制分析

在第四章和第五章，我们分别对留守儿童的价值观发展、教育关爱现状进行了较为细致的分析。本章主要对现状反映的问题进行分析，一方面是对第四章和第五章所反映的问题进行系统分析，另一方面对后期开展的针对性调查所反映的问题进行分析。而后，对当前现状所体现的教育关爱机制进行分析。

一、描述性现状反映的问题

（一）观念发展现状反映的问题

1. 留守儿童对主流意识形态的认知、认同和内化的程度不一

"意识形态是一个社会的'水泥'。大到一个社会、一个国家，小到一个组织、社团，无一不需要意识形态的支撑。"（张志丹，2019）在留守儿童主流意识形态的考察中，研究者主要从对社会主义核心价值观的认识与认同层面展开。在对留守儿童对社会主义核心价值观有关问题的调查中，接近两成的留守儿童表示不了解社会主义核心价值观，在具体践行社会主义核心价值观过程中也更多的是一般性参与，在实践成效上有待进一步提高。这些均表明留守儿童对社会主义核心价值观的内容把握得不透彻。大部分的留守儿童对主流意识形态有较高的认识度和认同度，但在内化于心以及外化于行的过程中，留守儿童表现各异且程度不一。因此，需要加强对部分留守儿童的针对性教育与引导，增强主流意识形态的影响力。

2. 留守儿童在生活价值取向上存在传统属性与个体性萌发的鸿沟

对留守儿童生活观的考察主要从人生志向、生活目标、生命态度等多个维度进行考量。在人生志向中，大部分的留守儿童表示会实现自身的远大目标并成为对社会有用的人。随着社会的转型发展，市场经济行为的主体性成为社会主义市场经济的显著特征。随之，人们对个体的自我存在与自我价值越发关注，这直接或间接地影响着人们的思想观念。留守儿童的人生价值观也暗含此特征。部分留守儿童在生活目标中选择"按自己的兴趣生活"与"悠闲轻松地生活"的合比率超过四成。留守儿童在人生价值取向上逐渐萌发个体性特征，有其合理性的方面，有助于个体的个性化发

展，但也易诱发以自我为中心的生活价值观，这种价值观在很大程度上危及留守儿童的身心健康发展。

3. 留守儿童较高的爱国情怀中渗透一些个人因素

爱国，首先是一种主观的感性情绪，情感是理性的基础，理性是情感的发展，"爱国情感激发爱国动力"（崔晓丹等，2020），正如马克思所言："激情、热情是人强烈追求自己的对象的本质力量。"（中共中央马克思恩格斯列宁斯大林著作编译局，2009）留守儿童在升国旗、唱国歌时情感表现的调查显示，88.47%的留守儿童表示会感到激动（即"非常激动""比较激动""激动"），但也有 11.53%的留守儿童不会感到激动（即"不激动""无动于衷""无所谓"）。若国家遇到危难时，38.72%的留守儿童表示会"有选择地为国家做事"，有选择性表明留守儿童有自身的考量和评价标准，倾注了一些个人因素。在具体爱国行为中，更多的留守儿童也是从自身心智发展水平以及自身发展的实际出发，从日常行为的细节处体现爱国。总的来看，留守儿童保持着较高的爱国情怀，但在涉及具体个人利益时，表现出一定的模糊性与摇摆性，表明在处理个人与国家关系时，有相当部分的留守儿童渗透较多的个人因素，因此，对留守儿童开展爱国主义教育应注意加强其社会主义核心价值观的培养，帮助其处理好个人与国家、朴素情感与爱国理性认识的关系，帮助留守儿童形成正确的爱国主义观念。

4. 留守儿童孝道观念的些许偏差与家庭责任的缺失

对留守儿童孝道观的认识，主要从留守儿童孝顺父母的意识与行为方面进行考量。大部分的留守儿童认为孝顺父母永远不过时，少部分留守儿童表示自身不怎么孝顺父母且认为孝顺父母的意识已经过时。从小部分留守儿童的观念倾向中可看出，部分留守儿童的孝道观念与意识存在些许偏差，反映出其家庭责任感有所缺失。从实际情况来看，由于缺乏父母必要的监护与关爱，有相当部分留守儿童不愿主动与父母及其他家长交流，存在逆反与抵触的情绪。在现实留守的情况下，最大限度地发挥监护人在留守儿童孝道与责任意识培养中的重要作用，是一项较为艰巨的任务。

5. 部分留守儿童的社会公德较为淡薄并伴随着社会责任感的缺失

"新时代公德中的'公'一方面是指国家，公德就是国家之德；另一方面是指公共生活领域，公德就是公共领域中的公民之德。"（王晓丽等，2020）对新时代留守儿童社会公德的考察主要是聚焦社会公共领域的道德（诸如文明礼貌、遵守规则、助人为乐等）。调查显示，大部分留守儿童能做到有礼貌、尊重和尊敬老师、公交车上能主动让座、能遵守规则、不随地吐痰、助人为乐。但调查数据也表明，部分留守儿童的社会公德意识较为淡薄，诸如没有礼貌、不让座、随地吐痰、乱扔垃圾、过马路闯红灯、不愿搀扶别人、不愿助人为乐等。留守儿童社会公德较为淡薄将伴随社会责任感的有所缺失，因为社会公德形成于社会公共空间，是社会有序发展的"软约束"。留守儿童社会公德培育需要多主体教育力量从留守儿童所处环境、生活与学习境况等方面探寻适宜的教育方式，使之确立良好的公德观，这是一项长期的艰巨任务。

6. 留守儿童的诚信意识外化于行的力度不足

诚信是做人的基本品德，也是当代社会对青少年的基本要求。养成良好的诚信观的前提在于诚信意识的培养，诚信意识是在对诚信的认知和把握中形成的观念，个体有了诚信意识，才能产生外在的诚信行为。在对留守儿童诚信观的考察中，留守儿童对讲诚信的人表现出鲜明的赞赏态度，而且大部分的留守儿童崇尚真诚，对诚实认同度相对较高。但从诚信意识向诚信行为的转化过程中尚有一定问题，留守儿童在实际行动中不能很好地体现诚信意识。诸如部分留守儿童不能做到讲真话和真诚地对待他人，留守儿童诚信意识外化于行的力度稍显不足。在对留守儿童教育的过程中，应当注重诚信观念的实践教育，促成其将先进的思想文化转化为内在的观念并付诸实践行动，切实做到知行合一。

7. 留守儿童身心发展不足，感恩的视野较窄

感恩教育是"指教育者有目的、有计划地培育和发展受教育者感恩品质的教育实践活动"（刘利才等，2014）。感恩教育是塑造个体感恩品质的重要载体。在留守儿童的感恩意识、对感恩教育的看法以及感恩行动的调查中，大部分留守儿童均表现出较强的感恩情怀。但也应看到，在留守儿童的感恩行动中，选择经常做家务、尊敬老师、不给爸妈惹是非、对帮助自己的人表示感谢等的比率相对较高，对社会的感恩、见义勇为以及志愿者行为等的比率较低。从留守儿童身心发展的实际来看，可能其并未认识到这些行为蕴含感恩，在这些层面的感恩践行度偏低，感恩的视野较窄。

8. 留守儿童的劳动内容应适当更新

劳动作为人类实践的特殊形式，多指创造物质财富和精神财富的活动，劳动教育则是立足于劳动以促进学生形成正确的劳动价值观和养成良好劳动素养为目的的教育活动（檀传宝，2019）。考察留守儿童的劳动现状，目的是帮助其确立正确的劳动观。调查显示，大部分留守儿童表示爱劳动，也会力所能及地去帮助家里承担部分家务，并积极地参与学校组织的劳动。从劳动现状来看，留守儿童的劳动内容更多地拘泥于家庭或学校场域，在

社会开放的公共场域内，其劳动的占比相对较小。究其原因，是留守儿童的劳动内容相对固定和单一。因此，对留守儿童的教育不仅要注重劳动观念的教育，更要侧重在实践中适时更新劳动内容，诸如教育行政部门牵头统一建设劳动实践基地抑或"政府可以通过购买服务的方式，将一些企业或事业单位作为劳动教育实践基地"（李群等，2019），以满足未成年人尤其是留守儿童的劳动教育需求。

9. 留守儿童人际"朋辈化"与"网络化"

相关研究表明，"同伴往往会越来越多地成为留守儿童的'重要他人'"（陆芳，2019），同伴关系是留守儿童重要的人际关系。在对留守儿童人际关系的调查中，大部分留守儿童认为同学关系亲密得像亲兄弟姐妹一样，大部分留守儿童表示有好朋友且对自身的人际关系评价良好。应当来说，留守儿童的人际交往主要集中在朋辈群体，朋辈群体的影响力不容小觑。朋辈群体之间交往有助于纾解留守儿童因留守境况产生的心理安全感缺乏等问题。但也应看到，留守儿童朋辈群体的心智发展尚不成熟，对问题的认识不周全等，需要加以正确的教育与引导，使人际交往处于良性的循环之中，避免"近墨者黑"的现象出现。与此同时，留守儿童的交往呈现出一定的"网络化"倾向，部分留守儿童会约见网友，还会与网友视频互动。鉴于留守儿童的实际情况，对网络交往要秉持审慎的态度，加强网络行为的引导。

10. 高度关注留守儿童因早恋带来的负面影响

在留守儿童恋爱情况的调查中，接近三成的留守儿童表示谈过恋爱，34.85%的留守儿童表示遭遇过早恋，部分留守儿童表示存在网恋且将恋爱看作是一件很幸福的事。从相关群体的视角来看，相关群体认为留守儿童恋爱是可以理解的，但表示不赞成。总的来说，留守儿童的身心逐渐发展，且由于处于留守状态，缺乏心理安全感，为寻求心理支持，培养和发展亲密关系（如恋爱关系），这是可以理解但不赞成的。应注意，留守儿童由于过早接触恋爱，尤其是网恋，但并未形成成熟的恋爱观，易导致不良后果。需有针对性地加强留守儿童的教育与引导，尤其要增强对留守儿童的社会责任感和使命感教育，将其重心转移到学习当中。同时，要注重留守儿童朋辈群体间的教育，学校可通过开展丰富多样的活动，增强交流与友谊。

（二）教育关爱现状反映的问题

1. 留守儿童的学习观念有待进一步调整

对于留守儿童学习状况，主要从学习的目的、考试情况及学习成绩等方面来考察。调查显示，大部分留守儿童表示学习的目的在于学习知识，但部分留守儿童认为学习是个人的事情，主要是为了自己，自我主体性意识逐渐增强。在考试表现中，少数留守儿童会在考试中作弊，以此获得更好的成绩。综合来看，留守儿童学习观念有待进一步调整。

由于监护人的知识水平不能完全达到教育（或辅导）留守儿童的要求，他们会尽量满足留守儿童的物质需求，对于学习上的问题关注较少甚至漠不关心。首先，留守儿童的学习自觉性不高，出现上课迟到、不按时交作业等不良学习倾向，加上父母的疏离，久而久之留守儿童对学习缺乏兴趣。其次，留守儿童家庭缺乏一定的学习氛围，亲情缺失在很大程度上让留守儿童无法集中精力去上课，缺乏必要的关心与关注，极端情况下，留守儿童会以故意不学习或者以差成绩来引起父母的关注。在农村中小学，往往将留守儿童的相关教育交给教师，教师平日要上课，同时要兼顾自己的家庭，往往显得有些力不从心，在很大程度上忽视了留守儿童的教育关爱。此外，农村中小学教师缺乏一定的专业知识，对留守儿童教育的专业性与针对性指导不足，在很大程度上影响了留守儿童的学业及其发展。

2. 留守儿童课外体育锻炼的保障不足

留守儿童因为长期处于留守状态，无法享受来自父母的亲情和关爱，造成大多数正处在身心发展关键期的留守儿童出现"失爱"、孤独、自卑、缺乏安全感等方面的心理问题，从而影响留守儿童的成长与发展。在这种背景下，需加强留守儿童的体育锻炼与教育，从而提高其生活质量与身体素质。调查显示，大部分留守儿童认为身体健康是最重要的，在体育锻炼的兴趣以及动机层面，大部分留守儿童秉持增强体质的目的而锻炼。在体育成效以及体育课开设情况的调查中，在体育成效上，大部分留守儿童通过体育锻炼，体质得到一定程度的增强。在体育课开设情况上，部分留守儿童表示体育课开设得不正常，且学校领导与教师对体育课的重视程度不够。

调查显示，部分学校体育设施匮乏，教学体系不健全，导致体育教育成效不佳。在前期的实地调研发现，部分留守儿童就读的学校体育基础设施较为薄弱。在体育器材方面，也多是篮球、足球、乒乓球，且损坏得较为严重以及数量不多，存在明显的学校体育教育基础设施缺失现象。体育器材缺乏，加之留守儿童体育课开设课时少、体育资源有限，导致留守儿童的体育课开设得不正常（有的学校甚至不上体育课），且教师对体育课并没有引起足够的重视，无法为留守儿童提供丰富多彩的体育课程，相反会用文化课来挤压留守儿童的体育课时间。此外，处在留守状态的留守儿童监护人多为祖父母或外祖父母，其不善于参与到留守儿童的体育锻炼或活动之中，家庭体育活动很是匮乏，造成留守儿童体育锻炼的供给严重不足，从而影响到留守儿童的体育锻炼成效，影响了留守儿童的体质以及成长与发展。

3. 留守儿童的情感发展不平衡

对留守儿童的情感关注是其所处环境的必然内在要求，这种关注关系其价值观的形成，正确的价值观是留守儿童积极情感形成的基础，反过来，情感也会影响留守儿童价值观的形成。积极的情感带给留守儿童愉悦的心理体验，促进其正确价值观的形成。留守儿童的情感也关系着其人际交往和自我实现。在留守儿童人际交往过程中，产生情感的共鸣时会产生愉悦的心情，有利于人际交往；反之，则不利于人际交往。情感层次关系着留守儿童的自我实现，自我实现的高层次阶段就涉及情感层面，不断丰富留守儿童的情感有助于其产生更高层次自我实现的需要。良好的情感对留守儿童的长远发展多有裨益。

在本书中，对留守儿童情感的考察主要包括留守儿童与父母的情感、与老师的情感、与人民的情感、与同龄人的情感、与同学的情感以及与不守规矩的人的情感调查。从调查数据来看，大部分留守儿童与不同群体间维系着良好的情感，但从与不同群体情感的亲密程度来看，留守儿童与同龄人、同学之间更亲密，留守儿童情感的发展呈现不平衡性。针对这一实际，要实施不同的教育对策。在朋辈群体层面，注重主动与同学交流，双方的交流话题性会更强，这样有助于留守儿童敞开心扉，彼此交流分享烦恼与快乐，相应地减少情感中的消极因素。同时学校可以通过举办相应的活动来进一步开拓留守儿童的思想，丰富其情感。学校在教育过程中，尤其要注重情感教育的全面性，在师资力量、教育关怀以及日常管理过程中，注重体现教育的"润物细无声"效能，最大限度地做好留守儿童的情感教育，这些亦是留守儿童教育关爱的重要内容。

二、现状调查所反映的问题

（一）认识存在偏差

1. 对算命的认识存在偏差

算命是一种迷信活动，从迷信形成的动机来看，往往是需求心理安慰和获得控制感。

如表 6-1 所示，在对留守儿童就算命看法的调查中，57.29%的留守儿童表示"不相信"，选择"相信"和"有点相信，但不全信"的合比率为 39.51%。选择"不知道"的比率为 3.21%。数据显示，超一成的留守儿童表示"相信"算命，"有点相信，但不全信"的留守儿童有近三成。

从 2019 年（a）与 2009 年比较来看，留守儿童选择"相信"和"有点相信，但不全信"的比率均有所上升。部分留守儿童相信算命的情况，反映出其有一些迷信思想，对算命的认识存在一些偏差。其相信算命背后的真正原因是寻求心理安全感抑或其他，要注意做好针对性的教育与引导。

表 6-1　留守儿童对算命的看法

选项	总计		留守儿童							
			2009 年		2010 年		2012 年		2014 年	
	人数/名	比率/%	人数/名	比率/%	人数/名	比率/%	人数/名	比率/%	人数/名	比率/%
不相信	1376	57.29	93	62.00	231	66.96	197	55.34	217	61.47
相信	263	10.95	7	4.67	21	6.09	31	8.71	27	7.65
有点相信，但不全信	686	28.56	44	29.33	88	25.51	116	32.58	103	29.18
不知道	77	3.21	6	4.00	5	1.45	12	3.37	6	1.70
合计	2402	100.00	150	100.00	345	100.00	356	100.00	353	100.00

选项	留守儿童						2019 年（a）与 2009 年比较
	2015 年		2016 年		2019 年（a）		
	人数/名	比率/%	人数/名	比率/%	人数/名	比率/%	率差/个百分点
不相信	173	60.49	207	55.80	258	47.69	−14.31
相信	36	12.59	76	20.49	65	12.01	7.34
有点相信，但不全信	72	25.17	58	15.63	205	37.89	8.56
不知道	5	1.75	30	8.09	13	2.40	−1.60
合计	286	100.00	371	100.00	541	100.00	0.00

2. 对早恋的认识存在偏差

如表 6-2 所示，在对留守儿童就早恋态度的调查中，31.69%的留守儿童表示"不赞成"，30.36%的留守儿童"觉得很正常"，选择"可以理解"的比率为29.47%，选择"搞不清楚"的比率为8.49%。总的来说，大部分留守儿童对早恋持较为理解和开放的态度。

从 2019 年（a）与 2006 年比较来看，选择"不赞成"的比率有所上升，选择"觉得很正常"的比率有所降低。

留守儿童属于未成年人，处在不该恋爱的年龄段，但他们开始恋爱了，就是"早恋"。留守儿童认为自己处在留守状态，容易产生情感缺失，就更急于去寻求同伴的情感支持与慰藉，所以有三成多的留守儿童对早恋表示"觉得很正常"，有近三成的留守儿童表示"可以理解"，这种认识存在偏差。

表 6-2　留守儿童对早恋的态度

选项	总计		留守儿童							
			2006 年		2010 年		2011 年		2012 年	
	人数/名	比率/%	人数/名	比率/%	人数/名	比率/%	人数/名	比率/%	人数/名	比率/%
不赞成	855	31.69	41	27.33	98	28.41	89	23.54	109	30.62
觉得很正常	819	30.36	50	33.33	104	30.14	147	38.89	106	29.78
可以理解	795	29.47	44	29.33	110	31.88	111	29.37	113	31.74
搞不清楚	229	8.49	15	10.00	33	9.57	31	8.20	28	7.87
合计	2698	100.00	150	100.00	345	100.00	378	100.00	356	100.00

选项	留守儿童						2019 年（a）与 2006 年比较
	2013 年		2016 年		2019 年（a）		
	人数/名	比率/%	人数/名	比率/%	人数/名	比率/%	率差/个百分点
不赞成	185	33.21	112	30.19	221	40.85	13.52
觉得很正常	156	28.01	149	40.16	107	19.78	−13.55
可以理解	188	33.75	61	16.44	168	31.05	1.72
搞不清楚	28	5.03	49	13.21	45	8.32	−1.68
合计	557	100.00	371	100.00	541	100.00	0.00

3. 对追星事件的认识存在偏差

杨丽娟从 16 岁开始痴迷香港歌手刘德华，并辍学开始疯狂追星，父母卖房卖肾筹钱为她追星提供资助，杨丽娟的父亲因不满其疯狂的追星行为而跳海自杀。杨丽娟事件反映了疯狂追星背后的惨痛代价。

如表 6-3 所示，在对留守儿童就"杨丽娟事件"看法的调查中，25.83%的留守儿童表示"反对"，25.55%的留守儿童表示"同情"，20.06%的留守儿童表示"不可理解"。14.40%的留守儿童表示"鄙视"。总的来看，留守儿童对杨丽娟的追星行为反对、鄙视与同情、赞赏交织。

表 6-3　留守儿童对"杨丽娟事件"的看法

选项	总计			留守儿童										
				2009 年		2010 年		2011 年		2016 年		2019 年（a）		2019 年（a）与 2009 年比较
	人数/名	比率/%	排序	人数/名	比率/%	人数/名	比率/%	人数/名	比率/%	人数/名	比率/%	人数/名	比率/%	率差/个百分点
同情	456	25.55	2	32	21.33	61	17.68	67	17.72	102	27.49	194	35.86	14.53
赞赏	134	7.51	5	5	3.33	14	4.06	11	2.91	99	26.68	5	0.92	−2.41
反对	461	25.83	1	36	24.00	123	35.65	96	25.40	65	17.52	141	26.06	2.06
鄙视	257	14.40	4	36	24.00	66	19.13	78	20.63	36	9.70	41	7.58	−16.42
不可理解	358	20.06	3	29	19.33	63	18.26	93	24.60	38	10.24	135	24.95	5.62
不知道	119	6.67	6	12	8.00	18	5.22	33	8.73	31	8.36	25	4.62	−3.38
合计	1785	100.00		150	100.00	345	100.00	378	100.00	371	100.00	541	100.00	0.00

从 2019 年（a）与 2009 年比较来看，留守儿童选择"同情"的比率上升了 14.53 个百分点，选择"鄙视"的比率下降了 16.42 个百分点，这两项起伏较大。还需特别指出的是，2016 年留守儿童持"赞赏"态度的比率达 26.68%，这是历年调查中此项的最高比率，反映出留守儿童对疯狂追星的认可度稍有增加，表明留守儿童对追星事件的认识存在偏差。

4. 对处世原则的认识存在偏差

如表 6-4 所示，在对留守儿童就"人不欺我，我不欺人；人若欺我，我必欺人"处世原则看法的调查中，30.70% 的留守儿童表示"中立"，选择"非常反对""比较反对"的合比率为 39.48%，选择"非常同意""比较同意"的合比率为 25.18%。

在对留守儿童就"各人自扫门前雪，休管他人瓦上霜"处世原则看法的调查中，26.96% 的留守儿童选择"中立"，选择"非常反对""比较反对"的合比率为 56.43%，选择"非常同意""比较同意"的合比率为 10.35%。

从数据来看，留守儿童在相关处世原则的认识上出现偏差。

5. 对中小学生雇佣现象的认识存在偏差

如表 6-5 所示，在对留守儿童就"中小学生雇人写作业"现象看法的调查中，38.89% 的留守儿童表示"不赞成"，28.86% 的留守儿童表示"反对"，选择"既不赞成也不反对"的比率为 13.21%。应当来说，学生雇人写作业既是一种懒惰的行为，也是不重视自身学业的表现。

表6-4　留守儿童对一些处世原则的看法

选项	留守儿童															
	对"人不欺我，我不欺人；人若欺我，我必欺人"处世原则的看法								对"各人自扫门前雪，休管他人瓦上霜"处世原则的看法							
	2013年		2016年		2019年(a)		小计		2013年		2016年		2019年(a)		小计	
	人数/名	比率/%	人数/名	比率/%	人数/名	比率/%	人数/名	比率/%	人数/名	比率/%	人数/名	比率/%	人数/名	比率/%	人数/名	比率/%
非常反对	73	13.11	104	28.03	98	18.11	275	18.72	139	24.96	107	28.84	144	26.62	390	26.55
比较反对	84	15.08	136	36.66	85	15.71	305	20.76	159	28.55	137	36.93	143	26.43	439	29.88
中立	210	37.70	70	18.87	171	31.61	451	30.70	155	27.83	54	14.56	187	34.57	396	26.96
比较同意	107	19.21	14	3.77	111	20.52	232	15.79	53	9.52	18	4.85	35	6.47	106	7.22
非常同意	67	12.03	16	4.31	55	10.17	138	9.39	19	3.41	18	4.85	9	1.66	46	3.13
说不清	16	2.87	31	8.36	21	3.88	68	4.63	32	5.75	37	9.97	23	4.25	92	6.26
合计	557	100.00	371	100.00	541	100.00	1469	100.00	557	100.00	371	100.00	541	100.00	1469	100.00

从 2019 年（b）与 2010 年比较来看，留守儿童选择"赞成"的比率上升了 0.14 个百分点，选择"既不赞成也不反对"的比率上升了 10.29 个百分点，选择"反对"的比率下降了 4.93 个百分点，选择"不赞成"的比率下降了 6.62 个百分点。对"中小学生雇人写作业"的正确态度应是"反对"或"不赞成"，但数据的变化反映出留守儿童对雇人写作业的认识偏差趋于加重。

表 6-5　留守儿童对"中小学生雇人写作业"现象的看法

选项	总计			留守儿童					
				2010 年		2011 年		2012 年	
	人数/名	比率/%	排序	人数/名	比率/%	人数/名	比率/%	人数/名	比率/%
赞成	335	13.17	4	42	12.17	36	9.52	33	9.27
不赞成	989	38.89	1	140	40.58	155	41.01	163	45.79
既不赞成也不反对	336	13.21	3	25	7.25	38	10.05	49	13.76
反对	734	28.86	2	120	34.78	126	33.33	100	28.09
不知道	149	5.86	5	18	5.22	23	6.08	11	3.09
合计	2543	100.00		345	100.00	378	100.00	356	100.00

选项	留守儿童						2019 年（b）与 2010 年比较
	2013 年		2016 年		2019 年（b）		
	人数/名	比率/%	人数/名	比率/%	人数/名	比率/%	率差/个百分点
赞成	77	13.82	81	21.83	66	12.31	0.14
不赞成	177	31.78	172	46.36	182	33.96	−6.62
既不赞成也不反对	103	18.49	27	7.28	94	17.54	10.29
反对	178	31.96	50	13.48	160	29.85	−4.93
不知道	22	3.95	41	11.05	34	6.34	1.12
合计	557	100.00	371	100.00	536	100.00	0.00

6. 对"未成年人征婚"现象的认识存在偏差

如表 6-6 所示，在对留守儿童就"未成年人征婚"现象看法的调查中，48.33% 的留守儿童表示"不正常"，22.62% 的留守儿童表示"不好评论"，选择"很正常"的比率为 16.34%，选择"不知道"和"无所谓"的比率分别为 6.88% 和 5.83%。

从 2016 年与 2010 年比较来看，留守儿童选择"很正常"的比率上升了 4.15 个百分点，选择"无所谓"的比率上升了 12.03 个百分点，选择"不正常"的比率下降了5.81个百分点。这说明留守儿童对"未成年人征婚"现象的认识存在偏差，且有加重趋势。

表6-6　留守儿童对"未成年人征婚"现象的看法

选项	总计			留守儿童										
				2010年		2011年		2012年		2013年		2016年		2016年与2010年比较
	人数/名	比率/%	排序	人数/名	比率/%	人数/名	比率/%	人数/名	比率/%	人数/名	比率/%	人数/名	比率/%	率差/个百分点
很正常	328	16.34	3	61	17.68	47	12.43	48	13.48	91	16.34	81	21.83	4.15
不正常	970	48.33	1	180	52.17	214	56.61	168	47.19	236	42.37	172	46.36	-5.81
不好评论	454	22.62	2	71	20.58	87	23.02	106	29.78	163	29.26	27	7.28	-13.30
无所谓	117	5.83	5	5	1.45	11	2.91	18	5.06	33	5.92	50	13.48	12.03
不知道	138	6.88	4	28	8.12	19	5.03	16	4.49	34	6.10	41	11.05	2.93
合计	2007	100.00		345	100.00	378	100.00	356	100.00	557	100.00	371	100.00	0.00

（二）情感容忍过度

1. 部分留守儿童容忍考试作弊

考试作为检测学生学业的重要方式，是衡量教师教学与学生上课质量的重要参照标准。考试作弊具有强烈的功利性，是一种典型的不诚信的行为，是违反校纪校规的失范行为。

如表6-7所示，在对留守儿童就别人考试作弊的反应的调查中，45.11%的留守儿童表示"很反感"，26.63%的留守儿童表示"无所谓"，10.66%的留守儿童表示"不反感"，5.88%的留守儿童表示"事后和同学讲"，很小部分留守儿童表示会"回家和父母讲"或者"报告老师"。总体来看，部分留守儿童对考试作弊表现出"不反感""不知道怎么办""干脆不讲"等，持"无所谓"态度的比率处在第二位，表明这些留守儿童能容忍考试作弊这种不良行为，显然是情感上包容。

从2019年（a）与2009年比较来看，留守儿童选择"很反感"的比率上升了31.95个百分点，说明越来越多的留守儿童对考试作弊有了正确的态度。

2. 部分留守儿童容忍"网络黄毒"、吸毒

（1）对"网络黄毒"看法

互联网为人们带来了便利的同时，也不可避免地带来了负面影响。"网络黄毒"危害青少年的身心健康，破坏社会的公序良俗，甚至会诱发犯罪。

表 6-7 留守儿童对别人考试作弊的反应

留守儿童

选项	总计		2009 年		2011 年		2013 年		2014 年		2015 年		2016 年		2019 年（a）		2019 年（a）与 2009 年比较
	人数/名	比率/%	人数/名	比率/%	人数/名	比率/%	人数/名	比率/%	人数/名	比率/%	人数/名	比率/%	人数/名	比率/%	人数/名	比率/%	率差/个百分点
很反感	1189	45.11	53	35.33	120	31.75	221	39.68	146	41.36	127	44.41	158	42.59	364	67.28	31.95
不反感	281	10.66	12	8.00	30	7.94	51	9.16	25	7.08	28	9.79	123	33.15	12	2.22	-5.78
无所谓	702	26.63	58	38.67	181	47.88	156	28.01	105	29.75	67	23.43	51	13.75	84	15.53	-23.14
不知道怎么办	137	5.20	3	2.00	18	4.76	35	6.28	33	9.35	23	8.04	8	2.16	17	3.14	1.14
报告老师	66	2.50	8	5.33	4	1.06	15	2.69	11	3.12	10	3.50	7	1.89	11	2.03	-3.30
事后和同学讲	155	5.88	12	8.00	18	4.76	43	7.72	19	5.38	19	6.64	10	2.70	34	6.28	-1.72
回家和父母讲	29	1.10	1	0.67	2	0.53	11	1.97	3	0.85	3	1.05	3	0.81	6	1.11	0.44
干脆不讲	77	2.92	3	2.00	5	1.32	25	4.49	11	3.12	9	3.15	11	2.96	13	2.40	0.40
合计	2636	100.00	150	100.00	378	100.00	557	100.00	353	100.00	286	100.00	371	100.00	541	100.00	0.00

如表 6-8 所示，在对留守儿童就"网络黄毒"看法的调查中，63.41%的留守儿童表示"深恶痛绝"，21.52%的留守儿童表示"没有什么大不了"，选择"不知道"的留守儿童比率为 15.07%。大部分留守儿童对"网络黄毒"持厌恶、抵制的态度，也有两成多的留守儿童不以为意，一成多的留守儿童毫不知情。

从 2019 年（a）与 2009 年比较来看，留守儿童选择"深恶痛绝"的比率下降了 1.41 个百分点，选择"没有什么大不了"的比率上升了 6.43 个百分点。可以看出，容忍"网络黄毒"的留守儿童在增多。

表 6-8 留守儿童对"网络黄毒"的看法

选项	总计		留守儿童							
			2009 年		2010 年		2012 年		2014 年	
	人数/名	比率/%	人数/名	比率/%	人数/名	比率/%	人数/名	比率/%	人数/名	比率/%
深恶痛绝	1523	63.41	95	63.33	267	77.39	246	69.10	225	63.74
没有什么大不了	517	21.52	30	20.00	41	11.88	57	16.01	49	13.88
不知道	362	15.07	25	16.67	37	10.72	53	14.89	79	22.38
合计	2402	100.00	150	100.00	345	100.00	356	100.00	353	100.00

选项	留守儿童						2019 年（a）与 2009 年比较
	2015 年		2016 年		2019 年（a）		
	人数/名	比率/%	人数/名	比率/%	人数/名	比率/%	率差/个百分点
深恶痛绝	182	63.64	173	46.63	335	61.92	−1.41
没有什么大不了	56	19.58	141	38.01	143	26.43	6.43
不知道	48	16.78	57	15.36	63	11.65	−5.02
合计	286	100.00	371	100.00	541	100.00	0.00

（2）了解社会上青少年吸毒的情况

留守儿童缺乏来自父母的教育关爱以及必要的监护，易滋生不良的习惯与嗜好，从而增加吸食毒品的可能性。

1）留守儿童的自述。如表 6-9 所示，在对留守儿童是否知道社会上有青少年吸毒的事情的调查中，70.03%的留守儿童表示"知道"，选择"不知道"的比率为 29.97%。大部分留守儿童对青少年吸毒事情有所了解。

从 2019 年（a）与 2009 年比较来看，留守儿童选择"知道"的比率降低了 9.07 个百分点，选择"不知道"的比率上升了 9.07 个百分点。"知道"与"不知道"只是一个中性的选择。各级教育工作者不仅仅是要让留守儿童知道这样的事实，更为重要的是要让其知道吸毒的严重危害性，教育引导留守儿童应洁身自好，避免沾染不良习气。

表 6-9　留守儿童是否知道社会上有青少年吸毒的事情

选项	留守儿童													
	总计			2009 年		2010 年		2011 年		2016 年		2019 年（a）		2019 年（a）与 2009 年比较
	人数/名	比率/%	排序	人数/名	比率/%	人数/名	比率/%	人数/名	比率/%	人数/名	比率/%	人数/名	比率/%	率差/个百分点
知道	1250	70.03	1	104	69.33	296	85.80	333	88.10	191	51.48	326	60.26	−9.07
不知道	535	29.97	2	46	30.67	49	14.20	45	11.90	180	48.52	215	39.74	9.07
合计	1785	100.00		150	100.00	345	100.00	378	100.00	371	100.00	541	100.00	0.00

2）其他研究者的调研情况分析。在 2014 年广西在校生（439 名）涉毒问题的调研中，吸毒的小学生共 17 名，全为留守儿童，普通中学吸毒的学生为 225 名，中专、中职吸毒的学生为 146 名，技工学校吸毒的学生为 34 名，这些群体中不能排除有留守儿童的情况（张晓春等，2015）。

在 2016～2017 年中国青少年研究中心的留守儿童家庭自我保护教育中，50.0%的留守儿童表示"在被推荐毒品的情况下不能正确处理"，36.6%的留守儿童选择"不知道"社会上有青少年吸毒，选择"开始吸食毒品"的比率为 10.0%（郭开元，2018）。

3）本书与其他研究者调研情况的比较分析。在本书的调查中，大部分留守儿童表示"知道"社会上有青少年吸毒的事情，有近三成的留守儿童表示"不知道"。因此要扩大对青少年吸毒危害性的宣传，使留守儿童知晓吸毒的危害性，对其提供相应的警示，引导其远离毒品，自觉抵制毒品。在其他研究者的调查中，部分留守儿童存在吸食毒品的情况，此外，36.6%的留守儿童表示"不知道"社会上有青少年吸毒，50.0%的留守儿童面对毒品不具备处理能力。总的来看，需要进一步加强对留守儿童的教育与引导，使其远离毒品，珍爱生命。

（3）在看到电视剧中吸毒、赌博场面时的感觉

"电视剧文化对未成年人价值观的形成具有重要的影响"（叶松庆等，2015），积极向上的电视剧文化会对未成年人产生正向影响，反之则会影响未成年人的身心健康发展。

如表 6-10 所示，在对留守儿童看到电视剧中吸毒、赌博场面的感觉的调查中，44.89%的留守儿童表示"无所谓，见怪不怪"，选择"恐怖，马上停止观看"的比率为 40.17%，选择"刺激，偶尔想尝试一下"的比率为 14.94%。

从 2019 年（b）与 2014 年比较来看，留守儿童选择"刺激，偶尔想尝试一下"与"无所谓，见怪不怪"的比率有所降低，选择"恐怖，马上停

止观看"的比率有较大幅度的升高。尽管有这种变化，但留守儿童偶尔想"尝试"吸毒与赌博及感到"无所谓"的人数，就已经让人深感忧虑了。针对留守儿童的实际，应当鼓励人们拍摄播放更多正能量和励志的电视剧，加强优质内容的供给，最大限度地为留守儿童提供适宜的文化产品，助力其形成正确的价值观。

表 6-10 留守儿童看到电视剧中吸毒、赌博场面的感觉

选项	留守儿童											
	总计			2014 年		2015 年		2016 年		2019 年（b）		2019 年（b）与 2014 年比较
	人数/名	比率/%	排序	人数/名	比率/%	人数/名	比率/%	人数/名	比率/%	人数/名	比率/%	率差/个百分点
刺激，偶尔想尝试一下	231	14.94	3	50	14.16	43	15.03	103	27.76	35	6.53	−7.63
无所谓，见怪不怪	694	44.89	1	170	48.16	127	44.41	164	44.20	233	43.47	−4.69
恐怖，马上停止观看	621	40.17	2	133	37.68	116	40.56	104	28.03	268	50.00	12.32
合计	1546	100.00		353	100.00	286	100.00	371	100.00	536	100.00	0.00

3. 部分留守儿童容忍浏览黄色信息

（1）留守儿童浏览黄色网站或黄色网页的动机

如表 6-11 所示，在对留守儿童浏览黄色网站或黄色网页动机的调查中，选择"从不浏览"和"从不上网"的合比率为 36.88%。22.82% 的留守儿童选择"无意识浏览"，选择"有意识浏览"的比率为 14.42%。选择"说不清"和"其他"的比率分别为 12.82% 和 13.07%。数据确切反映出留守儿童浏览（含"有意识浏览"和"无意识浏览"）黄色网站或网页的比率为 37.24%。

从 2019 年（b）与 2010 年比较来看，留守儿童选择"无意识浏览""有意识浏览"的比率均有所下降，但 37.24% 的浏览比率（不论出于何种动机）足以说明相当部分留守儿童容忍浏览网络黄色信息。

表 6-11 留守儿童浏览黄色网站或黄色网页的动机

选项	留守儿童											
	总计			2010 年		2011 年		2016 年		2019 年（b）		2019 年（b）与 2010 年比较
	人数/名	比率/%	排序	人数/名	比率/%	人数/名	比率/%	人数/名	比率/%	人数/名	比率/%	率差/个百分点
有意识浏览	235	14.42	3	58	16.81	36	9.52	91	24.53	50	9.33	−7.48

续表

选项	留守儿童										
	总计			2010年		2011年		2016年		2019年（b）		2019年（b）与2010年比较
	人数/名	比率/%	排序	人数/名	比率/%	人数/名	比率/%	人数/名	比率/%	人数/名	比率/%	率差/个百分点
无意识浏览	372	22.82	2	127	36.81	85	22.49	74	19.95	86	16.04	−20.77
说不清	209	12.82	5	61	17.68	40	10.58	33	8.89	75	13.99	−3.69
其他	213	13.07	4	99	28.70	16	4.23	70	18.87	28	5.22	−23.48
从不浏览	493	30.25	1	0	0.00	156	41.27	74	19.95	263	49.07	49.07
从不上网	108	6.63	6	0	0.00	45	11.90	29	7.82	34	6.34	6.34
合计	1630	100.00		345	100.00	378	100.00	371	100.00	536	100.00	0.00

（2）留守儿童浏览黄色网站的情况

当前随着网络发展以及智能终端使用的频率越来越高，留守儿童在使用智能终端的过程中去浏览黄色网站，可能是出于好奇，但是长此以往，会对留守儿童的身心健康造成不利影响。

如表6-12所示，在对留守儿童浏览黄色网站实际情况的调查中，58.17%的留守儿童表示自身"从未"浏览黄色网站，选择"很少"的比率为12.34%，选择"不经常"的比率为11.45%，选择"经常"的比率为10.70%。数据显示，有34.49%的留守儿童或多或少地浏览过黄色网站。

从2019年（b）与2010年比较来看，留守儿童选择"经常"的比率上升了2.93个百分点，选择"很少"的比率上升了3.61个百分点，选择"从不上网"的比率下降了7.30个百分点，其余选项变化不大，说明浏览黄色网站的留守儿童有所增加，也就是说容忍网络黄色信息传播肆虐的留守儿童有所增加。

表6-12　留守儿童浏览黄色网站的实际情况

选项	总计		留守儿童							
			2010年		2012年		2013年		2014年	
	人数/名	比率/%	人数/名	比率/%	人数/名	比率/%	人数/名	比率/%	人数/名	比率/%
经常	300	10.70	33	9.57	22	6.18	54	9.69	20	5.67
不经常	321	11.45	25	7.25	22	6.18	46	8.26	24	6.80
很少	346	12.34	41	11.88	37	10.39	67	12.03	39	11.05
从未	1631	58.17	206	59.71	253	71.07	353	63.38	233	66.01
从不上网	206	7.35	40	11.59	22	6.18	37	6.64	37	10.48
合计	2804	100.00	345	100.00	356	100.00	557	100.00	353	100.00

续表

选项	留守儿童						
	2015 年		2016 年		2019 年（b）		2019 年（b）与 2010 年比较
	人数/名	比率/%	人数/名	比率/%	人数/名	比率/%	率差/个百分点
经常	24	8.39	80	21.56	67	12.50	2.93
不经常	39	13.64	124	33.42	41	7.65	0.40
很少	38	13.29	41	11.05	83	15.49	3.61
从未	171	59.79	93	25.07	322	60.07	0.36
从不上网	14	4.90	33	8.89	23	4.29	−7.30
合计	286	100.00	371	100.00	536	100.00	0.00

（3）留守儿童浏览色情、淫秽网页或信息的情况

如表 6-13 所示，在对留守儿童浏览色情、淫秽网页或信息的情况的调查中，40.43% 的留守儿童表示"从不"浏览，选择"频繁""经常""有时"和"很少"的合比率为 57.06%，其中选择"频繁"的比率为 17.41%。总的来看，留守儿童浏览色情、淫秽网页或信息的比率较高。

从 2019 年（a）与 2014 年比较来看，留守儿童选择"从不"的比率下降幅度较大，余下选项（除"其他"外）的比率均有不同幅度的上升。留守儿童"频繁"浏览色情、淫秽网页或信息的比率上升幅度较大，需引起高度重视。

表 6-13　留守儿童浏览色情、淫秽网页或信息的情况

选项	留守儿童											
	总计			2014 年		2015 年		2016 年		2019 年（a）		2019 年（a）与 2014 年比较
	人数/名	比率/%	排序	人数/名	比率/%	人数/名	比率/%	人数/名	比率/%	人数/名	比率/%	率差/个百分点
频繁	270	17.41	2	35	9.92	16	5.59	78	21.02	141	26.06	16.14
经常	221	14.25	4	16	4.53	18	6.29	116	31.27	71	13.12	8.59
有时	166	10.70	5	29	8.22	24	8.39	29	7.82	84	15.53	7.31
很少	228	14.70	3	49	13.88	42	14.69	28	7.55	109	20.15	6.27
从不	627	40.43	1	224	63.46	163	56.99	104	28.03	136	25.14	−38.32
其他	39	2.51	6	0	0.00	23	8.04	16	4.31	0	0.00	0.00
合计	1551	100.00		353	100.00	286	100.00	371	100.00	541	100.00	0.00

4. 部分留守儿童容忍"网瘾"增多

在信息化时代,留守儿童进入网络化的生活状态,面临网络成瘾问题。

（1）留守儿童的自述

如表 6-14 所示,在对留守儿童就网瘾的微观估计的调查中,留守儿童认为有网瘾的留守儿童在"5%左右"的比率为 25.05%,选择"10%左右"的比率为 19.95%,选择"不是很清楚"的比率为 14.30%,选择"50%以上"的比率为 13.48%。一半以上的留守儿童认为有网瘾的留守儿童在 20%及以下。

从 2019 年（a）与 2013 年比较来看,留守儿童选择"30%左右"的比率上升了 7.10 个百分点,除"不是很清楚"外其他选项的比率均有不同程度的下降,可见留守儿童认为自身网瘾的数量在增加,也表明容忍网瘾的留守儿童在增多。网瘾会对留守儿童身心发展、学业发展等产生强烈的负面影响,对这部分的留守儿童应当注意教育的方式与方法,既要注重疏通与引导,又要强调规训与惩罚,多措并举以加强教育。

表 6-14 留守儿童对网瘾的微观估计

选项	留守儿童									
	总计			2013 年		2016 年		2019 年（a）		2019 年（a）与 2013 年比较
	人数/名	比率/%	排序	人数/名	比率/%	人数/名	比率/%	人数/名	比率/%	率差/个百分点
5%左右	368	25.05	1	115	20.65	143	38.54	110	20.33	−0.32
10%左右	293	19.95	2	79	14.18	144	38.81	70	12.94	−1.24
20%左右	124	8.44	6	63	11.31	29	7.82	32	5.91	−5.40
30%左右	176	11.98	5	49	8.80	41	11.05	86	15.90	7.10
40%左右	100	6.81	7	53	9.52	3	0.81	44	8.13	−1.39
50%以上	198	13.48	4	108	19.39	3	0.81	87	16.08	−3.31
不是很清楚	210	14.30	3	90	16.16	8	2.16	112	20.70	4.54
合计	1469	100.00		557	100.00	371	100.00	541	100.00	0.00

（2）其他研究者的调研情况分析

在 2016 年江西省赣州市的留守儿童调查中,17.4%的留守儿童存在"网络依赖"的现象（康安峰等,2016）。

在 2019 年湖北省十堰市竹山县的留守儿童调查中,近 80.0%的留守儿童有"网瘾"现象,18.0%的留守儿童是"网瘾者"（左月等,2019）。

（3）本书与其他研究者调研情况的比较分析

在本书的调查中,留守儿童认为有网瘾的留守儿童在"5%左右"的比率为 25.05%,选择"10%左右"的比率为 19.95%,而选择"30%左右"的比率在逐渐上升，留守儿童的网瘾比率呈增长趋势。

在其他研究者的调查中，17.4%的留守儿童对网络形成依赖，有18.0%的留守儿童是网瘾者，有网瘾现象的留守儿童的比率更大。数据表明，农村的孩子更容易受网络影响，更容易染上网瘾（李水平，2014）。

不同的研究得出的结果比较一致，留守儿童的网瘾率较高，亟待引起社会的高度关注。

5. 部分留守儿童容忍网友的陌生化

如表6-15所示，在对留守儿童就自己网友身份的理解的调查中，46.67%的留守儿童表示网友是"朋友的朋友"，25.51%的留守儿童表示网友是"不曾谋面的陌生人"，19.57%的留守儿童表示"不知道"，选择"从不上网"的比率为8.24%。总的来看，部分留守儿童认为网友是"朋友的朋友"，网友是"不曾谋面的陌生人"的比率也占到了四分之一强。

从2019年（a）与2010年比较来看，尽管留守儿童选择"朋友的朋友"的比率有所增加，选择"不曾谋面的陌生人"的比率有所降低。

表 6-15　留守儿童对自己网友的身份的理解

选项	总计		留守儿童							
			2010 年		2011 年		2013 年		2014 年	
	人数/名	比率/%	人数/名	比率/%	人数/名	比率/%	人数/名	比率/%	人数/名	比率/%
朋友的朋友	1319	46.67	115	33.33	123	32.54	255	45.78	195	55.24
不曾谋面的陌生人	721	25.51	123	35.65	135	35.71	148	26.57	55	15.58
不知道	553	19.57	101	29.28	87	23.02	107	19.21	57	16.15
从不上网	233	8.24	6	1.74	33	8.73	47	8.44	46	13.03
合计	2826	100.00	345	100.00	378	100.00	557	100.00	353	100.00

选项	留守儿童						2019 年（a）与 2010 年比较
	2015 年		2016 年		2019 年（a）		
	人数/名	比率/%	人数/名	比率/%	人数/名	比率/%	率差/个百分点
朋友的朋友	167	58.39	148	39.89	316	58.96	25.63
不曾谋面的陌生人	57	19.93	121	32.61	82	15.30	−20.35
不知道	46	16.08	50	13.48	105	19.59	−9.69
从不上网	16	5.59	52	14.02	33	6.16	4.42
合计	286	100.00	371	100.00	536	100.00	0.00

6. 部分留守儿童容忍上课常玩手机

留守儿童为便于与在外的父母联系，往往会配有手机，且有时会将手机带到学校。一般来说，学校禁止在课堂上玩手机，免得干扰课堂教学、影响教学成效。

如表 6-16 所示，在对留守儿童上课玩手机情况的调查中，37.56%的留守儿童表示"从来不玩"手机，选择"经常玩""不经常玩""偶尔玩"的合比率为 41.72%，15.88%的留守儿童表示"没有手机"。

从 2019 年（a）与 2010 年比较来看，留守儿童选择"经常玩"的比率下降了 0.71 个百分点，但"不经常玩"与"偶尔玩"的比率却有较大幅度上升，分别上升了 7.91 个百分点、7.58 个百分点，总体上"玩"的比率在上升。如何加强对留守儿童手机的管理并使其发挥到最大功效，是值得教育者思考的问题。

表 6-16 留守儿童上课玩手机的情况

选项	总计		留守儿童							
			2010 年		2012 年		2013 年		2014 年	
	人数/名	比率/%	人数/名	比率/%	人数/名	比率/%	人数/名	比率/%	人数/名	比率/%
经常玩	333	11.85	35	10.14	13	3.65	43	7.72	24	6.80
不经常玩	417	14.85	32	9.28	28	7.86	62	11.13	32	9.07
偶尔玩	422	15.02	44	12.75	58	16.29	78	14.00	46	13.03
从来不玩	1055	37.56	112	32.46	163	45.79	234	42.01	180	50.99
其他	136	4.84	17	4.93	8	2.25	32	5.75	6	1.70
没有手机	446	15.88	105	30.43	86	24.16	108	19.39	65	18.41
合计	2809	100.00	345	100.00	356	100.00	557	100.00	353	100.00

选项	留守儿童						2019 年（a）与 2010 年比较
	2015 年		2016 年		2019 年（a）		
	人数/名	比率/%	人数/名	比率/%	人数/名	比率/%	率差/个百分点
经常玩	19	6.64	148	39.89	51	9.43	−0.71
不经常玩	49	17.13	121	32.61	93	17.19	7.91
偶尔玩	36	12.59	50	13.48	110	20.33	7.58
从来不玩	144	50.35	27	7.28	195	36.04	3.58
其他	5	1.75	4	1.08	64	11.83	6.90
没有手机	33	11.54	21	5.66	28	5.18	−25.25
合计	286	100.00	371	100.00	541	100.00	0.00

7. 部分留守儿童容忍痴迷于手机聊天与网游

如表 6-17 所示，在对留守儿童手机上网用途的调查中，41.58%的留守儿童表示手机上网主要是用于"聊天"，16.55%的留守儿童选择"玩游戏"，选择"查阅资料""浏览网页""没有手机"的比率均在一成左右。

表 6-17　留守儿童手机上网用途

留守儿童

选项	总计 人数/名	总计 比率/%	2010年 人数/名	2010年 比率/%	2012年 人数/名	2012年 比率/%	2013年 人数/名	2013年 比率/%	2014年 人数/名	2014年 比率/%	2015年 人数/名	2015年 比率/%	2016年 人数/名	2016年 比率/%	2019年(a) 人数/名	2019年(a) 比率/%	2019年(a)与2010年比较 率差个百分点
聊天	1168	41.58	149	43.19	127	35.67	227	40.75	99	28.05	129	45.10	172	46.36	265	48.98	5.79
玩游戏	465	16.55	29	8.41	32	8.99	89	15.98	71	20.11	68	23.78	73	19.68	103	19.04	10.63
发邮件	134	4.77	6	1.74	14	3.93	18	3.23	27	7.65	13	4.55	46	12.40	10	1.85	0.11
浏览网页	254	9.04	27	7.83	37	10.39	50	8.98	35	9.92	14	4.90	15	4.04	76	14.05	6.22
查阅资料	269	9.58	51	14.78	39	10.96	51	9.16	33	9.35	30	10.49	16	4.31	49	9.06	-5.72
浏览黄色信息	78	2.78	13	3.77	5	1.40	14	2.51	9	2.55	1	0.35	24	6.47	12	2.22	-1.55
其他	182	6.48	64	18.55	31	8.71	33	5.92	13	3.68	18	6.29	13	3.50	10	1.85	-16.7
没有手机	259	9.22	6	1.74	71	19.94	75	13.46	66	18.70	13	4.55	12	3.23	16	2.96	1.22
合计	2809	100.00	345	100.00	356	100.00	557	100.00	353	100.00	286	100.00	371	100.00	541	100.00	0.00

从 2019 年（a）与 2010 年比较来看，留守儿童选择"聊天""玩游戏"的比率均有所增加，其中选择"玩游戏"的比率增幅最大，说明痴迷于手机聊天与网游的留守儿童在增多。当前随着手机游戏的风靡，如何让留守儿童合理利用手机，需要监护人和教育者的群策群力。

（三）行为略有倾向

1. 考试作弊体现的倾向

如表 6-18 所示，在对留守儿童考试表现的调查中，48.84% 的留守儿童表示自己"从不作弊"，22.82% 的留守儿童表示"有时作弊"，选择"想作弊但又怕被老师发现"的比率为 11.34%，选择"根本不想作弊"的比率为 10.16%，选择"经常作弊"的比率为 6.83%。有过考试作弊行为的留守儿童比率不低。

从 2019 年（a）与 2009 年比较来看，虽然留守儿童选择"从不作弊"的比率有所上升，选择"经常作弊""有时作弊"的比率有所降低，但有作弊行为和有作弊想法的留守儿童比率仍然不低，所以在留守儿童的诚信意识逐渐增强的同时，留守儿童在考试问题上体现出的思想问题值得引起重视。

表 6-18　留守儿童的考试表现

| 选项 | 总计 | | | 留守儿童 | | | | | |
| | | | | 2009 年 | | 2011 年 | | 2013 年 | |
	人数/名	比率/%	排序	人数/名	比率/%	人数/名	比率/%	人数/名	比率/%
从不作弊	1115	48.84	1	78	52.00	149	39.42	253	45.42
有时作弊	521	22.82	2	36	24.00	141	37.30	128	22.98
经常作弊	156	6.83	5	4	2.67	16	4.23	30	5.39
想作弊但又怕被老师发现	259	11.34	3	15	10.00	44	11.64	74	13.29
根本不想作弊	232	10.16	4	17	11.33	28	7.41	72	12.93
合计	2283	100.00		150	100.00	378	100.00	557	100.00

| 选项 | 留守儿童 | | | | | | 2019 年（a）与 2009 年比较 |
| | 2015 年 | | 2016 年 | | 2019 年（a） | | |
	人数/名	比率/%	人数/名	比率/%	人数/名	比率/%	率差/个百分点
从不作弊	139	48.60	132	35.58	364	67.28	15.28
有时作弊	74	25.87	80	21.56	62	11.46	−12.54

续表

选项	留守儿童						2019 年（a）与 2009 年比较
	2015 年		2016 年		2019 年（a）		
	人数/名	比率/%	人数/名	比率/%	人数/名	比率/%	率差/个百分点
经常作弊	18	6.29	84	22.64	4	0.74	−1.93
想作弊但又怕 被老师发现	28	9.79	34	9.16	64	11.83	1.83
根本不想作弊	27	9.44	41	11.05	47	8.69	−2.64
合计	286	100.00	371	100.00	541	100.00	0.00

2. 真实算命体现的倾向

（1）留守儿童算命的现象

如表 6-19 所示，在对留守儿童真实算命情况的调查中，54.93%的留守儿童表示自己"没算过"，30.71%的留守儿童表示"算过"，选择"搞不清楚"的比率为 14.37%。有约三成的留守儿童算过命。

表 6-19　留守儿童真实算命的情况

选项	总计			留守儿童						
				2009 年		2011 年		2013 年		
	人数/名	比率/%	排序	人数/名	比率/%	人数/名	比率/%	人数/名	比率/%	
算过	701	30.71	2	59	39.33	116	30.69	178	31.96	
没算过	1254	54.93	1	76	50.67	227	60.05	312	56.01	
搞不清楚	328	14.37	3	15	10.00	35	9.26	67	12.03	
合计	2283	100.00		150	100.00	378	100.00	557	100.00	

选项	留守儿童						2019 年（a）与 2009 年比较
	2015 年		2016 年		2019 年（a）		
	人数/名	比率/%	人数/名	比率/%	人数/名	比率/%	率差/个百分点
算过	76	26.57	98	26.42	174	32.16	−7.17
没算过	185	64.69	140	37.74	314	58.04	7.37
搞不清楚	25	8.74	133	35.85	53	9.80	−0.2
合计	286	100.00	371	100.00	541	100.00	0.00

从 2019 年（a）与 2009 年比较来看，留守儿童选择"算过"的比率下降了 7.17 个百分点，选择"没算过"的比率上升了 7.37 个百分点，但"算过"的比率仍有 32.16%，说明仍有部分留守儿童存在相信算命的思想倾向。

（2）留守儿童算命的频率

如表 6-20 所示，在对留守儿童自己花钱算命情况的调查中，44.42%的留守儿童表示"从不"自己花钱算命，13.60%的留守儿童选择"频繁"，选择"经常""有时""很少"的比率分别为 10.90%、11.22%和 10.38%。或多或少自己花钱算命的比率为 46.10%。

从 2019 年（a）与 2014 年比较来看，留守儿童选择"从不"的比率增幅显著，其余各项的比率均有不同幅度的下降。

表 6-20 留守儿童自己花钱算命的情况

选项	总计			留守儿童								
				2014 年		2015 年		2016 年		2019 年（a）		2019 年（a）与 2014 年比较
	人数/名	比率/%	排序	人数/名	比率/%	人数/名	比率/%	人数/名	比率/%	人数/名	比率/%	率差/个百分点
频繁	211	13.60	2	70	19.83	3	1.05	79	21.29	59	10.91	−8.92
经常	169	10.90	4	78	22.10	16	5.59	52	14.02	23	4.25	−17.85
有时	174	11.22	3	45	12.75	22	7.69	87	23.45	20	3.70	−9.05
很少	161	10.38	5	51	14.45	26	9.09	29	7.82	55	10.17	−4.28
从不	689	44.42	1	7	1.98	191	66.78	112	30.19	379	70.06	68.08
其他	147	9.48	6	102	28.90	28	9.79	12	3.23	5	0.92	−27.98
合计	1551	100.00		353	100.00	286	100.00	371	100.00	541	100.00	0.00

3. 青睐利己体现的倾向

（1）对"人不为己，天诛地灭"的理解

如表 6-21 所示，在对留守儿童就"人不为己，天诛地灭"理解的调查中，37.82%的留守儿童表示"既不赞成也不反对"，选择"赞成"的比率为 22.10%，选择"不赞成"的比率为 24.57%。两成以上的留守儿童表示"赞成"。

从 2019 年（b）与 2009 年比较来看，留守儿童选择"既不赞成也不反对"的比率有所升高，选择"不赞成"的比率有所降低，但选择"赞成"的比率变化不大，说明部分留守儿童具有明显的利己的思想倾向。

表 6-21 留守儿童对"人不为己，天诛地灭"的理解

选项	总计			留守儿童					
				2009 年		2011 年		2012 年	
	人数/名	比率/%	排序	人数/名	比率/%	人数/名	比率/%	人数/名	比率/%
赞成	519	22.10	3	32	21.33	69	18.25	69	19.38

续表

选项	总计			留守儿童					
				2009 年		2011 年		2012 年	
	人数/名	比率/%	排序	人数/名	比率/%	人数/名	比率/%	人数/名	比率/%
不赞成	577	24.57	2	27	18.00	89	23.54	104	29.21
既不赞成也不反对	888	37.82	1	66	44.00	160	42.33	142	39.89
反对	162	6.90	4	12	8.00	38	10.05	21	5.90
无所谓	94	4.00	6	11	7.33	19	5.03	13	3.65
不知道	108	4.60	5	2	1.33	3	0.79	7	1.97
合计	2348	100.00		150	100.00	378	100.00	356	100.00

选项	留守儿童							
	2013 年		2016 年		2019 年（b）		2019 年（b）与 2009 年比较	
	人数/名	比率/%	人数/名	比率/%	人数/名	比率/%	率差/个百分点	
赞成	130	23.34	104	28.03	115	21.46	0.13	
不赞成	143	25.67	136	36.66	78	14.55	−3.45	
既不赞成也不反对	197	35.37	70	18.87	253	47.20	3.20	
反对	37	6.64	14	3.77	40	7.46	−0.54	
无所谓	20	3.59	16	4.31	15	2.80	−4.53	
不知道	30	5.39	31	8.36	35	6.53	5.20	
合计	557	100.00	371	100.00	536	100.00	0.00	

（2）拾金取酬体现的倾向

如表 6-22 所示，在对留守儿童就"把失物还给失主是否应得到报酬"看法的调查中，34.43%的留守儿童表示"看情况而定"，34.36%的留守儿童表示"不应该"得到报酬。选择"说不清"的比率为 9.15%。选择"应该"的比率虽然只有 22.06%，但说明二分之一以上（含"应该"和"看情况而定"的比率）的留守儿童认为拾金归还失主要得到一定报酬。"拾金不昧"是中华民族的优秀道德传统，"拾金取酬"不是我们所提倡的。部分留守儿童的想法显然有利己倾向。

从 2019 年（a）与 2013 年比较来看，留守儿童选择"看情况而定"的比率上升幅度较大，"看情况而定"中有要求或希望"拾金取酬"的可能性，说明留守儿童在这一问题上的利己倾向有所增强。

表 6-22　留守儿童对"把失物还给失主应否得到报酬"的看法

| 选项 | 总计 | | | 留守儿童 | | | | | | |
| | | | | 2013 年 | | 2016 年 | | 2019 年（a） | | 2019 年（a）与 2013 年比较 |
	人数/名	比率/%	排序	人数/名	比率/%	人数/名	比率/%	人数/名	比率/%	率差/个百分点
应该	323	22.06	3	127	22.80	104	28.03	92	17.16	−5.64
看情况而定	504	34.43	1	149	26.75	136	36.66	219	40.86	14.11
不应该	503	34.36	2	243	43.63	70	18.87	190	35.45	−8.18
说不清	134	9.15	4	38	6.82	61	16.44	35	6.53	−0.29
合计	1464	100.00		557	100.00	371	100.00	536	100.00	0.00

4. 请客送礼体现的倾向

如表 6-23 所示，在对留守儿童是否给老师送礼情况的调查中，48.13%的留守儿童表示"没送过"，选择"经常送"和"有时送"的合比率为 45.39%，其中选择"有时送"的比率为 33.85%。

从 2019 年（b）与 2012 年比较来看，留守儿童选择"有时送"的比率上升了 14.34 个百分点，选择"经常送"的比率上升了 4.93 个百分点，选择"没送过"的比率下降了 20.74 个百分点。可见给老师送礼的留守儿童逐渐增多。

表 6-23　留守儿童是否给老师送礼的情况

| 选项 | 总计 | | | 留守儿童 | | | | | | | | |
| | | | | 2012 年 | | 2013 年 | | 2016 年 | | 2019 年（b） | | 2019 年（b）与 2012 年比较 |
	人数/名	比率/%	排序	人数/名	比率/%	人数/名	比率/%	人数/名	比率/%	人数/名	比率/%	率差/个百分点
经常送	210	11.54	3	15	4.21	68	12.21	78	21.02	49	9.14	4.93
有时送	616	33.85	2	109	30.62	159	28.55	107	28.84	241	44.96	14.34
没送过	876	48.13	1	216	60.67	304	54.58	142	38.27	214	39.93	−20.74
不清楚	118	6.48	4	16	4.49	26	4.67	44	11.86	32	5.97	1.48
合计	1820	100.00		356	100.00	557	100.00	371	100.00	536	100.00	0.00

5. 习惯说谎体现的倾向

（1）网络说谎情况

如表 6-24 所示，在对留守儿童网络说谎情况的调查中，47.00%的留守儿童表示"偶尔说"，8.92%的留守儿童表示"经常说"，选择"从不说"和

"不知道"的比率分别为 26.46%和 9.17%，选择"从不上网"的比率为8.45%。大多数留守儿童存在网络说谎现象。

从 2019 年（b）与 2010 年比较来看，留守儿童选择"经常说"的比率有所降低，选择"偶尔说"的比率有所升高，选择"从不说"的比率有所下降，说明部分留守儿童网络说谎的频率有所降低，但说谎的情况依然存在。

表 6-24 留守儿童网络说谎的情况

选项	总计		留守儿童							
			2010 年		2012 年		2013 年		2014 年	
	人数/名	比率/%	人数/名	比率/%	人数/名	比率/%	人数/名	比率/%	人数/名	比率/%
经常说	250	8.92	36	10.43	35	9.83	77	13.82	22	6.23
偶尔说	1318	47.00	147	42.61	197	55.34	273	49.01	150	42.49
从不说	742	26.46	103	29.86	72	20.22	105	18.85	114	32.29
不知道	257	9.17	59	17.10	23	6.46	55	9.87	40	11.33
从不上网	237	8.45	0	0.00	29	8.15	47	8.44	27	7.65
合计	2804	100.00	345	100.00	356	100.00	557	100.00	353	100.00

选项	留守儿童						2019 年（b）与 2010 年比较
	2015 年		2016 年		2019 年（b）		
	人数/名	比率/%	人数/名	比率/%	人数/名	比率/%	率差/个百分点
经常说	18	6.29	18	4.85	44	8.21	-2.22
偶尔说	150	52.45	150	40.43	251	46.83	4.22
从不说	98	34.27	98	26.42	152	28.36	-1.50
不知道	6	2.10	6	1.62	68	12.69	-4.41
从不上网	14	4.90	99	26.68	21	3.92	3.92
合计	286	100.00	371	100.00	536	100.00	0.00

（2）网络说谎频率

如表 6-25 所示，在对留守儿童上网时撒谎、说脏话和容易激动情况的调查中，选择"频繁""经常""有时""很少"的合比率为 64.50%，选择"从不"和"其他"的比率分别为 31.31%和 4.20%。虽然有三成多的留守儿童表示自己"从不"上网时撒谎、说脏话和容易激动，但有六成多的留守儿童表示或多或少地存在上网时撒谎、说脏话和容易激动的情况，尤其是有 17.34%的留守儿童的频率较高（"频繁"和"经常"），形成了一种不良习惯。

从 2019 年（b）与 2014 年比较来看，2019 年（b）留守儿童选择"从不"的比率有所下降，选择其他选项的比率均有不同程度的增加，展现出留守儿童上网时撒谎、说脏话和容易激动情况逐渐增多的趋势。

表 6-25　留守儿童上网时撒谎、说脏话和容易激动的情况

选项	总计			留守儿童								
				2014 年		2015 年		2016 年		2019 年（b）		2019 年（b）与 2014 年比较
	人数/名	比率/%	排序	人数/名	比率/%	人数/名	比率/%	人数/名	比率/%	人数/名	比率/%	率差/个百分点
频繁	134	8.67	4	9	2.55	5	1.75	74	19.95	46	8.58	6.03
经常	134	8.67	4	17	4.82	4	1.40	65	17.52	48	8.96	4.14
有时	294	19.02	3	43	12.18	24	8.39	110	29.65	117	21.83	9.65
很少	435	28.14	2	101	28.61	74	25.87	62	16.71	198	36.94	8.33
从不	484	31.31	1	183	51.84	142	49.65	45	12.13	114	21.27	−30.57
其他	65	4.20	6	0	0.00	37	12.94	15	4.04	13	2.43	2.43
合计	1546	100.00		353	100.00	286	100.00	371	100.00	536	100.00	0.00

（3）留守儿童的现实说谎

1）留守儿童的自述。如表 6-26 所示，在对留守儿童平时对别人说谎情况的调查中，54.33% 的留守儿童表示"有时说"，29.28% 的留守儿童表示"不说"，选择"经常说"的比率为 9.31%。选择"不知道"的比率为 7.08%。部分儿童存在说谎的情况，只是频率有所不同。

从 2019 年（b）与 2012 年比较来看，留守儿童选择"不说"的比率上升幅度较大，选择"经常说"的比率也有一定的上升，选择"经常说"的比率略有增加，选择"有时说"选项的比率大幅降低。

表 6-26　留守儿童平时对别人说谎的情况

选项	总计			留守儿童					
				2012 年		2013 年		2014 年	
	人数/名	比率/%	排序	人数/名	比率/%	人数/名	比率/%	人数/名	比率/%
经常说	229	9.31	3	18	5.06	47	8.44	17	4.82
有时说	1336	54.33	1	247	69.38	360	64.63	223	63.17
不说	720	29.28	2	77	21.63	119	21.36	94	26.63
不知道	174	7.08	4	14	3.93	31	5.57	19	5.38
合计	2459	100.00		356	100.00	557	100.00	353	100.00

续表

选项	留守儿童						
	2015 年		2016 年		2019 年（b）		2019 年（b）与 2012 年比较
	人数/名	比率/%	人数/名	比率/%	人数/名	比率/%	率差/个百分点
经常说	29	10.14	72	19.41	46	8.58	3.52
有时说	150	52.45	109	29.38	247	46.08	−23.3
不说	99	34.62	141	38.01	190	35.45	13.82
不知道	8	2.80	49	13.21	53	9.89	5.96
合计	286	100.00	371	100.00	536	100.00	0.00

2）其他研究者的调研情况分析。在 2009 年山东省某市 8 所小学和 8 所初中的 500 名留守儿童和 500 名非留守儿童调查中，11.15%的留守儿童"经常说谎"，这一比率远高于非留守儿童选择的比率（3.10%）（董士昙等，2010b）。

在 2011 年黑龙江省桦川县苏家店镇的 349 名留守儿童调查中，46.0%的留守儿童会"对老师及监护人撒谎或有时撒谎"，选择"很少对老师及监护人撒谎"的比率为 54.0%（马涛等，2012）。

在 2011 年湖北省鄂东南 2 市县的 10 所乡镇中心小学和 10 所乡镇中心初中 8501 名留守儿童调查中，有说谎习惯的留守儿童占 30.2%（李佳圣，2011）。

在 2019 年 11 月至 2020 年 2 月陕西省的 662 名留守儿童调查中，针对"你有没有撒谎欺骗过家长或老师"，留守儿童选择"经常有"和"偶尔有"的比率分别为 2.4%和 22.1%，59.6%的留守儿童表示"基本没有"，只有 4.4%的留守儿童表示"从来没有"（马多秀等，2021）。

3）本书与其他研究者调研情况的比较分析。在本书的调查中，留守儿童平时对别人说谎情况是，54.33%的留守儿童表示"有时说"，近三成的留守儿童表示"不说"，应该说部分留守儿童确实存在说谎的情况。

在其他研究者的调查中，留守儿童群体中说谎情况的占比在 11%～30%。总的来看，相当比率的留守儿童存在说谎行为。

对留守儿童说谎这种思想倾向，应追寻其背后的原因，切实加强教育与引导。

6. 慎独不够体现的倾向

如表 6-27 所示，在对留守儿童在有人在与无人在时表现的调查中，44.86%的留守儿童表示"一样"，29.00%的留守儿童表示"不一样"，选择

"很不一样"的比率为 16.10%，选择"不知道"的比率为 10.04%。部分留守儿童在有人在与无人在时的表现"一样"，但有相当多的留守儿童表现出不一样。

从 2019 年（b）与 2012 年比较来看，留守儿童选择"一样"的比率下降了 14.28 个百分点，选择"很不一样"的比率上升了 6.20 个百分点，选择"不一样"的比率上升了 4.19 个百分点，说明留守儿童在有人在无人在时的表现不一的情况有增多的趋势。

表 6-27　留守儿童在有人在与无人在时的表现

选项	总计			留守儿童					
				2012 年		2013 年		2014 年	
	人数/名	比率/%	排序	人数/名	比率/%	人数/名	比率/%	人数/名	比率/%
一样	1103	44.86	1	185	51.97	272	48.83	176	49.86
很不一样	396	16.10	3	43	12.08	94	16.88	47	13.31
不一样	713	29.00	2	98	27.53	133	23.88	107	30.31
不知道	247	10.04	4	30	8.43	58	10.41	23	6.52
合计	2459	100.00		356	100.00	557	100.00	353	100.00

选项	留守儿童						2019 年（b）与 2012 年比较
	2015 年		2016 年		2019 年（b）		
	人数/名	比率/%	人数/名	比率/%	人数/名	比率/%	率差/个百分点
一样	141	49.30	127	34.23	202	37.69	−14.28
很不一样	50	17.48	64	17.25	98	18.28	6.20
不一样	76	26.57	129	34.77	170	31.72	4.19
不知道	19	6.64	51	13.75	66	12.31	3.88
合计	286	100.00	371	100.00	536	100.00	0.00

7. 传递不良信息体现的倾向

（1）留守儿童利用手机传递黄色信息的情况

如表 6-28 所示，在对儿童利用手机传递黄色信息情况的调查中，50.18%的留守儿童表示"从未"利用手机传递黄色信息，选择"经常""偶尔""很少"的合比率为 36.98%，12.84%的留守儿童表示"没有手机"。留守儿童利用手机传递黄色信息的比率不到四成。56.03%的非留守儿童表示"从未"利用手机传递黄色信息，17.33%的非留守儿童表示"没有手机"，选择"经常""偶尔""很少"的合比率为 26.64%。非留守儿童利用手机传递黄色信息的比率不到三成。

从留守儿童与非留守儿童的比较来看，留守儿童选择"从未"的比率较非留守儿童要低，选择"经常""偶尔""很少"的合比率较非留守儿童都要高。

从留守儿童与非留守儿童比较来看，留守儿童选择"从未"的比率比非留守儿童降低了 5.85 个百分点，选择"经常""偶尔""很少"的合比率比非留守儿童上升了 10.34 个百分点，说明留守儿童利用手机传递黄色信息的不良倾向更加明显。

表 6-28　儿童利用手机传递黄色信息的情况

选项	总计		留守儿童							
			2010 年		2012 年		2013 年		2014 年	
	人数/名	比率/%	人数/名	比率/%	人数/名	比率/%	人数/名	比率/%	人数/名	比率/%
经常	1 245	8.79	37	10.72	8	2.25	45	8.08	21	5.95
偶尔	1 344	9.48	10	2.90	3	0.84	30	5.39	28	7.93
很少	1 476	10.42	25	7.25	30	8.43	31	5.57	27	7.65
从未	7 775	54.87	273	79.13	222	62.36	330	59.25	210	59.49
没有手机	2 330	16.44	0	0.00	93	26.12	121	21.72	67	18.98
合计	14 170	100.00	345	100.00	356	100.00	557	100.00	353	100.00

选项	留守儿童							
	2015 年		2016 年		2019 年（b）		小计	
	人数/名	比率/%	人数/名	比率/%	人数/名	比率/%	人数/名	比率/%
经常	27	9.44	77	20.75	44	8.21	259	9.24
偶尔	15	5.24	57	15.36	251	46.83	394	14.05
很少	30	10.49	89	23.99	152	28.36	384	13.69
从未	184	64.34	120	32.35	68	12.69	1 407	50.18
没有手机	30	10.49	28	7.55	21	3.92	360	12.84
合计	286	100.00	371	100.00	536	100.00	2 804	100.00

选项	非留守儿童									
	2010 年		2012 年		2013 年		2014 年		2015 年	
	人数/名	比率/%	人数/名	比率/%	人数/名	比率/%	人数/名	比率/%	人数/名	比率/%
经常	74	5.41	139	7.95	260	10.78	139	5.38	58	4.71
偶尔	47	3.43	92	5.26	177	7.34	162	6.27	101	8.20
很少	213	15.56	139	7.95	169	7.01	134	5.18	121	9.82
从未	666	48.65	994	56.86	1 429	59.27	1 636	63.29	796	64.61
没有手机	369	26.95	384	21.97	376	15.60	514	19.88	156	12.66
合计	1 369	100.00	1 748	100.00	2 411	100.00	2 585	100.00	1 232	100.00

续表

选项	非留守儿童						留守儿童与非留守儿童比较
	2016 年		2019 年（b）		小计		
	人数/名	比率/%	人数/名	比率/%	人数/名	比率/%	率差/个百分点
经常	234	16.70	82	13.23	986	8.67	0.57
偶尔	133	9.49	238	38.39	950	8.36	5.69
很少	135	9.64	181	29.19	1092	9.61	4.08
从未	744	53.10	103	16.61	6368	56.03	−5.85
没有手机	155	11.06	16	2.58	1970	17.33	−4.49
合计	1401	100.00	620	100.00	11366	100.00	0.00

（2）留守儿童使用手机接收黄色、暴力信息后的处理方式

如表 6-29 所示，在对留守儿童使用手机接收黄色、暴力信息后处理方式的调查中，48.08%的留守儿童表示会"直接删除"，15.79%的留守儿童表示自己"没有手机"，10.51%的留守儿童表示"浏览后会保存"，3.69%的留守儿童表示会"转发给同学或朋友"，7.77%的留守儿童表示"由它去"。大部分留守儿童对这种情况的处理较为妥当，但有小部分留守儿童会有传播或者浏览后保存等不当行为。

从 2016 年与 2010 年比较来看，留守儿童选择"直接删除"的比率有较大幅度降低，选择"浏览后保存"的比率有较大幅度上升。这说明留守儿童在处理黄色、暴力信息上有不良倾向。

表 6-29　留守儿童使用手机接收黄色、暴力信息后的处理方式

选项	总计			留守儿童											2016 年与 2010 年比较
				2010 年		2011 年		2012 年		2013 年		2016 年			
	人数/名	比率/%	排序	人数/名	比率/%	人数/名	比率/%	人数/名	比率/%	人数/名	比率/%	人数/名	比率/%		率差/个百分点
浏览后保存	211	10.51	4	40	11.59	21	5.56	21	5.90	39	7.00	90	24.26		12.67
浏览后删除	284	14.15	3	43	12.46	71	18.78	50	14.04	53	9.52	67	18.06		5.60
直接删除	965	48.08	1	215	62.32	177	46.83	161	45.22	262	47.04	150	40.43		−21.89
转发给同学或朋友	74	3.69	6	8	2.32	18	4.76	4	1.12	34	6.10	10	2.70		0.38
由它去	156	7.77	5	39	11.30	15	3.97	27	7.58	47	8.44	28	7.55		−3.75
没有手机	317	15.79	2	0	0.00	76	20.11	93	26.12	122	21.90	26	7.01		7.01
合计	2007	100.00		345	100.00	378	100.00	356	100.00	557	100.00	371	100.00		0.00

（3）留守儿童传播反动、色情等不良信息的情况

如表 6-30 所示，在对留守儿童传播反动、色情等不良信息情况的调查中，45.05%的留守儿童表示"从不"传播不良信息，11.19%的留守儿童选择"频繁"，选择"经常"的比率为8.71%，选择"有时"的比率为19.21%，选择"很少"的比率为11.09%。相当部分留守儿童能做到不传播不良信息，但是小部分留守儿童不了解不良信息的危害性，或多或少地会予以传播。

从 2016 年与 2014 年比较来看，留守儿童选择"很少"和"从不"的比率有所降低，选择"频繁""经常""有时"的比率有较大幅度上升，说明留守儿童有传播不良信息的情况，而且人数在增多，亟待引起教育者的高度重视。

表 6-30　留守儿童传播反动、色情等不良信息的情况

选项	总计			留守儿童						
				2014 年		2015 年		2016 年		2016 年与2014 年比较
	人数/名	比率/%	排序	人数/名	比率/%	人数/名	比率/%	人数/名	比率/%	率差/个百分点
频繁	113	11.19	3	14	3.97	9	3.15	90	24.26	20.29
经常	88	8.71	5	17	4.82	4	1.40	67	18.06	13.24
有时	194	19.21	2	27	7.65	17	5.94	150	40.43	32.78
很少	112	11.09	4	52	14.73	50	17.48	10	2.70	−12.03
从不	455	45.05	1	243	68.84	184	64.34	28	7.55	−61.29
其他	48	4.75	6	0	0.00	22	7.69	26	7.01	7.01
合计	1010	100.00		353	100.00	286	100.00	371	100.00	0.00

8. 拾金想昧体现的倾向

如表 6-31 所示，在对留守儿童捡到钱物的处理方式的调查中，41.67%的留守儿童表示会"交给老师"，23.56%的留守儿童表示会"交给警察"，11.12%的留守儿童表示会"等候失主"，选择"暗自窃喜，放进自己的口袋"的比率为13.24%，选择"不知道怎么办"的比率为10.41%。四分之三强的留守儿童在捡到钱后能对其正确处理，不贪小便宜。但有小部分留守儿童会据为己有，这种处理方式体现出这些留守儿童思想上的不良倾向。

从 2019 年（a）与 2009 年比较来看，留守儿童选择"交给警察"的比率有所增加，选择"暗自窃喜，放进自己的口袋"的比率有所降低。这表

明留守儿童在思想认识上有所转变。

表 6-31　留守儿童捡到钱物的处理方式

选项	总计		留守儿童							
			2009 年		2010 年		2012 年		2014 年	
	人数/名	比率/%	人数/名	比率/%	人数/名	比率/%	人数/名	比率/%	人数/名	比率/%
交给老师	1001	41.67	67	44.67	144	41.74	133	37.36	116	32.86
交给警察	566	23.56	35	23.33	72	20.87	53	14.89	94	26.63
等候失主	267	11.12	17	11.33	44	12.75	50	14.04	35	9.92
暗自窃喜，放进自己的口袋	318	13.24	21	14.00	51	14.78	71	19.94	63	17.85
不知道怎么办	250	10.41	10	6.67	34	9.86	49	13.76	45	12.75
合计	2402	100.00	150	100.00	345	100.00	356	100.00	353	100.00

选项	留守儿童						2019 年（a）与 2009 年比较
	2015 年		2016 年		2019 年（a）		
	人数/名	比率/%	人数/名	比率/%	人数/名	比率/%	率差/个百分点
交给老师	107	37.41	200	53.91	234	43.25	−1.42
交给警察	81	28.32	71	19.14	160	29.57	6.24
等候失主	42	14.69	29	7.82	50	9.24	−2.09
暗自窃喜，放进自己的口袋	28	9.79	45	12.13	39	7.21	−6.79
不知道怎么办	28	9.79	26	7.01	58	10.72	4.05
合计	286	100.00	371	100.00	541	100.00	0.00

（四）部分不良言行

1. 留守儿童的自述

如表 6-32 所示，在对留守儿童是否有"在老师和监护人不知情的情况下出入网吧、舞厅等场所"的现象的调查中，90.74%的留守儿童表示"从来没有过"，选择"有过，很少"的比率为 8.08%，选择"有，经常"的比率为 1.18%。大部分留守儿童没有在老师和监护人不知情的情况下出入网吧、舞厅等场所，但也有 9.26%的留守儿童在老师和监护人不知情的情况下出入过网吧、舞厅等场所，这 9.26%的比率不算低，足以说明部分留守儿童有一些不良行为。

表 6-32 留守儿童是否有"在老师和监护人不知情的情况下出入网吧、舞厅等场所"的现象

选项	总计			留守儿童			
				2017 年（a）		2017 年（b）	
	人数/名	比率/%	排序	人数/名	比率/%	人数/名	比率/%
有，经常	7	1.18	3	4	1.38	3	0.98
有过，很少	48	8.08	2	22	7.61	26	8.52
从来没有过	539	90.74	1	263	91.00	276	90.49
合计	594	100.00		289	100.00	305	100.00

2. 其他研究者的调研情况分析

（1）留守儿童的不良行为

1）一般不良行为表现。如表 6-33 所示，在 2005 年江西省全南县的留守儿童调查中，31.0%的留守儿童表示"平时有说谎的习惯"，30.0%的留守儿童"有过打架斗殴的经历"，有"经常沉迷于打游戏机"和"上学经常迟到旷课"行为的比率分别为 22.0%和 20.0%（罗宗祺，2005）。

在 2012 年云南省、贵州省、四川省的留守儿童调查（N：1130 名）中，83.0%的留守儿童存在"课堂违纪、抽烟、爱撒谎、讲脏话"的不良行为（林晓丹，2012）。

在 2016 年至 2017 年中国青少年研究中心的留守儿童调查中，95.3%的留守儿童表示"去过学校附近的网吧"，选择"在网吧、酒吧、KTV 等公共场所实施犯罪"的比率为 34.2%，选择"进入过 KTV 或酒吧等场所"的比率为 15.8%（谢瑞凤等，2017）。

在 2018 年贵州省 5 个民族自治县的留守儿童[①]调查（N：900 名）中，留守儿童的不良行为主要表现为："上课讲话"（31.13%）、"抄别人作业"（30.4%）、"迟到"（23.97%）、"考试作弊"（12.37%）、"说脏话"（8.03%）等（张小屏，2018b）。

在 2019 年吉林省的留守儿童调查（N：1000 名）中，留守儿童偏差行为主要有"溜号"（49.2%）、"沉迷网络"（36.7%）、"不完成作业"（24.3%）、"旷课"（18.6%）等（姜丽，2020）。

综上来看，在其他研究者的调查中，留守儿童的不良行为主要表现为说谎、行为过失、贪玩、经常出入不良场所、有骂人的习惯、课堂违纪、抽烟、讲脏话、网络沉迷、逃学、出入网吧、抄作业、乱花钱、卫生习惯不良、学习习惯不良等。从不同年份留守儿童不良行为的调查来看，留守儿童的不良行为涉及生活、学习以及自身习惯等多方面。

---

① 单亲、隔代、混合类型的平均值。

表6-33　留守儿童的不良行为

（%）

2005年江西省全南县的留守儿童调查[不良行为习惯]（多选题）		2012年云南省、贵州省、四川省的留守儿童调查（不良行为习惯存在情况）		2016年至2017年中国青少年研究中心的留守儿童调查[不良行为]（多选题）		2018年贵州省5个民族自治县的留守儿童调查[不良行为]（多选题）		2019年吉林省的留守儿童调查[留守儿童偏差行为]（多选题）	
平时有说谎的习惯	31.0	课堂违纪、抽烟、爱撒谎、讲脏话	83.0	去过学校附近的网吧	95.3	抄别人作业	30.4	溜号	49.2
有过偷人钱物、破坏公物、抽烟喝酒等不良行为	15.0	早恋	8.4	进入过KTV或酒吧等场所	15.8	上课讲话	31.13	不完成作业	24.3
上学经常迟到旷课	20.0	未标明	8.6	在网吧、酒吧、KTV等公共场所实施犯罪	34.2	说脏话	8.03	旷课	18.6
经常沉迷于打游戏机	22.0					考试作弊	12.37	打架	9.5
有过打架斗殴的经历	30.0					撒谎	5.53	沉迷网络	36.7
						迟到	23.97	无效值	4.1
						旷课、逃学	5.83		
						上网玩游戏	8.93		
						抽烟	7.10		
						喝酒	3.77		
						打架	1.97		
						偷拿别人东西	1.93		
						打麻将、赌博	4.60		
合计	—	合计	100.0	合计	—	合计	—	合计	—

"许多'留守儿童'出现了内向、孤僻、自卑、不合群、不善于与人交流、顽皮任性、冲动易怒、神经过敏等问题。调查发现,在'留守儿童'中,有19%的人从不与同学、父母、监护人谈心,46%的人偶尔会与别人谈心;在受到别人欺负后,有27%的人表示'无所谓',18%的人'用自己的方式进行报复'"(罗宗祺,2005)。

"喝农药、跳楼和上吊等自杀现象在留守儿童中经常出现。如我省12岁留守儿童章杨宇将自杀变成了一个精心安排好的计划,他凭借爷爷菜篮上的一条绳子,在柴房里结束了12岁的生命。"(课题组,2012)

"据统计,大多数留守儿童都存在或多或少的不良行为和生活习惯,如课堂上的违纪行为、极少参加集体活动、懒散、不注意卫生、爱讲脏话等,通常表现为放任自流、不服管教、违反纪律,尤其是一些正值叛逆期的孩子,上学时间逃课去网吧,迷恋游戏机,有些孩子整天成群结队在街上滋事,完全没有不良行为习惯的孩子只占47.3%。"(夏文华等,2013)

"调研结果表明,留守儿童行为失范现象仍较为突出,如有33.54%的受访者反映留守儿童有抽烟喝酒的毛病;有35.00%的受访者反映留守儿童有打架斗殴的不良行为;有13.96%的受访者反映留守儿童染有偷东西的恶习;加之长期缺乏和父母的沟通和交流,有17.29%的受访者反映留守儿童存在早恋行为。"(高飞,2011)

"调查显示,85%的学生(包括留守儿童)有着各种不良的行为习惯。"(张小芹等,2018)

"在笔者调查的陇中地区留守儿童中,很多留守儿童思想品德极差,难以遵守规章制度,常有迟到、旷课、逃学、说谎、打架、欺负同学等行为,有的迷恋桌球室、网吧和游戏厅,甚至有些与社会上有不良习气的成人混在一起。对留守儿童的种种不良行为,监护人、学校等方面都感到担忧。"(吴愫劼,2019)

"学校在教学过程中过于古板,只教导学生知识,却不教导学生如何树立正确的人生观、价值观,无法对留守儿童的心灵创伤进行有效的弥补和导正,造成留守儿童厌烦学校和老师的现象。"(吴愫劼,2019)

2)特殊不良行为表现。从其他研究者的调查情况来看,留守儿童存在看黄色录像以及相关的行为(王进鑫,2008;王瑾,2014;章能胜等,2016),在留守儿童成长过程中,需要对其进一步加强教育与引导,尤其是正确的性教育。

3)沾染社会不良风气。如表6-34所示,在2007年安徽省宣州市泾县的留守儿童调查中，31.0%的留守儿童表示"平时有说谎的习惯"，选择"有过打架斗殴的经历"的比率为30.0%，选择"沉迷于打游戏"的比率为22.0%，选择"有过偷东西、破坏公物等不良行为"的比率为15.0%（张平，2007）。

在2010年河南省濮阳市、南阳市、信阳市、鄢陵县的留守儿童调查（N：86 490名）中，16.0%的留守儿童"拉帮结派、打群架"，选择"经常抽烟、聚会聚餐、打群架"的比率为10.0%（王世炎等，2011）。

在2010年重庆市北碚区、合川区、万州区、奉节县等地的留守儿童调查（N：735名，其中留守儿童464名）中，32.2%的留守儿童对影视作品中呈现的通过不劳而获手段获取财富的现象"表示认同"（郭星儿，2011）。

在2010年连云港市的留守儿童调查中，28.9%的留守儿童表示"很少参加集体活动"，选择"沾染抽烟等不良行为"的比率为27.7%，选择"经常有课堂违纪行为"的比率为13.7%（徐月芽，2010）。

在2010年7月湖北省的留守儿童调查（N：480名，其中留守儿童159名）中，33.54%的受访者反映留守儿童"有抽烟喝酒的毛病"，35.00%的受访者反映留守儿童"有打架斗殴的不良行为"（高飞，2011）。

表 6-34　留守儿童沾染社会不良风气　　　　　（%）

2007年安徽省宣州市泾县的留守儿童调查（有不良习气）		2010年河南省濮阳市、南阳市、信阳市、鄢陵县的留守儿童调查（留守儿童的不良行为）		2010年重庆市北碚区、合川区、万州区、奉节县等地的留守儿童调查（如何看待影视作品中呈现的通过不劳而获手段获取财富的现象）		2010年连云港市的留守儿童调查（留守儿童学习与品德状况）		2010年7月湖北省的留守儿童调查（受访者反映留守儿童的问题）	
平时有说谎的习惯	31.0	经常抽烟、聚会聚餐、打群架	10.0	表示认同	32.2	经常有课堂违纪行为	13.7	有抽烟喝酒的毛病	33.54
沉迷于打游戏	22.0	拉帮结派、打群架	16.0	未标明	67.8	沾染抽烟等不良行为	27.7	有打架斗殴的不良行为	35.00
有过打架斗殴的经历	30.0	未标明	74.0			很少参加集体活动	28.9	染有偷东西的恶习	13.96
有过偷东西、破坏公物等不良行为	15.0					经常撒谎欺骗师长	15.4	存在早恋行为	17.49
未标明	2.0					未标明	14.3		
合计	100.0	合计	100.0	合计	100.0	合计	100.0	合计	100.0

4）不良行为的重复率。如表 6-35 所示，在 2008 年安徽省广德县千口村的留守儿童调查（N：留守儿童、进城打工家长、村干部若干）中，42.33%的留守儿童认为自己"经常"作业拖欠，19.42%的留守儿童认为自己旷课逃学的频率"一般"，27.40%的留守儿童表示自己"很少"考试作弊，39.32%的留守儿童表示"很少"留恋网吧（韩菲尹等，2010）。从留守儿童不良行为的重复率来看，留守儿童不良行为的重复率较高的行为主要有作业拖欠、旷课逃学、考试作弊。

表 6-35　留守儿童不良行为的重复率比较　（%）

选项	作业拖欠	旷课逃学	考试作弊	留恋网吧
很少	2.45	14.32	27.40	39.32
一般	23.40	19.42	19.77	20.03
经常	42.33	17.23	12.29	10.48
较多	2.04	7.20	10.57	6.29
非常多	3.93	2.70	10.03	4.33
未标明	25.85	39.13	19.94	19.55
合计	100.00	100.00	100.00	100.00

（2）留守儿童的失规违纪

如表 6-36 所示，在 2006 年至 2007 年浙江省宁波、湖州、台州、温州、舟山、嘉兴、丽水、绍兴、杭州、金华、衢州等 11 个市的 186 个行政村的留守儿童调查（N：留守儿童 320 名、监护人 310 名、村干部 219 名）中，2.5%的留守儿童违反校纪校规的主要表现为"沉迷于录像或观看不良光碟（暴力、色情）""沉迷于网络、电子游戏""拉帮结伙""说谎"等（陈厥祥等，2008）。

在 2006 年甘肃省陇南地区的留守儿童调查中，27.7%的留守儿童违纪情况主要有"抽烟、喝酒、赌博"，选择"经常撒谎欺骗师长"的比率为 15.4%，选择"课堂违纪行为"的比率为 13.7%（高志辉，2007）。

在 2016 年甘肃省庄浪县的留守儿童调查（N：264，其中留守儿童 176 名、非留守儿童 88 名）中，10.98%的留守儿童"性格暴躁、情绪不稳定"，选择"家庭作业长期不能按时完成"的比率为 6.44%，选择"经常逃学、厌学"的比率为 4.17%，选择"经常违纪、行为不良"的比率为 3.03%（陈加强等，2016）。

在 2007 年 5 月福建省泉州市惠安县的留守儿童调查中，20.0%的留守儿童存在"违纪现象"，10.0%的留守儿童存在"打架斗殴"现象（王丽馨，2009）。

表 6-36　留守儿童的违纪情况

（%）

2006 年至 2007 年浙江省宁波、湖州、台州、温州、舟山、嘉兴、丽水、绍兴、杭州、金华、衢州等 11 个市的 186 个行政村的留守儿童调查（违反校规校纪情况）		2006 年甘肃省陇南地区的留守儿童调查（违纪情况）		2016 年甘肃省庄浪县的留守儿童调查（违纪情况）	
沉迷于录像或观看不良光碟（暴力、色情）		课堂违纪行为	13.7	经常逃学、厌学	4.17
沉迷于网络、电子游戏	2.5	抽烟、喝酒、赌博	27.7	经常违纪、行为不良	3.03
拉帮结伙		经常撒谎骗师长	15.4	性格暴躁、情绪不稳定	10.98
说谎		未标明	43.2	家庭作业长期不能按时完成	6.44
未标明	97.5			未标明	75.38
合计	100.0	合计	100.0	合计	100.00

从其他研究者的调查数据来看，留守儿童的违纪情况多发生在校园学习、生活习惯层面。总的来看，部分留守儿童或多或少会地存在一些违纪的问题。针对留守儿童的实际境况，提出教育引导策略，逐步减少违纪行为，是不同层级的教育工作者需要共同努力的方向。

（3）留守儿童的违法犯罪

1）违法犯罪的可能性。

在 2013 年 5 月江西省赣南老区×县的调查中（王晓春等，2013），45.8%的留守儿童表示"肯定不会"犯法，选择"可能会"和"可能不会"的比率分别为 12.0%和 12.5%，选择"不知道"的比率为 29.7%。总的来看，大部分留守儿童不会犯法，但有小部分的留守儿童可能会违法犯罪。

2）违法犯罪的情况。

在 2005 年 1~8 月，某县公安检察机关批准逮捕的犯罪嫌疑人数据中，未成年人占犯罪嫌疑人的比率为 11.59%，其中留守儿童占比为 4.29%（王冬岩等，2013）。

在 2006 年某市行为越轨甚至违法犯罪的留守儿童比例中，15.0%的留守儿童有"行为越轨甚至违法犯罪"的情况（张宇辉，2007）。

在 2007 年贵州省榕江县派出所的统计资料中，留守儿童占全县未成年人犯罪的比率为 56.25%（龙翠芳，2010）。

在 2008 年 1~8 月重庆市某区发生 6 起留守儿童"下暴"①中，抓获违法犯罪的留守儿童高达 46 人（吴明永，2010）。

在 2008 年山东省农村义务教育阶段的留守儿童犯罪问题的抽样调查中，留守儿童违法犯罪率为 12.54%（董士昙，2009）。

在 2009 年山东省某市 8 所小学和 8 所初中的 500 名留守儿童调查中，留守儿童"打架斗殴"的比率为 5.92%，"偷窃""赌博""抢夺"的比率分别为 2.44%、1.05%和 0.7%。同期调查的 500 名非留守儿童"打架斗殴"的比率为 0.78%，"偷窃""赌博""抢夺"的比率分别为 0.19%、0.00%、0.19%（董士昙，2009）。

在随机抽取的 2009~2013 年的河南省高级人民法院青少年犯罪案件中，留守儿童作案 47 件，比例达 39.2%（陈薇等，2015）。

在 2016~2017 年中国青少年研究中心的留守儿童调查中，针对"留守儿童犯罪类型"，属于"侵财犯罪（抢劫、盗窃）"的比率为 65.5%，属于"强奸罪"的比率为 15.8%，属于"故意伤害罪"和"故意杀人罪"的比率分别为 14.0%和 4.7%（郭开元，2018）。

---

① "下暴"，起源于重庆，指青少年学生施暴。

在 2019 年江西省的留守儿童违法犯罪后情况的调查中，选择"违法犯罪的留守儿童被劝退"的比率为 60.0%（其中劝退后复学的有 23.0%、辍学的有 37.0%）（程建宇，2020）。

"留守儿童权益容易受到侵害。一是留守儿童缺乏自我保护意识和能力，对突发性事件没有应变和自救能力，容易受到意外伤害。二是没有父母的直接监护，容易受到不法分子的利用和侵害。经调查得知，某区公安局 2007 年处理留守女童性侵害案件 8 例。"（吴明永，2010）

"由于留守儿童缺少父母的关爱、监管和教育，法律意识淡薄，在留守儿童中盗窃、抢劫、杀人和强奸等违法犯罪突出，如课题组在调查中了解湖南省娄底市新化县维山乡四都村有一个初中住校学生，父母常年在外，和爷爷生活在一起，是一个典型的留守儿童。他在学校上课期间经常逃课外出上网、打电游，有一次翻围墙跑到学校外面上了一个通宵网，将钱用完就回去找爷爷要钱，回到家里，爷爷没有将钱给他，于是他就用菜刀将爷爷砍死，并将闻声而来的 4 岁表弟砍死。同时，农村地区留守儿童由于缺少关爱，成为诸多违法犯罪侵害的对象。"（课题组，2012）

中国目前留守儿童的数量近 2000 万人，在全国刑事犯罪中，有 20.0% 的犯罪青少年来自留守家庭（阮海，2008）。

根据三江镇小学和初级中学的统计，平均每年有 1 名小学生被开除，3 名初中生被开除，而开除的学生当中，都是农村留守儿童。学校的解释是，这些被开除的农村留守儿童由于缺乏父母的管教，组织纪律性较差，不服从老师管教，经常逃课，常混迹于黑网吧和游戏厅里，都有抽烟、喝酒等恶习，喜欢欺负周围的同学，学校在经过教导无效后决定开除（朱思思，2013）。

"由于父母不在身边，一些留守儿童缺少教养，不懂礼貌，无视尊长，性格粗鲁，脾气暴躁。还有一些孩子偷窃恶习难除，在学校偷同学小钱，在家偷家人大钱，有的甚至偷邻居家的钱。据调查，庐城镇某村未满 14 周岁的留守儿童占某某，惯偷，多次被抓获，却屡教不改。问及原因，占某把罪名甩给父母，说父母不陪伴他，他觉得这样做会引起父母重视。"（邢应贵等，2019）

"根据调查分析，留守儿童的犯罪率仍有上升趋势。"（王冬岩等，2013）

（4）留守儿童的失良、违纪、违法的监护类型比较

在 2009 年山东省某市 8 所小学和 8 所初中的留守儿童的不良行为、违纪、违法的监护类型比较调查中，不良行为中"单独留守家庭"占比为 40.0%，违纪和违法中"同辈留守家庭"均占比为 40.0%，从调查数据来看，

在单亲家庭（与母亲一起留守）中不良行为、违纪和违法行为的比率均相对较低（董士昙，2009）。

在 2016 年至 2017 年中国青少年研究中心的留守儿童调查中，针对"留守儿童犯罪的监护类型"，选择"闲散状态（既没有上学也没有工作）"的比率为 51.1%，选择"父母均外出打工"的比率为 47.1%，选择"祖父母（外祖父母）"的比率为 46.2%（郭开元，2018）。

3. 课题组的实地考察情况分析

（1）与安徽省合肥市中国共产主义青年团肥西县委员会的访谈

2017 年 2 月 27 日下午，在与团县委相关工作人员的访谈中，团县委工作人员表示，在具体开展留守儿童教育关爱工作过程中存在诸多的棘手问题，主要表现在：一是留守儿童在与非留守儿童一起活动过程中，会产生心理落差。留守儿童多数和非留守儿童一起上学，在学校开展亲子活动时，非留守儿童多数同父母参与，留守儿童多数同祖辈参与，这种对比会在留守儿童的心理发展过程中产生一定的负面影响。二是留守儿童的心理疏导不够深入。团县委会定期在节假日的时候开展活动，但多数仅停留在表面，不够深入留守儿童的内心，在心理疏导上工作欠缺。心理问题是留守儿童较为严重的问题，心理关爱也是团县委比较薄弱的工作环节。

（2）与安徽省合肥市肥东县教育局的访谈

2017 年 2 月 28 日，在与安徽省合肥市肥东县教育局相关人员的访谈中获悉，肥东县现有人口 110 多万人，其中农业人口 96.6 万人，外出打工经商人数近 30 万人。有留守儿童 4.1 万名，其中男孩 21 532 名，女孩 19 468 名。在相关工作人员出具的关于"农村留守儿童工作的现状及其对策"调研报告中，通过问卷调查的方式随机抽取了肥东县 150 名留守儿童（男生 72 名、女生 78 名），学段主要分布在 3～9 年级（其中 3～6 年级 50 名、7～9 年级 100 名），调查数据显示，有 16.0% 的留守儿童经常有课堂违纪行为，48.7% 的留守儿童很少参加集体活动，4.0% 的留守儿童经常撒谎欺骗老师和监护人，38.7% 的留守儿童缺少良好的生活习惯、懒散不讲卫生，11.3% 的留守儿童爱讲脏话，2.0% 的留守儿童有早恋现象；在遇到困难时，有 48.34% 的留守儿童表示会自己解决；在受到老师或他人批评时，有 17.76% 的留守儿童表示会把气愤憋在心里，有约 4.0% 的留守儿童甚至主张用吵架或打架等极端行为来处理。在遇到危险时，只有 52.0% 的留守儿童愿意向老师、监护人或同学寻求帮助，有 13.03% 的留守儿童不知所措、默默承受；有 3.0% 左右的留守儿童对老师和监护人的批评存在逆反心理甚至怀有恨意。

三、现状所体现的教育关爱机制分析

机制一词原为机械用语，指运作、操作和程序，后逐渐用于社会科学领域。不同学科领域在运用"机制"一词时所取含义不尽相同。从当前学界对机制的研究来看，机制一词蕴含三种共通性的内涵：第一，机制是系统运行机理的高度概括与抽象，是系统内各要素按照一定的规则与内在逻辑形成的运行机理。第二，机制内有系统整合的要素按照一定的方式、架构和运行形成整体性功能，系统内的要素组合并不是简单的叠加或功能的简单相加，而是注重要素协同，形成合力。第三，各个要素间相互作用和相互联系，共同形成整体性功能，并通过一定的方式向外化行为转换，从而达到最优效益。留守儿童教育关爱机制强调从教育关爱系统要素的构成、内在运行的逻辑、要素功能的发挥以及促成行为的外化等方面形成具体的运行机制。

（一）从公共治理视角出发的协同机制

公共治理指的是在公共管理领域中，多元主体参与公共事务治理，承担公共责任以实现公共目标的过程。"在公共治理的理论范畴内，其所强调的核心观点包括多元主体、权力依赖、协商合作、权利与责任模糊等关键要素。"（邱忠霞等，2016）首先，从治理的主体来看，公共治理意味着政府不再是治理的单一主体，社会组织以及个人同样发挥着治理的作用，利益相关者的涉入使得治理的主体多元化。在主体确定的过程中，要充分认识到政府的职能与作用范围，公共治理不是"去行政化"，而是进一步扩展治理主体。其次，公共治理构建的是政府和其他多元主体间的相互协商与合作，形成共同参与公共事务治理的良性关系。在治理问题上，其他主体可以充分发挥自身的优势，提出解决问题的方案。最后，主体间存在权责统一的问题，治理的进行以及治理成效的评估更多的是依赖完整的权责统一性，避免单一主体的作用，发挥多主体合力。

留守儿童的教育关爱不是仅仅涉及单一主体，而是涉及政府、家庭、社会、学校以及其他主体，教育关爱的问题需要多主体共同参与治理。近年来，对留守儿童教育关爱公共治理的举措主要包括：一是政府主导作用的发挥。留守儿童群体的出现根源于区域经济发展的差异与不平衡性，地方政府大力发展经济，试图实现留守儿童父母就业"本地化"；同时，针对留守儿童出台或提供一系列的扶持政策，包括设立专项资金用于留守儿童的教育、专项补助农村中小学教师等。二是家庭保障性作用的发挥。留守儿童父母因常年在外打工，会选择适当的监护人，部分地方会组织"爱心妈妈"等协助监护。与此同时，留守儿童家长也会定期与学校老师做好交流，了解留守儿童心理与学业等情况。三是学校层面的作用。学校会加强与留守儿童家长的定期交流和信息反馈，用设立"爱心专线""爱心视频"等方式纾解留守儿童因留守境况出现的心理健康问题，此外还建立留守儿童集中住宿制度，加强对其生活指导。四是社会爱心企业、高校也会定期开展留守儿童的慰问活动，发挥自身优势，多方面教育关爱留守儿童。

基于公共治理视角的多层级主体协同机制确实较好地解决了留守儿童的一些问题，但从最终的综合成效来看，该视角的教育关爱机制呈现出"碎片化""连接少"等难以避免的弊端。所谓"碎片化"的教育关爱是指在教育关爱过程中，时间跨度不长，多出现集中慰问或特殊节日慰问，对留守儿童的日常学习生活关注较少。"连接少"是指多元主体的合力并未真正有效发挥，往往都是单一主体在各自发挥效能，从实效来看，学校与政府发挥的作用较大。因为留守儿童大部分的时间在学校，与学校教育者密切接触，受教育关爱的机会较多。另外，政府在软硬件的建设上所做的工作较多。总的来说，该教育关爱机制发挥了一定的作用，但还需进一步充分发挥。

（二）从主位诉求视角出发的发力机制

在实地考察中发现，留守儿童的教育关爱问题突出表现为对留守儿童的主位诉求重视不足，在实际的教育关爱中重形式轻成效。以下是在2017年2月27日下午与安徽省合肥市肥西县团县委相关负责人的访谈实录。

调研组成员：请问你们在留守儿童教育关爱中有哪些常规性的举措？

团县委相关负责人：我们县每年会开展一些常规的活动。第一，高校开放周。每年6月的第一个星期，重点选择一个乡镇的一群留守儿童到高校参观，旨在开阔他们的视野，看看外面的世界。第二，省希望工程关于贫困青少年的助学活动。这个活动也主要惠顾于留守儿童，基本上每年有几百个名额，由乡镇推报一些家庭困难的留守儿童，进行重点帮扶。第三，社会上的爱心企业也有相关的捐助活动。2015年马可波罗控股股份有限公司资助了30多名留守儿童，每人两千元；2016年绿地控股集团有限公司资助了40多名留守儿童，每人两千元；今年正在和凯迪拉克销售中心联系，重点资助2个学校的留守儿童，目前还在选点阶段。

调研组成员：请问你们还有哪些其他有特色的教育关爱举措？

团县委相关负责人：我们这边每年寒暑假在社区开展知识教育活动，

邀请讲师团来，进行防溺水、防性侵以及增强法律保护意识等多方面的教育活动。也建立固定关爱场所，比如铭传乡中心学校的"关爱之家"就是和合肥市慈善中心联合建立的关爱场所，与三河镇供电公司团委建立了"光明驿站"的关爱场所，里面的设施有图书、电话、电脑，方便留守儿童读书以及和父母联络。民间也有一些活动，比如铭传乡之前有几位台湾的教授建立了小团山香草园，以这个固定场所开展"妈妈放心课堂"，义务为留守儿童进行学习辅导。

调研组成员：实行这些教育关爱举措，成效如何？

团县委相关负责人：总体上来说，效果还是非常不错的，但是也会遇到一些棘手的问题。比如举办活动过程中，与非留守儿童相比，留守儿童存在心理落差，心理问题普遍较为突出。

从留守儿童教育关爱的实际情况来看，各级力量切实采取了相关的教育关爱措施来为留守儿童服务，但是在教育关爱层面缺乏必要的主位诉求意识，在具体教育关爱中对实际的成效尤其是凸显留守儿童实际诉求的实效聚焦不足。

因此，亟待建立从主位诉求视角出发的发力机制。主位强调的是基于留守儿童的视角，从留守儿童所处的境况、生活方式、话语体系，强调平等，平视留守儿童，摒弃"标签化"的固化认识，切实站在留守儿童的角度去考虑问题。主位需求不同于主位诉求，主位需求带有一定刚性化的特点，更多的是帮助者从自身的视角出发所建构的"我认为你需要"，而不是"留守儿童内心需要"，这种需求缺乏互动性。主位诉求，强调"诉"，这种诉求建立在良好平等的沟通的基础上。在教育关爱留守儿童的过程中，要积极与留守儿童进行深入交流，进行心与心的交流，这种交流要契合留守儿童身心发展的实际。作为教育者，在与留守儿童深入交流的过程中，注意运用专业知识，注重以潜移默化、润物细无声的方式，在引导中强化教育关爱。应当说，教育关爱留守儿童凸显的主位诉求视角并不是从行动者的角度去迫不及待地要求成效，而是注重从观察、交流的细微处感受留守儿童的内心需求。

注重发挥学校教育者和朋辈群体的教育关爱作用。教育者和朋辈群体与留守儿童的交流、相处的时间相对较多。教育者在日常教育与管理过程中，注意掌握留守儿童的具体信息，建立基本的信息库。同时注意自身的专业化水平建设，让自身掌握先进的理念和相关应急突发事件的全流程处置能力，在日常的教育教学过程中，注入真切情感，对待留守儿童不带有异样的眼光，不唯学习成绩来看待留守儿童。根据留守儿童的成长环境和家庭条件等具体情况因材施教。构建和谐的师生关系，真诚地尊重留守儿童，让留守儿童从内心感到教育者不仅是值得信赖的长者，也是值得信赖的"亲人"和朋友。需要注意的是，应建立长效的教师队伍供给制度，保证教学的正常运行。朋辈群体间相互交流的频率较高，相互行为习惯的影响较深。留守儿童朋辈群体间往往无话不说，从朋辈群体可以更为直接地了解留守儿童的诉求。但要注意警惕不良习惯和行为的影响，加强教育与引导。此外，监护人在日常的生活起居的照顾中，可以更为直观地观察留守儿童的变化，监护人从观察与交流中可以管窥留守儿童心里真正想法以及需求。除教育者、朋辈群体以及监护人之外，其他主体，比如志愿者这个主体，可通过与留守儿童的经常性、长时间相处、交流获得其真实的诉求，并有针对性地给予教育关爱。

从主位诉求来看发力机制，多元主体均从留守儿童的视角出发，了解留守儿童的诉求并给予教育关爱。虽然有多元主体的积极参与，但是从成效上来看，往往会出现这个教育主体的教育关爱的成效较好，另一主体的教育关爱的成效稍低的差异，这在今后的教育关爱实践中应注意克服。

（三）从政策施行视角出发的完善机制

1986 年 4 月 12 日，全国人民代表大会颁发了《中华人民共和国义务教育法》（1986 年 4 月 12 日第六届全国人民代表大会第四次会议通过；2006 年 6 月 29 日第十届全国人民代表大会常务委员会第二十二次会议修订）。该法指出："义务教育是国家统一实施的所有适龄儿童、少年必须接受的教育，是国家必须予以保障的公益性事业。实施义务教育，不收学费、杂费。国家建立义务教育经费保障机制，保证义务教育制度实施……依法实施义务教育的学校应当按照规定标准完成教育教学任务，保证教育教学质量。社会组织和个人应当为适龄儿童、少年接受义务教育创造良好的环境。"《中华人民共和国义务教育法》以法律形式提出地方各级人民政府在财政预算中将义务教育经费单列。这些法律规定对农村教育发展具有重要意义，包括留守儿童在内的义务教育阶段适龄儿童广为受益。

1991 年 9 月 4 日，中华人民共和国主席令第 50 号颁布了《中华人民共和国未成年人保护法》（1991 年 9 月 4 日第七届全国人民代表大会常务委员会第二十一次会议通过；2006 年 12 月 29 日第十届全国人民代表大会常务委员会第二十五次会议第一次修订；根据 2012 年 10 月 26 日第十一届全国人民代表大会常务委员会第二十九次会议《关于修改〈中华人民共和国未成年人保护法〉的决定》修正；2020 年 10 月 17 日第十三届全国人民代表大会常务委员会第二十二次会议第二次修订），分别从家庭保护、学校保护、社会保护、网络保护、政府保护、司法保护、法律责任等方面提出了保护未成年人的法律原则和政策措施。该法重点要求："各级人民政府应当保障未成年人受教育的权利，并采取措施保障留守未成年人、困境未成年人、残疾未成年人接受义务教育。"以上法律法规和政策尽管没有专门针对留守儿童，但它们对家庭教育的重视、对父母监护责任重要性的规定以及对农民工子女义务教育重要性的强调，为留守儿童政策的制定提供了明晰的指导与方向。

2004 年 2 月 26 日，中共中央、国务院颁发了《中共中央 国务院关于进一步加强和改进未成年人思想道德建设的若干意见》。意见指出，"要高度重视流动人口家庭子女的义务教育问题。进城务工就业农民流入地政府要建立和完善保障进城务工就业农民子女接受义务教育的工作制度和机制。流出地政府要积极配合做好各项服务工作"；"要把加强和改进未成年人思想道德建设作为一项事关全局的战略任务，纳入经济社会发展总体规划，列入重要议事日程，切实加强和改善领导"。

2006 年 3 月 27 日，国务院颁发了《国务院关于解决农民工问题的若干意见》。意见要求："尊重和维护农民工的合法权益"，"使他们和城市职工享有同等的权利和义务"，"输出地政府要解决好农民工托留在农村子女的教育问题"，"社会各方面都要树立理解、尊重、保护农民工的意识，开展多种形式的关心帮助农民工的公益活动"。上述政策法规为农民工子女（包括留守儿童）的教育和发展提供了重要基础。

2007 年 7 月，中共中央组织部、中华全国妇女联合会（简称全国妇联）、教育部、公安部、民政部、卫生部、共青团中央等中央七部门下发了《关于贯彻落实中央指示精神积极开展关爱农村留守流动儿童工作的通知》。该通知重点要求：要强化做好留守流动儿童工作重要性的认识；要切实做好留守流动儿童的教育管理工作；要着力加强留守流动儿童的户籍管理与权益保护；要积极完善农村留守流动儿童救助保障机制；要逐步推进留守流动儿童医疗保健服务；要不断加大对农村留守流动儿童的关爱支持力度；要努力形成推进留守流动儿童工作的整体合力；要切实加强党对做好农村留守流动儿童工作的领导，有关部门要切实配合，把留守流动儿童工作做得扎扎实实、富有成效，为实现全面建设小康社会、加快构建社会主义和谐社会提供坚强的组织保证。

2016 年 2 月 4 日，国务院印发了《国务院关于加强农村留守儿童关爱保护工作的意见》（国发〔2016〕13 号），于 2016 年 6 月 16 日印发了《国务院关于加强困境儿童保障工作的意见》（国发〔2016〕36号），对留守儿童教育关爱保护工作提出了一系列的要求和可操作性的意见，这对留守儿童教育关爱工作具有现实的导向意义。

其他有关部门也制定了多个与留守儿童相关的政策法规。例如，2016年4月27日，民政部发布了《民政部关于贯彻落实〈国务院关于加强农村留守儿童关爱保护工作的意见〉的通知》（民函〔2016〕119号）；2019年4月30日，民政部发布了《关于进一步健全农村留守儿童和困境儿童关爱服务体系的意见》（民发〔2019〕34号）；等等。

不同的行政区域也出台了相应的地方性法规和文件。如，2016年5月11日，河南省出台了《中共河南省委　河南省人民政府关于加强农村留守儿童关爱保护工作的实施意见》（豫发〔2016〕12号）；2017年1月26日，天津市人民政府办公厅发布了《天津市人民政府办公厅关于加强困境儿童保障工作的实施意见》（津政办发〔2017〕19号）；2018年10月23日，福建省人民政府公布了《福建省农村留守儿童关爱保护办法》；2019年11月5日，厦门市出台了《厦门市民政局等13部门关于加强和完善农村留守儿童和困境儿童关爱服务体系的实施意见》（厦民〔2019〕158号）；2020年1月8日，安徽省人民政府办公厅出台了《安徽省人民政府办公厅关于进一步加强困境儿童保障和农村留守儿童关爱保护工作的意见》（皖政办〔2020〕1号）；2020年12月21日，民政部整理发布《安徽省民政厅综合施策全力完善农村留守儿童和困境儿童关爱保护体系》；等等。

在实地调研中获知，安徽省合肥市肥东县和肥西县也配套出台了留守儿童的教育关爱相关文件并得到了有效落实，诸如建设校内留守儿童之家、制定管理考核办法和完善考核指标体系以及开展系列的教育关爱活动等，这些工作都取得了较好的成效。

总的来说，从政策层面来看，对留守儿童教育关爱的政策在不断完善，这是做好留守儿童教育关爱工作的重要依据。但从实际情况来看，从政策的制定与完善到政策的最终落实并取得成效还存在一定的距离，主要表现在对留守儿童的教育关爱工作重视程度不够。有些地方在留守儿童关爱工作中明显存在短期行为，并且不能针对留守儿童扎扎实实地开展工作，不能给予留守儿童真正的关爱，仅仅靠"搞点花样""整点材料"来应付考核，把对留守儿童的教育关爱工作看成是"一阵风"，走过场，政策得不到真实施行落实，相关制度不能有效坚持，已取得的成效不能得到巩固，留守儿童教育关爱工作的长效机制没有健全完善。有些地方结对帮扶、档案信息台账建立等方面的工作存在不扎实的倾向等，亟待进一步高度重视，为切实做好留守儿童的教育关爱工作夯实基础。

（四）从监护管理视角出发的监护机制

从实地调研情况来看，目前留守儿童的实际监护的类型主要表现为：一是父母一方监护，二是父母不在身边由祖父母或外祖父母监护的隔代监护。往往有时候，在上述两种监护方式均不能实现的情况下，留守儿童父母会委托亲友来监护，而这种监护方式在实践中主要是通过寄宿制的方式来实现的。通过寄宿制的方式来保障留守儿童的基本学习时间，在一定程度上也缓解了监护人的监护压力。

实际上，委托监护是较普遍的监护方式，多数父母外出打工，会将留守的子女委托给祖辈、其他亲友或者送到寄宿制学校照顾。因此，大部分留守儿童处在委托监护的状态下。在委托监护状态中，部分留守儿童出现适应不良、心理困惑、学习压力大等情况。委托监护人往往会忽视留守儿童内心诉求，不能从留守儿童的主体性视角去了解留守儿童，未做到对留守儿童的全方面监护。

在留守儿童的监护方面，谁都代替不了父母的监护。父母将子女委托给他人，并不是不再承担子女教育抚养义务。但是在实践中，绝大部分留守儿童父母因在外打工，回家次数很少，多数是以电话形式与留守儿童沟通的。留守儿童有权利要求父母的长期陪伴，在生活中、在心理上父母也应满足留守儿童的需要。建立留守儿童监护规范机制势在必行，以严格要求父母承担留守儿童的监护责任，帮助留守儿童树立正确的世界观、人生观、价值观，保障留守儿童身心健康及合法权益。在委托监护中，规范委托监护人的权责，对于因监护失职造成的留守儿童权益损害或者造成他人权益损害的，监护人负有直接责任，根据相关法律法规予以惩罚和纠正，若产生严重后果的，监护人负相应刑事责任。对法定监护人的监护责任作出明确规定，保护留守儿童的生命健康权和基本生存权。建立留守儿童监护规范机制是保障留守儿童教育关爱的重要保障。

从体现的机制来看，在留守儿童的实际生活中，往往并非单一机制在发挥作用，而是多重机制在共同发挥作用。在留守儿童教育关爱方面，要立足不同区域与不同类型留守儿童的实际，有针对性地把握具体机制的运行。

第七章 农村留守儿童教育关爱长效机制构建的问题和成因剖析

上述章节对留守儿童价值观发展现状以及教育关爱现状进行了详尽分析，从现状可以分析其浸润的机制主要有：从公共治理视角出发的协同机制、从主位诉求视角出发的发力机制、从政策施行视角出发的完善机制、从监护管理视角出发的监护机制。具体来看，有信息档案登记机制、强制报告与强化应急处置机制、评估帮扶与强化监护干预机制、组织领导机制、爱心帮扶机制、专线联系机制、谈心与心理咨询机制（叶松庆等，2017c）、"供给机制"（叶松庆等，2018b）等现行的机制，上述机制均从不同层面发挥了不同程度的作用与功效，但各机制在运行的过程中仍存在针对性、可操作性与推广性不强，同质化现象严重，轻视异质性，样本思维突出等问题。其实这些问题源于教育关爱的长效机制尚未健全。

本章将重点探讨留守儿童教育关爱长效机制构建存在的问题，并对问题成因进行分析，期冀为留守儿童教育关爱长效机制的构建夯实基础。

一、教育关爱长效机制构建存在的问题

各地运行留守儿童教育关爱机制取得了可喜的成效，但就机制本身而言存在一些局限和不足，如亲子团聚考量机制、家长关爱机制、入学保障机制、协调合作关爱机制、教育资源配置机制、特殊时期监管机制（叶松庆等，2017c）等存在一些有待改进的问题。当前留守儿童教育关爱长效机制构建的问题主要有下述几个方面。

（一）家庭监护管理乏力

"留守儿童家庭成员在时空延伸条件下，仍然存在一种家庭成员之间的互动结构，在这种结构状态下，家庭得以维系，家庭功能包括养育子女功能得以发挥。"（吴重涵等，2020）留守儿童与父母关系的维系，并不会因为留守状态而发生断裂，家庭的维系功能依旧存在。但是，所处留守状态，父母以外的监护人（不同于父母）监护成效与父母还是有一定差别。从长效机制的构建来看，包括父母以外的监护人在监护层面仍然稍显乏力。

1. 从留守儿童留守后的生活状态来看

（1）留守儿童的自述

如表 7-1 所示，在对"与父母外出打工前相比，留守儿童的生活状况变化情况"的调查中，留守儿童选择"没什么改变"的比率为 28.71%，选择"比以前差很多"和"比以前差一些"的合比率为 39.04%，选择"比以前好一些"和"比以前好很多"的合比率为 32.24%。近两成的留守儿童认为留守后自己的生活状况"比以前差很多"，而且选择"比以前差很多""比以前差一些"的合比率高出选择"比以前好很多""比以前好一些"的合比率 6.80 个百分点。也就是说，认为比以前差的人数多于认为比以前好的人数。

从 2019 年（b）与 2016 年比较来看，留守儿童选择"比以前好一些"的比率上升了 15.25 个百分点，选择"比以前好很多"的比率下降了 5.04 个百分点，选择"比以前差一些"的比率下降了 20.89 个百分点，选择"比以前差很多"的比率下降了 2.84 个百分点。总的来看，部分留守儿童的生活还存在一定的困难，但认为好一些的留守儿童人数逐渐增多，说明经过近些年各方的教育关爱，他们的生活有了实质性的改善。

表 7-1　与父母外出打工前比，留守儿童的生活状况变化情况

选项	总计			留守儿童								2019 年（b）与 2016 年比较
				2016 年		2017 年（a）		2017 年（b）		2019 年（b）		
	人数/名	比率/%	排序	人数/名	比率/%	人数/名	比率/%	人数/名	比率/%	人数/名	比率/%	率差/个百分点
比以前差很多	279	18.59	4	104	28.03	26	9.00	14	4.59	135	25.19	-2.84
比以前差一些	307	20.45	2	119	32.08	53	18.34	75	24.59	60	11.19	-20.89
没什么改变	431	28.71	1	53	14.29	105	36.33	124	40.66	149	27.80	13.51
比以前好一些	292	19.45	3	32	8.63	67	23.18	65	21.31	128	23.88	15.25
比以前好很多	192	12.79	5	63	16.98	38	13.15	27	8.85	64	11.94	-5.04
合计	1501	100.00		371	100.00	289	100.00	305	100.00	536	100.00	0.00

（2）相关群体的认识

1）中学老师、家长与德育工作者的认识。如表 7-2 所示，在对中学老师、家长与德育工作者眼中留守儿童的生活状况变化情况的调查中，44.44%的相关群体选择"比以前差很多"，选择"比以前差一些"的比率为 25.00%，选择"比以前好一些"和"比以前好很多"的合比率为 23.33%。从单个选

项来看，认为"比以前差很多"的居于多数，而选择"比以前差一些"的居于次位。

从中学老师与家长比较来看，中学老师选择"比以前差很多"和"比以前差一些"的比率均较家长要高，家长"比以前好一些"和"比以前好很多"的比率较中学老师要高。

表 7-2　中学老师、家长与德育工作者眼中留守儿童的生活状况变化情况

| 选项 | 总计 | | | 中学老师 | | 家长 | | 德育工作者 | | 中学老师与家长比较 |
| | | | | 2019 年（a） | | 2019 年（a） | | 2019 年（a） | | |
	人数/名	比率/%	排序	人数/名	比率/%	人数/名	比率/%	人数/名	比率/%	率差/个百分点
比以前差很多	80	44.44	1	37	53.62	23	34.85	20	44.44	18.77
比以前差一些	45	25.00	2	20	28.99	13	19.70	12	26.67	9.29
没什么改变	13	7.22	5	6	8.70	4	6.06	3	6.67	2.64
比以前好一些	27	15.00	3	1	1.45	18	27.27	8	17.78	−25.82
比以前好很多	15	8.33	4	5	7.25	8	12.12	2	4.44	−4.87
合计	180	100.00		69	100.00	66	100.00	45	100.00	0.00

2）中学校长与小学校长的认识。如表 7-3 所示，在对中学校长与小学校长眼中留守儿童的生活状况变化情况的调查中，52.97% 的相关群体表示"比以前差一些"，选择"比以前差很多"的比率为 27.76%。选择"比以前好一些"和"比以前好很多"的合比率为 9.92%，选择"没什么改变"的比率为 9.35%。

从中学校长与小学校长比较来看，中学校长选择"比以前差很多"的比率较小学校长要高很多，小学校长选择"比以前差一些"的比率较中学校长要高很多。

表 7-3　中学校长与小学校长眼中留守儿童的生活状况变化情况

| 选项 | 总计 | | | 中学校长 | | | |
| | | | | 2019 年（a） | | 2020 年（a） | |
	人数/名	比率/%	排序	人数/名	比率/%	人数/名	比率/%
比以前差很多	98	27.76	2	21	40.38	11	28.95
比以前差一些	187	52.97	1	31	59.62	15	39.47
没什么改变	33	9.35	3	0	0.00	6	15.79
比以前好一些	24	6.80	4	0	0.00	6	15.79
比以前好很多	11	3.12	5	0	0.00	0	0.00
合计	353	100.00		52	100.00	38	100.00

选项	中学校长				小学校长		中学校长与小学校长比较
	2021 年（c）		小计		2021 年（c）		
	人数/名	比率/%	人数/名	比率/%	人数/名	比率/%	率差/个百分点
比以前差很多	16	32.00	48	34.29	50	23.47	10.82
比以前差一些	21	42.00	67	47.86	120	56.34	−8.48
没什么改变	8	16.00	14	10.00	19	8.92	1.08
比以前好一些	4	8.00	10	7.14	14	6.57	0.57
比以前好很多	1	2.00	1	0.71	10	4.69	−3.98
合计	50	100.00	140	100.00	213	100.00	0.00

此外，本书在实地调研中发现，父母同时外出打工对留守儿童的负面影响较大，如果改为父母一方外出会有所缓解（叶松庆等，2017b）。因此，为让留守儿童更好地学习与成长，创造良好的家庭氛围特别重要，如果条件允许，可以让父母双方一方外出打工，另一方在家照顾留守儿童的生活起居，陪伴他们健康成长。此外，调研还发现，母亲往往能够更好地与留守儿童在精神与情感上进行沟通，基于此，母亲留在家里比较适宜。

2. 从父母（监护人）的日常教育关爱行为来看

（1）父母（监护人）的管理方式

父母外出打工后，留守儿童的日常生活与照料基本上依赖于监护人。监护人日常的教育关爱行为必然会对留守儿童的成长与发展产生潜在的影响。

1）留守儿童的自述。如表 7-4 所示，在对父母（监护人）就留守儿童的管理方式的调查中，留守儿童选择"严格管教"的比率为 53.90%，选择"放任自流"的比率为 17.46%，选择"宠爱甚至溺爱"的比率为 3.33%，选择"说不清"的比率为 25.32%。半数以上的留守儿童认为父母（监护人）能够严格管教自己，负起了监护责任，但有两成多（含"放任自流"和"宠爱甚至溺爱"的比率）的留守儿童认为父母（监护人）没有负起责任。

从 2019 年（b）与 2016 年比较来看，留守儿童选择"严加管教"的比率上升了 26.30 个百分点，选择"放任自流"的比率下降了 30.44 个百分点，可见，父母（监护人）的管教趋于严格。

表 7-4 父母（监护人）对留守儿童的管理方式

选项	总计			留守儿童							
				2016 年		2017 年（a）		2017 年（b）		2019 年（b）		2019 年（b）与 2016 年比较
	人数/名	比率/%	排序	人数/名	比率/%	人数/名	比率/%	人数/名	比率/%	人数/名	比率/%	率差/个百分点
严格管教	809	53.90	1	135	36.39	189	65.40	149	48.85	336	62.69	26.30
放任自流	262	17.46	3	151	40.70	23	7.96	33	10.82	55	10.26	−30.44
宠爱甚至溺爱	50	3.33	4	21	5.66	7	2.42	8	2.62	14	2.61	−3.05
说不清	380	25.32	2	64	17.25	70	24.22	115	37.70	131	24.44	7.19
合计	1501	100.00		371	100.00	289	100.00	305	100.00	536	100.00	0.00

2）其他研究者的调研情况分析。如表 7-5 所示，在 2006 年至 2007 年浙江省宁波、湖州、台州、温州、舟山、嘉兴、丽水、绍兴、杭州、金华、衢州等 11 个市的 186 个行政村的留守儿童调查（N：留守儿童 320 名，监护人 310 名，村干部 219 名）中，针对"监护方式"，留守儿童选择"溺爱"的比率为 38.1%，选择"放任"的比率为 18.9%，选择"惩罚"的比率为 16.4%，选择"对抗、排斥、厌恶、冷漠、疏远"的比率为 2.2%（陈厥祥等，2008）。

在 2012 年 7 月到 10 月对甘肃、贵州、山东、江西四省义务教育阶段留守儿童的教育问题调查中，针对"监护内容"，监护人选择"照顾日常生活"监护内容的比率为 64.9%，选择"督促监督学习"的比率为 20.6%，选择"负责人身安全"和"进行思想品德教育"的比率分别为 7.0% 和 7.4%（曾聪俐等，2013）。

在 2014 年 10 月吉林省榆树市中学的留守儿童调查（N：297 名，其中留守儿童 161 名、非留守儿童 136 名）中，针对成绩不理想时父母行为对比，85.7% 的留守儿童选择父母"教育自己继续努力"，这一比率较非留守儿童（92.6%）要低，留守儿童选择"打你一顿"的比率为 8.1%，较非留守儿童（2.2%）要高，留守儿童选择"不闻不问"的比率为 1.2%，较非留守儿童（1.5%）略低，留守儿童选择"请老师多关心"的比率为 5.0%，较非留守儿童（3.7%）要高（张程等，2015）。

在 2018 年中国青少年研究中心法律研究所的留守儿童调查中，47.0% 的留守儿童父母（监护人）的监护内容主要为"经常讲做人的道理"，这一比率较非留守儿童（56.0%）要低，选择"会讲做人的道理"的比率较非留守儿童要高，选择"从来不讲做人的道理"的比率为 7.5%，这一比率较非留守儿童（4.7%）要高（张晓冰，2018）。

表 7-5　留守儿童父母（监护人）的监护方式

（%）

2006 年至 2007 年浙江省宁波、湖州、台州、舟山、温州、丽水、嘉兴、绍兴、金华、杭州、衢州等 11 个市的阶段留守儿童调查（监护方式）		2012 年 7 月到 10 月对甘肃、贵州、山东、江西四省义务教育阶段留守儿童的教育问题调查（监护内容）		2014 年 10 月吉林省榆树市中学的留守儿童调查（成绩不理想时父母行为对比）			2018 年中国青少年研究中心法律研究所的留守儿童调查[父母（监护人）的监护内容（行为习惯培养）]			2019 年湖北省恩施州来凤县的留守儿童调查[监护内容（多选题）]	
选项	留守儿童	选项	监护人	选项	留守儿童	非留守儿童	选项	留守儿童	非留守儿童	选项	留守儿童
溺爱	38.1	照顾日常生活	64.9	教育自己继续努力	85.7	92.6	从未不讲做人的道理	7.5	4.7	主要履行了日常生活照料职责	85.0
放任	18.9	督促监督学习	20.6	打你一顿	8.1	2.2	会讲做人的道理	17.6	12.8	心理疏导	13.6
惩罚	16.4	负责人身安全	7.0	不闻不问	1.2	1.5	经常讲做人的道理	47.0	56.0	品行教育	30.9
对抗、排斥、厌恶、冷漠、疏远	2.2	进行思想品德教育	7.4	请老师多关心	5.0	3.7	未标明	27.9	26.5	学习指导	18.5
未标明	24.4										
合计	100.0	合计	100.0	合计	100.0	100.0	合计	100.0	100.0	合计	—

在 2019 年湖北省恩施州来凤县的留守儿童调查（N：150 名）中，对留守儿童的监护内容有："主要履行了日常生活照料职责"（85.0%）、"品行教育"（30.9%）、"学习指导"（18.5%）、"心理疏导"（13.6%）。大部分留守儿童认为监护内容主要是履行了日常生活照料职责（雷建玲，2019）。

3）本书与其他研究者调研情况的比较分析。在本书的调查中，半数以上的留守儿童的父母（监护人）对留守儿童是严格管教的，选择"放任自流"管理方式的比率为 17.46%，选择"宠爱甚至溺爱"的比率为 3.33%，选择"说不清"的比率为 25.32%。从调查数据来看，留守儿童父母（监护人）的管教趋向严格，"放任自流"的比率明显降低。需要注意的是，部分留守儿童父母（监护人）对留守儿童的管理认识不足，对如何管理以及管理的内容等方面认识不清楚。

在其他研究者的调查中，同样能看出类似的问题。例如，2006 年至 2007 年浙江省宁波、湖州等 11 个市的父母（监护人）对留守儿童的监护方式的调查显示，留守儿童选择溺爱的比率为 38.1%；2012 年 7 月到 10 月对甘肃、贵州、山东、江西四省义务教育阶段留守儿童的教育问题调查显示，监护人对留守儿童的监护内容主要是照顾日常生活与督促监督学习；2019 年湖北省恩施州来凤县的留守儿童调查显示，监护的内容主要有履行日常生活照料职责和品行教育等方面。

综合来看，多数留守儿童父母（监护人）对留守儿童的管理有较为清晰的认识。但也应看到，留守儿童父母（监护人）在监护的内容方面多聚焦在日常生活与学习层面，对留守儿童的思想、心理与行为操守方面的教育和引导较为缺乏。部分父母（监护人）的管理与教育存在简单粗暴的现象，对留守儿童出现的问题并未做深入的思考与了解，往往更多的是沿袭旧的或传统的教育观念（如"棍棒底下出孝子""不打不成人"）来开展监护。

（2）父母（监护人）对儿童不良行为的态度

1）留守儿童的自述。如表 7-6 所示，在对如果留守儿童有不良行为其父母（监护人）的态度的调查中，54.93% 的留守儿童选择"耐心地说服教育，引导你改正"，21.57% 的留守儿童选择"粗暴打骂你一顿"，11.96% 的留守儿童选择"不管不问"。从调查数据来看，半数以上的留守儿童认为自己父母（监护人）能做到教育引导，但有 33.53%（"粗暴打骂你一顿""不管不问"）的留守儿童认为父母（监护人）的教育较为简单粗暴。这种简单粗暴的行为有可能演化为虐待留守儿童的行为。

从 2019 年（b）与 2016 年比较来看，留守儿童选择"耐心地说服教育，引导你改正"的比率上升了 34.55 个百分点，选择"不管不问"的比率则下降了 26.92 个百分点，表明父母（监护人）的监护方式有了较大的改进。

表 7-6　如果留守儿童有不良行为其父母（监护人）的态度

选项	总计			留守儿童						2019 年（b）与2016 年比较
				2016 年		2017 年（a）		2019 年（b）		
	人数/名	比率/%	排序	人数/名	比率/%	人数/名	比率/%	人数/名	比率/%	率差/个百分点
粗暴打骂你一顿	258	21.57	2	101	27.22	27	9.34	130	24.25	-2.97
不管不问	143	11.96	3	113	30.46	11	3.81	19	3.54	-26.92
耐心地说服教育，引导你改正	657	54.93	1	103	27.76	220	76.12	334	62.31	34.55
其他	138	11.54	4	54	14.56	31	10.73	53	9.89	-4.67
合计	1196	100.00		371	100.00	289	100.00	536	100.00	0.00

2）其他研究者的调研情况分析。如表 7-7 所示，在 2018 年中国青少年研究中心法律研究所的留守儿童调查中，关于父母（监护人）在对待留守儿童的不良行为方面，留守儿童选择"经常教育不能抽烟、喝酒、逃学等"的比率为 70.7%，这一比率较非留守儿童（72.1%）要低。21.0%的留守儿童表示自己在有不良行为时，父母（监护人）会"偶尔责怪"，这一比率较非留守儿童（22.5%）要低（张晓冰，2018）。

在 2018 年重庆市 R 县两个乡镇的留守儿童调查（N：63 名）中，在孩子犯错误的时候，75.2%的留守儿童认为自己会被"打或骂"，14.1%的留守儿童选择"说服教育"（王靖涵，2018）。

表 7-7　父母（监护人）对留守儿童不良行为的态度　　　　（%）

2018 年中国青少年研究中心法律研究所的留守儿童调查						2018 年重庆市 R 县两个乡镇的留守儿童调查	
父母（监护人）在对待留守儿童的不良行为方面			留守儿童有不良行为时			在孩子犯错误的时候	
选项	留守儿童	非留守儿童	选项	留守儿童	非留守儿童	选项	留守儿童
经常教育不能抽烟、喝酒、逃学等	70.7	72.1	遭受打骂	3.4	2.3	打或骂	75.2
未标明	29.3	27.9	偶尔责怪	21.0	22.5	说服教育	14.1
			经常责怪	11.0	8.7	未标明	10.7
			未标明	64.6	66.5		
合计	100.0	100.0	合计	100.0	100.00	合计	100.0

3）本书与其他研究者调研情况的比较分析。在本书的调查中，如果留守儿童出现不良行为，超过半数的留守儿童表示父母（监护人）会选择"耐心地说服教育，引导你改正"，但是有部分父母（监护人）的教育方式较为简单粗暴，对留守儿童的不良行为不能采取正确的教育引导方式。

从其他研究者的调研情况来看，在父母（监护人）对留守儿童不良行为的态度中，大部分的监护人会对留守儿童的不良行为加以教育与引导，但从个别地方的调查数据来看，部分留守儿童表示父母（监护人）能说服教育的占比相对较低，多数采取了打骂的方式。总的来看，父母（监护人）对待留守儿童不良行为能采取正向与积极的教育引导措施，但仍存在一些简单粗暴对待的现象。对于父母（监护人）的态度需要辩证地看待，如果采取的方式（不能过度）能达到"惩戒""规训""纠偏"的目的，促成留守儿童养成良好的行为习惯，这些方式就有一定的合理性。

（3）父母（监护人）与留守儿童的相处关系

1）留守儿童的自述。如表 7-8 所示，在对父母（监护人）与留守儿童的相处关系的调查中，并未让留守儿童直接阐述与父母（监护人）直接的关系，而是通过对于日常生活中发生矛盾时留守儿童的处理方式来侧面了解留守儿童与父母（监护人）之间的关系。当留守儿童与父母（监护人）发生矛盾时，52.90%的留守儿童会选择"闷不吭声"，这一比率居于第一位。选择"言语争吵""动手发泄"的比率分别为 26.45%和 1.94%，选择"主动认错"的比率为 18.71%。

从留守儿童与非留守儿童比较来看，留守儿童选择"主动认错"的比率低于非留守儿童 12.55 个百分点，其余选项的比率均较非留守儿童要高。总的来看，半数以上的留守儿童会选择"闷不吭声"的方式来对待与父母（监护人）发生的矛盾，留守儿童选择"主动认错"的比率不足两成，远低于非留守儿童的同项比率。这说明留守儿童与父母（监护人）发生矛盾时保持沉默的较多，主动认错的较少，但也容易发生争吵、顶撞或潜藏不良情绪。

表 7-8　当和父母（监护人）发生矛盾时你将怎样处理？

| 选项 | 留守儿童 | | 非留守儿童 | | 留守儿童与非留守儿童比较 |
| | 2018 年 | | 2018 年 | | |
	人数/名	比率/%	人数/名	比率/%	率差/个百分点
闷不吭声	82	52.90	207	47.59	5.31
言语争吵	41	26.45	88	20.23	6.22
动手发泄	3	1.94	4	0.92	1.02
主动认错	29	18.71	136	31.26	−12.55
合计	155	100.00	435	100.00	0.00

2）其他研究者的调研情况分析。如表7-9所示，在2006年至2007年浙江省宁波、湖州、台州、温州、舟山、嘉兴、丽水、绍兴、杭州、金华、衢州等11个市的186个行政村的留守儿童调查（N：留守儿童320名，监护人310名，村干部219名）中，当留守儿童与监护人发生矛盾时，44.2%的留守儿童表示"不吭声"，选择"躲避到他处"的比率为22.5%，选择"吵架"和"向父母诉苦"的比率分别为13.7%和12.3%（陈厥祥等，2008）。

在2012年江苏省滨海县蔡桥镇三叉小学、界牌镇第二中心小学和正红中学的留守儿童调查（N：180名）中，70.0%的留守儿童表示"监护人没有经常与留守儿童有情感交流"（王礼生，2013）。

在2016年内蒙古自治区商都县红十字会的留守儿童调查（N：1784名）中，60.0%～70.0%的留守儿童表示"星期天和节假日不想回家"，少数留守儿童表示"学期终了也不想回家"（陆贵胄，2016）。

在2019年吉林省的留守儿童调查（N：1000名）中，91.6%的留守儿童认为祖辈监护人"不会用电脑"，78.8%的留守儿童表示祖辈监护人"作业辅导少"，选择"陪伴时间短"和"有需要不敢提"的比率分别为44.7%和39.2%（姜丽，2020）。

在2019年11月至2020年2月陕西省的留守儿童调查（N：1051名，其中留守儿童662名、校长32名、教师357名）中，留守儿童对父母表达的情感是，选择"非常爱"和"爱"的合比率为95.7%，选择"一般"的比率为3.8%（马多秀等，2021）。

3）本书与其他研究者调研情况的比较分析。在本书的调查中，留守儿童与其父母（监护人）发生矛盾时，半数以上的留守儿童会以沉默（闷不吭声）来应对，28.39%的留守儿童则以争吵、动手的方式处理争端，18.71%的留守儿童能够主动认错。大部分留守儿童与父母（监护人）的相处通过"闷不吭声"的方式来应对，小部分的留守儿童采取较为激烈的方式来应对，由此可见，相互之间并未完全建立起良好的互动与沟通关系。

在其他研究者的调查中，从与监护人的相处过程中呈现的状态来看，2012年江苏省滨海县蔡桥镇三叉小学、界牌镇第二中心小学和正红中学的留守儿童调查显示，70.00%的留守儿童表示"监护人没有经常与留守儿童有情感交流"。2019年11月至2020年2月陕西省的留守儿童调查显示，66.0%的留守儿童表示"非常爱"父母。从与监护人处理矛盾的方式来看，2006年至2007年浙江省宁波、湖州、台州、温州、舟山、嘉兴、丽水、绍兴、杭州、金华、衢州等11个市的186个行政村的留守儿童调查显示，留守儿童与监护人发生矛盾时，44.2%的留守儿童表示会"不吭声"，该选项居于第一位，与本书调查结果较为接近。

表 7-9　留守儿童与父母（监护人）的相处关系

(%)

2006 年至 2007 年浙江省宁波、湖州、台州、温州、舟山、嘉兴、丽水、绍兴、杭州、金华、衢州等 11 个市的 186 个行政村的留守儿童调查（当留守儿童与监护人发生矛盾时）		2012 年江苏省滨海县蔡桥镇三义小学、界牌镇第二中心小学和正红中学的留守儿童调查（情感交流与相处）		2016 年内蒙古自治区商都县红十字会的留守儿童调查（与监护人的关系比较糟糕）		2019 年吉林省留守儿童调查 [留守儿童与祖辈监护人相处关系（多选题）]		2019 年 11 月至 2020 年 2 月陕西省的留守儿童调查（你爱你的父母吗?）	
不吭声	44.2	监护人没有经常与留守儿童有情感交流	70.0	星期天和节假日不想回家	60.0~70.0	有需要不敢提	39.2	非常爱	66.0
吵架	13.7	常与监护人发生争执	28.0	学期终了也不想回家	少数	陪伴时间短	44.7	爱	29.7
向父母诉苦	12.3	未标明	2.0			不敢讲心里话	25.1	一般	3.8
采取某种行为发泄	7.3					作业辅导少	78.8	讨厌	0.3
躲避到他处	22.5					不会用电脑	91.6	非常讨厌	0.2
						无效值	4.1		
合计	100.0	合计	100.0	合计	—	合计	100.0	合计	100.0

总的来说，多数留守儿童与父母（监护人）之间相处的关系较为融洽，但在发生矛盾时，留守儿童并不能采取正确的理性方式来应对和处理矛盾。一方面，由于其心智水平较低，留守儿童不能很好地处理日常生活中的矛盾，对这方面的问题缺乏经验；另一方面，父母（监护人）在与留守儿童相处的过程中，缺乏适宜的教育引导策略，一定程度上也反映了留守儿童父母（监护人）教育关爱的能力有待进一步提升。

3. 从父母与学校的联系状况来看

（1）本书的调查情况

本课题组于 2017 年 2 月对安徽省合肥市肥东县教育局相关负责同志进行了访谈，相关工作人员出具了关于留守儿童工作的现状及其对策的调研报告，通过随机方式抽取肥东县 150 名留守儿童（男生 72 名、女生 78 名，其中 3～6 年级 50 名、7～9 年级 100 名）进行了问卷调查。调查结果显示，有 14.80% 的监护人经常关心留守儿童的学习，有 38.70% 的监护人只是偶尔向老师过问留守儿童的学习情况，32.00% 的监护人从不联系老师，14.5% 的监护人向老师询问留守儿童学习情况的频率一般。可以看出，家校之间的联系不够紧密，在一定程度上也造成了留守儿童对学习缺乏主动性与积极性。

（2）其他研究者的调研情况分析

在 2009 年山东省某市 8 所小学和 8 所初中的留守儿童调查中，约 90.0% 的班主任认为家长与班主任"没有联系"（董士昙等，2010b）。

如表 7-10 所示，在 2013 年安徽省铜陵市郊区和铜陵县的留守儿童调查（N：117 名）中，49.57% 的监护人表示与老师"有时联系"，选择"经常与老师联系"的比率为 41.03%（张逊志，2014）。

在 2016 年至 2017 年中国青少年研究中心的留守儿童调查中，针对父母与老师的联系情况，留守儿童选择"几乎不与老师联系"和"基本不参加家长会"的比率均为 80.0%，多数监护人不关注留守儿童在学校干什么和交什么样的朋友（郭开元，2018）。

在 2018 年中国青少年研究中心法律研究所的留守儿童调查中，36.0% 留守儿童表示其监护人"经常参加家长会"，这一比率较非留守儿童要低 10.0 个百分点。留守儿童选择其监护人"与老师经常联系"的比率要低于非留守儿童，留守儿童选择其监护人"从不参加家长会"的比率要高于非留守儿童（张晓冰，2018）。

在 2019 年广西桂东南地区的留守儿童调查中，针对父母与老师的联系情况，66.3% 的父母"偶尔联系"学校老师来了解孩子在学校的情况，有 7.3% 的父母"从来不主动"联系老师，这些父母认为学校教育就是万能的教育,把孩子送到学校,有老师负责教育,孩子就会成人成才(李惠兰等,2019)。

表 7-10　留守儿童父母(监护人)与老师联系的情况　　　　　(%)

2013 年安徽省铜陵市郊区和铜陵县的留守儿童调查(监护人与老师的联系情况)		2016 年至 2017 年中国青少年研究中心的留守儿童调查[父母与老师的联系情况(多选题)]		2018 年中国青少年研究中心法律研究所的留守儿童调查(监护人与老师联系、开家长会方面)			2019 年广西桂东南地区的留守儿童调查(父母与老师的联系情况)	
部分选项	监护人	部分选项	留守儿童	部分选项	留守儿童	非留守儿童	部分选项	留守儿童
经常与老师联系	41.03	几乎不与老师联系	80.0	与老师经常联系	21.0	24.3	偶尔联系	66.3
有时联系	49.57	基本不参加家长会	80.0	从不参加家长会	14.0	9.5	从来不主动	7.3
		不关注留守儿童在学校干什么和交什么样的朋友	多数	经常参加家长会	约 36.0	约 46.0		

"调研发现,大多数学校并没有建立完整的留守儿童档案,甚至对留守儿童家长的流向地、手机号码等也缺乏准确信息,70.0%以上外出家长基本和学校没有联系,学校与外出家长的联系处在频率低、人次少,内容'事务化'的局面,家校合作'纸质化',实效低。落实对外出家长的教育指导,学校需要重视外出家长的教育作用,通过建立'家校合作制度',落实家校沟通的频次与时间,变'不是要钱就是告状'的电话内容为家庭教育指导等等。"(邓纯考,2012)

2014 年贵州省黔东南州的留守儿童调查显示,"父母与学校教师关系疏离,相互支持程度低。调查结果显示:一方面,民族地区农村留守儿童家长与学校教师的联系比较少,大多数家长不主动与教师沟通,不了解其孩子的在校情况;家长更没有向教师提出改进学校教学或管理工作的意见或建议;家长也很少到校参加家长学校、运动会、开学典礼和家长会等活动"(杨建忠,2014)。

(3)本书与其他研究者调研情况的比较分析

在本书的调查中,三成多的留守儿童监护人从不联系学校老师,接近四成的监护人只是偶尔询问留守儿童在校的学习情况。从家校联系的情况来看,其联系不够紧密,且交流的内容较为单一,更多的是关心留守儿童的在校学习情况。

在其他研究者的调查中,留守儿童监护人与学校之间存在一定的交流与联系，但交流的频率相对偏低。如 2009 年山东省某市 8 所小学和 8 所初中的调查显示，班主任认为约有 90.0%的家长与班主任没有联系。2016 年至 2017 年中国青少年研究中心的调查显示，80.0%的监护人几乎不与老师联系（表 7-10）。家长会是家校联系、老师与家长沟通的重要载体与桥梁，监护人参加家长会的比率相对较低，如 2018 年中国青少年研究中心法律研究所的调查显示，14.0%的留守儿童表示，其监护人从不参加家长会，这一比率远高于非留守儿童的同项比率（表 7-10）。

总的来说，从留守儿童的学习与生活实际来看，留守儿童监护人都是祖父母或外祖父母，隔代监护现象较为突出。隔代监护的监护人往往年纪大、文化程度偏低，较为溺爱留守儿童，其与留守儿童的沟通容易出现代沟，存在重养轻教的现象。父母在对留守儿童进行教育的过程中，除要经常与监护人进行沟通交流外，叮嘱其监护人不仅要在生活上照顾好留守儿童，也要与学校及时沟通，对留守儿童的学习状况进行督促，关注他们的社会交往情况，更重要的是要多与学校老师联系，与老师保持经常性的交流沟通，以便在留守儿童有突发情况时，能快速地解决问题。若"家校联系"不畅，监护人对留守儿童情况不了解甚至一无所知，那就会导致对留守儿童监管的缺失。在农村学校进行"家校联系"和"家校合作"能有效地促进留守儿童在思想、生理、智力、情感、社会、审美以及道德等方面的发展，促进家庭经验与学校经验的统一，进而促进留守儿童的健康成长。

4. 在外打工的父母对留守儿童的关注点

（1）家长的自述

如表 7-11 所示，在对家长认为在外打工的父母最关注留守儿童哪方面的调查中，36.47%的家长选择"孩子的学习成绩"，选择"孩子的独立生活能力"的比率为 23.40%，选择"孩子的品德"和"孩子的劳动能力"的比率分别为 22.80%和 12.16%。总的来看，在外打工的父母最关注留守儿童的学习成绩与独自生活能力。

表 7-11　家长认为在外打工的父母最关注留守儿童哪方面

选项	总计			家长					
				男		女		女与男比较	
	人数/名	比率/%	排序	人数/名	比率/%	人数/名	比率/%	率差/个百分点	
孩子的学习成绩	120	36.47	1	69	37.91	51	34.69	-3.22	
孩子的独自生活能力	77	23.40	2	43	23.62	34	23.13	-0.49	
孩子的品德	75	22.80	3	39	21.43	36	24.49	3.06	
孩子的劳动能力	40	12.16	4	21	11.54	19	12.93	1.39	

续表

选项	总计			家长				
				男		女		女与男比较
	人数/名	比率/%	排序	人数/名	比率/%	人数/名	比率/%	率差/个百分点
其他	17	5.17	5	10	5.50	7	4.76	−0.74
合计	329	100.00		182	100.00	147	100.00	0.00

（2）其他研究者的调研情况分析

如表 7-12 所示，在 2005 年安徽省阜南县 9 所中小学的留守儿童调查（N：316 名）中，针对"父母与你联系时最重视什么"，79.9%的留守儿童表示"父母每次打电话都会反复叮嘱要好好学习，听老师的话，听监护人的话，注意安全"，选择"心理问题以及思想道德状况询问"的比率为 13.2%，选择"谈及为人处世道理"的比率为 7.8%（张德乾，2006）。

在 2014 年 10 月吉林省榆树市中学的留守儿童调查（N：297 名，其中留守儿童 161 名、非留守儿童 136 名）中，针对"父母和留守儿童、非留守儿童日常沟通内容对比"，留守儿童选择"日常生活"的比率为 46.6%，这一比率较非留守儿童要高。留守儿童选择"学习"的比率较非留守儿童要低，选择"其他"的比率较非留守儿童要高（张程等，2015）。

在 2018 年 5 月湖南省宁乡市部分农村中小学的留守儿童调查（N：191 名）中，针对"父母最关注孩子的哪些方面"，91.0%的留守儿童选择"学习成绩"，选择"身体是否健康"的比率为 8.0%，选择"性安全与性教育"的比率为 1.0%（刘人锋等，2019）。

在 2019 年宁夏同心县 5 所农村学校的留守儿童调查（N：455 名）中，针对"父母最关注孩子的哪些方面"，36.64%的留守儿童选择"学习问题"，选择"安全问题"和"吃饭、身体问题"的比率分别为 26.60%和 18.26%（赵枫等，2021）。

在 2019 年吉林省留守儿童调查（N：1000 名）中，留守儿童表示父母打电话关注的内容主要有："节假日及生日"（42.5%）、"学校及家里有事"（27.6%）、"询问孩子学习情况"（12.4%）、"帮助孩子解决困难"（7.6%）、"和孩子聊心事"（5.8%）（姜丽，2020）。由此可见，外出打工的父母对留守儿童的生日、学校及家里事以及学习情况较为关注。

（3）本书与其他研究者调研情况的比较分析

在本书的调查中，36.47%的家长认为在外打工的父母最关注留守儿童的学习成绩，其次关注的是留守儿童的独自生活能力以及品德，家长选择"孩子的劳动能力"的比率为 12.16%，选择"其他"的比率为 5.17%。从

表 7-12　在外打工的父母最关注留守儿童的方面

(%)

2005 年安徽省阜南县的 9 所中小学的留守儿童调查（父母与你联系时最重视什么）

选项	留守儿童
父母每次打电话都会反复叮嘱要好好学习，听老师的话，听监护人的话，注意安全	79.9
心理问题以及思想道德状况询问	13.2
谈及为人处世道理	7.8
合计	100.0

2014 年 10 月吉林省榆树市中学的留守儿童调查（父母和留守儿童、非留守儿童日常沟通内容对比）

选项	留守儿童	非留守儿童
日常生活	46.6	36.7
学习	37.9	55.9
其他	15.5	7.4
不聊天	0.0	0.0
合计	100.0	100.0

2018 年 5 月湖南省部分农村中小学留守儿童调查（父母最关注孩子的哪些方面）

选项	留守儿童
学习成绩	91.0
身体是否健康	8.0
性安全与性教育	1.0
合计	100.0

2019 年宁夏同心县乡 5 所农村学校的留守儿童调查（父母最关注留守儿童的哪些方面）

选项	留守儿童
学习问题	36.64
吃饭、身体问题	18.26
安全问题	26.60
心理问题	2.30
其他	16.20
合计	100.00

2019 年吉林省留守儿童调查（打电话关注的内容）

选项	留守儿童
询问孩子学习情况	12.4
帮助孩子了解决困难	7.6
节假日及生日	42.5
学校及家里有事	27.6
和孩子聊心事	5.8
无效值	4.1
合计	100.0

调查数据来看，家长对留守儿童最为关心的是学习成绩，对留守儿童其他方面有所关注，但重视程度远不及学习成绩。学习成绩固然重要，反映了留守儿童对学习的投入程度，但是过度关注留守儿童的成绩，而对留守儿童身心及其综合素质的发展等关注度偏低则失之偏颇，不利于留守儿童的全面发展。

在其他研究者的调查中，2005 年、2014 年的调查显示，多数留守儿童表示在外打工的父母对自己"学习成绩"最为关注，其次是留守儿童的身体健康与素质状况，父母对留守儿童的思想道德、情感以及心理等方面的关注度偏低。2018～2019 年的调查显示，在外打工的父母对留守儿童的学习成绩、生活状态与安全问题等均表现出较高的关注度。

总的来看，在外打工的父母对留守儿童的成绩以及安全与生活等"显性"的问题关注度较高，对留守儿童"内隐性"问题（如情感诉求、心理状况以及思想困惑等）关注度偏低。"显性"的问题往往通过简单的交流与询问可以得知。留守儿童的健康成长与发展往往需要监护人更多的情感与心理支持，在外打工的父母应通过适当的沟通与交流来增进对留守儿童的了解，以更好地引导留守儿童健康成长与发展。

（二）学校内生动力不足

学校是留守儿童学习与活动较多的教育场所，可以说学校是留守儿童的"第二家庭"。学校教育资源的配置与优化，对留守儿童的成长与发展将起到重要影响。从当前留守儿童现状以及长效机制的构建来看，学校内生动力仍显不足。

1. 从学校对留守儿童的重视与日常关爱来看

（1）学校领导关心留守儿童的情况

1）留守儿童的自述。学校领导对留守儿童的关心，能在一定程度上带动其他老师加入关心留守儿童的行列。

如表 7-13 所示，在对儿童眼中学校领导关心留守儿童情况的调查中，儿童选择"很关心"的比率为 44.35%，选择"比较关心"的比率为 35.46%，选择"很少关心"的比率为 13.37%，选择"不关心"的比率为 6.82%。大部分儿童认为学校领导关心留守儿童。

从留守儿童与非留守儿童比较来看，留守儿童选择"很关心"的比率较非留守儿童低 11.94 个百分点，选择"比较关心"的比率较非留守儿童高 6.04 个百分点，说明留守儿童感受到来自学校领导的关爱不如非留守儿童认为的强烈。对于教育关爱，只有受关爱者才能有切身体会，他们的反映才真实。换句话说，学校领导对留守儿童的教育关爱还需加大力度，将日常的关爱真正落实到位。

表 7-13　儿童眼中学校领导关心留守儿童的情况

选项	总计			留守儿童		非留守儿童		不清楚		留守儿童与非留守儿童比较
				2019 年（b）		2019 年（b）		2019 年（b）		
	人数/名	比率/%	排序	人数/名	比率/%	人数/名	比率/%	人数/名	比率/%	率差/个百分点
很关心	514	44.35	1	204	38.06	310	50.00	0	0.00	−11.94
比较关心	411	35.46	2	207	38.62	202	32.58	2	66.67	6.04
很少关心	155	13.37	3	90	16.79	64	10.32	1	33.33	6.47
不关心	79	6.82	4	35	6.53	44	7.10	0	0.00	−0.57
合计	1159	100.00		536	100.00	620	100.00	3	100.00	0.00

2）相关群体的认识。

第一，中学老师、家长与德育工作者的认识。如表 7-14 所示，在对中学老师、家长与德育工作者眼中学校领导关心留守儿童情况的调查中，48.86%的相关群体表示"很关心"，选择"比较关心"的比率为 35.23%，选择"很少关心"的比率为 12.50%。中学老师选择"很关心"和"比较关心"的合比率为 85.07%，家长选择"很关心"和"比较关心"的合比率为 82.54%，德育工作者选择"很关心"和"比较关心"的合比率为 84.78%。八成以上的相关群体认为学校领导关心留守儿童。此外，有 3.41%的相关群体认为"不关心"，还有 12.50%的相关群体认为"很少关心"，说明存在学校领导对留守儿童"不关心"或"很少关心"的现象。

从中学老师与家长比较来看，中学老师选择"很关心"的比率较家长要高，家长选择"比较关心""很少关心""不关心"的比率较中学老师均高，但中学老师要比家长更了解学校领导的作为。

表 7-14　中学老师、家长与德育工作者眼中学校领导关心留守儿童的情况

选项	总计			中学老师		家长		德育工作者		中学老师与家长比较
				2019 年（b）		2019 年（b）		2019 年（b）		
	人数/名	比率/%	排序	人数/名	比率/%	人数/名	比率/%	人数/名	比率/%	率差/个百分点
很关心	86	48.86	1	33	49.25	28	44.44	25	54.35	4.81
比较关心	62	35.23	2	24	35.82	24	38.10	14	30.43	−2.28
很少关心	22	12.50	3	8	11.94	9	14.29	5	10.87	−2.35
不关心	6	3.41	4	2	2.99	2	3.17	2	4.35	−0.18
合计	176	100.00		67	100.00	63	100.00	46	100.00	0.00

第二，中学校长与小学校长的认识。如表 7-15 所示，在对中学校长与

小学校长眼中学校领导关心留守儿童情况的调查中，中学校长选择"很关心"和"比较关心"的合比率为92.48%，其中选择"比较关心"的比率为49.13%。小学校长选择"很关心"和"比较关心"的合比率为91.08%，其中选择"比较关心"的比率为46.01%。

因调查的对象是学校的校长，但学校领导还有学校党委书记，所以校长一是对自己作出评价，二是对其他校领导作出评价。从数据可以看出，九成以上的中学校长与小学校长认为学校领导是关心留守儿童的，这一比率高于中学老师、家长与德育工作者对学校领导评价的比率（84.09%），可见中学校长与小学校长都比较自信。

表 7-15　中学校长与小学校长眼中学校领导关心留守儿童的情况

选项	总计			中学校长			
				2019 年（a）		2020 年（a）	
	人数/名	比率/%	排序	人数/名	比率/%	人数/名	比率/%
很关心	171	44.30	2	43	52.44	14	34.15
比较关心	183	47.41	1	32	39.02	26	63.41
很少关心	29	7.51	3	5	6.10	0	0.00
不关心	3	0.78	4	2	2.44	1	2.44
合计	386	100.00		82	100.00	41	100.00

选项	中学校长				小学校长		中学校长与小学校长比较
	2021 年（c）		小计		2021 年（c）		
	人数/名	比率/%	人数/名	比率/%	人数/名	比率/%	率差/个百分点
很关心	18	36.00	75	43.35	96	45.07	−1.72
比较关心	27	54.00	85	49.13	98	46.01	3.12
很少关心	5	10.00	10	5.78	19	8.92	−3.14
不关心	0	0.00	3	1.73	0	0.00	1.73
合计	50	100.00	173	100.00	213	100.00	0.00

第三，中学校长与小学校长的自述。如表 7-16 所示，在对中学校长与小学校长本人关心留守儿童情况的调查中，51.45%的中学校长选择"很关心"留守儿童，选择"比较关心"的比率为42.20%，选择"很少关心"的比率为6.36%。小学校长选择"很关心"的比率为48.83%，选择"比较关心"和"很少关心"的比率分别为41.78%和9.39%。九成以上的中学校长与小学校长给予自己充分的肯定，认为自己关心留守儿童，即认为自己重视对留守儿童的教育关爱。

从中学校长与小学校长比较来看，中学校长选择"很关心"和"比较关心"的比率较小学校长要高，说明中学校长更加自信。

表 7-16　中学校长与小学校长本人关心留守儿童的情况

| 选项 | 总计 | | | 中学校长 | | | | | | | | 小学校长 | | 中学校长与小学校长比较 |
| | | | | 2019年（a） | | 2020年（a） | | 2021年（c） | | 小计 | | 2021年（c） | | |
	人数/名	比率/%	排序	人数/名	比率/%	人数/名	比率/%	人数/名	比率/%	人数/名	比率/%	人数/名	比率/%	率差/个百分点
很关心	193	50.00	1	37	45.12	32	78.05	20	40.00	89	51.45	104	48.83	2.62
比较关心	162	41.97	2	39	47.56	7	17.07	27	54.00	73	42.20	89	41.78	0.42
很少关心	31	8.03	3	6	7.32	2	4.88	3	6.00	11	6.36	20	9.39	−3.03
不关心	0	0.00	4	0	0.00	0	0.00	0	0.00	0	0.00	0	0.00	0.00
合计	386	100.00		82	100.00	41	100.00	50	100.00	173	100.00	213	100.00	0.00

（2）班主任与任课老师关心留守儿童的情况

1）留守儿童的自述。

如表 7-17 所示，在对儿童就班主任和任课老师关心自己看法的调查中，儿童认为"很关心"与"比较关心"的合比率为 74.54%，认为"很少关心"的比率为 14.30%，认为"不关心"的比率为 11.16%。三分之二强的儿童认为班主任和任课老师关心留守儿童。

从留守儿童与非留守儿童比较来看，留守儿童选择"很关心"和"比较关心"的合比率（77.92%）较非留守儿童的同项比率（72.54%）高 5.38个百分点。非留守儿童选择"不关心"的比率较留守儿童的同项比率高 6.72个百分点。认为班主任和任课教师对自己"很关心"和"比较关心"的留守儿童多于非留守儿童。但从总体上看，6.94%的留守儿童选择"不关心"，也就是说，班主任和任课老师关爱留守儿童的积极性尚未完全调动起来。

表 7-17　儿童对班主任和任课老师关心自己的看法

| 选项 | 总计 | | | 留守儿童 | | | | | | | |
| | | | | 2016年 | | 2017年（a） | | 2019年（b） | | 小计 | |
	人数/名	比率/%	排序	人数/名	比率/%	人数/名	比率/%	人数/名	比率/%	人数/名	比率/%
很关心	1345	41.81	1	197	53.10	103	35.64	235	43.84	535	44.73
比较关心	1053	32.73	2	90	24.26	119	41.18	188	35.07	397	33.19
很少关心	460	14.30	3	47	12.67	47	16.26	87	16.23	181	15.13
不关心	359	11.16	4	37	9.97	20	6.92	26	4.85	83	6.94
合计	3217	100.00		371	100.00	289	100.00	536	100.00	1196	100.00

续表

选项	非留守儿童						留守儿童与非留守儿童比较
	2016 年		2019 年（b）		小计		
	人数/名	比率/%	人数/名	比率/%	人数/名	比率/%	率差/个百分点
很关心	508	36.26	302	48.71	810	40.08	4.65
比较关心	426	30.41	230	37.10	656	32.46	0.73
很少关心	223	15.92	56	9.03	279	13.81	1.32
不关心	244	17.42	32	5.16	276	13.66	−6.72
合计	1401	100.00	620	100.00	2021	100.00	0.00

注：2017 年未对非留守儿童作该方面调查。

2）相关群体的认识。

第一，中学老师、家长与德育工作者的认识。如表 7-18 所示，在对中学老师、家长与德育工作者眼中班主任和任课老师关心留守儿童情况的调查中，51.70%的相关群体选择"很关心"，选择"比较关心"的比率为 38.64%。九成多的相关群体认为班主任和任课老师关心留守儿童，这一看法（90.34%）好于儿童的看法（74.54%），比率相差 15.80 个百分点。

从中学老师与家长比较来看，家长选择"很关心"的比率高于中学老师 3.22 个百分点。家长的看法好于中学老师。

表 7-18　中学老师、家长与德育工作者眼中班主任和任课老师关心留守儿童的情况

选项	总计			中学老师		家长		德育工作者		中学老师与家长比较
				2019 年（b）		2019 年（b）		2019 年（b）		
	人数/名	比率/%	排序	人数/名	比率/%	人数/名	比率/%	人数/名	比率/%	率差/个百分点
很关心	91	51.70	1	34	50.75	34	53.97	23	50.00	−3.22
比较关心	68	38.64	2	27	40.30	23	36.51	18	39.13	3.79
很少关心	14	7.95	3	5	7.46	5	7.94	4	8.70	−0.48
不关心	3	1.70	4	1	1.49	1	1.59	1	2.17	−0.10
合计	176	100.00		67	100.00	63	100.00	46	100.00	0.00

第二，中学校长与小学校长的认识。如表 7-19 所示，在对中学校长与小学校长眼中班主任和任课老师关心留守儿童情况的调查中，94.82%的相关群体认为"很关心"或"比较关心"，认为"很少关心"的比率为 4.66%，认为"不关心"的比率为 0.52%。绝大部分相关群体认为班主任和任课老师关心留守儿童，这一看法（94.82%）好于中学老师、家长与德育工作者这一相关群体的看法（90.34%），自然也好于儿童的看法（74.54%）。

　　从中学校长与小学校长比较来看，中学校长选择"很关心"的比率较小学校长要高，小学校长选择"比较关心"的比率较中学校长要稍高。尽管在"不关心"这一项上，中学校长与小学校长选择的比率均相对较低，但反映了存在有些班主任和任课老师不关心留守儿童的情况。

表 7-19　中学校长与小学校长眼中班主任和任课老师关心留守儿童的情况

| 选项 | 总计 | | | 中学校长 | | | | | | | | 小学校长 | | 中学校长与小学校长比较 |
| | | | | 2019 年（a） | | 2020 年（a） | | 2021 年（c） | | 小计 | | 2021 年（c） | | |
	人数/名	比率/%	排序	人数/名	比率/%	人数/名	比率/%	人数/名	比率/%	人数/名	比率/%	人数/名	比率/%	率差/个百分点
很关心	174	45.08	2	40	48.78	19	46.34	21	42.00	80	46.24	94	44.13	2.11
比较关心	192	49.74	1	39	47.56	21	51.22	25	50.00	85	49.13	107	50.23	−1.10
很少关心	18	4.66	3	3	3.66	1	2.44	3	6.00	7	4.05	11	5.16	−1.11
不关心	2	0.52	4	0	0.00	0	0.00	1	2.00	1	0.58	1	0.47	0.11
合计	386	100.00		82	100.00	41	100.00	50	100.00	173	100.00	213	100.00	0.00

　　第三，中学老师、家长与德育工作者的自述。如表 7-20 所示，在对中学老师、家长、德育工作者本人关心留守儿童情况的调查中，47.16%的相关群体表示"很关心"留守儿童，选择"比较关心"的比率为 39.77%，选择"很少关心"的比率为 10.23%。86.93%的相关群体认为关心（包括"很关心""比较关心"）留守儿童，这是主流，但 2.84%的比率反映了这一相关群体存在"不关心"留守儿童的情况。

　　从中学老师与家长比较来看，中学老师选择"很关心"的比率较家长要高，家长选择"不关心"的比率较中学老师要高。中学老师的自我评价好于家长。

表 7-20　中学老师、家长、德育工作者本人关心留守儿童的情况

| 选项 | 总计 | | | 中学老师 | | 家长 | | 德育工作者 | | 中学老师与家长比较 |
| | | | | 2019 年（b） | | 2019 年（b） | | 2019 年（b） | | |
	人数/名	比率/%	排序	人数/名	比率/%	人数/名	比率/%	人数/名	比率/%	率差/个百分点
很关心	83	47.16	1	33	49.25	30	47.62	20	43.48	1.63
比较关心	70	39.77	2	26	38.81	25	39.68	19	41.30	−0.87
很少关心	18	10.23	3	7	10.45	6	9.52	5	10.87	0.93
不关心	5	2.84	4	1	1.49	2	3.17	2	4.35	−1.68
合计	176	100.00		67	100.00	63	100.00	46	100.00	0.00

3）其他研究者的调研情况分析。如表 7-21 所示，在 2009 年山东省日照市首县的留守儿童调查（N：留守儿童 277 名、教师 40 名）中，针对"老师对留守儿童的关心程度"，63.3%的留守儿童表示老师"未关心与照顾"，36.7%的留守儿童表示老师对"自己所教班级内的留守儿童数量都不了解"（允春喜等，2010）。

表 7-21　教师关心留守儿童的情况　　　　　　　（%）

2009 年山东省日照市首县的留守儿童调查（老师对留守儿童的关心程度）		2011 年黑龙江省桦川县苏家店镇的留守儿童调查（教师对留守儿童的关心程度）		2013 年 5 月江西省赣南老区×县的留守儿童调查（你觉得学校、社会对你的关心程度如何）		2016 年四川省统计局民调中心开展的留守儿童状况专项调查（老师是否关心爱护留守儿童）		2016 年云南省留守儿童义务教育现状的调查（和其他同学相比，学校会更关心你们的学习吗？）	
自己所教班级内的留守儿童数量都不了解	36.7	比较关心	3.93	很关心	67.0	非常关心爱护	52.0	会	51.05
未关心与照顾	63.3	与非留守儿童无差别	64.59	很少关心	24.3	比较关心爱护	40.0	不会	7.02
		不关心	14.75	不关心	6.4	基本上关心爱护	7.3	不清楚	41.93
		歧视	9.51	不知道	2.3	不太关心爱护	0.6		
		其他	7.21			存在歧视，没有关爱	0.1		
合计	100.0	合计	100.00	合计	100.0	合计	100.0	合计	100.00

在 2011 年黑龙江省桦川县苏家店镇的留守儿童调查（N：305 名）中，针对"教师对留守儿童的关心程度"，64.59%的留守儿童表示教师对留守儿童的关心"与非留守儿童无差别"，14.75%的留守儿童表示教师"不关心"，选择"歧视"和"其他"的比率分别为 9.51%和 7.21%（马涛等，2012）。

在 2013 年 5 月江西省赣南老区×县的留守儿童调查（N：616 名，其中留守儿童 424 名、非留守儿童 192 名、教师 164 名）中，67.0%的留守儿童表示学校和社会"很关心"自己，选择"很少关心"和"不关心"的比率分别为 24.3%和 6.4%（王晓春等，2013）。

在 2016 年四川省统计局民调中心开展的留守儿童状况专项调查（N：留守儿童 2000 名）中，52.0%的留守儿童表示老师"非常关心爱护"留守儿童，选择"比较关心爱护"的比率为 40.0%（雷俊雯，2016）。

在 2016 年云南省留守儿童义务教育现状的调查（N：学生 609 名、教师 305 名）中，51.05%的留守儿童表示和其他同学相比，学校"会"更加关心自己的学习，选择"不清楚"和"不会"的比率分别为 41.93%和 7.02%（成巧云等，2016）。

4）本书与其他研究者调研情况的比较分析。在本书的调查中，无论是学校领导自身的认识，还是留守儿童、相关群体的看法，都认为学校领导对留守儿童的教育关爱工作很重视，日常能给予真切的关怀。并且多数受访者认为，班主任和任课老师、中学校长、小学校长、中学老师、家长、德育工作者等都"很关心"或"比较关心"留守儿童，这是主流，但还存在相关群体"不关心"留守儿童的现象。

在其他研究者的调查中，教师对留守儿童的关心程度参差不齐，有些地区的教师对留守儿童群体表现出较高的关心度，有些地区的教师对留守儿童的关心度偏低。教师对留守儿童的关心表明教师对留守儿童群体的重视，在这一背景下，不关心甚至歧视的现象仍然存在。

综合来看，无论是学校领导还是班主任或任课老师、家长、德育工作者，都对留守儿童真心予以教育关爱，为他们的健康成长付出了心血，这应当充分肯定。相关群体还应克服"不关心"的倾向，尽量消除不和谐的声音，进一步调动所有相关人员的积极性，进一步高度重视留守儿童工作，全方位落实对留守儿童的日常关爱。

2. 从老师对留守儿童教育关爱的情况来看

（1）老师进行家访的情况

如表 7-22 所示，在 2005 年安徽省阜南县的 9 所中小学的留守儿童调查（N：316 名）中，43.3%的留守儿童表示老师"很少"找自己谈话或到家进行家访，选择"从来没有"和"有时"的比率分别为 34.6%和 22.1%（张德乾，2006）。

在 2006 年湖南省汝城某乡的留守儿童调查中，43.31%的留守儿童表示老师"很少"找自己谈话或者到家中进行家访，选择"从来没有"的比率为 34.62%（李方丽，2007）。

在 2007 年河南省南乐县、罗山县等 4 个外出打工人员较多县的 8 个乡镇的留守儿童调查中，44.0%的留守儿童表示"老师未与自己谈过话"（李朝军，2008）。

表 7-22 老师进行家访的情况 （%）

2005 年安徽省阜南县的 9 所中小学的留守儿童调查（老师找你谈话或到你家进行家访）		2006 年湖南省汝城某乡的留守儿童调查（老师找你谈话或到你家进行家访吗）		2007 年河南省南乐县、罗山县等 4 个外出打工人员较多县的 8 个乡镇的留守儿童调查（老师找留守儿童谈话）		2012 年云南、贵州、四川的留守儿童调查（班主任家访情况）	
很少	43.3	很少	43.31	老师未与自己谈过话	44.0	做过一两次家访	30.8
从来没有	34.6	从来没有	34.62	未标明	56.0	从来没有做过家访	69.2
有时	22.1	未标明	22.07				
合计	100.0	合计	100.00	合计	100.0	合计	100.0

在 2012 年云南、贵州、四川的留守儿童调查（N：1130 名）中，69.2%的留守儿童表示班主任"从来没有做过家访"，选择"做过一两次家访"的比率为 30.8%（林晓丹，2012）。

在 2013 年甘肃省定西市临洮县的 94 名留守儿童调查中，55.3%的留守儿童表示"老师一次也没有进行过家访"（韦俏俏等，2013）。

在 2013 年安徽省铜陵市郊区和铜陵县的 117 名留守儿童调查中，41.88%的留守儿童表示老师"定期家访，一学期 2 次以上"，选择"一学期 1 次"的比率为 40.17%（张逊志，2014）。

在 2014 年安徽省宿州市泗县农村某学校的 150 名留守儿童调查中，55.0%的留守儿童表示老师"从未做过家访"，选择"随时做家访"的比率为 30.2%（朱海雪等，2014）。

在 2013 年贵州省黔东南州的 3057 名留守儿童调查中，绝大多数留守儿童认为"学校布置的家访任务根本无法完成"，极少数留守儿童表示"能完成家访任务"（杨建忠，2014）。

在 2020 年江西省 A 县郑家学校的留守儿童调查中，留守儿童均认为"所有教师家访所有家庭"（张俊等，2021）。

（2）老师对留守儿童进行教育疏导的方式

如表 7-23 所示，在 2016 年贵州省雷山县的留守儿童调查（N：531 名）中，86.9%的教师表示在上体育课时"没有考虑过留守儿童的问题"，选择"考虑过留守儿童的问题"的比率为 13.1%（王宪明，2016）。

在 2019 年 11 月至 2020 年 2 月陕西省的留守儿童调查（N：1051 名，其中留守儿童 662 名、校长 32 名、教师 357 名）中，90.2%的教师表示当留守儿童遇到困难或失败时，会"非常重视留守儿童遇到失败的教育时机，并帮助分析问题所在",选择"重视留守儿童遇到失败的教育时机,但敷衍了事来解决问题"的比率为 8.1%;89.9%的教师表示通常会采用"个别谈心"的方式对留守儿童进行心理疏导,选择"日常教育教学中给予鼓励"的比率为 68.5%,选择"集体心理辅导"的比率为 51.0%;91.5%的教师表示如果留守儿童与同学或伙伴发生矛盾时,会"及时进行疏导沟通",选择"进行批评指责"的比率为 7.9%,选择"坐视不管"的比率为 0.6%(马多秀等,2021)。

表 7-23　老师对留守儿童进行教育疏导的方式　　　　　　（%）

2016 年贵州省雷山县的留守儿童调查		2019 年 11 月至 2020 年 2 月陕西省的留守儿童调查					
老师在上体育课时对留守儿童的关注度		当留守儿童遇到困难或失败时,您会采取下列哪种方式?		您通常是采取什么方式对留守儿童进行心理疏导的（多选题）		如果留守儿童与同学或伙伴发生矛盾时,您会怎么办?	
没有考虑过留守儿童的问题	86.9	非常重视留守儿童遇到失败的教育时机,并帮助分析问题所在	90.2	个别谈心	89.9	及时进行疏导沟通	91.5
考虑过留守儿童的问题	13.1	重视留守儿童遇到失败的教育时机,但敷衍了事来解决问题	8.1	日常教育教学中给予鼓励	68.5	进行批评指责	7.9
		没有重视留守儿童遇到失败的教育时机,采取坐视不管的态度	1.4	集体心理辅导	51.0	坐视不管	0.6
		没有重视留守儿童遇到失败的教育时机,只是草草解决问题	0.3	鼓励留守儿童心理咨询	38.3		
				写信或写字条	16.4		
				其他	9.3		
合计	100.0	合计	100.0	合计	—	合计	100.0

（3）老师与留守儿童沟通的内容

1）留守儿童的自述。如表 7-24 所示,在对老师找留守儿童一般都是就哪方面的事情沟通的调查中,儿童选择"学习上的事"的比率为 64.68%,选择"其他"的比率为 12.35%,选择"生活上的事"的比率为 11.70%,选择"班级里的事"的比率为 11.27%。总体看来,老师找留守儿童一般主要是因为"学习上的事"。

从留守儿童与非留守儿童比较来看，留守儿童选择"学习上的事"的比率较非留守儿童高 5.82 个百分点，选择"其他"的比率较非留守儿童低 7.48 个百分点，说明老师还是比较重视、关心留守儿童学习的。

表 7-24　老师找留守儿童一般都是就哪方面的事情沟通

选项	总计			留守儿童								
				2016 年		2017 年（a）		2017 年（b）		2019 年（b）		小计	
	人数/名	比率/%	排序	人数/名	比率/%	人数/名	比率/%	人数/名	比率/%	人数/名	比率/%	人数/名	比率/%
学习上的事	2278	64.68	1	223	60.11	220	76.12	200	65.57	378	70.52	1021	68.02
生活上的事	412	11.70	3	71	19.14	14	4.84	40	13.11	62	11.57	187	12.46
班级里的事	397	11.27	4	39	10.51	31	10.73	41	13.44	61	11.38	172	11.46
其他	435	12.35	2	38	10.24	24	8.30	24	7.87	35	6.53	121	8.06
合计	3522	100.00		371	100.00	289	100.00	305	100.00	536	100.00	1501	100.00

选项	非留守儿童						留守儿童与非留守儿童比较
	2016 年		2019 年（b）		小计		
	人数/名	比率/%	人数/名	比率/%	人数/名	比率/%	率差/个百分点
学习上的事	818	58.39	439	70.81	1257	62.20	5.82
生活上的事	147	10.49	78	12.58	225	11.13	1.33
班级里的事	162	11.56	63	10.16	225	11.13	0.33
其他	274	19.56	40	6.45	314	15.54	−7.48
合计	1401	100.00	620	100.00	2021	100.00	0.00

2）相关群体的认识。

第一，中学老师、家长与德育工作者的认识。如表 7-25 所示，在对中学老师、家长与德育工作者眼中老师找留守儿童一般都是就哪方面的事情沟通的调查中，47.16% 的相关群体认为是"学习上的事"，选择"生活上的事"的比率为 36.93%，选择"其他"和"班级里的事"的比率分别为 9.66% 和 6.25%。从单个群体来看，中学老师选择"学习上的事情"的比率最高，占比超过一半，德育工作者选择"生活上的事"的比率最高，占比达 45.65%。

从中学老师与家长比较来看，中学老师选择"学习上的事"和"生活上的事"均较家长高，家长选择"班级里的事"和"其他"的比率均较中学老师高。可见中学老师相对重视、关心的是留守儿童的学习。

表7-25 中学老师、家长与德育工作者眼中老师找留守儿童一般都是就哪方面的事情沟通

选项	总计			中学老师		家长		德育工作者		中学老师与家长比较
				2019年（b）		2019年（b）		2019年（b）		
	人数/名	比率/%	排序	人数/名	比率/%	人数/名	比率/%	人数/名	比率/%	率差/个百分点
学习上的事	83	47.16	1	36	53.73	30	47.62	17	36.96	6.11
生活上的事	65	36.93	2	23	34.33	21	33.33	21	45.65	1.00
班级里的事	11	6.25	4	3	4.48	7	11.11	1	2.174	−6.63
其他	17	9.66	3	5	7.46	5	7.94	7	15.22	−0.48
合计	176	100.00		67	100.00	63	100.00	46	100.00	0.00

第二，中学校长与小学校长的认识。如表7-26所示，在中学校长与小学校长眼中老师找留守儿童一般都是就哪方面的事情沟通的调查中，52.59%的相关群体认为是"学习上的事"，选择"生活上的事"的比率为39.12%，选择"班级里的事"的比率最小，仅为2.59%。中学校长与小学校长这一相关群体认为，老师最重视、关心的也是留守儿童的学习。

从中学校长与小学校长比较来看，小学校长选择"学习上的事"的比率高于中学校长，而中学校长选择"生活上的事"和"班级里的事"的比率高于小学校长。两者的看法有一些差异。

表7-26 中学校长与小学校长眼中老师找留守儿童一般都是就哪方面的事情沟通

选项	总计			中学校长								小学校长		中学校长与小学校长比较
				2019年（a）		2020年（a）		2021年（c）		小计		2021年（c）		
	人数/名	比率/%	排序	人数/名	比率/%	人数/名	比率/%	人数/名	比率/%	人数/名	比率/%	人数/名	比率/%	率差/个百分点
学习上的事	203	52.59	1	34	41.46	18	43.90	28	56.00	80	46.24	123	57.75	−11.51
生活上的事	151	39.12	2	42	51.22	21	51.22	15	30.00	78	45.09	73	34.27	10.82
班级里的事	10	2.59	4	2	2.44	1	2.44	3	6.00	6	3.47	4	1.88	1.59
其他	22	5.70	3	4	4.88	1	2.44	4	8.00	9	5.20	13	6.10	−0.90
合计	386	100.00		82	100.00	41	100.00	50	100.00	173	100.00	213	100.00	0.00

3. 从学校与老师的主要精力从事的工作来看

如表7-27所示，在对中学校长与中学老师眼中学校把精力主要花在留守儿童教育方面的调查中，53.48%的相关群体选择"提高学生的成绩"，选择"培养学生的习惯"的比率为33.91%，选择"执行学校布置的任务"和"关注学生课余生活"的比率均为3.91%。

从中学校长与中学老师比较来看，中学老师选择"提高学生的成绩"和"培养学生的习惯"的比率较中学校长要高，中学校长选择"执行学校布置的任务"和"关注学生课余生活"的比率较中学老师要高，说明中学老师比较关注留守儿童的学习成绩和习惯。

表 7-27　中学校长与中学老师眼中学校把精力主要花在留守儿童教育方面的情况

选项	总计			中学校长		中学老师		中学校长与中学老师比较
				2016 年		2016 年		
	人数/名	比率/%	排序	人数/名	比率/%	人数/名	比率/%	率差/个百分点
提高学生的成绩	123	53.48	1	29	45.31	94	56.63	−11.32
培养学生的习惯	78	33.91	2	19	29.69	59	35.54	−5.85
执行学校布置的任务	9	3.91	4	3	4.68	6	3.61	1.07
关注学生课余生活	9	3.91	4	5	7.81	4	2.41	5.40
说不清	11	4.78	3	8	12.51	3	1.81	10.70
合计	230	100.00		64	100.00	166	100.00	0.00

4. 从留守儿童的心理健康工作来看

父母外出总体上不会对留守儿童的身体健康造成较大的负面影响，但对留守儿童的心理健康有较大的消极影响。留守儿童的心理健康教育需要监护人和学校的共同努力。

（1）学校建立留守儿童心理健康档案的情况

1）留守儿童的自述。如表 7-28 所示，在对儿童就学校是否建立详细的留守儿童心理健康档案认识的调查中，儿童选择"有"的比率为42.45%，选择"没有"的比率为24.25%，选择"不清楚"的比率为33.30%。可见，有些学校为留守儿童建立了心理健康档案，有些学校则没有建档。

从留守儿童与非留守儿童比较来看，留守儿童选择"有"的比率低于非留守儿童8.04个百分点，选择"不清楚"的比率则高于非留守儿童5.20个百分点。

心理健康档案是了解留守儿童心理健康的重要依据。有些留守儿童认为学校在这方面的工作有可能做了，但却不知晓。正常情况下，建立心理健康档案，必然需要与留守儿童进行心理健康访谈，这些访谈就是建立档案的重要材料。对于留守儿童被访谈以及访谈材料的即时性记录过程，留守儿童应是知晓且参与的。选择"不清楚"，大概率是没有建档，这项工作没有做到位。

表 7-28　儿童对学校是否建立详细的留守儿童心理健康档案的认识

选项	总计			留守儿童		非留守儿童		不清楚		留守儿童与非留守儿童比较
				2019 年（b）		2019 年（b）		2019 年（b）		
	人数/名	比率/%	排序	人数/名	比率/%	人数/名	比率/%	人数/名	比率/%	率差/个百分点
有	492	42.45	1	205	38.25	287	46.29	0	0.00	−8.04
没有	281	24.25	3	138	25.75	142	22.90	1	33.33	2.85
不清楚	386	33.30	2	193	36.01	191	30.81	2	66.67	5.20
合计	1159	100.00		536	100.00	620	100.00	3	100.00	0.00

2）相关群体的认识。

第一，中学老师、家长与德育工作者的认识。如表 7-29 所示，在对中学老师、家长与德育工作者就学校是否建立详细的留守儿童心理健康档案认识的调查中，55.68%的相关群体认为"有"，选择"没有"的比率为 23.30%，选择"不清楚"的比率为 21.02%。也就是说，多数学校建立了详细的留守儿童心理健康档案，但相当部分学校没有做到位。

从中学老师与家长比较来看，中学老师选择"有"或"没有"的比率较家长选择的比率要高，家长选择"不清楚"的比率较中学老师选择的比率要高，中学老师对此了解得多一些。

表 7-29　中学老师、家长与德育工作者对学校是否建立详细的留守儿童心理健康档案的认识

选项	总计			中学老师		家长		德育工作者		中学老师与家长比较
				2019 年（b）		2019 年（b）		2019 年（b）		
	人数/名	比率/%	排序	人数/名	比率/%	人数/名	比率/%	人数/名	比率/%	率差/个百分点
有	98	55.68	1	40	59.70	33	52.38	25	54.34	7.32
没有	41	23.30	2	17	25.37	12	19.05	12	26.09	6.32
不清楚	37	21.02	3	10	14.93	18	28.57	9	19.57	−13.64
合计	176	100.00		67	100.00	63	100.00	46	100.00	0.00

第二，中学校长与小学校长的认识。如表 7-30 所示，在对中学校长与小学校长就学校是否建立详细的留守儿童心理健康档案认识的调查中，73.58%的中小学校长选择"有"，选择"没有"的比率为 22.54%，选择"不清楚"的比率为 3.89%。中学校长与小学校长等相关群体对此方面的了解应是最权威的。

表 7-30　中学校长与小学校长对学校是否建立详细的留守儿童心理健康档案的认识

| 选项 | 总计 | | | 中学校长 | | | | | | | | 小学校长 | | 中学校长与小学校长比较 |
| | | | | 2019 年（b） | | 2020 年（b） | | 2021 年（c） | | 小计 | | 2021 年（c） | | |
	人数/名	比率/%	排序	人数/名	比率/%	人数/名	比率/%	人数/名	比率/%	人数/名	比率/%	人数/名	比率/%	率差/个百分点
有	284	73.58	1	57	69.51	20	48.78	36	72.00	113	65.32	171	80.28	−14.96
没有	87	22.54	2	22	26.83	16	39.02	12	24.00	50	28.90	37	17.37	11.53
不清楚	15	3.89	3	3	3.66	5	12.20	2	4.00	10	5.78	5	2.35	3.43
合计	386	100.00		82	100.00	41	100.00	50	100.00	173	100.00	213	100.00	0.00

从中学校长与小学校长比较来看，小学校长选择"有"的比率较中学校长要高 14.96 个百分点，中学校长选择"没有"的比率较小学校长要高 11.53 个百分点，说明小学的此项工作做得比中学好，中学还待加强。

3）其他研究者的调研情况分析。在 2012 年四川省嘉陵区大观乡的 344 名留守儿童调查中，38.4%的留守儿童表示"很少获得"生理卫生知识，选择"从未获得"生理卫生知识的比率为 18.6%（孟彦虎等，2012）。

在 2014 年安徽省宿州市泗县农村某校的 150 名留守儿童调查中，96.0%的留守儿童表示"知道"学校建立了留守儿童花名册（朱海雪等，2014）。

在 2016 年云南省农村 609 名留守儿童义务教育现状的调查中，72.12%的留守儿童表示学校"有"定期对他们进行心理健康指导，选择"不知道"的比率为 48.03%；针对 305 名教师的调查中，对于学校是否专门建立留守儿童的档案的调查结果显示，78.7%的初中教师表示"建立了"，这一比率较小学教师选择的比率（63.4%）要高，而小学教师选择"没有建立"（5.8%）的比率较初中教师选择的比率（4.9%）要高（成巧云等，2016）。

4）本书与其他研究者调研情况的比较分析。学校建立留守儿童的心理健康档案，有助于详细了解留守儿童的心理发展情况，同时也是学校层面教育关爱留守儿童的基础性工作。

在本书的调查中，四成多的留守儿童表示学校建立了详细的留守儿童心理健康档案，三成多的留守儿童表示不清楚。对中学老师、家长、德育工作者和中小学校长的调查显示，超过半数的相关群体均表示学校建立了留守儿童的心理健康档案，中小学校长选择"有"的比率相对较高。有 28.57%的家长对学校是否建立留守儿童心理健康档案表示"不清楚"。这说明大部分学校建立了留守儿童的心理健康档案，但是由于家校联系与衔接不紧密等原因，部分家长不了解这一情况。

在其他研究者的调查中，留守儿童心理健康档案的建立既包括过程性的信息收集（如参加心理座谈），也包括建立留守儿童档案。2012年四川省嘉陵区大观乡的留守儿童调查显示，38.4%的留守儿童表示"很少获得"生理卫生知识。2016年云南省农村609名留守儿童义务教育现状的调查显示，超过七成的留守儿童表示学校定期对留守儿童进行心理健康指导，超过七成的初中教师表示学校为他们建立了档案。

总的来看，多数学校通过不同的形式与方法加强了对留守儿童心理健康的教育与疏导，并相应地建立了留守儿童的心理健康档案。但有相当部分学校未建档，也未见有心理辅导，这项工作尚待完成。

（2）学校建立与留守儿童谈心的制度

1）留守儿童的自述。如表7-31所示，在对儿童就学校是否有措施加强与留守儿童的谈心，以随时掌握留守儿童动态认识的调查中，37.88%的儿童选择"有"，选择"没有"的比率为22.78%，选择"不清楚"的比率为39.34%，多数留守儿童并不清楚这些措施。

从留守儿童与非留守儿童比较来看，留守儿童选择"有"的比率较非留守儿童低7.68个百分点，留守儿童选择"没有"和"不清楚"的比率均较非留守儿童高。也就是说，较多的学校没有建立与留守儿童谈心的制度。

表7-31　儿童对学校是否有措施加强与留守儿童的谈心，以随时掌握留守儿童动态的认识

选项	总计			留守儿童 2019年（b）		非留守儿童 2019年（b）		不清楚 2019年（b）		留守儿童与非留守儿童比较
	人数/名	比率/%	排序	人数/名	比率/%	人数/名	比率/%	人数/名	比率/%	率差/个百分点
有	439	37.88	2	181	33.77	257	41.45	1	33.33	-7.68
没有	264	22.78	3	134	25.00	128	20.65	2	66.67	4.35
不清楚	456	39.34	1	221	41.23	235	37.90	0	0.00	3.33
合计	1159	100.00		536	100.00	620	100.00	3	100.00	0.00

2）相关群体的认识。

第一，中学老师、家长与德育工作者的认识。如表7-32所示，在对中学老师、家长与德育工作者就学校是否有措施加强与留守儿童的谈心，以随时掌握留守儿童动态认识的调查中，51.70%的相关群体表示"有"，选择"不清楚"和"没有"的比率分别为28.41%和19.89%。近半数的相关群体认为学校没有建立与留守儿童谈心的制度。

从中学老师与家长比较来看，中学老师选择"有"的比率较家长高 7.51 个百分点，家长选择"没有"的比率较中学老师低 0.35 个百分点，家长选择"不清楚"的比率较中学老师高 7.87 个百分点。中学老师比家长更了解学校情况。

表 7-32　中学老师、家长与德育工作者对学校是否有措施加强与留守儿童的谈心以随时掌握留守儿童动态的认识

选项	总计			中学老师		家长		德育工作者		中学老师与家长比较
				2019 年（b）		2019 年（b）		2019 年（b）		
	人数/名	比率/%	排序	人数/名	比率/%	人数/名	比率/%	人数/名	比率/%	率差/个百分点
有	91	51.70	1	38	56.72	31	49.21	22	47.83	7.51
没有	35	19.89	3	13	19.40	12	19.05	10	21.74	0.35
不清楚	50	28.41	2	16	23.88	20	31.75	14	30.43	−7.87
合计	176	100.00		67	100.00	63	100.00	46	100.00	0.00

第二，中学校长与小学校长的认识。如表 7-33 所示，在对中学校长与小学校长就学校是否有措施加强与留守儿童的谈心，以随时掌握留守儿童动态认识的调查中，75.65%的相关群体表示"有"，选择"没有"的比率为 16.84%，选择"不清楚"的比率为 7.51%。若将中学校长与小学校长的"不清楚"等同于"没有"，那就有两成多的相关群体认为学校没有建立与留守儿童的谈心制度。

从中学校长与小学校长比较来看，小学校长选择"有"的比率远高于中学校长，中学校长选择"没有"和"不清楚"的比率较小学校长要高，可见小学的此项工作做得比中学好。

表 7-33　中学校长与小学校长对学校是否有措施加强与留守儿童的谈心，以随时掌握留守儿童动态的认识

选项	总计			中学校长								小学校长		中学校长与小学校长比较
				2019 年（b）		2020 年（b）		2021 年（c）		小计		2021 年（c）		
	人数/名	比率/%	排序	人数/名	比率/%	人数/名	比率/%	人数/名	比率/%	人数/名	比率/%	人数/名	比率/%	率差/个百分点
有	292	75.65	1	58	70.73	21	51.22	39	78.00	118	68.21	174	81.69	−13.48
没有	65	16.84	2	20	24.39	9	21.95	8	16.00	37	21.39	28	13.15	8.24
不清楚	29	7.51	3	4	4.88	11	26.83	3	6.00	18	10.40	11	5.16	5.24
合计	386	100.00		82	100.00	41	100.00	50	100.00	173	100.00	213	100.00	0.00

3）其他研究者的调研情况分析。如表 7-34 所示，在 2015 年云南省宣

威市坝区、半山区、山区等共计 12 所中小学的调查（N：1024 名，其中留守儿童 560 名、非留守儿童 464 名）中，关于老师与留守儿童谈心情况，40.23%的留守儿童表示老师"偶尔"与其谈心，42.97%的留守儿童表示在"犯错误时"老师与其谈心，选择"从来不谈"的比率为 12.11%（刘倩，2016）。

表 7-34　老师与留守儿童谈心的情况　　　　　　　　（%）

2015 年云南省宣威市坝区、半山区、山区等共计 12 所中小学的调查（老师与留守儿童谈心）		2015 年甘肃省定西市临洮县红旗乡的留守儿童调查（老师与留守儿童谈心）		2017 年陕西省宝鸡地区的留守儿童调查（在日常生活中，老师找你谈心，了解你的情况的频率是）		2018 年安徽省安庆市某乡镇的留守儿童调查[老师是否找过留守儿童进行谈话（心理疏导）]	
经常	4.69	一年或几年一次	60.2	经常	9.4	被老师找过谈话	59.0
偶尔	40.23	至少一学期一次	4.7	有时	37.0	未标明	41.0
犯错误时	42.97	随时有	9.6	偶尔	35.7		
从来不谈	12.11	没有	25.5	从来没有	17.9		
合计	100.00	合计	100.0	合计	100.0	合计	100.0

在 2015 年甘肃省定西市临洮县红旗乡的留守儿童调查中，60.2%的留守儿童表示老师与其谈心的频率在"一年或几年一次"，选择"没有"的比率为 25.5%，选择"随时有"和"至少一学期一次"的比率分别为 9.6%和 4.7%（张海亮等，2015）。

在 2017 年陕西省宝鸡地区的留守儿童调查（N：689 名）中，37.0%的留守儿童表示在日常生活中，老师"有时"找其谈心，选择"偶尔"的比率为 35.7%，选择"从来没有"的比率为 17.9%（茹宗志等，2017）。

在 2018 年安徽省安庆市某乡镇的留守儿童调查（N：200 名）中，59.0%的留守儿童表示"被老师找过谈话"（汪燕，2018）。

4）本书与其他研究者调研情况的比较分析。在本书的调查中，33.77%的留守儿童表示学校有措施加强与留守儿童的谈心，选择"没有"的比率为 25.00%，选择"不清楚"的比率为 41.23%。多数留守儿童并不清楚学校已建立的相关谈心制度。对中学老师、家长、德育工作者、中小学校长的调查显示，多数相关群体认为学校有相应的措施来了解留守儿童的动态，但半数左右的中学老师、家长与德育工作者认为相关制度没有建立。

在其他研究者的调查中，如 2015 年云南省宣威市坝区、半山区、山区等共计 12 所中小学的调查显示，42.97%的留守儿童表示自己在犯错误时，老师才会找其谈话。2015 年甘肃省定西市临洮县红旗乡的留守儿童调查显示，60.2%的留守儿童表示老师与留守儿童谈心的频率是"一年或几年一次"。2017 年、2018 年其他研究者的调查显示，超过半数的留守儿童表示老师会与其交流谈心。可见，多数老师会与留守儿童谈心，但频率相对较低。

加强与留守儿童谈心并制度化，有助于更好地了解留守儿童的所思与所想，更深层次地了解留守儿童的思想困惑，为加强对其教育关爱夯实基础。总的来看，学校老师会与留守儿童谈心与交流，但交流频率低，此外在留守儿童心理需要疏导和犯错时，老师会找留守儿童谈心。在日常学习与生活中，老师主动找留守儿童聊天谈心以了解其思想动态与发展状况的工作做得还不够好，达到制度化还有较长的路要走。

（3）留守儿童烦心事的倾诉对象

1）留守儿童的自述。

如表 7-35 所示，在对留守儿童有烦心事时一般会跟谁倾诉的调查中，37.38%的留守儿童选择"好朋友"，选择"老师"的比率为 19.19%，选择"同学"的比率为 16.19%。可见，留守儿童最信赖的是"好朋友"，对"老师""同学"的信赖排在第二、第三位。

从 2019 年（b）与 2016 年比较来看，留守儿童选择"好朋友"的比率上升了 19.34 个百分点，选择"老师"的比率下降了 22.58 个百分点，看来"好朋友"的影响力与日俱增，而对老师的疏离感有所增强。

表 7-35　留守儿童有烦心事时一般会跟谁倾诉

选项	总计			留守儿童								
				2016 年		2017 年（a）		2017 年（b）		2019 年（b）		2019 年（b）与 2016 年比较
	人数/名	比率/%	排序	人数/名	比率/%	人数/名	比率/%	人数/名	比率/%	人数/名	比率/%	率差/个百分点
老师	288	19.19	2	153	41.24	19	6.57	16	5.25	100	18.66	-22.58
同学	243	16.19	3	78	21.02	36	12.46	36	11.80	93	17.35	-3.67
好朋友	561	37.38	1	57	15.36	151	52.25	167	54.75	186	34.70	19.34
在外的父母	74	4.93	6	20	5.39	16	5.54	11	3.61	27	5.04	-0.35
监护人	63	4.20		5	1.35	17	5.88	23	7.54	18	3.36	2.01
写日记	91	6.06		12	3.23	18	6.23	25	8.20	36	6.72	3.49
其他	181	12.06	4	46	12.40	32	11.07	27	8.85	76	14.18	1.78
合计	1501	100.00		371	100.00	289	100.00	305	100.00	536	100.00	0.00

2）相关群体的认识。

第一，中学老师、家长与德育工作者的认识。如表 7-36 所示，在对中学老师、家长与德育工作者眼中留守儿童有烦心事时的倾诉对象的调查中，32.39%的相关群体选择"老师"，选择"好朋友"的比率为 28.41%，选择"同学"的比率为 21.02%，其余选项的比率均不足 10.00%。这一选择与留守儿童不一样，相关群体把"老师"排在第一位，凸显"老师"在相关群体心中的地位。

从中学老师与家长比较来看，中学老师选择"老师"的比率较家长高17.88 个百分点，中学老师比较自信，但家长似乎不太认同。

表 7-36 中学老师、家长与德育工作者眼中留守儿童有烦心事时的倾诉对象

| 选项 | 总计 | | | 中学老师 | | 家长 | | 德育工作者 | | 中学老师与家长比较 |
| | | | | 2019 年（b） | | 2019 年（b） | | 2019 年（b） | | |
	人数/名	比率/%	排序	人数/名	比率/%	人数/名	比率/%	人数/名	比率/%	率差/个百分点
老师	57	32.39	1	29	43.28	16	25.40	12	26.09	17.88
同学	37	21.02	3	14	20.90	13	20.63	10	21.74	0.27
好朋友	50	28.41	2	13	19.40	18	28.57	19	41.30	−9.17
在外的父母	7	3.98	5	1	1.49	5	7.94	1	2.17	−6.45
监护人	5	2.84	6	2	2.99	1	1.59	2	4.35	1.40
写日记	16	9.09	4	6	8.96	8	12.70	2	4.35	−3.74
其他	4	2.27	7	2	2.99	2	3.17	0	0.00	−0.18
合计	176	100.00		67	100.00	63	100.00	46	100.00	0.00

第二，中学校长与小学校长的认识。如表 7-37 所示，在对中学校长与小学校长眼中留守儿童有烦心事时的倾诉对象的调查中，44.82%的相关群体选择"好朋友"，选择"同学"的比率为 23.58%，选择"老师"的比率为 18.65%，其余选项的比率均不足 10.00%。这一选择与留守儿童不同，中小学校长比较看重同伴效应，认为"好朋友"是留守儿童天然的"盟友"。

从中学校长与小学校长比较来看，中学校长选择"好朋友"的比率远高于小学校长，小学校长选择"老师"和"同学"的比率较中学校长要高。中学校长认为对于留守儿童而言，"好朋友"的作用较大。

表 7-37　中学校长与小学校长眼中留守儿童有烦心事时的倾诉对象

| 选项 | 总计 | | | 中学校长 | | | | | | | | 小学校长 | | 中学校长与小学校长比较 |
| | | | | 2019年(b) | | 2020年(b) | | 2021年(c) | | 小计 | | 2021年(c) | | |
	人数/名	比率/%	排序	人数/名	比率/%	人数/名	比率/%	人数/名	比率/%	人数/名	比率/%	人数/名	比率/%	率差/个百分点
老师	72	18.65	3	9	10.98	8	19.51	10	20.00	27	15.61	45	21.13	-5.52
同学	91	23.58	2	20	24.39	11	26.83	5	10.00	36	20.81	55	25.82	-5.01
好朋友	173	44.82	1	48	58.54	15	36.59	28	56.00	91	52.60	82	38.50	14.10
在外的父母	19	4.92	4	3	3.66	2	4.88	4	8.00	9	5.20	10	4.69	0.51
监护人	14	3.63	5	1	1.22	3	7.32	1	2.00	5	2.89	9	4.23	-1.34
写日记	9	2.33	6	1	1.22	1	2.44	1	2.00	3	1.73	6	2.82	-1.09
其他	8	2.07	7	0	0.00	1	2.44	1	2.00	2	1.16	6	2.82	-1.66
合计	386	100.00		82	100.00	41	100.00	50	100.00	173	100.00	213	100.00	0.00

3）其他研究者的调研情况分析。

在 2006 年贵州省紫云、道真、思南县的 100 名留守儿童调查中，64%的留守儿童表示在感到孤独、烦恼时会"找朋友倾诉"，选择"玩耍"和"看电视"的比率分别为 16%和 14%，5%的留守儿童表示"无法解脱"（共青团贵州省委调研组，2007）。

在 2010 年河南省新乡县、唐河县、杞县的 152 名留守儿童调查中，78.0%的留守儿童表示在和他人交流思想中，主要是"和同学交流"，选择"和家长交流"和"和老师交流"的比率分别为 33.0%和 32.0%（李向辉，2010）。

在 2014 年安徽省宿州市泗县农村某学校的 150 名留守儿童调查中，40.3%的留守儿童表示心里话最愿和"母亲"诉说（朱海雪等，2014）。

如表 7-38 所示，在 2018 年曲阜师范大学政治与公共管理学院教师对 2016～2018 年部分省市留守儿童实地调研数据整理结果（N：434 名）中，37.56%的留守儿童表示有心里话最想和"爸爸妈妈"说，选择"小伙伴"和"监护人"的比率分别为 27.65%和 21.66%（尹延君，2019）。

在 2020 年安徽省安庆市岳西县农村及城镇地区 3 所中学的留守儿童调查（N：267 名）中，46.5%的留守儿童表示平时有心里话对"同学或朋友"说，选择对"父母""监护人"说的比率分别为 42.7%和 8.6%（江郁等，2020）。

表 7-38　留守儿童有烦心事时的倾诉对象　　　　　（%）

2018 年曲阜师范大学政治与公共管理学院教师对 2016~2018 年部分省市留守儿童实地调研数据整理结果（有心里话时最想对谁说）		2020 年安徽省安庆市岳西县农村及城镇地区 3 所中学的留守儿童调查（平时有心里话对谁说）	
爸爸妈妈	37.56	父母	42.7
监护人	21.66	监护人	8.6
老师	6.45	老师	1.1
小伙伴	27.65	同学或朋友	46.5
其他	5.07	其他	1.1
缺失值	1.61		
合计	100.00	合计	100.0

4）本书与其他研究者调研情况的比较分析。在本书的调查中，留守儿童如遇到烦心事主要会向好朋友、老师、同学等倾诉，留守儿童倾诉的对象以朋友或同学为主。较多的中学老师认为留守儿童遇到烦心事一般多会找老师倾诉，而家长、德育工作者和中小学校长则更多地认为留守儿童会找好朋友倾诉。

在其他研究者的调查中，留守儿童有烦心事时倾诉的对象主要集中在身边的朋友或同学，抑或是自己的父母。例如，2006 年贵州省紫云、道真、思南县的留守儿童调查显示，64%的留守儿童在感到孤独、烦恼时，会找朋友倾诉。2010 年河南省新乡县、唐河县、杞县的留守儿童调查显示，78.0%的留守儿童会选择和同学交流思想。2014 年安徽省宿州市泗县农村某学校的留守儿童调查显示，40.3%的留守儿童最愿和母亲说心里话。2018 年和 2020 年其他研究者的调查数据均表明，留守儿童心里话最想和父母倾诉。

总的来看，留守儿童的心里的亲密对象多为同辈群体或者自己的父母亲。因此，在加强对留守儿童教育关爱的过程中，要重视同辈群体，同时要注意提升老师的威望及其在留守儿童心里的地位，通过正面引导与鼓励，加强对其教育关爱，同时也要重视父母亲的作用，经常性地与留守儿童交流沟通，扮演好其心理支撑的重要角色，以更好地教育关爱留守儿童。

（4）留守儿童遇到困难时的求助情况

如表 7-39 所示，在 2006~2007 年浙江省宁波、湖州、台州、温州、舟山、嘉兴、丽水、绍兴、杭州、金华、衢州等 11 个市的 186 个行政村的留守儿童调查（N：留守儿童 320 名、监护人 310 名、村干部 219 名）中，27.1%的留守儿童在遇到困难会向"父母"求助，其次是"教师"和"抚养人"（陈厥祥等，2008）。

表 7-39　留守儿童遇到困难时的求助情况　　　　　　　（%）

2006 年至 2007 年浙江省宁波、湖州、台州、温州、舟山、嘉兴、丽水、绍兴、杭州、金华、衢州等 11 个市的 186 个行政村的留守儿童调查［如果遇到困难你的求助对象（多选题）］		2013 年四川省眉山市仁寿县方家镇、大化镇、文宫镇、钟祥镇的留守儿童调查（遇到困难时的求助对象）		2016 年甘肃省庄浪县的留守儿童调查（遇到困难时怎么办）		2019 年河南省东部某县李庄的留守儿童调查（遇到困难的求助对象）		2019 年 11 月至 2020 年 2 月陕西省的留守儿童调查（当你在生活中遇到困难时,你能够正视困难、勇敢面对困难吗）	
父母	27.1	憋在心里	45.4	问家长、老师和同学	30.0 以下	老师	25.8	总是	30.2
抚养人	21.1	写日记记录	20.8	自己解决或不了了之	60.0 以上	学生	20.8	经常	43.7
教师	24.4	告诉老师或者监护人	24.4			亲戚	16.2	偶尔	23.5
同学和朋友	17.8	其他	9.4			自己	37.2	从不	2.6
亲戚	9.3								
自己	18.1								
合计	—	合计	100.0	合计	100.0	合计	100.0	合计	100.0

在 2013 年四川省眉山市仁寿县方家镇、大化镇、文宫镇、钟祥镇的留守儿童调查（N：500 个留守儿童家庭）中，45.4%的留守儿童表示在遇到困难时会"憋在心里"，选择"告诉老师或者监护人"和"写日记记录"的比率分别为 24.4%和 20.8%（黄眠洁等，2014）。

在 2016 年甘肃省庄浪县的留守儿童调查（N：264 名，其中留守儿童 176 名、非留守儿童 88 名）中，60.0%以上的留守儿童表示在遇到困难时会"自己解决或不了了之"（陈加强等，2016）。

在 2019 年河南省东部某县李庄的留守儿童调查（N：留守儿童 126 名）中，37.2%的留守儿童表示在遇到困难时会求助"自己"，25.8%的留守儿童选择"老师"，选择"学生"和"亲戚"的比率分别为 20.8%和 16.2%（闫东萍，2020）。

在 2019 年 11 月至 2020 年 2 月陕西省的留守儿童调查（N：1051 名，其中留守儿童 662 名、校长 32 名、教师 357 名）中，43.7% 的留守儿童表示在生活中遇到困难时，"经常"能够正视困难、勇敢面对困难，选择"总是"的比率为 30.2%，选择"偶尔"和"从不"的比率分别为 23.5% 和 2.6%（马多秀等，2021）。

5. 从留守儿童思想品德工作来看

（1）学校对留守儿童进行的思想品德教育情况

加强对留守儿童的思想品德教育是落实立德树人根本任务的内在要求，思想品德教育教学是加强留守儿童思想政治教育的主渠道。学校承担留守儿童的思想品德教育教学工作，其工作成效势必影响留守儿童思想政治素质，最终影响其健康成长与发展。

1）留守儿童的自述。如表 7-40 所示，在对儿童眼中学校的留守儿童思想品德教育状况的调查中，33.30% 的儿童认为"抓得很紧"，选择"一般化"的比率为 23.64%，选择"抓得不紧"的比率为 9.23%，选择"根本不抓"的比率为 5.52%，选择"不清楚"的比率为 28.30%。儿童认为"抓得很紧"的比率并不高，近一成的儿童认为"抓得不紧"，还有 5.52% 的儿童认为"根本不抓"，选择"不清楚"的儿童，多半是不了解有无思想品德教育这一说，更不能指望其中有"抓得很紧"的比率。总的来看，儿童认为学校的思想品德教育抓得不够好。

从留守儿童与非留守儿童比较来看，留守儿童选择"抓得很紧"的比率较非留守儿童低 7.65 个百分点，留守儿童选择"一般化""抓得不紧""根本不抓"的比率均较非留守儿童高。可见，留守儿童对学校思想道德教育的看法比非留守儿童差。

表 7-40　儿童眼中学校的留守儿童思想品德教育状况

选项	总计			留守儿童 2019 年（a）		非留守儿童 2019 年（a）		不清楚 2019 年（a）		留守儿童与非留守儿童比较
	人数/名	比率/%	排序	人数/名	比率/%	人数/名	比率/%	人数/名	比率/%	率差/个百分点
抓得很紧	386	33.30	1	157	29.29	229	36.94	0	0.00	−7.65
一般化	274	23.64	3	133	24.81	140	22.58	1	33.33	2.23
抓得不紧	107	9.23	4	64	11.94	43	6.94	0	0.00	5.00
根本不抓	64	5.52	5	35	6.53	29	4.68	0	0.00	1.85
不清楚	328	28.30	2	147	27.43	179	28.87	2	66.67	−1.44
合计	1159	100.00		536	100.00	620	100.00	3	100.00	0.00

2）相关群体的认识

第一，中学老师、家长与德育工作者的认识。如表 7-41 所示，在对中学老师、家长与德育工作者眼中学校的留守儿童思想品德教育状况的调查中，47.73%的相关群体认为"抓得很紧"，选择"一般化"的比率为30.68%，选择"不清楚"的比率为 17.61%。选择"抓得不紧""根本不抓"的合比率为3.98%。近半数的相关群体认为"抓得很紧"，这一看法好于儿童。但也应看到，认为"抓得不紧""根本不抓""不清楚"的比率也不低。

从中学老师与家长比较来看，中学老师选择"抓得很紧"的比率较家长要高，家长选择"不清楚"的比率较中学老师要高。中学老师的感受比家长要深一些。

表 7-41　中学老师、家长与德育工作者眼中学校的留守儿童思想品德教育状况

选项	总计			中学老师		家长		德育工作者		中学老师与家长比较
				2019 年（b）		2019 年（b）		2019 年（b）		
	人数/名	比率/%	排序	人数/名	比率/%	人数/名	比率/%	人数/名	比率/%	率差/个百分点
抓得很紧	84	47.73	1	35	52.24	29	46.03	20	43.48	6.21
一般化	54	30.68	2	18	26.87	17	26.98	19	41.30	−0.11
抓得不紧	5	2.84	4	3	4.48	2	3.17	0	0.00	1.31
根本不抓	2	1.14	5	1	1.49	1	1.59	0	0.00	−0.10
不清楚	31	17.61	3	10	14.93	14	22.22	7	15.22	−7.29
合计	176	100.00		67	100.00	63	100.00	46	100.00	0.00

第二，中学校长与小学校长的认识。如表 7-42 所示，在对中学校长与小学校长眼中学校的留守儿童思想品德教育状况的调查中，51.55%的相关群体表示"抓得很紧"，选择"一般化"的比率为44.30%，其余选项的比率均相对较低。半数以上的相关群体认为"抓得很紧"，认为"抓得不紧""根本不抓""不清楚"的比率很低，这是对学校的留守儿童思想品德教育状况评价最好的群体。

从中学校长与小学校长比较来看，小学校长选择"抓得很紧"的比率较中学校长要高，小学校长不认为学校对留守儿童的思想品德教育"根本不抓"（比率为 0.00%），选择"不清楚"的比率也为 0.00%。

表 7-42　中学校长与小学校长眼中学校的留守儿童思想品德教育状况

| 选项 | 总计 | | | 中学校长 | | | | | | | | 小学校长 | | 中学校长与小学校长比较 |
| | | | | 2019 年（b） | | 2020 年（b） | | 2021 年（c） | | 小计 | | 2021 年（c） | | |
	人数/名	比率/%	排序	人数/名	比率/%	人数/名	比率/%	人数/名	比率/%	人数/名	比率/%	人数/名	比率/%	率差/个百分点
抓得很紧	199	51.55	1	38	46.34	29	70.73	18	36.00	85	49.13	114	53.52	-4.39
一般化	171	44.30	2	38	46.34	10	24.39	31	62.00	79	45.66	92	43.19	2.47
抓得不紧	11	2.85	3	3	3.66	0	0.00	1	2.00	4	2.31	7	3.29	-0.98
根本不抓	3	0.78	4	3	3.66	0	0.00	0	0.00	3	1.73	0	0.00	1.73
不清楚	2	0.52	5	0	0.00	2	4.88	0	0.00	2	1.16	0	0.00	1.16
合计	386	100.00		82	100.00	41	100.00	50	100.00	173	100.00	213	100.00	0.00

（2）学校对留守儿童开展思想品德教育的内容

1）留守儿童的自述。如表 7-43 所示，在对儿童眼中学校对留守儿童开展思想品德教育内容的调查中，22.78%的儿童选择"思想品德课等相关课程知识"，选择"开展主题性的思想品德教育""行为规范教育"的比率分别为 18.35%、18.32%。内容符合相关要求。

从留守儿童与非留守儿童比较来看，留守儿童与非留守儿童均认为学校的品德教育除相关课程知识、主题性教育之外，更多的是行为规范、身心健康、法律法规等教育，看法相近，关键是儿童能否从内心接受这些内容。

表 7-43　儿童眼中学校对留守儿童开展思想品德教育的内容（多选题）

| 选项 | 总计 | | | 留守儿童 | | 非留守儿童 | | 不清楚 | | 留守儿童与非留守儿童比较 |
| | | | | 2019 年（b） | | 2019 年（b） | | 2019 年（b） | | |
	人数/名	比率/%	排序	人数/名	比率/%	人数/名	比率/%	人数/名	比率/%	率差/个百分点
思想品德课等相关课程知识	715	22.78	1	334	22.21	379	23.41	2	12.50	-1.20
开展主题性的思想品德教育	576	18.35	2	274	18.22	299	18.47	3	18.75	0.25
行为规范教育	575	18.32	3	281	18.68	292	18.04	2	12.50	0.64
身心健康教育	539	17.17	4	279	18.55	256	15.81	4	25.00	2.74
法律法规教育	421	13.41	5	205	13.63	214	13.22	2	12.50	0.41
其他	313	9.97	6	131	8.71	179	11.06	3	18.75	-2.35
合计	3139	100.00		1504	100.00	1619	100.00	16	100.00	0.00

2）相关群体的认识。

第一，中学老师、家长与德育工作者的认识。如表 7-44 所示，在对中学老师、家长与德育工作者眼中学校对留守儿童开展思想品德教育内容的调查中，22.91%的相关群体选择"思想品德课等相关课程知识"，选择"开展主题性的思想品德教育"的比率为22.27%，选择"行为规范教育"的比率为18.84%。这一相关群体的看法与儿童相近。

从中学老师与家长比较来看，家长选择"开展主题性的思想品德教育"的比率较中学老师要稍高，中学老师选择"其他"的比率较家长要稍高。

表 7-44　中学老师、家长与德育工作者眼中学校对留守儿童开展思想品德教育的内容（多选题）

选项	总计			中学老师 2019 年（b）		家长 2019 年（b）		德育工作者 2019 年（b）		中学老师与家长比较
	人数/名	比率/%	排序	人数/名	比率/%	人数/名	比率/%	人数/名	比率/%	率差/个百分点
思想品德课等相关课程知识	107	22.91	1	49	21.68	33	20.89	25	30.12	0.79
开展主题性的思想品德教育	104	22.27	2	46	20.35	41	25.95	17	20.48	−5.60
行为规范教育	88	18.84	3	42	18.58	28	17.72	18	21.69	0.86
身心健康教育	76	16.27	4	40	17.70	25	15.82	11	13.25	1.87
法律法规教育	63	13.49	5	29	12.83	26	16.46	8	9.64	−3.63
其他	29	6.21	6	20	8.85	5	3.16	4	4.82	5.68
合计	467	100.00		226	100.00	158	100.00	83	100.00	0.00

第二，中学校长与小学校长的认识。如表 7-45 所示，在对在中学校长、小学校长眼中学校对留守儿童开展思想品德教育内容的调查中，22.37%的相关群体选择"行为规范教育"，该选项居于第一位，选择"思想品德课等相关课程知识"和"身心健康教育"的比率分别为20.53%和17.59%。这一相关群体比较看重"行为规范教育"。

从中学校长与小学校长比较来看，中学校长选择"行为规范教育"的比率较小学校长高4.19个百分点，小学校长选择"思想品德课等相关课程知识"和"开展主题性的思想品德教育"的比率较中学校长要高。两者各有侧重。

表 7-45　中学校长、小学校长眼中学校对留守儿童开展思想品德教育的内容（多选题）

选项	总计			中学校长			
				2019 年（b）		2020 年（b）	
	人数/名	比率/%	排序	人数/名	比率/%	人数/名	比率/%
思想品德课等相关课程知识	279	20.53	2	32	18.93	39	19.80

续表

选项	总计			中学校长			
				2019 年（b）		2020 年（b）	
	人数/名	比率/%	排序	人数/名	比率/%	人数/名	比率/%
开展主题性的思想品德教育	218	16.04	5	26	15.38	25	12.69
行为规范教育	304	22.37	1	47	27.81	52	26.40
身心健康教育	239	17.59	3	26	15.38	33	16.75
法律法规教育	227	16.70	4	28	16.57	29	14.72
其他	92	6.77	6	10	5.92	19	9.64
合计	1359	100.00		169	100.00	197	100.00

选项	中学校长				小学校长		中学校长与小学校长比较
	2021 年（c）		小计		2021 年（c）		
	人数/名	比率/%	人数/名	比率/%	人数/名	比率/%	率差/个百分点
思想品德课等相关课程知识	40	18.96	111	19.24	168	21.48	−2.24
开展主题性的思想品德教育	31	14.69	82	14.21	136	17.39	−3.18
行为规范教育	44	20.85	143	24.78	161	20.59	4.19
身心健康教育	38	18.01	97	16.81	142	18.16	−1.35
法律法规教育	40	18.96	97	16.81	130	16.62	0.19
其他	18	8.53	47	8.15	45	5.75	2.40
合计	211	100.00	577	100.00	782	100.00	0.00

（3）学校课外思想品德教育活动的开展情况

1）留守儿童的自述。如表 7-46 所示，在对儿童眼中学校课外思想品德教育活动开展情况的调查中，35.89%的儿童选择"很丰富"，选择"一般"的比率为 33.74%，选择"比较贫乏"的比率为 16.31%，选择"不清楚"的比率为 14.06%。儿童认为学校课外思想品德教育活动能开展起来，但做得不够好。

从留守儿童与非留守儿童比较来看，留守儿童选择"很丰富"的比率较非留守儿童低 1.88 个百分点，选择"比较贫乏"的比率均较非留守儿童高 3.58 个百分点。课外思想品德教育活动的开展有助于深化课堂教学的成果，对巩固课堂教学具有重要的促进作用。

表 7-46　儿童眼中学校课外思想品德教育活动的开展情况

选项	总计			留守儿童 2019 年（b）		非留守儿童 2019 年（b）		不清楚 2019 年（b）		留守儿童与非留守儿童比较
	人数/名	比率/%	排序	人数/名	比率/%	人数/名	比率/%	人数/名	比率/%	率差/个百分点
很丰富	416	35.89	1	187	34.89	228	36.77	1	33.33	−1.88
一般	391	33.74	2	174	32.46	217	35.00	0	0.00	−2.54
比较贫乏	189	16.31	3	97	18.10	90	14.52	2	66.67	3.58
不清楚	163	14.06	4	78	14.55	85	13.71	0	0.00	0.84
合计	1159	100.00		536	100.00	620	100.00	3	100.00	0.00

2）相关群体的认识。

第一，中学老师、家长与德育工作者的认识。如表 7-47 所示，在对中学老师、家长与德育工作者眼中学校课外思想品德教育活动开展情况的调查中，61.93%的相关群体表示"很丰富"，选择"一般"的比率为 26.14%，选择"比较贫乏"的比率为 3.98%，选择"不清楚"的比率为 7.95%。从单个选项来看，选择"比较贫乏"的比率最高的是德育工作者；家长选择"不清楚"的比率为 12.70%，是 3 个群体中此项比率最高的群体。多数相关群体认为学校课外思想品德教育活动"很丰富"，但"一般""比较贫乏""不清楚"的合比率也超过三成半，说明这方面的工作有待进一步深入。

从中学老师与家长比较来看，中学老师选择"很丰富"的比率达到 83.58%，比家长的同项比率高 37.55 个百分点，家长选择"一般""比较贫乏""不清楚"的比率均较中学老师要高。家长的看法要差于中学老师。

表 7-47　中学老师、家长与德育工作者眼中学校课外思想品德教育活动的开展情况

选项	总计			中学老师 2019 年（b）		家长 2019 年（b）		德育工作者 2019 年（b）		中学老师与家长比较
	人数/名	比率/%	排序	人数/名	比率/%	人数/名	比率/%	人数/名	比率/%	率差/个百分点
很丰富	109	61.93	1	56	83.58	29	46.03	24	52.17	37.55
一般	46	26.14	2	8	11.94	24	38.10	14	30.43	−26.16
比较贫乏	7	3.98	4	1	1.49	2	3.17	4	8.70	−1.68
不清楚	14	7.95	3	2	2.99	8	12.70	4	8.70	−9.71
合计	176	100.00		67	100.00	63	100.00	46	100.00	0.00

第二，中学校长与小学校长的认识。如表 7-48 所示，在对中学校长与小学校长眼中学校课外思想品德教育活动开展情况的调查中，63.73% 的相关群体表示"一般"，选择"很丰富"的比率为 27.72%，选择"比较贫乏"的比率为 7.77%，选择"不清楚"的比率为 0.78%。这一相关群体对学校课外思想品德教育活动的开展情况很清楚。

从中学校长与小学校长比较来看，中学校长选择"一般"的比率较小学校长高 8.12 个百分点，小学校长选择"比较贫乏"的比率较中学校长高 5.71 个百分点。他们认为"一般"是主流，对学校课外思想品德教育活动的开展情况的看法不太好，明显差于中学老师、家长与德育工作者这一相关群体。

表 7-48　中学校长与小学校长眼中学校课外思想品德教育活动的开展情况

选项	总计			中学校长								小学校长		中学校长与小学校长比较
				2019 年（b）		2020 年（b）		2021 年（c）		小计		2021 年（c）		
	人数/名	比率/%	排序	人数/名	比率/%	人数/名	比率/%	人数/名	比率/%	人数/名	比率/%	人数/名	比率/%	差/个百分点
很丰富	107	27.72	2	25	30.49	6	14.63	14	28.00	45	26.01	62	29.11	−3.10
一般	246	63.73	1	53	64.63	34	82.93	31	62.00	118	68.21	128	60.09	8.12
比较贫乏	30	7.77	3	4	4.88	0	0.00	4	8.00	8	4.62	22	10.33	−5.71
不清楚	3	0.78	4	0	0.00	1	2.44	1	2.00	2	1.16	1	0.47	0.69
合计	386	100.00		82	100.00	41	100.00	50	100.00	173	100.00	213	100.00	0.00

（4）对学校思想品德教学效果的评价

如表 7-49 所示，在对儿童就学校思想品德教学效果评价的调查中，儿童选择"非常满意""满意"的合比率为 47.37%，选择"非常不满意""不满意"的合比率为 25.83%，选择"一般"的比率为 26.80%。总的来看，满意度超过不满意度，但不满意度的比率约四分之一，也就是说，每 4 个儿童中就有 1 个不满意。

从留守儿童与非留守儿童比较来看，留守儿童选择"非常满意""满意"的合比率较非留守儿童高 12.44 个百分点。留守儿童选择"非常不满意""不满意"的合比率较非留守儿童低 10.24 个百分点。可见，留守儿童对学校思想品德教学效果的满意度高于非留守儿童。但总的来看，儿童的评价不太高。

表 7-49　儿童对学校思想品德教学效果的评价

选项	总计			留守儿童							
				2016 年		2017 年（a）		2019 年（b）		小计	
	人数/名	比率/%	排序	人数/名	比率/%	人数/名	比率/%	人数/名	比率/%	人数/名	比率/%
非常满意	1109	34.47	1	190	51.21	82	28.37	167	31.16	439	36.71
满意	415	12.90	4	52	14.02	127	43.94	42	7.84	221	18.48
一般	862	26.80	2	62	16.71	73	25.26	169	31.53	304	25.42
不满意	259	8.05	5	11	2.96	7	2.42	32	5.97	50	4.18
非常不满意	572	17.78	3	56	15.09	0	0.00	126	23.51	182	15.22
合计	3217	100.00		371	100.00	289	100.00	536	100.00	1196	100.00

选项	非留守儿童						留守儿童与非留守儿童比较
	2016 年		2019 年（b）		小计		
	人数/名	比率/%	人数/名	比率/%	人数/名	比率/%	率差/个百分点
非常满意	441	31.48	229	36.94	670	33.15	3.56
满意	137	9.78	57	9.19	194	9.60	8.88
一般	391	27.91	167	26.94	558	27.61	−2.19
不满意	173	12.35	36	5.81	209	10.34	−6.16
非常不满意	259	18.49	131	21.13	390	19.30	−4.08
合计	1401	100.00	620	100.00	2021	100.00	0.00

注：2017 年未对非留守儿童作该方面调查。

6. 从学校在留守儿童教育与管理遇到的困难来看

如表 7-50 所示，在对中学校长认为学校在留守儿童教育与管理上遇到困难的调查中，各选项的排序是："师资队伍缺乏"（27.45%）、"投入经费有限"（22.55%）、"家长的支持力度较小"（18.63%）、"相关体制和机制不完善"（13.73%）、"社会关注度偏低，社会支持有限"（11.76%）、"其他"（5.88%）。中学校长认为学校在留守儿童教育与管理上遇到的困难主要是师资队伍建设与经费短缺问题，这是困扰留守儿童教育关爱的两大因素。

表 7-50　中学校长认为学校在留守儿童教育与管理上遇到的困难（多选题）

选项	中学校长		
	2016 年		
	人数/名	比率/%	排序
投入经费有限	23	22.55	2
师资队伍缺乏	28	27.45	1

选项	中学校长		
	2016 年		
	人数/名	比率/%	排序
相关体制和机制不完善	14	13.73	4
家长的支持力度较小	19	18.63	3
社会关注度偏低，社会支持有限	12	11.76	5
其他	6	5.88	6
合计	102	100.00	

学校教育对留守儿童的重要性不言而喻，上述分析从不同层面对学校教育进行了考察，总的来说，学校发挥了其教育职能，对留守儿童关注度较高，也采取了较多的教育关爱措施。但学校教育的内生动力仍稍显不足。学校教育的内生动力一方面促进学校事业的发展，另一方面也有助于提高留守儿童教育关爱的成效。内生动力不足主要表现在：一是学校场域内对目标的内在化偏弱。共同的价值目标影响学校的发展，在对留守儿童教育尤其是心理与品德教育过程中，学校教育的合力并未真正发挥作用，出现些许离散现象。二是群体的凝聚力不足。这里的群体凝聚力是指学校领导、老师、家长，以及包括留守儿童在内的未成年人群体的合力。学校要充分发挥合力，形成协同育人的机制，克服各种困难，共同做好留守儿童的教育关爱工作。留守儿童与非留守儿童间的沟通很重要，他们可以通过共同参与集体活动来增进交流与友谊，消弭心理隔阂，促进留守儿童的健康成长。

（三）政府主导仍须突出

政府的重视程度对留守儿童教育关爱长效机制的构建起着主导作用。政府在留守儿童的教育关爱中作出了巨大的努力与诸多尝试，诸如建设留守儿童活动之家、签署监护人责任书、配备专职干部（叶松庆等，2017b）等。由于留守儿童数量大、各地的情况不同、工作推进不平衡等原因，留守儿童关爱工作仍存在各种问题，政府的主导作用仍需突出，亟待进一步加强与改进。

1. 基层政府及工作人员对留守儿童问题存在一定认识误区

在实际调研中，部分留守儿童的监护人表示，政府尤其是乡镇一级的政府领导和工作人员仍然存在一定的认识误区，觉得留守儿童在基层中数量较多，早已习以为常了，不认为教育关爱未做到位会导致什么后果。此外，基层政府工作人员认为，只有大力招商引资，大力发展地方经济，帮助更多的外出农民返乡就业创业，才能从根本上解决留守儿童群体因留守状态引发的问题，其他形式的投入是治标不治本，较难取得大的成效。这种片面的习惯性认识，不能适应于社会迅猛发展的形势。在目前的社会境况下，经济要发展，在新时代更应注重对留守儿童的现实关怀，着力实施乡村振兴战略，进而惠顾更多的弱势群体，尤其是留守儿童。

2. 留守儿童工作关涉多部门，由于工作与权限的差异，关爱留守儿童工作不够协调

2004 年以来，政府对留守儿童的关爱保护工作经历了 3 个阶段："2006 年，全国妇联牵头 14 部委组成留守儿童工作小组；2013 年，教育部牵头 5 部委开展义务教育阶段农村留守儿童关爱教育；十八届三中全会后，国务院印发《关于加强农村留守儿童关爱保护工作的意见》（国发〔2016〕13 号），成立民政部牵头的农村留守儿童联席会议，形成了民政部门主导关爱保护的新格局。"（邓纯考，2019）

在 2016 年 2 月 4 日《国务院关于加强农村留守儿童关爱保护工作的意见》实施之前，虽然留守儿童的教育关爱工作受到政府的关注，政府在关爱主体明确、工作阵地拓展、方式方法创新、体制机制完善等方面也做了很多工作，并取得了明显成绩，但由于缺乏指导性、纲领性的文件，对留守儿童的教育关爱存在"说起来重要、做起来次要、忙起来不要"的现实窘境，在对留守儿童概念内涵、年龄段划分等基本问题上缺乏统一的参照标准，导致相关工作开展相对粗糙和模糊。

相关部门研究认为，2005 年中国留守儿童数量为 5800 万人（叶晓楠，2008），2010 年中国留守儿童的数量为 6102 万人（邓纯考，2019）。庞大的留守儿童群体带来的工作压力很大。基层开展留守儿童工作的部门（单位）主要是各级团委、妇联、爱心企业和社会团体（民政部门也参与），且这种教育关爱往往呈现出"短暂化""碎片化""零星化"状况，效果也不太明显。

在 2016 年 2 月 4 日《国务院关于加强农村留守儿童关爱保护工作的意见》实施之后，各级民政部门开始主导留守儿童的关爱保护与服务工作。民政部经过全面调查认为：截至 2018 年 8 月底，全国共有留守儿童 697 万人；与 2016 年首次留守儿童摸底排查的数据 902 万人相比，下降了 22.7%；从区域分布看，四川省留守儿童规模最大，为 76.5 万人，其次为安徽、湖南、河南、江西、湖北和贵州，以上 7 省留守儿童总人数为 484.4 万人，占全国总数的 69.5%；从监护情况看，96% 的留守儿童由祖父母或者外祖父母隔代照料（潘跃，2018）。也就是说，留守儿童数量有了较明显的下降，

监护方式与监护人也有了一些调整，留守儿童的教育关爱工作有了一些改变与新的起色。但在实际工作中，留守儿童工作关涉多个部门，由于工作性质与权限的不同，各部门留守儿童工作衔接不紧，协调不够，甚至出现了一些相互推诿扯皮的现象。此外，还有教育关爱的"队伍力量不足"（倪大兵等，2018）的问题，基层从事留守儿童教育关爱工作的人员多是兼职的，其主要从事的业务工作占据了基层工作人员较多的时间与精力，再加上"专业能力不强"（倪大兵等，2018），在教育关爱留守儿童的执行上这些基层工作人员深感力不从心，成效受限。

3. 政府对留守儿童工作的资源配置与经费投入有限

政府对留守儿童资源的配置充沛有助于更好地利用相应的资源开展留守儿童教育关爱工作。资源的配置既包括政策资源也包括财力资源。

在政策的制定上，留守儿童教育关爱工作的主导力量是各级政府。近年来，各级政府出台的针对于留守儿童的多项政策在保护和促进留守儿童健康成长等方面起到了很重要的作用，但从总体上看，"留守儿童关爱服务政策体系不完善"（杨潇等，2018），依然存有政策的执行力度较弱、难以操作、不易落实等问题。在政策的制定中，未能进行全面、系统、充分的调研，对留守儿童的实际状况与具体诉求缺乏全面了解，相关政策在有些方面并不能较为顺畅地解决留守儿童的实际问题，也难以满足留守儿童的真实需要。

在政策的执行上，有些地方的力量与精力花在了对上级相关政策的传达与解读上，重点放在留守儿童教育关爱机构、组织、制度的建设上，对于如何在不同省份、不同地区实施、落实并未有实质性的动作，缺少留守儿童关爱服务的操作办法，致使有些关爱留守儿童的政策停留在理论层面，难以执行，也不易落实。

在经费的投入上，有些地方政府由于对留守儿童的关注程度不高，尚未设立专款专用的项目资金，关注留守儿童仅停留在口头上或文件里，留守儿童教育关爱的经费投入不足、关爱与服务资源不足、"关爱保护资金投入不足"（倪大兵等，2018），以及"财政投入不够稳定、资金保障缺乏延续"（刘金接等，2020），导致难以保障留守儿童的就学资助、生活资助及其寄宿制学校的设置与建设等，其教育设施配置也难以到位，同时也无法保障在农村教育第一线教师员工的生活与发展，难以激发和提高他们教育关爱留守儿童的主动性和积极性，有限资源的有效整合与利用的效度较低。

（四）社会功能尚待完善

"农村留守儿童是我国经济社会转型过程中的'制度性产物'"（张学浪，2018），对留守儿童的教育关爱必然要立足于社会治理的视角，从社会关爱的主体以及服务的客体方面加强对留守儿童的教育关爱。当前，留守儿童社会关爱机制尚不完善，留守儿童社会层面的教育关爱仍存在一些问题。

1. 社会关爱的共识有待增强

社会层面对留守儿童教育关爱更多的在于服务实践的生成，全社会要逐渐形成留守儿童教育关爱的社会共识。社会中的不同主体围绕共识作出各自的努力，围绕留守儿童的教育服务中的资源调度、参与热情、内容与方式等方面问题作出深层次的努力。从现状来看，一是当前社会不同主体对留守儿童教育关爱的重视、组织与协调还不到位。不同主体尚存在一些推诿、扯皮的现象，并未从公共事务尤其社会治理的高度来看待留守儿童问题，使得一些问题"搁置"。二是不同主体的职责不清、权责不清，并未从留守儿童的视角去发现问题和解决问题，部分教育关爱活动也更多的是形式化，让留守儿童深度参与的力度不足。应该说，留守儿童的社会关爱是社会治理的内在需要，需要社会（包含留守儿童所在村委会或社区）的共同努力，从保障留守儿童权利的高度去各司其职。在实际调研中发现，相关社会组织、社会团体甚至社会公众认为教育关爱留守儿童是政府和学校的事情，其开展教育关爱活动更多是增强自身的影响力与知名度，企业营销的目的性和功利性较强，在实际的教育关爱过程中，缺乏深入的了解以及必要的手段与方式，未能根据留守儿童的实际，缺乏对留守儿童心态与诉求的了解，工作开展与留守儿童的契合度不高，效能较低，社会共识尚待进一步增强。

2. 社会关爱的阵地建设不能满足留守儿童的诉求

（1）留守儿童关爱站的数量不足与功能不全

为更好地教育关爱留守儿童，解决无固定场所以及无设备条件远程与在外打工的父母进行沟通交流等问题，包括政府在内的多元社会主体，依托农村寄宿制学校、社区（或村里）闲置的公用房，组建留守儿童关爱站，解决留守儿童的课外学习辅导、体育、娱乐及心理疏导等问题。现有的设施与装备无法满足留守儿童的需求。

据本书的调查，只有35.11%的留守儿童认为其所在的社区（或村里）设置了留守儿童关爱站，认为"没有"和"不清楚"的比率分别为33.18%、31.71%（表5-53）。数据表明，多数留守儿童表示社区（或村里）"没有"

或"不清楚"是否有专门针对留守儿童的关爱站。留守儿童关爱站的基本功能是汇集各方面的关爱力量，稳定地做好教育关爱留守儿童的工作。现有社区（或村里）的留守儿童关爱站也缺乏应有的图书报刊资料、娱乐设施等，站址有时会被社区（或村里）挪作他用。

（2）学校配置加强亲情联系的设备不足

1）留守儿童的自述。如表7-51所示，在对儿童就学校有无配备加强亲情联系设备认识的调查中，40.55%的儿童表示"有"，选择"没有"的比率为19.24%，选择"不清楚"的比率为40.21%。仅有四成多的儿童认为"有"相关设备。

从留守儿童与非留守儿童比较来看，留守儿童选择"有"的比率较非留守儿童低6.24个百分点，选择"不清楚"的比率较非留守儿童高0.37个百分点，选择"不清楚"的比率较非留守儿童高5.86个百分点。近两成的留守儿童认为学校"没有"配备加强亲情联系的设备，还有四成多的留守儿童表示"不清楚"（肯定没有使用过），可见，学校在这方面的设施较差。

表 7-51　儿童对学校有无配备加强亲情联系设备的认识

选项	总计			留守儿童 2019年（b）		非留守儿童 2019年（b）		不清楚 2019年（b）		留守儿童与非留守儿童比较
	人数/名	比率/%	排序	人数/名	比率/%	人数/名	比率/%	人数/名	比率/%	率差/个百分点
有	470	40.55	1	200	37.31	270	43.55	0	0.00	−6.24
没有	223	19.24	3	104	19.40	118	19.03	1	33.33	0.37
不清楚	466	40.21	2	232	43.28	232	37.42	2	66.67	5.86
合计	1159	100.00		536	100.00	620	100.00	3	100.00	0.00

2）相关群体的认识。

第一，中学老师、家长与德育工作者的认识。如表7-52所示，在对中学老师、家长与德育工作者就学校有无配备加强亲情联系设备认识的调查中，50.57%的相关群体表示"有"，选择"没有"的比率为22.16%，选择"不清楚"的比率为27.27%。仅有约一半的相关群体认为"有"，可见学校配置加强亲情联系的设备不足。

从中学老师与家长比较来看，中学老师选择"有"的比率较家长高9.10个百分点，选择"没有""不清楚"的比率较家长分别低5.80个百分点、3.29个百分点。中学老师比家长更了解学校的情况。

表 7-52 中学老师、家长与德育工作者对学校有无配备加强亲情联系设备的认识

选项	总计			中学老师 2019 年（b）		家长 2019 年（b）		德育工作者 2019 年（b）		中学老师与家长比较
	人数/名	比率/%	排序	人数/名	比率/%	人数/名	比率/%	人数/名	比率/%	率差/个百分点
有	89	50.57	1	38	56.72	30	47.62	21	45.65	9.10
没有	39	22.16	3	11	16.42	14	22.22	14	30.43	-5.80
不清楚	48	27.27	2	18	26.87	19	30.16	11	23.91	-3.29
合计	176	100.00		67	100.00	63	100.00	46	100.00	0.00

第二，中学校长与小学校长的认识。如表 7-53 所示，在对中学校长与小学校长就学校有无配备加强亲情联系设备认识的调查中，76.94%的相关群体表示"有"，选择"没有"的比率为 18.65%，选择"不清楚"的比率为 4.40%。大部分学校在这方面做得较好，但有部分学校做得不够好。

从中学校长与小学校长比较来看，中学校长选择"有"的比率较小学校长低 16.88 个百分点，中学校长选择"没有"和"不清楚"的比率较小学校长分别高 11.24 个百分点和 5.63 个百分点。小学在这方面的工作做得比中学好。

表 7-53 中学校长与小学校长对学校有无配备加强亲情联系设备的认识

选项	总计			中学校长			
				2019 年（b）		2020 年（b）	
	人数/名	比率/%	排序	人数/名	比率/%	人数/名	比率/%
有	297	76.94	1	57	69.51	24	58.54
没有	72	18.65	2	22	26.83	10	24.39
不清楚	17	4.40	3	3	3.66	7	17.07
合计	386	100.00		82	100.00	41	100.00

选项	中学校长				小学校长		中学校长与小学校长比较
	2021 年（c）		小计		2021 年（c）		
	人数/名	比率/%	人数/名	比率/%	人数/名	比率/%	率差/个百分点
有	36	72.00	117	67.63	180	84.51	-16.88
没有	11	22.00	43	24.86	29	13.62	11.24
不清楚	3	6.00	13	7.51	4	1.88	5.63
合计	50	100.00	173	100.00	213	100.00	0.00

3. 社会教育关爱服务存在不稳定和无序的现象

虽然社会从上到下都高度重视留守儿童的教育关爱，但从实施现状来看，社会教育关爱服务大多数停留在零星和分散状态，多元主体间缺乏高效的协调与衔接，主要表现在以下几个方面：一是时间上的断断续续，对留守儿童的教育关爱多数集中在假期或者重要的节假日节点，诸如儿童节、学雷锋日，在这些时间段，教育关爱留守儿童活动呈现"井喷式"和"扎堆式"的现象；在平时，相关教育关爱服务则偏少甚至没有。二是留守儿童之间的教育关爱不平衡。部分留守儿童因家庭突发重大变故或其他方面的事例引起媒体或地方政府的高度关注，一时间会成为教育关爱的焦点，不同层面的关爱力量汇聚，轮番聚焦和关爱，有些时候，这些捐赠的物资远远超过留守儿童的一般需求，从而使得其他留守儿童的心理产生较大落差，感觉自己受到了忽视。与此同时，社会教育关爱的固定性人员缺乏，尤其是对留守儿童进行音体美以及心理健康教育等方面的教师缺乏。在相关社会教育关爱过程中，相关阵地的管理规章制度不健全，缺乏工作规划，管理不规范，队伍不稳定。总的来说，社会关爱存在一些不稳定和无序的现象。

（五）自我效能感偏弱

留守儿童的自我效能感是对其自身学习与生活行为信心的一种评价，也是对自身能力的判断和评估。对留守儿童自我效能感的认识主要从学习、心理状态、思想品德意识、社会心态等方面进行考量。

1. 学习的积极性与兴趣度不高

由于父母外出打工，留守儿童多为隔代监护，监护人由于知识水平不高，难以对留守儿童的学习进行全面指导。与此同时，留守儿童对自身学习缺乏必要的自我监督与管理，致使其学习成绩始终不稳定，难以养成良好的学习习惯，长此以往，部分留守儿童会产生学习的畏难情绪，甚至产生辍学的想法。

（1）上学的兴趣度、喜爱度不高

1）留守儿童的自述。如表 7-54 所示，在对儿童的上学兴趣的调查中，53.16%的留守儿童表示对上学"有一定兴趣"，选择"兴趣很大"的比率为36.04%，选择"没有兴趣，很厌烦上学"的比率为10.79%。大部分的留守儿童对上学"有一定的兴趣"，但部分留守儿童对上学的兴趣度表现为"两极化"的倾向，有的对上学有较高的兴趣，有的较为厌烦上学。

从留守儿童与非留守儿童比较来看，留守儿童选择"兴趣很大"和"没有兴趣，很厌烦上学"的比率较非留守儿童分别高 3.18 个百分点和 1.24 个百分点，说明留守儿童学习兴趣的"两极化"现象较非留守儿童严重。

章 农村留守儿童教育关爱长效机制构建的问题和成因剖析 391

表 7-54　儿童的上学兴趣

选项	总计			留守儿童										
				2016 年		2017 年（a）		2017 年（b）		2019 年（b）		小计	
	人数/名	比率/%	排序	人数/名	比率/%	人数/名	比率/%	人数/名	比率/%	人数/名	比率/%	人数/名	比率/%
兴趣很大	1205	34.21	2	188	50.67	91	31.49	81	26.56	181	33.77	541	36.04
有一定兴趣	1962	55.71	1	131	35.31	184	63.67	205	67.21	278	51.87	798	53.16
没有兴趣，很厌烦上学	355	10.08	3	52	14.02	14	4.84	19	6.23	77	14.37	162	10.79
合计	3522	100.00		371	100.00	289	100.00	305	100.00	536	100.00	1501	100.00

选项	非留守儿童						留守儿童与非留守儿童比较
	2016 年		2019 年（b）		小计		
	人数/名	比率/%	人数/名	比率/%	人数/名	比率/%	率差/个百分点
兴趣很大	431	30.76	233	37.58	664	32.86	3.18
有一定兴趣	836	59.67	328	52.90	1164	57.60	−4.44
没有兴趣，很厌烦上学	134	9.57	59	9.52	193	9.55	1.24
合计	1401	100.00	620	100.00	2021	100.00	0.00

注：2017 年未对非留守儿童作该方面调查。

2）其他研究者的调研情况分析。在 2009 年安徽省广德县 Q 村的 136 名留守儿童调查中，52.9%的留守儿童表示"学习好玩"，选择"学习特别好玩"的比率为 23.5%，选择"没有感觉"和"学习不好玩"的比率分别为 17.6%和 6.0%。总的来看，大部分留守儿童认为学习好玩，有一定的兴趣度，但超过两成的留守儿童的学习兴趣度低（吴支奎等，2010）。

在 2020 年黑龙江省留守儿童学习监护现状调查中，31.23%的留守儿童表示对学习"不感兴趣"，选择"极不感兴趣"的比率为 23.90%，超过半数的留守儿童对学习不感兴趣（郭庆娟，2021）。

3）本书与其他研究者调研情况的比较分析。在本书的调查中，53.16%的留守儿童表示对学习"有一定的兴趣"，选择"兴趣很大"的比率为 36.04%，选择"没有兴趣，很厌烦上学"的比率为 10.79%。从 2016～2019 年的调查数据来看，留守儿童选择"没有兴趣，很厌烦上学"的比率有所上升，且这一比率远高于非留守儿童的同项比率。调查表明，多数留守儿童对学习保持一定的兴趣度，部分留守儿童由于各种原因，厌烦上学。

在其他研究者的调查中，不同的年份有不同的结果。2009 年安徽省广德县 Q 村的留守儿童调查显示，52.9%的留守儿童表示"学习好玩"，23.5%

的留守儿童表示"学习特别好玩",约四分之三的留守儿童对学习感兴趣。2020 年黑龙江省留守儿童学习监护现状调查显示,留守儿童对学习"极不感兴趣"和"不感兴趣"的合比率为 55.13%,也就是说,较多数的留守儿童对学习不感兴趣。

总的来看,存在相当数量的留守儿童对学习不感兴趣。由于父母常年在外打工,留守儿童的实际监护类型多为隔代监护,监护人多为祖父母与外祖父母,其更多的是关注留守儿童的日常生活,对留守儿童的学习方面的指导匮乏,加之留守儿童的学习积极性与自律性较差,其学习的兴趣度不高。

（2）有辍学打工的想法

1）留守儿童的自述。如表 7-55 所示,在对儿童有无辍学打工想法的调查中,23.17%的儿童表示"有",选择"没有"的比率为 58.35%,选择"不清楚"的比率为 18.48%。"有"辍学打工想法的儿童为数不少。

表 7-55 儿童有无辍学打工的想法

选项	总计			留守儿童									
				2016 年		2017 年（a）		2017 年（b）		2019 年（b）		小计	
	人数/名	比率/%	排序	人数/名	比率/%	人数/名	比率/%	人数/名	比率/%	人数/名	比率/%	人数/名	比率/%
有	816	23.17	2	104	28.03	34	11.76	15	4.92	157	29.29	310	20.65
没有	2055	58.35	1	180	48.52	221	76.47	265	86.89	330	61.57	996	66.36
不清楚	651	18.48	3	87	23.45	34	11.76	25	8.20	49	9.14	195	12.99
合计	3522	100.00		371	100.00	289	100.00	305	100.00	536	100.00	1501	100.00

选项	非留守儿童						留守儿童与非留守儿童比较
	2016 年		2019 年（b）		小计		率差/个百分点
	人数/名	比率/%	人数/名	比率/%	人数/名	比率/%	
有	328	23.41	178	28.71	506	25.04	-4.39
没有	674	48.11	385	62.10	1059	52.40	13.96
不清楚	399	28.48	57	9.19	456	22.56	-9.57
合计	1401	100.00	620	100.00	2021	100.00	0.00

注: 2017 年未对非留守儿童作该方面调查。

从留守儿童与非留守儿童比较来看,留守儿童选择"有"的比率较非留守儿童低 4.39 个百分点。选择"没有"的比率较非留守儿童高 13.96 个百分点,从这一比较看,似乎非留守儿童有辍学打工想法的数量多于留守儿童,但从多个年份的数据来看,留守儿童选择"有"的比率呈现波动上升的趋势,2019 年的比率达 29.29%,高于非留守儿童同年同项比率 0.58 个百分点，说明留守儿童有辍学打工想法的数量与非留守儿童相近。

2）其他研究者的调研情况分析。在2008年7月江西省新干县计生委联合县妇联13个调查小组的留守儿童调查中，针对留守儿童辍学情况，40.0%的留守儿童表示"初中毕业就外出打工"，选择"不能接受完九年义务教育"的比率为10.0%（孙水英，2009）。

在2010年下半年河南省汝南县人大常委会、县总工会等的专题调研中，有5.71%的留守儿童辍学（吴予，2011）。

在2012年安徽省安庆市望江县的349名留守儿童调查中，留守儿童的"望江县初中在校率"为85.3%，远低于非留守儿童的在校率（毕学成等，2012）。

在2014年河南省周口市的1000名留守儿童调查中，初高中留守儿童的辍学率达2.6%（王琪，2015）。

在2015年河北省石家庄市的留守儿童现状调查中，留守儿童的辍学率为29.94%（刘文静，2015）。

3）本书与其他研究者调研情况的比较分析。在本书的调查中，对留守儿童有无辍学打工想法的调查显示，留守儿童选择"有"的比率为20.65%，12.99%的留守儿童表示"不清楚"。两成以上的留守儿童"有"辍学打工的想法。

在其他研究者的调查中，如2008年7月江西省新干县计生委联合县妇联13个调查小组的留守儿童调查显示，40.0%的留守儿童选择"初中毕业就外出打工"，还有10.0%的留守儿童选择"不能接受完九年义务教育"。2012年安徽省安庆市望江县的留守儿童调查显示，留守儿童的辍学率达到14.7%。2015年河北省石家庄市的留守儿童现状调查显示，留守儿童的辍学率达到29.94%。可见留守儿童的辍学率不低。

总的来看，部分留守儿童对学习兴趣不大，学习积极性较差，加之缺乏监护人必要的学习指导，在一定程度上会激发留守儿童辍学打工的想法。同时也反映出对留守儿童学习上的教育关爱尚有较大提升空间。

（3）部分留守儿童的自控力偏弱

如表7-56所示，在对儿童自制力的调查中，儿童选择"非常好"和"好"的合比率为48.90%，选择"非常不好"和"不好"的合比率为17.54%，选择"一般"的比率为33.57%。儿童认为自身的自制力比较好。

从留守儿童与非留守儿童比较来看，留守儿童选择自制力"非常好"的比率较非留守儿童低2.32个百分点，选择"非常不好"的比率较非留守儿童低7.14个百分点，综合来看，留守儿童自我认定自制力略好于非留守儿童。

表 7-56　儿童的自制力

选项	总计		留守儿童							
			2016 年		2017 年（a）		2019 年（b）		小计	
	人数/名	比率/%	人数/名	比率/%	人数/名	比率/%	人数/名	比率/%	人数/名	比率/%
非常好	808	25.12	96	25.88	57	19.72	130	24.25	283	23.66
好	765	23.78	148	39.89	74	25.61	69	12.87	291	24.33
一般	1080	33.57	75	20.22	146	50.52	241	44.96	462	38.63
不好	245	7.62	16	4.31	6	2.08	73	13.62	95	7.94
非常不好	319	9.92	36	9.70	6	2.08	23	4.29	65	5.43
合计	3217	100.00	371	100.00	289	100.00	536	100.00	1196	100.00

选项	非留守儿童						留守儿童与非留守儿童比较
	2016 年		2019 年（b）		小计		
	人数/名	比率/%	人数/名	比率/%	人数/名	比率/%	率差/个百分点
非常好	338	24.13	187	30.16	525	25.98	−2.32
好	365	26.05	109	17.58	474	23.45	0.88
一般	390	27.84	228	36.77	618	30.58	8.05
不好	84	6.00	66	10.65	150	7.42	0.52
非常不好	224	15.99	30	4.84	254	12.57	−7.14
合计	1401	100.00	620	100.00	2021	100.00	0.00

注：2017 年未对非留守儿童做该方面调查。

2. 部分留守儿童的心理状态不佳

（1）留守儿童的自述

在前面关于留守儿童价值观发展现状以及教育关爱现状的分析中，可以看出部分留守儿童的心理健康状况远达不到预期要求。由于长期处于留守状态，他们体验更多的是自己的孤僻，感受不到家庭的温暖。

如表 7-57 所示，在对儿童认为父母外出打工自己在家最大的烦恼的调查中，选择排在前三位的是，"孤独寂寞"（28.72%）、"其他"（15.94%）、"没有安全感和归属感"（15.01%）。孤独感、安全感、归属感是儿童更多考虑的。

从留守儿童与非留守儿童比较来看，留守儿童除选择"学习上没有人监督"的比率较非留守儿童高 3.69 个百分点以外，其他选项的比率差异不大，说明留守儿童与非留守儿童在这方面的感受相似。但留守儿童的感受是真实的，因为他们的父母已经外出打工，而非留守儿童的父母没有外出打工，他们在回答该选题时只凭想象或者看到自己身旁的留守儿童境况后的类比，因此他们的感受是虚拟的。两者在这一问题上的比较意义不大，仅能作为参考。

　　父母的缺位导致留守儿童内心情感缺失，学校对孩子的管教比较有限，社会对这部分群体的关爱也不能弥补情感上的缺失，没有及时地对其进行心理辅导和行为干预，这些都将导致留守儿童难以形成正确的价值观，从而导致思想与行为上消极情绪的出现，难以融入集体，显得孤僻和冷漠。

表 7-57　儿童认为父母外出打工自己在家最大的烦恼（多选题）

选项	总计			留守儿童									
				2016 年		2017 年（a）		2017 年（b）		2019 年（b）		小计	
	人数/名	比率/%	排序	人数/名	比率/%	人数/名	比率/%	人数/名	比率/%	人数/名	比率/%	人数/名	比率/%
孤独寂寞	1584	28.72	1	137	26.20	152	30.34	130	27.37	344	28.04	763	27.99
生活艰难	602	10.92	5	119	22.75	15	2.99	23	4.84	123	10.02	280	10.27
学习上没有人监督	676	12.26	4	69	13.19	82	16.37	71	14.95	163	13.28	385	14.12
有被遗弃的感觉	433	7.85	7	43	8.22	47	9.38	29	6.11	108	8.80	227	8.33
恐惧安排	513	9.30	6	52	9.94	39	7.78	37	7.79	116	9.45	244	8.95
没有安全感和归属感	828	15.01	3	65	12.43	80	15.97	76	16.00	190	15.48	411	15.08
其他	879	15.94	2	38	7.27	86	17.17	109	22.95	183	14.91	416	15.26
合计	5515	100.00		523	100.00	501	100.00	475	100.00	1227	100.00	2726	100.00

选项	非留守儿童						留守儿童与非留守儿童比较
	2016 年		2019 年（b）		小计		
	人数/名	比率/%	人数/名	比率/%	人数/名	比率/%	率差/个百分点
孤独寂寞	543	35.72	278	21.91	821	29.44	−1.45
生活艰难	177	11.64	145	11.43	322	11.55	−1.28
学习上没有人监督	143	9.41	148	11.66	291	10.43	3.69
有被遗弃的感觉	81	5.33	125	9.85	206	7.39	0.94
恐惧安排	131	8.62	138	10.87	269	9.65	−0.70
没有安全感和归属感	184	12.11	233	18.36	417	14.95	0.13
其他	261	17.17	202	15.92	463	16.60	−1.34
合计	1520	100.00	1269	100.00	2789	100.00	0.00

注：2017 年未对非留守儿童作该方面调查。

（2）其他研究者的调研情况分析

在 2006 年甘肃省陇南地区的 400 名留守儿童调查中，针对心理状态，留守儿童选择"存在焦虑心理""属易怒性格""有抑郁症状"的比率均超过四分之一，分别为 35.22%、29.23%、35.55%。

在 2010 年江西省乐平市的留守儿童调查中，57.45% 的留守儿童认为"大部分人是可信的"，认为"大部分人是不可信的"比率为 42.55%（朱延平等，2011）。

在 2017 年广西壮族自治区灵山县的留守儿童调查中，留守儿童的心理问题检出率达到 57.14%（陈茜，2017）。

在 2020 年湖北省黄冈市罗田县与十堰市竹山县的 1084 名留守儿童健康调查中，留守儿童有"自我孤独感"的比率为 40.88%，远高于非留守儿童的此项比率（张婷皮美等，2021）。

（3）本书与其他研究者调研情况的比较分析

在本书的调查中，父母外出打工，留守儿童在家的烦恼主要有"孤独寂寞""没有安全感和归属感""学习上没有人监督"等。从与非留守儿童的比较来看，留守儿童选择"学习上没有人监督"较非留守儿童选择的比率要稍高。调查显示，父母外出打工，留守儿童的心理状况不佳，期盼父母的陪伴。

在其他研究者的调查中，一方面，留守儿童存在一定的心理问题，以孤独、焦虑和内向为主；另一方面，从与非留守儿童的比较来看，留守儿童心理问题的比率较非留守儿童要稍高。具体来看，2006 年甘肃省陇南地区的留守儿童调查显示，三成左右的留守儿童有抑郁症症状。2010 年江西省乐平市的留守儿童调查显示，42.55% 的留守儿童表示"大部分人是不可信的"，对他人的信任感偏低。其他调查显示，留守儿童的心理问题检出率偏高。

总的来看，留守儿童的心理健康状况不容乐观。由于父母常年在外打工，留守儿童缺乏必要的心理宽慰与情绪纾解，其在心理发展上存在较多的困惑与问题，需要更多的心理支持以弥补因亲情缺失对其心理方面产生的不利影响。

3. 部分留守儿童的思想品德意识淡薄

部分留守儿童跟随隔代监护人生活，需承担一定的家务活，甚至会进行一些力所能及的体力劳动，这些劳动在一定程度上会占用其学习、休息和娱乐的时间，对留守儿童的发展会造成一定影响。当打工在外的父母短暂回家时，他们更多的是想从物质上（好吃的、好穿的、好用的）弥补留守儿童。由于认知不成熟，留守儿童通常容易形成物质至上的理念。此外，留守儿童可能产生与实际年龄不匹配的思想观念。在实际调研中，部分留守儿童错误地认为财富的多少是衡量一个人成功和社会价值的唯一尺度。父母外出打工能获得一定的经济来源，生活质量有一些提升，这在一定程度上会给留守儿童造成认知的错觉，认为学习的产出远不及外出打工赚钱，这种错误认知对留守儿童的教育关爱及其发展极为不利，留守儿童的思想品德意识将更为薄弱，错误的思想观念将滋生蔓延，直至形成不正确的价值观。

（1）相关群体的认识

如表 7-58 所示，在对中学校长认为的留守儿童整体思想政治状况和言行操守的调查中，选择"非常好"和"较好"的合比率为 60.94%，其中选择"较好"的比率为 39.06%，居于第一位。选择"不好"和"非常不好"的合比率为 18.75%。大部分中学校长对留守儿童的整体思想政治状况和言行操守评价较好。但应看到，有 12.50% 的中学校长认为"非常不好"。

表 7-58　中学校长认为的留守儿童整体思想政治状况和言行操守

选项	中学校长		
	2016 年		
	人数/名	比率/%	排序
非常好	14	21.88	2
较好	25	39.06	1
一般	13	20.31	3
不好	4	6.25	5
非常不好	8	12.50	4
合计	64	100.00	

（2）其他研究者的调研情况分析

在 2006 年四川省成都市金堂县淮口镇创新中学 50 名留守儿童和 70 名非留守儿童调查中，留守儿童平时的操行达到"平均分"的比率为 78.0%，稍低于非留守儿童的同项比率（83.3%）（陆杨等，2007）。

在 2007 年贵州省遵义市凤冈县的 2275 名留守儿童调查中，57.71% 的留守儿童认为自己的现实表现"良好"，选择"一般"的比率为 41.27%，选择"不良"的比率为 1.01%（伍梅，2012）。

2007 年 5 月福建省泉州市惠安县的 625 名留守儿童调查中，留守儿童选择"性格内向或孤僻"和"任性不能自控"的比率均为16.3%，选择"迷恋网游"的比率为4.6%（王丽馨，2009）。

在2007年6月四川省洪雅县的留守儿童调查中，10.0%左右的留守儿童"夜不归宿"，2.0%左右的留守儿童有"离家出走倾向"（赵晖，2007）。

在2009年山东省某市8所小学和8所初中的留守儿童违纪情况调查中，45.56%的留守儿童"偶尔"有违纪情况，这一比率居于第一位，其次是选择"从不"违纪的留守儿童占比达34.27%，留守儿童选择"经常"和"较多"违纪的比率（5.65%、14.52%）要高于非留守儿童的同项比率（0.77%、6.67%）（董士昙，2009）。

在2012年河南省西平县政协的留守儿童调查中，35.0%的留守儿童"自控能力差、好冲动、辨别是非能力较差，有暴力倾向"（王梅军，2012）。

在2016年甘肃省庄浪县的176名留守儿童和88名非留守儿童调查中，针对"有攻击性倾向"，近30.0%的留守儿童表示"经常和家长、同学发生矛盾"，约20.0%的留守儿童"会有意顶撞家长"，约6%的留守儿童"会因为口角和同学打架"；针对"易沾染社会不良习气"，占所有儿童15.5%的留守儿童表示有"在网吧玩网络游戏的经历"，选择"初中阶段有过抽烟喝酒经历"的留守儿童占所有儿童的比率为12.1%（陈加强等，2016）。

在曲阜师范大学政治与公共管理学院教师对2016~2018年部分省市留守儿童实地调研数据整理结果中，40.7%的留守儿童表示父母离家后，"性格孤僻，不与人交流"，选择"学习成绩下降，逃课旷课"的比率为24.3%，选择"早恋早婚早孕"与"抽烟喝酒，打架斗殴"的比率分别为10.5%和9.3%，还有4.7%的留守儿童选择"自虐轻生，破坏基础设施"（尹延君，2019）。

（3）本书与其他研究者调研情况的比较分析

在本书的调查中，对留守儿童思想政治状况与言行操守的考察并不是直接对留守儿童的考察，而是从中学校长的视角来分析的。60.94%的中学校长认为留守儿童的思想政治状况与言行操守"非常好"或"较好"，这是主流评价，但认为"不好"和"非常不好"的合比率为18.75%，接近两成。

在其他研究者的调查中，2006年四川省成都市金堂县淮口镇创新中学留守儿童调查和2007年贵州省遵义市凤冈县的留守儿童调查对留守儿童操行表现的评价分别是，留守儿童操行的平均分要稍低于非留守儿童，多数留守儿童的操行表现自认为"一般"。2007年5月福建省泉州市惠安县的留守儿童调查、2007年6月四川省洪雅县留守儿童问题调查以及2009

年山东省某市 8 所小学和 8 所初中的留守儿童调查分别显示，部分留守儿童较为任性内向，有离家出走的倾向，偶有违纪的现象。2012 年河南省西平县政协的调查显示，35.0%的留守儿童有"自控能力差、好冲动、辨别是非能力较差，有暴力倾向"。其他相关调查显示，留守儿童的不良行为表现多集中在经常和家长（主要是监护人）发生矛盾、在网吧玩游戏甚至出现早恋早婚早孕的现象。

总的来看，多数留守儿童的言行操守较好，但是部分留守儿童并未形成良好的言行操守，甚至出现违纪、越轨的行为。留守儿童发生违反基本道德认知与思想的行为，对家庭、学校以及个人将造成明显的不良的心理影响。如果不注重留守儿童思想品德与行为的教育引导，将会对其个体的成长以及社会和谐发展等造成不利影响。

4. 留守儿童的利己心态萌发

留守儿童自制力较差，意志较薄弱，在学习与生活中存在一些行为失范的现象。在留守儿童群体之中出现的突发事件或涉及利益关切问题上，留守儿童往往基于自身的观念来考虑问题，初见利己心态。以自我满足为价值衡量的尺度作出行为选择，在一定程度上可能会造成不良的后果，甚至会影响留守儿童的正常社会心态的塑造，也会影响社会的和谐发展。留守儿童利己心态的萌发或多或少地由缺乏父母必要监督、隔代监护人错误观念的影响以及留守儿童自身浅显认识造成。从实际调研情况看，留守儿童价值观的偏离、对传统道德理解不足以及出现的行为失范等问题更多是由自身得不到正确的引导所导致的。留守儿童父母在外打工，对于留守儿童出现的心理问题及思想困惑，若不能及时加以纾解和纠偏，将会对留守儿童的价值判断与行为选择造成一定的冲击。

（六）留守儿童受伤害的情况屡有发生

"公安部门统计数据显示，被拐卖儿童群体中，第一位的是'流动儿童'，第二位是'留守儿童'。女孩受到性侵害又不能及时得到父母帮助，极易酿成严重后果。同时，由于监护不及时，'留守儿童'意外溺水、触电及交通事故也常有发生。'留守儿童'已成为受侵害的主体。"（汪明等，2007）

"2014 年 11 月，中国青少年研究中心发布的调研报告指出，在过去一年中，有将近一半（49.2%）的留守儿童遭遇过意外伤害，比非留守儿童高出 7.9 个百分点。这些意外伤害包括：割伤、烧伤烫伤、被猫狗抓伤咬伤、坠落摔伤和蛇虫咬伤、车祸、溺水、触电、中毒、火灾，等等。"（陈薇等，2015）

"湖南省岳阳籍女作家阮梅……她历时近 2 年，深入看守所、未成年人管教所等地，接触了 900 多个未成年人犯罪案例，最终选取了 11 个典型监狱少年的忏悔录整理成访谈录《罪童泪》：'我通过调查发现，走进少管所的孩子，80% 以上是留守儿童，90% 以上是留守儿童和离异家庭的孩子。'"（陈薇等，2015）

"事实上，留守儿童问题凸显了农村社会的控制力正在弱化。在社会转型的大背景下，基层政权的人口管理、民间调解、治安监督等职能被降低；而熟人社会的道德、舆论等也因为人口的流动、环境的变化而被削弱。当家庭、学校、村庄都无力抑制时，留守儿童便由此被放任。"（陈薇等，2015）

二、教育关爱长效机制构建问题的成因

前文对留守儿童教育关爱长效机制构建面临的问题已作详细分析，而对面临的问题应置于留守儿童现实的处境中去考察，不能全部归咎于学校教育、家庭、社会、政府等。在对面临的问题成因分析上，内因主要是留守儿童自身的思想、生理、心理、思维、情感、行为等方面具有显著发展阶段特征的个体因素；外因主要是留守儿童及其自身生存发展相联系的外在条件，如社会环境系统、交往环境系统、生态环境系统等方面。在不同的层面，贯穿内外因分析的逻辑，这样才能更加清晰地认识留守儿童教育关爱机制构建的制约因素，才能有利于问题的解决。

（一）从家庭层面分析

家庭在留守儿童教育关爱长效机制中处于非常重要的地位，留守儿童处在心智逐渐发展的阶段，需要父母给予充分的教育关爱、管教与引导，提供力所能及的社会支持。当前家庭监护的乏力主要是由以下层面的原因导致的。

1. 亲情的缺失影响留守儿童的心理健康与认知

（1）父母情感是留守儿童最重要的影响因素

如表 7-59 所示，在对留守儿童、中学老师、家长、中学校长与德育工作者认为的影响留守儿童思想品德、心理状况的最大因素的调查中，受访群体均将"父母的情感"作为首要选项。除此之外，从不同选项来看，选择"学校的教育"的人群中，中学老师的比率最高；选择"周围同伴的道德状况"的人群中，家长的比率最高；选择"自身的自制力"的人群中，留守儿童的比率最高。

从留守儿童与家长比较来看，留守儿童更为强调"自身的自制力"的因素。

表 7-59　留守儿童、中学老师、家长、中学校长与德育工作者认为的影响留守儿童思想品德、心理状况的最大因素

选项	总计			留守儿童 2019年（a）		中学老师 2019年（b）		家长 2019年（b）		中学校长 2020年（b）		德育工作者 2019年（b）		留守儿童与家长比较
	人数/名	比率/%	排序	人数/名	比率/%	人数/名	比率/%	人数/名	比率/%	人数/名	比率/%	人数/名	比率/%	率差/个百分点
父母的情感	464	58.44	1	287	53.54	49	73.13	37	58.73	60	73.17	31	67.39	−5.19
学校的教育	63	7.93	4	37	6.90	9	13.43	5	7.94	8	9.76	4	8.70	−1.04
周围同伴的道德状况	140	17.63	2	107	19.96	5	7.46	13	20.63	11	13.41	4	8.70	−0.67
自身的自制力	78	9.82	3	66	12.31	2	2.99	4	6.35	3	3.66	3	6.52	5.96
其他	49	6.17	5	39	7.28	2	2.99	4	6.35	0	0.00	4	8.70	0.93
合计	794	100.00		536	100.00	67	100.00	63	100.00	82	100.00	46	100.00	0.00

（2）监护人没有从真正意义上解决留守儿童的亲情缺失问题

根据 2017 年（b）的调查数据，在对监护人解决留守儿童的亲情缺失状况的调查中，62.62%的留守儿童表示"没有解决"，选择"解决"的比率为 37.38%。

留守儿童父母常年在外打工，长期疏离的亲情关系不利于留守儿童的成长。亲子分离、家庭结构的不健全在很大程度上弱化了父母对留守儿童的抚育功能，制约了家庭的育人功能最大限度地发挥。留守儿童的父母为了生计，长期在外打工，受制于工作地点、工作时间等各方面的因素，回乡直接探望孩子比较困难，更难将孩子带在身边；当工作很忙的时候，与孩子打电话的频数比较少，通话（视频）时间也很短，一年半载偶尔回次家，回家后也与孩子疏于交流沟通。留守儿童与父母长期分离，与父母之间的情感关系趋于淡漠，无法获得直接的较为深刻的亲情体验，进而难以形成良好的道德情感品质，在正常的道德情感层面往往出现偏差。如留守儿童父母出于"补偿心理"，更多地给予留守儿童物质，留守儿童只是单向度地接受，不懂得去体会父母的艰辛、感恩父母或用自身良好的行为表现去回馈父母，部分留守儿童整天得过且过、不思进取，既不懂得感恩他人的关爱，也缺少对他人的关爱，个人主义倾向较为突出，对家庭、朋友、社会等较为冷漠。应该说，父母与留守儿童的接触与交流越多，对留守儿童的心理发展与心智成熟愈发有利。换言之，父母与留守儿童间的亲子关系与留守儿童的心理健康发展水平高度相关。

2. 家庭成员教育理念较为落后影响家校共育

留守儿童父母的文化和知识水平相对不高，很多是小学、初中或高中文凭，有些隔代监护人的知识水平相对更低。因此，辅导留守儿童的能力相对较低，家校共育在家庭层面相对较难落实。家校共育的家庭教育部分更多的是辅助学校做好留守儿童在家庭的教育，包括监督留守儿童学习、养成良好的学习与生活习惯、正确认识学习和端正学习态度以及提供相应的学习条件与保障等。留守儿童家庭成员的教育理论匮乏和不科学导致他们对留守儿童的家庭教育缺乏足够的必要的重视与关心，在教育的类型上是放养型、溺爱型抑或暴力型。还有的家庭成员片面地认为只要学习成绩好，其他的都不重要。此外，留守儿童家庭榜样教育偏弱，留守儿童处在心智逐渐发展的成长阶段，其会观察和学习家庭成员的日常行为表现，长期与父母的分离，缺失可以效仿的榜样形象，加之没有父母及时地对留守儿童的相关行为进行评价奖励或监督引导，留守儿童会充满困惑。面对困惑时，留守儿童无法第一时间向父母进行倾诉，与隔代监护人之间又存在严重的"代沟"，使得留守儿童在学习的过程中，缺乏判断的标准，容易导致相对散漫的行为。

"调研中，各地中小学教师普遍反映，有的孩子原本在学校表现不错，但一回到家由于没有相应的家庭教育，很多不良的行为和习惯便产生了，教师们形象地将这种现象称之为'5＋2＝0'，每周5天良好的学校教育，被每周2天缺失的家庭教育抵消了。"（王晓春等，2013）

"在调查中，受访教师普遍反映，有的孩子在学校表现突出，但周末或放假回家后由于家庭教育没有跟上，往往滋生了很多不良习惯。这种现象，被人生动地形容为'5＋2＝0'现象，即在校每周5天良好的教育，被每周2天在家的学习生活抵销了。"（康安峰等，2016）

3. 监护主体的监护质量较低

从留守儿童监护主体的划分来看，主要有四种。一是父母一方的监护。留守儿童由于长期缺乏来自父母双方健全的关爱，容易造成其性格上过于偏执甚至会造成心理上的缺陷。一般来说，如果长期由母亲监护，缺乏父亲的教育关爱，则留守儿童在性格上更趋于柔弱和多愁善感，抗挫折和抗打击能力较弱；如果长期由父亲监护，缺乏母亲的教育关爱，则在性格上较为偏执，爱出风头，容易冲动。二是隔代监护。由祖辈照顾留守儿童的日常生活起居，其监护弊端更加明显。首先，隔代监护人往往溺爱留守儿童，从而产生不良的影响。其次，隔代监护人思想观念较为陈旧，对新事物不了解或了解得少，无法与时俱进，导致教育观念相对滞后。三是同辈监护。同辈监护主要是指由家中哥哥或姐姐代为监护。在多数情况下这种监护方式的监护人并不能很好地照顾留守儿童，自身并不是法定监护人，缺乏实质的监护能力，对留守儿童成长与发展的消极影响更大。四是代理监护。代理监护是指基于血缘关系或委托亲戚朋友代为监管，通常这种监护较为随意，并不规定代理监护人的相关义务，更多是给予留守儿童基本的生活保障，代理监护人并不会像亲生的父母那样去尽心尽责地照顾和考虑留守儿童学习生活的方方面面，甚至在遇到重大问题时，会出现扯皮推诿的现象。代理监护无论是从监护的责任感，还是从教育方式等方面，效果均有待进一步提升。总之，家庭教育对留守儿童的成长与发展至关重要，需要挖掘家庭教育的要素，增强教育的实效性。

（1）对监护的态度

在 2016～2017 年中国青少年研究中心的留守儿童调查中，针对监护人的监护倾向（多选题），超过 80.0% 的留守儿童表示监护人"不讲做人的道理"，接近 90.0% 的留守儿童表示监护人"不会教育留守儿童不能实施抽烟、喝酒、逃学等不良行为"，超过 80.0% 的留守儿童表示监护人"不会劝阻留守儿童玩网络游戏"；针对"被调查的留守儿童罪犯的感受"，59.4% 的留守儿童表示"感到被忽视"，选择"遭受家人打骂达到出血、骨折甚至轻微脑震荡程度"的比率为 16.0%（郭开元，2018）。

在 2020 年江苏省宿迁市泗阳县的 456 名留守儿童调查中，留守儿童对监护人的态度"一般"的比率为 49.41%，选择"非常讨厌"和"不喜欢"的合比率为 23.04%，选择"喜欢"的比率为 27.55%（匡凤等，2021）。

（2）对监护效果的看法

1）留守儿童的看法。在 2005 年安徽省阜南县的 9 所中小学的 316 名留守儿童调查中，72.4% 的留守儿童表示与监护人"很少或从不"谈心，选择"经常"和"有时"的合比率为 27.6%（张德乾，2006）。

在 2006 年四川省丰宁县的留守儿童调查中，51.0% 的留守儿童表示"有人监管"看电视，选择"管一点"和"没有人管"的比率分别为 27.0% 和 22.0%；针对和临时监护人说心里话情况，49.0% 的留守儿童表示"愿意"，选择"说一点"和"不愿意"的比率分别为 29.0% 和 22.0%（杨晓林等，2007）。

在 2007 年山东省莱州市双语学校的寄宿生和随机走访乡镇的留守儿童（204 名）调查中，60.0%以上的留守儿童表示"经常与临时监护人有矛盾冲突"（陈恒彬，2007）。

在 2014 年河南省周口市的 1000 名留守儿童调查中，选择"经常"和"有时"与监护人沟通的合比率为 79.5%，其中选择"经常"的比率为 49.1%，居于第一位，选择"很少"和"从来不"的比率分别为 15.5%和 5.0%（王琪，2015）。

在 2016 年四川省统计局民调中心开展的 2000 名农村留守儿童状况专项调查中，71.6%的留守儿童表示监护人对自己"非常关心爱护"，选择"比较关心爱护"的比率为 23.0%，其他选项的比率非常小，甚至有 0.1%的留守儿童"独自生活无监护人"。留守儿童认为监护人对自己有较高的关爱度（雷俊雯，2016）。

在 2016 年云南省宣威市坝区、半山区、山区等共计 12 所中小学的 560 名留守儿童调查中，56.25%的留守儿童表示监管人对自己"关心"，选择"有时关心"的比率为 31.64%，选择"从来不关心"的比率为 12.11%，可见大部分留守儿童认为监管人关心他们（刘倩，2016）。

在 2017 年甘肃、河南、河北、湖北、广东等省的 1925 名留守儿童调查中，相比父母在家时，92.1%的留守儿童表示"平时穿衣不合身"，66.4%的留守儿童表示"学习情况不理想"，45.6%的留守儿童表示"有人照顾但照料不佳"，选择"有过挨饿受冻的情况"和"生病无人照顾"的比率分别为 23.8%和 11.8%（汪超等，2018）。

在 2018 年中国青少年研究中心法律研究所的留守儿童调查中，在监护人与留守儿童聊天、谈心方面，留守儿童选择"从不"的比率为 9.76%，稍高于非留守儿童，选择"经常"的比率 30.0%，低于非留守儿童；在留守儿童生病及时就医方面，4.52%的留守儿童选择"从不及时"，这一比率较非留守儿童高，选择"经常及时"的比率（68.0%）较非留守儿童低（70.0%）（张晓冰，2018）。

在 2019 年湖北省恩施州来凤县的 150 名留守儿童调查中，60.0%以上的留守儿童表示"患病后自己吃药或不予治疗"，选择"去医院或诊所治疗"的比率为 36.0%（雷建玲，2019）。

2）老师的看法。如表 7-60 所示，在 2010 年山东省日照市首县的留守儿童调查（N：留守儿童 277 名、教师 40 名）中，受访教师表示高于 50.0%的监护人未参加留守儿童的家长会，监护人参加留守儿童的家长会的到会率低于 50.0%（允春喜等，2010）。

　　在 2011 年全国 26 省 248 个村 6192 个农户进行的全面的问卷调查和深度访谈（N：家长 1081 名）中，50.05%的受访教师表示留守儿童"未享受"学杂费减免和困难补助政策，选择"享受了"的比率为 21.92%（王坤等，2013）。

　　在 2018 年湖南省留守儿童调查中，77.0%的教师表示留守儿童的监护效果为"监护较好"或"监护一般"，选择"监护不佳"的比率为 23.0%（周爱民，2018）。

表 7-60　教师对留守儿童监护效果的看法　　　　　　　　　（%）

2010 年山东省日照市首县的留守儿童调查（监护人参加家长会情况）		2011 年全国 26 省 248 个村 6192 个农户进行的全面的问卷调查和深度访谈（留守儿童是否享受了学杂费减免和困难补助政策）		2018 年湖南省留守儿童调查（教师眼中的监护效果）	
监护人参加留守儿童的家长会	低于 50.0	享受了	21.92	监护较好	77.0
监护人未参加留守儿童的家长会	高于 50.0	未享受	50.05	监护一般	
		不清楚	28.03	监护不佳	23.0
合计	100.0	合计	100.00	合计	100.0

　　3）监护人的看法。如表 7-61 所示，在对 2011 年全国 26 省 248 个村 6192 个农户进行的全面的问卷调查和深度访谈（N：家长 337 名）中包含了 337 名家长，仅有 5.88%的监护人和老师进行过交流（王坤等，2013）。

　　在 2015 年吉林省 53 所农村中小学留守儿童教育问题的调查（N：学生 900 名、教师 370 名）中，仅有 10.0%的"监护人能够与老师联系沟通"，53.0%的"监护人没有参加过学校召开的家长会"，选择"监护人能对孩子进行简单的学业辅导，但不能长期坚持"的比率为 13.0%（王世君等，2015）。

　　在 2013 年贵州省黔东南州西部的 186 名留守儿童调查中，50.0%的监护人反映父母外出后留守儿童出现"明显的消极变化"（牛佳宁，2014）。

表 7-61　监护人对留守儿童监护效果的看法　　　　　　　　（%）

2011 年全国 26 省 248 个村 6192 个农户进行的全面的问卷调查和深度访谈（您家小孩的监护人是否和老师进行过交流？）					2015 年吉林省 53 所农村中小学留守儿童教育问题的调查	
选项	交流过	没交流过	不清楚	合计	选项	监护人表现
交流过	5.88	29.41	64.71	100.00	监护人能够与老师联系沟通	10.0
学习成绩下降	45.95	24.32	29.73	100.00	监护人没有参加过学校召开的家长会	53.0

续表

选项	交流过	没交流过	不清楚	合计	选项	监护人表现
学习难度加大	38.89	41.67	19.44	100.00	监护人能对孩子进行简单的学业辅导，但不能长期坚持	13.0
没有	44.74	35.53	19.74	100.00	未标明	24.0
不清楚	31.88	37.68	30.43	100.00		

在 2017 年湖南省的留守儿童调查中，针对"监护人的监护意愿"，34.48%的监护人表示"委托监护人觉得事出无奈只得勉强接受"，选择"委托监护人明确表示并不愿意承担监护职责，而是情非得已"的比率为 5.82%（银小兰等，2017）。

在 2017 年安徽省某农村学校的 114 名留守儿童调查中，针对"监护人最关心留守儿童的方面"，监护人选择的各项的排序为："生活"（40.0%）、"学习"（37.5%）、"心理"（15.0%）和"不关心"（7.5%）（金来润等，2017）。

在 2018 年中国青少年研究中心法律研究所的留守儿童调查中，关于"监护人的辅导学习、关注人身安全、进行思想道德教育的情况"，留守儿童在"辅导学习""关注人身安全""思想道德教育""其他方面教育"的比率均较非留守儿童低。关于"监护人关心儿童在学校里做什么、交什么朋友"，16.0%的留守儿童表示"经常询问"，比率较非留守儿童低，选择"不经常询问"的比率为 84.0%，较非留守儿童高（张晓冰，2018）。

（二）从学校层面分析

学校教育内生动力不足是制约留守儿童教育关爱长效机制构建的因素。学校教育内生动力不足，主要源于下列原因。

1. 部分农村学校课程设置不尽合理

部分农村学校的课程设置上，如课程目标、内容及教育目标与留守儿童的实际境况不匹配，设置不合理。留守儿童的心理健康问题较为突出，在农村学校并未开设心理辅导课程，对留守儿童中出现的心理问题，由于缺乏专业力量，并不知道如何进行心理辅导。大部分农村学校也并未开设相关安全类课程，留守儿童对如何增强自我保护意识、如何面对不法分子的侵害并不了解，安全教育不到位。部分农村学校课程设置不尽合理主要表现在以下方面。

一是留守儿童不适应开设的课程。一般来说，学校课程的设置应体现课程间的平衡性，注重儿童综合素质提升和个性全面发展。在实际的课程中，语文、数学、英语三门课程占据主要时间，对体育、美术、艺术以及自然与科学等课程则设置得偏少甚至没有。应当来说，开设音乐、体育、美术、科学、艺术等课程有助于活跃留守儿童的思维、培养艺术鉴赏能力，对留守儿童的身心健康发展有积极推动作用。现实的课程设置往往不能满足留守儿童的需求。

二是留守儿童不适应教材内容。首先，当前教材无论是从编写还是使用上，或多或少贯穿着城市教育生活的倾向，对农村基层教学现状与内容不了解，缺少贴近农村生活的教育题材与素材，更缺乏贴近留守儿童的素材，在很大程度上加大了留守儿童对教学内容的理解难度，脱离留守儿童现实生活的教学往往影响教学成效。其次，受到农村教学条件的限制以及教师创新教学水平不高等因素影响，教师往往机械地讲解或照搬教材内容，从教材体系向贴近学生接受的话语体系转换度不高，烦琐和陈旧的教学使留守儿童的创新能力与实践能力的培养不足。此外，教师多学科交叉教学能力偏弱，导致教学成效低，学生上课兴趣不高。

三是课程教学的考核以考试为主。相比多形式的考核（动手实践能力考核、作品考核等），以考试为主的考核往往忽视了留守儿童对教学的评价，导致留守儿童在学习上缺乏成就感与获得感，其对学习的积极性与创造性也大打折扣。

2. 教育评价体系尚不健全

教育评价体系不健全也是影响学校教育内生动力生成的重要因素。学校教育评价体系不健全主要体现在以下方面。

一是家校共同育人层面。在家校育人中，学校起到主导和引领的作用，负责家校共育的组织、实施和反馈，需要在开展时间、主题活动、日常活动及方式方法等方面进行统筹安排，教师可以围绕这些方案和安排来有序开展教育工作。但是当前农村学校虽然知道应该开展家校共育，也做了一定的努力，但是在具体方案的制定、规划的编制等方面仍不完善。学校和教师对部分活动是否举办等类似问题的抉择带有较强的随意性，致使家庭层面的参与度偏低。

二是缺乏相应的评价反馈机制。评价与反馈是检验学校教育成效的重要一环。只有通过评价与反馈，才能给学校和教师等主体提供发现问题的机会。诸如在学校日常管理制度方面，并未涉及家校共育的内容；对学校工作成效的评价缺乏来自留守儿童家庭的参与。缺乏必要的监督与评价或多或少会影响学校教育的效果。

三是教学评价体系更多的是以知识接受度为依据，而不是以儿童的素质提升为依据。当前学校还是以学习成绩作为衡量教学质量的主要考核标准，农村学校教师将提高留守儿童的分数作为教学的重点，对学习成绩较为关注，而对留守儿童心理健康与情感情绪等关注较少。当前相关学校大部分都建立了留守儿童结对帮扶等措施，但是教师由于工作任务繁重，忽略了对留守儿童的关心与呵护。只是在留守儿童出现违纪或成绩下滑时，才会主动去加强与留守儿童监护人的沟通与交流。此外，学校教师对于留守儿童群体的爱心、责任心存在差异，从而导致对待留守儿童的方式和关爱服务方法也有较大差别。

3. 教师开展教育关爱的精力有限

教师作为留守儿童在校期间的主要教育者，其行为及其表现会对留守儿童产生较大的直接或间接影响。教师在一定程度上可以弥补留守儿童因处留守状态而产生的较大的心理落差。但在实际调研中发现，教师更多地将主要精力放在日常教学中，或多或少地忽视了留守儿童的心理变化与情感需要。与此同时，教师与留守儿童的父母（或监护人）的沟通存在一定困难，难以短时间及时掌握留守儿童的心理及其情感的变化，导致疏于对留守儿童教育关爱。此外，部分留守儿童由于自身原因，不主动也不善于与教师进行沟通、交流，对与教师交流产生敬畏心理。教师的工作压力大，精力分散，致使其教育关爱留守儿童的主动性与积极性受限。

一般来说，农村学校的师资力量较缺乏，很多教师除主教课程外，还需承担其他课程的教学任务，加之留守儿童较多，很难有充沛的精力去顾及班级中的每个留守儿童。农村教师的平均待遇相对城市教师要低得多，影响其教学的积极性，学校针对教师的留守儿童教育关爱的相关激励措施跟不上，教师本身的意愿不强，多种因素综合来看，教师参与教育关爱留守儿童的积极性不高。部分教师与留守儿童沟通与交流的方式方法较为陈旧，致使留守儿童不愿与教师交流、沟通。农村学校的专业教师偏少，如少有受过专业训练的心理辅导老师，大多的心理健康课程由思想品德老师或班主任担任，导致留守儿童的心理教育欠缺专业性。

（三）从政府层面分析

留守儿童作为社会转型时期的特殊群体，解决其出现的问题需要一个过程。政府层面的主导作用并未完全发挥是影响留守儿童教育关爱长效机制构建的重要因素，主要表现在以下方面。

1. 切实解决留守儿童问题的力度不足

部分主管部门基层工作人员在解决留守儿童教育关爱问题上执行政策未到位，在基层工作中对留守儿童教育关爱问题的重要性认识不足。基层政府主要聚焦在留守儿童的人身安全和义务教育方面，但是对多元参与主体的职责边界划分不清晰。应该说，留守儿童教育关爱的问题涉及民政部门、司法部门、学校、群团组织以及社区（或村）等，不同的部门对留守儿童的教育关爱工作的重点有所不同。在实际工作中，不同部门之间并未形成高效的协调运转机制和统筹指挥体系，大多是"单打独斗"。此外，部分基层单位尚未建立（或健全）留守儿童的数据档案与信息管理系统，对留守儿童信息了解得不全面不及时，对需要重点教育关爱的留守儿童，尚未建立台账和专报制度，留守儿童教育关爱细化措施的针对性与可操作性不凸显。与此同时，留守儿童的教育关爱工作缺乏必要的监督、反馈与成效评价机制，建章立制的工作需要进一步规范和强化。

2. 产生留守儿童的根源问题难以解决

产生留守儿童的根源在于我国经济发展不平衡。在实际调研中，留守儿童的隔代监护人（祖父母和外祖父母）均表示对土地有着较强的依赖性，依靠传统的种植为生，但土地给他们带来的利润是相对微薄的。城乡经济发展不平衡，城市化进程需要大量劳动力，农村劳动力过剩。此外，地方政府的招商引资力度不够，引进知名企业和专业人才不足，在引导和培育本地种植大户、规划农民就业方向等方面也有所不足。同时，为农民提供就业创业的扶持政策兑现较缓慢，使得农民的增收始终较难。本地就业创业岗位少，"千军难过独木桥"，必然导致大量农村青壮年劳动力外出，留守儿童群体自然一并出现。在新的时代背景下，政府应充分考量这一实际问题，创造条件，着力吸引更多的人才参与新农村建设，只有让农村青壮年在本地（或就近）务农或打工，才能从根本上解决留守儿童的问题，从而为留守儿童的健康成长提供保障。

3. 未充分发挥基层单位的教育关爱作用

在实际调研中，部分农村的村一级组织并未成立或设置留守儿童关爱站，村干部在帮扶贫困户与留守儿童和老人过程中精力投入不足。应该说，村干部作为基层管理人员，对村里的基本情况最为了解，对留守儿童的留守状态、家庭背景以及相关诉求也更为熟悉。部分村干部关爱留守儿童的意识不强，只是大致了解相关情况，并未真正做到精准对接、精准关心与照顾。此外，部分村干部的积极性不高，主要是缺乏相应的激励措施，导致其在这方面的工作投入不足。此外，部分党员村干部的先锋模范作用没有完全发挥出来也是导致基层单位教育关爱留守儿童实效性偏低的重要原因。

（四）从社会层面分析

社会层面在留守儿童教育关爱上存在不完善的地方，主要表现在社会关爱的共识尚未完全形成、社会关爱的阵地设施不能满足留守儿童的诉求、社会关爱的服务不稳定和无序现象凸显，这些问题严重影响留守儿童教育关爱长效机制的构建。究其原因主要表现在以下方面。

1. 社会教育关爱留守儿童的大气候基本形成，小气候需要进一步改善

随着党和国家的高度重视，全社会逐渐形成了关爱留守儿童的氛围。留守儿童由于心智发展不成熟，缺乏正确的价值判断与选择标准，其自我保护意识与能力相对较弱，缺乏抵御和防范诱惑的能力，容易沾染不良习惯，严重的甚至走上违法犯罪的道路。在实际生活中，部分社会成员甚至一些学校错误地将留守儿童看成另类，无形中将留守儿童贴上标签。在实际调研中发现，部分留守儿童在心理上表现出孤独、没有归属感和安全感等状态，希望得到相应的社会支持与帮助。由于留守儿童较多，且分布在不同的自然村，社会力量（如志愿者、爱心企业）有限，无法实现对留守儿童帮扶的全覆盖。此外，社会经济的发展伴随着互联网的飞速发展，越来越多的留守儿童使用手机。由于对留守儿童疏于管理，部分留守儿童通过手机玩游戏、肆意聊天以及访问黄色网站，遭到了不良信息的侵扰。由于缺乏来自父母的陪伴，部分留守儿童为了寻求情感寄托，沉迷于手机游戏和网恋，导致其身心受到较大的困扰与损伤。因此，在社会的留守儿童教育关爱层面，需要改善小气候。

2. 社会多元主体教育关爱的力量有限

相比庞大的留守儿童群体而言，教育关爱力量呈现出严重不足，缺乏稳定的社会不同领域的人士的帮助，甚至部分留守儿童处于无人帮扶的境地。包括高校大学生在内的志愿者团队有一定的能力和意愿去帮助有需要的留守儿童，但由于信息衔接与沟通渠道不畅等原因，志愿者团队对被帮扶的留守儿童缺乏足够的认识，如何帮扶等技术问题尚待解决，教育关爱的针对性不强，导致实效性偏低。应该说，本地化的志愿服务占多数，主要组成人员源自政府和高校，其对留守儿童开展的教育关爱志愿服务活动主要集中在重要的节假日或者空闲的时间，日常性的教育关爱缺乏，且多为单次，服务的时间和范围具有较大的局限性。与此同时，虽然爱心企业作为一支重要的社会力量参与留守儿童教育关爱活动，进行捐款捐物，但

是面对庞大的留守儿童基数，其所起到的作用有限。部分留守儿童的实际监护人（亲友监护人、隔代监护人）的流失率较高，结对帮扶的数量有限。在实际情况中，虽然存在一定比率的代理监护人，但由于没有专门的机构和组织对代理监护人进行监管，对代理监护人的选择并没有严格的标准，具有较大的随意性，这就在很大程度上造成代理监护人无法持续对留守儿童进行尽心尽力的教育关爱。

3. 网络媒介和农村习俗的负面效应较大

在互联网时代，网络逐渐走入寻常百姓家中。互联网具有即时性与交互性的特点，打破了时空的界限，使得人们之间的交流更加便捷。虚拟的网络世界能够使得个体充分地展示自我，在网络空间中排解自己的苦闷，缓解紧张与焦虑的情绪，使得自己的内心不断得到满足。但是网络是把双刃剑，网络空间中充斥着复杂甚至负面的信息。对于留守儿童来说，其手机的使用频率越来越高，网络交往与互动的频率激增，网络上一些低俗信息、谣言以及网络暴力不断滋生蔓延，这对留守儿童的健康成长与发展提出了新的考验。近年来，城市化的进程不断加快，农村的物质生活条件也得到了较大的改善，但是精神文明建设显得略有滞后，陈规陋习依旧存在。不良的农村社会习俗严重侵蚀着留守儿童的心灵，导致其在社会化过程中难以形成正确的价值认知与判断，思想观念的辨别力相对较弱，部分留守儿童沾染陋习和恶习后，存在越轨行为，严重的甚至走上了违法犯罪的道路。

（五）从个人层面分析

留守儿童的自我效能感偏低，主要表现在学业、心理状况、思想品德意识以及利己心态等多方面。这些均对构建长效的教育关爱机制造成了影响，需要加以分析并找出生成原因。

1. 留守儿童问题复杂，涉及范围广

留守儿童的教育关爱成效不太显著，由多重原因造成。一是留守儿童问题成因复杂。留守儿童群体的产生从根本上说是城乡的差异性、城乡之间经济发展水平的不均衡以及不同区域的产业收益的差异等多重原因造成的。这些多重原因决定了为了更好地解决留守儿童问题需要统摄不同层面的力量，不能一蹴而就。二是留守儿童问题尤其教育关爱问题包括多个方面，既包括学习与生活方面，又包括心理健康与心智发展等方面，有些问题在短期内可以解决，但有些问题的解决需要时间，留守儿童的教育以及心理健康等问题需要逐步地缓解。三是留守儿童的问题涉及范围较广。留守儿童问题既关乎下一代成长与发展的教育，同时又关乎社会的和谐稳定，也是"三农"的重要问题，关系到乡村振兴战略的实施与城镇化建设大局。

2. 留守儿童所处身心发展阶段的特殊性

留守儿童正处在青少年时期，其认知发展水平不够高，社会经验都较为匮乏，加之处在留守状态，部分留守儿童的性格内向，不愿意交流，尤其是不愿向成年人倾诉。同伴群体是留守儿童接触频率较高和程度较深的群体，同伴群体的影响在逐渐增大。部分留守儿童处于心理上的"自我发现期"，盲目追求个性，强调自我意识，表现欲较强，但在具体行事过程中常常遭受挫折，导致留守儿童的情绪波动性较大，容易逆反，也容易冲动。

3. 留守儿童的自我教育能力较弱

面对留守中的窘境，留守儿童应加强自我教育，学会自我调节，树立科学的自我观念，进行积极的自我救赎。但从当前的现状来看，部分留守儿童的自我教育能力较弱：在思想上，不能充分理解和尊重父母，对父母外出打工赚钱的目的不清楚，自身的控制力较差；在生活上，没有养成良好的生活习惯，动手能力较差，基本上都是依赖监护人，自主性较差，缺乏基本的生活技能，对基本的家务如洗碗、洗衣服、打扫卫生等不积极主动去做；在学习上，目标不够明确，积极性不太高，情绪不够稳定，没有注重良好习惯的养成，有时会抄袭作业和考试作弊，对成绩的关注度不高。

第八章　农村留守儿童教育关爱长效机制构建的要义

国家对于留守儿童教育关爱的力度在逐渐增强，各方面的工作在发展中逐步完善。整体来看，在留守儿童教育关爱长效机制的构建与运行上尚存在一些局限与不足，"影响教育与关爱农村留守儿童工作的功效"（叶松庆等，2017a），完善留守儿童教育关爱长效机制不是一蹴而就的事，"只有国家、社会、学校、家庭共同为农村留守儿童建立一个长效的机制保障，才能为他们创造一个祥和、健康、安全的成长环境"（叶松庆等，2017c）。

留守儿童教育关爱长效机制的构建是推动其关爱行动常态化、规范化的基本保证。留守儿童教育关爱长效机制在构建的过程中面临同质化现象严重、样本思维较突出以及针对性不够明确的窘境，在构建留守儿童教育关爱长效机制的目标上要满足整体系统运作、实现资源共享和促进优质发展等三大要求，遵循主位诉求（陈寿弘，2019）、教育仁爱、教育评促的原则以及构建运用的根本性与阶段性的策略，从整体上构建政策引导机制、领导协调机制、协同创新机制与督导评估机制，并从教育端构建家校合作机制、动态监管机制、平台响应机制以及均衡发展机制，从关爱端构建父母联系机制、情感关怀机制、分类关爱机制以及托管关爱机制。

一、教育关爱长效机制构建的窘境

（一）同质化现象严重

关注留守儿童的教育关爱问题，既是中国"三农"问题的重要议题，也是乡村振兴战略实施与乡村发展的重要组成部分。从目前留守儿童教育关爱长效机制的构建现状来看，在构建中存有同质化现象，主要表现在以下几个层面：一是对留守儿童群体未作细致的类别划分。在实际调研中知悉，留守儿童群体的实际情况有所差异。对于特殊的留守儿童群体，如单亲（含离异）家庭留守儿童，需要采取更为差异化和更具针对性的教育关爱措施，教育关爱长效机制的构建不能实行"一刀切"政策。二是教育模式的同质化。留守儿童所在学校对留守儿童的教育经常是一种单向性的知识传授和应试教育，忽略了留守儿童自身的思想、心理等方面的特殊性以及实际性的诉求。在教育过程中，缺乏相应的互动、对话以及合作交流，弱化了师生之间的互动关系，减弱了教学的多样性与丰富性。三是举措的同质化。留守儿童教育关爱举措存在一定的同质化现象，以学校主导、志愿服务以及社会关爱等方面的举措为主，在具体举措的施行中，存在重结果轻过程的倾向，对过程性评价的关注度不高。总的来看，教育关爱长效机制同质化现象的产生，一方面是由于缺乏足够的实际调研，对留守儿童的实际状况不够了解；另一方面是受习惯性与固化思维的影响，认为留守儿童教育关爱始终处在"应然状态"，忽视了现实的"实然状态"。

（二）样本思维较突出

样本思维是指："将整体视为若干部分之和，从中随机抽取部分样本，通过抽样调查、样本分析来认识复杂整体的思维方式。"（郭超等，2017）样本思维的取向强调部分与要素对于事物发展的重要参照意义，样本思维的突出特征是"以点带面"。在留守儿童教育关爱长效机制的构建中，部分研究者试图通过少量的部分阶段性的数据来管窥留守儿童教育关爱的全貌，企望通过有限的少量的数据来系统完整地呈现现状。需要指出的是，样本思维实质上是基于抽样的调查与分析而作出的对整体状况的概况性分析。样本容量的大小、调查的代表性等因素都会影响整体的样本质量。样本思维较突出的现象，反映了在长效机制构建中，部分研究者过度强调个别地区、个别村落以及个别年份等留守儿童教育关爱情况，得出的结论往往带有较强的主观性与片面性。在样本思维的驱使下，往往忽略留守儿童真实的思想发展状况与轨迹，以及其行为发展状况，不利于进行有效的教育关爱与成长引导。

（三）针对性不够明确

留守儿童教育关爱长效机制的针对性不够明确，主要表现在以下几方面：一是忽视留守儿童的主体性特征。不同区域的留守儿童数量不同，留守儿童之间也有所不同，如家庭环境、身心状况、思想轨迹等存在较大差异，在教育关爱长效机制构建中往往忽视留守儿童主体性的特征与要求，对影响留守儿童教育关爱实效的其他因素（各种社会思潮、价值追求等）估计不足。二是内容的针对性不足。首先，构建的教育关爱长效机制内容的针对性不强。应该明白，各留守儿童的家庭背景有所不同，其面临的教育关爱问题有所差异，即使在同一学段的留守儿童，其教育关爱面临的问题也不尽相同。其次，在教育关爱内容的更新与调整方面存在一定的滞后性。根据不同的发展形势与阶段，应不断更新教育关爱的内容，从而更好地紧密联系留守儿童实际，体现时代性特征。三是个性化的途径与方式不足。留守儿童是未成年人中的一类特殊群体，对待这一特殊群体的教育关爱，既要有统一的方式，也要有个性化的方式。在教育关爱长效机制的构建中，注重做到"因事而化、因时而进、因势而新"（张烁，2016），灵活运用多种方式方法，有机组合，才能真正实现长效机制的最大效用。

二、教育关爱长效机制构建的目标

（一）整体系统运作

留守儿童教育关爱长效机制的构建应注重从整体上着眼，既要从整体上把握留守儿童群体的教育关爱现状，又要为不同类型的留守儿童[如单亲（含离异）家庭留守儿童，尤其是女留守儿童等]提供具有针对性和具体性的教育关爱措施，切实为留守儿童成长与发展夯实基础。留守儿童教育关爱长效机制的构建从整体系统出发，要求在整体系统运作的过程中，各子系统间要相互有机协调。诸如信息系统会根据留守儿童教育关爱的实际诉求，将不同的教育关爱主体相联系和匹配，提供无缝衔接。有学者认为，系统化的运作是："基于信息技术整合信息资源，进行跨组织边界整合和信息管理。"（刘畅，2019）在留守儿童工作实践中，其教育关爱的具体工作具有较强的交互性，需要多个部门的协同运作，实现政策制定与执行及其相互配套的组织与内容保持一致。在具体运行的过程中，注意各自组织的边界，注重相互之间的良性沟通与运转。

（二）实现资源共享

留守儿童教育资源共享是构建留守儿童教育关爱长效机制的价值诉求。实现教育资源共享能够进一步提高教育资源的利用率，同时也能进一步节省教育成本，提高教育的成效，在促进教育公平等方面发挥重要的作用。构建留守儿童教育关爱长效机制旨在进一步实现教育与社会资源共享，为留守儿童的发展提供良好的保障。构建留守儿童教育关爱长效机制的内在要求：消除留守儿童与其他儿童教育资源分配上的差距，进一步强化参与留守儿童教育关爱事务的主体的积极性，提高其待遇标准。因此，需要认识区域的差异，充分发挥现有的公共教育资源，适当地向留守儿童集中的区域倾斜。要紧紧围绕对留守儿童起主导作用的学校教育，进一步提高留守儿童所在地区教师的待遇，适当打破城乡的二元壁垒，鼓励城市与农村教师之间的互动与交流，打破固有的偏见，加强相互之间的学习与交流，增强合作的意识，逐步实现资源共享，为留守儿童的全面发展奠定基础。

（三）促进优质发展

构建留守儿童教育关爱长效机制的目的是实现留守儿童教育关爱的高质量发展。进一步实现现有教育资源的优化配置，发挥教育资源的最大效益，满足不同特征的留守儿童的发展。高质量的发展必然包括全面贯彻落实党的教育方针，落实立德树人的根本任务，促进留守儿童德智体美劳全面发展，让留守儿童不会因为留守的原因，而造成教育关爱的严重缺失。高质量的发展还需要从整体和系统性的视角考虑留守儿童的现状，进一步深化相关的改革，破除相应的壁垒，多点突破，深入推进，尤其是要扩大城市对留守儿童的接纳度，让其能享受优质教育资源，完成义务教育，改革留守儿童自由流动的体制与机制，尤其是发达地区教育资源的开放与供给，助力留守儿童的健康成长。

三、教育关爱长效机制构建的原则

留守儿童问题不仅影响留守儿童的发展，也影响其家庭以及社会的平衡与发展。从深层次说，留守儿童问题作为一个社会问题，对社会发展有着重要影响。

（一）坚持主位诉求

主位是指在构建留守儿童教育关爱长效机制的过程中，相关主体长时间参与留守儿童现实的生活、学习、社会交往以及其他活动，进而充分地了解留守儿童的社会系统、文化与生活的逻辑，从而获取研究对象的思想与行为方式。换言之，就是在其日常生活与学习过程中，强调各级教育工作者从留守儿童视角来看待和认识周围世界。主位诉求不同于主位需求，主位需求是基于留守儿童的需要和要求来认识与了解该群体。在志愿者服务留守儿童的调研中，部分志愿者会以"自己"视角来判定留守儿童的需要，从而忽视留守儿童真正的需要。主位需求往往忽视留守儿童内心精神性的需要，较少关注留守儿童的精神生活。

主位诉求是在认识论层面上摒弃传统认识上的认为留守儿童自始至终都是作为弱势群体存在的"思维惯性"。实际意义上，留守儿童是作为一个特殊的群体而非十足的弱势群体存在。突出主位诉求的原则实际上是充分发挥留守儿童的主观能动性，认为他们具有充分认识自身、社会和世界的能力。坚持多元主体的参与，鼓励包括社会、学校、家庭以及市场和公益性组织等多方力量参与，各主体要多考虑留守儿童的感受以及实际的教育关爱诉求，充分了解其需求。

（二）坚持多元主体

留守儿童教育关爱长效机制的构建不能仅靠单一主体，而是需要多元主体之间的相互协同与配合来完成（王国勇，2019），单一主体则无法完成这一长效机制的构建。多元主体的协同与配合并非绝对的服从模式，而是建立在相互之间联系与配合之上，使得不同主体之间的联系更加紧密，从而尽可能全面地服务于留守儿童的教育关爱。在多元化的主体之间，政府应更多地致力于服务性的工作，要注重协调不同主体间的利益关系，通过协同治理、公共政策的制定与执行、地方政府与非营利组织之间的协作等不同方面来发挥其服务性的功能。多元主体间的相互关系与发挥协同组织作用的结构可能呈现出碎片化、缺乏清晰整合的方向，但是通过政府的服务性角色定位，以及其他多元主体的相互协作，可达到构建教育关爱长效机制的目的。留守儿童群体以及教育关爱方面呈现的问题作为公共性问题，需要多元主体之间的相互配合，各主体在参与的过程中需要明晰职、权、责，紧紧围绕留守儿童教育关爱问题，切实对留守儿童负责。

（三）坚持教育仁爱

留守儿童的教育关爱实现的效果在很大程度上关系农村教育事业的发展。在留守儿童教育关爱长效机制的构建过程中，需坚持教育仁爱。在中国传统道德认知中，"仁爱"的意思主要表示为从善良的意志出发，对他人表达出尊重、关怀、包容等。同时，遵循传统良好的道德行为规范，从而实现良好的社会道德示范效应。

教育仁爱是基于传统道德中的"仁"的要求，是在尊重人、关心人和爱护人的基础上，将仁爱的精神具体彰显在教育活动的过程中。一方面，教育仁爱的原则，要求社会、政府以及其他主体积极践行"仁"的原则，尽最大可能地为留守儿童的教育关爱提供较为坚实的精神和物质方面的保障，切实关注留守儿童的健康成长与全面发展。另一方面，要求包括学校教育者、监护人、志愿者等主体在内的群体在对待留守儿童教育关爱的过程中，既要从留守儿童"主位诉求"出发，切实关注留守儿童的现实性诉求，真正尊重和关爱留守儿童，同时又要在具体的教育关爱留守儿童过程中，做到严慈相济，结合留守儿童阶段性的身心发展特点，以及价值观的发展变化，从留守儿童的个性化特点与关注留守儿童一生的幸福出发，按照既有的教育方针与政策来教育关爱每个留守儿童。学校教育者严格对待留守儿童并不是任意妄为，而是遵循教育规律，对留守儿童的教育关爱绝不采用冷漠无情、动辄训斥等方式，而是始终以对留守儿童诚挚和深沉的爱为前提，真正地将留守儿童培养成能够担当起民族复兴大任的时代新人。

（四）坚持教育评价

留守儿童教育关爱长效机制构建的实效性最终要真正保护留守儿童，切实促进其健康成长与全面发展。在长效机制构建的过程中，要注意机制的评价性问题。在教育评价中，要坚持留守儿童教育关爱长效机制构建目标的明确性、可度量性、可实现性和相关性相统一。所谓明确性，指的是构建的留守儿童教育关爱长效机制要清晰明了，准确具体，要在宏观层面上符合党和国家的教育方针政策，在微观层面上符合留守儿童的实际状况，要切实关照留守儿童的价值观发展与成长成才，要让不同的教育主体明晰这一长效机制的具体目标、具体内容与实施步骤。所谓可度量性，是指在长效机制构建的过程中，要将具体的机制进一步细化成二级指标，切实让最终的长效机制能经受具体实践的检验。所谓可实现性，是指留守儿童教育关爱长效机制在人们付出一定努力的情况下具有实现的可能性，在教育关爱长效机制构建过程中设置过高或过低的要求均不符合留守儿童的实际状况，具体的指标要具有可实现性。设置较低的目标虽然可以实现，但对于人们来说并没有相应的长效激励性质的影响，是不可取的。反之，在机制构建过程中设置过高的目标，容易挫伤不同主体的积极性，最终使得该机制很难具体运行。所谓相关性，亦即评价指标要贴近留守儿童的成长成才的实际，在长效机制构建中，必须剔除非必要的因素，切实聚焦促进留守儿童德智体美劳全面发展的因素，将评价指标聚焦与留守儿童成长成才密切相关的因素。在长效机制构建中，植入教育评价，有助于形成"闭环效应"，切实让该机制真正发挥最大功效。

四、教育关爱长效机制构建的策略

（一）教育关爱长效机制构建的根本性策略

留守儿童群体是在中国经济社会发展以及城镇化进程中衍生出来的，农村的劳动力为了谋求更好的发展，走出家乡打工创业，加之工作不稳定以及教育、居住等条件限制,只得将未成年子女留在家乡,导致留守儿童群体出现。留守儿童的产生很大程度上是由于城乡一体化实现程度不足、农村好的就业机会相对偏少等。因此,构建留守儿童教育关爱长效机制更为重要的是从根本上解决"三农"问题,尤其是解决农村经济发展相对滞后与农村主体的流失(广大的农村青壮年到城市打工谋生)的问题。

1. 逐步实现城乡一体化

留守儿童产生的根源实质上是"三农"问题,是中国特定时期的历史造成的,是社会转型中的代价。因此,要解决留守儿童问题,从根本上来讲,是从制度上、体制上,使留守儿童这样一个群体不再存在,或者不要有那么庞大的、那么快速增长的这样一个群体(段成荣,2016)。如何从制度上实现这一点,2016 年 1 月 27 日召开的国务院常务会议指出:"通过推进农民工市民化、引导扶持返乡创业就业等措施,从源头上减少留守儿童。"(中华人民共和国中央人民政府,2016)

城乡一体化是指把工业和农业、城市和农村作为一个有机联系的统一整体,充分发挥双方的人员优势与资源优势,实现相互促进、相互补充与相互发展,尤其是在这一过程中,城市辐射农村,并积极带动农村发展。"推动城乡发展一体化实质是推进农村工业化和农业现代化"(张涛等,2017),其中最为关键的是大力发展农村集体经济。在城乡一体化进程中,农村的发展条件与改革发生巨大的变化,农村的生产力发展水平逐渐提升,农村集体经济获得发展。农村大量的青壮年劳动力通过发展高水平的农村集体经济,共享改革发展的成果,充分激发了广大农民的创造力与积极性。在此背景下,留守儿童的父母依附于农村集体经济的发展,在提高经济收入和生活水平的情况下,不用进城打工,还可以照顾到子女的生活、学习以及安全保障等,充分发挥家庭教育的功能。

2. 农村主体的重构

从留守儿童问题缘起来看,一方面,城乡间经济社会发展的不均衡,导致农村就业机会偏少,农村劳动力只得离开家乡去城市打工;另一方面,农村劳动力的流动和流入城市的相关教育政策限制,进一步加剧了留守儿童群体的形成。

农村主体的重构应从居住主体以及农业生产与发展的主体来实现。在居住主体方面,从实际调研的留守儿童相对较为集中的乡村来看,多数留守儿童与祖父母或外祖父母在一起生活。换言之,因大量的农村青壮年劳动力已把进入城镇生活作为最佳的选择,与留守儿童在一起生活更多的是留守老人，因此，在当前经济社会发展过程中劳动力呈现出单向性流动的特点（从农村流入城市）。当前部分区域基层政府逐渐意识到"空心村"问题的严重性，相继出台相应的鼓励性措施，抑或通过"精准扶贫"以及产业发展等方式与措施来进一步激发、盘活农村集体经济的活力，逐渐改善农村基础设施和人居环境，切实提高农民的生活与居住质量。在农业生产与发展主体的重构上，要进一步培养与发展新型职业农民，切实提高农民的劳动素质，并将其运用到农村农业生产过程之中。其次，要进一步解放和发展生产力，实现农村土地合理有序的流转，实现农业从粗放式向集约化和产业化发展，切实提高农村社会生产率。

3. 农村劳动力素质的提升

农村劳动力素质的提升是发展农村集体经济和提高农民收入的内在要求，同时对构建和谐农村社会具有重大的意义。实际上，解决农民增加收入的问题，一方面应提升农民从事农业生产的能力，另一方面要提升外出农民的就业技能，这就需要进一步提升农村劳动力的素质。农村劳动力素质的提升对不断强化农民参与农村集体经济的发展以及推进农业现代化具有重要的促进作用，同时也能尽快实现农民发家致富，提升农民家庭的经济水平与生活质量。

在实际调研中发现，大量农村青壮年劳动力涌入城市，在城市的工作、学习与交流过程中开阔了眼界，同时更新了观念，学到了新的知识和新的技能，在增加收入的同时，劳动力的素质也逐渐得到提升。部分地方政府鼓励和支持农村外出人员回乡创业，采取诸如加大财政补贴力度、贷款优惠等措施，进一步推动农村管理制度的改革，促进城乡经济社会的发展。农村劳动力素质的提升会潜移默化地影响子女的教育，也会直接或间接地影响教育关爱的成效。可通过大力宣传新时代新观念以及新风尚，把农民引导到自觉自愿地提升自身素质的轨道上来。

（二）教育关爱长效机制构建的阶段性策略

从构建留守儿童教育关爱长效机制来看，逐步实现城乡一体化、主体重构以及提升农村劳动力素质等均侧重于从"根上"解决留守儿童的问题。由于留守儿童及其教育关爱是一个相对复杂的社会问题，最终目标的实现需要多方面的共同努力。

1. 充分发挥家庭的功能，切实有效地履行监护职责

（1）重视家庭教育，改变传统的教育方式

父母和家庭在孩子成长过程中扮演着重要的角色，家庭也是儿童接受

教育的第一场所，父母是儿童的第一任教师。儿童在成长与发展过程中需要父母的陪伴。父母长期外出打工，造成亲子分离，在一定程度上对儿童造成难以避免的负面影响。在家庭教育过程中，父母通过亲自垂范以及正面的教育与引导，让儿童接受正确的教育，保障其健康成长。家庭通过亲情互动潜移默化地影响子女的思想观念、行为方式与行为习惯，使得儿童深深打上家庭教育的烙印。应当说，天然的血缘关系在一定程度上会促使子女对父母怀有强烈的依恋、信任等情感。但是，由于留守儿童父母常年在外打工，其家庭教育逐渐地弱化甚至消失。针对留守儿童的教育关爱问题，需要进一步转变传统的教育方式。在实际调研中，往往很多留守儿童的家长希望通过经济上的补偿来平衡自己的愧疚心，尽管这是一种无奈之举，但这种教育关爱方式亟待改变。

（2）加强情感交流，寻求适宜的沟通方式

课题组在调研中发现，多数留守儿童与家长之间的情感沟通并不顺畅，交流的次数少，且交流的方式单一，尤其是在初中阶段的留守儿童不愿与父母进行交流。其情感交流偏少的结果是，一方面，父母很难深入了解留守儿童所思所想；另一方面，留守儿童心智发展并不成熟，长期不与父母交流与沟通，问题会越积越多，其"思想症结"很难打开。因此，留守儿童的家长要进一步增强与留守儿童的交流与沟通。具体来说，在时间上，家长要创造与留守儿童共同生活的机会，诸如利用寒暑假将孩子接到身边，在共同生活过程中，了解留守儿童在学习与生活过程中的想法。家长在与留守儿童交流的过程中，重视其对新生事物的看法，并加以引导。此外，对于处在青春期的留守儿童，要注意其情绪与行为上的变化。在交流的方式上，可以选择视频聊天的方式，也可以通过留守儿童的监护人以及学校的班主任了解留守儿童近期的学习与生活状况。在有条件的情况下，可以间接地通过留守儿童在校的好朋友或伙伴了解其近况，因调查研究表明大部分留守儿童表示遇到烦心事时最愿意向朋辈倾诉并寻求支持。因此，在加强与留守儿童情感交流的过程中，家长要积极寻求适宜的沟通方式，切实提高沟通成效。

（3）加强家庭监护的管理，改进教养方式

中国的法律规定父母作为未成年人的法定监护人，应当依法履行自身法定监护义务和抚养责任。

在实际调研中，留守儿童父母在外打工，会委托有监护能力的家长或亲属代为监护，其中隔代监护最为普遍。在以隔代监护为代表的监护类型中，部分留守儿童家庭对留守儿童的教养呈现出简化或粗暴化的倾向。

留守儿童在早期教育过程中，如果长时间接受专制型、溺爱型或放纵型的教养方式，对其今后的身心健康发展将产生不利影响。因此，留守儿童的实际监护人要尽可能地采用民主、肯定、鼓励的教养方式来教育引导留守儿童，要更多给予亲情的关爱，建立亲情依恋关系。留守儿童的实际监护人还应积极配合学校，主动与老师进行沟通与交流，做好家校结合的教育，全方位掌握和了解留守儿童的学习与生活状况及其行为表现，并及时解决出现的问题，积极配合学校做好留守儿童的教育关爱工作。

2. 发挥学校教育的主导作用，构筑有效防护网络

（1）加强留守儿童的管理

在实际调研中，大部分留守儿童的管理基本上都是由祖父母与外祖父母代劳的。祖父母和外祖父母等隔代监管的监护人多为年龄较大的老年人，难免在教育关爱层面对留守儿童照顾不周或有所疏忽。学校作为留守儿童接受教育的重要场所，要进一步转变管理的方式，应制定留守儿童教育关爱的具体措施，切实细化与落实。

学校要从多个方面加强对留守儿童的管理，要充分认识对留守儿童加强管理的重要性。首先，学校做好留守儿童的工作在很大程度上为加强社会主义新农村建设奠定了较为坚实的基础。其次，学校成立专门开展留守儿童教育关爱工作的机构，制定较为翔实的规章制度，要充分调动包括班主任、任课教师以及学校其他员工等的工作力量，让他们充分参与到留守儿童事务过程中，同时要注重后期的考核与评价，能及时反馈教育关爱中存在的问题。最后，要注重培养与提升留守儿童工作的素养与技能。在实际工作中，注重研究留守儿童的思想品德状况、学习生活状况、心理发展状态、教育管理模式等，充分理解留守儿童的现实诉求，提升工作的专业化水平，为留守儿童的教育与管理工作提供相应保障。

（2）建立留守儿童的档案

留守儿童教育关爱的工作应"精细化"，包括精细化地建立留守儿童的档案。精细化的档案既要包括留守儿童在校的基本信息及在校的学业状况，还要包括留守儿童的日常行为操守、心理健康状况等信息。这种精细化的档案由县（市、区）民政部门人员根据留守儿童的相关资料建立，定期了解留守儿童的状况，更新相关信息，"确保留守儿童个体信息动态化"（叶松庆等，2017b），主要包含以下几个层面。

首先，要建立留守儿童的基本信息，全面了解与掌握留守儿童父母的基本信息（就业单位、就业工种）以及实际监护人的基本信息（包括实际监护人与留守儿童之间的关系、联系方式以及家庭具体住址等），对留守儿

童相关责任人的信息要精准掌握；同时父母、实际监护人也要了解留守儿童在校的情况，以及学校的联系教师的姓名、联系方式等。

其次，留守儿童所在学校要关注留守儿童在校情况表现的写实性证明，全面了解留守儿童的基本信息，包括留守儿童在校参与文体娱乐活动的相关情况，其参与程度、兴趣度、在活动中获得的评价等，通过形式多样的活动让留守儿童更好地融入集体之中，树立正确的集体意识及学会更好地与朋辈群体相处。

最后，留守儿童所在学校要加强对学生的心理健康普查，对留守儿童心理健康状况要及时介入与了解，要进一步提升教师有关留守儿童心理健康教育的技能与技巧，应当在中小学配置心理咨询室，由相关教师通过培训承担心理咨询任务，"在发现留守儿童心理上有问题时，及时进行疏导"（叶松庆等，2017c），对留守儿童心理健康问题要及时发现并及时干预，正确有效地予以化解。

（3）进一步利用多主体间的资源

学校还应积极发挥纽带作用，既要做好与家长和监护人之间的联系、沟通，又要做好与政府之间的密切联系、衔接。学校要积极争取政府的支持，包括争取政策与资金的支持用于留守儿童寄宿制学校的建设，让留守儿童集中居住，并统一接受学校教师的指导，在一定程度上弥补监护人教育关爱的不足。留守儿童寄宿制学校的建立固然有其较为便利的方面，但寄宿制学校并不能承揽留守儿童教育关爱的全部内容。寄宿制学校应加强对留守儿童的教育与管理，对宿舍的卫生以及宿舍的饮食起居等要有较为细致的照顾与考量，要配齐宿舍管理方面的人员，协作做好留守儿童住宿的相关事宜。学校还要进一步获得来自监护人的支持，要从留守儿童群体的实际问题出发，加强同监护人的联系与沟通，共同交流与探讨教育关爱留守儿童的方法与措施。在重要的节假日与纪念日，学校和实际监护人要与留守儿童父母进行充分沟通，反馈留守儿童的身心健康状况，协助父母与留守儿童保持亲密的关系。

3. 发挥政府的服务职能，统筹做好留守儿童相关工作

（1）政府要提高政治站位，高度重视留守儿童工作

政府在留守儿童的教育关爱层面发挥着至关重要的作用。各级政府要进一步提高政治站位，切实认识到留守儿童教育关爱工作的重要性，要予以足够的重视。各级政府要从培养担当民族复兴大任的时代新人的高度来看待留守儿童的工作，政府各职能部门之间要明晰分工，落实各项政策与措施。

　　地方政府要坚持领会党中央国务院有关留守儿童教育关爱的相关文件精神，进一步结合本区域内留守儿童教育关爱工作的实际，完善日常工作制度，强化监督报告、应急处置、帮扶评估等工作机制，及时提供政策支持，要确保精准掌握留守儿童的信息，建立工作台账，确保留守儿童监护人的责任落实到位。

　　政府尤其是乡镇政府，要加强与学校、留守儿童所在的村委会（居委会）等联系，充分利用教育、卫生、司法等资源，做好留守儿童教育关爱工作。针对突出的问题要及时了解，全面梳理可能存在的问题。

　　（2）政府要增加人力和财力投入

　　留守儿童问题产生的根源主要是城乡间的经济发展不平衡和差异化，大量农村青壮年劳动力为了提高生活质量而进城打工，子女无法跟随在父母身边。政府应当积极发挥作用，具体从两个层面展开，一方面，政府要大力发展农村集体经济，进一步激发村集体经济的活力，调整农村产业结构，注重吸纳农村劳动力就业，让留守儿童不再"留守"，切实得到父母的教育与关爱。另一方面，政府还应增加农村基础设施的投入，进一步改善农村的人居环境，重视农村的基础教育、医疗以及相关的保障工作。从实际情况来看，城市的教育设施、教学条件和教学质量均较农村地区要好，城市与农村教育资源存在不合理分配的问题。各级政府要增加留守儿童较为集中的中小学的办学条件和办学设施的投入，充分考虑留守儿童教育的实际，进一步提高农村教师的待遇，注重农村教师的职业与专业发展，为留守儿童更好地接受教育创造条件。

　　（3）要切实配套做好留守儿童进城就读的管理

　　政府要高度重视进城打工人员子女的教育与相关的配套工作，为留守儿童入城就学提供条件，让留守儿童随父母入城就学。政府在推进这项工作的过程中，要从以下层面着手：地方政府要制定政策、发布规定，让留守儿童接受像城市儿童的一样的教育，积极鼓励和动员教师对留守儿童在学业、心理健康等方面开展有针对性的帮扶和教育。从深层次上说，政府最终要实现这一目标，应当进一步加快改革，推进相关的立法，建立健全就业、医疗、住房、教育等一体化政策体系，逐渐消除城乡间制度性障碍，最终消除城乡差异，为留守儿童随父母入城就学扫清障碍。

五、教育关爱长效机制构建的理路

　　留守儿童教育关爱长效机制的构建宏观上包括整个理论关系的建构，

微观上包括运行机制内部各要素具体影响的方式。本书在构建留守儿童教育关爱长效机制方面，主要从教育、关爱两个层面入手，考虑留守儿童教育、关爱两个层面的特殊性，聚焦留守儿童总体性情况，从整体上构建长效机制。需要指出的是，留守儿童教育关爱长效机制是一个有机联系的机制。

（一）教育关爱整体长效机制的构建

1. 政策引导机制

政策带有很强的导向性与强制性。政策一旦出台，就可以保证留守儿童教育关爱工作有计划地逐步完成。从留守儿童相关文件的不断颁布和政策的不断完善来看，首先，2004 年出台的《中共中央 国务院关于进一步加强和改进未成年人思想道德建设的若干意见》中提到对未成年人的教育关爱，系统性地涉及未成年人群体。留守儿童作为未成年人的重要组成部分，该意见具有很强的关联与指导意义。其次，如全国妇联、共青团以及中国关心下一代工作委员会等不同的群团组织基于自身工作实际，出台了相应的留守儿童教育关爱的文件。再次，政府职能部门制定了留守儿童相关政策，如 2016 年国务院印发的《国务院关于加强农村留守儿童关爱保护工作的意见》对留守儿童关爱服务体系做了明确的规定。从留守儿童政策的发展变化来看，对留守儿童的教育关爱从生存与生活方面向留守儿童的发展方面转变，从粗放式的管理向精细化、规范化的方向转化。

构建政策引导机制，需要在认真研读留守儿童政策演变的基础上，以国务院印发的《国务院关于加强农村留守儿童关爱保护工作的意见》为指导性文件，"完善国家各级政府制定的留守儿童帮扶政策，并围绕其形成相关的制度"（郑航等，2015），要逐步完善经费投入的规章制度，规划留守儿童的教育关爱经费，同时对家庭离异、伤残、女留守儿童等特殊性留守儿童要重点给予相应的关照。总之，将留守儿童的教育关爱纳入社会综合治理的总体范畴，纳入相关综合考评体系之中。在政策制定、文件出台以及重点工作部署与安排时，将留守儿童的教育关爱工作纳入重要的议事日程，站在经济社会稳定与发展的全局高度去认识留守儿童教育关爱的重要性。做好顶层设计，从源头上为留守儿童权益保障提供政策制度依据，由"政府相关部门及相关工作单位实施教育与关爱方案"（叶松庆，2017b）。

2. 领导协调机制

根据国务院印发的《国务院关于加强农村留守儿童关爱保护工作的意见》的相关要求，民政部等部门建立留守儿童关爱保护工作部际联席会议制度，共同协调做好留守儿童的关爱保护工作，这无疑是国家层面的部门相互协调工作的创新。在留守儿童教育关爱的具体实施过程中，仍需各级领导协调，共同做好留守儿童工作。如具体到学校层面，可以成立"留守儿童关爱工作领导小组"（叶松庆等，2017c），由党组织的书记或校长牵头，学校相关的职能部门及各班级的班主任作为主要成员。不同成员之间分工明确，各司其职，各负其责，注重发挥领导小组的核心作用，确保留守儿童教育关爱工作落实做细。

构建领导协调机制，要以提升协调利益关系能力为目标，最终落实到留守儿童的发展中。领导协调机制要科学把握利益关系，要注重留守儿童的实际诉求，让改革发展的成果实现共享。在工作过程中，要坚持统筹兼顾的原则，既要顾全大局，从全局的视角考虑问题，又要兼顾不同的利益关系；既要高度重视留守儿童的问题，又要充分考虑其实际的承受能力。从操作层面来看，留守儿童的教育关爱要包括定期的调研与摸底，及时掌握工作的开展情况及工作中存在的问题，为更好地推进教育关爱工作提供依据。要定期听取工作汇报，及时发现日常工作中的不足，并进一步加强指导，对照问题的清单，及时提出相应的整改措施。领导协调机制要聚焦留守儿童教育关爱过程中的共同性问题，希冀通过相互协调，通过问题导向，解决工作过程中存在的"顽固性"问题，提高工作效率，开创留守儿童教育关爱的新局面。

3. 协同创新机制

德国哲学家赫尔曼·哈肯在系统论中对协同理念进行了阐述，他认为协同更多的是"协调合作"（赫尔曼·哈肯，2013）。留守儿童教育关爱机制构建过程中协同创新机制的建立，意指通过有效资源和要素的整合，打破各主体之间的壁垒，实现相互协同和创新。

构建协同创新机制，主要基于以下几个层面展开：一是强化协同创新的意识，切实聚焦留守儿童的教育关爱工作。长期以来，留守儿童的教育关爱工作受到党和政府的高度重视，但在实际工作过程中局部出现"说起来重要，做起来次要，忙起来不要"的现象，不同主体与不同部门之间的工作呈现出"各自为政"和"单独作战"的状况，因此亟待转变观念。要进一步提高对留守儿童教育关爱工作重要性的认识，从乡村振兴的高度来重新审视这一问题。二是实现信息的开放与共享。不同的部门与主体之间要形成良好的互动交流机制，实现平等对话与定期交流，同时注重不断吸收外部环境中的先进理念、信息与知识等有益元素。三是努力实现动态的协调。针对留守儿童教育关爱的实际，注重留守儿童问题呈现出的阶段性、差异性与可变性的特点。协同创新机制要遵循这一变化与规律，努力实现动态的协调，及时准确把握留守儿童的发展变化，及时调整教育关爱的目标、内容和方法，进而确保相关的工作取得真正的实效。

4. 督导评估机制

督导评估机制旨在更好地监督和指导对留守儿童教育关爱的行为。

构建督导评估机制，主要是根据留守儿童的实际需求，统筹协调与安排教育关爱主体服务活动，进一步加强对留守儿童之家等教育关爱服务阵地的管理以及完善相关的教育关爱制度，促使规范化和制度化地教育关爱留守儿童。如从生活、学习、思想、心理、身体等方面全方位地对留守儿童予以关注与保障……针对不同家庭情况的留守儿童采取相应的干预措施，以保证留守儿童在一个和谐健康的环境中成长（叶松庆等，2017c）。

（二）教育层面长效机制的构建

1. 家校合作机制

家校合作机制是构建留守儿童教育层面的长效机制之一。农村学校中的家校合作是"指通过家庭与学校的合作，由农村学校将留守儿童学校经验与家庭生活经验统一起来"（卢俊勇等，2018）。儿童家庭生活经验在一定程度上为其在学校教育过程中获得知识与经验奠定了基础，相反，儿童在学校获得的知识与经验又能为其前期获得的经验与知识作出相应的甄别，从而有效地促进儿童在知、情、意、行等方面的发展。留守儿童教育层面的家校合作机制，关键要从家庭和学校所习得的知识和经验入手，做好家校合作。

在家庭教育层面，要重视留守儿童的家庭生活经验对学校教育的积极促进作用，与此同时，要注重消除留守儿童集中居住区域的不良环境对留守儿童的影响。首先，在家庭生活经验对学校教育的积极促进作用方面，有条件的学校可以利用学校现有的教育教学资源，贴近留守儿童的实际，有针对性地开发相应的体验性课程，如劳动教育、手工教育、农业生产教育等。其次，充分调动留守儿童实际监护人或监管人的积极性，结合他们的实际，如农业生产经验、生活经验丰富，让其参与学校教育，亲自传授相关的经验与知识。学校教师也可以充分利用重要的时间节点和重大节假日积极与留守儿童的父母沟通，鼓励他们参与到家校共同合作之中。消除留守儿童居住相对集中区域中不良环境的影响，也是家校合作的重要内容。在消除不良环境的影响上，首先，要重视集中居住区域内的物理环境，注重基本的卫生条件，引导留守儿童养成基本的社会公德与行为规范，做到不随地吐痰，不乱扔垃圾等。其次，要营造良好的文化环境。实际监护人和监管人要注重规范自身的行为，做到不酗酒、不赌博、不发生其他不良行为。村委会要积极正面地引导文化氛围，通过建设图书室或文体活动中心的方式来吸引留守儿童积极参与其中，培育其良好的思想品德、价值观念、行为习惯和积极健康的生活心态。

2. 动态监管机制

留守儿童不仅关涉学校教育，也关乎家庭以及社会等多个主体，所以在提升留守儿童教育成效的过程中需要多个部门的协调配合。但在实际过程中往往出现监管的范围重复交叉的问题，大大降低了留守儿童教育成效监管的效率和力度，与教育的高质量发展要求之间尚存在较大的差距。

在实行留守儿童教育动态监管机制的过程中，要着手从以下层面展开：一是进一步完善相关的留守儿童教育层面的法律法规，对留守儿童的教育领域出现的新情况、新问题，要适时出台相关的法律与法规，切实通过明确的法律条款确定相关主体的权利与义务，消除死角。二是要以提升留守儿童教育成效为目标，针对留守儿童的实际，合理设置相关的动态监管指标，深入论证、细化分解，厘清监管的重点与难点；同时对相关的责任人员进行考核，尤其是在新时代"互联网+教育"等背景下，针对新问题与新现象进行明确的规划与整体的部署。三是构建动态的监管机制，注重学期初期监管和学期期末监管。在学期初期监管方面，各相关责任主体要围绕当前留守儿童教育出现的问题以及新学期留守儿童工作的重点、难点以及工作计划，翔实地展开讨论与对话，将具体工作任务进一步细化。在学期中间阶段，开展针对性的调研，对需要调动多方资源来予以协调解决的事项，要及时回应并处理。在学期期末监管方面，围绕学期的任务目标，对未完成的情况，要及时设立整改清单，在限期内通过多种措施积极予以解决。只有实行动态的监管机制才能进一步推动留守儿童教育长期、持续的高质量发展，对促进留守儿童的教育与成长具有重大现实意义。

3. 平台响应机制

构建留守儿童教育的平台响应机制是针对当前智慧化教育发展的趋势以及后疫情时代背景下留守儿童教育所面临的新的形势之举。《国家中长期教育改革和发展规划纲要（2010~2020年）》明确提出，"信息技术对教育发展具有革命性影响，必须予以高度重视"，高度重视信息技术对留守儿童教育的影响与渗透作用，构建智慧化教育平台是顺应教育现代化的内在需要。智慧化教育平台是一种多元化、便捷化和趣味化的教学平台，教师可以充分利用平台的教学优势并且积极运用于留守儿童教育实际，提高教育教学质量，切实激发留守儿童的学习兴趣，尤其是激发学习基础较为薄弱的留守儿童的学习兴趣。留守儿童的教育不仅仅包括知识性教育，还包括动手实践方面的教育，通过动手实践的教学进一步培养留守儿童的创新思维、发散思维以及想象思维。通过智慧化教育平台，引导留守儿童自主运用智慧化教育平台来进一步锻炼动手实践和操作能力。

构建平台响应机制亦是最大限度地消除疫情等特殊原因对留守儿童教育的影响。新冠疫情期间，国家实行"停课不停学"的策略，推出线上教学，开设"空中课堂"等教学思路与方案，教师利用相应的平台开展教学，有效补充了教学模式。加强线上的教学，可以突破时空的限制，实现教育教学资源的共享，有利于促进教育的公平化发展。留守儿童通过网络以及相应的线上教学平台，可以进一步提升自身的学习兴趣并拓展自身的学习视野，强化学习的积极性。从实际调研来看，平台响应机制的构建还面临来自留守儿童监护人的压力，留守儿童的监护人因认识不足等原因对相应教育平台的意义及重要性尚不清楚，因此还需大力普及留守儿童及其监护人相关的网络技术并进行相应的教育，共同提升留守儿童的价值认知水平与学习质量，也进一步提升留守儿童的教育质量。

4. 均衡发展机制

2019 年 2 月 23 日中共中央、国务院印发的《中国教育现代化 2035》指出，要"实现优质均衡的义务教育"。从留守儿童所在学段来看，其主要集中在义务教育阶段。因此留守儿童的教育应注重均衡发展，关注义务教育阶段的留守儿童教育。

构建均衡发展的机制主要聚焦于留守儿童的师资发展均衡及留守儿童"享受平等教育"（叶松庆等，2017c）问题。在实际调研中发现，留守儿童相对集中的中小学，师资相对薄弱，在师资数量、质量、结构等方面均不能很好地满足教育现代化发展的要求。解决留守儿童教师均衡发展的问题，需要从多个层面展开。一是注重师资的合理配置。农村中小学教师的编制较为紧张，尤其是农村偏远地区。在部分村内小学或者教学点，教师数量有限，他们从早忙到晚，回家还要批改作业，部分教师在校还担任学生"生活教师"的工作，所以要增强师资的合理配置。二是注重优秀教师的选拔与培育。要针对农村教育教学和留守儿童的实际，注重遴选业务能力较强、素质较高、情怀较深的农村中小学教师，通过委托培养、定向培养等方式送去进修学习，进一步提升其业务水平与教学能力，将他们培育成能安心在农村中小学任职的优秀教师。三是提高农村中小学教师的生活待遇水平。在提高农村中小学教师的积极性的同时，要注意提高他们的待遇，使其具有较好的教学与生活保障条件。关于留守儿童的教育公平问题，一方面，要注重城乡教育资源的合理分配，在教育教学的人、财、物等方面要均衡投入。在学校的隐性课程设置、教师的受关注程度等方面均要从政策制度设计层面和实际执行层面加以考量。另一方面，需要国家立法或政府建规来要求城市的公办中小学接收打工子女就学，也要积极鼓励私立中小学吸纳留守儿童入学，这样既可以使义务教育均衡发展，又能实质性地降低留守儿童的实际存量。

（三）关爱层面长效机制的构建

1. 父母联系机制

"父母的陪伴与教育对孩子的成长至关重要"（张婷皮美等，2021），父母的缺席会对留守儿童心理健康尤其是社会交往造成较为严重的消极影响。2016年，习近平总书记在会见第一届全国文明家庭代表的讲话中指出："广大家庭都要重言传、重身教，教知识、育品德帮助孩子扣好人生的第一粒扣子，迈好人生的第一个台阶。"（武鸣，2016）家庭尤其是家风和父母的言传身教对孩子的教育有着极为重要的影响。虽然留守儿童的父母常年在外打工，与留守儿童的沟通与交流相对偏少，但也不能因此而忽视父母联系机制的重要性。

对于留守儿童的关爱来说，父母扮演着不可替代的角色，部分留守儿童父母认为教师和学校教育对留守儿童影响较大，留守儿童的教育与父母关系不大，这种观点显然是不正确的。父母参与留守儿童的学业、生活是非常重要的，且对于低龄段的留守儿童来说，显得尤为重要，这是留守儿童建立自信的关键。因此，留守儿童的父母要逐步改变固有的观念，积极与留守儿童加强沟通。父母联系机制的实现，首先，依赖于学校和父母紧密沟通与配合，尤其是学校教师要进一步转变工作方式，通过多渠道（视频聊天、邮寄贺卡、召开线上家长会等）、多种形式引导父母树立正确的教育观念，鼓励父母参与到学校教育中来，切实有效地增加亲子间互动。其次，留守儿童的实际监护人要注重加强与留守儿童父母的联系，实际监护人要主动定期联系留守儿童父母，在有条件的情况下，可以利用重要的节假日带领留守儿童去其父母打工地，切实加强彼此间的情感沟通与交流。父母联系机制侧重于留守儿童与父母之间的"有效联系"，是纾解留守儿童对父母的思念以及了解留守儿童的心理、思想、学习、生活等真实状况，改进家庭教育的方式，更重要的是可以培养留守儿童良好的价值观念、思想素质和行为习惯，营造出好的家庭教育环境。

2. 情感关怀机制

留守儿童群体的情感教育关系留守儿童的健康成长，部分留守儿童存在诸如自卑、胆怯等情感缺陷，需要加强情感交流。

构建情感关怀机制需要亲子关系、学校教育教学以及社会的关心支持。家庭亲子关系是形成情感的原生样态，应注重留守儿童亲子关系在情感关怀中的重要作用。留守儿童的父母首先要以身作则，率先垂范，为孩子良好情感的培养创造良好的环境。就留守儿童的实际来看，父母要定期与留守儿童联系，了解留守儿童当前的现状以及周围发生的事情，教育引导留守儿童采取友善的方式妥善解决出现的问题。父母在与留守儿童沟通过程中，尤其要关注留守儿童心里的想法，走进其内心世界，倾听其诉求。在学校教育教学层面，学校要高度重视留守儿童的情感状态，通过建立起的留守儿童档案以及动态掌握的留守儿童的资料，了解留守儿童内心的诉求。学校还应开展丰富多彩的课余活动，进一步开阔留守儿童的眼界与视野。同时，学校应有序引导留守儿童走出校门，积极参与社会公益实践或者参观相关实践教育基地（如爱国主义教育基地、军事教育基地、警示教育基地等），通过接触社会，有目的地全方位与全过程地接受教育，培养自身的能力，提高自身素质，学会生活与人际交往。在社会关心支持层面，可以引导社区或村委会以及社会工作力量的介入，鼓励社会专业人员走进农村学校开展留守儿童的相关辅导工作。与此同时，要逐步构建多元化的社会支持体系，逐步引导社会工作者参与留守儿童的关爱与管理，也要优化留守儿童的成长环境，加强农村的综合治理，构建立体化的留守儿童情感关爱机制。

3. 分类关爱机制

分类关爱机制源于传统的公共管理的视角，侧重"通过组织内部结构和要素优化提升公共组织工作效率"（刘金接等，2020）。分类管理视角下关注留守儿童的分类关爱问题，也就是针对留守儿童的多维实际需求状况，提供不同的资源与模式的关爱服务，提高留守儿童关爱的效益。随着社会的不断变迁与发展，留守儿童成长的环境越发复杂，其关爱的需求呈现多样化的态势，除基本的物质性生活需要之外，还包括思想、学习、情感、心理、体质等多方面的关爱需求。

分类关爱机制要基于留守儿童的多样化需求，从留守儿童的生活、学业、情感、体质、行为、安全等维度开展分类关爱。

从生活关爱维度上，留守儿童家庭收入相对偏低，虽然父母外出打工，但其不高的收入只能勉强维系家庭的基本开支。加之留守儿童的实际监护人较为普遍的是年龄较大的祖辈，在这种境况下，留守儿童的生活压力相对较大。针对在生活层面给予留守儿童关爱，除提升留守儿童父母打工收入以外，还应从生活保障上给予留守儿童必要的关怀。

在学业关爱维度上，学校教师要有针对性地帮扶留守儿童，在班级中可以成立学习互助小组，形成互帮互学的良好氛围。

在情感关爱维度上，留守儿童由于长期得不到父母的直接关爱，加之隔代监护中往往出现溺爱或沟通不畅，忽视了留守儿童情感方面的需求，造成留守儿童性格内向、孤僻与多疑等。因此要遵循情感关怀机制，从亲子关系、学校教育教学以及社会的关心支持等方面展开关爱。

在体质关爱维度上，部分留守儿童存在身体的疾病和心理方面的问题。针对这种情形，需要加强留守儿童的体检与心理普查力度，同时做好相应的保障性工作，确保病有所医。

在行为关爱维度上，部分留守儿童存在一些失范甚至越轨行为，需要从校纪校规教育以及适当惩戒等方面入手，加强教育与引导。

在安全关爱维度上，留守儿童主要是面临饮食安全、人际交往安全、交通安全与意外等。针对上述情况，要具体问题具体分析，进而提出有针对性的防范预案和解决措施。

4. 托管关爱机制

托管关爱机制的构建旨在解决留守儿童家长外出打工的后顾之忧。托管人接受留守儿童家长的委托，教育和照顾留守儿童，在生活保障、情感关怀、学习教育以及人身安全等多个方面对留守儿童加以正确的引导。

托管机制的构建，需要从托管主体、托管内容及托管方式等方面着手。

在托管主体方面，可以是个人主体或是法人主体。个人主体包括留守儿童的亲属、相关的教师以及其他个体，法人主体则是具有托管资质的机构。在个人主体方面，对于教师从事托管的业务，需要从制度上给予相应承认，与"课外补课"行为予以区分。在托管中，要明确托管主体的职责范围，不能让"托管"变成"脱管"，要依法赋予托管主体的权利、责任。

在托管内容方面，要关注留守儿童思想道德素质发展、身心健康发展以及科学文化素质发展。在留守儿童思想道德素质发展过程中，托管人员要通过恰当的形式来让留守儿童初步认识世界并形成正确的价值观，学会辨别是非曲直，开阔自己的眼界，将个人理想和国家需要有机结合起来，形成良好的责任担当意识和行为习惯。在留守儿童身心健康发展过程中，要不断改善留守儿童现实的生活状况，提高其生活水平，托管人员不仅要让留守儿童"吃得饱"，还应注重营养和饮食的合理搭配，要让留守儿童"吃得好"。在托管中，托管人员要走进留守儿童的内心，缓解留守儿童的思亲之情，帮助他们培育良好的情绪和心态。在科学文化素质发展过程中，托管人员要将关爱重心放在学习兴趣的培养上，善于发现留守儿童学习上的长处与短处，通过观察、模拟、实物展示、情景再现等方式，激发留守儿童的求知欲。

在托管方式方面，要注重精准化和精细化的管理，托管的规模不宜过大，注重过程管理和动态跟踪，促使托管关爱效益最大化。

参 考 文 献

〔奥〕L. 贝塔兰菲:《一般系统论》,秋同,袁嘉新译,北京,社会科学文献出版社,1987。

〔美〕弗里蒙特·E. 卡斯特,詹姆斯·E. 罗森茨韦克:《组织与管理:系统方法与权变方法》,李柱流,刘有锦,苏沃涛译,北京,中国社会科学出版社,1985。

〔德〕赫尔曼·哈肯:《协同学:大自然构成的奥秘》,凌复华译,上海,上海译文出版社,2013。

北京师范大学心理学部课题组:《深化新时代农村留守儿童关爱保护与发展工作》,《光明日报》2019-10-25(07)。

毕学成,杨平,张存东,等:《望江县农村留守儿童基本情况调查研究》,《安徽农学通报》2012 年第 20 期。

蔡舟:《留守儿童生命价值教育研究》,湖南大学硕士学位论文,2015。

曹艳春,戴建兵:《基于多维风险指数的农村留守儿童风险预警和分级干预机制研究》,《东北大学学报(社会科学版)》2016 年第 5 期。

常桂芳,汪虹,归志华:《信阳农村留守儿童教育问题调查》,《市场研究》2011 年第 3 期。

陈恒彬:《对农村留守儿童问题的调查与分析——以山东省莱州市 400 名留守儿童为例》,《西安石油大学学报(社会科学版)》2007 年第 3 期。

陈伙平,吴丽丽,杨芳,等:《福建省农村留守儿童问题调查研究》,《福建师范大学学报(哲学社会科学版)》2015 年第 1 期。

陈加强,魏亚亚,马光耀:《农村地区留守儿童教育现状调查及对策研究——以庄浪县永宁乡为例》,《西北成人教育学院学报》2016 年第 6 期。

陈厥祥,蒋建军,陈三俊,等:《新农村建设进程中的浙江省农村留守儿童发展现状调研》,《浙江万里学院学报》2008 年第 1 期。

陈茜:《农村留守儿童心理状态的调查与建议——以广西壮族自治区灵山县为例》,《生活教育》2017 年第 9 期。

陈寿弘:《大学生志愿服务农村留守儿童长效机制的构建》,《高校辅导员学刊》2019 年第 1 期。

陈婷:《贵州省农村留守儿童教育现状调查与建议》,《安徽文学》2008 年第 3 期。

陈薇,符遥:《留守儿童问题调查:危害正在显现》,《云南教育:视界》2015 年第 11 期。

陈香，侯云：《农村留守儿童的生存困境——河北坝上留守儿童生存现状调查数据解读》，《河北北方学院学报（社会科学版）》2009 年第 2 期。

陈小惠，赵枫，付有娟，等：《农村学龄期留守儿童社会交往焦虑调查》，《预防医学》2021 年第 8 期。

陈卓：《河南省农村留守儿童身心发展现状与社会救助研究》，《河南教育》2021 年第 7 期。

成巧云，施涌：《农村留守儿童的教育困境及其应对策略——基于云南省两个州、市现状的调查研究》，《楚雄师范学院学报》2016 年第 7 期。

程建宇：《农村留守儿童财产型犯罪的成因分析及预防措施》，《现代农业研究》2020 年第 1 期。

程秀霞，荣梅，陈寿弘：《安徽省农村留守儿童教育与关爱机制及模式研究述评》，《安徽广播电视大学学报》2017 年第 4 期。

崔晓丹，彭庆红：《爱国主义教育中应正确认识和处理的几个关系》，《思想理论教育导刊》2020 年第 5 期。

邓纯考：《民政主导视域下的农村留守儿童关爱保护研究——基于浙江省的调研》，《温州大学学报（社会科学版）》2019 年第 5 期。

邓纯考：《农村留守儿童社会化困境与学校教育对策——对浙南 R 市的调查与实践》，《浙江社会科学》2012 年第 5 期。

邓红，范秀娟：《甘肃省西和县农村留守儿童生存现状调查》，《当代教育论坛》2009 年第 1 期。

丁洋：《国家卫生计生委发布〈中国家庭发展报告 2015〉》，《中医药管理杂志》2015 年第 11 期。

董士昙：《山东省农村留守儿童犯罪问题的调查与分析》，《山东警察学院学报》2009 年第 4 期。

董士昙，曹延彬：《农村留守儿童犯罪的成因及解决途径——基于山东省农村留守儿童犯罪问题调查之数据》，《山东警察学院学报》2010b 年第 2 期。

董士昙，解永照：《农村留守儿童与犯罪——对山东省农村留守儿童犯罪的调查》，《四川警察学院学报》2010a 年第 4 期。

董晓绒，罗超：《农村留守儿童人际关系现状调查及影响因素分析》，《云南社会主义学院学报》2014 年第 3 期。

段成荣：《我国流动和留守儿童的几个基本问题》，《中国农业大学学报（社会科学版）》2015 年第 1 期。

段成荣：《解决留守儿童问题的根本在于止住源头》，《武汉大学学报（人文科学版）》

2016 年第 2 期。

段顾，刘冲，钱留杰：《父母外出务工对农村留守儿童基础教育的影响》，《世界经济文汇》2020 年第 3 期。

方家锋：《农村留守儿童教育现状的调查研究——以柳州市融安县桥板乡为例》，《广西教育（中等教育）》2017 年第 14 期。

费孝通：《乡土中国》，北京，人民出版社，2015。

福建省人民政府办公厅：《关于同意建立福建省农村留守儿童关爱保护和困境儿童保障工作联席会议制度的函》，《福建省人民政府公报》2019 年第 18 期。

傅晨，刘梦琴，项美娟：《广州市农村留守儿童问题研究》，《城市观察》2016 年第 6 期。

傅丹，陈乐求：《农村留守儿童团体体育运动现状及教学实验研究》，《湖南理工学院学报（自然科学版）》2018 年第 4 期。

高飞：《农村留守儿童权益之学校保护实证研究——以湖北省 8 县（市、区）48 村的调查为基础》，《江西科技师范学院学报》2011 年第 6 期。

高梅书：《农村留守儿童社会支持体系的构建——基于苏北 W 镇留守儿童社会化问题的调查与思考》，《湖北经济学院学报（人文社会科学版）》2009 年第 11 期。

高志辉：《关于农村留守儿童教育状况的调查与分析——以陇南农村为例》，《农业科技与信息》2007 年第 9 期。

共青团贵州省委调研组：《留守儿童成长现状调查》，《当代贵州》2007 年第 12 期。

古洪金，邓志平：《农村留守儿童与非留守儿童成长现状比较研究——以重庆市渝北区洛碛初级中学为例》，《科学咨询（教育科研）》2015 年第 11 期。

顾梦雨，钟业，王茹，等：《社会组织参与政府购买关爱留守儿童公共服务的问题与对策分析——以 X 县为例》，《今日财富》2020 年第 7 期。

郭超，王习胜：《论大数据时代思想政治教育思维方式的转向》，《思想教育研究》2017 年第 4 期。

郭开元：《论农村留守儿童犯罪的现状、问题和治理对策》，《犯罪研究》2018 年第 5 期。

郭庆娟：《城镇化背景下黑龙江省农村留守儿童学习监护现状调查》，《哈尔滨学院学报》2021 年第 2 期。

郭守全：《留守儿童教育情况调查分析及应对策略》，《青海教育》2021 年第 1 期。

郭星儿：《农村留守儿童接受影视作品过程中的道德倾向问题探析——以重庆市农村留守儿童为例》，《西南农业大学学报（社会科学版）》2011 年第 4 期。

郭燕：《农村小学留守儿童体育活动边缘化调查与成因分析——以河南省为例》，《体育世界（学术版）》2019 年第 3 期。

国务院办公厅：《关于同意建立农村留守儿童关爱保护和困境儿童保障工作部际联席
　　会议制度的函》，《中华人民共和国国务院公报》2018 年第 25 期。

韩菲尹，吴支奎：《行为偏差：农村留守儿童失范问题探析——基于安徽省广德县千
　　口村的调查》，《教育理论与实践》2010 年第 9 期。

胡光喜，叶松庆：《社会主义核心价值观培育干扰力研究——以新时代城乡二元结构
　　下的中小学生为分析对象》，《学术界》2018 年第 11 期。

胡柳：《推进农村地区培育践行社会主义核心价值观研究》，《学校党建与思想教育》
　　2019 年第 14 期。

黄虹：《湖南省宁远县农村留守儿童的调查》，《传承》2008 年第 2 期。

黄江虹：《社区教育对留守儿童犯罪的防治探析——基于郴州市的调查》，《湘南学
　　院学报》2019 年第 4 期。

黄眠洁，刘宗俊麟，李万红：《眉山市仁寿县农村留守儿童现状调查及分析》，《生
　　物技术世界》2014 年第 3 期。

黄荣晓，邱鸿亮：《留守儿童成长机制的三维建构——基于粤西农村 C 初中留守儿童
　　案例的叙事研究》，《华南师范大学学报（社会科学版）》2018 年第 4 期。

黄铁苗，徐常建：《关于健全农村留守儿童关爱服务体系的思考》，《行政管理改革》
　　2018 年第 10 期。

黄治东，金芙蓉，李钧：《苏北农村留守儿童调查研究》，《淮海工学院学报（社会
　　科学版·教育论坛）》2010 年第 11 期。

贾利利：《农村留守儿童生活状态的调查分析》，《中小企业管理与科技（上旬刊）》
　　2014 年第 12 期。

江郁，张盼盼，孙梦，等：《农村留守儿童心理问题应对机制调查研究——以安徽省
　　安庆市岳西县为例》，《社会与公益》2020 年第 5 期。

姜丽：《吉林省农村留守儿童教育贫困及精准扶贫路径分析》，《兰州学刊》2020 年
　　第 5 期。

蒋艳，毕东：《少数民族地区农村留守儿童教育现状调查研究——以云南省楚雄彝族
　　自治州 H 乡为例》，《云南农业大学学报（社会科学）》2020 年第 4 期。

金来润，汪清，陶梦君：《农村留守儿童心理健康状况的调查分析》，《齐齐哈尔医
　　学院学报》2017 年第 9 期。

金晓冬：《基于服务效能最大化下关爱农村留守儿童的活动特色研究——以重庆图书
　　馆蒲公英梦想书屋为例》，《图书馆理论与实践》2020 年第 1 期。

康安峰，李胜利：《赣南农村留守儿童教育选择权实现问题的调查研究》，《东莞理
　　工学院学报》2016 年第 6 期。

课题组：《湖南省农村地区留守儿童安全问题的调查与思考》，《农业部管理干部学

院学报》2012 年第 8 期。

匡凤，吴霞，刘传俊：《家庭教育缺失对农村留守儿童手机游戏成瘾行为影响研究——基于江苏 456 例儿童的调查》，《心理月刊》2021 年第 9 期。

雷建玲：《监护法律制度视域下农村留守儿童权益保护问题探讨——基于湖北省农村留守儿童监护现状的调查》，《湖北省社会主义学院学报》2019 年第 2 期。

雷俊雯：《物质无忧　温暖缺失——四川农村留守儿童状况调查报告》，《中国信息报》2016 年 7 月 20 日第 4 版。

李保辉：《基于"00 后"大学生参与社会实践活动的调查报告》，《产业与科技论坛》2021 年第 13 期。

李朝军：《河南农村留守儿童教育问题现状调查研究》，《科技信息》2008 年第 25 期。

李翠英，熊英：《湖南农村留守儿童行为情况的调查与分析》，《湖南省社会主义学院学报》2006 年第 2 期。

李德顺：《价值论：一种主体性的研究》，北京，中国人民大学出版社，1987。

李德顺：《充分重视价值观念系统的建设》，《中国特色社会主义研究》1997 年第 2 期。

李德顺：《从价值观到公民道德》，《伦理与文明》2013 年第 1 辑。

李德顺：《价值观教育的哲学理路》，《中国德育》2015 年第 9 期。

李方丽：《留守儿童与政府作为——基于对湖南汝城某乡农村留守儿童的调查》，《企业家天地（理论版）》2007 年第 1 期。

李飞，关艳华：《边远地区农村留守儿童人际心理问题的调查分析》，《通化师范学院学报》2020 年第 3 期。

李洪中：《农村小学留守儿童道德与法治教育的开展及问题反思》，《中国农村教育》2018 年第 3 期。

李华玲，赵斌：《贵州民族地区农村留守儿童道德社会化调查报告——以黔西南州为例》，《兴义民族师范学院学报》2013 年第 2 期。

李惠兰，农志华，黄丽婷，等：《农村留守儿童家庭教育状况调查及对策研究——以桂东南地区为例》，《教育现代化》2019 年第 90 期。

李佳圣：《农村留守儿童教育存在的问题及对策——关于鄂东南农村留守儿童教育问题的调查报告》，《教育探索》2011 年第 12 期。

李梦龙，任玉嘉，蒋芬：《中国农村留守儿童社交焦虑状况的 meta 分析》，《中国心理卫生杂志》2019 年第 11 期。

李楠，任广芳，钱建华，等：《山东省农村留守儿童的一般状况调查分析》，《中国当代医药》2016 年第 14 期。

李齐政：《关于广东农村留守儿童状况调查报告——以河源市连平县为例》，《法制与社会》2014 年第 9 期。

李强，叶昱利，姜太碧：《父母外出对农村留守儿童辍学的影响研究》，《农村经济》
　　2020 年第 4 期。

李群，郝志华，张萍萍：《中小学劳动教育的实践观照与理性回归》，《中小学管理》
　　2019 年第 5 期。

李胜恒，韦海成：《城镇化进程中农村留守儿童体育锻炼的现状及对策研究——以广
　　西百色市为例》，《上海教育评估研究》2017 年第 3 期。

李水平：《农村留守儿童网络成瘾原因及对策研究》，《国家教师科研专项基金科研
　　成果集》2014 年专辑。

李向辉：《农村留守儿童情感素质发展调查及对策研究》，《内蒙古师范大学学报（教
　　育科学版）》2010 年第 12 期。

李小润，韩建民：《天水市农村留守儿童现状调查和对策研究》，《社科纵横》2013 年
　　第 10 期。

李晓凤，王桃林：《"关爱"在我国教育科学中的理解及文献述评研究》，《理论月
　　刊》2011 第 10 期。

李雪琴：《关于农村"留守儿童"的调查与思考》，《小学校长》2008 年第 3 期。

李义良：《为农村留守儿童提供更多教育关爱》，《人民论坛》2019 年第 18 期。

廖金萍：《社会公益组织参与农村留守儿童教育的调查与研究——以江西微爱留守公
　　益组织为例》，《农村经济与科技》2015 年第 11 期。

廖金萍，陈洋庚：《社会公益组织参与农村留守儿童教育研究——基于公共服务视角
　　下"江西微爱"的质性调查》，《湖州职业技术学院学报》2018 年第 4 期。

林晓丹：《基于云贵川农村调查的我国留守儿童问题研究》，《产业与科技论坛》2012
　　年第 17 期。

刘畅：《农村留守儿童关爱服务体系的边界管理问题研究》. 天津工业大学硕士学位论
　　文，2019。

刘辉，许慧，曾海霞：《农村留守儿童生活问题的调查与思考——基于 102 个访谈案
　　例》，《农业经济与管理》2010 年第 3 期。

刘金接，张福庆，蒋国河，等：《分类管理视角下农村留守儿童关爱服务体系建设研
　　究》，《社会工作》2020 年第 3 期。

刘利才，陈昌兴：《论感恩教育的本质特征、价值取向与有效路径》，《西南民族大
　　学学报（人文社会科学版）》2014 年第 10 期。

刘倩：《云南省宣威市农村留守儿童教育现状调查报告》，《教师》2016 年第 17 期。

刘人锋，彭婧：《农村留守儿童性安全与性教育研究——基于湖南省宁乡市部分农村
　　中小学的调查》，《教育观察》2019 年第 8 期。

刘文静：《关于农村留守儿童问题的调查与思考——以石家庄为例》，《中共石家庄市委党校学报》2015 年第 7 期。

刘秀祥，韦小万，杨名胥，等：《望谟县农村留守儿童产生的主要原因及关爱模式》，《黔西南日报》2020 年 7 月 1 日第 7 版。

刘永春，郑亚男，宋爽：《京津冀协同推动下河北省农村留守儿童社会化联动机制研究——以河北省 9 个村庄留守儿童调查为例》，《社会科学论坛》2017 年第 3 期。

龙翠芳：《贵州民族地区留守儿童德育问题调查分析——以黔东南州 3 镇为例》，《现代商贸工业》2010 年第 6 期。

龙茜，陈明燕，谢飞燕：《贵州省毕节市农村留守儿童心理健康与社会适应的现况调查》，《凯里学院学报》2021 年第 4 期。

卢俊勇，陶青：《农村学校中的家校合作：本质、意义与策略——促进农村留守儿童家庭经验与学校经验的统一》，《现代教育管理》2018 年第 6 期。

卢雅灵：《农村留守儿童关爱服务体系现状探析》，《社会福利（理论版）》2020 年第 10 期。

陆芳：《农村留守儿童同伴关系与心理安全感关系及教育应对》，《当代青年研究》2019 年第 6 期。

陆贵骉：《红十字会如何参与关爱留守儿童——来自内蒙古自治区商都县红十字会的调查报告》，《中国红十字报》2016 年 12 月 9 日第 3 版。

陆佩玉，石燕，沈婷：《苏北农村留守儿童性格发展状况的调查与思考》，《文教资料》2016 年第 30 期。

陆杨，陈劲：《关于中国农村留守儿童问题的调查研究》，《湖南农机》2007 年第 7 期。

罗箭华：《农村初中"留守儿童"家庭德育现状调查及对策——以广西 L 县为个案》，《柳州师专学报》2009 年第 6 期。

罗菊，陶希，向兵，等：《建始县 12～15 岁农村留守儿童伤害现况调查》，《中国儿童保健杂志》2015 年第 2 期。

罗小娟，杨拯，张晓：《对农村留守儿童状况的调查分析和对策建议》，《内江科技》2008 年第 4 期。

罗宗祺：《愿关爱留在每个孩子身边——来自江西省全南县农村"留守儿童"的调查报告》，《理论导报》2005 年第 5 期。

马多秀，孙浩，何姣姣，等：《农村留守儿童"五位一体"教育精准帮扶现状及对策》，《北京教育学院学报》2021 年第 4 期。

马涛，李翠霞：《黑龙江省农村留守儿童现状调查分析——以桦川县苏家店镇为例》，《东北农业大学学报（社会科学版）》2012 年第 3 期。

孟凡蕾：《农村留守儿童的思想道德问题及其教育对策——基于山东某农村小学的实

证调查与分析》，《中国教育学刊》2012 年第 S1 期。

孟彦虎，孙晗，宋劲，等：《西部农村"留守儿童"生存现状的调查及对策》，《今
　　日中国论坛》2012 年第 12 期。

牟永福，白翠芳：《建立完善农村留守儿童关爱服务体系》，《中国社会报》2017 年
　　6 月 12 日第 4 版。

倪大兵，倪良新：《父母亲情缺失视角下农村留守儿童关爱保护路径研究——基于安
　　徽省农村留守儿童关爱保护工作的评估调查》，《安徽行政学院学报》2018 年第 6 期。

牛佳宁：《贵州农村地区留守儿童调查研究》，《企业改革与管理》2014 年第 3 期。

牛培林：《提升农村留守儿童的抗逆力》，《人民论坛》2019 年第 10 期。

潘跃：《农村留守儿童少了两成多》，《人民日报》2018 年 11 月 2 日第 13 版。

秦玉友，翟晓雪：《农村留守儿童健康、生活和人际状况调查》，《中国德育》2015 年
　　第 21 期。

庆阳市人民政府研究室课题组：《"留守"不是一种标签——关于庆阳市农村留守儿
　　童现状的调查分析》，《发展》2019 年第 12 期。

邱忠霞，胡伟：《公共治理何以失灵？——基于结构—功能的逻辑分析》，《学习与
　　实践》2016 年第 10 期。

茹宗志，张文婧：《农村留守儿童留守生活现状的调查分析——基于对陕西省宝鸡地
　　区 700 名农村留守儿童的实地考察》，《宝鸡文理学院学报（社会科学版）》2017 年
　　第 1 期。

阮梅：《世纪之痛 中国农村留守儿童调查》，北京，人民文学出版社，2008。

商丘市民政局：《精准施策 守护童心 完善四级儿童福利关爱服务体系》，《商丘日
　　报》2021 年 9 月 17 日第 7 版。

石兰月：《农村留守儿童关爱服务：成效、问题与对策》，《河南师范大学学报（哲
　　学社会科学版）》2016 年第 3 期。

帅晓玲：《重庆市巫溪县农村留守儿童现状调查研究》，《法制与社会》2009 年第 24
　　期。

孙水英：《新干县农村留守儿童生活状况及教育情况调查分析》，《赣南医学院学报》
　　2009 年第 5 期。

太小杰：《日常生活实践视角下农村留守儿童学习价值观的生成过程与反思》，华中
　　师范大学硕士学位论文，2018。

檀传宝：《劳动教育的概念理解——如何认识劳动教育概念的基本内涵与基本特征》，
　　《中国教育学刊》2019 年第 2 期。

唐桂丹：《农村留守儿童教育问题对策研究——基于徐州市农村留守儿童群体调查研
　　究》，《教育教学论坛》2020 年第 8 期。

万国威，裴婷昊：《留守儿童的虐待风险及其治理策略研究》，《人口学刊》2020 年第 3 期。

汪超，刘涛：《家庭离散、仪式制度及身体侵犯——来自中国农村留守儿童的实践调查》，《新疆社会科学》2018 年第 1 期。

汪明，罗汉书：《构建农村"留守儿童"教育保护体系——四川青神、金堂两县"留守儿童"状况的调查报告》，《国家教育行政学院学报》2007 年第 6 期。

汪燕：《农村留守儿童生活状况调查——以安庆市某乡镇为例》，《文化创新比较研究》2018 年第 25 期。

王冬岩，司志本，杜明珠：《农村留守儿童教育现状的调查与思考》，《中国教师》2013 年第 S2 期。

王国勇：《构建农村留守儿童关爱协同育人机制——留守儿童延伸替代服务工作案例》，《教书育人》2019 年第 35 期。

王江，王文轩，石茉力：《泸州市叙永县汉苗两民族农村留守儿童学习现状调查及对策》，《现代医药卫生》2012 年第 18 期。

王瑾：《11～14 岁农村留守儿童性问题研究——基于对阜宁县芦蒲镇留守儿童的调查》，《人口与社会》2014 年第 4 期。

王进鑫：《青春期留守儿童性安全问题调查研究》，《青年研究》2008 年第 9 期。

王靖涵：《农村留守儿童家庭教育现状调查研究——以重庆市 R 县为例》，《科教导刊》2018 年第 30 期。

王俊忠，黄莘芸：《农村留守儿童问题研究及对策——以福建省安溪县为典型调查》，《铜仁学院学报》2009 年第 6 期。

王坤，刘影春：《新时期农村留守儿童教育问题及对策——对全国 26 省 248 个村的调查与研究》，《教育学术月刊》2013 年第 9 期。

王礼生：《关于滨海县农村留守儿童现状的调查与思考》，《科学大众（科学教育）》2013 年第 9 期。

王丽馨：《略论农村留守儿童的家教问题——以惠安县调查为例》，《福建教育学院学报》2009 年第 2 期。

王梅军：《解决留守儿童安全教育问题刻不容缓——关于农村留守儿童安全教育的调查与思考》，《协商论坛》2012 年第 8 期。

王琪：《河南省农村留守儿童教育问题调查研究——以周口市抽样调查为样本》，《郑州轻工业学院学报（社会科学版）》2015 年第 1 期。

王世君，陈磊：《农村留守儿童教育问题的实证分析与策略研究——基于对 X 省农村中小学的调查研究》，《现代教育科学·普教研究》2015 年第 2 期。

王世炎，赵起城，王书延：《农村留守儿童教育问题凸现——来自河南的调查报告》，

《调研世界》2011 年第 4 期。

王伟清，刘柯，刘燕：《论基于高校资源优势的农村留守儿童心灵呵护志愿机制》，《湖南科技大学学报（社会科学版）》2012 年第 5 期。

王宪明：《对雷山农村留守儿童体育与健康教育现状及对策研究》，《体育世界（学术）》2016 年第 10 期。

王晓春，杨学龙，艾丽芳：《老区留守儿童教育调查与思考——基于赣州市部分中小学的调查》，《宜春学院学报》2013 年第 11 期。

王晓丽，巫茜子：《中国语境中的社会公德建构》，《道德与文明》2020 年第 3 期。

王晓强：《教师应着力培养农村留守儿童的法律意识》，《中国教育学刊》2018 年第 9 期。

王学男，吴霓：《"后撤并时代"寄宿制学校对农村留守儿童关爱与教育的挑战与可能——基于江西、四川两省的调研》，《湖南师范大学教育科学学报》2019 年第 1 期。

王雅倩，曹高辉，曹星月：《农村留守儿童课外阅读行为影响因素研究》，《图书馆论坛》2020 年第 10 期。

韦俏俏，周晓涛：《临洮县农村留守儿童生活与教育状况调查》，《理论前沿》2013 年第 12 期。

闻骏：《德谟克利特：大家精要》，西安，陕西师范大学出版总社，2017。

吴明永：《构建重庆农村留守儿童教育体系探析》，《青年探索》2010 年第 1 期。

吴霓：《农村留守儿童问题调研报告》，《教育研究》2004 年第 10 期。

吴愫劼：《陇中地区农村留守儿童学习状况调查探究》，《考试周刊》2019 年第 18 期。

吴伟，刘灏：《泰安市东平县农村留守儿童基本状况调查报告》，《泰山学院学报》2012 年第 1 期。

吴小叶：《贵州省民族地区农村留守儿童学习状况调查分析——以黔东南苗族侗族自治州为例》，《长江师范学院学报》2009 年第 3 期。

吴延清，张燕萍：《农村留守儿童的体验教育干预与机制构建——基于湖北农村留守儿童师资生态调研的实证研究》，《决策与信息》2018 年第 12 期。

吴予：《同在蓝天下 共同成长进步：汝南县农村留守儿童生存发展状况调查》，《人大建设》2011 年第 1 期。

吴支奎，朱丽娟：《农村留守儿童心理健康状况调查研究——基于安徽省广德县 Q 村的调查》，《教育科学论坛》2010 年第 11 期。

吴重涵，戚务念：《留守儿童家庭结构中的亲代在位》，《华东师范大学学报（教育科学版）》2020 年第 6 期。

伍梅：《遵义农村留守儿童思想道德教育现状调查》，《科技风》2012 年第 20 期。

武鸣：《动员社会各界广泛参与家庭文明建设 推动形成社会主义家庭文明新风尚》，

《人民日报》2016年12月13日第1版.

习近平：《习近平谈治国理政》（第三卷），北京，外文出版社，2020。

夏文华，潘世鹏，陈慧芳，等：《池州市留守儿童成长现状调查研究》，《池州学院
　　学报》2013年第6期。

襄阳市人民政府办公室：《关于印发襄阳市农村留守儿童、困境儿童、留守妇女、留
　　守老人关爱保护工作联席会议制度的通知》，《襄阳市人民政府公报》2019年第
　　12期。

肖飞：《农村留守儿童心理健康调研及关爱教育研究——以武汉市新洲区为例》，《新
　　疆广播电视大学学报》2018年第1期。

肖善香：《农村留守儿童教育问题的抽样调查与思考》，《农业考古》2006年第6期。

谢德仲，胡明强：《2014年农村留守儿童生存现状调研——以重庆市渝北区洛碛初级
　　中学为例》，《科学咨询（教育科研）》2015年第11期。

谢瑞凤，别会泳：《关于农村留守儿童的调查研究——以诸城A镇为例》，《才智》
　　2017年第18期。

心彧：《给留守儿童更多持续有力的关爱》，《郴州日报》2020年10月11日第1版。

辛秀慧：《江苏省农村留守初中学生问题调查报告》，天津，天津社会科学院出版社，
　　2007。

邢应贵，谈明生：《庐江县农村中小学留守儿童生存现状调查及心理问题探索》，《安
　　徽教育科研》2019年第14期。

徐慧，汪斯妤：《留守儿童的公平感与幸福度：来自实地实验与调查的依据》，《南
　　方经济》2020年第4期。

徐月芽：《农村留守儿童现状考察与管理机制创新探究》，《江苏教育学院学报（社
　　会科学）》2010年第5期。

徐云亮：《苏北地区农村留守儿童参与体育活动调查研究》，《运动精品》2020年第
　　4期。

徐志刚，吴蓓蓓，周宁：《家庭分离、父母分工与农村留守儿童营养》，《东岳论丛》
　　2019年第9期。

许怀雪，秦玉友：《我国农村留守儿童研究的现状与前瞻——基于2004—2020年农村
　　留守儿童研究的文本分析》，《四川师范大学学报（社会科学版）》2020年第3期。

闫东萍：《农村留守儿童情感现状的调查》，《教育观察》2020年第11期。

闫丽：《农村留守儿童的家庭支持现状调查与分析——以广东省为例》，《黑龙江教
　　育学院学报》2016年第5期。

杨建忠：《民族地区农村留守儿童家校合作现状及对策思考——基于贵州省黔东南州
　　的调查研究》，《教育理论与实践》2014年第17期。

杨剑，胡乔石，杨环：《政府购买农村留守儿童家庭教育服务机制研究》，《农村经济》2018年第3期。

杨青松，石梦希：《从粗放到精准：留守儿童关爱教育实践的优化》，《中国教育学刊》2020年第6期。

杨清溪，刘燕：《需为农村留守儿童教育实践准确定位》，《中国教育学刊》2019年第4期。

杨素苹：《关注农村留守儿童》，《基础教育参考》2004年第7期。

杨潇，郭惠敏，王玉洁，等：《农村留守儿童关爱服务体系建设研究——基于陕西省的调研》，《社会政策研究》2018年第4期。

杨晓林，刘秀国：《关注"留守儿童"——对丰宁县农村"留守儿童"教育情况的调查与思考》，《中小学校长》2007年第5期。

杨薪铃，康伟，刘斐然，等：《手机对农村留守儿童社会化的影响——基于遂宁市蓬溪县的实地调查》，《全科口腔医学电子杂志》2020年第1期。

么广会，张龙：《贵州省农村留守儿童体育价值观培养路径研究》，《体育科技文献通报》2018第11期。

叶松庆：《市场经济与价值观的确立》，《学海》1996年第2期。

叶松庆：《当代未成年人价值观的演变特点与影响因素——对安徽省2426名未成年人的调查分析》，《青年研究》2006年第12期。

叶松庆：《未成年人人生价值观研究》，《当代青年研究》2007年第4期。

叶松庆：《当代青少年社会公德的现状、特点与发展趋向》，《青年研究》2008年第12期。

叶松庆：《当代城乡青少年迷信观的比较研究》，《青年探索》2009年第3期。

叶松庆：《青少年思想道德素质发展状况实证研究》，芜湖，安徽师范大学出版社，2010。

叶松庆：《青少年的科学素质发展状况实证分析》，《青年研究》2011年第5期。

叶松庆：《青少年企业家精神培养实证分析》，《中国青年政治学院学报》2012年第1期。

叶松庆：《当代未成年人道德观现状与教育2006—2010》，芜湖，安徽师范大学出版社，2013a。

叶松庆：《当代未成年人体育行为对道德观发展的作用》，《成都体育学院学报》2013b年第8期。

叶松庆：《当代未成年人阅读行为对道德观发展的积极影响》，《中国出版》2015年第7期。

叶松庆：《当代未成年人道德观发展变化与引导对策的实证研究》，芜湖，安徽师范大学出版社，2016。

叶松庆：《创新力的早期养成》，北京，科学出版社，2019。

叶松庆：《当代未成年人价值观的变化与教育对策——基于 12 年的实证分析》，广州，中山大学出版社，2021。

叶松庆，程秀霞：《"服务三角"模型建构中的农村留守儿童教育与关爱供给机制研究：以安徽省合肥市为例》，《中国青年社会科学》2018b 年第 4 期。

叶松庆，郭瑞：《安徽省农村留守儿童教育与关爱的现行做法及特点分析》，《安徽广播电视大学学报》2017b 年第 4 期。

叶松庆，胡光喜：《"三力同构"视角下中小学生社会主义核心价值观教育现状调查研究——以安徽省合肥市肥西县为例》，《社会主义核心价值观研究》2018c 年第 5 期。

叶松庆，刘燕：《安徽省农村留守儿童教育与关爱模式研究——以肥西、肥东、庐江三县为例》，《安庆师范大学学报（社会科学版）》2018a 年第 1 期。

叶松庆，卢慧莲：《安徽省农村留守儿童教育与关爱机制研究-以合肥市肥西县、肥东县、庐江县为例》，《淮北师范大学学报（哲学社会科学版）》2017c 年第 5 期。

叶松庆，叶超：《安徽省农村留守儿童教育与关爱的相关研究述评》，《安徽广播电视大学学报》2017a 年第 3 期。

叶松庆，赵婧：《安徽省农村留守儿童思想与行为现状及对策研究》，《池州学院学报》2017d 年第 6 期。

叶松庆，陈寿弘，王淑清，等：《当代青少年科技创新素质培养现状分析——以安徽省芜湖市的调查为例》，《安徽师范大学学报（自然科学版）》2016年第 5 期。

叶松庆，罗永，荣梅：《电视剧文化对未成年人价值观的影响方式、特点及其问题——以安徽省未成年人的调查为例》，《皖西学院学报》2015 年第 6 期。

叶松庆，王良欢，荣梅：《当代青少年道德观发展变化的现状、特点与趋向研究》，《中国青年研究》2014 年第 3 期。

叶松庆，张园园，陈寿弘：《实施乡村振兴战略视域下农村留守儿童阅读要义》，《中国出版》2019 年第 24 期。

叶晓楠：《5800 万农村留守儿童期待关爱》，《人民日报海外版》2008 年 2 月 28 日第 4 版。

佚名：《全市各级关工委扎实做好关爱留守儿童工作》，《长白山日报》2008 年 8 月 29 日第 3 版。

易锦艳：《为农村留守儿童开展立德树人教育势在必行》，《中国教育学刊》2018 年第 9 期。

银小兰，朱翠英，朱骞：《基于人类发展生态观的农村留守儿童问题分析——以湖南省农村留守儿童调查为例》，《安徽农业科学》2017 年第 18 期。

尹延君：《新时代农村留守儿童"贫困"表现及扶贫思路——基于山东省的实证调查下的 SPSS 数据分析》，《淄博师专论丛》2019 年第 2 期。

于万云：《农村留守儿童：学校教育现状与对策——以定西市临洮县抽样调查为样本》，《新课程（中）》2019 年第 2 期。

于月萍，李潮海：《辽宁省农村留守儿童教育现状的调查报告》，《辽宁教育研究》2008 年第 12 期。

袁书，李宏翰：《广西农村留守儿童的学习状况：与非留守儿童的比较研究》，《教育观察》2018 年第 12 期。

允春喜，王爱华：《农村留守儿童教育问题现状——基于对山东省日照市莒县的调查》，《长春教育学院学报》2010 年第 3 期。

曾聪俐，姚元凯，胡杰，等：《我国农村"留守儿童"义务教育问题的调查与研究——以甘肃省、贵州省、江西省以及山东省的抽样调查为依据》，《法制与社会》2013 年第 6 期。

翟军，袁玉涛：《河北省农村留守儿童参与体育活动状况调查研究》，《考试周刊》2015 年第 37 期。

张程，杨子刚：《吉林省农村留守儿童与非留守儿童调查对比分析》，《学理论》2015 年第 6 期。

张德乾：《农村留守儿童交往状况的调查与分析》，《安徽农业科学》2006 年第 21 期。

张海亮，夏德强，李胜泥：《西北某地区农村留守儿童问题的调查研究》，《中国集体经济》2015 年第 9 期。

张俊，吴重涵：《从家校合作到良好教育生态——兼论有效的家校合作如何在学校产生》，《中国教育学刊》2021 年第 3 期。

张茂元：《农村留守儿童与非留守儿童比较研究——基于广东五市的实证分析》，《广东行政学院学报》2016 年第 2 期。

张平：《泾县农村留守儿童调查》，《决策》2007 年第 11 期。

张庆国，师立群，王超：《"三项措施"关爱留守儿童健康成长》，《锦州日报》2007 年 9 月 3 日第 A02 版。

张烁：《把思想政治工作贯穿教育教学全过程 开创我国高等教育事业发展新局面》，《人民日报》2016 年 12 月 9 日第 1 版。

张涛，赵磊：《城乡发展一体化：解决"三农"问题的根本路径》，《农村经济》2017 年第 10 期。

张婷皮美，石智雷：《父母外出务工对农村留守儿童心理健康的影响研究》，《西北人口》2021 年第 4 期。

张小屏：《民族地区农村留守儿童的社会工作干预机制研究》，《广西社会科学》2018a

年第 7 期。

张小屏：《不同监护类型下的民族地区农村留守儿童社会化现状的比较研究——基于
　　贵州省 5 个民族自治县的实证调查》，《山东青年政治学院学报》2018b 年第 2 期。

张小芹，孙忠良：《湘西农村地区留守儿童教育现状调查及对策研究》，《学理论》
　　2018 年第 11 期。

张晓冰：《试论农村留守儿童的监护困境及法律建议》，《青少年犯罪问题》2018 年
　　第 6 期。

张晓春，杨林凯：《广西在校生涉毒问题调研报告》，《广西警官高等专科学校学报》
　　2015 年第 3 期。

张学浪：《创新社会治理体制下的农村留守儿童关爱服务体系构建》，《农村经济》
　　2018 年第 2 期。

张逊志：《关于铜陵市农村留守儿童成长状况的调查报告》，《铜陵职业技术学院学
　　报》2014 年第 3 期。

张毅：《龙岩农村留守儿童关爱服务体系构建研究》，《龙岩学院学报》2020 年第 6 期。

张宇辉：《河南农村留守儿童教育状况的调查与思考》，《河南社会科学》2007 年第
　　2 期。

张招娣，孙勤燕，刘才金：《留守儿童参与课余体育锻炼现状调查——以白云小学为
　　例》，《体育科技文献通报》2020 年第 6 期。

张志丹：《改革开放以来我国主流意识形态的创新》，《马克思主义研究》2019 年第
　　11 期。

章能胜，陈晓玲，程进：《农村留守儿童与非留守儿童生殖健康知识、态度、行为比
　　较》，《齐齐哈尔医学院学报》2016 年第 8 期。

漳州市人民政府办公室：《关于同意建立漳州市农村留守儿童关爱保护和困境儿童保
　　障工作联席会议制度的函》（漳政办函〔2020〕4 号）。

赵春苗：《初中思想品德课中加强"关爱教育"的对策研究——以分析新课标关于"关
　　爱教育"的内容和目标为基础》，上海师范大学硕士学位论文，2007。

赵枫，付有娟，纪文武，等：《同心县农村留守儿童社会生活状况对心理孤独感影响
　　的调查分析》，《宁夏医科大学学报》2021 年第 1 期。

赵晖：《农村留守儿童问题的现状与对策——对四川省洪雅县留守儿童问题的调查》，
　　《中小学教师培训》2007 年第 12 期。

赵磊磊，贾昂：《农村留守儿童学习状态的影响因素研究——基于学习环境视角的实
　　证分析》，《教育科学研究》2018 年第 10 期。

赵钦，倪鑫泉，尹黎：《对当今中国农村留守儿童问题的调查研究——对四川省德阳
　　市 C 镇留守儿童的调查》，《学术论丛》2008 年第 52 期。

赵婷婷：《社会工作视角下农村留守儿童问题微探——基于山西省 J 县 X 村的调查》，《重庆城市管理职业技术学院学报》2017 年第 3 期。

郑航，喻立文：《推动农村留守儿童帮扶工作全面展开——基于政策法规层面的理性思考》，《人民论坛》2015 年第 26 期。

郑继兴，乔朋华，单宝玲，等：《贫困地区农村留守儿童现状调查及建议对策》，《理论观察》2013 年第 8 期。

中共中央马克思恩格斯列宁斯大林著作编译局：《马克思恩格斯全集：第 49 卷》，北京，人民出版社，1982。

中共中央马克思恩格斯列宁斯大林著作编译局：《马克思恩格斯全集：第 42 卷》，北京，人民出版社，1979。

中共中央马克思恩格斯列宁斯大林著作编译局：《马克思恩格斯全集：第 3 卷》，北京，人民出版社，1960。

中共中央马克思恩格斯列宁斯大林著作编译局：《马克思恩格斯文集：第 1 卷》，北京，人民出版社，2009，第 211 页。

中共中央马克思恩格斯列宁斯大林著作编译局：《马克思恩格斯选集：第 1 卷》，北京，人民出版社，2012，3 版，第 2，151 页。

中华人民共和国中央人民政府：《李克强主持召开国务院常务会议》，http://www.gov.cn/guowuyuan/2016-01/27/content_5036652.htm?_wv=5[2020-10-15]。

钟建华：《关于农村留守儿童问题的调查研究》，《晋中学院学报》2011 年第 4 期。

周爱民：《进一步加强农村留守儿童关爱保护工作——基于湖南省的调查与思考》，《中国人口报》2018 年 10 月 31 日第 3 版。

周琢虹：《江西省农村留守儿童心理健康状况调查及对策分析》，《党史文苑》2012 年第 6 期。

朱海雪，夏倩倩：《农村留守儿童现状调查及对策研究》，《长江大学学报（社科版）》2014 年第 2 期。

朱思思：《留守儿童问题研究——基于 A 县农村留守儿童现状调查的实证分析》，《商》2013 年第 12 期。

朱延平，戴聚坤，王苏琴：《农村留守儿童心理问题的调查——以江西省乐平市为例》，《企业导报》2011 年第 2 期。

左群英：《农村留守儿童思想品德现状调查及培养模式研究》，《中小学德育》2012 年第 4 期。

左月，姚曼，张志：《心理学视阈下二代留守儿童的网络成瘾现状及防治研究》，《科技传播》2019 年第 10 期。

Bowlby, J, 1988: "A secure base: Parent-child attachment and health, human development",

British Journal of Developmental Psychology，No.5.

Gullone，E，et al.，2001：“Self-reported anxiety in children and adolescents：A three-year follow-up study”，*The Journal of Genetic Psychology*，Vol.162，No.1.

Harper，C. C，et al.，2004：“Father absence and youth incarceration”，*Journal of Research on Adolescence*，No.3.

Strauss，J，et al.，1998：“Health，nutrition，and economic development”（with Duncan Thomas），*Journal of Economic Literature*，No.2.

后　记

关于留守儿童价值观发展与教育关爱长效机制及相关问题，笔者已关注多年。笔者曾以马克思列宁主义、毛泽东思想、邓小平理论、"三个代表"重要思想、科学发展观、习近平新时代中国特色社会主义思想为指导，较系统地研究过未成年人（含留守儿童）的价值观、思想道德、科学素质、企业家精神培育等，积累了一些研究经验，出版了《当代未成年人价值观的演变与教育》（2007年）、《青少年思想道德素质发展状况实证研究》（2010年）、《当代未成年人的道德观现状与教育2006—2010》（2013年）、《当代未成年人道德观发展变化与引导对策的实证研究》（2016年）、《创新力的早期养成》（2019年）、《当代未成年人价值观的变化与教育策略：基于12年的实证分析》（2021年）等6本专著，发表了紧密相关的论文数十篇，对留守儿童价值观发展与教育关爱的研究意义与研究设计、思路方法等有较为深刻的认识，前期准备较为充分。

笔者于2006年以来，在完成全国教育科学"十五"规划教育部重点课题"当代未成年人价值观的演变与教育策略"（DEA05070）（2006年5月立项，2008年4月结项）、全国教育科学"十一五"规划教育部重点课题"青少年思想道德素质发展状况的实证研究"（DEA080176）（2008年立项，2010年8月结项）、安徽省哲学社会科学研究规划项目"安徽未成年人思想道德的现状与教育策略"（AHSKF05-06D24）（2006年立项，2008年6月结项）、安徽省哲学社会科学研究规划项目"安徽未成年人思想道德素质发展状况的实证研究"（AHSK07-08D80）（2008年立项8月立项，2010年8月结项）、教育部人文社会科学研究2009年度一般项目"当代未成年人道德观发展的实证研究（2006—2009年）"（09YJA880001）（2009年8月立项，2014年4月结项）、安徽省软科学计划项目"安徽科普资源整合与利用机制研究"（1202503020）（2012年8月立项，2014年12月结项）、国家软科学研究计划项目"青少年科学素质发展与企业家精神培养的实证研究"（2010GXS5D215）（2010年10月立项，2012年5月结项）、国家软科学研究计划出版项目"创新力的早期养成——以未成年人科学素质与企业家精神联动培育实证研究为例"（2014GXS3K035-2）（2015年9月立项，2017年5月结项）、国家社会科学基金一般项目"当代未成年人道德观发展变化与引导对策的实证研究"（12BZX080）（2012 年 7 月立项，2015 年 11 月结项）、国家社会科学基金后期资助项目"当代未成年人价值观的变化与教育策略——基于 11 年的实证分析"（17FKS018）（2017 年立项，2020 年 8 月结项）、安徽省哲学社会科学规划重点项目《安徽省农村留守儿童教育与关爱机制及模式研究》（AHSKZ2016D09）（2017 年立项，2020 年结项）等过程中，从未成年人（含留守儿童）的价值观及教育现状入手，在未成年人（含留守儿童），中学老师，中学校长，德育工作者，小学校长，家长，教育、科技、人事管理部门领导等 7 个群体中做了大量的连续性（或间续性）、跟踪性、大样本的调查，获取了极为珍贵的原始数据，形成了较扎实的研究基础。